荆楚文库

〔乾隆五十四年〕黄岡縣志

〔清〕王鳳儀 修
〔清〕胡紹鼎 杜秉時 纂
〔清〕王正常 續修

荆楚文庫編纂出版委員會
武漢大學出版社

荆楚文庫

〔乾隆五十四年〕黄岡縣志

QIANLONG WUSHISINIAN HUANGGANG XIANZHI

圖書在版編目(CIP)數據

〔乾隆五十四年〕黄岡縣志/〔清〕王鳳儀修;〔清〕胡紹鼎,杜秉時纂;〔清〕王正常續修.

—武漢:武漢大學出版社,2023.12

ISBN 978-7-307-23975-3

Ⅰ.乾…

Ⅱ.①王… ②胡… ③杜… ④王…

Ⅲ.黄岡—地方志—清代

Ⅳ.K296.33

中國國家版本館 CIP 數據核字(2023)第 186742 號

責任編輯:朱凌雲

整體設計:范漢成　曾顯惠　思　蒙

責任校對:汪欣怡

出版發行:武漢大學出版社(中國・武漢)

地址:武昌珞珈山

電話:(027)87215822　　郵政編碼:430072

録排:武漢恒清圖文菲林輸出工作室

印刷:湖北新華印務有限公司

開本:787mm×1092mm　1/16

印張:35　插頁:6

版次:2023 年 12 月第 1 版　2023 年 12 月第 1 次印刷

定價:128.00 元

ISBN 978-7-307-23975-3

《荆楚文庫·方志編》編纂組

組　　長：劉偉成　陽海清（執行）

副 組 長：劉傑民（執行）　王　濤　謝春枝　郝　敏　嚴繼東　范志毅（執行）

參編人員（以姓氏筆畫爲序）：

王　濤　李云超　宋澤宇　范志毅　郝　敏　柳　巍　馬盛南　陳建勛

夏漢群　梅　琳　陽海清　彭余焕　彭筱溦　楊愛華　雷　静　劉水清

劉偉成　劉傑民　謝春枝　戴　波　嚴繼東

編　　審：周　榮

顧　　問：沈乃文　李國慶　吴　格

出版説明

湖北乃九省通衢，北學南學交會融通之地，文明昌盛，歷代文獻豐厚。守望傳統，編纂荆楚文獻，湖北淵源有自。清同治年間設立官書局，以整理鄉邦文獻爲旨趣。光緒年間張之洞督鄂後，以崇文書局推進典籍集成，湖北鄉賢身體力行之，編纂《湖北文徵》，集元明清三代湖北先哲遺作，收兩千七百餘作者文八千餘篇，洋洋六百萬言。盧氏兄弟輯録湖北先賢之作而成《湖北先正遺書》。至當代，武漢多所大學、圖書館在鄉邦典籍整理方面亦多所用力。爲傳承和弘揚優秀傳統文化，湖北省委、省政府決定編纂大型歷史文獻叢書《荆楚文庫》。

《荆楚文庫》以『搶救、保護、整理、出版』湖北文獻爲宗旨，分三編集藏。

甲、文獻編。收録歷代鄂籍人士著述，長期寓居湖北人士著述，省外人士探究湖北著述。包括傳世文獻、出土文獻和民間文獻。

乙、方志編。收録歷代省志、府縣志等。

丙、研究編。收録今人研究評述荆楚人物、史地、風物的學術著作和工具書及圖册。

文獻編、方志編録籍以一九四九年爲下限。

研究編簡體横排，文獻編繁體横排，方志編影印或點校出版。

《荆楚文庫》編纂出版委員會

二〇一五年十一月

前言

《〔乾隆五十四年〕黄岡縣志》二十卷首一卷，清王鳳儀修，清胡紹鼎、杜乘時纂，清王正常續修，清乾隆五十四年（一七八九）刻本。

王鳳儀，清江蘇太倉人，官黄岡知縣。胡紹鼎，字牧亭，湖北孝感人，乾隆十九年（一七五四）進士，官御史。杜乘時，舉人，揀選知縣。王正常，號方山，四川瀘州人，舉人，乾隆五十一年（一七八六）官黄岡知縣。

邑志始修於明萬曆，再修於清康熙。至乾隆時，邑令劉煜倡修志書，其接任者陳文樞正式開館設局，延請胡紹鼎主持，然事未畢人即去。乾隆二十四年（一七五九）三月，蔡紹清到任接手，至同年十月王鳳儀繼任，其志方成。又歷三十年，因一邑之事『歲有遞增』，邑令王正常『手自補輯』，保留前志序言之外全部内容，並在其基礎上按年續入條目，於乾隆五十四年書成付梓。

是志體例依《〔乾隆〕黄州府志》分爲十綱：地理、建置、賦役、學校、職官、選舉、人物、藝文、雜志、外志，子目有所不同，内容則經採訪搜集，由縣送至州府核定後載入。因康熙志内容簡略，是志視其爲『未成書』，而以萬曆志爲舊志。舊志未載圖，是志於卷首設『輿圖』補其所缺。沿革按水經、諸史傳記『雜求所據，互証其文』。山水則詳記其源流分支與地理位置。户口、田賦依《賦役全書》，舊志所載詳注其下，以備稽考。職官補入唐宋以來可考者，名宦依府志、縣志之舊，有循良尚未奉部册者不予立傳，而將其治績分注各事下。選舉以表列之，另考各省職官，補入可詳其通籍者，無考者則列於後。『人物』一門有『忠義』『孝友』『篤行』三目與府志相異，其餘從同。舊志所遺漏者，依諸史書、各省府縣名宦志、文集等據實補入。所謬者則依史籍更正，與舊目不符者改置别目。藝文依體裁編次，若有關於風土人事且記生存者不入。兵事分朝代增補，舊志所載有誤者俱照政書改正。

黄岡歷來名賢畢至，該志藝文内容豐富，其中關於赤壁者尤多，頗具當地特色。

據《中國地方志聯合目録》，故宫、上海、南大、台灣、湖北省圖書館藏有該志。本次據湖北省圖書館藏清乾隆五十四年刻本影印。（彭筱溦）

目録

續修黃岡縣志序

周禮小史掌邦國之志外史掌四方之志志固史也後世郡縣志昉此一方典故政治繫焉俾官斯土者徵因革損益之故察民情物土之宜于以敷政而宣猷端藉乎是

一

黃岡隷府為附郭邑襟帶江漢當淮楚之交蘇文忠公謂山川清遠土風厚善良不虛也丁未秋余奉

恩命守黃州披覧圖志唯岡邑頗詳脩頋纂修以來迄今垂三十年矣閲世生人因時集事嵗有遞增而自

乾隆丁丑後杳無聞焉弗為賡續則時序遷流人與事有不能舉数者文殘献佚徵於何有邑王令瀘州名孝廉莅任三載修廢舉墜不遺餘力又手自補輯邑志凡官師科名節孝人之屬也𨜒郵建置祥

二

異事之屬也胥按年續入條目仍舊而違制則芟之書成屬余序余自顧迂拙不克有所展布然其徵文考獻因地制宜非旦暮所講求者乎為能吏不若為良吏庶平矜恕見于志册者若而人余方讀而

恩恩而奮竊與諸君共孜孜焉規其所不為而勉其所未逮則茲冊其懸之鏡也余故樂而為之序旹

乾隆五十四年歲序己酉知黃州府事長白德興譔

黃岡縣志原纂修職員

彙輯

黃州府知府候選副使道錢鋆

裁訂

黃州府知府翰林院編修王楷

協修

黃州府同知袁傑

參訂

黃州府通判張曾翰

倡修

前黃岡縣知縣今調漢陽縣知縣劉[illegible]

仝編

署理黃岡縣知縣陳文樞

黃岡縣知縣蔡韶清

署理黃岡縣知縣王鳳儀

纂輯

原任翰林院編修胡紹鼎

原任恩施縣教諭管訓導事孫祚灝

舉人揀選知縣　張念熙
進士截取知縣　周棣陞
舉人揀選知縣　杜秉時

監理

黃州府學訓導　崔毓路

採訪

原任海陽縣知縣　汪依仁
原任定邊縣知縣　萬廷望
舉人揀選知縣　靖式文

志　職員　二

貢生候選知州　陳師晋
原任南安縣縣丞　謝國詔
副榜貢生　孫廷璋
歲貢生　楊瑞棕
監生　操鵬
監生　龔必顯
黃州府學廩生　程開泰
黃州府學廩生　王如鼎
黃岡縣學增生　樊賁堃

黃岡縣學生員　鍾士禎

總理

舉人候選知縣　王封侍
進士候選主事　范朝綱
進士候選守備　曹紹烈
舉人揀選知縣內庭教習　張京鯉

校對

黃州府學生員　張宗震
黃岡縣學生員　葉聯登

志　職員　三

監梓

黃岡縣學教諭　聶朝勲
黃岡縣學訓導　王世任
黃岡縣縣丞　余有慶
黃岡縣典史　毛鳳梧

黃岡縣志續修職員

訂

漢黃德道孟鈺

裁訂

黃州知府德興

參訂

黃州府通判龔士紳

續編

黃岡縣知縣王正常

校刊

黃州府學訓導黎光[illegible]

黃岡縣學教諭李敦柱

署黃岡縣學訓導蕭琴

監梓

黃岡縣典史謝鴻[illegible]

黃岡縣志目錄

凡例

縣志舊有知縣茅瑞徵刻本康熙十一年知縣董元俊修之未成書其畧載府志今復搜羅史籍補証舊編又公舉採訪十二人就近習知確據登册由縣送本府核定載入

舊志分門者八曰輿地建置田賦官師選舉人物藝文雜志今依府志爲十綱其目不同各從其義目不欲繁義不可借

志古曰圖經言圖之重也舊志未備今補冠卷首凡景之槪彷彿於此

郡邑沿革前代各有隸屬城屢遷移名亦互異謹按水經諸史傳記雜家所據互証其文非與舊志故齟齬也其古之封建自弦邾迄宋永安郡王趙士㒟非盡括斯土者畧附於下

山水但列其名恐有遺舛今按其方隅枝幹源流如山有所自遞至而曰某山又分其支爲某山如水有所自遞至而曰某水又容水自某地來會既總括之然後詳其名記其鄉及距城道路之遠近

縣附郭縣志則僅書一縣之事如建置秩官諸類屬
府者注詳府志屬縣者則縷析開列不致混淆
廂鎮俱照縣册分定其與舊志同異依次注之
建置在官者既詳書始末其津梁隄防紳士捐修必
志名姓至募衆共成者事難專美名不具列
戶口田賦惟遵賦役全書原委次第條分晝一舊志
則詳注其下以備稽考
學校謹依府志端立一綱備載　廟學修建
欽定禮典樂章暨書籍崇儒重道教育人才及於學田附

以書院
職官凡唐宋以來可考者悉爲証補名宦則仍府縣
志之舊若近今循良未奉　部册者雖協輿情不敢
列傳其治績分注於各事下
選舉各有科條分年編次縱横易覽今以進士舉人
貢生薦辟例選爲一表武會試鄉試武勳爲一表旣
準舊志復考各省職官有詳其通籍者悉補人年代
無考者彚於後
人物志先儒林次文苑次宦蹟依府志之序忠義附

舉忠臣義士險不辭難者也孝友重本者也其嗜學
礪行及好行其德者皆曰篤行此三目與府志稍異
隱逸以下從同
儒林新增者二人余心純秦繼宗欽奉
御纂書經三禮内列先儒名如例應載入餘俱依府縣志
直書其事不敢有所去取
舊志偶遺間有所補如董陽見宋書及南史任果見
北史王璘孫大祚見明史孫貢潘丙見藤文忠集陳
敬方正董德明成敏貫鄭抱素王琳張正張之杜謝

加恩見各省府縣名宦志陳廷瓚見明乙亥舊府志
屠應竣見吳應庚文獻錄程豪見三楚文獻錄吳國
禮張本恕張尙聖見于清端政書方日旭見劉康谷
集張濟見鄒東廓王夢澤集龍塤見文磴巖集曹大
蔭見顧黃公集何讓何謙何昌祚見劉千里及金會
公集又有向因寄居遂載鄉志如吳思温葉封官撫
辰杜士諤者收入甚衆俱按實不謬
舊傳偶譌者徐本廣東布政見明史舊作雲南王璘
廣西參政見明史四裔傳舊作山東謝景平鎮溪箪

子坪蠻見明史龍麻陽者鎮溪之苗非地名也舊志未析若諸類俱依史籍改正又周仁西漢人周靈超梁人其先避西晉之亂居黃見唐宰相表陳書作靈起舊志以爲周仁周靈皆寓黃又廖永忠亦非邑人舊志入勲臣傳又方域志大活關在黃陂北非邑地若諸類俱不收又有舊在宦蹟孝義隱逸内今改置別目如林鳳陽曹良輔余鑾鄭正暹諸人非故紛更各覩義類爲近

孝友有全德有一節大小雖殊同居孝友之目有是人而以宦蹟文苑傳者亦不沒其本如性孝友以孝友聞之類括其事也

邑傳割股者多矣庶民子若婦激迫之情良可哀也非孝其親而能若是乎士之割股勿載也

懿行嘉言與年俱進無遽論定也故生存者不立傳

列女已經旌表者照册入志其有節烈實跡與例相符或因窮鄉僻壤子孫微弱未知舉報者廣爲諏詢附記於後

列女舊載府縣志者證其文不遺其事若新採者斷

可傳則傳其事無事則有年例有遽養有子無子有立嗣括載之至於歲遠衰微衆但稱其名則載其名猶冀後考

節婦不及其母家官爵名字者從夫之義也貞女則載之示有所歸也

藝文所傳依體編次人文之藪豈能盡載有關風土人事者記之生存者不入

詩賦舊載已多加以採自他集者或因人傳或因地傳可以志登臨之景與古人興會之所及因未嘗較其優劣也

舊志有書籍一目皆邑人著述之名今多散軼其存者已載本傳

兵事可以見古人形勝戰守之得失故視舊志加詳於晉增二條宋齊梁增六條唐及五代本十國春秋增四條宋增八條元增三條明增三條俱本正史紀傳纂入其餘亦參補史籍不盡舊志原文麻城東山之用兵非邑之東山也是役所經陽邏馬鞍山黃土坳等處則邑地俱照于清端政書改定

寺觀府縣志俱專目今附於仙釋後墓域舊在輿地乃今并載雜志

攟聞各志皆有之畧備一格文雅之餘事不嫌小勸懲之意語不嫌粗即偏長畸節間有存者然必近道故所載不多

輿圖

北至麻城
志輿圖
東至蘄水縣界四十里
大江
沙河
道觀河
鐵冶
天崎山
小崎山
破山
天柱山
羅田縣界
巴水
龍岡山
徐門鼓
白雲山
一里河
馬鞍山
豹子山
石壁山
大崎山
上巴河
胡子口
楓香門
桃花洞
白楊山
迴龍山
獨尊山
烽火山
魚現橋
伯王山
龍王山
雨日山
赤壁
鵝湖
後湖
沙湖
南塔寺
安國寺
漢川門
府署
縣署
清淮門
上新河
許子堆
長圻壕
馬騎山
觀瀾橋
武昌縣
團風

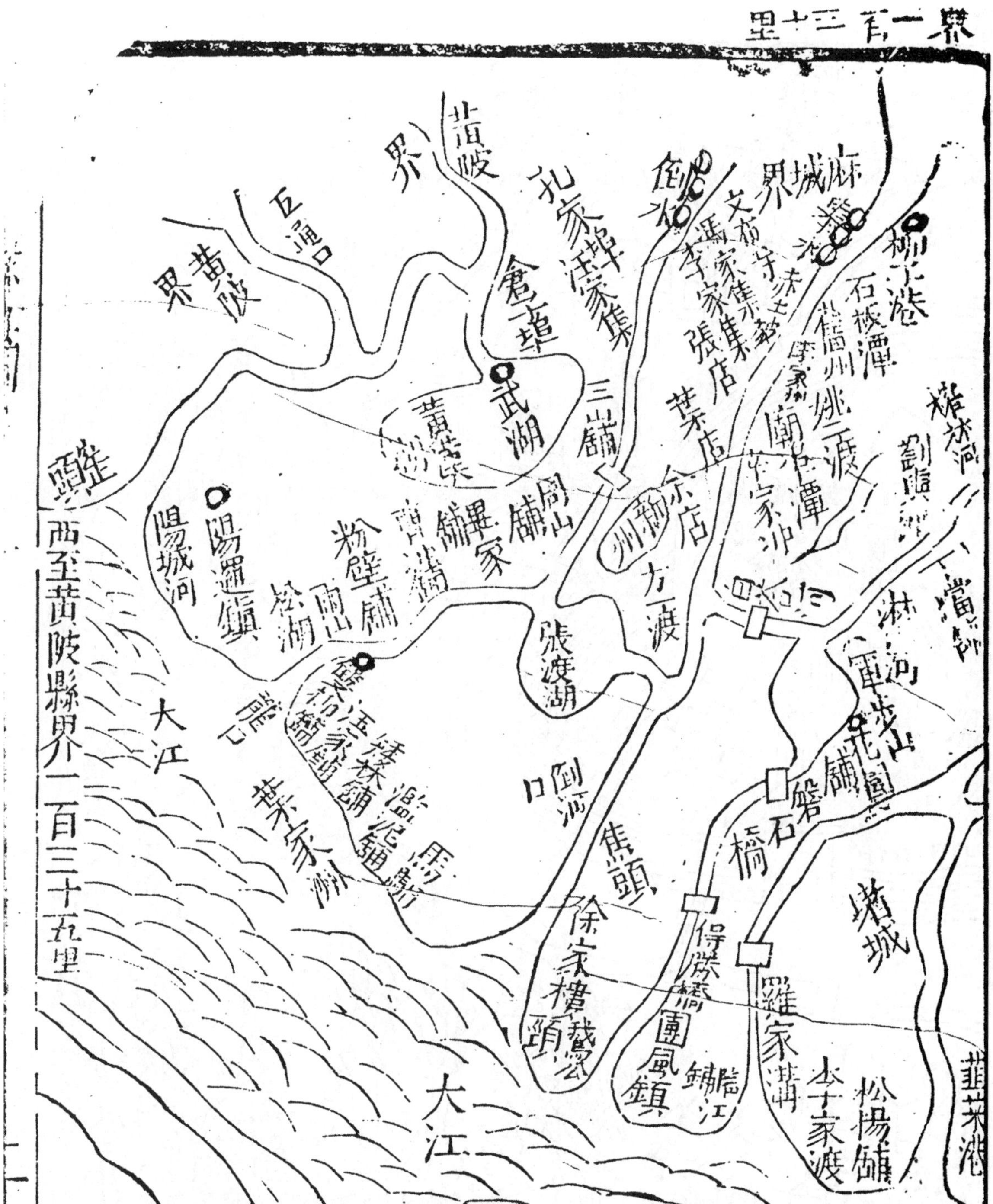
東一百三十里
西至黄陂縣界一百三十五里
黄陂界
麻城界
柳子港
石板潭
倉埠
武湖
張店
葉店
三店
陽邏鎮
陽城河
張渡湖
倒水河口
大江
大江
大江
堵城
石橋
得勝橋
團風鎮
徐家樓
羅家港
李家渡
松楊舖
鴨蛋洲

黄泥畈
聚寶山
龍王廟
社稷壇
後湖
清淮門
察院
七賢祠
安國寺
關帝廟
演武亭

漢川門
鳳凰關
上新河
下新河
黃州衛
府治
黃岡縣
竹樓
雪堂
清源門
縣城隍廟
報恩寺
預備倉
臨皋亭

臨江亭
霽月台
王公青陵
婁公廟

江
坡仙亭
放亀亭
睡亭
白蓮池

龍王山

城圖

新州
四顧雲台
崎山
鳳台夕照
城南烟樹
化樂鼓鐘

圖

縣志輿圖
孔子河
講堂

孔子使子路問津處
風亭
文昌樓

劉堤
火王廟

巡司衙門
中
得勝橋

縣志圖
大閣
問花橋

香爐山
蓬萊寺
陽城河塘
麻墩

縣志輿圖

九

黃岡縣志卷之一

知黃州府事王鍈鑒定　王覃楨皆裁訂
知黃岡縣事王蔡陳敦編

地理志

沿革

水經載江水所逕得邾及西陽焉梁齊之間州郡𣃁改文簿散棄累封者不可備舉盍迭相跨擅名數改易矣其散見於他書猶有考焉隋唐以後曰黃岡我朝因之是故綜其圖籍推表其遷置離合之事以著於篇

表

世	州道路省	郡府藩封附	縣
禹貢	荆州之域		
周	荆州 戰國時爲楚	弦國 子爵春秋時爲楚所併	邾 楚宣王滅邾徙其君於此
秦	淮南 史記一曰南楚	南郡	邾
漢	荆州	江夏郡 漢志注高帝置治西陵	西陵　西陽　邾 漢志注衡山王吳芮都
後漢	荆州	江夏郡	西陵縣
		西陽郡 水經分江夏置 江水東逕西陽郡南郡治即西陽縣	西陽縣　邾縣
魏	豫州	弋陽郡 晉志魏文帝分汝南立治西陽所統即漢西陽郡地而益以期思弋陽二縣凡七縣	西陵縣　西陽縣　邾縣
晉	豫州	弋陽郡	縣仍前 武帝立次子羕爲西陽縣公
太康十年		西陽國 惠帝時分弋陽立	
永平元年		進封西陽公羕爲王	
東晉 成帝咸和元年 咸康四年	以西陽爲豫州治	西陽郡 羕陞爲弋陽縣王西陽國改郡	邾縣 宋志毛寶爲豫州刺史治邾城尋爲石虎將張格度所陷縣遂廢
宋 武帝永初元年	豫州	西陽郡 去州水路二百八十里	西陽縣
文帝元嘉二十五年	以豫州蠻民立十八縣		南安縣

孝武帝孝建元年	郢州 分荆江二州立以豫州之西陽屬焉		建昌縣 以討薛索兒功封蕭道成西陽縣侯
三年		立第二子劉子尚為西陽王	
大明五年		改西陽王子尚為豫章王	
明帝大始五年	豫州 尋又還郢州		
齊 高帝建元四年	郢州	西陽郡 治西陵明帝嘗監郢州之西陽郡事封第十子蕭子明為西陽王建武二年除	西陽縣 武帝嘗為西陽縣子
武帝永明三年			
明帝建武二年	司州	改封第十七子蜀郡王蕭子文為西陽王永泰元年除 齊安郡	南安縣
梁 梁書無地理志今據各紀傳及魏地形志	郢州	西陽郡 簡文帝太寶初封皇子蕭大鈞為西陽王太清中武陵王紀封第二子蕭圓正為西陽王	
	南司州	齊安郡	南安縣
	北江州 魏志治[illegible]	梁安郡 治建昌城	梁安縣 隋志梁安 魏志梁興

魏 地形志多云蕭衍置魏因之		北史封樊子鵠為西陽郡公	
北齊 梁地入東魏孝靜帝之武定七年也明年卽高齊天保元年	巴州 隋志後齊置統西陽郡	西陽郡	西陽縣
	衡州 隋志後齊置	齊安郡 武成帝封第四子高廓為齊安王	
	北江州 隋志後齊置湘州後改北江州	梁安郡	梁安縣
陳 太建五年取江北地	巴州廢	西陽郡 至德元年封第二十三子陳叔穆為西陽王	西陽縣
	衡州廢	齊安郡	南安縣
	北江州	梁安郡	梁安縣
周 太象五年地入於周	弋州 隋志周置統西陽郡	西陽郡 宣帝時封宇文溫為西陽公	西陽縣
	衡州	齊安郡 以平陳功封李徹為齊安郡公	南安縣
	北江州	梁安郡	梁安縣
隋 開皇初	黃州 弋[illegible]及北江州[illegible]廢	黃州 [illegible]開皇三年改衡州名黃州	黃陂縣 [illegible]開皇十八年改南安

		西陽齊安梁安等郡俱廢	曰黃岡
			木蘭縣 開皇十八年改梁安曰木蘭胡三省通鑑注南義陽治鹿城關隋爲黃州木蘭縣
大業初		永安郡	
唐武德初		永安郡 封太祖子李孝基爲永安王	
		黃州 置總管府治黃岡	黃岡 省木蘭入上縣治邾城

天寶元年	淮南西道	齊安郡	黃岡縣
乾元初		黃州	黃岡縣
中和初			徙縣治於邾故城即永安城
吳南唐		黃州	黃岡縣
周顯德五年 地入於周		黃州	黃岡縣
宋	淮西西路	黃州 玉海郡國名州亦曰齊安郡 參司封格黃州有齊安郡公趙仲郤郇王之後以黃州刺史封又齊安郡王趙士褭紹興中封	黃岡縣 徙治江濱 玉海亦稱邾城

元至元初	河南江北行中書省	黃蘄州宣慰司	黃岡縣
二十三年	湖廣行中書省	黃州路	黃岡縣
二十九年	河南江北行省	黃州路	黃岡縣
明洪武元年	湖廣布政使司武昌道	黃州府 領三縣後以蘄州一州四縣隸焉	黃岡縣
嘉靖四十二年			割上中和鄉及麻城縣黃陂縣二縣增置黃安縣
國朝	湖廣湖北布政使司武漢黃德道	黃州府 雍正七年改黃陂縣屬漢陽府領州一縣七	黃岡縣

黃岡之名建自隋代在禹貢荊州之域周爲弦子國後并於楚楚宣王滅邾遷邾子於此或以爲黃國者非黃國在漢縣之弋陽今光州也秦爲邾邑屬南郡漢書項羽封吳芮爲衡山王都邾是漢爲江夏郡治西陵西陽邾屬焉後漢末西陽爲郡治西陽縣見水經三國時屬魏文帝即漢西陽郡地益以期思弋陽二縣立弋陽郡治西陽邾西陵爲屬縣後屬吳晉惠帝分弋陽爲西陽國南渡後西陽王羕罪廢國除爲西陽郡成帝咸康四年於舊邾城置豫州後爲石虎所

陷州廢宋仍爲西陽郡而弋陽郡則治期思今光山也元嘉二十五年以豫部蠻民立十八縣改邾縣爲南安增置建昌縣孝建初以豫州之西陽屬郢州明帝太始五年改屬豫州尋又還郢州齊於南安立齊安郡隸司州以西陽郡仍隸郢州由是南安與西陽並爲郡治永光二年魏取齊淮西地梁普通七年收復郡縣俱因齊舊又改建昌縣爲梁安設梁安郡立北江州太清二年地入東魏其明年爲高齊天保元年於西陽郡立巴州於齊安郡立衡州陳太建五年

地入於陳巴州衡州俱廢餘無所改十年地入於周復立衡州領齊安郡立弋州領西陽郡隋開皇三年弋州及齊安西陽二郡並廢省西陽縣入南安改衡州曰黄州黄州之名所自昉也治南安縣又析梁安置廱城縣尋廢十八年改梁安曰木蘭南安曰黄岡唐武德三年省木蘭縣入焉又析置堡城縣七年省天寶初改黄州爲齊安郡乾元初仍爲黄州並治黄岡縣隸淮南西道中和初還治於舊邾五代梁唐時屬吳晉漢時屬南唐後爲周有宋初徙治江濱隸淮西西路元初爲黄州宣慰司治隸河南省至元十八年改陽邏堡隸鄂州尋復舊二十一年省黄州宣慰司爲黄州路入淮西道宣慰司二十三年以黄州隸湖廣行省二十九年復隸河南江北行省明初爲黄州府黄岡縣徙今治隸湖廣布政使司嘉靖四十二年以上中和鄉分置黄安縣黄岡轄里八十有二

國朝因之

邾縣故城在今府治西北十里[水經]江水又東逕邾縣故城南[注]楚宣王滅邾徙居於此故曰邾也漢高帝

三年項羽封吳芮爲衡山王都此晉咸和中庾翼爲西陽太守分江夏立四年豫州刺史毛寶西陽太守樊峻共鎮之爲石虎將張格度所陷自爾荒墟焉城南對蘆洲舊吳時客舍於洲上方便謂所止焉亦謂之羅洲矣[按]邾故城卽隋之永安城也唐中和初復遷州治於此

邾縣在今府治西北一百二十里[水經]東逕若城南又東過邾縣南[注]江水東逕白虎磯北山臨側江濱又東會赤溪夏浦二口江水右逕也又東逕貝磯北夏

仲雍謂之沔岸矣江右岸有秋口江浦也又東得烏石水出烏石山南流注於江邾縣俗名新州又名舊州其謂之新者後所立黃州於保城至隋改衡州爲黃州治南安則爲新州其謂之舊者自唐遷州治於永安城則此又爲舊州

顧景星邾城論曰黃州邾城者楚宣王滅邾徙其君寓之漢因名邾城高帝三年項羽封吳芮爲衡山王都之黃祖使甘寧爲邾長吳赤烏四年陸遜嘗以三萬人戍邾晉屬弋陽郡庾亮鎮武昌與西陽大守樊峻守邾城是也其後爲石虎將張格度所陷城遂廢今在黃州城西北俗名女王城或曰女王城者黃歇

封邑也蘇子瞻曰女王隋永安郡城之譌未知孰是又傳在今舊街又傳在東南百二十里濱江南對羅洲。孫權與羣臣泛舟風起。欲取羅洲。今稱蘆洲者也。邾蓋寓城非本國也志稱小邾誤矣小邾者邾挾之後夷父顏有功於周封其子友于郳爲附庸在今兖州滕縣齊桓公覇郳君附從進爵爲子列於諸侯謂之小邾子而楚宣所滅之邾在今兖州之鄒縣所謂邾婁魯文公十三年邾文公卜遷於繹杜氏曰邾邑魯國鄒縣有繹山戰國改曰鄒說文曰鄒古邾國是也春秋昭公十九年邾人郳人盟於蟲郳即小邾也

通志黃州邾國地後爲黃國之境說欠考舊志因之又云黃古邾國邾邾之譌

西陵漢地里志江夏郡治西陵注莽曰江陽水北爲陽也唐十道志宋太平御覽黃州齊安郡秦爲南郡地漢爲西陵縣隋爲黃州又曰黃陂麻城縣本漢西陵縣地輿地廣記記纂淵海地理通釋俱云黃岡本漢西陵縣也南齊書西陽郡治西陵又西陵故城則在南陽峨東今蘄水縣蘭溪鎮東水經又東逕西陵縣故城南也

西陽漢志隸江夏郡後又分立西陽郡水經江水左逕赤鼻山南又東逕西陽郡南郡治即西陽縣也注晉地道記以爲弦子國地理通釋黃州魏爲重鎮黃初中豫州刺史滿寵備西陽是也故城在黃岡縣東南一百三十里宋志西陽太守本縣名漢屬江夏魏立弋陽郡又屬焉晉惠帝又分弋陽爲西陽國屬豫州宋孝建元年度郢州太始五年又度豫後又還郢齊志屬西陽郡　寰宇記謂故西陽在光州光山縣西二十里晉永嘉後始移西陽置郡城上流五里地理

通釋亦謂光州光山本漢西陽縣今按漢袁欽水經江水東逕西陽郡南郡治即西陽縣江之右岸有鄂縣故城也又按光州即漢之弋陽縣漢地理志弋陽屬汝南郡而西陽則屬江夏郡也至魏立弋陽郡西陽始屬焉故宋志云西陽令漢舊縣屬江夏後屬弋陽也至晉時又有西陽城在弋陽之西南故酈道元淮水注云黃水東逕晉西陽城又東北逕弋陽郡也又隋書光山有黃州郡梁廢此皆地名相同猶石茨圻之有西陵縣也

南安宋州郡志元嘉二十五年以豫部蠻民立屬西陽郡南齊志屬齊安郡隋志黃岡齊曰南安又置齊安郡開皇初郡廢十八年改南安爲黃岡

齊安郡府志南北分疆時有三齊安郡地各不同建置先後亦異蕭齊因劉宋所置南安縣立齊安郡見蕭子顯南齊書北魏於劉宋所置保城縣立齊安郡蕭梁析齊所置建寧郡置梁豐縣立齊安郡皆見魏收北魏書北魏之齊安郡至高齊改爲安昌郡惟梁時既立梁豐之齊安又仍南齊之齊安是一時有兩齊安郡似屬可疑然當時南北州郡皆邊人歸服因而授之初不責其職貢但爲觀聽之美免侵盜之患耳故新蔡郡南定南楚南建西楚東豫揚霍七州皆有之邊城郡南朔南郢揚霍四州皆有之此外重複者尚多不僅齊安郡然也其地之可考者則保城之齊安今黃陂是且黃州之名北周先立於保城隋後始移於南安隋志可考也南安之齊安郡今黃岡舊州是水經注舉水南過齊安郡西可證也建寧之齊安郡在今黃安麻城之間魏書梁置沙州於白沙關領

建寧齊安二郡可證也但南安之齊安立之最先至隋始廢及唐天寶時復以表郡故其名獨彰耳按唐書黃陂縣北有白沙關

永安郡即邾故城也隋書大業初置永安郡唐書黃州齊安郡本永安郡天寶元年更名又按天寶改齊安後旋復永安乾元初改爲黃州領三縣

陽城宋州郡志元嘉二十五年以豫部蠻民立赤亭彭波陽城縣水經注舉水逕齊安郡西又云舉水又南東過赤亭下赤亭固邑境也宋大明八年省赤亭彭

波并陽城入建寧之陽城南齊志豫州建寧郡有陽
城縣以後志闕
建昌木蘭宋州郡志元嘉二十五年以豫部蠻民立建
昌縣魏地形志梁安郡治建昌城有梁興縣隋地理
志作梁安縣木蘭梁曰梁安置梁安郡又有永安義
陽二郡後齊置湘州改爲北江州開皇初州郡廢十
八年改縣曰木蘭唐地理志武德三年省木蘭入黃
岡
巴州隋志後齊置陳廢後周置曰弋州統西陽弋陽邊

城三郡開皇初州郡廢大業初置永安郡
廉城隋志梁梁安縣開皇初別置廉城縣尋廢
堡城唐地理志武德三年省木蘭入黃岡又析置堡城
縣七年省
黃州黃岡縣隋志後齊置衡州陳廢後周又置開皇五
年改曰黃州十八年改南安曰黃岡大業初置永安
郡唐天寶初改齊安郡詳見前永安郡内至乾元復
爲黃州並治黃岡縣中和初遷治在今治西北十里
宋遷治江濱在今治東南二里

星野

周官保章氏以星土辨九州之地漢書曰吳楚之彊
候在熒惑占於鳥衡熒惑位南方也南宮朱鳥太微
爲衡也大邑之於分也僅耳而食於地德以承天休
乃重其所守是司土者之所兢兢也
漢天文志云楚郡翼軫分野今之南郡江夏零陵桂陽
武陵長沙及漢中汝南諸郡盡楚分也翼二十二星軫
四星居中又有兩星爲左右轄長沙一星在旁翼爲
羽翮主遠客軫爲車主風府舊志云翼赤道十九度

黃道十九度少軫赤道十七度黃道十六度太魏陳
卓云自張十七度至軫十一度爲鶉尾於辰在巳楚
之分野屬荆州蔡邕云起張十二度至軫六度皇甫
謐云起張八度至軫十二度僧一行云起張十五度
中翼十二度終軫九度春秋元命苞云軫星散爲荆
州分爲楚國
晉天文志云南郡入翼十度江夏入翼十二度
明天文志云張十六度至軫九度鶉尾之次也湖廣之
武昌興國[illegible]府[illegible]荊門三州黃州府蘄州

襄陽德安二府安陸沔陽二州皆翼軫分

湖廣總志云漢川漢陽武昌樊口入黃州括二郡全境以至德安之安陸雲夢應城孝感其地爲江夏郡入翼十二度

星經云玉衡星主荆州又云從北斗魁紀之魁第二星曰璇爲法星屬楚春秋緯云大別以東至於雷澤九江屬北斗第五星玉衡 按此則黃岡當屬衡

宋天文志云三台六星爲天階太乙攝以上下上台上星主豫兗下星主荆揚 按此則黃岡亦屬上台下星

又云天市垣東西垣各列十一星東垣曰宋南海燕東海徐吳越齊中山九河趙魏西垣曰韓楚梁巴蜀秦周鄭晉河間河中 按此則黃岡亦屬天市垣第二星

天文志云五車五星在畢東北其西北星曰天庫主太白秦也東北星曰天獄主辰星燕趙也東南星曰天倉主歲星魯衛也中央星曰司空主鎮星楚也西南星曰卿主熒惑楚魏也 按此則黃岡亦屬西南卿星

疆域 形勢附

昔渚掌圖辨國度地居民制邦國之域而正其封疆故曰王公設險守土之重也黃邑面江倚阜實據游楚省古稱爲重鎮時際承平繡壤交錯因其高下咸治封守安民之道良吏司之

黃岡附府城廣一百九十五里袤一百四十里舊編戶九十四里明嘉靖四十二年割十二里入黃安今八十二里

東至本府蘄水縣界四十里以下巴河爲界踰界至蘄水縣治七十里

西至本省漢陽府黃陂縣界一百五十五里以三山

鋪爲界踰界至黃陂縣治六十里

南至本省武昌府武昌縣界一十里以江岸爲界踰界至武昌縣治一里

北至本府麻城縣界一百三十里以道觀河爲界踰界至麻城縣治五十里

東北至本府羅田縣界一百五十里以清山下口黃家廟爲界由上巴河壯蘄水團陂至羅田縣治一百八十里

西南至武昌府江夏縣界一百二十里以陽邏鎮泡

尾洲及江岸爲界又蘆洲灣在大江南與武昌縣小
界
西北至本府黃安縣界一百六十里以細嶺界牌爲
界踰界至黃安縣治八十里
東南至本府蘄州治水路一百八十里陸路二百一
十里至本府廣濟縣治二百六十里至本府黃梅縣
治三百七十里竝隔蘄水以下巴河爲界
水路至省由大江一百八十里陸路至省由陽邏一
百八十里由馬橋渡江一百五十里

陸路由麻城至
京師二千八百里水路由大江泝淮河至
京師四千七百里
形勢
齊安志遙接巴蜀襟帶江漢淮楚之交
唐李勣制濱帶江淮
唐刺史修文宣王廟記前界大江後倚崇阜
舊志北望光蔡南盡樊山東抵浠水西南控大江
宋王禹偁月波樓詩淮甸爲內地黃岡壓上游

王禹偁謝表地連雲夢城瞰大江
蘇軾赤壁賦山川相繆鬱乎蒼蒼
蘇軾詩長江遶郭知魚美
張耒雜志黃州蓋楚東北之鄙與蘄鄂江沔光壽一大
藪澤也
三國形勢考邾城爲吳重鎮府志吳魏相攻互爲重地
猶籠頭西陽之備而吳主撤師陸遜重邾城之守而
魏人息志東晉初陶侃鎮武昌衆議分守而侃不許
後庾亮使毛寶守之卒爲石虎將所陷蓋時有險

勢有緩急當時五水羣蠻叢聚於此制禦失宜徃徃
引之入寇江左視之隱若一敵國云
宋史陽邏堡江鄂之蔽府志西百二十里有陽邏堡南
宋時夏貴以十萬人守之及爲伯顏所破而蘄黃九
江如拉枯朽洵重鎮哉
舊府志鎖鑰金城三楚重鎮
舊志三江口控扼上游尤樞要地
楚故畧介淮楚之會曹魏爲重鎮左倚蘄陽長江之險
是稱天塹故蜀漢拒魏必仰好吳都金人渡淮而

請親至蘄黃以議芬守蓋與區也舊設憲臣專督江防與洞庭上下相犄角云

山川

尚禮大司徒掌土地之圖辨山林川澤之名物制其圻疆而溝封之論衡曰山川陵谷地之理也邑之山水古稱清遠而稽其廣輪成其經紀蓋治道舉矣至於登臨之勝别有誌焉

山

東北之山脉自天柱而來亘麻城縣龜峯入邑永寧鄉

之北境曰大崎山是爲一邑祖山其東爲小崎山爲破山爲茅成山爲青峯巖又東爲石人寨山爲舀金寨山七道河水由此入羅田油河界又東之南爲泉華山爲威住山爲班竹山爲蕁馬嶺但店五桂河水至此會於油河自泉華山南爲劉婆巖爲黃龍山爲巒蒙山（亦曰文埸山）爲佛過山（舊名鑿佛）又東爲白雲山爲團山一流河水至此會巴水自大崎山而南迤邐爲接天山其西北水流入道觀河其東南水入牛車河由接天山折而西南爲龍岡山爲天池寺爲獨山巖爲

馬鞍山其東爲百丈巖沙鉢腦聖泉山豹子山大壁山夏舖河與牛車河水會焉至東港入巴水自馬鞍山而南爲鵞公堡爲石壁山其東爲茅雲山爲磨石山朱大夫河水自此流魚博入巴水自石壁山而南亘陳家埡爲仙姑崖爲城山其西爲維摩堂山爲樂養山（俗名樂予）自城山而南折而東爲白楊山其别爲廻龍山爲金雞山爲赤山其東爲桃花洞爲烽火山自白楊山而南爲獨峙山自此逶迤南行東爲覇城山爲馬崎山近城東北爲聚寶山爲龍王山爲玉几山

爲黃岡山迤西爲赤鼻山迤東爲柯山爲石牛山與拱護郡城焉

西北之山脉自黃安縣天臺山來入縣境紫潭河東爲石屋山爲鳳凰寨紫潭河西爲龍王山南二十里迤望星橋爲三山又南十里爲陶山又南二十里爲淘金山其别爲淨瓶山爲松湖雨山又西南爲牛瓣山邐界埠爲武磯山香爐山爲閣木山爲麻墩山踰接龍橋爲鳳凰山爲大士閣磯凡亘十里濱江至龍口爲珠山是爲十里長山

黃岡山在縣左平崗南豆便民倉至洗馬池脉發天柱舊志土色黃縣名因之按縣之得名從舊州南安縣所改不自此地始也

赤鼻山在府城西北屹立江濱巖然如壁其色赤省志作赤壁詳見古蹟玉屏山在其後雙峯峙立實郡城北障山嘴為紅霞岫楚紀作赤濞

聚寶山在縣北二里旁有兩耳山狀如兩耳詳古蹟

柯山一名柯坵在縣東南定惠院前詳古蹟

馬騎山在長蘄埠與下巴河對岸

霸城山在縣東五十里舊志楚項羽戰此為霸王山

獨峙山在縣東六十里一名獨尊山一峯矗起旁有培塿

烽火山在縣北稍東六十里還和鄉

白楊山在縣北六十里還和鄉山側有桃花洞明秦觧元繼宗著書處

廻龍山在縣北五十里還和鄉有東嶽廟歲時遠近居人祈禱

金雞山在縣東北七十里慕義鄉詳古蹟

赤山在縣北五十里慕義鄉

泰定山在縣北五十里團風鎮

城山在縣東北七十里有十勝景見古蹟又有望省亭明正德間知縣簡霄建

洗榦山在縣東北八十里慕義鄉上有仙人棋跡

金舖山在慕義鄉

佛過山在縣東北八十里永寧鄉有石佛龍井居人廟祀之雩應

白雲山在縣東北一百二十里永寧鄉府舊志云山下有古寺及尹駱塔相傳尹駱二女造不知何代

烏石山在縣東北一百二十里

泉華山在縣東北一百五十里永寧鄉山勢陡峻泉飛若練

樂養山在縣東北五十里

豹子山在縣東北一百五十里遠望如豹

大崎山在縣北一百六十里永寧鄉治內之山莫高於此來自龜峯為郡治之祖山詳古蹟

小崎山去大崎山十里與麻城縣分界

天神山與小崎山對峙
將軍山在伍重鄉峯甚峻有巨人足跡
鳳凰山在縣北一百二十里舊傳有鳳凰止此後人構
臺於其上名鳳凰臺今遺址尚存
龍崗山在縣北一百二十里形蜿蜒如龍旁有木斛山
春夏雨作陵谷拆隙相傳蛟起或言掘地得龍骨故
云
馬鞍山在縣北稍東九十里山當孔道
五雲山在縣北八十里有井脉通大江

雨華山在縣北八十里
孔子山在縣北九十里伍重鄉
赤脚山在縣西北七十里伍重鄉相傳有赤脚仙人經
此今足跡尚存
樟松山在縣西北一百一十里古產樟松因名下爲樟
松澗北岸去一里許名萬松山
大乘山在縣北一百一十里近城林鋪詳古蹟
華山在縣北一百二十里近陽邏鎮
王墓山在縣北一百一十五里詳古蹟

蓬萊山在陽邏鎮上有閣濱大江
武磯山近陽邏鎮俯瞰大江上有古嶽廟柳夫人祠詳
古蹟
香爐山在縣北一百二十五里詳古蹟
淘金山在縣北一百四十里有穴三四深數丈相傳古
淘金處
石屋山在縣北稍東一百四十里庶安鄉遠望如屋舊
志下有石板潭與麻城高岸河會府志云高岸河即
古之舉水石板潭乃倒水所逕與高岸河無涉舊志

似誤
馬臺山在縣北一百四十里庶安鄉府舊志云有石崖
丫頭山在縣北一百四十里庶安鄉麻城縣界
七丈山在縣北一百五十里庶安鄉上有七丈潭
五頭山在縣北一百八十里五峯高出
上千山在縣西北二百里上有古廟并龍井一名上官
山黃安縣界
獅子巖在縣北一百二十里上伍重鄉以形名亦云獅
子峯詳古蹟

虎巖在縣北一百二十里以形名

觀音巖在中和鄉紫潭河石巖如屋近巖有釣魚臺石爲黄安界

百丈巖在永寧鄉

青峯巖在小崎山側

横坡嶺在還和鄉

祈祥嶺在縣北一百五十里道觀河關隘

雞爬嶺在伍重鄉近小崎山

龍岴在縣北一百二十里詳古蹟

西坡今府衛治明初移築城垣東西二坡皆在其内

黄泥坂在縣東府舊志云黄岡山北接一字門西之山頂迺軍儲倉即古之黄泥坂詳古蹟

徐鑿洞在赤壁山下今形迹茫昧詳古蹟

留雲洞在大崎山

篩度石在縣東南江中

飛來石在縣西板塔寺宋太平興國中因雷雨有石墜寺故名又小崎山南亦有之

道人石在大崎山西畔有石以形名

卧牛石在中和鄉長河中

牛踏石在中和鄉紫潭河中上有牛足跡

細嶺石在縣北中和上鄉黄陂縣界

茶房石　大足石一作磯灣石兩石凸出陽邏江邊舟行礙泊

烏龜石近陽邏鎮下臨江岸有石生成龜形陽邏地形如蛇儼然神蛇逐龜之勢今城東五里亦有烏龜石

觀音磯在陽邏大士閣下

龍蟠磯在縣東南江中去武昌縣江岸不遠江水隸黄岡此爲甌脱

川

江　源自岷山東下逕大別山與漢水會至武通口入縣界三十里逕陽邏堡十里逕龍口港在縣北百十里二十里逕雙流峽四十里逕團風鎮舉河及道觀河之水入焉又東四十里逕三江口又東三十里逕府城西赤壁磯又四十里逕巴河口巴水自東北注之入蘄水縣界

舉水　源出麻城之龜峯山至嘉魚村柳子港在縣北百二十

里入縣界南逕赤土坡又南逕秤鉤灣經流逕舊州
爲舊州長河（在縣西北百二十里）三店橫河之水入焉南過姚
二渡南爲廟埠潭爲黄舍潭又南爲石頭潭（在縣北九十里）
董福灣支流自楊家河口南爲汲水港又南爲小西
河至細河口與經流合白塔河之水自東入焉南逕
辛家衝又南逕赤鄉山爲方一渡又南至穆家逕倒
河之水自西來會名倒河口合流南至徐家樓下之
張家灣支流東注史壩橋河入江今逕經流南注鵝
公頭古稱大舉口南入於江

倒水　源自麻城縣之白沙關逕黄安之紫潭河入縣
界倒水之經流也南流爲石板潭南逕馮家集李家
集又南逕孔家埠孫站埠桑樹嘴又東逕張渡湖感
化河（在縣西北百五十里中和鄉）之水入焉河特倒水之別出舊
志以爲發源羅山者誤湖分東南二流南至龍口爲
龍口河入江東至倒河口入於舉水
道觀河　源自大崎山西南流爲高家河折而北爲倒
灌河即道觀河也復折而西南至兩河口沙河之水
會焉南過楓香樹馬鞍山河之水會焉南過舊街又

南至柳林水分爲二東南流者爲黄家河西南流者
爲柘林河俱會於雙河口西流爲白塔河入舉水南
流注鮑湖孔子河淋山河（在縣北八十里）之水皆入焉又南
經史壩橋入於江
沙河　源於麻城之鐵線嶺入縣界爲沙河南流逕陶
黄寨又南爲孫家河又南至兩河口入於道觀河
馬鞍山河　源出馬鞍山分流爲二一西南流入道觀
河一南流爲傅家河又南爲磙子河又南經盤石橋
會史壩河入於江

巴水　源自羅田至油河嘴爲縣之東界河或云源出
蘄水板石山河東即蘄水地南逕但家店五桂河之
水入焉又南爲陳家河一里河之水入焉又南爲上
巴河又南爲馬家潭（在縣東八十里東紱鄉）東港火燒港之水
入焉又南至魚博朱大夫河（在縣北六十里還和鄉）之水入焉
河明刑部郎中朱恕所濬也又南逕孫家嘴爲西陽
河俗訛爲新洋河南逕馬騎山三台河之水入焉又
南至下巴河口入於江
三台河　源自廻龍山歷瓜麂灣會鴿子湖（水漲時江水自羅家）

溝入湖水退時湖水東出三台河西出羅家溝夯港在縣東四十里之水遷黃婆汊過王帶橋由沙逕合南湖白塘湖水入於巴水

界埠河　一名街埠河源自鄖口過黃陂縣至倉子埠入縣界南逕三水港又南逕界埠又南逕陽邏堡之武磯北爲陽城河又南至新河口入於江舊傳漢水分流經此遶五通口入江明萬歷間始決新河口爲達江處

上新河　在城西原無河康熙間知縣鍾葦捐錢三十萬挑濬成河引磯窩湖之水從此入江棲泊舟楫以

避風濤但湖水無源冬春江水消涸河身常成陸地黃郡爲水陸要衝而泊舟無所遂致賈客檣帆去之不顧

磯窩湖在縣西一名西湖

後湖在縣東二十里

沙湖在縣東二十里東絃鄉蘇軾買田於此一云螺螄店

白塘湖在縣東一十五里接沙湖

澼湖在縣東四十里東絃鄉

玉九塘合土卯湖在縣東四十里東絃鄉

岺殘湖在縣北三十里還和鄉

團風湖口在縣北五十里今崩卸入江

鮑湖在縣北六十里慕義鄉［府舊志］一云相傳三國時鮑家莊無考

舊州長河湖在縣北一百二十里

犓步安仁湖在縣西北一百二十五里庶安鄉

樟松湖在縣西北一百一十里

漲渡湖在縣西北九十里近湖有七湖并屬樟松湖

黃漢湖在縣西一百三十里一名武湖爲黃陂縣界近湖下有柴埠湖屬焉

竹根潭在縣北九十里通團風口注大江

龍潭在縣北一百一十里慕義鄉舊州長河側

烏龍潭在庶安鄉

響鼓潭在上伍鄉

石板潭在庶安鄉

七丈潭在庶安鄉

李家潭在縣東一百十五里東絃鄉

蔡家潭在縣東二十五里東維鄉

柳港在府古城北小流水溝明洪武初鑿今城濠

顔子港在孔子河北三里

烏龍港在縣北一百二十五里庶安鄉

紫荆港在庶安鄉

太平港在縣北一百六十里中和鄉太平橋即塔石港

徐家港在縣西北中和上鄉

曾萬港在中和上鄉

牟兒港在中和上鄉五里雞爬嶺亦有之

童家港在中和上鄉

蓮花港在中和上鄉黄岡麻城兩界間

雙水港在縣西北一百五十里近黄陂界

伍洲在縣東南

大壯洲在郡城西大江中即得勝洲或以爲即崢嶸洲非也按大江支港直走樊口於形家言少礙若得勝新生二洲已塞樊口則形全古諺云烏沙塞樊口黄州出狀元

姜家洲在團風鎮大江中又名江家洲俗名鴨蛋洲舊名舉洲亦名新生洲

佗鵝洲與舉洲相次俗名羅胡洲

木鵝洲在雙柳鋪大江中即古崢嶸洲詳古蹟

葉家洲在汪家鋪

古蹟

昔王元之言月波樓名不知得於誰氏有悠然望古之思以爲景必遇人而後名存畱也今之視昔又數百年名賢遺跡見於詩文者多矣而人或依託傳聞失實盡闕如也

邾縣故城在縣西北十里楚遷邾子於此故謂之邾俱詳沿革及兵事内

邾城在縣西北百二十里漢邾縣也舊志吳赤烏二年陸遜築城今遺址尚在府志邾城有二一爲邾縣故城一爲漢邾縣唐蕭德言括地志云邾城在黄州東南百二十里者立乎舊州以指故邾也明一統志云邾城在府城西北百二十里者立乎明代之黄州以指漢縣也舊州即漢邾縣地說見沿革

西陽城舊志在縣東南三十里魏滿寵度吳欲襲西陽

先爲之備是也未詳其地【府志】以今治東南三十里有孫家嘴桃山面河形勢足據巴水經其下舊名西陽河與水經合疑即其處【舊志】弦子國春秋僖公六年楚子滅弦弦子奔黃【注】弦在弋陽軑縣東南今縣東有東弦鄉

永安城在縣西北十里即邾縣故城隋所置永安郡也【明一統志】城中多上地【蘇軾記】云昨日讀隋書地理志黃州乃永安郡今黃州，五里許有永安城俗謂之女王城其說鄙野而圖經以爲春申君故城亦非

春申君所都乃吳國今無錫惠山上有春申君廟又【舊志】有作呂陽城者謂東弦鄉有呂陽三村亦不可考

陽邏堡在縣西北百二十里宋置堡於此東接蘄黃西通漢沔南渡鄂渚北至五關一要害也開慶元年元世祖取黃陂民船繫栿出陽邏會於鄂州咸淳十年宋王達守陽邏伯顏破之陣阿朮先據黃州詳見兵事相傳江側磯石有泐命上游四字宋龍仁夫書【府志】云春秋昭公五年楚子伐吳齊於羅汭【舊志】以爲即此地然字從羅不從邏相傳三國時劉先主約孫權拒魏旦夕使人於此邏吳兵之至故名按水經江東逕若城南【注】若城至武城口三十里武城口即今武通口陽邏堡正在其下或謂若爲邏歟

大乘山土城在陽邏下十里城林鋪上有古跡饒益寺遺址旁有古城不審何代相傳晉王孟威嘯聚之所有古井明嘉靖末邑人呂禧淩得斷碑中爲元伯顏記載孟威事又【舊志】載孟威葬於縣北百十五里俗呼王墓山又有雙姑廟祀其二女姚英月英言與闖索戰敗遂妻馬事無可考

沙洑口在縣西一百四十里元史作沙蕪口一作沙武口宋開慶元年元世祖自沙蕪口濟江州縣多降咸

淳十年元伯顏軍自蔡店往觀漢口形勢開堤引船入淪河徑趨沙蕪入大江詳見兵事

舉口今團風鵝公頸入江處梁將徐文盛敗任約進軍於此

斬巫驛相傳在臨皐亭右唐肅宗時遣女巫分禱天下名山大川所至狼籍有入黃者刺史左震晨至館破鐍斬巫悉誅所從少年籍其贓得十餘萬黃人歌之

赤壁即赤鼻山在今漢川門外橫山突落城截其半亭閣錯雜勢逼懸巖【水經】云江水左逕赤鼻山南是也

方輿勝覽亦謂之赤鼻赤壁之名不知始何時陸游云黄人謂赤壁爲赤鼻尤可疑也蘇軾云黄州守居之數百步爲赤壁或言周瑜破曹處不知是否亦頗疑之今自雪堂而西舊跡消磨盖人事之修廢屢矣至於風帆上下江水連天遠峯數點在江之右亦勝境也赤壁之勝舊有臨江亭宋晁補之有詩又羨江樓無盡藏樓水月亭清風橋橋南曰夢鶴亭又有問鶴亭東白亭酹江亭共適軒萬仞堂蘇文忠祠也浮春亭臨邑邢侗題用杜詩赤壁浮春暮之意明季流賊亂議者恐憑瞰城內乃悉焚之先是過客留題者多石刻明知縣茅瑞徵輯爲若干卷梓之今石燬過半其集猶有存者趙孟頫書赤壁賦一爲冢宰趙用賢重刻一爲郡守潘允哲摹檇李項氏眞蹟今

壞又石刻蘇文忠滿庭芳臨江仙行香子三詞郡守郭鳳儀自峩眉觴歸勒於石今在坡仙亭上亭有蘇文忠像康熙年間知府于成龍重建亭傍曰二賦堂知府郭朝祚曰東坡赤壁皆逸品也後知府賈鉝增修之續赤壁志繪以四圖廣濟金德嘉爲記歲久亭圯乾隆五十四年知縣王正常糾邑人重建

聚寶山在城北二里許產小石光瑩類瑪瑙日映之紅黄粲然宋蘇軾作怪石供即此山也山中有浮翠亭後有泉甘美名寶山泉又子瞻赤壁記亦云岸多細石温瑩如玉深淺紅黄之色或細紋如人手指螺紋宋犖筠廊偶筆稱明嘉靖中王廷陳姪於此得紅石如錢犖判黄時得十六枚作怪石贊爲雪堂小品之

一

城山在縣北七十里記纂淵海云十勝境在城山有仙女臺仙女洞看花臺龍潭瀑水巖龍山仙源亭馬頭泉師姑臺仰天窩

金鷄山在縣北七十里相傳古掘地有金鷄飛出棲於小崎山西南飛得水次曰金鷄湫有池曰金鷄塘又有金鷄廟今不詳所在府舊志云元威順王游獵至此有詩

大崎山在縣東北百六十里山勢懸絕甲於一邦上有

寺曰能仁唐貞觀中建峯巒廻合飛瀑百道下滙寺前爲磵寺南一石橋上有憇舍左右皆古木藤蘿紫縈西畔有道人石磵水下注泠泠作金石聲又西南有留雲洞俗呼爲劉婆巖行人經其攬石壁峭立前代避兵於此寺下十里龍井在焉過旱禱雨則應四時多雲雲生處產異草以濯佩帨清芬襲人土人名曰濯雲香登峯俯望則羣山羅列郡邑形勢盡在目前去大崎十里爲小崎山巖壑林石路益奇折有飛來石下如杌推之可轉而不仆其左爲青峯巖

武磯山在陽邏鎮北臨大江[舊志]言黃祖閱武其上未
知是否[元史]阿剌罕以兵拒沙蕪口逼近武磯巡視
陽邏城堡後伯顏既破陽邏乃登武磯山望大江南
北皆元軍也邏元史作羅
香爐山在陽邏北五里以形名元世祖嘗登此俯瞰大
江江之北曰武湖其南岸即滸黃鎮屬江夏
柯山在定惠院南宋潘大臨居此稱柯山人張文潛謫
黃亦以柯山名其集蘇子瞻詠蔡柯山之葱蒨即此
[府志]云近城可尋之境惟赤壁柯山明邑人王同軌
讀書其下有葱堂悠然樓三雅軒香雪臺江雨亭酒隱堂甖香閣蒼蒼閣金粟亭藝蘭亭觀稼
亭諸名

龍蟠磯即節波石在縣東南江中周百餘步高六丈石
勢蜿蜒如龍因名[太平御覽武昌記]云世傳龍蟠於
此誤也黃邑以武昌江岸爲界磯屬黃上有大士閣
紅霞岫磯與赤壁弁峙邑人洪周祿題曰紅霞岫上有
韭傳爲仙人所種冬夏不枯今類
徐公洞在赤壁後坡其下有巖蘇子瞻云非有洞穴但
山崦深邃耳圖經云是徐邈不知何時人非魏之徐
邈也
獅子巖在道觀河東盤踞三十里高五里形如獅蹲其
巔如獅口中可容席七洞三泉在巖下里許又龍關
山東一石名天舟狀如舴艋道觀河經其麓水漲時
行旅苦之
龍邱在縣北百二十里三家店元至正間邱黃蕭三家
自豫章徙居因名宋陳慥號龍邱居士以此南有濯
錦池北三里爲慈悲塔蘇軾與慥遊憩處也其東隅
爲董敬中宅別搆百尺樓於園湖名曰鏡心龍仁夫有聯云水光天上下樓影日東西今樓廢石柱存
敬中字仁輔元時參知政事見

[隱逸志]明劉基嘗駐此句曰西三里爲柳子港即古
舉水春秋所謂柏舉也由龍邱至陽邏堡內有九關
晉劉毅追桓元所經
黃泥坂在清淮門外里許赤壁賦過黃泥之坂是也明
郭鳳儀即其地建一聆亭久廢有斷碑刻古黃泥坂
四大字陶珪書
白龜渚在赤壁磯下晉毛寶軍人有得白龜者養之漸
大放江中後寶爲張駱度所敗軍士多赴江死放龜

者亦墮水忽有物負之登東岸乃所放龜也明知府郭鳳儀刻石曰白龜渚作龜形於下

夏璵（省志作西璵）在城西南隅二里宋明道間夏竦守黃州以治濱江不利泊舟鑿陂於臨臯驛人皆便之洗馬池其故陂也旁有舊城向日門遺址

崢嶸洲晉劉毅破桓元處也舊志謂在赤壁山前俗名得勝洲按水經江水東逕若城南注江右有李姥浦北對崢嶸洲下乃云過邾縣南右得黎磯則崢嶸洲應在黎磯之上乃今之木鵞洲非得勝洲也又水經

江水逕邾縣故城南注城南對蘆洲蘆洲即得勝洲今洲之右岸亦名蘆洲灣

武湖在縣西南三十里一名黃漢湖舊志漢黃祖習水戰於此故名

雙流夾在縣西九十里雙流鋪宋歐陽修貶峽州時舟次其下見于役志（陸游記作雙柳夾所謂回望江上遠山重複深秀者即此）

洗墨池在縣治南報恩寺後宋蘇軾洗硯處舊志春夏之交泉涌如墨色有蘇文忠祠明季燬康熙間通判宋犖浚池置亭移建雪堂竹樓祀宋王禹偁蘇軾張耒秦觀於祠今廢有趙孟頫所書洗墨池三字石刻嵌於壁

問津書院在縣北九十里古有孔夫子廟後人掘地得石碣有子路問津處五字不知事在何年或言即明嘉靖間用張璁議設主撤塑像時也懸巖茂木下有清流跨石爲橋橋外有風亭當路之北北行有盤石瑩然草木不侵墨池在其右又有石如硯雨下墨水淩出山麓側突一石鐫曰進步處旁勒五廸二字疑書者名字也其上爲孔子山山上有臺俯視左右皐

者衙平者坂舊以長沮桀溺名之東隔層巒三里有港焉北十里許曰回車埠言返乎蔡也宋明以來聞人之講學者往往居此曰問津書院其間修廢不一至今復盛俱詳學校志及藝文記序內史記曰孔子去葉反乎蔡長沮桀溺耦而耕聖賢冢墓記曰黃城山即沮溺所耕處下有東流子路問津處也括地志曰黃城山在許州葉縣西南二十五里也（宋龍仁夫講堂在今廟右百步明嘉隆間耿定向亦講學於此至蕭繼忠王圖諸人始移建今地）

河東書院在縣治東宋寶祐間郡守李節建後有七賢

祠詳學校志及祠祀志、

定惠院在城東清淮門外蘇軾以元豐三年二月至黄寓居於此遶舍有茂林脩竹荒池蒲葦春夏之交鳴鳥百族僧顒於竹下開嘯軒以居之院東雜花滿山有海棠一株作海棠詩後人改軒名嘯臺其南爲海棠軒洗墨池在其後又有捫腹軒拭目軒睡足堂文忠祠賢俗亭君子亭俱圮明知縣芧瑞徵得其舊址築嘯臺今廢

海棠橋在舊城北橋側多海棠故名相傳宋秦觀嘗醉

臥此橋留詞其上今廢舊志流寓載秦觀事今按宋史秦觀高郵人元和中爲秘書省正字紹聖初坐黨籍出判杭州尋以御史劉拯誣其增損實錄貶監處州酒稅使者復以謁告寫佛書爲罪徙郴州繼編管橫州又徙雷州徽宗立復宣德郎卒於道橫州高粱地在廣西橫訛黄耳海棠橋不知觀何時游此存考

金甲井舊志在赤壁宋紹興間浚得金甲二相傳劉宋謝晦之敗投金甲於此府志云晦敗於荆州北走至安陸延頭戍爲戍主光順之所執送金陵不得投甲於此又傳赤壁山下有謝鐵龍墓或其所遺也

蘇公暗井舊志在今縣學古迹湮沒蘇始浚出有浚井詩續志明初在縣學中移學後失所在

君子泉近赤壁一云在棲鳳街今倉巷宋通判孟震有賢德時稱孟君子庭中有泉蘇軾因以名之轍爲銘軾爲跋黄庭堅爲詩府舊志云明推官羅瀚因修城得泉建小亭刻石久廢

琴臺在三江口宋昇明間司空柳世隆於西陽城列三層戰艦泝流而進降劉攘敗沈攸之嘗於此鼓琴明改建守備司行署今廢

落星臺在城南二里許馬家窪七星塘側有石高數尺

大十餘圍上旁殺色青相傳隕星而成居民祉於是日姬公祠未詳塘東岸小阜曰祭風臺或云韓琦築不可考

釣魚臺在縣北百六十里紫潭河東岸石狀奇興上有人坐釣跡游魚出入其下人不敢取俗傳張太公釣於此謂煙波釣叟也

橫江館在赤壁山南晉龍驤將軍删恩建後有梓潼閣唐杜牧詩外家兄弟晉龍驤指此宋刺史王禹偁重脩今廢俗名馬廻坡

嘉樂樓在縣東南高阜府舊志云在雪堂南唐太和刺史劉憑之建四望亭覽觀江山爲一邑之勝府舊志李紳作記考東坡集有題濠州七絕其六爲四望亭註云太和中刺史劉嗣之立李紳以太子賓客分司東都過濠爲作記非黄州也黄州亦有步至四望亭魚也上誤府舊志引證劉李恐誤宋張激攜令日更爲樓曰高興取杜詩玉山高並兩峯寒之句陸游所記坡西竹林號南坡即其地也明代呼爲南樓久廢

竹樓舊在子城西北隅與月波樓通宋刺史王禹偁建有記明文徵明書石刻今在赤壁元至順間脫額不花重修龍仁夫記後燬明洪武甲戌知府葉宗因舊址更建嘉靖

間知府郭鳳儀增修下爲賓座曰禮賢堂移在縣治西府治儀門外之右康熙間通判宋犖移建於洗墨池古蹟數移漸失其始黄郡注遺云按歐陽修于役志竹樓有在興國寺者又陸游記竹樓下稍東即赤壁磯則竹樓又當在赤壁稍西又舊志明宏治間移雪堂於府治東隅勝日雪堂與竹樓對峙

月波樓不知名始何代王禹偁詩云郡城無大小雉堞皆有樓蓋城樓也舊志或言即今漢川門城樓又舊傳城自明代展築未詳是否又相傳有鄭美樓亦譙樓也明知府楊守仁定

名舊志謂疑即清源門城樓

棲霞樓在縣西南宋閭邱公顯守黄時建坐挹江山之勝孫載詩云地據淮西盡江吞石壁寬蘇軾詩云黄州在何許與子上棲霞又世容詩云霧容天在水春色柳藏橋謂此樓也按蘇軾水龍吟自註云閭邱大夫孝直公顯嘗守黄州作棲霞樓而舊志以爲李顯非也

涵輝樓在縣西南宋韓琦有詩狀元張孝祥取赤壁賦中語書其額曰無盡藏樓後有坐嘯堂及無倦味道二齋

碧栖樓在赤壁醉月亭南明知府盛璞建即今王公書院樓又洗煩樓在赤壁東北城內邑人洪周祿建下有栖霞館皆蒞其昌書勝今燬側有廣容閣即今廣嗣菴

忠孝樓在陽邏元吳賢建又有古懷遠坊義井飲馬池文武祠桂香殿皆賢遺蹟也

睡足堂明志宋時王禹偁建取杜牧詩平生睡足處雲夢澤南州之義

相隱堂在舊司理廳宋麗籍參知政事嘗爲郡司理後人爲建此堂

讀書堂在城外安國寺宋韓琦兄琚守黄時琦嘗於西

廟讀書即此堂其後郡人爲立魏公祠

瑞慶堂在城南清源門外宋王禹偁爲許瑞夫建

南堂在臨皋南畔蘇子瞻所築與蔡景繁書所稱逅葺小屋强名南堂是也爲賦五絶

雪堂在城內東南蘇軾謫黃二年故人馬正卿爲守與故營地數十畝躬耕其中是爲東坡因號東坡居士坡西竹林古氏故物曰南坡元豐五年蘇子於東坡之側爲堂時大雪因繪雪於四壁號曰雪堂舊志自黃州門東至雪堂四百三十步堂前有細柳浚井西有微泉小橋堂下有元修菜桃花茶橘杭棗栗松桑畋堰又作江城子詞自註云南挹四望亭之後邱西控北山之微泉慨然而嘆此亦斜川之遊也有居士亭在高壟上越七年移汝州去以堂付潘大臨居之崇寧黨禁起毀堂既而郡人屬道士李斯立重建何頡之作上梁文有云前身化鶴嘗陪赤壁之遊故事傳爲無復黃庭之字蓋蘇子所書東坡雪堂四字久爲人盜去矣至元季堂復燬今城中有荒阜雜閭閻間在坡仙坊十八坡後相傳即其處也府舊志云在縣學東蓋指舊學基言

一枝堂在城內宋時建中有大梅一株舊志云不知在何地疑即東坡梅也按蘇子於雪堂前手植一梅大紅千葉一花三實至嘉靖後始枯知府郭鳳儀摹形於郡齋又重建一枝堂於洗墨池今堂廢梅花石刻在赤壁上

寒碧堂在縣東門外何頡之兄弟所作以待蘇軾軾爲書竹石於壁且賦之詩今未詳其址

竹堂在赤壁磯下白蓮池左明吏部晏清建

如畫亭在縣東高阜會遠亭在縣北俱宋王禹偁建今廢如畫亭爲縣學巽峰或云晉陶侃登眺于此久廢乾隆五十三年知縣王正常糾邑人重建

覽春亭在縣南宋韓魏公琦建作詩序又建春草亭於東門外亭後即讀書堂

臨皋亭在縣南瀕江古之回車院也蘇軾遷於此嘗言遷居江上臨皋亭甚清曠又曰臨皋亭下不數十步便是大江其半是峨眉雪水吾飲食沐浴皆取焉何必歸鄉哉又嘗書其上云東坡居士酒醉飯飽倚於几上白雲左繞清江右洄重門洞開林巒坌入當是時若有思而無所思以受萬物之備舊志云臨皋原名亭後改爲館又改爲驛又爲三江守備署明季燬

康熙間知縣李經政建亭以憩行人

快哉亭在縣南宋清河張夢得謫居齊安即其廬之西南爲亭以覽江山之勝蘇軾名之曰快哉又爲詞有云一點浩然氣千里快哉風蘇轍有記今移建府治內

遺愛亭在安國寺內白蓮池前宋元豐中徐猷爲郡守有善政既去民建此亭蘇軾因名之巢穀有記明宏治己未改建於縣南

覽勝亭在北城上高阜明宏治間建後知府潘允哲增修岡巒環拱江湖映帶遠帆晴樹畢歸目睫特風高

易頹乾隆五十四年知縣王正常糾邑人增修

息肩亭在赤壁山下明邑人何傑造石路里許搆亭其上行旅便焉今廢

四顧亭在黃州今廢

春草亭舊少董藏東坡醉墨云今日與客飲既醉遂從東坡之東直出至春草亭而歸時已三鼓矣按春草亭韓魏公所建在郡城東

鴻軒宋張耒初謫監黃州酒稅繼爲倅爲守凡三至黃建此以居有記亦顏軒宋潘大臨建俱未詳其地

壁陰軒宋黃庭堅甥洪芻爲黃州酒正榜其所居庭陰銘之芻又創勵穀軒潘邠老有絕句

寶誌塔去城山數里地名羊角衝相傳爲梁僧寶誌今考寶誌瘞骨塔在金陵當別是一僧

趙氏園不詳所在志林載宋元豐七年二月東坡居士與徐得之參寥子步白雪堂經柯池入乾明寺觀竹林謁乳母任氏墳至茶園遂造趙氏園探梅堂至尚氏第觀老枳偃蹇如龍蛇形又蘇子遊定惠院記言與參寥二三人訪其舊居院東小山上有海棠一株

特繁茂山多老枳木性瘦韌筋脈呈露如老人頂頸花白而圓如大珠纍纍時園已易主未詳姓氏下文始云往憩尚氏之第前有竹林花圃皆可喜也

尚氏園考東坡圖在柯邱南志林載東坡云尚所居竹林花圃皆可喜醉臥閣上稍醒聞坐客崔成老彈雷氏琴悲風曉角錚錚然意非人間也

韓氏園考東坡圖在東門外東坡嘗與潘彥明云韓氏園亭曾與君可若果有亭榭佳者可以小圖示及當爲作名寫所又志林載元豐七年三月三日與步出

城東入何氏韓氏竹園

何氏園藕子記云、曉出城東入何氏韓氏竹園時何氏方作堂竹間既闢地矣遂置酒竹陰下及歸過何氏小圃乞其蘘荷移種雪堂之西

蔭花園即花園鋪在城北六十里明陶安守郡時有詩

一字門九鐵散列如石有九古諺云九鐵鎮黃州萬年永不休不知其由

智林村在清淮門外明末孝廉王一鰲讀書處

茶村在城內北樓灣明末貢生杜詔先故居

卷之一 古蹟 咒

澈菴在清淮門外桐梓岡明末邑紳陳師泰故里

劍峯在縣東北百二十里張家寨明末文學李之泌隱處

漁臺在樟松湖明末巡撫魏公韓居此卒葬臺後

附補舊迹 何白雲憩樹在魚博橋側兩松蟠偃今尚存

古黃八景 黃岡曉霽 赤壁春輝 竹樓勝集

柳港聯芳 臨臯月散 洗墨雲生 吳公義井

孟倅清泉

後增定八景 蘆洲芳草今改蘆洲 舊志曰崢嶸 樊口輕帆

柯垃蔥蒨 雪堂梅蕚 寶山泉石 二崎雲樹

永安故壘舊志曰春申今改永安 柳公琴臺

郡城八景 城南煙樹 四顧雲臺 龍潭夜月

化樂曉鍾 崎山疊翠 義井清泉 鳳臺夕照

魚浦秋風

風俗

舊志黃岡士重氣節好文章而隋宋及明所傳奢儉爭讓勤惰廻殊蓋風俗與化移易然也夫休養生息政教誠和士與於學民安其業當有盛於昔者備舉

卷之一 風俗 平

傳聞庶有擇焉

隋志俗尚淳質好儉約

宋蘇軾跋韓魏公詩山水清遠土風厚善其民寡求而不爭其士靜而文樸而不陋尊德樂道異於他邦

張耒雜志民利魚稻農惰而田事不修

黃州府舊志農力耕種蓄糞如金田益膏腴至十金博一畝者

舊志云士尚氣節重廉恥不肯干謁無依阿淟涊之態布衣投交或榮顯者禮貌不至則拂衣去至老不相

往來又云士民慕義樂爲善畏官府如神明

按岡邑之爲俗也士傳家學人喜爲儒科甲後先稱盛童子試且數千文名甲於楚其佔畢授徒自鄰邑達乎豫蜀居常循循遵禮法有躍冶者羣絶之舊時閥閲勢重百年來凜凜畏法懼見譏於鄉里咸自愛重廉恥無干謁有司者農民力田地半肥磽無產者佃於人以自給澤居兼資網罟安於土著不樂遷三時效勤至冬乃遑他務重本業也循分食力輸納趨時畏官府如神或不得已而訟見胥役持之輒恢

恐事已即俯帖無告訐風富民務嗇約以芬華爲戒往來燕會服用饋遺各稱其家近微侈然視他邑猶樸矣昏重親迎喪沿禮儀祭以時掃墓歲春秋二焉崇神信禨俗亦有之婦女習勤不尚妝飾東利桑蠶西利紡織南近水以績爲業閭範整肅知禮義自守雖饑寒患難不變故節孝多可稱世家守高曾矩矱縱貧落不廢儒術否亦就耕境內士農多而工商少其大較也其吏胥房保因緣爲奸水陸通衢鼠竊爲患近日頗息察之者嚴故不得逞也後之君子悉其

獘無弛其法焉

士業　士好讀書以博覽著述爲業輒自負不能相下舊時治經者多禮記各有師傳今頗兼之自王稚欽後多好爲古文詞者其制藝豪邁自立劉稚川之遺風也

農事　農夫力作重去其鄉歲清明始布種彌月而栽比鄰皆助之鼓歌相催督其稼有一穫再穫曰早曰中遲曰晚及秋有蕎棉及大小麥之類種者西南濱水常苦澇東北近山常苦旱故隄防之設溉灌之資

籌其利焉

蠶事　清明浴種婦人始治蠶事初生拂以鵞羽既食剉桑葉食之乃有三眠至於大起分箔登簇成繭而繅之以供機杼

織事　入夏植棉亢爽之地涼風既至拾其花紡而織之女工之常也

方言　土氣厚重其聲少清其土音如呼須近西去近棄水近暑眼近闇之類

冠禮　勝冠後涼暖遵禮士庶稱其分衣華樸以家必

整肅

婚禮　重門梱始通媒妁問名有儀其納釆請期親迎必遵禮制聘資妝奩弗計

喪禮　親沒訃於戚友沐浴殮畢殯於中堂家人裂布裹頭成服齊衰下各以等朝暮奠泣杖踊飦粥苫凷如禮戚友赴吊以期至有奢儉也庶民崇佛專或鼓樂治具醵錢坐夜擇地營葬用形家言其導送如治喪

祭禮　庶民祭於墓士大夫立廟者祭於廟四時節序

及生忌日祭於寢其廟祭序長幼族長主之具牲醴几筵楮幣祭畢燕飲分胙而還世家有祭田以共時祀

社　斂錢市牲醴以祀土神祀畢少長飲焉

儺　人朱衣花冠雉尾執旗鳴鑼俗名急脚子比戶致祝大抵袪沴祈福之語

歲時　元旦五鼓起向北叩首曰祝聖啓門以酒酹地而拜曰出方還室子弟以次拜賀自是親友慶賀讌飲或以粔籹相饋　三日以牲醴祀門戶神飲酒後各理舊業　立春先一日觀迎春以土牛身著色卜水旱以芒神帽鞋占寒燠比戶焚香酹酒曰接春　十三日試燈元夕張燈是日粉米爲團曰元宵張燈火農人以火炬照田兒童擊鼓鑼遶園圃逐諸蟲害稼者　兒童磨磚石二寸許上圓下銳就地轉之名曰得螺諺語陽柳活打得螺　二月十五日曰花朝民家多以是日嫁娶　清明掃墓簪柳踏青兒童爲風鳶之戲田家浸種東作方勤鄉人作茸餅俗名軟麭　端午角黍相遺採藥插艾蒲雄黃泛酒繫綵辟

惡是月有紙舫祈神之會　六月六日曬書籍衣物造醬醋鹽豉俗以爲半年福　七月七夕乞巧　中元祀先又浮屠爲盂蘭會　八月中秋作餅相送具菱藕瓜菓爲賞月之讌　九月重陽登高掃墓民家醸酒　十月朔日曰十月朝田家飯牛以陰晴占穀價　十一月有家廟者合族祀祖先　十二月初八日啜臘粥雜秔豆棗栗亦有以是日嫁娶者兒童以鷄毛植錢孔中縛以綵綿踢之名曰毽子　二十四日曰小年掃舍宇夜祀竈神　數日內金鼓爆竹喧

聲不絕具酒饌祀祖先曰年羹飯　除日張春聯於
門闔戶後燃燭焚香拜祖先及尊長曰辭年更闌後
或出聽人言語以卜來歲休咎曰聽讖田家以夜半
候釜中輒得五穀米粒以其稃飽占來歲豐歉曰試
鍋合家促坐飲酒曰團年或有圍爐終夕不寐者曰
守歲
風俗地氣然也嘗與時移易時因風地成俗風行於
上俗易於下亦有一成不易者唐魏之儉陋鄒魯之
文學至今猶是也黄岡風俗所聞異辭然剽輕易怒
史遷言之蓋江淮以南類然匪直黄岡矣岡俗始載
隋志其言淳質儉約宋蘄氏則以爲厚善寡求不爭
時之遠若合符焉抑其地有不易者也自明治中衰
歲不登汚吏攫奪無撫綏術海内盜起於是邑莠民
亦芽蘖數十年事勢流激豈俗使然與邑人王伯固
據之乃謂五重庶安盜賊比肩民故刁悍不束于法
而中和尤爲盜藪芊氏輯邑志遂因焉嘗攷前明邑
治北鄰麻城西鄰黄陂其時黄安未設與豫之光羅
諸邑接壤蓋邑西北去三治遠而地當兩省之交稽

嚴互匿又崇山隘嶺深林峇箐人跡所罕經爲逋逃
藪迤而南則紅蓋之左五雲之右山澤迂紆無間阻
易出沒故時西北境多盜而當其衝庶安中和無寧
日固其所也中和南濱大江盜水居者以湖爲宅船
爲馬自洞庭至彭蠡一舴艋橈檝數十瞬而至易邏
葉家洲三江口又俱當其衝而陽邏處中和遠地水
陸通汚易納嘉靖間黨捕誅之寘黄安治扼其吭而
拊其背盜以寢息夫盜挾莠民爲窟誅莠安良也而
罪累良不殆於以莠爲良者耶我
朝教澤涵濡百年以來人登三古而務農勸學岡俗爲最
記曰修其教不易其俗齊其政不易其宜廣谷大川
異制者因而利導之以返素樸俾毋濟古處非昔無
而今有也民之角忿也以不能忍輒訟既懼訊亦輒
逋訟師走丐他邑譎是者爲之士之刀筆無百一非
扞法也往時見里中家百畝冬夏絮布無裘葛寸綺
器用苦窳見衣冠則詫而走吏至股栗而故老猶言
天崇間民宴具常舍肉宴已計片授荷而請遺焉蒙
脯觔可十筵有老死不窺城市者大伯固去天崇數

十年耳伯固云孝武之際户般實人重爲奸其間累
年之近不謂俗之艮能如今日然以爲修靡干禁多
逋嚚訟度善變不若是易易不若是其佹以亟此無
辨而明者也物之積失有漸其返正亦有機傾積輕
易返積重難返適於塗者見岐焉不旋踵而復其機
迅耳邑之莠民猶是也夫八吉堡鄂境也與陽邏界
江其人業魚多盜雍正間請置官弁日再巡鱗集而
稽之江行無夜警矣邑旁地土有黠習者嘗以其鄰
爲邑訴厲數十年懲而馴之獄訟寖衰焉世固無難

返之俗也況積輕者旋返已非一日乎抑志有之俞
氣相高無問士庶一言違意譁而起狂豈地所謂剽
輕易怒者耶儉約時少異矣長民者務司其柄而謹
持之而文儒彬彬受之和柔猶是淳質厚善者夫下
之遠罪久則其被上之風以化者愈深而教行易豈
易俗而理之哉

物產

黄之畜利穀宜同於他縣而古所稱多竹如椽落英
之菊乃不概見豈非物之常者久且貴與夫樂暑勞

時和氣蕃滋百物順成民用康阜是故節用養物氣
也不貴異物賤用物安其土之所宜也
舊志按一統志及楚志載齊安產苧布連翹松蘿蝱蝨
自唐迄宋他無聞焉自餘爲地黄艾江豚之屬郡志
稱黄岡有元修菜似芥本蜀產蕪子瞻得種於故人
巢元修因名今莫辨是何菜也俗謂長腰粳米縮項
鯿魚爲邑中佳味米卽香晚種能瘠田故不多獲鯿
實出武昌樊口之長港秋半盈市而其地反不得大
者如鰄鯽蟹皆然鮰鱘並有之江東稱佳品楚人不

鮮食鱘魚出陽邏團風及三江口大者盈車漁人佃
得隨波流止累日俟其自困連舟舉之醢法不減蘇
城鰣四月出楊葉五洲米有鰕鬚稊魚子糯宜釀酒
酒以水白名味薄不傷人張文潛極稱京師之外無
加焉又春江綠漲葡萄酒歷倒雲安麴米春爲韓子
蒼齊安故事然市沽多濁醪子瞻謂酒賤常愁客少
想當然耳夏富蓮菰冬饒鳧雁藕出巴河陸家潲爲
最黄精白花菜種較肥大五加皮薯蕷近有種者在
城頗有扇三家店竹簟故自佳蔴苣油澱綿花蒲葦

邑多有之頗辦所載鶯鶯麂皮反不多得舊稱黃有
落英菊花元雜劇撰爲王介甫蘓子瞻而實不爾凡
落英以其瘦諸如荔枝蘋果間相餉遺壯丹茉莉時
復入目以無當斯土之毛不書
邑田山隰各半負郭及平原者氣煖土沃早穫而厚收
山谷及谿磵者氣冷土瘠遲穫而薄收其穀有麥有
稻麥有大小二種又有蕎麥稻有粘穀名不一俱七月收有六月
即收者名江西早中遲名不一俱八月收晚穀名不一俱九月收佳者下馬秈糯穀
之屬有黍有粟有豆黍有粘有糯粟有粘有糯有蘆

粟豆有黃豆亦有黑豆粒大者爲茶豆菉豆紅豆泥豆豌豆蠶豆
豇豆扁豆刀豆其別屬有芋有脂麻堪資民食
佐食者蔬自演武廳至下巴河口瓜菜圃也各鄉曲亦
有之販鬻者以資生焉其菜有芥辣者爲薹菜又有紅辣菜有菘
即白菜有箭桿烏風矮腳三種有芸薹即油菜春始秀亦有辣油菜不中蔬有菠有芹
藤梗二種藤者佳有莧有茄有莙蓮土名冬莧有同蒿味香脆花如黃菊
有萵苣有韭有葱有蒜有薤一名藠頭有大椒有蘿蔔大者
一枚十斤亦有胡蘿蔔色赤而長有山藥紅藤者劣有薑有白合瓜有黃
瓜南瓜土名番瓜冬瓜大者三四十斤菜瓜入醬佳絲瓜有瓠子有

葫蘆水蔬有蔞蒿有茭孤生水中夏食筍冬食苞子茭米周禮六飯之一有
水芹有藕之屬野者有白花菜有薺菜土名地菜黃瓜菜
馬齒莧
若花果樹木草藥則地不宜果梅桃棗梨柑栗菱芡蓮
子葧薺一名烏芋出三店之屬有亦不甚佳俗尚樸雖縉紳
家亦無奇花異木可愛瀕江洲渚多楊入山多松外
惟桑柘供蠶竹供簟三店多絲綿棠梨供刻板茶供瀹
薦名淡巴菰佐餐耳舊稱地黃等藥今則無自取採
至鳥獸蟲類難言土物其足資食貨者畜有牛有馬有

羸有驢有羊有豕有貓有犬有雞有鵞有鴨鳥有鳧
俗名野鴨雉俗名野雞麥啄獸有兔獾狐狸
長江諸湖鱗介萃焉操網罟而漁者踵相接也其種有
魴有鯉有鯽有鮎音年有鯿即鱸子有鱖即鰍魚有鱒即赤眼魚
又有油筒魚似鱒色黃有鱅即鱅頭有鰈即鯿魚有鯮有鯇即草魚有
鱧即烏魚有鯖有陽鱎即白魚有鯊即鯽刀魚有鱭音餐有黃鯝
有黃鱔即黃類有白小即銀魚之屬鱣即黃魚鮪即鱘魚鮰鱅
亦間有之鰻鱺即白鱔鱓蝦出羅家灘者佳蟹龜鱉或供食
贅若江豬白鰭者爲河豚有毒中者九死明禁鮮之無可食也蟲則

有蠶有蜂小民利之蠶絲蜂蜜

耕漁外資民用者棉布二種紫白黃絲市於但店青靛清油黃扇

竹簟出三家店飲饌稍佳者酥餅酥果粉餈豆腐椎魚以鯿為之釀鮓黃魚為最而已

黃岡縣志卷之一終

卷之一　物產　圭

黃岡縣志卷之二

知黃州府事王鑑　纂輯　稽裁訂

知黃岡縣事王鳳儀　陳文樞　蔡韶清　仝編

建置志

城池

語云十室之邑三戸之鄉猶必備其壁塹况重鎮乎魏晉以後雖郡邑遷徙而莫不有金湯之意至於承平日盛守土者安之以是為禮教政令之所歸也

宋元遺築在今城南二里許張耒雜志云黃名為州而無城郭西以江為固其三隅畧有垣壁間為籓籬因堆阜攬草莽而已城中民居纔十二三餘皆積水荒田民耕漁其中西臨大江東傍湖泊水漲湮沒不常府舊志云舊城門曰朝宗向日龍鳳餘無考今東北城蹟猶存宋建炎中知黃州趙令戣奉詔修城六月而畢然以賊張遇過城下令戣度不能拒出城見之賊乃引去其時之城可知矣明洪武元年戊申指揮黃榮移築今處十七年甲子指揮曹泰永樂六年戊子指揮郭顯相繼修理周九里許凡一千八百二丈八尺有奇高二丈一尺厚依山不可計濬以濠塹警鋪三十雉堞二千一百一十九門四東曰清淮南曰一字西南曰清源西北曰漢川敵樓各三間金湯[illegible]

黃岡縣志　卷之二　城池　一

諸郡正德中漢川門水潦崩知府鄭信修葺萬歷十二年清源門火知府范可奇修葺崇正八年知縣李希沆倡率士民深濬增築十年袁繼咸分廵黃州與知縣徐調元築城六千餘丈按黃築舊築僅周一千八百餘丈而明史紀繼咸所築三倍有餘殆兼郭外所築言之歟十六年三月賊張獻忠掩至從東北緣梯入驅婦女劃城旋殺以填塹城存不及肩秋知府周大啓洊任治事粗加修補相傳賊破黃州有詹汪二姓實以水寨舟各二十艘爲賊鄉導砲待賊掠聚族於詹家湖新城湖等處賊去後官捕之責以修城貸其死因陋就簡周歲畢工視舊制低五尺有奇廣如舊

國朝定鼎　英王率師南下檄定黃州府順治元年甲申歲也二年知縣汪士衡次第修理四年知府牛銓建譙樓四康熙十一年知縣董元儁捐俸重修周圍雉堞戍樓警舖之屬一如明舊制十三年大風毀清源門樓知府于成龍建四十五年大水城圮知府李彦珝修葺五十四年積雨七旬城圮四十一處知縣鍾蕃次第修補三年工始竣雍正二年連雨水漲圮城數十丈並清淮門戍樓知府康恃捐修十一年清源門戍樓將圮知縣暘于熊會同七邑捐貲重建榜曰[illegible]楚北十三年東北城圮四丈餘知縣邵豐鍭修之二十三年漢川門右城圮二丈七尺知縣劉煜倡修清源門左缺石邊城圮八丈餘知府錢鋆修理典史毛鳳梧董其役　濠久淤塞續志曰黃城東北倚山無池可鑿險已難恃西南舊有濠溝年久湮塞竟成坦道且築室櫛比而居在清淮門者人多私占墾田幾爲世業未雨綢繆有心者所當區畫也乾隆十年知府禹殿鰲開濬古溝水自一字門逵清源門出觀瀾橋

公署

辨方定位職思其居君子之庇身也儉不至陋壯不至驕而宜布政教民之所瞻益有本焉故曰外列百司庶府咸有治稱其位也語曰署位之表也

縣署在今清源門內府署東黃州衛治繞其後地多峭削縣獨平衍據勝處舊在城南濱江明洪武初城郭移築縣治遷據高廠郎蘊賦披蒙茸巉巖地也乳母墓在縣南掘得而蘊誌稱爲縣北可徵矣　按舊志云縣城南有黃岡山名因之但縣名肇隋其時永安城不在此地似非因山名也明洪武元年知縣萬士安建大堂三楹成化二十一年知縣程逵重建扁曰親民又有吳百朋書親民如傷四字堂後爲後堂又後爲內宅堂前東西六曹以次列左爲幕廳舊志載宅右爲管糧主簿宅左爲捕盜主簿宅今俱廢

靖中知縣孟津於月臺增建戒石亭又前爲儀門大
門扁曰江漢首邑萬歷三十四年知縣茅瑞徵增置屏門縣
庫在大堂側冊房在堂後右儀門外左爲有嘉館以
肅容旁一楹爲土地祠吏廨在其後右爲獄初萬歷三十一年同知王從詔署縣事重修獄室分輕重女監立有石記又舊志載申民亭二間在儀門前左崇禎
末年賊兵盡燬
國朝順治二年知縣汪士衡下車借寓民廬三年始創大
堂十年知縣劉國寧建役堂並東西六曹康熙三年
知縣徐籀建內宅九年知縣董元俊建戒石亭五十

年知縣鍾葦重修大堂顏曰寶善堂建申明亭在儀
門外雍正二年知縣張光裕移置申明亭於縣左城隍
廟內建奎星樓一所在大堂左廨後乾隆二十八年
知縣葉世度建二堂四十二年知縣顧夔建西廳及竹樓五十年署知縣張瑢移縣丞署建東廳五十二年知縣王正常建內宅增修東廳榜曰景眉堂二堂榜曰心秤堂

教諭訓導署在學宮內

縣丞署在縣署左舊志縣宅右爲縣丞宅萬歷丁未縣
丞陶承禮重建明末燬移建今處即明捕盜主簿宅
址乾隆五十年移建洗白街

典史署在縣署左

北察院在縣學右傳爲夏閔王三姓舊址有石刻神位
國朝即其地建堂三重考堂一重扁曰燕白堂下列號舍
東西各十二楹楹各四十餘號外爲左右轅門爲學
使者按臨公署康熙四十八年五十八年知縣黃極
鍾蕭先後購署東民房廣東西號舍各十二楹楹各
六十號生童日衆猶苦湫隘乾隆二十三年知府錢
鋆同各屬紳士購署東民房四十間地十四丈擴新
之凡建號舍倍於舊知縣陳文樞有記舊志載察院在縣學左係

明陶仲文入官宅萬歷元年知府潘允哲改建前有
石坊曰御史臺舊止府官廳三楹萬歷二十三年知
縣茅瑞徵同縣丞陳士廷增設司道官廳三楹於右
後燬基爲民居又南察院在縣學前左亦陶仲文子
堦宅舊爲兵備道署燬基爲民居又憲司在府學左
明萬歷二十五年知縣茅瑞徵重修今廢爲民居
舊志附載各衙門古物今拆毀不當不具列

布政分司在府城隍廟左明萬歷三十五年知縣茅瑞
徵重修建後廳三楹主簿金可礪董其役燬今爲民
居廟左惟有公館舊志載公館一即七賢祠一在南察院右今俱廢又按察分司久廢

清遠亭在赤壁乾隆二十四年知縣蔡韶清建置公館

分守武漢黃道署在北察院西北雍正九年奉　文駐

劉黄州府給費二千餘兩買民房基址建立衙署蘄
水知縣汪歙董其役凡六月告成
黄州府治在縣治西北高阜即古酉坡明洪武元年知
府李仁創建
國朝順治初府官借居鄉紳洪周祿宅即今分守道新署
地十四年知府徐士儀於舊址建大堂康熙十一年
知府于成龍次第建修始移居二十九年知府王輔
重修大堂建枕江亭於署内五十五年知府李彦瑁
即儀門外鼓樓舊址建鼓樓三間後毁五十七年知

府蔣國祥移大堂於月臺下六曹儀門俱改置樹屏
儀門外署内書亭數座船屋七間皆軒麗後多傾圮
雍正十二年知府李天祥撤儀門外屏有清暉堂見方輿勝覽又
有文酒堂明知府郭鳳儀建今燬餘詳府志
府糧捕廳署舊在府堂西有涵虚亭明通判汪廷元建
夢坡舘通判陸志孝趙俱燬移建府學街右未知何
時
國朝順治間宋犖判黄州於署左建將母樓旋謫於
文廟不安立毁之舊志載府同知署舊在府堂西有壁立亭同知臨允宣建來雲軒同知李

維祐藝竹地俱燬今駐岐亭
府推官署在府堂西今燬
教授訓導署在府學宫内
經歷司司獄司署在府署内
照磨所署在府署東舊志有陰陽學在府大門左醫學在府大門右有惠民藥局今燬
黄協副總兵署在洗白街明尚書王廷瞻舊宅後買
協公署前有小教場軍裝庫馬苑及馬王廟
協標中軍署在府學東
黄州衛署在府署北明初指揮黄榮建洪武三年改千
戸所十二年復立守備明季署燬

國朝初衛官借居民舍康熙間守備蕭成重建
演武場在城東南三里周三百七十餘丈明知府余貫
擴之樹楊千株知府潘允哲建堂榜曰足兵坊二左
曰詰戎右曰振武堂後軒面江題曰江漢雄鎮後廢
凡文官迎春武官迎霜學使者校射皆於此地
國朝重修之建大廳三楹舊志載清軍廳在府城隍廟右稱府廳又府舊志載縣有清軍所在治東南城隍廟今廢或云即小學址又馬大畝在城南門外沙街明赤壁巡司署舊志宏治已未改為廠前官舖十二間府有税今廢又城南有織染局址為團風巴河二鎮牙行赴府聽點受約之所今漸
團風鎮巡檢司署在縣西北五十里鎮舊有税課司署又城南清源門外

有稅課司署久裁又演武塲增設稅塲屬府今俱廢

陽邏鎮巡檢司署在縣西北一百二十里

陽邏驛在陽邏鎮今裁舊有齊安驛在清源門外今裁屬縣有李坪驛在團風鎮今裁

又[舊志]載後湖河泊所在定惠院右零殘湖河泊所近團風鎮樟松湖河泊所近陽邏鎮久裁按河泊舊共七所王九塘向併入巴河考[明會典]正德辛未裁團風所嘉靖甲子裁鮑湖舊洲長河歸零殘湖所黃漢湖窑埠安仁歸樟松湖所與後湖止有三所[府舊志]無舊州窑埠河泊所今七所俱裁

僧綱司在報恩寺右　僧會司在維摩室　道紀司道會司俱無署

廂鎮

志言食貨者生民之本故築城郭以居之制廬井以

均之開市肆以通之若周官鄽長司市之設莫非因民所居平而治焉茲邑土廣齒繁四民雜處比於城市達於鄉曲閭閻相接熈然盛矣

舊鄉約所在城內外二[府舊志]城南有鄉約堂在高廟舊址明宏治己未建每月朔講諭呂氏鄉約今廢城內以報恩寺城外以安國寺為會所　團風鎮一以禪寂寺為會所　陽邏鎮一以接葉寺為會所　有約長約副約史擇高年有行者給牒以朔望日宣諭教民

國朝編保甲法分廂鄉九十九區區一保正以察非常雜卫問各鄉俱設鄉約諭民朔望又有木鐸老人巡宣

聖諭

廂坊城內外轄里四思賢廂在城南隅懷德廂在城東隅會同廂在城有仙源廂在城南長圻舊編甲十二今編甲八甲一保

正

一甲東抵鼓樓岡西抵漢川門南抵清源門北抵覽勝亭

府前官街保釐坊在府鼓樓前　承流宣化節用愛人坊及善治阜民二坊並廢　甕家巷

縣前官街製錦坊廢　衛前官街武定坊文明坊俱廢

府學前官街騰蛟起鳳坊在府學內　青雲路坊在府學前　青雲路巷　何家小巷

憲司官街依仁坊廢激揚坊在憲司前廢　大井頭街里仁坊廢

舊鼓樓街曾家巷　衛壖子街

軍儲倉街北樓灣　漢川門街　以上舊一甲今仍之

二甲東抵河東書院巷內小教場西抵胡總兵巷南抵一字門北抵嚴家巷白石牌坊

姚家閣街依仁坊　文明坊　胡總兵巷　半邊街　沙井巷

城隍廟坡街坡仙坊後重建題曰東坡故居廢　今坊曰東揖坡仙　李指揮巷

預備倉街紫薇行省坊在布政分司今廢　敷教坊廢　報恩寺巷

新街　孟指揮巷　賈家街文明坊　胡總兵巷

一字門內街思賢坊廢河東書院坊　六劉巷　蔣家巷　以上舊二甲今仍之

三甲東抵清淮門西抵鼓樓岡南抵嚴家巷北抵覽勝亭
鼓樓下正街朱衣巷　洗白街紅水巷金家巷方家巷古井火巷
縣學前街懷德坊廢　南察院街於家巷嚴家巷
北察院正街御史臺坊北樓湾　郭家湾呂家巷　以上舊三甲今仍之
四甲東抵濠濟口西抵大江南抵下新河北抵清源門
觀風橋沙街拱辰坊　中馬頭街拱辰坊
東城濠街　水驛前街駐節坊廢
新街會同坊世禮之門坊　夫湾巷賈氏巷　以上舊十一甲今屬四甲
河街會同坊挺猪巷　鉄家巷　河灘街　以上舊十甲今屬四甲

元妙觀街永安坊民天坊廢　高廟巷便民倉巷　以上舊九甲今屬四甲
五甲東抵漢川門西抵小河南抵威遠關外北抵紅沙背
上馬頭街永安坊林家巷　鷄窩正街思賢坊舊十二甲今屬五甲
六甲東抵古敵樓西抵東門橋南抵東樓閣北抵龍王廟
十字街懷德坊　四牌樓街
忠顯廟街　花園岡街　以上舊四甲今屬六甲
七甲東抵定惠書院西抵會同岡口南抵安國寺北抵一
字門
十字街來遠坊　會同岡街會同坊會同巷

鉄石堤街拱辰坊廢　東城壕街懷德坊以上舊五甲今七甲
崇仁坊陶家巷舊九甲今屬七甲　長塘街古名棲鳳窩俊賢坊倉巷
南塔寺街鐵甲巷　安國寺街
榆木橋街　以上舊六甲今屬七甲　定惠院街
槐樹岡街　孫老院街
來遠橋街來遠坊廢　西城壕街　以上舊四甲今屬七甲
八甲東抵西湖橋西抵金華橋南抵十里舖北抵閻閔橋
卹相隱橋
教場街仙源坊廢　馬驛街飛火巷

河灘街　以上舊七甲今屬八甲　新橋街洗馬池巷打錫巷
守備司街仙源坊藍家巷　太平橋街　以上舊八甲今仍之
汎地南自總舖至演武場長圻壕祖師殿楊林舖雙柳
舖烏臼舖與蘄水下巴河界又得勝洲樊口東港打
石廠與武昌界北自四牌樓至長坡舖楓香橋堵城
松楊舖與團風司分轄並東絃鄉横抵鵝子湖廻龍山馬家嶺朱
大夫河並還和鄉又横而西抵土橋陸家廟黄家舖冷水
井赤山橋與團風司分轄東自桐梓岡三台河路口戚家嶺
道人湖黄西畈孫老苑覔兒橋魚溥火柴港並東絃鄉横

抵馬家潭上巴河西瓜舖並還和鄉溢流河但家店溫水
井三里畈七道河黃岡廟抵羅田界並永寧鄉又橫折而
北抵茅成山項家廟黃土嶺大崎山與團風司分轄又折而
西抵泉華山白雲山白家垇永寧還和上伍重鄉交界並本縣巡
捕典史領之按舊志載民壯除濟邊伍拾貳名久裁外見編練兵應役叁百捌拾名止存叁
百肆拾壹名實徵銀貳千伍百玖兩叁錢貳分除優
免外丁叁糧柒兼派內撥運蘄州練兵壹拾貳名存
留應役府堂叁拾貳名捕廳壹拾肆名岐亭防守壹
拾貳名縣丞兩主簿各貳名典史叁名本縣迎送吹
手上司過客肆拾陸名捕役壹拾陸名走差貳百玖
名並每月同黃州衛軍兵赴守備司操演然差占多
而掛名訓練民不知兵所從來矣又民壯論曰久矣
兵農之分爲二也近制遴民壯丁以蒐卒乘蓋庶幾

兵意焉而訓練無聞不識步伐止齊爲何物公家勾
攝爲常且躬自役爲民豺虎徃私役有禁而至以供
迎送何哉詔書而弁髦之也吾聞偃兵造兵楚
近亦多故矣嚴爲之閑以除戎器不亦可乎
按保甲之法民自爲守攝以操兵難言固圉矣夫民
既出賦以供兵又復役其丁壯於在官幾何不以衞
民者累民耶
國朝仁恩浩蕩法遵僱役惟以保正稽匪八宜民之樂田
疇也
團風鎮廂坊轄里二一廂上街二廂下街舊編甲七今保正一
一甲倉前正街崇德坊華光廟巷　上正街鮮魚水巷

河街水巷
二甲急遞舖正街後廂坊鮮魚古巷
三甲後街時雍坊　十字街永懷坊前街巷筷子巷後湖小巷
四甲上正街時雍坊盧公堤巷　下正街相公廟巷
五甲史壩正街咸寧坊行宮廟巷　雷壇正街磁器巷
六甲上馬頭街欽福坊紙巷口　下馬頭街橫河橋坊陶家巷
七甲司前正街馬頭小巷　上河街馬頭巷
半邊街宋家巷　河西正街永清坊橫河渡口
汎地北自總舖磐石橋花園舖折而東爲方家坪又北

爲竹苑舖金山舖並慕義鄉淋山河丁家塆黃林墅舊街
入長舖並下伍鄉道觀河並上伍鄉前抵沙河麻城界又橫抵
大崎山永寧鄉東北自禪寂寺至赤山橋羊兒巷還坡
嶺周書店橫抵白楊山還和鄉南至臨江舖松楊舖東
南至劉家套前抵三江口西自稅課局前渡河至鵝
公頸李家境濫泥舖矮劉舖汪家舖西北至史壩橋
金羅山淋頭畈方溢渡老人埠油榨埠張家店白塔
河辛家冲新州並慕義鄉柳子港三家店路灌口朱家堤
入岐亭並庶安鄉前抵黃安界並該鎮巡司領之按舊志載僱編

弓兵明萬曆乙未裁抽解叁名止存伍名支[illegible]共叁拾兩伍錢　永充除逃亡故絶伍拾柒名見役肆拾叁名共支餉銀肆拾陸兩肆錢陸分

國朝順治十一年裁其半　哨船原設三隻上哨馬驛至汪家鋪中哨本鎮下哨臨江鋪至劉家套其船於本縣存省弓兵空月工食扣修　民壯四名雍正十一年增設工食銀壹拾肆兩乾隆元年增修理器械銀肆兩司庫給

陽邏鎮廂坊轄里二　一廂上街　二廂下街　舊編甲五今保正一

一甲　磯窩正街　永嘉坊

二甲　驛前正街　永茂坊　蓬萊寺巷

三甲　唐子巷正街　懷遠坊　孝弟里坊　關口小巷

四甲　司前正街　永慶坊　朱紫巷

五甲　下正街　永齡坊　磴子巷

汎地西至街埠倉子埠抵黄陂界並中和鄉東北至粉壁鋪曹冲鋪畢家鋪周山鋪陶山鋪三山鋪抵黄安中和巡司其西北抵黄陂界其北麻城高家河界南至城林鋪雙栁鋪汪家鋪與團風司分轄並慕義鄉　西南盡江北岸其南岸以八吉堡分界江夏東至寶盎寺彭城畈感化畈抵荒家嘴與團風司分轄　西至沙口抵黄陂界並該鎮巡司傾之　按舊志載弓兵徭編明萬歷時黄安貳拾壹名內裁陸名改撥伍名廻風磯又伍名雙流夾止存伍名內省壹名該縣加修哨船　永充除逃絶肆拾叁名外見役伍拾柒名共支餉銀叁拾壹兩貳錢九分叁釐

國朝順治十一年裁其半　哨船原設三隻上哨武磯山中哨司前下哨文武祠前其船黄安縣修理又下二十里雙栁夾黄州衛指揮等輪哨於此　民壯肆名雍正十一年增設支工食銀貳拾肆兩乾隆元年增修理器械銀肆兩司庫給

東鋕鄉在縣東三里轄里七　呂陽三村　黄土一村　黄土二村　城子一村　城子二村　魚博一村　魚博二村　今分一十八區

路口市　三台河

五里墩　戚家嶺

孫家嘴市　王家店

陶店　南湖

邱店　劉家樓

魚博市　滸子口

鵝子湖市　佘家灣

呂王城　堵城

松楊鋪　臨江鋪

還和鄉在縣東五十里轄里七　昔田一村　昔田二村　昔田四村　横溪一村　横溪二村　白楊一村　白楊二村　今分七區

上巴河市　新店

横溪寺　沙河頭

迴龍山市　楊家畈

白虎寺

永寧鄉上鄉在縣東北一百二十里下鄉在縣東北一百里轄里十二西瀧一村西瀧二村

西瀧四村東平一村東平二村東平三村午穀二村午穀三村石尉一村石尉二村

石尉三村石尉五村今分九區

但家店市　瀡流河

賀家堌　牛車河

三里畈市　李婆墩

茅田　七道河

項家廟

慕義鄉上鄉在縣北一百二十里下鄉在縣北一百里轄里九白虎一村白虎二村東把

一村東把二村東把三村永寧二村城南一村城南二村城南四村今分八區

辛家沖市　淋頭畈

舊州城市　劉家集

金鷄山　花園舖舊有磐石市今廢

蔡店　礤子河

上伍重鄉在縣北百三十里轄里九校魚一村校魚二村青郎一村

青郎二村青郎三村靈陂一村靈陂二村靈陂三村三屯一村今分八區

徐觀鼓市　校魚寺

葉顧岡　潘家塘

鐵冶　道觀河

謝家店　易家河

下五重鄉在縣北一百里轄里八久長一村久長二村久長四村板

橋一村灄河一村灄河二村歐陽一村歐陽二村今分四區

淋山河市　柘林河

舊街五里卽久長市　夏家畈

庶安鄉上鄉在縣北一百五十里下鄉在縣北七十里轄里十三安仁一村安仁二村

安仁三村安定一村安定三村長樂一村長樂二村長樂三村長樂四村高砂一村

高砂二村高砂三村高砂五村今分二十區

三家店市上　三家店中

三家店下　彭城畈

柳子港市　錢家堡

汪家集市　周家堡

張店市　石屋山

嘉魚村　余家店

中和鄉上鄉在縣西北一百八十里轄里十二嘉靖間割入黃安今係下鄉在縣西北一

百里轄里九（雙柳一村 松岡二村 感化一村 感化二村 車埠一村 車埠二村 車埠三村 武樂一村 武樂二村）今分十五區

東馮集　西馮集

三山舖　李家集

王家集　八里畈

孔家埠　毛家集

陶山舖　畢家舖

倉子埠　羊皮廟

曹沖舖　街埠

雙柳舖

赤壁磯鎮在縣南考明會典設巡檢於此今廢

三江口鎮在縣西三十里有江三路而下至此合流明設守備司於此亦明三江口關僅編弓兵叁拾叁名萬歷甲辰增玖名（每名支餉銀柒兩叁錢貳分）今並裁　永充肆拾捌名（支餉銀捌拾僅兩肆錢）

國朝順治十一年裁其半

威遠關在清源門外西關

陽邏關在縣西百二十里陽邏鎮爲麻城黃陂黃安往來通衢宋置堡於此明初設指揮一員守關後廢

按明史載縣有鹿城關魏志謂梁北江州所治隋志置木蘭縣處也大約去陽邏鎮不遠或即陽邏關歟又省志縣有大活關考唐志關在黃陂縣北玉海亦云白沙關至大活關六十里大活關至州北二百里則非黃岡之地可知

祠祀

夫祭於有功烈者報德也祠於聖賢所以訓人崇德也是故官司先成民而致力於神乃肅蒸禋備物盡

志蓋典禮宜昭達乎郡邑羣神秩百物順用是道也

文廟一在府儒學內歲春秋二仲上丁日祭共支餉銀伍拾兩乾隆七年均祭減壹拾兩增香燭祭米折銀壹兩伍分（餘詳府志）一在縣儒學內歲春秋二仲上丁日釋菜（以縣附郭設禮）共支餉銀壹拾貳兩乾隆七年均祭增貳拾捌兩香燭祭米折銀壹兩伍分（配享從祀儀注詳學校志）

崇聖祠俱在儒學內春秋二仲上丁日祭共支餉銀壹拾肆兩肆錢乾隆七年均祭減柒兩肆錢（詳學校志）

武聖宮卽關帝廟一在城南一字門外明成化中知府
王霽修建一在清源門内一在報恩寺右
國朝雍正七年奉　文春秋二仲上戊及誕日三祭牲用
太牢共支餉銀叁拾伍兩柒錢肆分陸厘在報恩寺
右廟内行禮舊志載伍重鄉土人於山岡掘得鐵柄偃月刀重肆拾餘觔亦範像創普安堂
社稷壇在清淮門外東北三里基長十三丈廣十丈明洪武中建
正德間擴之
國朝雍正十年知縣暢于熊奉　文修建清隱占甃石臺
歲春秋二仲上戊日祭社主居左稷主居右共支餉

銀壹拾兩府舊志稱正統中知府錢敏重修植松置器建房今俱廢知府王之
祭品　帛一白色　羊一　豕一　硎一
簠二黍稷　簋二稻粱　籩四棗栗鹽藁魚
豆四醓醢菁菹韭菹鹿脯　爵三　罇一
常雩祭在先農壇行禮祭日初夏乾隆七年奉　文建
支餉銀伍兩司庫給
風雲雷雨山川壇在一字門外里許基長十九丈四尺廣七尺明正
統間知府錢敏重修
國朝雍正十年知縣暢于熊奉　文修建清隱占甃石臺

歲春秋祭以祭社稷之日風雲雷雨居壇中山川左
城隍右共支餉銀壹拾兩祭品同社稷府舊志載有神廚宰牲房
左右齋宿房今並廢知府王之
先農壇在清淮門外玉几山下雍正五年知縣樊大元
奉　文修建傍有耤田肆畝玖分歲仲春亥日巳時
承祭官率屬迎神位于壇上致祭畢送神行耕耤禮
知府秉耒通判執青箱知縣播種九推農夫終畝乾
隆七年奉　文以耤田存穀變價銀伍兩備祭如不敷用
司庫給湊祭品同社稷民間衛所老農各一給冠帶從行禮

府城隍廟在舊布政分司右明洪武初敕封鑒察司民
威靈公秩正二品建廟
國朝康熙間知府賈鋐修乾隆九年知府禹殿鰲重修歲
無特祀惟厲祭主之次則附風雲雷雨壇
縣城隍廟在縣署前左明敕封鑒察司民顯佑伯秩正
四品建廟
郡厲壇在清淮門外三里民田中高阜基長七尺廣四尺五寸明
洪武初建歲清明中元十月朔三祭知府王之先一
日詣城隍廟焚牒厥明設城隍主於壇壇下列無祀

鬼神品無常式不須胙共支餉銀壹拾貳兩乾隆七
年均祭減伍兩增厲祭米折銀壹兩貳錢貳分舊志訛有
鄉厲壇今無考
里社土穀壇[府舊志]載在城一十二社曰隆孝曰思忠
曰至信曰居仁曰由義曰立禮曰秉智曰
崇德曰安土曰樂天曰明文曰興讓社有長春秋社
日祭土穀之神既畢會飲讀法明宏治已未一行之
旗纛廟在黃州衛署左本衛以霜降日祀
文昌祠在府儒學內春秋有祀康熙辛巳知府許錫齡
糾紳士建乾隆五十三年知縣王正常糾邑人增修
二程先生祠在文昌祠右宋乾道間李誂守黃州建朱

子有記康熙癸未通判馬懷璋糾紳士重建雍正戊
申教授彭士商生修今祀文昌祠前乾隆戊申知縣王正常糾邑人增修
名宦祠舊附府學內姓名詳府志歲春秋祭日同上丁
共支餉銀伍兩乾隆七年均祭減壹兩伍錢　按[舊
志]本縣以附府不別立祠其宰縣有殊績似應附祀
乃相沿不預即徐誼而下曾不得與他州縣名宦齒
恐屬缺典今縣儒學內已立名宦祠謹列所祀於左
宋張　激　元吳　汝　明徐　誼　胡　潔　簡　霄
虞　儼　孟　津　賈應璧　羅應鶴　趙士登

涂宗濬　曹愈參　徐紹曾　茅瑞徵　李希沆
孫自一　蔣秉文　武　鉞　張性魯　周　滌
姚　澁　劉　烜　林兆箕　杜遇春　吳文燦
國朝楊日昇　劉國帝　徐　綸　董元俊　李經政
鄉賢祠舊附府學內詳府志春秋祭日同上丁共支餉
銀伍兩乾隆壬戌均祭減壹兩伍錢　按[舊志]謂鄉
賢姓名載人物志今縣儒學內已立鄉賢祠攷舊志
所載及見省府志者列於左
唐周　墀　宋潘大臨　元吳應澍　滕　賓　冷　庸

明詹　同　吳　琳　徐　本　黃　榮　蕭　昪
張　璘　王思旻　詹　徽　曾　恕　張　佐
詹希原　王　濟　黃伯垓　王　麟　余　鑾
劉以德　賈　啟　謝　晁　曹　珪　郭　慶
吳良吉　陳廷瓚　王廷槐　余文瑞　方　勇
吳　儀　邱尚忠　吳世亮　方　任　陳　言
陳嘉學　范　芝　陳相道　王廷陳　陶　珪
樊　幃　王廷瞻　樊玉衡　杜鳴陽　曹光德
邱　岳　李　植　劉承芳　陳首俊　王一鳴

杜傑　於倫　穆天顏　易倣之　詹時明
張寶　李蔡　孫大祚　王同謙　張澤
張濟　李田　周啓孫　李之用　周之訓
官如皐　熊璦　熊養中　王陞　王鳳陽
葉正蒙　王欽濂　甄善　甄其賢　汪之渙
詹謙之　樊玉衡　祝宗文　王崇擢　祝一先
汪世極　樊玉衝　程希召　張鳳來　趙炳
易道暹　易爲璉　王家欽
國朝詹謹之　樊維域　李遐齡　王追本　王一釬

劉子壯　陳天生　王躬俊　王鳳采
忠義孝弟祠在縣儒學內明倫堂右祠內列
恩旌姓名牌祀之姓名詳忠義孝友志雍正乙巳建春秋二仲上丁
日祭
節孝祠在分守道署後祠前建坊祠內列
恩旌姓氏牌祀之姓氏詳列女志雍正乙巳建春秋二仲上丁日
祭
火王廟在一字門複城內祀古祝融
晏公廟在赤壁磯相傳公名戍仔元八封平浪侯

龍王廟在聚寶山一在大崎山
蝗神廟在治西北五十里佗鵰洲祀蝗神劉將軍猛雍
正八年其地有蝗官撲滅之因奉　文建廟於此歲
春秋府縣官致祭後因洲圮乾隆十四年知縣邵豐
鍭倡募改建於團風鎮
武節祠在安國寺右祀唐張睢陽巡舊名景佑真君廟明宏治庚戌建揭
今扁同知常厚記巡有保障江淮功江淮民金祀之陽邏南華山亦有張睢陽廟
岳忠武祠在城南隅祀宋岳鄂王飛明宏治巳未建舊爲
鄉約堂形家稱爲府基印星俗呼高廟廟後
塘及元妙觀塘皆水星以避火災不宜淤塞

忠顯廟在清淮門外宋建炎初趙令嵗守黃州値金人
陷城死之都監王𧧊判官吳源巡檢劉卓俱以不屈
死州人請立廟祀之令嵗贈徽猷閣待制謚忠愍
忠節祠在舊鼓樓西郎相公廟舊地明宏治中知府盧濬建祀
唐張巡宋岳飛趙令嵗吳源王𧧊劉卓何大節附王
禹偁蘇軾今廢大節黃州太守殉宋難
韓魏公祠在安國寺左宋韓琦從兄琚守黃州於西廂
讀書後郡人就書齋立祠祀之傍立王陽明祠
蘇文忠祠一在洗墨池畔明天順辛巳僉事沈靖建一

爲民居侵没知縣涔瑞徵查復增葺

國朝康熙初通判宋犖重修今廢一在赤壁磯

三賢祠卽三賢堂在府儒學內祀宋王禹偁韓琦蘇軾今廢舊志載七賢祠在清淮門內祀周濂溪程明道伊川張横渠邵康節朱晦菴王陽明按七賢雖理學自二程外於黄無與宜議罷今燬又載三皇廟在縣東南明洪武四年罷州縣帝王祀久廢

吴丞廟在舊郡城祀元左丞吴汝汝嘗有功於郡郡民立廟祀之

尊賢祠在赤壁祀明副使曹璜僉事馮應京知府瞿汝稷舊志載卽馮夷宮址今廢

吴公祠在城隍廟前明嘉靖初知府吴淮有惠政郡人立祠祀之今廢

曹公祠在城隍廟右祀明知縣曹愈参今廢

于清端公祠在赤壁磯山巔舊有留坡閣後改祀知府于成龍

禹公祠在河東書院右祀知府禹殿鰲

樊孝介先生祠在府學左側明學憲董其昌書額祀邑紳樊玉衡

周忠烈公祠在府學街前祀明贈光禄卿周之訓以殉難勑建專祀

吴公祠在永寧鄉祀城守吴之蘭之蘭從于清端戡征東山戰死其地土人祀之

錢公祠在河東書院右祀知府錢鋆以知縣陳文樞配鋆常熟人文樞上元人以重建書院故祀之

江神祠舊在觀瀾亭下乾隆五十三年大水頹廢五十四年知縣王正常倡捐剏建于赤壁磯

驛遞

縣驛東抵蘄水北至麻城又西北由三山接黄陂又與黄安之高林通雍正六年裁陽邏李坪驛丞始歸於縣益率由斯道蕩平久矣今雖候館無煩康莊孔

邇而修備而厲振之毋敢怠也

本縣原設脚馬貳拾陸匹雍正六年裁壹拾陸匹又裁齊安驛馬貳拾匹歸縣每匹歲支草料銀壹拾捌兩藥餌銀壹兩三馬一夫每名工食銀柒兩貳錢醫一名工食與馬夫等共銀陸百伍拾壹兩陸錢乾隆四年裁小建加閏

齊安水馬驛屬府在城南江濱舊係水驛明宏治間以

臨皐馬驛僉焉驛舊屬縣前有使星樓牓曰湖東第一館
嘉靖中知縣郭鳳儀建
國朝移置赤壁山麓設驛丞一員額馬原設壹拾陸匹復
加肆匹舊編每匹叁拾兩伍錢連零銀共陸百壹拾壹兩伍錢肆分伍厘雍正六年
裁屬縣乾隆二十四年裁馬伍匹額存貳拾伍匹支
應銀舊編伍百玖拾兩裁外本驛存陸拾柒兩雍正七年裁
壹拾陸兩存伍拾壹兩舊編驛站船水夫壹拾柒名每名工閏銀陸兩壹錢共壹
百叁兩柒錢舘夫叁名每名工閏銀柒兩叁錢貳分共貳拾壹兩玖錢陸分今俱裁舊志楚臺
紀事云道覯河北道通衢黃岡麻城之中而苦無驛

遞夫馬一往百八十里迄議欲於此處設驛二縣酌
爲協濟然事關建設措處爲難又如馬橋渡口係武
昌分土縉紳由黃州入省者間於此處渡江達省塗
中公舘非該府所屬乃一切供應取之齊安驛殊爲
不便議者欲令武昌縣應付不然責令協濟亦可今
按本縣程送之遠西走黃陂亦然若取道馬橋武昌
更嘖有煩言矣
李坪驛在團風鎮府舊志云舊在縣北六十里明弘治
間改建於團風北岸今仍之額馬叁拾匹工料等銀

共陸百肆拾玖兩貳錢舊志馬壹拾柒匹加貳匹共銀陸百叁兩伍錢支應
銀陸拾柒兩乾隆十九年裁屬團風巡檢司兼管二
十三年奉文屬縣團風司仍頒支應銀於知縣養廉內撥給
叁拾兩解司轉發　二十四年裁馬伍匹額存貳拾伍匹舊編驛站
船水夫捌名共工食銀肆拾捌兩捌錢舘夫叁名工食銀貳拾壹兩玖錢陸分今裁、
陽邏水馬驛在陽邏鎮額馬叁拾貳匹雍正六年裁貳
匹存叁拾匹工料銀陸百伍拾兩叁錢肆分貳厘玖
毫舊編代派黃陂縣編協陽邏馬叁匹復加壹匹共銀壹百肆拾伍兩貳錢壹分玖厘捌毫支應
銀陸拾柒兩乾隆十九年裁屬陽邏巡檢司兼管二

十三年奉文屬縣陽邏司仍領支應銀於知縣養廉內撥給
叁拾兩解司轉發　二十四年裁馬伍匹額存貳拾伍匹舊編武昌
巡船水夫肆名共工食銀貳拾捌兩肆錢陸分陸厘修船銀貳兩蘄州巡邏所馬船貳隻每隻水夫壹拾
陸名共工食銀貳百叁拾肆兩貳錢肆分修船銀壹拾捌兩紅船貳隻每隻水夫貳拾名共工食銀壹百
伍拾捌兩肆錢修船銀壹拾貳兩協編襄陽府屬呂堰驛馬貳匹工食正閏及零銀共捌拾壹兩壹錢叁
分解費肆錢伍厘柒毫以上舊志原編存以備考　明齊安李坪陽邏馬匹
除浙江永充各下馬陸匹實編中馬各貳拾匹萬曆
二十三年齊安中馬叁拾匹李坪叁拾貳陽邏叁拾
壹明年李坪加編貳遞年加增齊安陸李坪柒陽邏

玖幾倍原額

國朝順治十六年淮浙撫　題留原協齊安李坪二驛抵

浙省協濟馬價陸百肆拾陸兩伍錢叁分玖厘解

部本處需用撥協仍於正項撥給

原編齊安站船伍隻每隻水夫陸名李坪陽邏各肆

隻每隻水夫叁名明萬歷二十三年齊安每船減編

貳李坪陽邏每船減壹明年齊安加壹李坪復陽邏

總減壹遞年加增齊安每隻至拾名李坪至貳拾貳

陽邏至拾柒其齊安李坪支應俱蹦往額

原編馬戶係永充與募役承當除撥壹拾玖名解銀

給浙江外本處承充齊安則本縣拾肆麻城柒李坪

則本縣肆麻城陸黃安叁陽邏則黃陂肆黃安貳明

萬歷十七年安麻逃避李坪承充暫僉殷實代當二

十八年該鎮加馬柒匹本縣羅田各編貳麻城編叁

役麻城以新創太平驛議掣兩縣承充止本縣承充

募役僅存伍戶每至年終封門不役以上舊志存考

接官廳舊在清淮門外四牌樓或云古黃泥坂明知府郭鳳儀

建一盼亭於此萬歷三十五年知縣茅瑞徵葺治旁

築小舍三楹上有黃泥坂木牓字半滅爲易石碑別

鐫東坡詞置廳右今廢

縣前舖日急遞總舖在清源門外沙街舖兵徭編叁名

半永充壹拾肆名

東抵蘄水縣舖肆與蘄水七里舖接中隔巴鎮橫河蘄

水設有渡船

長蘄舖舖兵徭編伍名永充肆名

楊林舖舖兵徭編叁名永充肆名

桑林舖舖兵徭編叁名永充伍名

烏柏舖舖兵徭編肆名永充叁名

南抵武昌府武昌縣無舖中隔大江柒里叁分

北抵麻城縣舖拾貳與麻城沙河舖接

長坡舖舖兵徭編叁名永充伍名

楓香舖舖兵徭編肆名永充肆名

松楊舖舖兵徭編壹名永充伍名

臨江舖舖兵徭編肆名永充肆名

團風舖舖兵徭編肆名永充玖名

花園舖舖兵徭編叁名永充伍名

竹瓦舖舖兵徭編肆名永充叁名

淋山河舖舖兵徭編壹名永充陸名

丁家墻舖舖兵徭編壹名永充伍名

黃山舖舖兵徭編壹名永充陸名

久長舖舖兵徭編叁名永充伍名

道觀河舖舖兵徭編貳名永充柒名

西北從團風抵黃陂縣鋪拾叁（又與黃安高林鋪接）
馬驛鋪卽古李家境鋪鋪兵徭編肆名永充貳名自
團風至鋪中隔鵝公頸橫河設有官渡
濫泥鋪鋪兵徭編叁名永充伍名
矮劉鋪鋪兵徭編貳名永充肆名
汪家鋪鋪兵徭編貳名永充壹名
雙流鋪一名雙柳鋪鋪兵徭編叁名永充叁名
城林鋪鋪兵徭編叁名永充伍名
陽邏鋪鋪兵徭編叁名永充柒名西與江夏官屯鋪

接中隔大江十里叁分有官渡
粉壁鋪鋪兵徭編壹名永充伍名
曹冲鋪鋪兵徭編貳名永充伍名
畢家鋪鋪兵徭編壹名永充肆名
周山鋪鋪兵徭編壹名永充柒名
陶山鋪鋪兵徭編壹名永充陸名
三山鋪鋪兵徭編壹名永充柒名東至岐亭連中站
馮家集共肆拾里東北至黃安高林鋪貳拾里西北
至黃陂甘棠鋪壹拾伍里

以上共三十鋪每鋪交接各壹拾里各鋪司兵徭編共
柒拾陸名半（每名工食銀帶閏陸兩壹錢）共工食銀肆百陸拾陸
兩陸錢伍分永充壹百陸拾名（每名工食正閏銀壹兩捌錢）共工
食銀貳百捌拾捌兩順治中本縣詳請撫部將裁觧
內撥銀玖百肆拾捌兩壹錢伍分補足鋪兵工食共
銀壹千柒百貳兩捌錢徭編永充每名每年柒兩貳
錢按府舊志稱每鋪舍廳屋叁間東西廂房各叁間
郵亭壹座什物俱全今並廢獨汪家鋪稍可居停
丁家壋鋪知縣徐紹曾重修今遺址可仍畢家鋪爲
官使往來要地向借民居傳食非體第剏制不易姑
志此清淮門抵楓香橋路苦崎嶇明萬歷三
十四年知縣茅瑞徵查估督修行旅稱便

郵亭康熙五十九年知縣鍾蕃於縣界內東南北三路
途次每拾里捐俸建郵亭壹所石桂陶聖以爲郵遞
行旅息肩地梁間大書
諭拾陸條於方版凡叁拾餘所費貳千餘金
同畢埠涼亭邑人操與吾建並捐田壹拾貳畝半歲收
租以備施茶之費

營汛

府志載黃州協馬步守兵言之詳矣其駐防水陸地
里之遠近凡在邑境例得備書蓋逸不忘勞備豫不

虞之意同也至于分防汛邑及俸餉額數不載非縣
所司也
黄州協副將一員守備一員雍正十年改設都司一員
千總二員把總四員秩官詳府志額載馬步戰守兵
丁七百二名駐劄黄州府城貳百陸拾壹名分防黄岡黄陂
蘄水羅田麻城黄安六縣共肆拾肆塘汛其縣地所有水汛
十五塘陸汛五塘詳列於後

水汛
沙口防兵五名塘房三間烟墩五座壹拾伍里至陽

城河
陽城河防兵壹拾貳名塘房烟墩同壹拾里至龍口
龍口防兵五名塘房烟墩同貳拾里至葉家洲
葉家洲防兵拾名塘房烟墩同壹拾里至矮劉舖
矮劉舖防兵肆名塘房烟墩同壹拾里至爛泥舖
爛泥舖防兵肆名塘房烟墩同壹拾伍里至鵝公頸
壹拾伍里至羅鴞洲
鵝公頸防兵陸名塘房烟墩同貳拾里至李家渡
李家渡防兵伍名塘房烟墩同與鴨蛋洲對貳拾里

至北莱港
羅鴞洲防兵伍名塘房烟墩同伍里至鴨蛋洲
鴨蛋洲防兵伍名塘房烟墩同壹拾里至社樹以上
二汛俱在江中
北莱港防兵伍名塘房烟墩同壹拾里至社樹
社樹防兵肆名塘房烟墩同壹拾伍里至新河口
新河口防兵捌名塘房烟墩同壹拾里至拾里舖
拾里舖防兵肆名塘房烟墩同壹拾里至長圻墩
長圻墩防兵肆名塘房烟墩同貳拾里至蘄水巴河

陸汛
但店把總一員自馬鞍山移駐防兵貳拾貳名塘房
叁間在街首烟墩伍座
馬鞍山防兵伍名塘房烟墩同舊有把總一員今移
駐但店
沙河防兵伍名塘房烟墩同
馬家集防兵伍名塘房烟墩同
三家店把總一員防兵壹拾叁名塘房叁間在社師
殿側烟墩伍座

楚臺紀事云江流千里萑苻出没之藪先當事者議雙流夾禦以指揮三江口統以守備上通陽邏下抵馬口聲警相聞首尾擊應舟船無虞往來殆十餘年頃間有叵測也無稽晰駐劄之所或有一暴十寒者乎則保甲之令墩堡之修巡哨之容要不可忽

明萬歷三十五年知縣茅瑞徵上御史條議云本縣附郡之區連亘蘄春肘腋鄂渚控引江淮旁措光息固楚一門戶也四通之途不遑生心五方之民奸宄接踵江洋要害豈容偷安旦夕不備不虞長此安窮

竊照長江一帶每十里設巡船一隻分兵哨截禁止夜行商旅頗快郎次之安居民亦獲安居之樂而九江以上此法全疎矣兵充循永老弱徒寄空名哨分上下鈍朽坐糜工食即巡船亦竟屬烏有水寇竊發一帆順流如入無人之境守禦不協護衛所不盤詰一有失事動多委罪有司萑苻四起誰任其咎妄謂申嚴保甲修理柵欄郡縣為政至於沿江設險原有信地巡哨船隻秪因法久盡弛合無今後比照南中事例責令軍衛掌印協同巡司等官查修撥守或五

里或十里首尾應援一遇有警前後督赴攔截自當應時就縛萬一脫逃沿路連坐又何盜之敢窺然此直救標之議也或謂城壕積水不宜淤塞應於農隙浚治加深或謂城舖傳更遺法盡廢應令各軍照舊輪直此皆桑土綢繆之慮似當早計及備查三江口擁蔽上游實屬要害岐亭錯壤黃麻去郡特遠尤為盜賊窩囤出沒之藪前此皆有專設衙門臨鎮其地相應照舊申飭戒嚴無撤藩籬庶幾草澤不至生心而民間且旦暮安枕此實弭盜安民切務

津梁

周官司險氏知川澤之阻而達其道路言橋梁以通之也月令冬謹關梁蓋重之也矧茲澤國濟有深淺俾無擁於道路車不濡軌人不褰裳克利其濟厥功懋矣

觀風橋在清源門外明洪武中知府石璘指揮李和建景泰間重修立石欄明末兵燬

國朝順治七年知縣楊日昇復修

觀瀾橋在清源門外馬頭街明萬歷末年知縣胡

晏春鳴建
國朝康熙四十年重修建亭欄更橋名曰觀瀾
清淮橋在清淮門外明末兵燬
國朝順治初知縣劉國寧重修
清風橋在赤壁山麓
延壽橋在一字門外乾隆八年知府禹殿鰲知縣邵豐鍭濬濠建碑其上
來遠橋明盛時機織染坊多在此亦名織染橋在一字門外關帝廟左

一字橋在一字門外
太平橋在安國寺前塔下又元吳應澍建橋亦名太平在縣西一百八十里今廢
相隱橋在安國寺前宋韓琦讀書堂側兩山合處本名合山橋俗名和尚橋
新橋一名榆木橋形家謂郡城環帶水不宜引去舊惟木板後易以石
國朝雍正十年圯知縣楊于熊倡修又上中馬頭二橋在清源門外

鼉龍橋舊志云在縣前昔有一鼉出沒水中狀類龍因以名橋今無考
清濟橋在縣南二里即夏噢入江處明景泰四年知府余清建成化間義民陶碞重修改名金華橋
國朝康熙間圯僧圓通募修
清平橋在縣南三里俗呼雙橋明成化間義民陶碞建
三台河橋在縣東十五里明嘉靖中邑人陶仲文建行旅便之一名通濟橋
國朝康熙間半圯知府賈鉝募建耆民楊述之跛僧慧新董其役雍正九年知縣張光裕修欄改名玉帶橋

王相橋在縣東三十里明郡旌善人王相建
道人湖橋在縣東三十里
邊二口橋在縣東三十里邑紳龍可旂同從子際昌建
魚博橋在縣東六十里　覓兒橋近魚博
沙河頭橋在縣東北七十里
火柴港橋在縣東八十里乾隆十一年貢生馬正圭修
水口新橋在縣西北二十里堵城北
長清橋在楓香渡舊名楓香橋明正統七年知府余清

建改名成化六年義民潘敬重修
國朝康熙間邑民王二奇募修
鵠子湖橋在縣北四十里舊係木橋歲久朽壞康熙五十九年知縣鍾蕃捐俸付僧慈永僉募建乾隆二十三年羊角寺僧智山重修
羅家溝橋在縣西北李家渡上一里舊係木橋康熙中士民仝建石橋雍正八年邑民余鹿鵬重修一名樂嘉溝橋
赤山橋在團風鎮東十里康熙間羊角寺僧慈永重修
河口橋在縣東四十里諸生喻孟弼建捐有田

永清橋即磐石橋在團風鎮北五里明正統中知府余清建正德中知府余貴嘉靖中邑人陶仲文相繼重修崇禎中知府楊遇宇合黃麻兩邑紳士重修分地建堤立石表識　乾隆十四年僧智山重修
步瀛橋在團風鎮東邑人張應柳建上有文昌祠
史壩橋在團風鎮西北里許一名得勝橋明嘉靖間邑人陶仲文建
國朝康熙中僧慈永募貲重修乾隆十四年邑人甄潛修復

白塔河橋在縣西北八十里乾隆[redacted]年僧[redacted]募修邑人姜之祥竣其役
沙港橋在縣西北八十里辛家衝之東乾隆二十三年里中士民公建知縣陳文樞捐俸助修
淋山河橋在縣北八十里舊有版橋乾隆二十三年士民募修石橋於上街知府錢鋆取名永濟橋
泥溝橋在縣北一百二十里明邑人曹良輔建
海棠橋在城中詳古蹟
中和橋在古邾城內今廢

孔子河橋在縣北一百里問津書院前一名孔嘆橋明萬曆三十五年知縣茅瑞徵募修
賀婆橋在縣北五重鄉青圻山溪間邑人謝專重修
毛家橋在縣北一百二十里明義民郭葵陽建
閬苑橋在陽邏鎮蓬萊寺前明天順七年僧祖正重建
望龍橋在蓬萊寺前近龍口故名
惠民橋在縣西一百二十里陽邏驛前一名馬驛橋上有孝弟坊
三里橋在縣西北一百二十里元隱士吳應澍建

王壼橋在陽邏鎮華山西大江岸

陽關橋在庶安鄉

木屐口橋在庶安鄉邑紳萬禮祖建

望仙橋在縣西北一百八十里三山舖相傳麻姑過此

栢林河橋在下伍鄉監生姚元陳妻王氏建氏性好善樂施

七灣壩橋在縣西北一百里乾隆二十三年里中士民募建

行祠橋一名行獅在中和上鄉明學士江淵聚族處墓前舊有石坊今廢

棠棣湖橋在中和鄉湖水漲時行人病涉邑人余文元捐建石橋又捐長堤背田壹拾叁畝爲永久修葺費

樊口官渡在縣南五里渡夫二名每名工食正閏壹兩貳錢柒分捌毫

滸子灘渡在縣西十里濱江

河口渡在縣東四十里邑監生喻人宗設船捐田五畝

巴河渡在縣東四十里

陳家河渡在縣東一百一十里邑生員陳瓚捐建置田拾畝租給渡夫

罵橋官渡在縣西二十里與武昌對岸渡夫三名每名工食正閏銀貳兩伍錢

楓香渡在縣西北二十五里堵城下明知府何曉齡有祀田在其旁　李家渡在縣西北四十里

辛溪渡在慕義鄉邑人涂漸階設船捐田五畝餘

三江口渡在縣西北三十里

團風橫河口官渡在縣西北五十里明嘉靖中陶仲文建浮橋今廢渡夫二名每名工食正閏同樊口

赤山官渡在團風鎮東赤山橋渡夫一名工食正閏銀

壹兩壹錢陸厘伍毫

鵝公頸官渡在團風鎮西三里渡設史壩橋明萬歷時因江水侵岸改建渡夫二名每名工食正閏銀貳兩五錢陸分叁厘伍毫

劉河口官渡在縣西北八十里渡夫一名工食正閏銀柒錢陸分伍厘伍毫

方謚官渡在縣西北八十里渡夫一名工食正閏銀壹兩叁分陸厘陸毫伍絲

白塔河官渡在縣西北八十里渡夫工食同方謚渡

辛溪馬頭渡在縣西北庶安鄉邑人王自忠捐造船隻
汲水港渡在縣西北一百一十里
廟埠潭渡在縣西北一百里舊志譌窖埠
姚二渡在縣西北一百一十里慕義鄉
舊州渡在縣西北一百二十里慕義鄉舊州長河
張家店渡在縣西北庶安上鄉
松湖壩渡在縣西北九十里樟松湖並七湖口二處
陽邏官渡在陽邏鎮與江夏縣對岸渡夫六名每名工
食正閏銀叁兩伍分

柴埠湖口渡在陽邏鎮新閘口五里
街埠渡近陽邏鎮十里
雙溪渡在縣西北一百三十里
感化河渡在縣北一百六十里五重鄉
赤脚山河渡在縣北一百三十里五重鄉
橋潭渡在縣北一百三十里五重鄉
石盤嘴渡在縣北八十里下五重鄉邑人舒學晟捐造
船隻僱夫撑駕
馬路口渡在縣北一百一十里下五重鄉邑紳謝鼎捐
造船隻並田伍斗以給渡夫修船之費

水利

書曰濬畎澮距川月令曰無漉陂池又曰修利隄防
道達溝瀆所以資溉灌備潰溢也是故水地異施各
因其勢宜納百川各因其利順民力而後樂之語曰
舉臿爲雲決渠爲雨蓋言樂也
夏興宋夏竦鑿今名洗馬池見古蹟
老鸛河堤
舊州長河堤

中州堤
鍾紫秤堤一名簡家堤明知縣簡霄築後頹廢邑紳靖
道謨重修
溝兒口堤
邾陵湖堤
龍坑堤
白水河堤以上俱在慕義鄉舉水所逕並明知縣簡霄
築
灄河堤在五重鄉道觀河水所逕明知縣簡霄築

毛林口壩在慕義鄉舉水所逕
芭茅湖壩
黄舍潭壩以上俱在慕義鄉舉水所逕明知縣簡霄築
紫荆港壩在庶安鄉向積水溉田歲久傾頹明正統二
年邑人袁知州率鄉民重修
八王壩在城東南三里安國寺左中有田築以捍後湖
水漲宋周肅王元儼曾駐兵於此王行八故名
邵公新堤在庶安鄉嘉魚村俗名牙魚坑舉水所逕舊
有小圍漸爲水嚙乾隆八年知縣邵豐鍭捐倡建築

溉田萬餘畝期年始成工費鉅萬又西南有曾家井堤四十八戸要區
韓公堤
長樂堤
李公堤俱在城外
易家堤在赤壁山下
劉堤在團風鎮
長塘在縣東南一里許即古城濠今久成街市
相隱塘在縣東南二里餘相隱橋側近北爲道院近西
爲白蓮池即韓魏公讀書處詩有云道院近仙客書
堂隱相儔即此久沒民間康熙十二年分守道徐惺
用價叁拾兩贖池爲放生池
七星塘在城東南有土墩七座像七星今皆平之種蓮
藕
觀塘在元廟觀前形家謂火地官衙不宜設屏以元廟
觀爲外屏塘宜深闊謂之玉屏照水以壓火災
岳廟後塘俗名高廟後塘在岳忠武廟後堙塞則火災
時發甚驗
葉家塘在覽勝亭下形家謂城脉壬亥雙行此爲壬龍

宜聚水
沙陂塘在東紱鄉
葉陂塘在還和鄉
陽陂塘在庶安鄉
官塘在陽邏蓬萊寺右
明家堰在縣東十里
火燒堰在上伍重鄉舊產藕
明萬歷三十五年知縣茅瑞徵上御史條議云本縣
枕據大江而湖洲所在如襟帶引水灌田實爲民利

但堤塍低薄則水患易侵如白塔河姚二渡新州鄉子港等處一遇霖雨便苦奔溢雖經屢戒增築而黎民委難與慮始苟錮者祗偷安苟免委築者亦相沿玩日濫觴不已巨浸奈何至於八里畈三山鋪青郎山响靈廟一帶岡陵高阜山塘淺小桔槔無施旱魃時因若井及時疏導正恐雲漢徒嗟穿渠濬川此實勸農第一事也然勞來荒度計必得專官始便董成及查本縣原設主簿兩員一管糧一捕盜竊照該縣既有典史一員專司捕務又有巡檢兩員信地分緝

則捕盜主簿近多設況又從來仍帶徵糧不理捕務質之職掌殊屬無謂合將本官改定職名專司水利查堤塘某處卑下應築某處高亢應濬小則勸相諸民及時增治大則申呈上司查估加修務期旱澇無虞堪爲永利歲時往來阡陌兼命周諮境內疾苦物土之宜勸民樹築而又以時稽覈勤惰開田曠土設法開墾如有成效量與旌奬其一帶濱江去處捐長不常隄㩦滋弊並專責照季勘明冊報允爲妥便此固官不增設而民競力農法不滋擾而野皆樂土似

乾空衙寄祿漫無專責利相萬矣

葛洪井在元妙觀相傳葛洪煉丹於此

金甲井在赤壁磯下

儀門井在府儀門外明總志載明正德中知府余貴浚井二十餘處民利之今名余公井此其一也餘無考

司獄井在保甕坊下舊獄前

鼓樓井在舊鼓樓側

學井在府學明倫堂左

梅家井在府學前向在民家明知府潘允哲擴學前地

得之後又爲民占康熙二十三年知府蘇良嗣修葺學宮查出水甚清冽

局林井在縣射圃右舊係軍器局有火巷通大街今爲民居所占

東坡脂井在舊縣學前詳古蹟

盧家井在縣學南街小巷味甚清冽

鐵欄井在報恩寺佛殿前

天寧井在報恩寺右一名丹砂井

分司井在布政分司前

雙眼井在清源門内國賓坊下
通判井在紅水巷
八角井在朱衣巷
洗馬井在一字門街俗呼濫泥井
義井在縣東市舊志在憲司前以衆共之遂名
道泉井在安國寺曰新堂明知縣孟津浚同知袁福徵
有記
聖井在永寧鄉聖泉寺明成化間有僧卓錫得泉土人
鑿井因建寺

温水井在永寧鄉三里畈下有三泉上熱其中可燖牲
下亦可浴水氣腥如硫黄
龍井在大崎山上有九井雩祀輒應
五雲山井在山寺中脉通大井
華山井在陽邏華山南古井舊有石欄鐫義井字棄野
明宣德丁未民雷志旻開平堡城爲居於城底得井
井面石方五尺有井欄蹟與前正合考堡城爲宋巳
未歲夏貴築
蔡家井在陽邏驛東百餘步

潘家井在陽邏驛前二百餘步
卧龍井在陽邏鎮關口傍俗亦名吳公義井
吳公井在縣西一百八十里元隱士吳應澍鑿府舊志
云按吳公傳自陽邏至桃花地高難得水處浚井凡
十九所今未知孰是
君子泉在赤壁側詳古蹟
寶山泉在聚寶山後詳古蹟
明萬歷三十三年知縣茅瑞徵上兩院條議云民用
莫如水火兩者大利大害也本縣托居郡城回祿爲

災非時見告而抱甕負汲僉仰給大江當冬小涸輒
爭赴奔沙斷岸下間嘗蒿目籌之及攷城内外原有
火巷以禦火又巷各有井以資水可供百家之用竊
嘆先民規畫至纖且慮今豪猾侵占無復孑遺矣郡
縣旁基版築皆滿一遇不戒於火動延千家居恒遠
汲江水猶未害及議者且虞萬有小警居城中無滴
水哪生虛口待斃此憂良鉅合無備行清覈一井一
巷各照原址退出官爲冊查每巷口大書某巷及某
井幾口不許豪右攘爲巳業庶幾將來水火無虞永

爲民利事固有似緩實急者古之牧政水防火禁皆關切要原非細故然查豪猾巧於侵占則照帖爲之濫觴也攷原設稅課司對街之路即名火巷該司既廢居民乘機認佃藉口承租計一井一巷歲不過輸租一錢豈官府爲一錢之租不爲地方百年造福微獨於此本縣便民倉基門逕已潴爲民居矣及詰之則曰津貼轎夫之費於焉充額也院司官房都聽青衿肄業其旁舍開張私舖矣及詰之則曰歲輸府租或作轉觧諸費也試驗帖則租特以錢計且以分計

也再覆覈即此錢計分計者或烏有也且官府亦何利此毫末者而聽以官基爲市也諸如此類相應盡數清查入官原帖追塗附卷則豪右戢懲萬一乎

坊表

褒揚節孝建石於門古未有若斯之盛者外此則鏤功晉爵自科第以至卿輔盖前代多有之觀舊志所載大都重其人思傳於後而世遠不盡存也至若表識衢路古所稱交午柱者不在此例

明

荆璆競耀　萬歷戊子科舉人在清源門内今廢

黼斧　文衡　贈山東道監察御史曹儀正德辛未進士巡按甘肅廣西陝西監察御史提督甘肅學校廣西鄉試曹珪在府前今廢

國寶　在府學前今廢

經魁　在府學前今廢

巳酉拔尤　在府前今廢

多士坊　嘉靖丁酉科舉人在府前

玉署重光　清華特寵　勅封淮安府推官卓[illegible]翰林

院檢討王崇擢崇正戊辰進士淮安府推官翰林院檢討王用予在清源門内

德音世懋　皇錫永申　誥封奉直大夫泗州知州王炳奉直大夫重慶同知王陛勅封承德郎禮部精膳司主事王家欽天啓甲子亞魁乙丑進士前禮部郎中福建分廵漳南道副使王源昌在清源門内

經史名家　人文上乘　勅贈承德郎南京戶部雲南司主事秦必富南京戶部四川司郎中萬歷甲午科觧元庚戌進士秦繼宗在清源門内

歷登天府　三錫皇綸　嘉靖癸卯科舉人新寧知縣
贈中大夫福建布政司右叅政杜鳴陽戊午科舉人
長寧知縣贈中大夫福建布政司右叅政杜傑萬歷
丙午科經魁丁未科進士授階中大夫福建按察司
按察使前四川提學道副使杜應芳在清源門内
司農世錫　勅封承德郎戶部主事洪承化天啓壬戌
科進士戶部浙江清吏司主事貴州司員外郎常州
府知府洪周祿在清源門内
三十一人坊　萬歷壬午科舉人在縣前今燬

世秩天曹　誥贈奉直大夫吏部文選司員外郎晏應
元萬歷己未科進士吏部稽勲司郎中晏清在縣前
三朝諫議　勅贈徵仕郎吏科給事中甄其賢吏科左
給事中前禮科戶科給事中侍經筵甄淑在縣左
袍笏代承　奉直大夫寧羌知州劉珙中順大夫汝寧
同知加四品服俸劉功允廵按四川監察御史劉宗
祥在縣左
天官大夫　吏部文選司郎中王濟在縣左今燬
皇都得意　在府學左宏治己未建今廢

金榜題名　在府學右宏治己未建今廢
聚奎　在府學左今廢
世科　在府學右今廢
元會羣英　嘉靖甲子科舉人在府學右
元魁濟美　萬歷己卯科舉人在府學右
彙征　嘉靖庚子科舉人在府學左今廢
經術家承　勅贈文林郎又誥贈中憲大夫李田萬歷
庚辰科進士按察使李之用在府學左
明俊　嘉靖乙卯科舉人在憲司右

明時碩髦　萬歷丙子科舉人在憲司左今廢
世承天寵　封雲南道監察御史易明幾隆慶戊辰科
進士易儆之在憲司左今廢
奉天勅命　封工部左給事郎尚忠在憲司左今廢
三世司徒　誥贈通議大夫戶部右侍郎王文奎王濟
南京戶部右侍郎王廷瞻在憲司左今廢
三世中丞　誥封通議大夫都察院右副都御史謝志
善原任北直長垣知縣謝希哲永樂戊辰進士副都
御史勅平蠻功廕子賜葬崇祀贈太子賓客謝景在

忠節祠右

容臺　諫垣　翰林院禮科都給事中提督四夷館太
常寺少卿邱岳在舊鼓樓巷

心切效忠　天恩存問　兩膺存問禮部右侍郎進階
正治上卿邱岳在忠節祠左

穀貽孫子　嘉靖癸卯舉人四川新寧縣知縣祟祀名
宦鄉賢杜鳴陽嘉靖戊午舉人杜傑隆慶辛未進士
杜伸萬歷丁未進士杜應芳累階中大夫福建叅政
在舊鼓樓前

黎獻帝臣　嘉靖癸卯科舉人

同朝四衛門　翰林院檢討張文光汪元極庶吉士劉
鍾英吏科給事中游之湊戶科給事中官應震兵科
給事中吳亮嗣應建道監察御史周應期穆天顏山
東道監察御史曹光德四川道監察御史田生金貴
州道監察御史吳之皡黃彥士魯之賢吏部稽勳司
員外郎郭士望吏部司務蕭譽吏部稽勳司於倫萬
歷四十一年建在舊鼓樓前

父子司寇　刑部尚書贈太子少保王廷瞻刑部廣西
清吏司主事王同庠

父子進士　宏治壬戌科進士吏部郎中四川叅政王
濟嘉靖已未進士巡撫四川都御史王廷瞻在紅水
巷口左今廢

首應昌期　隆慶丁卯科舉人在紅水巷口

世膺天寵　萬歷癸未科進士江西道監察御史樊玉
衡在門首今廢

大司徒　總督河漕戶部尚書王廷瞻在紅水巷

大司寇　青宮少保　南京刑部尚書贈太子少保王

廷瞻在洗白街口右

直節匡時　雄文應世　奉直大夫前翰林院庶吉士
吏科給事中正德癸酉經魁丁丑會魁王廷陳在洗
白街口今廢

司馬　封承德郎兵部武選清吏司主事方勇在洗白
街口左今廢

都憲　嘉靖乙酉經魁壬辰進士授行人選刑科給事
中以不阿當路改兵部武選主事車駕員外郎四川
僉事江西叅議副使山東叅政專勅理東南財賦浙

江按察使江西右布政使巡撫應天等處都察院右
副都御史方任在縣學右
進士　嘉靖壬辰科進士方任坊復下壁五世孫雍正
癸卯科進士方可丹重陞
祖孫父子尚書　誥贈資政大夫刑部尚書甄善甄其
賢萬歷庚戌進士南北刑部尚書甄淑在縣學右
帝命重光　嘉靖癸卯舉人富陽知縣勅封戶部主事
奚楼丁未進士刑部清吏司主事贈福建叅議奚世
亮在縣學前

方獻　嘉靖辛酉科舉人在縣學前
進士　嘉靖癸未科進士王廷梅在北察院右今廢
應時多士　萬歷乙酉科舉人在北察院右
辛卯坊　萬歷辛卯科舉人在北察院左
天章寵錫　誥贈奉直大夫戶部員外郎吳嶽山萬歷
壬辰進士四川按察司副使吳士瑞在北察院左
戴誥儒宗　勅贈文林郎余諭萬歷壬辰會魁余心純
在北察院左
都憲　正德辛未科進士巡撫延綏等處都察院右副
都御史賈啓在清淮門外
世科　王濟王廷儒王廷陳王廷瞻王追美王一鳴在
洗白街門首
會魁　丁丑會魁王廷陳在洗白街門首今廢
御史臺　係南察院故址
世承聖典　贈奉直大夫戶部員外郎熊璦嘉靖乙丑
科進士熊養中在縣學前今廢
抗節致忠　隆恩晉秩　誥贈奉直大夫孫仕亨廣東
按察司僉事孫大祚在縣學前

登瀛　嘉靖戊午科舉人在於家巷口今廢
世科　景泰癸酉科王孚嘉靖辛卯科王鳳陽乙卯科
王睦辛酉科王址萬歷壬子科王欽濂在六劉巷口
清朝侍御　贈文林郎李陽明廣西道監察御史李植
在六劉巷口
三世承恩　贈中大夫叅政徐榮徐尚義嘉靖乙丑科
進士廣西左布政徐時可在萬家巷口左
元歷登賢　萬歷癸酉舉人在一字門內
登雲　嘉靖庚子科舉人涂瑜在門首今廢

進士　嘉靖乙未科進士南京户部郎中陝西平樂府
知府呂韶在門首
多士坊　萬歷丁酉科舉人在清源門外
寵光三代　秩列九卿　贈中大夫陝西苑馬寺卿兼
按察司僉事孫安孫仕時萬歷乙未進士授中大夫
陝西苑馬卿前川陝山西河南直隸潼關衛等處兵
巡副使江西布政使司左參政孫大壯在清源門外
翊運眞才　隆慶庚午科舉人在清源門外
邦家之光　隆慶辛未科進士在沙街

世禮之門　杜鳴陽氏子孫科第在賈氏巷口太常樊
玉衡書
勅誥貢封　勅授登仕佐郎吏部司務誥授奉直大夫
兵部員外郎汪廷儒在沙街
元凱同登　嘉靖壬子科舉人在沙街今廢
龍章申錫　勅封承德郎工部都水清吏司王事誥贈
中憲大夫揚州府知府徐廷蘭在齊安驛右
多士坊　萬歷甲午科舉人在齊安驛右
聯飛　在齊安驛左今廢

三鳳　在齊安驛前今廢
世列名卿　贈中憲大夫提督四夷館太常寺少卿甄
其賢翰林院提督四夷館太常寺少卿前户科都給
事中甄淑在沙街
祖孫進士　宏治巳未科王麟嘉靖壬戌科王同道在
會同巷今廢
父子御史　贈文林郎江南道監察御史嘉靖戊子科
舉人王廷槐壬戌進士王同道在會同巷今廢
忠精流芳　在關帝廟内義民官葉浦嘉靖丙寅年建

總憲　嘉靖壬午經魁癸未中式丙戌進士陶珪在陶
家巷
翔鳳　在一字門外今廢
飛黄　在一字門外今廢
雄飛　在一字門外今廢
孝介先生　萬歷乙未科進士樊玉衡在府學左祠前
進士　誥封奉政大夫劉桂一在丁家塮一在卧車盤
忠臣節婦　嘉靖丁未科進士殉難贈福建參議奚世
亮旌表貞節世亮妻王氏在舊鼓樓巷口

百年完節　嘉靖壬午舉人盧静妻方氏在方家巷口
貞節坊　萬歷癸酉舉人於廷評繼妻張氏在府城隍
廟街
貞節孝子　府學生員倪天瑞妻節婦劉氏孝子生員
倪士觀俱旌表立坊一宇門内仍許立祠坊側
天恩褒節　生員曹銓妻盧氏封文林郎男曹自化山
東道監察御史曹光德在清源門内
天寵旌褒　儒士曺體亨妻節婦周氏在團風鎮
天朝旌孝　省祭唐治在團風鎮正街坊後圯康熙辛

丑知縣鍾萶修復
世沭寵光　成化文淵閣大學士江淵贈文林郎江濟
隆慶辛未進士江沛然在陽邏鎮
國朝
八世孝義之門　鄉民鄧一隆家八世同居在上伍鄉
鄧家林
孝子坊　一旌曹大聲在上伍鄉　一旌吕希煜在南
湖吕氏祠　一旌鄧之壁在鄧家林　一旌黄漢隆
列女坊　俱見列女志

黄岡縣志卷之三

知黄州府事錢[illegible]王[illegible]　鏊纂輯　楷裁訂　知黄岡縣事[illegible]劉[illegible]　[illegible]同編

賦役志

戶口

周制閭師書名登於天府重民數也後世有算賦戶調之於遷徙而向時編戶全無追訪矣夫唯宇宙太和民生日繁數倍於昔故曰陳力受職邑無敖民則各食其力而咸樂其所矣

戶壹萬叁千叁百玖拾陸

口壹拾伍萬柒千捌百玖拾伍（府志所載如此舊志云戶口不造互有增減丁額不嚴）

原額人丁壹萬貳千柒百捌拾叁

按舊志洪武間戶壹萬陸千貳百伍拾貳口壹拾貳萬貳千叁百肆拾玖　宏治間戶壹萬柒千捌百貳拾柒口壹拾柒萬玖千柒百叁拾　嘉靖肆拾叁年除分割黄安縣外戶壹萬叁千叁百玖拾陸口壹拾伍萬柒千捌百玖拾伍（內男捌萬伍千捌[illegible]壹拾[illegible]女柒萬貳千捌拾共成丁[illegible]千柒百[illegible]拾捌）萬歷拾肆年丈量後改則戶壹萬叁千[illegible]

肆拾捌口壹拾叁萬捌百捌拾陸（內男陸萬壹千肆百壹拾肆女陸萬玖千肆百柒拾貳共成丁壹萬貳千柒百捌拾叁收復黄安伍丁在內）

額徵並加增顏料等項（每丁派銀叁錢陸分捌釐伍毫伍絲玖忽伍微肆塵玖纖陸渺）共銀肆千柒百壹拾壹兩貳錢玖分陸釐柒毫貳絲壹忽柒微貳塵玖纖伍渺康熙肆年豁免運夫人丁貳百叁拾丁豁除丁銀捌拾肆兩柒錢陸分捌釐陸毫玖絲陸忽肆微捌纖實在人丁壹萬貳千伍百伍拾叁實額銀肆千陸百貳拾陸兩伍錢貳分捌釐貳絲伍忽叁微貳塵壹纖伍渺（內有免丁貳千玖百捌拾柒丁每丁免雜徭銀）叁錢肆分共免銀壹千壹拾伍兩伍錢捌分除免外每丁徵銀壹錢玖釐肆毫陸絲貳忽玖微壹塵玖纖貳渺肆漠共徵銀叁百貳拾陸兩玖錢陸分伍釐柒毫叁絲玖忽柒微陸塵玖纖捌渺捌漠無免丁玖千伍百陸拾陸丁每丁徵銀肆錢肆分玖釐肆毫陸絲貳忽玖微壹塵玖纖貳渺肆漠共銀肆千貳百玖拾玖兩伍錢陸分貳釐貳毫捌絲伍忽伍微伍塵壹纖陸渺貳漠　自康熙拾壹年至伍拾年逐次編審增陸拾柒丁（康熙拾壹年增拾丁貳拾壹年增拾貳丁貳拾伍年增陸丁叁拾年增陸丁叁拾伍年增伍丁肆拾年增捌丁肆拾伍年增拾丁伍拾年增拾丁）共增額銀貳拾肆兩陸錢玖分叁釐肆毫捌絲玖忽捌微貳塵叁纖貳渺共壹萬貳千陸百貳拾丁額徵銀肆千陸百伍拾壹兩貳錢貳分壹釐伍毫壹絲伍忽

壹微肆塵肆纖柒渺遵奉
恩詔以康熙伍拾年丁冊定爲常額又彙同不在額徵以
內之優免丁銀伍百陸拾壹兩於雍正柒年題准丁
隨糧派歸入闔省糧內均攤每實徵糧銀壹兩派徵丁銀壹錢貳分玖釐陸毫肆絲玖忽柒微貳塵叁纖壹渺叁漠捌茫陸沙肆灰陸漂柒銖肆溟玖燼減原徵丁銀
壹拾貳兩陸錢叁分壹釐壹毫肆絲伍忽貳微壹纖
肆渺肆漠玖茫叁灰雍正柒年陞墾派增丁銀壹兩
壹錢貳分貳釐柒毫玖絲肆忽柒微伍塵陸纖柒渺
捌漠陸茫係抵算鐵爐縣重丁銀項乾隆貳年陞墾派丁銀肆錢

貳分陸釐肆毫伍絲陸忽陸微陸塵玖纖叁渺捌漠
玖茫係乾隆陸年部文自乾隆柒年起徵乾隆捌年陞墾派丁銀壹
分叁釐捌毫壹絲柒忽伍微貳塵捌纖捌渺伍漠貳
茫自乾隆拾貳年爲始起徵共該丁銀伍千貳百壹兩壹錢伍分
叁釐肆毫叁絲捌忽捌微玖塵捌纖貳渺柒漠柒茫
玖沙柒灰內除水災案內開除條餉均攤匠班驢脚
麂皮等項帶派丁銀伍拾兩零陸分柒釐肆毫壹絲
伍忽柒微柒塵壹纖陸渺柒漠本除伍拾壹兩柒錢肆分玖釐壹毫玖絲柒忽柒微陸塵壹纖貳渺柒漠內有應派壹兩陸錢捌分壹釐柒毫捌絲壹忽玖微捌塵玖纖伍渺叁漠

柒茫實徵丁銀伍千壹百伍拾壹兩捌分陸釐貳絲叁
忽壹微貳塵陸纖陸渺柒茫玖沙柒灰其自康熙伍
拾伍年至乾隆貳拾壹年編審增丁叁千貳百叁拾
玖丁康熙伍拾伍年增叁百肆拾貳陸拾年增叁百陸拾陸雍正肆年增叁百玖拾貳玖年增叁百柒拾伍乾隆元年增叁百伍拾陸年增叁百柒拾捌拾壹年增叁百捌拾拾陸年增叁百伍拾叁貳拾壹年增叁百叁欽奉
恩詔永不加賦

賦稅

古者則田成賦各因所生故民皆勸功樂業先公而

後私迨其變法時勢漸增役費繁苛遂失其所我
朝深仁厚澤罷無藝之徵除積荒之額地著爲本民不疲
勞爰詳考因革之宜分欵志之
原額田地塘共壹萬叁千壹百壹拾頃玖拾柒畝叁分
陸釐
按舊志明洪武間官民田地柒千肆百伍拾伍頃陸
拾壹畝柒分內科夏稅小麥壹千陸百柒拾貳石捌斗肆升肆合捌勺隨糧絲壹千肆百伍拾柒觔壹拾壹兩捌錢柒分桑柘絲伍拾貳觔玖兩捌錢貳分秋糧米肆萬伍千肆拾肆石捌斗玖合壹勺宏治間柒千柒百捌拾伍頃玖畝肆分內科夏稅小麥

貳千捌拾捌石貳斗陸升柒合捌勺貳抄陸撮　隨糧絲壹千肆百陸拾捌觔玖兩伍錢壹分　桑柘絲伍拾捌觔柒兩叁錢　秋糧米肆萬柒千壹百玖拾肆石肆斗肆合肆勺壹抄　嘉靖肆拾叁年除分劃黃安縣外陸千肆百捌拾頃伍拾玖畝壹分叁釐　官田肆百貳拾柒頃叁拾柒畝肆分貳釐官地叁拾叁頃陸拾柒畝貳分官塘壹拾貳頃貳分玖釐民田肆千伍百伍拾柒頃伍拾陸畝柒分民地玖百肆拾壹頃陸拾柒畝伍分貳釐民塘伍百捌頃叁拾畝內科夏稅小麥貳千玖石叁斗玖升玖合捌勺貳抄　隨糧絲壹千貳百陸拾肆觔壹拾肆兩貳錢伍分壹釐貳毫陸絲陸忽　桑柘絲伍拾觔陸兩伍錢伍分　秋糧米肆萬壹千伍百叁石伍斗玖升壹勺壹抄　考明會典萬歷玖年錢糧作一條鞭徵收民稱爲便時清丈除官田地塘畝照舊外民田丈捌千肆百柒拾玖頃肆拾伍畝捌分柒釐民地丈肆千叁百柒拾柒頃貳拾玖畝玖分柒釐民塘丈玖百叁拾頃肆畝玖分柒釐官民田共捌千玖百陸頃捌拾叁畝貳分玖釐官民地共肆千肆百壹拾頃玖拾柒畝壹分柒釐官民塘共玖百肆拾貳頃伍畝貳分陸釐

自拾年後水坍沙壓減民田貳拾陸頃柒拾陸畝叁分玖釐民地壹千捌拾貳頃陸拾柒畝捌分貳釐民塘叁拾玖頃肆拾肆畝壹分陸釐

國朝因明額數永爲定例

原額田捌千捌百捌拾頃陸畝玖分壹釐內凡肆則

上田貳千陸百叁拾肆頃伍拾叁畝肆毫　每畝科秋糧米伍升叁合　該米壹萬叁千玖百陸拾叁石玖合伍勺壹抄肆撮　每米壹石並加增顏料北絹等項共派銀陸錢陸分壹釐貳毫柒微捌塵陸纖　該銀玖千貳百叁拾貳兩叁錢伍分貳釐捌毫陸絲伍忽伍微捌塵貳纖貳渺

中田貳千玖百叁拾捌頃肆拾捌畝壹分叁釐貳毫　每畝科秋糧米肆升壹合　該米壹萬貳千肆拾柒石柒斗柒升叁合肆勺壹抄貳撮　每石照前則例　該銀柒千玖百陸拾伍兩玖錢玖分柒釐叁毫肆絲玖忽伍微陸塵肆纖叁渺

下田貳千陸百捌拾貳頃捌拾陸畝壹分陸釐肆毫　每畝科秋糧米叁升壹合　該米捌千叁百壹拾陸石捌斗柒升壹合捌抄肆撮　每石照前則例　該銀伍千肆百玖拾玖兩壹錢貳分壹釐陸毫玖絲柒忽捌微壹纖肆渺

山水鄉田陸百貳拾肆頃壹拾玖畝陸分　每畝科秋糧米貳升壹合　該米壹千叁百壹拾石捌斗壹升壹合陸勺　每石照前則例　該銀捌百陸拾陸兩柒錢玖分陸毫玖絲貳微壹塵柒纖玖渺

肆則田每畝科稅絲壹分伍釐肆毫叁絲陸忽壹微壹塵陸纖貳渺該絲捌百伍拾
陸觔壹拾壹兩叁錢柒分柒釐陸毫叁絲肆忽捌微
壹纖玖渺每畝科桑絲陸釐陸毫壹忽叁微肆塵肆渺該桑絲叁拾陸觔
壹拾兩貳錢叁釐伍毫捌絲叁忽伍微貳項秋糧內帶派
原額地叁千叁百貳拾捌頃貳拾玖畝叁分伍釐內凡
叁則
上地壹百肆拾伍頃玖拾貳畝伍分每畝科秋糧米叁升該米肆
百叁拾柒石柒斗柒升伍合每石照前則例該銀貳百捌拾
玖兩肆錢伍分柒釐壹毫柒絲陸忽玖塵貳纖叁渺

中地肆百捌拾捌頃陸畝貳分伍釐每畝科秋糧米貳升該米玖
百柒拾陸石壹斗貳升伍合每石照前則例該銀陸百肆拾
伍兩肆錢壹分肆釐陸毫壹絲柒忽貳微叁塵
下地貳千陸百玖拾肆頃叁拾畝陸分每畝科秋糧米肆合該米
壹千柒拾柒石柒斗貳升貳合肆勺每石照前則例該銀柒
百壹拾貳兩伍錢玖分捌毫玖絲柒忽玖微陸塵玖
纖捌渺每畝科夏稅小麥柒合伍勺壹抄捌圭捌粒捌粟該麥貳千貳拾叁
石陸斗陸升叁合陞抄叁圭柒粒收復黃安縣麥壹
拾肆石貳斗陸升叁合伍勺在內每夏麥壹石派銀叁錢肆分貳釐捌

毫叁絲捌忽捌微總數見後
叁則地每畝科稅絲壹分伍釐肆毫叁絲陸忽壹微壹塵陸纖貳渺該絲叁百貳拾
壹觔壹兩伍錢玖分貳釐伍毫貳絲壹忽叁微柒塵
秋糧內帶派○每畝科桑絲陸釐陸毫壹忽叁微肆塵肆渺該桑絲壹拾叁觔壹
拾壹兩柒錢壹分壹釐玖毫捌絲叁忽伍微秋糧內帶派
原額塘玖百貳頃陸拾壹畝壹分每畝科秋糧米叁升柒合叁勺柒抄肆撮
玖圭貳粒柒粟該米叁千叁百柒拾叁石伍斗貳合貳抄叁
撮肆圭叁粒內除沒官米壹拾柒石壹斗伍升陸合官民米壹石陸斗捌合捌勺付還黃安
縣收納外收回該縣切割民米壹拾柒石柒斗柒升壹合壹勺實該米叁千叁百柒

拾貳石伍斗玖合貳抄叁撮肆圭叁粒每石照前則例該銀
貳千貳百貳拾玖兩玖錢伍釐陸毫壹絲柒忽捌塵
肆纖每畝科夏稅絲壹分伍釐肆毫叁絲陸忽壹微壹塵陸纖貳渺該絲捌拾柒觔
壹兩貳錢捌分叁毫貳絲伍忽肆微伍纖秋糧內帶派○每畝
科桑絲陸釐陸毫壹忽叁微肆塵肆渺該桑絲叁觔壹拾壹兩伍錢捌
分肆釐肆毫貳絲肆忽陸微秋糧內帶派
以上共科秋糧米除付還黃安收納外又收回該縣切
割米在內共實徵米肆萬壹千伍百貳石伍斗玖升
柒合叁抄叁撮肆圭叁粒舊志內本色起運兌軍正米捌千貳百捌拾貳石陸

斗伍升　運糧官軍行月糧米貳千壹百捌拾陸
石肆斗壹升陸勺　江西運糧官軍月糧米壹千壹
百伍拾玖石捌斗　南倉正米捌千肆百貳拾壹石
肆斗．折色派剩太倉米壹千貳百玖拾伍石伍斗
捌升　京庫米伍千陸百叁拾貳石陸斗肆合捌勺
伍抄叁撮　宗祿米及武昌府米壹萬伍百壹拾壹
石伍升壹合壹抄貳撮柒圭貳粒叁粟　派剩辰州
軍餉米叁百貳拾叁石捌斗捌升　清泥倉米捌百
石　練兵糧餉米壹千肆百壹拾叁石陸斗捌升柒
合陸勺伍抄肆撮貳圭柒粒柒粟　本府倉米陸百
壹石叁斗捌升肆合叁勺玖抄又收回黃安米壹拾
柒石柒斗柒升壹合壹勺　本府學倉米伍百玖拾
伍石貳升　存留本縣學倉米貳百伍拾捌石玖
斗柒升陸合　舊奉例清丈不分官民一體編差　共
額徵銀貳萬柒千肆百肆拾壹兩伍錢肆分玖釐玖
毫壹絲壹忽伍微肆塵陸纖壹渺加增顏料等銀在

內　內有免米貳千玖百捌拾柒石每石免銀貳錢陸
分共免銀柒百柒拾陸兩陸錢貳分奉文另解
充餉除免外每石派正賦銀肆錢壹分玖釐玖毫壹
絲叁忽伍塵叁纖壹渺共徵銀壹千貳百伍拾肆兩
貳錢捌分壹釐壹毫捌絲伍忽柒微玖纖柒渺無
免米叁萬捌千伍百壹拾伍石伍斗玖升柒合叁抄
叁撮[illegible]圭叁粒每石派銀陸錢柒分玖釐玖毫壹絲
叁忽叁微伍塵叁纖壹渺共徵銀貳萬陸千壹百捌
拾柒兩貳錢陸分捌釐柒毫貳
絲伍忽捌微叁塵陸纖肆渺
夏稅絲壹千貳百陸拾肆觔壹拾肆兩貳錢肆分玖釐
肆毫肆絲陸忽柒微柒塵伍纖
桑柘絲伍拾肆觔壹兩肆錢玖分玖釐玖毫玖絲壹忽
陸微　貳項俱入秋糧內派

夏稅麥貳千貳拾叁石陸斗陸升叁合叁勺　舊志撥運本府倉小
麥抵米壹千肆拾柒石壹斗陸升貳合捌勺貳抄並
收復黃安縣麥壹拾肆石貳斗陸升叁合伍勺　蘄
州倉改撥小麥抵米捌百陸拾陸石壹升叁合每石
折銀叁錢叁分　存留本縣學倉小麥抵米玖拾陸
石貳斗貳升肆合　每石折銀陸錢　每石派銀叁錢肆分貳釐捌毫叁
絲捌忽捌微額徵銀陸百玖拾叁兩柒錢捌分玖釐
壹毫肆絲
人丁原額肆千柒百壹拾壹兩貳錢玖分陸釐柒毫貳
絲壹忽柒微貳塵玖纖伍渺
以上人丁米麥通共銀叁萬貳千捌百肆拾陸兩陸錢

叁分伍釐柒毫柒絲叁忽貳微柒塵伍纖陸渺　舊志夏稅
通計實徵銀壹千捌百叁拾伍兩壹錢貳分貳釐伍
毫壹絲叁忽陸微例不優免　秋糧通計實徵銀壹
萬貳千壹百捌兩肆錢伍分陸釐陸毫捌絲捌微捌
塵例不優免　丁糧額派貳千叁百肆拾伍兩捌分
貳釐叁毫伍絲玖忽貳微陸塵柒纖肆渺例不優免
丁叁糧柒兼派　戶口鈔實徵銀貳百壹兩玖錢肆
分捌釐伍毫肆絲捌忽肆微玖塵貳渺　驛傳通計
實徵銀貳千柒百貳拾玖兩肆錢伍分捌釐貳絲伍
忽除優免外秋糧內派　民壯實徵銀貳千伍百玖
兩叁錢貳分除優免外丁叁糧柒兼派　均徭通計
實徵銀肆千捌百捌拾兩伍錢陸分叁釐捌毫除優
免外丁叁糧柒兼派加編鄉宦轎傘夫銀肆拾叁兩
貳錢　里甲夫馬項下實徵銀叁千貳百叁拾柒兩
叁錢玖分　公費項下實徵銀壹千壹百陸拾肆兩
玖分柒釐伍毫壹絲陸忽壹微貳塵伍纖貳渺夫馬
除優免公費例不優免俱丁叁糧柒兼派　今賦役

全書加增北絹銀叁百伍拾肆兩壹錢陸分玖釐肆
毫加增顏料蠟茶黄白蠟等銀柒百伍拾兩陸錢捌
分壹毫
外紳士優免存留差徭不在額徵正項內
原額田地山塘總數見前內除夏水稟報偏災案內乾隆貳
年捌年奉 文開除蛟水衝壓田地共壹百壹拾頃
貳畝柒分捌釐叁毫糧肆百貳拾伍石壹斗肆升肆
合肆勺叁抄叁撮額徵併加增銀貳百捌拾玖兩陸
分壹釐叁毫柒絲陸忽玖微玖塵貳纖捌渺貳漠捌
茫實田地山塘共壹萬叁千頃玖拾肆畝伍分柒釐

柒毫實載秋糧米肆萬壹千柒拾柒石肆斗伍升貳
合陸勺肆圭叁粒實徵併加增共銀貳萬柒千壹百
伍拾貳兩肆錢捌分捌釐伍毫叁絲肆忽伍微伍塵
叁纖貳渺柒漠貳茫
雍正柒年拾叁年乾隆陸年叁次首墾額外田地共壹
拾捌頃壹拾柒畝伍分叁釐肆毫柒絲捌忽雍正柒年首墾田地玖頃叁拾肆畝捌分肆釐伍毫伍絲拾叁年首墾田地捌頃伍拾肆畝貳分陸釐壹毫貳絲捌忽乾隆陸年首墾地貳拾捌畝肆分貳釐捌毫共科秋糧壹拾貳石捌斗陸
升叁合叁勺肆抄玖撮壹圭貳粒雍正柒年科糧玖石貳斗肆升玖抄貳撮拾叁年科糧叁石伍斗玖合伍勺肆抄伍撮壹圭貳粒乾隆陸年科糧壹斗壹升叁合柒勺壹抄貳撮
共該條銀捌兩柒錢肆分伍釐玖毫陸絲貳忽
捌微叁塵壹纖捌渺捌漠壹茫雍正柒年該銀陸兩貳錢捌分貳釐肆毫陸絲壹忽玖微叁塵肆纖陸渺柒漠叁茫拾叁年該銀貳兩叁錢捌分陸釐壹毫捌絲陸忽伍微玖塵乾隆陸年該銀柒分柒釐叁毫壹絲肆忽叁微柒纖貳渺捌茫
共田地山塘壹萬叁千壹拾玖頃壹拾貳畝壹分壹
釐壹毫柒絲捌忽額編米肆萬壹千玖拾石捌斗壹
升伍合玖勺肆抄玖撮伍圭伍粒共額徵銀貳萬柒
千壹百陸拾壹兩貳錢叁分肆釐肆毫玖絲柒忽叁

微捌塵伍纖壹渺伍漠叁茫
夏稅麥數見前除蛟水衝壓麥叁斗捌升玖合捌勺玖抄
壹圭玖粒陸粟除額徵銀壹錢叁分叁釐陸毫陸絲
玖忽肆微捌塵陸纖玖渺貳漠捌茫實麥貳千貳拾
叁石貳斗柒升叁合肆勺玖撮捌圭肆粟實徵銀陸
百玖拾叁兩陸錢伍分伍釐肆毫柒絲伍微壹塵叁
纖柒漠捌茫
加增玖釐餉損共銀玖千捌百柒拾肆兩壹錢玖釐叁
毫壹絲伍忽每夏麥秋糧壹石派餉銀貳錢貳分壹釐捌毫伍絲肆忽柒塵壹渺內夏麥每

銀肆百伍拾玖兩貳錢玖釐玖毫貳絲伍忽陸微叁
纖玖渺貳漠伍茫秋糧增銀玖千肆百壹拾肆兩捌
錢玖分伍釐叁毫捌絲玖忽叁微玖塵陸纖柒漠伍茫內除蛟水衝壓偏銀玖
拾陸兩伍錢叁分肆釐壹毫玖絲叁忽壹微捌塵肆
纖貳渺陸漠貳茫實徵偏揁銀玖千柒百柒拾柒兩
伍錢柒分伍釐壹毫貳絲壹忽捌微壹塵伍纖柒渺
叁漠捌茫　雍正柒年拾叁年及乾隆陸年額外首
墾偏銀貳兩玖錢壹分捌釐壹毫叁忽壹微貳纖玖
渺玖漠壹茫

人丁數見戶口額銀除豁免運夫及蛟水衝壓復加優免陞
墾等項實徵銀伍千壹百伍拾壹兩捌分陸釐貳絲
叁忽壹微貳塵陸纖陸渺柒茫玖沙柒灰內優免丁銀伍百陸
拾壹兩又雍正柒年乾隆貳年捌年叁共墾派丁銀
壹兩伍錢陸分叁釐陸絲捌忽玖微伍塵伍纖貳漠
柒茫奏銷册內另款登收

額徵驢脚米壹千貳百陸拾叁石貳斗壹升奉文每石折銀壹
兩以貳錢給解役該銀貳百伍拾貳兩陸錢肆分貳釐奉文裁
解餘捌錢充備該銀壹千壹拾兩伍錢陸分捌釐共銀壹千
貳百陸拾叁兩貳錢壹分　雍正柒年拾叁年及乾
隆陸年額外陞墾驢脚米折銀叁錢玖分壹釐伍毫

黃岡縣志　卷之三　賦稅　十三

貳絲肆塵肆纖
貳共銀壹千貳百陸拾叁兩陸錢壹釐伍毫貳絲叁
微肆塵肆纖內除蛟水衝壓銀壹拾肆兩陸錢壹分
玖釐陸毫捌絲柒忽玖微伍塵伍纖陸渺柒漠肆茫
該徵銀壹千貳百肆拾捌兩玖錢捌分壹釐捌毫叁
絲貳忽叁微捌塵捌纖叁渺貳漠陸茫內除雍正柒
年陞墾抵算漢陽等縣重丁銀貳錢捌分壹釐貳毫
叁絲玖忽陸微陸塵伍纖實徵銀壹千貳百肆拾捌
兩柒錢伍毫玖絲貳忽柒微貳塵叁纖叁渺貳漠陸
茫

加增麂皮京揁銀壹兩陸錢叁分捌毫　雍正柒年拾
叁年及乾隆陸年額外陞墾銀伍毫伍忽肆微伍塵
壹纖肆渺玖漠
貳共銀壹兩陸錢叁分壹釐叁毫伍忽肆微伍塵壹
纖肆渺玖漠內除蛟水衝壓銀壹分捌釐捌毫柒絲
叁忽玖微陸塵玖纖陸漠貳茫實徵銀壹兩陸錢壹
分貳釐肆毫叁絲壹忽肆微捌塵壹纖捌渺捌漠捌
茫內雍正柒年陞墾銀叁毫陸絲叁忽柒塵玖纖肆渺玖漠貳茫係彙抵漢陽等縣重丁銀

黃岡縣志　卷之三　賦稅　十四

帶派江南人匠原納班貳百叁拾陸名肆年壹班該班每名納銀壹兩
捌錢過閏加銀陸錢除開除外實納班玖拾名每年銀伍拾肆
兩內除蛟水衝壓銀肆錢陸分貳毫陸忽玖微貳塵
捌纖叁渺柒漠伍茫實徵銀伍拾叁兩伍錢叁分玖
釐柒毫玖絲叁忽柒塵壹纖陸渺貳漠伍茫內匠戶
無徵 督撫會疏
題准入地丁銀內公攤自康熙玖年爲始內人丁帶派銀陸兩伍釐
捌毫伍絲壹忽玖微夏麥帶派銀壹兩叁錢貳分玖釐玖毫柒絲叁忽陸微秋糧帶派銀肆拾壹兩叁錢
肆分叁毫伍微隨漕帶派銀叁兩伍錢伍分貳釐捌毫壹絲貳忽伍微肆塵玖纖陸渺壹漠湖蘆課帶派

銀壹兩叁錢壹分捌毫伍絲肆忽伍微貳塵貳纖壹漠伍茫
優免充餉銀壹千叁百叁拾柒兩陸錢貳分內有優免丁銀伍百
陸拾壹兩入均攤丁隨糧派項下實充餉銀柒百柒拾陸兩陸錢貳
分又優免銀肆百伍拾肆兩伍錢捌分在外於雍正末年奉 文裁革減額
以上地丁餉損驢腳折米麂皮京損匠班帶派優免
充餉共實徵銀肆萬肆千捌百陸拾陸兩玖錢肆分
弍釐叁絲叁忽貳微貳塵肆渺陸茫玖沙柒灰
國初沿明舊制隨里長辦解至康熙貳拾叁年奉
旨革除里甲戶置花册生民獲福

隨徵耗羨雍正貳年總督楊玖年巡撫王先後
題 准加壹壹耗以爲養廉充公之費本
縣隨徵耗羨銀伍千壹百柒拾玖兩捌錢陸分柒釐
零內壹分
奏費銀肆百柒拾兩玖錢零叁分充公銀壹千肆百壹
拾貳兩陸錢玖分伍釐零解司柒分本縣坐支養廉
銀捌百肆拾兩原銀玖百兩乾隆貳拾叁年撥給團風陽邏兩司驛務各叁拾兩共陸拾
兩同柒分耗羨解司餘銀貳千肆百伍拾陸兩貳錢捌分玖釐
捌毫解司

一起運
戶部項下
夏稅折色解南桑絲絹肆拾疋玖尺捌寸貳分伍釐
每疋正銀伍錢伍分損銀壹錢伍分共銀貳拾捌兩貳錢貳分玖釐叁
毫貳絲每兩京損銀伍分該銀壹兩肆錢壹分壹釐肆毫柒
絲
秋糧折色京庫米伍千陸百伍拾壹石叁斗陸升捌
合玖勺伍抄叁撮內除米壹拾捌石柒斗陸升肆合壹勺選黃安縣代納外實徵
米伍千陸百叁拾貳石陸斗肆合捌勺伍抄叁撮每石

折銀貳錢伍分該銀壹千肆百捌兩壹錢伍分壹釐貳毫壹
絲叁忽貳微伍塵每兩京掯銀叁分滴珠銀壹分共該銀伍拾陸兩
叁錢貳分陸釐肆絲捌忽伍微叁塵解費每兩玖釐該銀壹拾叁兩
壹錢捌分叁毫　派剩太倉米壹千貳百玖拾伍石伍斗捌
升每石折銀陸錢該銀柒百柒拾柒兩叁錢肆分捌釐每百兩京
掯銀壹兩貳錢該銀玖兩叁錢貳分捌釐壹毫柒絲陸忽解費
每兩玖釐該銀柒兩捌分壹毫解司搭解
北京富戶壹拾貳名每名銀貳兩每兩京掯銀貳分共銀貳拾肆兩
肆錢捌分無閏

黃岡縣志　卷之三　起運　十七

鹽鈔折色解南戶口鈔本色正掯共銀柒拾玖兩柒
錢叁分柒釐陸毫貳絲柒忽伍微柒塵壹纖貳渺帶
閏銀貳兩陸錢伍分柒釐玖毫貳絲玖微壹塵玖纖
解費每兩玖釐該銀柒錢壹分柒釐陸毫
夏稅本色北京黃絹共該絹壹千壹拾壹疋貳丈柒
尺叁寸柒分陸釐每疋正銀柒錢織費銀貳錢京掯銀貳錢共銀壹千壹
百壹拾叁兩壹錢叁釐捌毫壹絲捌忽當官買絲成造責經手人
役解司委官搭解州縣官帶解不許僉累糧里遇閏年分加增北絹銀叁百
伍拾肆兩壹錢陸分玖釐肆毫

蘆竹園頭等銀每正米壹石派銀貳分壹釐陸毫該銀壹百捌拾壹
兩玖錢貳釐貳毫肆絲　南糧運官盤纏銀貳拾貳
兩內扣貳兩解司彙給總部通判餘貳拾兩給南糧官
摘裁
宗祿折色銀舊志楚府將軍米陸千陸百壹拾捌石陸斗陸升壹合陸勺壹抄貳撮柒圭貳
粒叁粟折銀貳千捌百叁拾壹兩玖錢陸分貳釐貳毫玖絲陸忽玖微陸塵壹纖伍渺〇武昌府衾米抵
編柒陽將軍米貳百玖石壹斗肆升折銀壹百肆兩伍錢柒分〇荊府親王米柒百伍拾石玖斗柒升陸
合伍勺折銀伍百柒拾貳兩玖錢玖分伍釐陸絲玖忽伍微〇郡王米壹百壹拾叁石伍斗伍升捌合玖
勺折銀柒拾玖兩肆錢玖分壹釐貳毫叁絲〇將軍米壹千伍百陸拾肆石伍斗貳升折銀柒百捌拾貳

黃岡縣志　卷之三　起運　十八

兩貳錢陸分〇加編米柒百柒拾肆石陸斗陸升肆合折銀叁百捌拾柒兩叁錢叁分貳釐〇荊岷府庶
人口糧米貳百柒拾石叁斗玖升折銀壹百叁拾伍兩壹錢玖分伍釐〇練兵餉米壹百玖拾捌石陸斗
伍升玖合陸撮柒粒柒粟折銀玖拾玖兩叁錢貳分玖釐伍毫叁忽叁塵捌纖伍渺共銀肆千
玖百玖拾叁兩壹錢叁分伍釐玖絲玖忽伍微解費共銀
貳拾陸兩玖錢捌分玖釐捌毫肆絲伍忽陸微柒塵
茶價正銀舊志荊府陸拾捌兩貳錢肆分貳釐捌毫陸絲
陸忽解費銀陸錢壹分肆釐貳毫
官員柴薪銀舊志通山王典膳官順王教授貳拾肆兩捌錢
民校等銀舊志荊府齋郎捌拾肆兩〇樂舞生玖拾玖兩〇鋪排夫壹拾伍兩〇禮生壹兩〇

屠戶陸兩□民 共銀叁百壹拾捌兩
校壹百捌兩
賦役舊編冗欵裁剩銀貳千捌拾陸兩伍錢壹分肆
釐伍毫叁絲貳忽壹微叁塵玖纖伍渺除撥銀玖百肆拾捌兩壹
錢伍分補鋪兵工食外實該充餉銀壹千壹百叁拾捌兩叁錢
陸分肆釐伍毫叁絲貳忽壹微叁塵玖纖伍渺
又收光祿寺項下銀壹千叁百柒拾陸兩叁錢陸分
伍釐肆毫陸絲伍忽伍微玖塵玖纖數見光祿寺項下
加增玖釐餉銀共該玖千捌百柒拾肆兩壹錢玖釐
叁毫壹絲伍忽係明萬歷末年加增

共銀貳萬壹千捌百伍拾壹兩捌錢陸分貳釐伍毫
壹絲貳忽伍微捌纖柒渺

禮部項下

秋糧折色北京藥味正價銀叁拾貳兩壹錢陸分伍
釐陸毫貳絲伍忽每兩京損銀肆分該銀壹兩貳錢捌分陸
釐陸毫貳絲伍忽解費每兩玖釐該銀叁錢壹釐壹毫解南藥味價銀
肆兩伍錢柒分肆釐玖毫陸絲捌忽柒微伍塵原無損解
又收光祿寺項下銀陸拾柒兩貳錢肆釐肆毫玖絲
貳忽數見光祿寺項下

共銀壹百伍兩貳錢叁分壹釐柒毫壹絲柒微伍塵

工部項下

折色緞疋正銀貳百柒拾兩玖錢捌分柒釐損銀肆
拾兩伍錢陸分陸釐肆毫帶閏銀壹拾捌兩伍錢伍
分捌釐捌毫每百兩京損銀玖錢該銀貳兩捌錢叁釐玖毫捌
絲解費每兩玖釐該銀貳兩捌錢貳分玖釐貳毫
緞毛正銀壹拾兩玖錢陸分伍釐叁毫壹絲貳忽壹
塵玖纖貳渺每兩腳價銀玖釐該銀玖分捌釐陸毫捌絲柒
忽玖微捌塵捌渺解費每兩玖釐該銀玖分玖釐陸毫

營膳司料銀肆百玖拾捌兩柒錢陸分壹釐貳毫陸
絲捌忽陸微每百兩京損銀玖錢該銀肆兩肆錢捌分捌釐捌
毫伍絲壹忽肆微壹塵柒纖肆渺解費每兩玖釐該銀肆兩伍錢貳分
玖釐叁毫
軍器銀壹百貳拾伍兩肆分叁釐伍毫陸絲柒忽伍
微
原派辰州軍餉改抵溆浦縣額派軍器銀陸拾肆兩
捌錢捌分叁釐玖毫貳項解費共銀壹兩柒錢玖釐叁毫肆絲柒忽貳微
本色白硝麂皮叁百貳張每張價銀肆錢京損銀貳錢共銀壹百

捌拾壹兩貳錢 解費每兩玖釐該銀壹兩陸錢叁分捌毫如遇折色之年每兩另派[illegible]損
銀玖釐
胖襖褲鞋肆拾壹副 每副正銀壹兩貳錢水脚銀叁錢 共銀陸拾
貳兩貳錢伍分 原議官解領銀製造解司另給夫馬不另派損銀
綾紗紙價銀叁百玖兩叁錢玖毫伍絲伍忽貳微叁
塵 文到方派不必每年帶徵
共銀壹千伍百捌拾玖兩玖錢捌釐柒毫貳絲貳忽
柒微肆塵柒纖肆渺除綾紗紙價俟部文到方派銀
叁百玖兩叁錢玖毫伍絲伍忽貳微叁塵實銀壹千

貳百捌拾兩陸錢柒釐柒毫陸絲柒忽伍微壹塵柒
纖肆渺
光祿寺項下
坐派甲丁庫供應等銀陸百伍拾伍兩 每百兩京損銀貳兩 該
銀壹拾叁兩壹錢 解費每兩玖釐該銀陸兩壹分貳釐玖毫
加增顏料蠟茶黃白蠟等銀柒百伍拾兩陸錢捌分
壹毫
派剩辰州軍餉改抵辰州府屬溆浦縣坐派光祿寺
甲丁庫供應銀柒兩貳錢玖分柒釐壹毫 每兩京損銀貳分

該銀壹錢肆分伍釐玖毫肆絲貳忽 解費每兩玖釐該銀陸分柒釐
滑泥倉米改以抵溆浦縣坐派光祿寺甲丁庫供應等
銀壹百陸拾伍兩叁錢柒分伍釐 每兩京損銀貳分 該銀叁
兩叁錢柒釐伍毫 解費每兩玖釐該銀壹兩伍錢壹分捌釐壹毫叁絲伍忽
原派辰州軍餉改抵溆浦縣額派循丁柴草正價銀
壹拾貳兩壹錢壹分伍釐損銀貳兩 解費每兩玖釐該銀壹錢貳分
柒釐壹毫叁絲伍忽 共銀壹千陸百玖兩貳分陸釐肆絲貳忽
內除銀壹千叁百柒拾陸兩叁錢陸分伍釐肆毫陸
絲伍忽伍微玖塵玖纖入 戶部項下又除銀陸拾

柒兩貳錢肆釐肆毫玖絲貳忽入 禮部項下登救
外實額銀壹百陸拾伍兩肆錢伍分陸毫捌絲肆忽
肆微壹纖 此係奏銷冊數已於前項銀內分析撥除
以上解戶禮工光肆部寺共銀貳萬叁千肆百叁兩壹
錢伍分貳釐陸毫柒絲伍忽壹微柒塵柒纖壹渺
一摘裁
順治玖年裁知府書辦銀壹百壹拾伍兩貳錢 門
子銀貳兩肆錢 老快銀壹拾玖兩貳錢 皂隸銀
壹拾玖兩貳錢 燈籠夫銀肆兩捌錢 庫書銀陸

兩　斗級銀壹兩貳錢　本縣修宅家伙銀貳拾兩
全裁　吏書銀伍拾柒兩陸錢　捕役銀玖兩陸錢
門子銀貳兩肆錢　皂隸銀壹拾玖兩貳錢　民壯
銀陸拾兩　燈籠夫銀肆兩捌錢　禁卒銀玖兩陸
錢　庫書銀陸兩　倉書銀陸兩　庫子銀肆兩捌
錢　斗給銀肆兩捌錢　轎傘夫銀捌兩肆錢　縣
丞書辦銀壹兩貳錢　門子銀壹兩貳錢　皂隸銀
肆兩捌錢　馬夫銀壹兩貳錢　典史書辦銀壹兩
貳錢　門子銀壹兩貳錢　皂隸銀肆兩捌錢　馬

夫銀壹兩貳錢　巡檢書辦銀貳兩肆錢　皂隸銀
肆兩捌錢　驛丞書辦銀貳兩肆錢　皂隸銀肆兩
捌錢、河泊書辦銀貳兩肆錢　皂隸銀肆兩捌錢
共銀肆百壹拾玖兩陸錢
順治拾貳年拾肆年裁總督吏書銀壹百伍拾兩
撫院轎傘夫銀壹拾肆兩肆錢　布政司修宅家伙
銀肆拾捌兩全裁　更換棹圍銀伍拾貳兩全裁　吏書
銀叁百陸拾兩　門子銀肆兩捌錢　皂隸銀壹拾
肆兩肆錢　快手銀壹拾肆兩肆錢　右堂吏書銀

貳拾捌兩捌錢　學道俸薪銀貳拾玖兩肆分肆釐
府教官膳夫銀伍拾叁兩叁錢叁分叁釐叁毫叁
絲叁忽叁微　本縣俸薪銀壹拾捌兩肆錢玖分
心紅紙張銀壹拾兩全裁　迎送傘扇銀壹拾兩全裁　縣
丞俸薪銀捌兩貳錢貳釐　縣教官膳夫銀貳拾陸
兩陸錢陸分陸釐陸毫陸絲陸忽柒微　按察司表
夫銀壹拾兩　各巡司各屬弓兵銀玖拾柒兩叁錢
壹分陸釐伍毫　渡夫銀肆拾貳兩貳錢捌分貳釐
伍毫　鄉飲銀壹拾伍兩　府學廪生銀壹百陸拾

壹兩肆錢柒分肆釐陸毫陸絲陸忽　供應銀肆百
伍拾兩　縣學廪生銀玖拾陸兩　桃符銀壹拾貳
兩、生童試銀壹百肆兩伍錢　本縣應朔盤纏銀
壹拾捌兩
共銀壹千捌百肆拾玖兩壹錢玖釐陸毫陸絲陸忽
康熙元年貳年裁總督書吏銀叁拾兩全裁　布政司
吏書銀叁百陸拾兩全裁　右堂吏書銀叁拾陸兩全裁
知府書辦銀壹百肆拾肆兩全裁　庫書銀陸兩全裁
教官書辦銀柒兩貳錢全裁　本縣書吏銀柒拾貳

兩裁全　庫書銀陸兩裁全　倉書銀陸兩裁全　縣丞書辦銀陸兩裁全　典史書辦銀陸兩裁全　陽邏團風二巡檢書辦銀壹拾貳兩裁全　李坪陽邏二驛丞書辦銀壹拾貳兩裁全　樟松黃漢湖官書辦銀壹拾貳兩裁全　府教官學書銀柒兩貳錢裁全　縣教官學書銀柒兩貳錢裁全　府學廩銀捌拾兩柒錢叁分柒釐叁毫叁絲肆忽　縣學廩銀肆拾捌兩

共銀捌百伍拾壹兩壹錢叁分柒釐叁毫叁絲肆忽

康熙肆年裁府教官銀陸拾叁兩肆分　門子銀壹拾肆兩肆錢　草料銀貳拾肆兩　齋夫銀叁拾陸兩　又銀壹拾貳兩　縣學教官銀叁拾壹兩伍錢貳分　門子銀拾肆兩肆錢　草料銀拾貳兩　齋夫銀叁拾陸兩

共銀貳百肆拾叁兩叁錢陸分

康熙伍年裁檢校俸銀貳拾壹兩壹錢壹分肆釐裁全

康熙貳拾貳年裁布政司右堂皂隸快手銀壹拾捌兩內皂隸工食銀玖兩快手工食銀玖兩奉　文併在湖南支給共湖北坐派銀兩改充兵餉

康熙貳拾陸年裁布政司左堂心紅紙張銀壹百貳拾兩裁全　知府心紅等銀伍拾兩裁全　府教官喂馬銀壹拾貳兩裁全　知縣心紅銀貳拾兩裁全　修理監倉銀貳拾兩裁全　縣學喂馬銀壹拾貳兩裁全　科舉銀伍拾柒兩捌錢貳釐肆毫玖絲伍忽　修船銀伍兩柒分　預備輪傘銀伍兩玖錢叁分肆釐　備用銀貳百柒拾伍兩肆錢裁全　生童試卷給賞等項銀壹百肆兩伍錢裁全　科舉生員銀壹百伍拾兩裁全　對讀刊錄銀肆兩捌錢叁分叁釐伍毫　本縣應朝盤纏銀玖兩裁全　本縣馬快草料銀捌拾陸兩肆錢

共銀玖百叁拾貳兩玖錢叁分玖釐玖毫玖絲伍忽

康熙貳拾柒年裁府縣歲貢盤纏銀肆拾伍兩裁全

以上共裁銀肆千叁百捌拾兩貳錢陸分玖毫玖絲伍忽

增益人丁數見戶口志　額銀貳拾肆兩陸錢玖分叁釐肆毫捌絲玖忽捌微貳塵叁纖貳渺

額外陞課項畝見前　共銀壹拾壹兩陸錢陸分肆釐陸絲伍忽玖微叁塵肆纖捌渺柒漠貳茫以上貳項內捌錢叁分玖釐肆毫玖絲捌忽壹微壹塵陸纖陸渺壹漠捌茫在衛歷銀內扣除

共額銀貳萬柒千捌百壹拾捌兩玖錢叁分壹釐柒
毫貳絲柒忽捌微壹塵捌纖伍渺伍漠肆茫內除奉
復廩糧并奉撥
關帝叁祭及均祭各項銀壹百柒拾壹兩壹錢肆分叁釐
叁毫叁絲肆忽又除撥抵浙省協濟馬價銀陸百肆
拾陸兩伍錢叁分玖釐俱入撥存項下外實額銀貳
萬柒千壹兩貳錢肆分玖釐叁毫玖絲叁忽捌微壹
塵捌纖伍渺伍漠肆茫內除豁免運夫丁銀肆拾壹
兩叁錢肆分叁釐玖毫玖絲肆微貳塵玖纖柒渺壹

漠伍茫又除闔省均攤人丁應減丁銀壹拾貳兩陸
錢叁分壹釐壹毫肆絲伍忽貳微壹纖肆渺肆漠玖
茫叁厌又除崚水衝壓銀貳百柒拾柒兩肆錢陸釐
貳毫玖絲陸忽柒微伍纖玖渺伍漠陸茫實徵銀貳
萬陸千陸百陸拾玖兩捌錢陸分玖釐玖毫陸絲壹
忽肆微捌塵壹纖肆渺叁漠叁茫玖沙柒厌（內雍正柒年陞
墾銀柒兩柒錢柒分伍釐伍毫捌絲叁忽捌微壹
塵肆纖貳渺玖漠陸茫係稟抵漢陽等縣垂丁數）
解費銀陸拾柒兩肆錢陸釐伍毫陸絲貳忽捌微柒塵
內除豁免丁銀壹錢壹分柒釐捌毫叁絲陸忽柒微

伍塵叁纖柒渺又除崚水衝壓銀陸錢陸分玖釐陸
毫叁絲捌忽貳微貳塵伍纖捌渺壹漠肆茫實徵銀
陸拾陸兩陸錢壹分玖釐捌絲柒忽捌微玖塵肆渺
捌漠陸茫
一存留支給
官役俸食項下
撫院轎傘扇夫柒拾貳兩
布政司左堂門子銀貳拾肆兩　皂隸銀陸拾叁兩
快手銀陸拾叁兩

學院俸薪銀壹百伍兩（如學院不支另欵解司充餉）
知府俸銀陸拾貳兩肆分肆釐　門子銀壹拾貳兩
捕快銀玖拾陸兩　皂隸銀玖拾陸兩　燈籠夫銀
貳拾肆兩　斗級銀陸兩
府教官俸銀叁拾壹兩伍錢貳分（訓導復設壹員俸銀貳官分給）
加品俸銀伍拾叁兩肆錢捌分（乾隆元年教職加增係司庫支給不在本
縣額徵內以上俸銀共捌拾伍兩
內教授肆拾伍兩訓導肆拾兩）　齋夫銀貳拾肆
兩（貳官分支）　門子銀貳拾壹兩陸錢　膳夫銀貳拾陸
兩陸錢陸分陸釐陸毫陸絲陸忽柒微（廩生支給）　廩糧

捌拾兩柒錢叁分柒釐叁毫叁絲肆忽康熙貳拾年復廩生
領起運項
下撥給
本縣俸薪銀肆拾伍兩　門子工食銀壹拾貳兩
皂隸銀玖拾陸兩雍正陸年撥給作工食銀貳拾肆兩節柒拾貳兩仍給皂隸
捕役銀肆拾捌兩原係馬快支食乾隆拾陸年改名捕役　民壯肆拾
名原伍拾名雍正拾壹年撥給陽邏團風貳巡檢捌名又奉裁貳名工食銀解司作加增各屬民壯修
整器械之用　工食銀貳百肆拾兩乾隆元年加增修理器械銀每名壹兩共肆拾
兩係司庫裁汰民壯工食銀內支給不在本縣額徵內　燈籠夫銀貳拾肆兩
雍正伍年裁另款解司充餉　禁卒銀肆拾捌兩　轎傘扇夫銀

肆拾貳兩　庫子銀貳拾肆兩　斗級銀貳拾肆兩
應役吹手叁拾名共銀貳百壹拾玖兩陸錢　縣
丞俸銀肆拾兩　門子銀陸兩　皂隸銀貳拾肆兩
馬夫銀陸兩
典史俸銀叁拾壹兩伍錢貳分　門子銀陸兩　皂
隸銀貳拾肆兩　馬夫銀陸兩
陽邏團風巡檢貳員俸銀共陸拾叁兩肆分　皂隸
工食銀共貳拾肆兩　民壯捌名共工食銀肆拾捌
兩雍正拾壹年添設係本縣撥給乾隆元年加增修理器械銀每名壹兩共捌兩係司庫裁汰民壯工

食銀支給不在本縣額徵內
李坪陽邏驛丞貳員俸銀共陸拾叁兩肆分雍正陸年裁另
款解司充餉　皁隸工食銀貳拾肆兩雍正陸年裁解司充餉
樟松黃漢湖官貳員俸銀陸拾叁兩肆分康熙叁拾玖年裁另
款解司充餉　皁隸銀貳拾肆兩全裁解司充餉
縣學教官俸銀叁拾壹兩伍錢貳分訓導已奉復設俸銀貳官分支
加品俸銀肆拾捌兩肆錢捌分乾隆元年加增係司庫支給不在本縣額
徵內以上俸銀共捌拾兩教諭訓導各半　齋夫銀叁拾陸兩貳官分支　門
子銀貳拾壹兩陸錢　膳夫銀壹拾叁兩叁錢叁分

叁釐叁毫叁絲叁忽叁微廩生支領　廩糧銀肆拾捌兩
康熙貳拾肆年復廩生支領係起運項下撥給
以上除教職存俸廩糧奉復外實銀貳千壹百伍拾
貳兩伍錢貳分肆釐內李坪陽邏貳驛樟松黃漢貳湖裁銀壹百柒拾肆兩捌分
撥運
時憲書銀貳拾貳兩伍分陸釐壹毫貳絲　解費壹錢
玖分捌釐伍毫伍忽
科舉銀原陸拾捌兩叁錢柒分叁釐捌毫貳絲伍忽又原派辰州軍餉改抵溆浦縣額派科舉
銀肆拾陸兩貳錢貳項共銀壹百壹拾肆兩伍錢柒分叁釐捌毫貳絲伍忽解費壹兩叁分壹釐壹毫陸

絲伍忽以上共銀壹百壹拾伍兩陸錢肆釐玖
毫玖絲康熙拾柒年裁銀壹半彙入起運項下存銀
伍拾柒兩捌錢貳釐肆毫玖絲伍忽
按察司表夫銀壹拾兩
備用內應除解府學歲貢花紅盤纏銀壹拾貳兩乾隆貳年解交司庫計名均給陸年報銷壹次
歲貢生員正貢盤纏花紅旗匾酒席銀壹拾兩正陪二名赴考脚力銀各壹兩共銀壹拾貳兩貳年壹次每年該銀陸兩乾隆貳年解交司庫計名均給陸年報銷壹次
新舊會試舉人以叁拾陸名爲率每名長夫銀貳拾肆兩共銀

捌百陸拾肆兩叁年壹次每年該銀貳百捌拾捌兩雍正玖年按年解司遇會試年照會試人數均給
科場對讀生原伍名每名給銀壹兩刊鎸匠原捌名每名給銀伍錢書手原肆拾名每名給銀伍錢叁年壹次每年該銀玖兩陸錢陸分柒釐康熙拾柒年裁半存
銀肆兩捌錢叁分叁釐伍毫
以上共撥運銀叁百玖拾兩捌錢玖分陸毫貳絲
驛站項下
裁貳銀叁千壹百叁拾伍兩伍錢玖分玖釐捌毫柒
絲

紅船水手工食銀叁拾兩肆錢陸分陸釐肆毫銀共裁解道
縣驛衙途買馬額銀壹千兩內乾隆貳年夏水偏災案內豁除額銀柒拾叁兩肆錢伍分陸釐玖毫肆絲玖忽陸微捌纖柒渺貳漠捌茫又乾隆捌年夏災案內豁除額銀壹兩捌錢捌分伍釐捌毫玖絲陸微叁塵玖纖柒渺肆漠玖茫實解銀玖百貳拾肆兩陸
錢伍分柒釐壹毫伍絲玖忽柒微伍塵壹纖伍渺貳
漠叁茫
裁減夫馬銀伍百伍拾叁兩貳錢伍分柒釐壹毫雍正陸年所裁數見後
以上共解銀肆千柒百壹拾玖兩叁錢貳分叁釐叁

毫柒絲
排夫柒拾名原玖拾名雍正陸年裁貳拾名工食銀壹百肆拾陸兩肆錢每名工
食銀柒兩叁錢貳分共伍百壹拾貳兩肆錢乾隆肆年扣小建閏
加乾隆貳拾貳年增拾名每年增工食銀柒拾叁
兩貳錢遇閏加增赴道請領小建扣解
本縣合併齊安驛馬叁拾匹原肆拾陸匹雍正陸年裁馬拾陸匹工食草料等銀叁百肆拾柒兩貳錢乾隆貳拾肆年裁馬伍匹馬夫貳名任支工料藥餌銀壹百玖兩壹錢肆分柒釐叁毫陸絲實存工料等銀伍百肆拾貳兩肆錢伍分貳
釐陸毫肆絲乾隆肆年奉文扣小建加閏支應銀原陸拾柒兩雍正陸年裁壹拾

陸兩乾隆貳拾肆年裁伍兩存肆拾陸兩
李坪驛馬叁拾匹乾隆貳拾肆年裁馬伍匹馬夫貳名住支工料藥餌銀壹百玖兩肆
錢實存工料等銀伍百叁拾玖兩捌錢扣小建加閏支應
銀原陸拾柒兩乾隆貳拾肆年裁鞍屜銀伍兩存陸拾貳兩
陽邏驛馬叁拾匹原叁拾貳匹雍正陸年裁貳匹工食草料等銀肆拾壹兩陸錢伍分
柒釐壹毫乾隆貳拾肆年裁馬伍匹馬夫貳名
住支工料等銀壹百玖兩陸錢貳分捌釐肆毫實存
工料等銀伍百肆拾兩柒錢壹分肆釐伍毫扣小建加閏
支應銀原陸拾柒兩雍正陸年裁貳兩乾隆貳拾肆年裁伍兩存陸拾兩
以上各驛夫馬工食草料支應等銀統於本縣原編
驛站並正項改抵浙協馬價陸百肆拾陸兩伍錢叁

分玖釐及後載江濟銀內陸百肆拾兩肆錢叁分柒
釐伍毫貳絲伍忽徑支動用除雍正陸年裁減夫馬
住支工料支應等銀伍百伍拾叁兩貳錢伍分柒釐
壹毫又於乾隆貳拾肆年裁減夫馬住支工料支應
等銀叁百肆拾叁兩壹錢柒分
伍釐柒毫陸絲解道移司充餉實支存銀貳千叁百
叁兩叁錢陸分柒釐壹毫肆絲
以上共銀柒千貳拾貳兩陸錢玖分伍釐伍毫壹絲
內江濟銀陸百肆拾兩肆錢叁分柒釐伍毫貳絲伍忽另欵載後
均徭
各巡司弓兵工食銀原玖拾柒兩叁錢壹分陸釐伍毫乾隆拾陸年裁三江口永兵
工食銀肆拾叁兩貳錢解司充餉實存銀伍拾肆兩壹錢壹分陸釐

伍毫
各舖司兵徭編柒拾陸名半工食銀肆百陸拾陸兩
陸錢伍分永充壹百陸拾名工食銀貳百捌拾捌兩
後詳允裁解銀內扣除玖百肆拾捌兩壹錢伍分撥
補足額共壹千柒百貳兩捌錢
各河渡夫及修船銀共叁拾柒兩貳錢壹分貳釐伍
毫
本縣迎送皂隸肆拾名內裁陸名抵府經制壹拾肆
名餉兵外實貳拾名共工食銀壹百壹兩壹錢陸分

柒釐
以上共銀壹千玖百叁拾捌兩肆錢玖分陸釐內乾隆拾
陸年裁弓兵銀肆拾叁兩貳錢
祭祀雜支
文廟貳祭及
崇聖祠名宦鄉賢貳祭並香燭祭米折銀共伍拾伍兩伍
分府學
山川社稷壇各貳祭郡厲壇叁祭並祭米折銀共叁拾
柒兩貳錢貳分

縣學貳祭並香燭祭米折銀共肆拾壹兩伍錢
以上各項祭祀原存銀壹百貳拾陸兩陸錢陸分乾隆柒年均祭案内增銀陸兩陸錢陸分於起運項下撥奏共各祭内缺減運夫丁銀赴司庫公項内撥補
關帝叁祭銀叁拾伍兩柒錢肆分陸釐雍正柒年增設係起運項下撥給
先農壇祭祀銀伍兩乾隆伍年將藉田穀價支用如不敷司庫撥給乾隆拾叁年耗羡酌定章程每年赴司領銀貳兩捌錢貳分伍釐共不敷銀兩在藉田穀價奏辦如無存穀本縣捐奏
常雩祭祀銀伍兩乾隆柒年司庫動支
鄉飲銀存壹拾伍兩
孤貧壹百陸拾柒名每名口糧銀壹兩捌錢歲給布花銀叁錢共銀叁百

伍拾兩柒錢乾隆貳年加小建加閏每名歲增口糧銀肆錢貳分司庫補給　又部咨收養額外孤貧叁拾肆名共口糧布花銀照例按給係司庫動支不在本縣額徵内至額外孤貧每年增減原無定數
本縣魚船捌隻每隻水夫貳名每名帶閏工食銀陸兩壹錢共工食銀玖拾柒兩陸錢
以上除均祭增銀外實存祭祀雜支銀伍百捌拾玖兩玖錢陸分
以上存留官役俸食撥運驛站均役祭祀雜支等項除康熙貳拾柒年以前裁銀充餉外額銀壹萬壹千壹百伍拾兩伍錢伍分肆釐肆毫柒絲伍忽柒微貳塵捌纖伍渺加入起運撥供祭祀廪糧銀壹百柒拾壹兩壹錢肆分叁釐叁毫叁絲肆忽又加入起運撥抵浙省協濟馬價銀陸百肆拾陸兩伍錢叁分玖釐共該銀壹萬壹千玖百陸拾捌兩貳錢叁分陸釐捌毫玖忽柒微貳塵捌纖伍渺内除豁免運夫丁銀肆拾貳兩肆錢柒分叁釐捌毫壹絲壹忽伍塵伍纖捌渺捌漠伍茫又除鼓水衝壓銀壹百貳拾柒兩壹錢貳分叁釐柒毫肆絲壹忽貳微壹塵貳纖肆渺肆漠貳

茫查民壯各役工食孤貧口糧缺減銀兩已於司庫地丁銀内撥補足數支給祭祀内缺減銀兩已於司庫存公銀内撥補實徵銀壹萬壹千柒百玖拾捌兩陸錢叁分玖釐貳毫伍絲柒忽肆微陸塵壹渺柒漠叁茫内有存留項下奉裁湖官俸食銀捌拾伍兩玖錢肆釐貳毫伍忽捌微壹塵玖纖玖渺伍漠肆茫燈夫工食銀肆拾柒兩叁錢柒分叁釐陸毫肆絲貳忽玖微壹塵伍纖肆渺壹漠陸茫弓兵工食銀肆拾叁兩貳錢另款解司充餉又驛站項下奉裁夫馬工料等銀伍百伍拾叁兩貳錢伍分柒釐壹毫係另款解交道庫支解又雍正陸年於存留項下奉裁李坪陽邏驛丞俸銀陸拾叁兩肆分皂隸工食銀貳拾肆兩另款解司充餉又乾隆貳拾肆年驛站項下奉裁夫馬工料等銀叁百肆拾叁兩壹錢柒分伍釐柒毫陸絲另款解道移司

兵部江濟水夫銀陸百肆拾兩肆錢叁分柒釐伍毫
貳絲伍忽（內有蛟水衙壓銀柒兩肆錢叁分玖釐貳毫玖忽肆微叁塵壹纖陸渺陸漠壹茫准驛道案入驛站衙壓內詳准驛站買馬款內開除訖）

一隨漕項下

楞木松板銀叁拾叁兩壹錢叁分陸毫（內改解本色楞木於雍正五年停辦改解本色松板於乾隆拾伍年停辦）

運糧官軍行月貳糧米貳千壹百捌拾陸石肆斗壹
升陸勺（每石折銀肆錢）該銀捌百柒拾肆兩伍錢陸分肆釐
貳毫肆絲

江西運糧官軍月糧米壹千壹百伍拾玖石捌斗（每石折銀肆錢）該銀肆百陸拾叁兩玖錢貳分

叁陸耗蓆輕賫等銀壹千伍百叁拾貳兩貳錢玖分
貳毫伍絲（每百兩解准損銀壹兩）該銀壹拾伍兩叁錢貳分貳
釐玖毫貳忽伍微（內解通蓆陸百玖拾柒領乾隆貳拾年截留漕糧改撥江蘇蓆價解道充公以後兌漕時仍交旗船帶通應用每年蓆價陸兩玖錢柒分叁釐壹絲伍忽陸微肆纖貳渺叁漠）

兌糧盤纏伍兩

淺船銀玖拾壹兩肆錢捌分捌釐　原派辰州軍偷
改抵漵浦縣額派淺船銀陸拾壹兩捌錢叁分柒釐

（貳項解費每兩玖釐）該銀壹兩叁錢柒分玖釐捌毫陸絲貳忽

共隨漕銀叁千柒拾柒兩伍錢伍分貳釐玖毫玖絲
貳忽伍微　解費銀壹兩叁錢柒分玖釐捌毫陸絲
貳忽　雍正柒年拾叁年及乾隆陸年額外陞墾銀
捌錢叁分玖釐肆毫玖絲捌忽壹微壹塵柒纖壹漠
叁茫

以上共銀叁千柒拾玖兩柒錢柒分貳釐叁毫伍絲
貳忽陸微壹塵柒纖壹漠叁茫內除豁免運夫丁銀
捌錢叁分伍釐伍絲捌忽壹微陸塵捌纖柒渺又除

蛟水衙壓丁糧銀叁拾兩伍錢玖分陸釐玖毫柒絲
玖忽貳微玖塵壹纖肆渺柒漠陸茫又除雍正柒年
陞墾抵算漢陽等縣重丁銀陸錢叁釐叁絲伍微玖
塵捌纖陸渺柒漠陸茫實徵銀叁千肆拾柒兩柒錢
叁分柒釐貳毫捌絲肆忽伍微伍塵捌纖壹渺陸漠
壹茫

兌軍本色正耗米壹萬壹千伍百玖拾伍石柒斗壹升
內正米捌千貳百捌拾貳石陸斗伍升四耗米叁千
叁百肆拾叁石柒升　雍正柒年拾叁年及乾隆陸

年續外陞墾正耗米叁石伍斗玖升叁合玖勺捌抄
叁撮柒圭伍粒柒粟
貳共米壹萬壹千伍百玖拾玖石叁斗叁合玖勺捌
抄叁撮柒圭伍粒柒粟内除蛟水衝壓米壹百壹拾
捌石柒斗捌升肆合壹勺陸抄伍撮貳粒陸粟實徵
米壹萬壹千肆百捌拾石伍斗壹升玖合捌勺壹抄
捌撮柒圭叁粒壹粟
又糧道條陳於脚米外加耗米貳斗 順治玖年肆月内撫臣遲 題
請免加部覆革除康熙拾壹年奉
文另正米壹石給增貼米貳斗額徵增貼米壹千

陸百伍拾陸石伍斗叁升 雍正柒年拾叁年及乾
隆陸年額外陞墾米伍斗壹升叁合肆勺貳抄陸撮
貳圭伍粒貳粟
共米壹千陸百伍拾柒石肆升叁合肆勺貳抄陸撮
貳圭伍粒貳粟内除蛟水衝壓米壹拾陸石玖斗陸
升玖合壹勺陸抄陸撮肆圭叁粒貳粟實徵米壹千
陸百肆拾石柒升肆合貳勺伍抄玖撮捌圭貳粒
共徵正耗米壹萬叁千壹百貳拾石伍斗玖升肆合
柒抄捌撮伍圭伍粒壹粟

南糧本色正耗米壹萬伍百貳拾陸石柒斗伍升内止
米捌千肆百貳拾壹石肆斗二五耗米貳千壹百伍
石叁斗伍升 雍正柒年拾叁年及乾隆陸年額外
陞墾米叁石貳斗陸升貳合陸勺陸抄玖撮伍圭貳
粒叁粟
共米壹萬伍百叁拾石壹升貳合陸勺陸抄玖撮伍
圭貳粒叁粟内除蛟水衝壓米壹百柒石捌斗叁升
叁合玖勺伍抄貳撮捌圭肆粒伍粟實徵正耗米壹
萬肆百貳拾貳石壹斗柒升捌合柒勺壹抄陸撮陸
圭柒粒捌粟

另正米壹石里納船驢脚米壹斗伍升共額徵驢脚
米壹千貳百陸拾叁石貳斗壹升奉 文每石折銀
壹兩解道充餉數見前
雍正元年奉 文每石徵耗米壹斗共南漕耗米貳
千叁百肆拾貳石柒斗柒升每年除支解荆倉鼠耗
及黃協兵米鼠耗並給旗截貼七米共壹千壹百石
有零餘米出售原有定價南糧每石變價柒錢貳分
漕糧每石變價柒錢至乾隆貳拾貳年奉 文照市

價出售解道充公

又每石水脚銀壹錢伍分共銀叁千肆百捌拾叁兩

零除實在支用及支解修倉蘆蓆給旗截貼外餘銀

解道充公

一湖洲雜課舊志除團風湖銜崩奏豁府鈔銀貳拾柒兩又除麻城黃陂貳縣代納銀貳百叁拾壹兩壹錢捌分有奇實徵銀玖百捌拾陸兩玖錢壹分肆釐肆毫捌絲玖忽肆微伍塵叁纖柒沙遇閏加銀肆兩伍錢伍分肆釐叁毫肆絲陸忽俱河泊所出辦

起運

戶部項下

北京乾魚正銀貳百伍拾伍兩壹錢捌分陸釐每兩京揁玖釐該銀貳兩貳錢玖分陸釐陸毫柒絲肆忽內附麻城縣代納正銀壹拾柒兩伍錢玖分柒釐貳毫伍絲揁銀壹錢伍分捌釐叁毫柒絲伍忽貳微伍塵

解南乾魚正銀肆拾兩柒分每兩京揁玖釐該銀叁錢陸分陸毫叁絲內附麻城縣代納正銀貳兩柒錢陸分叁釐柒毫伍絲揁銀貳分肆釐捌毫柒絲叁忽柒微伍塵

貳項共徵銀貳百柒拾柒兩叁錢陸分玖釐伍絲伍忽內巴河湖正銀壹拾捌兩叁錢貳分壹釐貳毫伍絲加添銀壹拾壹兩肆錢貳分玖釐京揁銀貳錢陸分柒釐柒毫伍絲貳忽貳微伍塵王九塘湖正銀壹拾伍兩壹錢陸分加添銀伍兩肆錢伍分陸釐京揁銀貳錢貳分壹釐伍毫肆絲肆忽零殘湖正銀壹拾柒兩陸分加添銀壹拾兩陸錢肆分京揁銀貳錢肆分玖釐叁毫絕湖正銀貳拾兩玖錢陸分加添銀壹拾叁兩零京揁銀叁錢肆釐捌毫叁絲樟松湖正銀肆拾兩叁錢柒分捌釐柒毫伍絲加添銀壹拾捌兩玖錢肆分柒釐京揁銀肆錢肆分叁釐玖毫貳絲叁忽黃漢湖正銀叁拾叁兩陸分壹釐貳毫伍絲加添銀貳拾兩陸錢貳分京揁銀肆錢捌分叁釐壹毫肆絲壹忽貳微伍塵窪步湖正銀壹拾玖兩捌錢捌分伍釐加添銀壹拾貳兩叁錢玖分玖釐京揁銀貳錢玖分伍毫玖絲柒沙伍塵團風口湖正銀壹拾肆兩伍錢柒分捌釐柒毫伍絲加添銀玖兩玖分肆釐京揁銀貳錢壹分叁釐伍絲肆忽柒沙

總計北京乾魚陸千伍百玖拾玖斤拾壹兩南京乾魚壹千捌百陸拾伍斤伍兩每斤折銀貳分

嘉靖拾叁年奉文北京乾魚每斤加添壹分陸釐

工部項下

黃蔴正銀壹百貳拾陸兩捌錢陸分叁釐叁毫肆絲叁忽柒微伍塵每兩京揁銀玖釐該銀壹兩壹錢肆分壹釐柒毫柒絲玖塵叁纖柒沙遇閏加銀肆錢伍分陸釐伍毫

白蔴正銀壹百伍拾捌兩伍錢伍分每兩京揁銀玖釐該銀壹兩肆錢貳分陸釐玖毫伍絲遇閏加銀肆錢貳分

熟鐵正銀叁百陸兩肆錢伍分伍釐肆毫貳絲伍忽每兩京揁銀玖釐該銀貳兩柒錢伍分捌釐玖絲捌忽捌微貳塵伍纖遇閏加銀壹兩捌錢

綠膠正銀叄拾柒兩貳錢壹分每兩京掛銀玖釐該銀叄錢
叄分肆釐捌毫玖絲遇閏加銀壹兩肆分伍釐
以上肆項內附黃陂縣代納正掛銀壹百玖拾陸兩
貳錢柒分捌釐玖毫陸絲捌忽貳微壹塵
伍纖 共該徵銀肆百叄拾捌兩肆錢陸分壹釐肆毫
外
柒絲肆忽玖微捌塵遇閏加銀貳兩捌錢貳分壹釐
伍毫［舊志］黃蔴每斤折銀貳分貳釐白蔴每斤折銀
叄分熟鐵每斤折銀壹分伍釐線膠每斤折銀
柒分內零殘湖正銀捌拾叄兩陸釐貳毫加水脚銀
壹拾玖兩捌錢捌分叄釐捌毫閏加陸錢陸分貳釐
貳毫 鮑湖正銀叄拾柒兩叄錢捌分壹釐壹毫伍
絲加水脚銀捌兩肆錢肆分叄釐閏加貳錢玖分伍
釐 巴河湖正銀肆拾貳兩壹錢柒分加水脚銀壹
拾叄兩柒錢貳分伍釐閏加叄錢伍分玖釐柒毫

王九塘湖正銀貳拾兩捌分加水脚銀伍兩叄錢壹
分叄釐閏加壹錢陸分叄釐 樟松湖正銀叄拾兩
陸錢捌分伍釐加水脚銀叄兩伍錢柒分伍釐閏加
貳錢貳分壹釐 窰步湖正銀陸拾捌兩伍錢貳分
伍釐加水脚銀陸兩叄錢伍釐 舊州湖正銀肆拾
捌兩捌錢玖分捌釐陸毫加水脚銀壹拾兩伍錢肆
分貳釐閏加叄錢捌分貳釐 團風口湖正銀壹拾
捌兩加水脚銀肆兩柒錢柒分肆釐閏加壹錢伍分
貳釐［舊志］團風湖近崩卸而麻鐵乾魚課猶存空籍
似當以白塘湖居民於不輸糧湖尾取魚納課抵額

活雁鵓鴣鴛鴦價銀壹兩伍錢捕戶出辦無徵

禮部項下

鯡魚銀貳拾叄兩伍錢奉
旨豁免

撥運

本府湖課鈔銀貳百陸拾壹兩玖錢肆分壹釐叄毫捌
絲遇閏加銀壹兩玖錢壹分壹釐 新議樟松湖原坐
派蘄州衛各官課鈔銀肆拾叄兩伍錢壹分內肆
拾叄兩壹錢貳分貳釐抵解該衛額派糧儲道淺船
料價正銀又叄錢捌分捌釐抵作解官盤費解司餘
銀貳百壹拾捌兩肆錢叄分壹釐叄毫捌絲遇閏加
銀壹兩玖錢壹分壹釐內附麻城縣代徵銀壹拾肆
兩叄錢伍分柒釐肆毫伍絲伍
忽遇閏加銀壹錢柒分伍釐
該徵銀貳百肆拾柒
兩伍錢捌分叄釐玖毫貳絲伍忽遇閏每兩加銀柒
釐共壹兩柒錢叄分陸釐內巴河湖鈔折銀叄拾肆兩肆錢壹分叄釐玖毫
王九塘湖鈔折銀貳拾叄兩捌錢捌分柒釐 零殘
湖鈔折銀貳拾柒兩伍分壹釐貳毫肆絲 鮑湖鈔

折銀叄拾叄兩貳錢捌分叄絲 樟松湖鈔折銀肆
拾陸兩壹分肆釐伍毫叄絲 黃漢湖鈔折銀伍拾
兩柒錢陸釐貳毫捌絲伍忽 窰步湖
鈔折銀叄拾貳兩貳錢叄分捌毫肆絲

雜項稅課

團風課鈔銀捌拾兩伍微

門攤鈔銀貳拾柒兩貳錢伍分貳項無徵

以上雜課銀壹千玖拾伍兩陸錢陸分肆釐肆毫捌絲
捌忽玖微柒塵捌纖陸渺內除門攤無徵並豁免銀
壹百叄拾貳兩貳錢伍分伍微實徵銀玖百陸拾叄
兩肆錢壹分肆釐肆毫捌絲捌忽肆微柒塵捌纖陸

渺過閏加銀肆兩柒錢叁分貳釐伍毫

一蘆課

各洲地壹百貳拾玖頃玖拾貳畝叁分玖釐貳絲原課銀肆拾肆兩壹錢柒分貳釐壹毫貳絲柒忽肆微

羅湖淵册報壹千壹百玖拾伍弓未載頃畝數目增課銀叁兩伍錢捌分伍釐

順治拾捌年續報洋池洲蘆地肆頃貳拾柒畝柒釐肆毫伍絲捌忽課銀貳兩壹錢壹分肆釐壹絲玖忽貳微

共原額地壹百叁拾肆頃壹拾玖畝肆分陸釐肆毫柒絲捌忽課銀肆拾玖兩捌錢柒分壹釐壹毫肆絲陸忽陸微

康熙貳年丈出地貳百貳拾陸頃伍拾玖畝陸分壹釐壹毫肆絲壹忽柒微增課銀肆百玖兩伍分肆釐叁毫壹絲伍微捌塵貳纖

以上洲地除正項民糧並衛屯地外通共蘆洲地叁百陸拾頃柒拾玖畝柒釐陸毫壹絲玖忽柒微內除水溝沙灘不堪載課地柒拾叁頃外實在納課熟地稀蘆草埸地共貳百捌拾柒頃柒拾玖畝柒釐陸毫壹絲玖忽柒微共課銀肆百伍拾捌兩玖錢貳分伍釐肆毫伍絲柒忽壹微捌塵貳纖

康熙拾玖年新增蘆洲肆拾叁頃伍拾捌畝柒分伍釐肆毫壹絲貳忽肆微增課銀貳拾柒兩壹錢捌分貳釐壹毫柒絲貳忽柒微肆塵肆纖

康熙貳拾肆年新增蘆地草埸壹拾柒頃壹拾柒畝叁分柒釐陸毫叁絲叁忽壹微玖塵貳纖增課銀

捌拾柒兩捌錢肆分伍釐玖毫捌絲柒忽肆微壹纖伍渺貳漠

康熙貳拾捌年新增蘆地草埸肆拾柒頃叁拾陸畝玖分壹釐柒毫陸絲增課銀伍拾伍兩陸錢叁分壹毫玖忽壹微玖塵貳纖

一康熙叁拾叁年新增草埸壹拾貳頃叁拾玖畝柒分叁釐玖毫肆絲增課銀貳拾陸兩貳錢玖分壹釐陸毫陸絲壹忽玖塵貳纖伍渺

康熙叁拾捌年新增蘆地草埸壹拾玖頃伍拾貳畝

柒分捌釐伍毫增課銀叁拾叁兩陸錢捌分捌釐
肆毫壹絲肆忽
康熙肆拾叁年新增蘆地草塌肆拾捌頃貳拾貳畝
貳分貳釐壹毫伍絲增課銀柒拾玖兩壹分伍釐
壹毫壹絲壹忽壹微叁塵陸纖叁渺貳漠
康熙肆拾捌年新增草塌貳拾陸頃陸拾貳畝肆分
壹釐柒毫增課銀叁拾伍兩柒錢伍分叁釐壹毫
陸絲陸忽
康熙伍拾叁年新增草塌貳拾陸頃壹拾玖畝伍釐柒

毫增課銀叁拾壹兩肆錢貳分陸釐貳絲貳忽
康熙伍拾捌年新增草塌壹百陸拾柒頃伍拾壹畝
壹釐柒毫貳絲肆忽壹微貳塵捌纖增課銀伍百
壹拾兩捌錢捌分捌釐柒毫壹絲肆微玖塵伍纖
玖渺柒漠
雍正貳年新增草塌柒拾肆頃玖拾壹畝貳分貳釐
伍毫肆絲肆微陸塵陸纖增課銀壹百伍拾陸兩
貳錢壹分陸釐貳毫陸絲壹忽伍塵貳漠
雍正柒年新增熟地壹拾叁頃捌拾伍畝壹分伍釐

玖毫肆絲叁忽陸微捌塵肆纖增課銀壹拾陸兩
壹錢柒分陸釐柒絲壹忽玖微陸塵壹纖[illegible]漠
雍正拾叁年新增稀蘆熟地壹拾玖頃陸拾玖畝玖
分壹釐玖毫壹絲捌忽增課銀叁拾玖兩伍錢捌
分伍釐柒毫陸絲伍忽伍微
乾隆肆年新增熟地草塌叁拾貳頃伍拾叁畝捌分
壹釐柒毫陸忽陸微增課銀伍拾柒兩壹錢陸分
叁釐陸毫伍絲貳忽柒微玖塵陸纖
乾隆玖年新增稀蘆草塌壹拾貳頃陸拾肆畝伍分

叁釐捌毫柒絲伍忽壹微壹塵叁纖陸渺叁漠陸
茫增課銀柒拾叁兩柒錢肆分柒釐伍毫伍絲叁
忽叁微叁塵叁纖陸渺貳漠玖茫玖沙貳灰
乾隆拾肆年新增稀蘆草塌貳拾頃壹拾肆畝叁分
玖釐叁毫伍絲壹忽陸塵肆纖柒渺貳漠捌茫叁
沙增課銀柒拾伍兩叁錢捌分伍毫玖絲壹微伍
塵陸纖伍渺壹漠叁茫陸沙陸灰陸漂
乾隆拾玖年新增熟地稀蘆草塌變則壹百貳拾陸
頃玖拾叁畝捌分壹釐肆毫壹絲玖忽捌微柒渺

叁潰玖茫叁沙增課銀壹百壹拾陸兩伍錢玖分壹釐陸毫玖絲叁忽肆微貳塵玖纖叁渺玖漠肆茫壹沙陸灰玖漂

以上原額並新增稀蘆草塲熟地玖百玖拾柒頃壹拾貳畝貳分貳釐捌毫玖絲肆忽壹微肆塵玖纖壹渺叁茫陸沙共納課銀壹千捌百捌拾壹兩伍錢捌釐叁毫玖絲玖忽肆微柒塵壹纖柒渺柒茫柒沙伍灰伍漂內除

康熙貳拾肆年坍卸蘆地草塲貳拾柒頃開除無徵

課銀貳拾柒兩肆錢

康熙貳拾捌年坍卸蘆地草塲貳拾伍頃壹拾伍畝玖分伍釐貳毫捌絲貳忽陸微開除無徵課銀伍拾兩壹分伍釐叁毫壹絲陸忽玖微伍塵陸纖

康熙叁拾叁年坍卸蘆地草塲捌頃伍畝伍分壹釐柒毫玖絲陸忽壹微壹塵開除無徵課銀壹拾叁兩肆錢伍分柒釐玖毫捌絲柒忽陸微貳纖玖渺陸漠

康熙叁拾捌年坍卸熟地草塲壹拾叁頃肆拾畝貳分叁釐叁絲開除無徵課銀貳拾柒兩玖錢陸釐捌毫柒塵

康熙肆拾叁年坍卸蘆地草塲肆拾頃肆拾玖畝叁釐伍毫捌絲玖忽柒微伍塵開除無徵課銀柒拾叁兩貳錢貳分肆釐肆毫柒絲叁忽柒微玖塵伍纖

康熙肆拾捌年坍卸蘆地草塲壹拾陸頃貳拾陸畝玖分捌釐壹毫壹絲陸忽柒微貳塵開除無徵課銀叁拾肆兩捌分壹釐貳絲玖忽壹微捌塵

康熙伍拾叁年坍卸蘆地草塲壹頃伍拾肆畝伍分伍釐開除無徵課銀叁兩肆錢伍分玖釐伍絲

雍正貳年坍卸蘆地草塲叁拾陸頃肆畝叁分叁釐叁毫伍絲捌忽玖微壹塵柒纖開除無徵課銀捌拾壹兩捌錢貳分貳釐壹毫捌絲柒忽玖微叁塵玖纖貳渺伍漠

雍正拾叁年坍卸稀蘆熟地壹拾叁頃伍拾壹畝壹分肆釐伍毫肆絲伍忽肆微伍塵肆纖伍渺肆漠陸茫開除無徵課銀叁拾貳兩陸錢柒分壹沙貳

灰

乾隆肆年堧卸稀蘆熟地壹拾頃叁拾壹畝柒分肆毫柒絲叁忽玖塵伍纖肆渺伍漠肆茫開除無徵課銀貳拾伍兩伍分玖釐肆毫捌絲貳忽捌塵玖渺玖漠玖茫捌沙捌灰

乾隆玖年堧卸洲地貳拾捌頃捌拾玖畝玖分陸釐捌毫玖絲柒微伍塵肆纖伍渺貳漠開除無徵課銀陸拾伍兩肆錢肆分捌釐捌毫柒忽柒塵伍纖壹渺叁漠

乾隆拾肆年堧卸洲地伍拾叁頃伍拾肆畝壹分伍釐肆毫肆絲伍忽叁微肆塵捌纖伍渺肆漠伍茫肆沙開除無徵課銀柒拾肆兩捌錢叁分陸釐柒毫貳忽捌微肆塵柒纖叁渺玖漠玖茫玖沙捌灰捌漂

乾隆拾玖年堧卸熟地稀蘆草塌伍拾貳頃捌拾柒畝叁分貳釐柒毫捌絲肆忽捌微貳塵陸纖肆渺伍漠肆茫陸沙開除無徵課銀壹百壹拾陸兩肆錢伍分捌釐叁絲陸忽貳微叁塵柒纖壹渺壹灰貳漂外成熟並新增稀蘆草塌熟地共伍百柒拾頃叁拾玖畝玖釐玖毫壹絲柒忽柒微柒塵壹纖玖渺捌漠肆茫叁沙實徵並新增共課銀壹千貳百伍拾伍兩陸錢陸分捌釐伍毫貳絲伍忽陸微捌塵柒纖捌渺柒漠陸茫柒沙陸灰玖漂

一雜稅

牙帖稅銀肆百柒拾捌兩　奉華產業牙行壹名除額稅銀壹兩實徵稅銀肆百柒拾柒兩

當鋪拾座　每座每年納銀伍兩　共徵稅銀伍拾兩　開歇不一原無定額

田房稅正額銀肆拾叁兩陸錢　盈餘銀兩儘徵儘解原無定額

牛驢稅銀　儘徵儘解原無定額

額銷鹽引貳萬肆千壹百伍拾引　每引改子鹽肆拾壹包陸分玖釐陸毫乾隆拾叁年內奉
旨蒲草撒產加鹽拾觔又乾隆拾陸年內奉
旨恩加鹽拾觔共配鹽叁百陸拾肆觔改子鹽肆拾肆包壹分貳釐壹毫每引額稅銀貳分商人交納解司撥用每年行銷原無一定

積貯　社倉附

管子曰牧民者務在四時守在倉庫唐書曰善救災者勿使至於賑給是故古人立法莫不籌備於未然

聖朝軫念民依治法大備羣生遂長五穀蕃植而旦有司
掌之以是爲有備無患也
常平倉貳座壹名備豐倉在城内洗墨池左創自康熙
貳拾柒年壹名永豐倉在城内府城隍廟左創自雍
正玖年各案共貯穀壹萬貳千捌百玖拾貳石零乾
隆拾肆年奉　文以陸千石爲額餘穀糶價解司酌
撥缺額州縣買貯乾隆拾捌年遵　爭辦楚北貯備等
事該加貯穀貳萬肆千石本年先買穀壹萬貳千石
爲額半加貯乾隆貳拾壹年續買穀壹萬貳千石爲

後半加貯共貳萬肆千石 價銀在司庫地丁項下動支 叁共貯穀
叁萬石
乾隆貳拾叁年貳月撥貯川米陸千捌百石以濟鄰
省賑卹隨奉　文照壹米貳穀例易穀存倉
社倉分建廂坊各鄉鎮共壹百壹拾玖座每座委社長
掌管每年春借秋還照例收息自雍正貳年總督楊
宗仁行文勸捐貯倉至乾隆拾叁年共貯本息穀柒
千玖百壹拾壹石零載府志乾隆拾肆年奉　文於
玖年知縣馬元亮併爲叁拾座累年生息今實貯本

息穀捌千伍拾壹石玖升貳合叁抄
廂坊社倉肆共貯穀陸百肆石陸斗柒升肆合
本城三官殿貯穀壹百肆拾貳石壹斗玖升叁合 內藥王廟社穀歸併收貯
本城玉皇閣貯穀壹百伍拾陸石壹斗貳升貳合 內關帝廟社穀歸併收貯
長圻塝龍洲巷貯穀壹百玖拾柒石貳斗叁升玖合 內祖師巷社穀歸併收貯
團風鎮華光廟貯穀壹百玖石壹斗貳升 內東嶽廟還真巷關帝廟叁社穀歸併收貯

東紘鄉社倉伍共貯穀壹千貳百伍石伍升玖合壹勺
零
路口玉皇閣貯穀壹百玖拾壹石叁斗 內甘露巷麥虛觀延齡寺東嶽廟埠社穀歸併收貯
陶店東嶽廟貯穀叁百壹拾叁石捌斗陸升貳合 內陸家廟慈義巷五顯廟叁社穀歸併收貯
魚嘴橋魚博寺貯穀叁百零捌石玖斗捌升肆合 內定香寺雨山寺貳社穀歸併收貯

堵城豐和廟貯穀壹百伍拾肆石叁斗玖合 內鎮橋寺、龍王墩、鄉城寺叁社穀歸併收貯

王家店風火山貯穀貳百叁拾陸石陸斗柒升玖合 內李家廟、柳家祠貳社穀歸併收貯

還和鄉社倉貳共貯穀捌百壹拾伍石壹斗叁升玖合壹勺零

馬曹廟貯穀肆百貳拾捌石伍斗捌升肆合 內橫溪寺、法王寺貳社穀歸併收貯

百福寺即白虎寺貯穀叁百捌拾陸石伍斗伍升伍合 內烏龍菴、瓜爬菴、竹陂寺叁社穀歸併收貯

永寧鄉社倉肆共貯穀壹千伍拾捌石捌斗柒合

金雞坳貯穀貳百柒拾貳石肆斗玖升 內東嶽廟、土王廟、五顯廟、黃岡廟、天池寺伍社穀歸併收貯

賀家坳黃龍寺貯穀貳百伍拾肆石伍斗捌升叁合 內悟空寺、劉家廟、白衣菴、關帝廟肆社穀歸併收貯

賈家廟貯穀貳百伍拾叁石壹斗伍升捌合 內東嶽廟、定合菴貳社穀歸併收貯

但店東嶽廟貯穀貳百柒拾捌石伍斗柒升陸合 內土地竹菴社穀歸併收貯

慕義鄉社倉叁共貯穀陸百貳拾貳石肆斗貳升柒合

花園舖關帝廟貯穀壹百捌拾玖石壹合 內朝陽菴、龔家菴、雨壇寺叁社穀歸併收貯

孩子河方廣寺貯穀貳百壹拾肆石玖斗陸升陸合 內天元寺、金雞坳貳社穀歸併收貯

辛家冲泥陂廟貯穀貳百壹拾捌石肆斗陸升 內中門寺、熊家寺、朝陽菴、化樂寺肆社穀歸併收貯

上伍鄉社倉肆共貯穀壹千伍拾壹石陸斗柒升柒合

道觀河紫霞寺貯穀貳百柒拾玖石壹斗貳升叁合 內所祥寺、朝陽菴貳社穀歸併收貯

三元菴貯穀壹百捌拾柒石壹斗壹升 內彌陀菴、校魚寺、關王廟叁社穀歸併收貯

謝家樓得勝寺貯穀叁百陸石捌斗肆升肆合 內黃岡廟、絆家廟貳社穀歸併收貯

徐鼓集東嶽廟貯穀貳百柒拾捌石陸斗 內新興寺社穀歸併收貯

下伍鄉社倉肆共貯穀壹千陸百伍拾伍石柒斗叁升

貳勺
淋山河關帝廟貯穀伍百貳拾玖石壹斗柒升（內東嶽廟社穀歸併收貯）
太平寺貯穀肆百貳拾柒石伍斗柒升捌合（內左家堂五顯廟貳社穀歸併收貯）
問津河文崎寺貯穀叁百玖拾壹石柒斗壹升（內天啓寺舊街大廟貳社穀歸併收貯）
青蓮寺貯穀叁百柒石貳斗柒升貳合貳勺
庶安鄉社倉貳共貯穀肆百陸拾捌石肆升玖合貳勺

鳳凰寺貯穀貳百肆拾柒石肆斗捌升肆合壹勺（內準提閣古林寺關帝廟龍王廟李家廟新寨廟文布寺覺林寺蟲虎廟東嶽廟拾社穀歸併收貯）
張店洪山寺貯穀貳百貳拾石伍斗陸升柒合壹勺（內竹筒寺豐樂寺朱家廟關帝廟肆社穀歸併收貯）
中和鄉社倉貳共貯穀伍百陸拾玖石伍斗叁升陸合
陽邏鎮蓬萊寺貯穀叁百貳拾柒石玖斗壹合（內廣王廟總管廟金臺寺釣魚臺鐵爐寺圓通寺二聖寺東嶽廟竹谿寺玖社穀歸併收貯）
寶蓋寺貯穀貳百肆拾壹石陸斗叁升伍合（內茶菴鳳鳴寺圓陀菴昌齡寺羊皮廟興隆寺金山寺柒社穀歸併收貯）

便民倉舊在樊口民間輸糧者每苦渡江風濤之險東（熙末知縣鍾蒼移置團風鎮年久頹壞乾隆五十二年知縣王正常詳允建修有記見藝文）

蠲卹

堯水湯旱古則有然蠲租議賑書稱盛事我
朝六府孔修萬民咸若往者水旱之災聯以仁壽之域遠軼前代廣被羣生謹按應徵豁免與卹政之通於茲邑者備書於册

漢文帝拾貳年賜天下田租之半（按前史蠲卹邑無特書茲首紀賜租之始餘通行者不具錄）

宋元嘉叁拾年閏月甲申蠲西陽郡租布（宋書世祖本紀）
唐元和肆年免淮南稅
太中玖年以旱遣使巡撫淮南減上供餽運蠲逋租
南唐昇元伍年捌月遣使賑貸黃州旱傷戶口
後周顯德陸年命以米貸淮南饑
宋天聖肆年江淮以南大水蠲民租
熙寧柒年拾月以常平米於淮南西路易饑民所掘蝗種
紹興伍年淮東西饑詔賑之　拾叁年賑淮南饑民仍

禁遏糴　叁拾年拾月蠲黄州民附種田租
乾道伍年蠲江淮等路紹興貳拾柒年拖欠藏庫歳額
錢共捌拾柒萬伍千叁百緡　捌年蠲兩淮明年租
賦
乾道間江湖大旱流民北渡江薛季宣行淮西爲表廢
田相原隰立貳拾貳莊於黄州故治東且以戸授屋
以丁授田頒牛及田器穀種各有差廪其家至秋乃
止凡爲戸陸百捌拾有伍分處合肥黄州間並邊歸
來者振業之　宋史薛季宣傳

嘉泰元年兩淮旱賑之蠲其賦
嘉定貳年捌月出米拾萬石賑兩淮流民　拾陸年玖
月詔江淮諸司賑被水貧民
嘉熙元年詔淮襄避地流民沿江諸郡委官賑濟
元至正貳拾捌年拾貳月詔免江淮貧民逋租鈔綿　叁
拾壹年免江淮以南夏稅之半
大德玖年免江淮以南租稅及佃種官田者拾分之貳
拾年柒月以米柒萬柒千捌百石賑糶武昌興國黄
州饑

至大元年江淮饑免今年常賦及夏稅遣使賑貸　貳
年免江淮夏稅
天歷貳年黄州路旱免其租　至順元年貳月蘄黄等
路饑賑糧各壹月　叁月又以淮西廉訪使贓罰鈔
賑蘄黄五路饑民
至元叁年賑河南諸路米拾萬石
明洪武捌年免蘄黄被災田租　玖年叁月免湖廣今年
稅糧　拾貳月賑湖北水災　拾年伍月荆蘄大水
命戸部主事趙乾來賑遷延半載帝怒誅之　拾壹

月免湖廣田租　拾玖年詔本年秋糧盡行蠲免
永樂貳年命御史郭林等賑湖廣水災　叁年免湖廣
被水田租　玖年湖廣水遣使賑之　拾叁年拾貳
月蠲湖廣州縣水旱田租　貳拾貳年皇太子免湖
廣郡縣水災田糧
宣德捌年夏陸月賑湖廣饑免稅糧　玖年捌月賑湖
廣饑勅撫按叁司官行視災傷蠲稅糧拾之肆冬拾
月湖廣饑以應運南京及臨清倉賑濟
正統元年免湖廣被災稅糧　叁年免湖廣逋賦　陸

年秋柒月賑湖廣饑　柒年大旱饑民間輸粟壹千
壹百石以賑者詔旌之　拾年拾叁年免旱災稅糧
景泰陸年江水泛湖田盡没命撫按官條寬卹事
天順叁年捌月免湖廣被災秋糧　冬拾月賑湖廣饑
肆年陸月免湖廣被災稅糧
成化元年免天下田租叁之壹　叁年玖月賑湖廣饑
肆年叁月免被災稅糧　陸年叁月免去年水災
秋糧　玖年免被災稅糧　拾年叁月免去年旱災
秋糧　拾壹年水免秋糧　拾肆年免被災秋糧

拾陸年免去年旱災秋糧　拾玖年叁月免被災稅
糧　貳拾貳年貳月免被災秋糧　貳拾叁年正月
免湖廣被災秋糧
宏治元年拾月賑湖廣饑　貳年民饑巡撫梁璟請免
徵兩京漕糧捌拾玖萬石　叁年柒年免被災稅糧
玖年拾貳年拾肆年免被災秋糧　拾陸年賑湖
廣被災軍民　拾柒年大旱免田租　拾捌年伍月
除天下拾陸年以前逋賦
正德叁年大旱饑南工部侍郎畢亨來賑　拾壹年拾

壹月免被災稅糧　拾貳年遣御史吳廷舉賑湖廣
饑
嘉靖元年賜天下田租之半免正德拾伍年以前逋賦
夏旱免稅糧有差　柒月賑湖廣災　伍年捌月發
各屬預備倉穀米並太和山香錢賑饑　陸年水捌
月賑其災減免秋糧　柒年旱饑諭巡撫將貧戶儲
現糧賑給不敷者給各項官銀　捌年玖月賑湖廣
饑　拾壹年貳月免被災秋糧　拾伍年貳月發粟
賑饑　拾伍年陸月旱減免秋糧　拾捌年肆月被

災免稅糧免湖廣田賦伍之貳　貳拾叁年旱賑湖
廣饑　貳拾肆年旱副使劉光文奏免田租之半布
政司發銀賑之　叁拾玖年肆拾壹年免被災稅糧
隆慶叁年免稅糧　肆年旱蠲今年稅糧有差發贓罰
銀及倉米賑之　伍年以水災並改折漕糧之半
萬歷陸年肆月免逋賦　拾貳年拾月免被災稅糧
拾柒年以災傷蠲秋糧　拾捌年肆月賑饑　貳拾
壹年拾貳月賑饑　貳拾叁年拾壹月災蠲賑有差
貳拾玖年蠲加派旧租逋賦　叁拾伍年大水

叁拾柒年旱　肆拾壹年大水　肆拾伍年災
天啟肆年免災傷田租
崇禎拾壹年兵荒詔蠲舊欠錢糧　拾伍年詔蠲去年
錢糧
國朝順治元年大兵經過地方免正糧壹年歸順地方免
叁分之壹　拾年蠲免玖年旱災拾分之貳　拾壹
年豁免順治陸柒兩年地畝人丁本折錢糧拖欠在
民者　拾肆年旱發積穀以賑知府于成龍勸民輸
賑全活甚衆　拾柒年蠲免順治拾貳年至拾伍年

民欠錢糧
康熙元年蠲免順治拾伍年以前未徵錢糧　叁年蠲
免貳年水災拾分之叁　肆年蠲免順治拾捌年以
前各項舊欠錢糧　拾年大旱免本年錢糧拾分之
叁　拾叁年拾捌年旱災俱奉文照分數蠲免　貳
拾伍年旱災蠲免錢糧之半　貳拾捌年蠲免餘項
錢糧　貳拾玖年旱災蠲免錢糧之半　肆拾肆年
蠲免肆拾伍年地丁銀米舊欠未完者並停輸納
肆拾伍年豁免肆拾叁年以前未完銀米　伍拾年

蠲免伍拾壹年地畝人丁銀並歷年舊欠俱著免徵
雍正肆年發帑銀採買穀石於省會及府州縣應貯之
處加謹收貯　捌年蠲免湖北玖年分錢糧肆拾萬
兩
乾隆貳年夏水偏災豁除地丁銀肆百叁拾玖兩伍錢
柒分零南漕米貳百叁拾柒石陸斗貳合零　捌年
夏水偏災豁除地丁銀壹拾壹兩叁錢貳分零南漕
米伍石玖斗捌升肆合零又蠲免被災民賦銀柒拾
兩伍錢貳分零　拾叁年蠲免湖北拾叁年分應徵錢

糧除漕糧項外其地丁銀米壹槩免徵
乾隆叁拾貳年水偏災賑饑蠲免地丁銀貳千玖百肆
拾伍兩零　南米柒百肆拾捌石零　叁拾肆年水偏災賑饑蠲
免地丁銀貳千叁百柒拾玖兩零　南米陸百叁百
零　叁拾肆年　豁免漕糧米壹萬壹千肆百捌拾
石零　叁拾伍年　豁免地丁銀肆萬伍百柒拾叁
兩零　肆拾叁年旱偏災賑饑蠲免地丁銀壹萬捌
拾貳兩零　南米貳千陸百壹拾玖石零　肆拾肆
年　豁免地丁銀肆萬伍百柒拾叁兩零　肆拾捌
年水偏災賑饑蠲免地丁銀壹千肆百玖拾叁兩零
南米叁百捌拾肆石零　肆拾捌年　豁免漕糧
米壹萬壹千肆百捌拾石零　伍拾年旱災賑饑蠲
免地丁銀柒千玖百貳拾玖兩零　南米貳千貳拾
叁石零　伍拾叁年水偏災賑饑蠲免地丁銀貳千
伍百玖拾壹兩零　南米陸百貳拾叁石零

附

養濟院在山川壇側共肆拾貳間乾隆叁年奉文建立其額內額外人數並口糧布花銀數詳賦役志孤貧項下

育嬰堂在一字門內

漏澤園在東關外伍里墩有伍壹康熙辛未知府王輔置壹康熙丁酉知府蔣國祥置壹康熙己亥知縣鍾萬置壹邑人魏永絲兄弟捐置壹乾隆戊午知縣吳璵置

黃岡義園在北京沙窩門內萬柳堂西北地名板廠屬東城兵馬副指揮分轄明隆慶時邑紳士置以葬貧而客死者南園東西計壹拾玖丈南北之[illegible]西計壹拾伍丈叁尺南北之東計壹拾叁丈北園東西計壹拾丈南北計叁拾丈陸尺後園戶徐人護不[illegible]乾隆拾玖年肆月初拾日存案察院立有[illegible]

黃岡縣志卷之三終

黃岡縣志卷之四

知黃州府事錢鋆彙輯
王楷裁訂
知黃岡縣事陳文樞
蔡韶清仝編
王鳳儀

學校志

廟學

古者里有序鄉有庠所以明教行禮而視化也恭於
先聖先師重本也我
朝崇修典禮釐定樂章表道德之宗以爲萬世法其達於
郡縣興賢勸學咸臻斯路觀於人文以化成天下師
道立而善人多也

黃州府儒學在縣治東詳府志

黃岡縣儒學在清淮門內

先師廟正殿居中左右兩廡前爲戟門門前爲頖池又前爲櫺星門外爲黌墻

崇聖祠在殿左前側爲明倫堂

正殿

至聖先師孔子正位南向

木主高二尺三寸七分濶四寸厚七分座高四寸長七寸厚三寸四分朱地金書

漢元始元年謚襃成宣尼公。永平二年祀稱先師。晉
宋梁陳隋稱先聖。北齊稱宣父。唐武德二年配享周
公稱先師。貞觀二年停祭周公仍稱先聖。開元二十
七年謚文宣王。宋咸平元年加號元聖。大中祥符五
年避聖祖諱改至聖。元大德十一年加號大成。明嘉
靖九年定木主制題至聖先師去王號及文宣之稱。
國朝
康熙二十三年
聖祖仁皇帝御書萬世師表匾額。康熙二十五年
御製至聖先師孔子贊序刊石。雍正三年

世宗憲皇帝御書生民未有匾額。雍正四年
上諭避孔子聖諱。乾隆三年
御書與天地參匾額。
東配
復聖顏子
述聖子思子
西配
宗聖曾子
亞聖孟子

木主高一尺五寸闊三寸二分厚六分赤地墨字
魏正始時進復聖配享。晉宋及隋唐皆稱先師。宋元
祐二年進述聖配享。唐總章二年進宗聖配享。宋元
豐七年進亞聖配享。明嘉靖九年去爵號爲木主制
康熙二十八年
御製顏曾思孟四子贊刊碑
東哲
先賢閔子損　冉子雍　端木子賜
仲子由　卜子商　有子若

西哲
先賢冉子耕　宰子予　冉子求
言子偃　顓孫子師　朱子熹
木主高一尺四寸闊二寸六分厚五分赤地墨字
唐開元八年坐祀堂上後升顏子配祀乃進曾子居
卜子次宋咸淳二年升配曾子位顏子下復升顓孫
子爲十哲明嘉靖間去封號稱先賢
國朝康熙五十一年進朱子次十哲稱先賢乾隆三年
進有子次十哲

東廡

先賢蘧子瑗雍正三年復祀　澹臺子滅明

原子憲　南宮子适

商子瞿　漆雕子開

司馬子耕　商子澤

梁子鱣　冉子孺

伯子虔　冉子季

漆雕子徒父　漆雕子哆

公西子赤　任子不齊

公良子孺　公肩子定

鄡子單　罕父子黑

榮子旂　左人子郢

薛子邦　原子亢

廉子潔　叔仲子會

公西子輿如　邽子巽

陳子亢　琴子張

步叔子乘　秦子非

顏子噲以上唐開元中從祀　顏子何雍正三年復祀

縣子亶雍正三年增祀　樂正子克

萬子章俱雍正三年增祀　周子敦頤

程子顥　邵子雍俱宋淳祐元年從祀雍正三年升為先賢

先儒公羊子高　伏子勝以上唐貞觀二十一年從祀

董子仲舒明洪武十八年從祀　后子蒼明嘉靖九年從祀

杜子子春唐貞觀二十一年從祀　諸葛子亮雍正三年增祀

王子通明嘉靖九年從祀　范子仲淹康熙五十五年從祀

歐陽子修明嘉靖九年從祀　楊子時明宏治八年從祀

羅子從彥　李子侗俱明萬歷四十一年從祀

呂子祖謙宋景定二年從祀　蔡子沈明正統三年從祀

陳子淳雍正三年增祀　魏子了翁雍正三年增祀

王子柏雍正三年增祀　趙子復雍正三年增祀

吳子澄明正統八年從祀　許子謙雍正三年增祀

胡子居仁明萬歷十二年從祀　王子守仁明萬歷十二年從祀

羅子欽順雍正三年增祀

西廡

先賢林子放雍正三年復祀　宓子不齊

公冶子長　公皙子哀

高子柴　樊子須
巫馬子施　顏子辛
曹子卹　公孫子龍
秦子商　顏子高
壤駟子赤　石作子蜀
公夏子首　后子處
奚容子蒧　顏子祖
句井子疆　秦子祖
縣子成　公祖子句茲

燕子伋　樂子欬
狄子黑　孔子忠
公西子蒧　顏子之僕
施子之常　申子棖以上唐開元中從祀
左子邱明雍正三年升爲先賢　秦子冉雍正三年復祀
牧子皮雍正三年增祀　公都子雍正三年增祀
公孫子丑雍正三年增祀　張子載
程子頤俱宋淳祐元年從祀雍正三年升爲先賢
先儒穀梁子赤　高堂子生

孔子安國　毛子萇俱唐貞觀二十一年從祀
鄭子康成雍正三年復祀　范子甯雍正三年復祀
韓子愈宋元豐七年從祀　胡子瑗明嘉靖九年從祀
司馬子光宋咸淳三年從祀　尹子焞雍正三年從祀
胡子安國明正統二年從祀　張子栻宋景定年從祀
陸子九淵明嘉靖九年從祀　黃子幹雍正三年增祀
真子德秀明正統二年從祀　金子履祥雍正三年增祀
何子基雍正三年增祀　趙子復雍正三年增祀
陳子澔雍正三年增祀　許子衡元皇慶二年從祀

薛子瑄明隆慶六年從祀　陳子獻章明萬歷十二年從祀
蔡子清雍正三年增祀　陸子隴其雍正三年增祀
本主規制同十哲
兩廡從祀始自唐貞觀時明嘉靖九年從祀九十八人及門弟子稱先賢某子左邱明以下稱先儒某子罷蘧瑗林放秦冉顏何鄭康成范甯諸人之祀比前代增祀
國朝特增先賢諸儒俱詳載前分注

崇聖祠

雍正元年奉
上諭加封　孔子五代改啓聖祠爲崇聖祠
肇聖王木金父公位中
裕聖王祁父公位左
詒聖王防叔公位右
昌聖王伯夏公又左
啓聖王叔梁公又右　俱南向
木主規制同四配
配享

先賢顔氏無繇　孔氏鯉明正統三年俱自聖殿兩廡升配　俱西向
先賢曾氏蒧明正統三年自兩廡升配　孟孫氏激明正統三年升配　俱東向
先儒周氏輔成明萬歷二十三年從祀　程氏珦明嘉靖九年從祀
蔡氏元定明嘉靖九年從祀　俱西向
先儒張氏迪雍正元年從祀　朱氏松明嘉靖九年從祀　俱東向
木主規制俱同十哲
祭典
每月朔望知縣以下官詣廟行香
歲春秋仲月上丁日致祭學官分列正獻分獻官丁
員執事者並樂舞姓名送縣張榜先期各官齋詣所
省牲視滌器屆期五鼓齊集知縣正獻
先師暨四配教諭訓導分獻東西十哲縣丞典史分獻兩
廡武職官陪祭考鐘伐鼓正獻官盥手立執事者各
司其事樂舞生魚貫而進獻官各就位闢戸迎
神樂奏咸和各官行三跪九叩頭禮獻官升壇初獻樂奏
寧和有舞奠帛獻爵讀祝行三跪九叩頭禮退詣四
配位前行禮畢復位亞獻樂奏安和有舞終獻樂奏
景和有舞禮皆如初獻飲福受胙樂奏宣和行一跪

三叩頭禮徹饌送
神樂奏祥和各官行三跪九叩頭禮闔戸望瘞捧祝帛饌
各詣燎位焚訖禮畢
崇聖祠則卽日知縣率屬先祭正殿行三獻禮三跪九叩
頭
祭品陳設
雍正三年奉
旨郡縣丁祭牲用太牢乾隆三年奉　部頒定祭品
先師正位

帛一白色爵三白磁牛一　羊一　豕
登一太羮　鉶二和羮　簠二黍稷　簋三稻粱　籩十形鹽
藁魚鹿脯　榛菱　栗芡　棗白餅　黑餅　豆十　韭菹菁菹　芹菹鹿醢
筍菹魚醢　醓醢脾析　兎醢豚胉　酒罇一
四配壇各一
每位帛一白色爵三白磁羊一　豕一　鉶一
簠二　簋二　籩八減黑餅白餅　豆八減脾
肵豚胉　酒罇一
十哲東西各二壇

帛一白色爵三白磁　豕一　鉶各一
簠各一　簋各一　籩各四　豆各四
豕首一　酒罇一
兩廡東西各三壇
帛一白色爵各四銅　豕三　簠各一
簋各一　籩各四形鹽栗棗鹿脯　豆各四青菹芹菹
鹿醢兎醢　酒罇一
崇聖祠壇五
爵鉶簠簋籩豆牲帛祝四配

配位每位一壇
帛及籩豆簠簋祝十哲爵用銅牲用豕首豕肉各
一減鉶羮
從祀位東西二案
祭品祝兩廡銅爵用三牲用豕肉一
儀注同正殿減飲福受胙樂舞
部頒樂器
雍正二年
欽定樂器圖

編鐘一十六枚　編磬一十六枚　琴六　瑟六
簫六　笛六　排簫二架　塤二
箎四　笙六　應鼓一　搏拊鼓二
柷一　敔一　木笏六　麾幡二
羽籥三十六　旌節二
部頒樂歌樂六奏樂生五十二人
○咸和之曲無舞
大太四哉南工至林尺聖仲上○道太四德仲上尊林尺崇仲上○維南工持林尺王仲上化太四○斯林尺

民上仲是合黃宗四太典合黃祀四太有上仲常尺林精工南純尺林禋四太
籩上仲神合黃其工南來尺林格上仲於尺林昭上仲聖合黃容四太
寧和之曲有舞
自四太生上仲民尺林來上仲誰四太底合黃其上仲盛四太惟工南
師尺林神上仲明四太度合黃越上仲前上仲聖四太槩上仲帛四太俱上仲成尺林
禮合黃容四太斯尺林稱上仲黍四太稷工南非合黃馨尺林維工南神尺林
之上仲聽四太
安和之曲有舞
大四太哉上仲

聖合黃師四太實工南天尺林生上仲德四太作上仲樂四太以上仲崇尺林時上仲
祀四太無尺林斁上仲清合黃酤工南惟上仲馨上仲嘉尺林牲上仲孔合黃
碩四太薦四太羞工南神合黃明尺林庶工南幾尺林昭上仲格四太
景和之曲有舞
百上仲王工南宗尺林師上仲生尺林民上仲物四太軌合黃瞻合黃之工南
洋尺林洋上仲神尺林其上仲寧四太止合黃酌四太彼合黃金尺林罍上仲
惟工南清尺林且四太旨上仲登上仲獻四太惟尺林三上仲於合黃嘻工南
成尺林禮上仲
宣和之曲無舞

犧上仲牲四太在上仲前尺林豆四太籩上仲在合黃列四太以四太享工南
以尺林薦上仲既上仲芬尺林既四太潔上仲禮合黃成四太樂上仲備四太
人工南和尺林神上仲悅四太祭合黃則四太受上仲福尺林率合黃遵工南
無尺林越上仲
祥和之曲無舞
有四太嚴工南學尺林宮上仲四合黃方四太來上仲崇四太恪合黃恭工南
祀尺林事上仲威工南儀尺林雝上仲雝四太歆上仲茲尺林惟工南馨尺林
神上仲馭四太還尺林復上仲明合黃禋工南斯尺林畢上仲咸工南膺尺林
百上仲福四太

部頒樂舞舞六佾舞生三十六人 執麾一人 執節
一人
寧和 自開翟籥向上起右手於肩垂左手於下蹺左足向前稍前向外開籥舞
生開翟籥向上起左手於肩垂右手於下蹺右足向前蹈向裏開籥舞
民合籥向上移右足過左足邊交立合手蹲朝立
來轉身向東開籥起左手於肩垂右手於膝蹲身上面足加右足躡跟尖着地起辭身向外高舉籥面
朝
誰合籥向內拱手出左足兩兩相對蹲東西相向
底合籥轉身向外拱手出右足合手蹲朝上

其 合籥躬身向上正揖

盛 合籥轉身向東躬身拱手出右足起平身出左手立

惟 開籥向上起右手於肩垂左手於下出左足兩兩相對自下而上東西相向

師 開籥向上起左手於肩垂右手於下出右足稍前舞舉籥垂翟

神 合籥轉身向東蹈左足惟兩中班十二人轉身俱東西

明 開籥左手平肩右手平胸轉身向上偏面西左足虛跟足尖着地舉翟三合籥

度 合籥向上過右足於左交立稍前向外垂身舞

越 合籥向上過左足於右交立蹈向裏垂手舞

前 合籥向上躬身揖向前合手謙進步雙手合籥

聖 合籥向上拱手平身回身再謙退步側身向外高手衡面向上

象 開籥向上起右手於肩垂左手於下跪左足向前正蹲向上

帛 開籥向上起左手於肩垂右手於下跪右足向前稍舞躬身挽手側身向外呈籥耳邊面朝上

具 合籥當胸向上攜手於右正揖

成 合籥當胸向上攜手於左隨復中平身拱手立於中起辭身挽手復舉籥正立

禮 合籥蹈右足轉身向上兩兩相對交籥兩班俱東西平勢執籥

容 合籥蹈右足向東正蹲朝上

斯 合籥低頭向東揖向外退挽手舉籥向外面朝上

稱 合籥轉身向上平拱手回身正立

黍 合籥向上過右足於左交立稍前舞

稷 合籥向上過左足於右交立正蹲朝上

非 合籥低頭揖向上左右垂手兩班上下俱雙垂手東西相向

馨 開翟向上起右手於肩垂左手於膝蹲身側左右足左足虛跟足尖着地起合手相向立

惟 合籥低首揖右右足隨揖蹈於後左側身垂手向外開籥垂手舞

神 合籥低着揖左左足隨蹈於後右側身垂手向裏垂手舞

之 合籥轉身向東北拱手跪右足尖正揖朝上

聽 合籥復身向上拱手跪右足尖躬而受之躬身朝上拱籥而受之三鼓畢起

安和大 開籥向上起左手於肩垂右手於下跪右足向前左右進步向外垂手舞

哉 開籥向上起右手於肩垂左手於下跪左足向前右向裏垂手舞

聖 合籥向上過右足於左交立向外落籥朝上

師 開籥向上起右手於肩垂左手於下蹲身曲右足更加左足虛跟足尖着地退向正身立

實 合籥向上躬身揖於左隨跪右足尖正蹲

天 合籥向上躬身揖於右隨跪左足尖起身向前轉向外舞

生 合籥向上躬身復揖於左隨跪右足尖向裏舞

德 開籥翟向上起右手於肩垂左手於下蹲身曲右足更加左足虛跟尖着地合手謙進步向前雙手

合籥存謙

作 合籥拱手向西出右足兩兩相對自下而上兩班相對舉籥東西

樂合籥轉身拱手向東出左足上下俱垂手推兩中班上下十二人俱垂手蹲身東西相向

以合籥翟向東過右足於左交立轉身東西相向立

崇合翟向東微左足虛右足跟廝拱手於上相向立兩班上下以翟相籥

時開籥向上起左手於肩垂右手於下蹺右足向前稍前舞蹈兩班上下俱垂手向外舞

祀開籥向上起右手於肩垂左手於下蹺左足向前向裏垂手舞

無合籥蹈右足轉身合手謙進步向前雙手合籥翟

斁合籥向東拱手蹺右足回身再謙兩班上下東西相向合籥立

清躬身向上開籥起手向左蹺右足尖稍前舞向外開籥舞

酤躬身向上開籥雙手向右蹺左足尖向裏舞

惟合籥向上低揖雙手平執籥翟開籥舞

馨開翟起右手於肩垂左手於下蹲身以曲右足更加左足屈跟尖着地合籥翟朝上正位

嘉合籥向東拱手出左足側身垂左手兩班側垂手向外舞

牲合籥向西揖手出右足躬身正揖

孔開籥向西起右手於肩垂左手於下蹲身曲左足虛左足跟尖着地雙手舞籥翟躬身

碩開籥轉身向東起左手於肩垂右手於下蹲身曲左右足虛右足跟尖着地躬而受之躬身朝上拱

籥受之一鼓而起

薦合籥躬身向上揖於左一叩頭舉右手叩頭

羞合籥躬身向上揖於右舉左手叩頭

神合籥躬身向上復揖於左復舉右手叩頭

明合籥復手於中躬身拱手向上拜一鼓畢即起躬身三鼓平身

庶開翟躬身右手起舞加額左手垂舞於後左足蹺手出後足尖着地三舞蹈舉籥向左躬身舞

幾開翟躬身左手起舞加額左手垂舞於後右足蹺手出後足尖着地舉籥向右躬身舞

昭開翟躬身復右手起舞加額左手垂舞於後左足蹺手出後足尖着地舉籥復向左躬身舞

格合籥拱手下拜舉籥躬身而受之

景向外開和百籥舞　王向裏開籥舞　宗側身向外落籥面朝

師朝上正位　生兩班上下兩兩相對交籥　民合手朝上正蹲

物側身向內落籥　軌合籥朝上正位　瞻向外開籥舞

之向裏開籥舞　洋開籥朝上正位　洋合籥

神向外開籥舞　其向裏開籥舞　寧進步向前雙手合籥

上回身東西相向手謙　酌向外開籥舞　彼向裏開籥舞

金開籥朝上正位　罍合籥朝上正位　惟向外垂手舞

清向裏垂手舞　且朝上正揖　旨躬身而受之

登躬身向左合籥舞　獻躬身向右合籥舞　惟躬身復向左合籥舞

三合籥朝上拜一鼓便起身　於側身向外垂手舞　嘻側身向裏垂手舞

成朝上正揖　禮躬身朝南受之一鼓便起身

鼓聲既嚴旌節前導魚貫而進列行於陛下左右相

向聽節生胥奏某舞則散而爲拚咍舞止則聚而成八歌一闋則舞一成奠帛三獻共四成始終共六變起於中而散於中初變在綴之中東西立象尼山毓聖五老降庭再變而爲佾數稍前進象筮仕於魯而魯治三變而東西分象歷聘列國而四方化四變稍退後象删述六經告備於天五變而左右向象講論授受傳道於賢六變而復歸於綴中東西立象廟堂尊享弟子列配出太學志

學政

漢武帝因博士舊黌舍置弟子員興太學也元始中郡國曰學邑侯國曰校鄉曰庠聚曰序各置有師然不聞諸縣建有專學也元魏時大郡中郡小郡有功教學生之設馬端臨以爲郡縣之學始此唐武德七年州縣並置學其學生自京縣五十至小縣二十長官補長史主之歲仲冬舉其成者送尚書省宋仁宗初諸郡縣立學詔悉可之學校徧天下嘉定二年始立州縣學而教諭訓導之員定元明一遵其制

國朝因之教法益詳

聖祖御製訓飭士子文

世宗御製聖諭廣訓及朋黨論所以陶淑者備至教諭訓導各一員見職官志其學生廪膳二十名歲有餼二歲貢其一增廣二十名附生無定額教官月課其學提督學院三歲再試之初曰歲試優劣有等再曰科試擇其尤者送入鄉場選拔或六年或十二年遴選一人充之雍正五年復奉

上諭居家孝友行止端方才可辦事而文亦可觀者一學各舉一人文童歲科試入學十五名雍正二年奉

旨廣額共二十名大學加五名乾隆元年奉

旨加恩廣額七名不爲例武童歲試入學十五名

興修

宋仁宗初諸郡請立學詔可元豐時所稱諸路學官五十三員州縣猶未備也嘉定二年天下州縣皆立學黃岡縣儒學宋建在故南城外元末兵燬明洪武元年知縣萬士安移建府城隍廟之西南正統二年知府錢敏重修學士李時勉有記東西隅接民居隘燬弘治九年僉事張彬購六戶地擴之然猶隘正德二

十年知府余貴知縣胡潔始遷清淮門內建
正殿五楹左右兩廡五楹前爲戟門又前爲櫺星門左
爲集賢門皆三楹殿後爲明倫堂左右二齋曰思誠
曰志道附堂小廳爲退講所又後稽古閣左右號舍
西爲膳堂又西隙地爲射圃朱節有記某年知縣備
霄修之王霄有記嘉靖間知縣孫棠復修四十三年
教諭張性脅建啓聖宮在明倫堂後萬歷三年知府
潘允哲知縣羅應鶴重修廟學擴地前數丈三十四
年知縣茅瑞徵以明倫堂久頹同教諭辜良偉重修

主簿金可礪督其事其地縱五十九丈廣四十四丈
餘視舊增五之二舊學碑載西以古井火巷直至大街北抵曹士皐原賣地東抵舊北
察院南抵大街城外有岡橫亘正對學宮說者謂爲一字文
星故城門以一字名城上有東樓閣爲縣學巽峯明
末悉燬於兵
國朝順治五年知縣楊日昇因故址建學十年知縣高自
訓重修之韋成賢有記十六年知縣楊鍾秀建大成
門十八年知縣徐鏳建
啟聖祠康熙十一年知縣董元俊更新殿宇十五年知縣

李經政建櫺星門二十一年知府蘇良嗣釐定垣界
與學道蔣永脩捐俸及合學士子優免銀勸修殿廡
建明倫堂五間於左知縣汪灝董其役二十七年知
縣錢碩琛募捐重修四十六年知縣黃極復建　啟
聖祠先是學官皆僦民舍至是始造教諭署於明倫
堂後訓導署在堂側五十九年知縣鍾韋捐貲倡衆
重修丹墀易磚爲石並建名宦鄉賢兩祠種柏樹數
百株改建赫門於右雍正七年知縣樊大元以守道
趙洪恩檄復赫門於左十三年知縣暢于能勸修闔

墻易以磚石未竣罷去乾隆七年知縣舒成龍續成
之十一年教諭徐成澗建學署二重廟地舊傳有東
房爲神庫西房爲神厨廟後有敬一亭亭左爲文昌
祠明倫堂右有學舍射圃舊址澗久爲民居儒學門
在泮池東門左有隙地民僦居後遂廢二十一年知
縣劉燦倡捐協會教諭聶朝勳王世任於是闔邑士
民齊捐城中諸紳衿董其事大擴舊基重建
正殿爰及兩廡戟門類橋周以墻垣別置齋房巍峩藻
繚式肅觀瞻經蕆告成詳書碑勒

部頒書籍

御纂周易折中二部　詩經彙纂二部　書經彙纂二部

春秋彙纂二部　性理精義二部　朱子全書全部

明史全部　明史綱目一部　學政全書一部

大清會典二部

聖諭廣訓一部

上諭十一部雍正年內頒

上諭六部乾隆年內頒

上諭一部乾隆十年內頒

上諭二部乾隆十二年頒

學田

黃州府學學田坐落白虎寺楊家畈鄢家山白雲山蔡家壩山北山等處明知縣盧濬為府縣兩學置田三區歲入殺於民嘉靖間知府張嘉孚查復楊家畈田隆慶中知府孫光祖增置之又籍沒陶仲文家附田五百畝為府縣兩學公田後專屬府學濬出熟田陸百捌拾柒畝貳分捌釐叁毫荒田伍拾叁畝肆分壹釐張亮詳府

黃岡縣學學田自明知縣茅瑞徵查隱糧戴玉戶下田貳拾畝零貳分始歸縣學崇正十四年賊亂知縣李希沆濬東門濠守城掘廢寫表生蔣氏屯田貳拾畝賊退蔣氏求田因以戴玉田償之其陶仲文所入公田復歸府學而縣學無田

國朝順治初巡按顧豹文價買鄉民夏文甫田叁拾伍畝充縣學田坐落東紘鄉夏家閘土名學田塝坐西向東左至尹田右至塝背後抵姜姓地脊前至湖岸基屋四圍俱係花地大塘一口額載民米壹石麥糧捌斗　康熙十九年庠生呂德芝等以照田議課呈請立案豐歲納穀叁拾捌石分給在籍貧生六十一年原佃夏寧國與夏象臣吞蝕其半知縣鍾䪨追還事詳明倫堂碑記今賦役全書所載院冊與此稍異　又國學生王封吧捐崩港田壹拾畝充縣學田每年佃民納租壹拾肆石除完正賦外散給貧生

義學田共課壹百捌拾玖石貳斗康熙五十九年知縣鍾䪨勸捐通縣紳士優免銀兩肆百伍拾肆兩伍錢捌分買田六區坐落王伏六中閘田課玖拾肆石貳斗零蔡家冲田課叁拾伍石零芭茅冲羊角冲三處共田課叁拾伍石零民米柒斗熊家冲田課叁拾石零

民米陸斗伍升麥貳升伍合　廻龍山殷家灣田課叁拾石丞民米伍斗肆升原係
縣學田雍正三年知府蔣國祥撥供義學館俸　又
祝家湖一庄田陸石肆升零係康熙五十八年清出
程元仁開墾田八官爲義學田坐落水鄉租無定額
以上二項田雍正二年知府蔣國祥委府學教授清
查田畝其租穀銀兩除完餉米外餘爲延師膏火之
資乾隆九年知府禹殿鰲委黃岡縣管理

書院附

河東書院宋乾道時郡守李訦建二程祠寶祐間郡守

李節因建書院舊在郡城中後改建於府治東
國朝乾隆二年知府王繹會於清淮門內官地請改置黃
中書院以郡學租百金充膏火九年知府禹殿鰲倡
率州縣捐修復名河東書院生童至者數十八十九
年知府李珌撥歸於縣屋舍漸圮二十三年知府錢
鋆重修廣集生徒與知縣劉煜倡捐銀兩以及膏火
之資著知縣陳文樞繼之遠邇齊心書院復盛文樞
又捐書籍
御纂四經十二套　二禮十六套　康熙字典六套
佩文詩韻二十套　汲古閣十三經註疏十六套
國語策二套　史記四套　前後漢書八套
朱子綱目十二套　朱子語類六套　汪陸大全八套
廣治平畧二套　百二十名家六套
繕寫黃岡縣舊志一套　三國史一套　念一種秘書一套

藩憲飭發書院詩籍
近光集一部十八本　瀛奎律髓一部六本
唐律箋釋一部二本　唐詩韶音一部二本　文選音義一部二本
鯨鏗集一部二本　薰風協奏一部四本　佩文詩韻二部八本

文道十書一部八帙

振英書院在清源門內本知府李彥琱祠乾隆九年知
府禹殿鰲改爲書院以訓蒙童取給義學田租不敷
者酌捐之

東坡書院在府城東即縣儒學故址舊傳即雪堂地子
瞻去黃時以田宅畀潘大臨後陳慥講學遂爲書院
明初改爲縣學僉事沈靖移建文忠祠於洗墨池後
知縣茅瑞徵重建正廳增置後亭及旁舍爲書院今
久廢

定惠書院○在清淮門外亦蘓子故居也明崇正初知府
祝萬齡集士於此廸以正學今廢
陽明書院○在安國寺左即宋韓琦讀書處今廢爲靈
養正書院○在衛墩子下乾隆十四年衛守備裔倡捐
建
淋山書院○在淋山河明義民孫子華建久廢
問津書院○在縣北九十里宋龍仁夫講學處舊有 先
師廟在今廟右百步外元末燬明正德間知縣胡潔
搆亭立石隆慶初知府孫光祖董建邑儒郭慶與貢

吉與黃安耿定向定理講學於此蕭繼忠始與王陞
斜同志移建今處顏曰問津書院一時生徒稱盛明
季兵燬
國朝康熙六年邑人鄒亘初操之盛諸人後先修建祠垣
講堂規制閎敞中奉
至聖先師孔子像西爲仲子祠東爲先儒祠祭器祭田畢
備士子肄業其中邑人王掄士著有問津書院志乾
隆八年改東西爲兩廡東祀仲子及沮溺西祀朱子
及先儒建學舍藏書館側有復先堂 殿西有文昌閣

閣前有奎星樓十九年重修
聖殿二十三年復修講堂知縣陳文樞有記
雎陽書院即武節祠後廡康熙五十八年知縣鍾葦建
義學於此一時負笈者甚衆尋廢
王公書院一名正宗會館在城隅明邑紳士王陞重修
講學其中今廢
府義學舊在治東鼓樓右明𢎞治間知府盧濬建後燬
萬歷時知府潘允哲移建於漢川門內今廢
小學在府城隍廟右即七賢祠今廢

縣義學一在漢川門內明知府潘允哲重建今廢爲路
一在陽邏巡檢司右今廢爲荒址一在洗墨池內雍
正十二年知縣張光裕建有額邑太史宋如辰有記
今廢
白石書院在還和鄉乾隆九年監生方可發募衆修建
問津書院田明萬歷末年諸生王家錫等呈請知府王
世德以造塔銀置風火山畈田叁拾肆畝伍分徐衙
田伍畝院前田拾畝獵山凹馬背衙田貳拾叁畝柒
柒拾貳畝伍分又明推官許士奇捐置夏家畈田壹百

畝罰張姓入官鄂山田壹百畝共貳百畝康熙六年除三股之二歸府縣兩學後兩學俱送歸書院通計貳百柒拾貳畝伍分查實田貳百伍拾陸畝柒分

國朝康熙中知府許錫齡知縣劉澤溥捐置蓮花汊田叁拾捌畝又王仁長捐院對門上衢陸畝鄒江遐捐風火山畈田叁畝操袞弟兄捐院後路側田肆畝王湃仁弟兄捐錫王庄王線衢田拾畝共捐貳拾叁畝又價買院前及對門山傍並大路三處共壹拾陸畝夏畈田貳次共壹拾貳畝柒分通計壹百貳拾柒畝柒分查實田壹百貳拾柒畝陸分合前明共實田叁百捌拾

肆畝叁分地界俱詳問津志以充祭祀修葺之費給派紳士管理

黃岡縣志卷之四終

黃岡縣志卷之五

知黃州府事錢鋆纂輯
王楷裁訂
知黃岡縣事陳文樞
蔡韶清
王鳳儀仝編

職官志

秩官

周官有縣正各掌其縣之政令而賞罰之董子曰郡守縣令所使承流而宣化也夫縣令上奉郡守輔以丞尉建之師儒以是撫字羣黎道揚乎風教在昔黜陟臧否不一因名而考之不可掩也

表

漢縣置長丞尉各一人

長　甘寧邾縣長

晉縣大者置令有主簿錄事史等員

令　孔德琰西陽令

唐令一人　丞一人　主簿一人　尉一人

令　唐延搆黃岡令

宋縣令一人 丞一人 主簿尉各一人 嘉定二年詔州縣立學教諭一人 訓導一人 咸淳中又設主學一人

令 丞 主簿 尉

鄧守忠 乾德間任

周孝孫 元豐間任 張舜臣 有傳 吳 瑱 常以介作

張 激 有傳 觀遺蘇軾 虞 汲 隆州人有傳

劉唐年 見東坡記

黃 賁

元置達魯花赤及尹丞簿尉各一員 典史二員 元貞年能主學縣儕直學訓導

教諭 訓導

王師顏 至正間任 胡良佐 至正間任

范世美 至正間任

明知縣一員 縣丞一員 主簿二員 一管糧一捕盜 典史一員

儒學教諭一員 訓導二員 巡檢二員 驛丞二員

河泊所官三員 稅課局大使一員

知縣 教諭 訓導 縣丞 盛奎 主簿 典史 巡檢 驛丞

添設勸農縣丞一員 河泊 稅課

洪武 徐 誼 壽昌人有傳

萬士安 創建縣治見建置志

永樂 陳 希 大興進士 杜 遐春 霍邱人擢

張 玉 兗平舉人 四川道御史有傳

宣德 袁 整 浦允誠 高 宏 施 義

正統 尹 昻

景泰 徐 瑨 簡縉紳 鍾 鑑 朱 聰 楊 恭 于 琮

蕭 鑑 劉 彬

俞思文

天順 吳 節 淮陰人

成化

任廣全　元余勛

毛錫　十八年任

程逵　二十一年任

汪絡俞　振徐　雍馬　鐸

柳英　十八年任　二十一年任

葉　岳維嵩　莫李文

弘治

莫濳　臨杜舉人

張縉　預修郡志見舊志序

張鳳岐

潘溶

呂賢　蒲州人後入籍

陳曦

周遵　奉節舉人

宋賢　蒙城監生

韓敬

萬寧

正德

林智　莆田舉人元年任

劉習禮　四川歲貢元年任

楊鑾　汝陽歲貢二年任

王沂　福建歲貢

王麟　蕭山歲貢五年任

胡潔　豐城進士十年任有傳

應鵬翀　臨海舉人九年任

葦弁　十年任

黃觀瀾

青　清江進士

周盛　青田歲貢

有傳

王浩　上元舉人

吳資　象州舉人十五年任

劉紀　十二年任　河南歲貢十二年任

嘉靖

張鳳鳴　旌德歲貢

李修爵　信豐歲貢

向朝儀　四年任

黄岡縣志　卷之五　秩官　六

元年任
元年任
夏國孝 涪州進士四年任
方端 文理舉人
韓秉文 慈谿舉人七年任有傳
賈通 成都歲貢七年任
周藎 桂林舉人
龐麟 成都舉人十二年任
吳謨 宜山舉人十二年任
明
瑞 富順歲貢八年任
陳瑶 十二年任
黃純
鄭國金
唐
相 和州歲貢
陳璧

黄岡縣志　卷之五　秩官　七

十五年任
梁鳴鑾 崑山歲貢十六年任
任价 四川歲貢十五年任
吳時宜 都匀衛監生十七年任
王奕 四川歲貢十八年任
田嘉禮 四川歲貢十八年任
胡民表
趙儒
萬崇本
馬獅
龍游舉人二十二年任
江西德安歲貢二十年任
武鉞 滁州舉人二十三年任有傳
吳允直 饒州歲貢二十四年任
張允濟 順天舉人
向上 巫山歲貢
謝燕 郗昌歲貢

二十四年任

孫棠　普安舉人　有傳

李遜　邳州歲貢　二十八年任

徐煥　二十六年任

王士本堅

趙貢　二十六年任

虞儼　丹陽舉人　有傳

宋琰　宜賓歲貢　三十一年任

趙貴枝　三十一年任

張璣　三十一年任

孫善

遲應奎

楊世第　長壽進士

康志　泰和舉人　三十四年任

姚溢　汝陽歲貢　有傳

孟津　滁州舉人　三十五年任　有傳

周祿　廬陵歲貢　三十五年任　有傳

萬升　南城歲貢

陳良金　仙居歲貢　三十七年任

吳漢　三十五年任

萬昇

龍深

宋洲

葉應元

周大猷

來端本　蕭山舉人　四十一年任

張性魯　當塗歲貢　四十三年

沈升　天台歲貢　四十三年

楊美才　監生

李時傑

任孝賢

凌敏德

程衢

任有傳

高扴　神木歲貢四十五年任

任

鄧濟時　龍泉歲貢四十三年任

隆慶

王銓　山陽歲貢元年任

吳繼武　井陘歲貢元年任

黃應璧　無錫進士二年任有傳

蘇希顏　寧海州歲貢元年任

陳忠誠

郃佶

陳衢

唐應元　崑山進士

葉千鈗　閩縣舉人

劉宗韜　萬化歲貢

五年任

五年任陞羅田知縣

五年任

萬曆

羅應鶴　歙縣進士元年任有傳

吳完頤　固始歲貢元年任

偉　廣安州歲貢二年任

陳志謨

詹

密

陳嘉謨　德化吏員二年任

趙遜

崔仲沂　公安歲貢

二年任

王三錫　華容歲貢三年任

趙世舉　貴池吏員四年任

蕭一和　襄城歲貢四年任

林兆基

何東陽

張得福　益都吏員四年任松河泊

孟鼎　無極吏員寄癸河泊

管貞明

莆田舉人五年任傅有

汝州監生五年任

慈谿知印五年任團風巡檢

邱嵩　平原吏員陽邏巡檢

朱鳴岐　西平吏員稅課使

顏大化　桐鄉舉人六年任

董廷賓

潘濂

查玉西　江夏吏員六年任李坪驛丞

李登筵　鳳翔吏員潘湖河泊六年任

韓廷舉

沈宏宗　會稽舉人八年任調武昌

羅鳴遠　景陵歲貢八年任

大冶歲貢七年任

夏清　德化吏員八年任

楊應龍　巢縣監生八年任

南海吏員七年任

朱錦　婺源監生

葉懋　餘姚吏員八年任

沈惟明　仁和吏員八年任團風巡檢

莆田吏員七年任稅課使

和瑀　應城承差

趙士登　涇縣進士

蕭文光　江陵歲貢

王纘武　六邑監生

八年任

陽邏驛丞

楊洲　蕭縣吏員陽邏巡檢

郭墀　高平吏員零陵河泊

唐世曙　全州吏員

九年任
王旗
九年任
青袍
九年任陽邏巡檢
楊臣　壽光吏員陽邏驛丞
潘鑭　於潛吏員樟松河泊
楊林

大京衛歲貢十一年任
劉烜　漢川歲貢十二年任
遂寧選貢十一年任
江夏知印十年任李坪驛丞
張文憲　慈谿吏員灄湖河泊
趙繼恩　江安吏員十二年任

有傳
周化時　廣通歲貢十二年任舊志誤姓馬
毛汝愚　江山選貢十三年任
稅課使
趙印榮　涇陽吏員樟松河泊
周世明　新鄭吏員十四年任團風巡檢

劉夢周　沁州進士十四年任
楊逢時　江陵解元十四年任成進士有傳
張楠　陳州歲貢十四年任
金尚紘　鄭縣吏員十四年任
卓顏　浦縣吏員陽邏巡檢
方來　合肥吏員李坪驛丞
杜廷臣　盱眙吏員陽邏驛丞

何大鳳　江都監生　十五年任

徐泰　寧州吏員　零陵河泊

翁倫　福清吏員　灄湖河泊

鄒元矩　泰和吏員　十五年任　陽邏巡檢

鄭宗晃　連江吏員　稅課使

萬相　新建吏員　零陵河泊

李蓉　南海吏員

陳願賢　鄒平監生　十六年任

何宗淮　分水吏員　十六年任

趙簽　涇縣監生　十七年任

灄湖河泊

朱橋　江都吏員　十六年任　樟松河泊

徐上　丹徒吏員　團風巡檢

黃桐　靈璧吏員　十七年任　陽邏巡檢

蔡尚濶　江浦吏員　李坪驛丞

蔣鯨　豐城吏員　巴遞驛丞

黃岡縣志　卷之五　秩官　六

涂宗濬　南昌進士十八年任有傳

李敬簡　平江歲貢十八年任

王三錫　巳東歲貢

張相　鄞縣吏員十八年任

劉潞　成都吏員零陵河泊

廖大愈　大田吏員十八年任團風巡檢

徐德芳　蘭溪吏員

十八年任

劉塤　宜黃監生

鮑應元　宣城吏員

稅課使

王邦重　眉施吏員樟松河泊

王應麒　鎮平吏員灄湖河泊

周綸　臨海吏員

黃岡縣志　卷之五　秩官　九

曹愈參

文立經

十九年任

十九年任

十九年任陽邏巡檢

萬相　新建吏員零陵河泊

牛夏　曲周吏員陽邏驛丞

黃朝吉

涪州進士二十年任有傳

全州舉人二十年任陞巳縣知縣

王尚賢　河南鎮平選貢二十年任傳作王尚需

賁縣吏員二十年任團風巡檢

郭嘉慶　宜城吏員李坪驛丞

焦仲金　汲縣吏員

徐可貞　興化監生二十一年任

陳梁　旌德吏員二十一年任

鍾德　鄞縣吏員二十一年任

（前缺）二十一年任陽邏巡檢

姚尚象　建德吏員樟松河泊

朱朝柏　定遠吏員漷湖河泊

趙世顯　諸暨吏員二十年任陽邏驛丞

張中銘　淇縣吏員

徐紹曾　海寧進士二十三年任有傳

劉文定　興國州舉人二十四年任有傳

蕭策　衡山歲貢二十三年任

楊燧　武昌歲貢二十三年任

楊守一　邛州吏員二十四年任

楊燦　吳縣吏員二十三年任

說課使

黃應垣　蕭山吏員零殘河泊

郝子京　永平吏員二十三年任陽邏巡檢

張濟　霍邱吏員李坪驛丞

張謨　巴州吏員二十四年任李坪驛丞

張恕　太和吏員陽邏驛丞

王明　海陽吏員稅課使

趙邦貴　晉州吏員樟松河泊

何思明　義烏吏員零殘河泊

湯賓　攸縣吏員灄湖河泊

李文　內江吏員二十五年

沈瀚　崑山選貢二十五年

吳九思　當陽歲貢二十六年任陞合江

任持守清正爲私惡中傷以墨去

程鳴雷　婺源監生二十六年任

胡嘉猷　宜賓吏員二十六年任勤斂稱

王德孚　豐城吏員二十六年任稅課使

王鎬　西充吏員陽邏巡檢

任團風巡檢

知縣

湯邦啟　永新吏員二十六年任

職上官多爲嘉獎

楊貴　嵩明吏員樟松河泊

丁汝賢　思南吏員二十七年任陽邏巡檢

徐九官

李邁庭　鄒平歲貢，二十八年任
卞從龍　江都監生，二十八年任

吏員，零殘河泊
石朝卿　大同吏員，瀟湖河泊
胡子晃　萬安吏員，二十八年任李坪驛

羅萬富　盧陵舉人，二十九年任
毛佈恩　餘姚監生，二十九年任

丞
黄際春　山陰吏員，陽邏驛丞
郭江　華昌吏員，二十九年任團風巡檢

王敬　龍溪吏員，三十年任
王珀　丹徒吏員，三十年任

葉貝慶　太平吏員，樟松河泊
饒棉　邵武吏員，三十年任零殘河泊
沈德應　吳縣吏員

盧雲龍　郃陽歲貢，三十一年任
楊時華　餘姚吏員，三十一年任

瀟湖河泊
彭應璵　永興吏員，陽邏驛丞
吳一麟　巴陵吏員，三十一年任樟松河泊

茅瑞徵　歸安進士，三十二年任，有傳

張大有　益陽歲貢，三十二年任

陳三聘　宜都歲貢，三十二年任，陞攸縣教諭

陳王庭　舒城知印，三十二年任

唐承鴻　昆明吏員，三十二年任

楊岱　太和吏員，三十二年任，團風巡檢

陳士達　璧山吏員，陽邏巡檢

倪鳳彩　漢陽承差，李坪驛丞

韋艮偉　竹溪歲貢，三十三年任

金可礪　長興監生，三十三年任

雷純　宜賓吏員，三十三年任，遷陽驛沢

郭偉　贛縣吏員

何德恭　始興歲貢，二十四年任，陞東筦教諭

樟樹河泊

封承倫　泰興吏員，零陵河泊

周伯迅　山陰吏員，三十四年任，團風巡檢

陳大綱　高要吏員，陽邏巡檢

劉宗正　貴池吏員，稅課使

吳國澍　陵水歲貢，三十五年

陶成禮　錢塘吏員，三十五年

楊懷遠　廣安州吏目，三十五

陳祝　太湖吏員，三十五年

梁可重　廬旌吏員，三十五年

任

任

年任

任

官寺坪驛丞

陳與語　雅州歲貢　三十五年任

龔嘉會　餘姚承差　陽邏驛丞

孔宏憲　歲貢　三十六年任

王蛟　華州吏員　樟松河泊

周萬鎰　三十七年任

劉以台　通山歲貢

姜一梧

姜周瑞　雲南貢生

趙思敬　觀城吏員　灄湖河泊

晏春鳴　銅梁進士

余應昇　江夏舉人

陳雷　歲貢　四十一年任

王珩　歲貢　四十七年任

泰昌

魏開之　元年任

萬思進　陝西貢生

天啓

熊江　四川進士

熊應元　應城人　五年任

劉俊　四川貢生

馬正明　江寧吏員　團風巡檢

梁鳳翔　廣東進士

高成選　陝西貢生

沈世思　陽邏巡檢

崇正

吳允初　宜典進士

沈應魁　景陵人　二

任可信　山東貢生

潘志盛　團風巡檢

年任　陞廣德州知州

金一星　歲貢　三年任

陳志達　陽邏巡檢

李希沆　慶陽進士　六年任　有傳

李明德　嘉魚人　由舉薦任　見武昌府志

趙鉉　山西貢生

樓廷選　六年任

石啓雷

呂應熊　團風巡檢

向明元

宋時勳

潘匡猷

大冶人七年任

山東人

團風巡檢

毛詩序 歲貢八年任

徐調元 無錫進士

劉應震 江夏人十二年任

古大復 歲貢十二年任

陳廷策 浙江貢生

侯鼎鉉

陳所德

黃岡縣志　卷之五　秩官　廿

孫自一 無錫進士

文炳 光山進士有傳 漢陽人十七年任

吳南明 浙江貢生

吳文燮 福建人有傳

宋光德 浙江貢生

國朝

知縣一員　縣丞一員　典史一員

儒學教諭一員　復設訓導一員

團風鎮巡檢司巡檢一員　陽邏鎮巡檢司巡檢一員

李坪驛驛丞一員　陽邏水馬驛驛丞一員（乾隆十九年奉裁二十七年添設宿店司巡檢一員）

知縣	教諭	訓導	縣丞	典史	驛丞巡檢河泊
順治 汪士衡 望江貢生二年任			趙振芳 浙江貢生陞知縣	郃魁邦 浙江人	白浚 西安吏員團風巡檢

趙文元 大興吏員陽邏巡檢

黃大受 撫州吏員團風巡檢

徐杰 山陰吏員陽邏巡檢

范國貞 韓城吏員樟松河泊

張惟慶

任

高自訓 濟陽貢生

黃岡縣志　卷之五　秩官　廿一

楊日昇　富平舉人四年任有傳
劉國寧

趙慶詵

葉大成　浙江監生陞江西按察經歷

沈端　浙江人

富平吏員樟松河泊
李國民　北直吏員零陵河泊八年任
黃應貞　會稽吏員李坪驛丞
惠端海　富平吏員零陵河泊十三年任

遼東廕生有傳
楊鍾秀　南鄭貢生
徐籀　長洲舉人十八年任有傳

任光國　荊州舉人十三年任

歲貢八年任
李明英　襄陽歲貢十二年任
金膺白　歲貢

金殿臣　遼東人陞黃陂知縣

蔣良佐　滄州吏員陽邏驛丞陞臨澧典史

康熙

李正美　隴西舉人五年任

趙之鑒　沔陽舉人二年任好古洽聞著有居黃閣草

文景雕　安陸恩貢四年任　裁

吳秉鋼　浙江人三年任

張德裕　遂州吏員團風巡檢
景可賢　南鄭吏員零陵河泊五年任
夏應陞　山陰吏員陽邏巡檢
汪源

董元俊　華陰進士六年任有傳

李嘉卉　孝感舉人
葉自巖　江夏舉人

王公濯　魏縣貢生八年任
唐紹先　著
孫文涵

周錦

團風巡檢
李德　平東山有功齊安驛丞
孫鑑芳　富平吏員樟松河泊
唐學增　零陵河泊
喬汝沅

李經政 瀋陽廕生 十八年任 有傳

錦縣例監 十六年任
張文璉 大興例監 十六年任

臨潼人 十四年任

韓城吏員 李坪驛丞
黄光裕 山陰吏員 李坪驛丞
曹繩武 獲鹿吏員 李坪驛丞
唐紹堯 富平吏員 李坪驛丞
張茂勳 紹興吏員 團風巡檢

汪灝 山陰貢監 十九年任
錢顧琛

王鼎隆 漢陽舉人
饒栴延

戊午復
李光衢 孝感歲貢
曹宏圖

胡爾元 山陰例監 二十一年任
劉文焜 汶上歲貢 二十三年任
李國棟

茹仁瀚 山陰人
王廷標

夏祖 大興吏員 陽邏巡檢
王恒 徽州吏員 團風巡檢
徐士泰 宛平吏員 陽邏巡檢
劉若愚 紹興吏員 李坪驛丞
劉光國

蘄州進士 二十八年任
劉澤溥

應城舉人
劉炁 沔陽舉人 三十三年任
朱定番

荊門歲貢 三十年任 按黄岡續志此下有楊姓者闕其名

上元例監 一作國正
賀雲黼 永新例監

河間人
王筊 揚州人
陳華

大興吏員 陽邏驛丞
張郁 紹興吏員 團風巡檢
楊成雄 大興吏員 陽邏巡檢
孫榮貴 福州吏員 團風巡檢
仲宏達

正藍旗筆帖式 三十六年任
黄極 正藍旗筆帖式 四十二年任
劉蘭叢

興國歲貢
馬常 五開衛舉人 三十七年任
沐儀騮

孫芝瑞 江夏歲貢 有傳
楊正春 江夏例貢
王鴻

施復 鑲紅旗例監

浙江人
王鶴 紹興人
楊焰

會稽供事 陽邏巡檢
汪國信 紹興吏員 李坪驛丞
李梁 蒲臺吏員 陽邏驛丞
盧兆麟 貴溪吏員 團風巡檢
邴公猷 山陰吏員 陽邏巡檢

山東例監四十七年任
鍾煒　蕭山人五十四年任

江夏舉人
江曾培　荊門例貢五十八年任
程大純　孝感例貢

胡琰　漢川例貢
楊相聖　襄陽歲貢六十年任

周圻　富平例監五十八年任
李昌唐　正黃旗監生六十年任有傳

浙江人
朱子吉　浙江人
紀宗偉　山西人

林應南　福州吏員團風巡檢
李大成　宛平吏員陽邏巡檢

雍正

張光裕　磁州歲貢二年任
樊大元　夏縣舉人五年任有傳
張育堂　山西舉人七年任

覃應鳳　江陵舉人四年任

李之藻　鑲藍旗例監二年任

薛愷　宛平人七年任

王佐　大興供事李坪驛丞
馬日新　寶坻吏員陽邏驛丞
蔣基　揚州吏員團風巡檢
薛鳳祥　大興吏員陽邏巡檢
馮大經

尚友　山西舉人八年任
暢于熊　新鄭進士九年任
丁璉　諸城例監十三年任

李之蘭　江夏舉人八年任有傳
汪燏然　漢陽舉人九年任

孫雲麒　潛江歲貢十年任

涿州吏員團風巡檢
陸世奎　大興吏員陽邏巡檢
姚天祥　大興供事李坪驛丞
晏世爵　宛平吏員陽邏驛丞
戴士英　寶坻吏員陽邏巡檢

乾隆

吳瑛　歷城優生元年任
汪模　三台舉人五年任

劉芳惠　大興例監二年任

姚惟鈞　山陰人元年任

阮紹宗　三河吏員團風巡檢
陳經　貴筑吏員李坪驛丞
屠錦　大興吏員陽邏巡檢
沈德煥　石埭吏員陽邏驛丞

舒成龍　任邱例監七年任陞荆門知州
邰豐鏃　山陰人保舉八年任
徐成潤
熊念祖
鞏秉鈞　高平人七年任
章增仁
武士焰
張如龍　汾陽吏員李坪驛丞
宋登士　萬載總吏陽邏巡檢
周正斯　山陰吏員九年三月任團風巡檢
沈應魁　大典吏員九年八月任李坪驛丞

陳龍友　文安舉人十五年二月署任
孝感舉人九年十一月任
孝感歲貢九年任
劉崇文　江夏廩貢十二年十二月任
大典例監九年任
林宗鑰　龍溪例監十二年十二月任
靈邱人九年任
余世鎬　大典人典吏十三年四月任
周正斯　十五年六月以團風巡檢署
鮑楚　青陽供事十三年七月任陽邏驛丞

項樟　阜寧進士十五年三月任陞鳳陽知府
劉育杰　泰州進士十六年十二月以蘄水知縣署任
任

馬元亮　鑲黃旗舉人十六年九月任
徐成潤　十七年十一月以本學教諭署任
史維新　華陽典吏十六年五月任
周正斯　十七年六月以團風巡檢署陽邏驛丞
馬沛霖　榆林典史十七年十

王宇大　十八年五月以本府教授署任

王宇大　十八年五月以本府教授署任
王煥魁　沔陽歲貢十八年五月任

潘□鐸　十八年四月以本府照磨署任
余有慶　武進監生十八年七月現任

[illegible]

二月任李坪驛丞
張席珍　大埔典史十八年四月任陽邏驛丞十九

積善　鑲黃旗監貢十九年八月以荆州府同知署任

王煥魁　十九年正月以本學訓導署任
聶朝勲　天門舉人十九年七月現任

[illegible]

李肱揚　十九年八月以白虎鎮巡檢署任
王貽亭　十九年十二月以中和鎮巡檢署任

年五月裁去
劉鋼　靈邱典史十九年三月任李坪驛丞本年五月裁去
李天眷　十九年五月以麻城縣丞署陽邏巡檢
鄒爵

劉煜　定平州進士二十年三月任卓異去

聶朝勲　二十年以本學教諭署任
王世任　宜都廩貢二十年六月現任

吳攀龍　十九年七月以虎渡鎮巡檢署陽邏巡檢
李培元　正藍旗漢軍監生二十年三月以吏目告降任
吳攀龍　大興監生二十年正月任陽邏巡檢現任

陳文樞　上元副榜教習二十三年十月署任
蔡韶清　江西南康人進士卓異候陞廻避調補二十四年三月現任

書大學首章於明倫堂

余有慶　二十三年以本縣縣丞署任
毛鳳梧　陽湖人供事二十四年二月現任

郭廷輿　商邱監生二十三年二月以縣丞借署團風巡檢現任

王鳳儀 江蘇太倉州舉人二十四年十月任

高遴 甘肅靈州進士二十五年五月任

葉世度 浙江仁和進士翰林院庶吉士改授知縣二十六年八月任

石堪立 興國舉人二十八年任

曹崑 荊門拔貢二十五年任

黃元淳 吳縣監生二十六年任

濮懷仁 大興監生二十七年任

朱兆燕 漢軍監生二十八年任

胡廷槐 浙江仁和進士二十九年四月任

楊儀 直隸新城舉人三十二年四月任

左世鄉 桐城監生三十三年任

周麟生 宛平吏員三十

沈尌 蕭山監生三十年任

郭家驥 新昌監生三十年任

齊松齡 新繁監生三十

年任

溫鶴立　浙江烏程進士三十四年七月任

黃應魁　廣東順德拔貢三十六年八月任

汪知本　江夏舉人三十五年任

郝守謨　雲夢舉人三十六年任

程文衡　孝感拔貢三十三年任

汪芳　孝感舉人三十三年任

王萬年　襄陽廩生三十七年任

年任

王淳剛　武平監生三十七年現

魏高信　柏鄉監生三十四年任

張□富　南漳吏員三十五年任

胡駿烈　元和吏員三十六年任

顧夔　江蘇長洲附貢三十八年正月任

李敬敏　河南鄭州廩貢四十三年十月任

史湛　浙江餘姚貢生四十六年閏五

丁鳳鳴　雲夢舉人四十五年任

任

陳明爍　浮山吏員四十三年任

朱天基　南昌吏員四十四年任

潘朋年　青浦吏員四十三年任

月攝任歴武昌府知府

閔思敬 浙江烏程附貢四十七年七月任歴武昌府同知

張璐

何淇 餘姚監生四十七年現任

遲超羣 河内監生四十七年任

江南如皋監生四十九年五月署任現調漢陽知縣

王正常 四川直隸瀘州

錢文瑛 光化貢生五十

謝鴻恩 宛平吏員五十年現任

許錦 海寧監生五十年任

舉人五十一年八月現任

李敦柱 江陵舉人五十二年現任

一年現任

王家彥 濟寧監生五十三年現任

吳邦城

吳縣監生五十三年現任

名宦

古稱良吏奉職循理名實相應稟稟有德讓君子之遺風不徒技之稱位然也夫唯良吏政平訟理問民所疾苦興學校移風易俗至於去則思之歲時祭祀不絕德之所及者遠矣

宋

張激不知何許人郡誌稱其治邑有善政

張舜臣堯臣之弟嘗爲縣丞與秦太虛善蘇軾稱之

元

虞汲右丞相允文四世孫奎章閣侍書學士集父也爲縣尉携子集及槃力學幕署詳雜誌

明

徐訨字宜叔壽昌人明初知縣事時征陳理於武昌兵燹所經邑里殘破詛撫綏流亡修葺廢墜邑賴以安洪武十七年擢知鎮江府

杜遇春霍邱人永樂間以人材任典史清節特著入覲不能具冠服縕袍拜闕下帝見而問之擢爲御史未幾以他御史悞軍糧事並坐極刑後詔給葬乃葬其衣冠於縣東七里螺螄湖子孫家於黄永琳而下其裔也

胡潔江西豊城進士正德間知縣事廉介有幹才於民推心置腹藹如也時御史督學命遷邑庠於今地歲祲不贍潔爲區畫告成其他振飭類是後累官至都御史

簡霄江西清江進士正德間由石首改知縣事敏肅而文能厲士氣郡誌稱其有吏才嘗督修諸鄉堤壩爲民永利又於城山有建置百廢具興後累官南京兵

部侍郎

孫棠貴州普安舉人嘉靖間知縣事邑中丞賈啓爲文紀之曰仁民澤物風教是敦緝飭學宮增補缺畧要爲矯矯者矣

虞儼丹陽舉人嘉靖間知縣事明敏公恕不妄取一錢緩征省刑黄民思之

孟津字伯通丹徒舉人嘉靖間知縣事以古人自期莅政不事嚴肅而丰采嶷然無敢譸張者退食正襟危坐雖家人不見喜愠之色遷寶慶同知致仕歸

王尚儒河南人貢生嘉靖間任縣丞沉靜澹泊不受請謁時論推重焉

韓秉文慈谿舉人嘉靖間教諭身範諸生不獵浮譽一時名士賴其造就

武鉞來安舉人嘉靖間教諭丰度恬適博洽多聞遇貧士輙分俸給之

周滌廬陵歲貢嘉靖間教諭溫醇爾雅與諸生縱談名理終日忘倦

張性魯當塗歲貢嘉靖間教諭慷慨多大節遇事正論

無所隱諱捐俸修建啓聖祠亦一端云

姚淦汝陽歲貢嘉靖間訓導博學能詞賦有登眺詩云鄉心一鴈遠時序二毛侵評者謂其風韻適逸性耿直事關學校者力爭之以致仕去

賈應璧字文宿無錫進士隆慶間知縣事倜儻多才遇事無留難厲清操有冰蘖聲坦衷惠政不弛不苛擢戶部主事累官按察使

羅應鶴歙縣進士萬歷癸酉知縣事平易近民勤於撫字兼深經學好引拔人才所推與必一時名士五載

課最徵拜御史累官副都御史巡撫保定

趙士登字應唐涇縣人萬歷庚辰進士由武昌改知縣事專務德化察民疾苦有不便即時除去聽獄片言立折丈量田畝調停曲當邑人咸受其庇五年課最徵拜御史去累官左僉都御史南京吏部侍郎

涂宗濬字吉甫南昌人萬歷癸未進士由江陵改知縣事先是邑饑疫流亡過半聞宗濬來皆喜比至勤恤民隱搜剔蠹孔夙猾斂跡人得安集暇則與諸生講道課業具悉原委踰年擢御史去邑人塑其像與趙

士登並祠後累官巡撫延綏

曹愈參字石清滄州人萬歷丙戌進士由陝西商南改知縣事躬儉約政敦大體不事繁苛獄訟衰止邑試儒童廣額至千餘子弟賴焉其母病篤士民相率籲神數日果愈三年以卓異擢吏部考功主事累官河南按察副使邑民立祠像祀之

徐紹會字衷耿海寧人萬歷乙未進士知縣事有魁盜夜殺人按之急遂讕懟上官幾爲移聽士民爭雪其寃賢聲益起會倭猺交儆徵發不時又中使採榷出

楚横施荼毒紹會力捍蔽民深德之擢南工部主事
去行李蕭然累官兵部武庫郎中
林兆箕莆田舉人萬歴間教諭邃於經學集諸生課藝
寒暑不輟多所造就擢高州府通判
揚逢時江陵人丙子省試第一署教諭性端簡以篤學
自守爲多士倡每對酒論文精義疊出終日不問嬉
笑怒駡其天然純至多類此後由壬辰進士累官四
川參政刻有寓黄集
劉文定興國舉人萬歴丙申教諭謙冲恬雅不愧師範

士人爭依附焉擢六合縣知縣累官寧州知州
劉烜漢川歲貢萬歴間訓導持守方正非孔孟之言不
道閒居無跛坐跛立常謂清貧二字爲學者立身之
寶後遷興國州學正
葉瑞徵字五芝浙江歸安人萬歴辛丑進士善屬文由
泗水知縣改知縣事凡保甲賦役水利郵傳皆備極
經畫有大功民稱便焉嘗修輯邑乘及赤壁集文采
斕焉徵拜御史主官至湖北副使
沈瀚江南崑山選貢萬歴中任縣丞守持清正爲忌者

中傷去邑人思之
李希沆字鼎武陝西慶陽進士明末知縣事清正浩博
膽識絶人崇文治精鑒别愛賢能卓有善政時流寇
肆掠希沆設備禦敵有警輒戎服佩刀單騎先馳邑
之義勇金純伯等從之追逐披靡民賴以安及希沆
擢最去而城遂陷
孫自一字澄如河南光山進士明末知縣事清介有惠
政士民愛之獻賊之亂自一方解餉軍門及歸城已
陷乃與邑諸生王之經結寨大崎山保殘民以圖恢

復時亂離倥偬民之訟獄貢賦赴山中無或後者會
賊掠梅家湖自一率鄉勇五百人往救死之賊去民
求其屍面如生印猶在佩因藁葬澌岸時人稱爲忠
烈見明史
吳文爕福建人明末縣丞彬彬儒雅有良吏風獻賊之
亂文爕分守南城晝夜不懈及城破猶守汛地大駡
不屈死之見明史

國朝

楊日昇字自石陝西富平舉人順治四年知縣事下車

撫凋殘招流亡省刑薄税慮無不周邑伏莽餘孽未靖昇與副將唐國臣計平之境内乃安壬辰歲旱禱雨立應素性清介囊橐蕭然猶捐俸設粥廣勸糴賑民賴以濟擢浙江嘉興同知邑士民勒碑以志不朽

劉國寧字漢章奉天人順治七年由廕生知縣事催科有法革一切陋規邑當水陸衝長江上下兵艘差騎絡繹不絶國寧每單騎衙迎民以不擾邑多火災預設器具有警輙身先救之時年僅弱冠邑人稱爲神君以艱去囊無一錢上官賻之乃得歸

徐鐈字亦史蘇州吳縣舉人高才博學風流蘊藉康熙初由清江教授遷知縣事愛民息訟薄賦省刑見罪囚輙泣下欲生之士民皆感激時邑火災多燬民居鐈捐二千餘金分賑又修建學宫補葺古蹟文物燦然在官無泛交紳士端方博雅者倍致禮重邑人謂以文學治者必首推焉著有吾印五集及寓黄小草書法畫蘭皆居逸品

趙之鑿沔陽舉人康熙初任教諭嗜古博洽善屬文著有居黄閒草

董元俊華陰人由進士以經術起家知縣事前政之朘削者一切報罷訟獄衰息禁絶羨耗草創邑志而未就舉卓異以憂去邑人慕其德

李經政滿洲人康熙十八年知縣事英敏明決猾吏斂息時于清端成龍守黄上下和協政事清肅邑以大治值荆岳用兵軍需旁午咄嗟立辦民無失業在官數年以憂去後官蘄州同知以事過黄士民餞迎者數十里

李景唐奉天人家世閥閲康熙六十年以貢生任縣丞年二十精悍有聽斷才性仁厚不妄笞撲苞苴請託無敢闌入者及去父老餞於江干惟勸民愼勿輕訟聞者感之

孫芝瑞字聖草江夏貢生康熙年間訓導爲人忠信明敏事父以孝聞教士有法度事關學校者必慷慨力爭時市民侵占學基屢訟甌脱芝瑞力爲釐正始復舊址善屬文兼工書法爲時所重

樊大元字咸巖山西夏縣舉人雍正五年知縣事清介温厚不輕用杖撲廉俸所餘分給寒士在官一年以

按盜失出罷去行李蕭然邑人士送者多泣下

李之蘭字芸莊江夏舉人雍正辛亥教諭以孝友稱仁厚和藹獎厲名節安貧食淡取與甚嚴凡士子爭訟無不委曲勸諭以寢其事高才好學文采炳然癸丑成進士去士人思之

黄岡縣志卷之五終

黄岡縣志卷之六

知黄州府事王鑅蓋藻輯　稽裁訂　知黄岡縣事蔡韶文廷　王鳳儀虞仝編

選舉志

科貢

自古量材授官錄德定位英能承風稱爲得人其取之者不一途也唐始重進士累代因之蓋有不愧科名者矣我朝文教覃敷人才蔚起楚稱劉熊接踵者慕焉而以薦辟雜科顯者亦往往能著功業何其盛也

表

朝代附取士制	隋 始置進士科專以文詞試士	唐 取士法有三由學館曰生徒由州縣曰鄉貢天子自詔曰制舉	宋 英宗詔三年一貢舉至神宗始以經義試士
進士		周墀 檢校尚書右僕射有傳	李委
舉人			潘丙 解元進士見蘇文忠集
貢生			
薦辟			
例選			

元　仁宗皇慶二年詔行科舉

潘丙　有傳

張炳

古耕道　見藝文忠集

蔡堅　中河南行省鄉試

趙思義

中河南行省鄉試

明　洪武二年己酉詔開科取士

李原擧　解元，龍溪知縣

陳敬　世昌子，官刑部員外郎，陞兵部車駕主事，有傳

詹同　以文學擧，累官翰林院學士承旨，吏部尚書，有傳

吳琳　以文學擧，累官吏部尚書，有傳

趙玉　東平學正

唐友善　一作友誠，超拔山西御史，陞按察司副使

蕭英　河南參政

郭子衎　南昌教授

張庸

知縣

六年罷科擧，專舉賢良

唐蔚　寧波知府，見浙江志

吳仁山　以賢良方正擧，貴溪知縣

楊仲　以經明行修擧，本府儒學訓導

游仲　以經明行修擧，本縣儒學訓導

十五年詔復設科取士以子午卯酉年鄉試辰戌丑未年會試

王友諒　以經明行修舉羅山訓導

萬英　以經明行修舉本縣儒學訓導

徐本　以經明行修舉[illegible]廣東布政使有傳

詹徽

李本中　以秀才舉官都御史太子少保吏部尚書　以人才舉通許知縣陞[illegible]同知有傳

王琛　以人才舉巡檢

黃鍹　以儒士舉封邱知縣見河南志

二十九年丙子

李翔　郴州教[illegible]

建文四年壬午

余思恭　湘陰教授

洪道　一作黃道　以儒士舉安陸知州

彭克誠　進士

楊文質　國子監助教舊志癸未

余志　沂水教諭舊志癸未

王忠

按永樂元年癸未當會試以登極未暇至午各省兵革有未及鄉試者命癸未許補之以明年甲申同會試

錢斌

李懋　全椒教諭舊志癸未

永樂二年甲申

彭克誠　無錫知縣

三年乙酉

朱恕　南京刑部郎中

潘淑　忠州知州

王璽　以人才舉清泉場大使

蕭昇　進士　李信　烏程知縣

劉鎰　封邱教諭　舒志善　布政司理問　謝希哲　以八村舉大興長垣二縣丞又見貤封表

唐惟愷　汝州訓導　余必選　慶府奉祀

喻永懷　交趾布政使司經歷　史誠　鴻臚序班

四年丙戌　蕭昇　但先

福建道御史有傳　磁州同知

六年戊子

傅思聰　安岳知縣

姚文政　泉州同知

胡鏵　桂林推官

戴恩安

熊思義

懷遠知縣

李敬中　樂安州判

李儀　鹽運司副使

易應瑞　岳池訓導

丁可信

九年辛卯　靳瑾

十年壬辰　張璘　應天府尹有傳

張璘　進士本姓周

冷俊　瀘州州判

方正　進士

何宏

十二年甲午

十五年丁酉

王福　海豐知縣

喻矩　一作俞炬

程義　翰林院孔目

劉政

柳紹先　滎陽知縣

十六年戊戌

方正　孝感知縣　有傳

十八年庚子

陳謨　府知事

羅倫　廬陵人黃岡籍訓導

穆景　泰府典儀

鄭思賢

十九年辛丑

鄭思賢　郴州知州

鄭源　進士

宣德元年丙午

周鉉

彭進　雲南按察司副使

唐中　靖寧同知

鄧仕昇　永平通判

劉以文　陽城知縣　有傳

柳復本

胡子貴　松滋縣主簿

七年壬子

汪鑑　南安知府

蔡伯和　兵馬指揮

龍友誠　教諭擢官

傅思文　靈川知縣

正統六年辛酉

謝景　進士

劉政　德遠知府　楚紀作夔州

王思旻　以人材舉　泰州同知　有傳

王琳　監生　工部　知縣　有傳

彭本 通州衛經歷
林讓 蓬州訓導
劉以德 又姓曹以人材舉知府有傳
袁瑄 定州知州
吳英 處州知府
李自能 萬全都司斷事
陳雍 河南道御史
李仲才 以纂修永樂大典舉萬縣知縣
徐悌 蒙化同知
鍾昊 梁縣教諭

張佮 兵馬指揮
劉鼎 廣西新安縣丞
楊懋 茶溪訓導
吳添佐 山東蒙縣丞

九年甲子
陶鼎 翁源知縣
王林 施秉知縣見貢例志
張歷 衛經歷

十二年丁卯
楊憲 知縣
以上三人未詳所舉或云以天文
鄧綱 大足訓導

十三年戊辰
謝昇 右僉都御史巡撫貴州有傳

景泰元年庚午
周儒 茶陵知縣
謝永試 四川布政司檢校
陶以榮 廣施縣丞大理通判
楊洪 蓬溪知縣
王應奎 銅仁府照磨
蕭大濩
李琥 梧州通判
周義 新城知縣

四年癸酉
張寶
劉金
徐琪

本姓周璘子試場火死賜進士
巫山訓導
縣丞
王孚 襄城教諭有傳
王震 澧州推官
齊大鵬 州同知
顏和 寧國府經歷
程賢
劉瑢 長寧知縣
魏鏞 杞縣訓導
吳珊 安化平陰知縣
劉克昌

七年丙子

鶴□□民 府同知

陳璉

陳綱 敬子見□ 志

董佐 洛川訓導

孫璵

彭蠡 遼東衛經歷

黎瑄 儀隴訓導

陶楠

邱民心 累官河南周府長史加四品服

佘鏞

陳德

天順六年壬午

徐頤 樂清知縣

王文學 徐州訓導

蔣璁 寧府審理

張鼎 上海主簿

蔣文運 成都訓導

萬棲 崇慶州判

王鐸 處州衛經歷

邱端熙 平定知縣

潘士璘 縣主簿

劉大韶 合州吏目

周大猷 縣主簿

秦雍 山東按察司經歷

彭璋 應天府經歷

鍾鳴 如皋訓導

黃鏞 葉縣知縣

朱靜 安吉知縣

曹珙 內江知縣

詹源澤 餘姚知縣

邱民咸 鴻臚司經歷

舒佐

楊茂春

黃藻

曾星

成化元年乙酉

曹通 長亭知縣

黃瑞 郾城知縣

喻銘 新淦知縣

黃伯琰 進士

賈汝楫 中順天鄉試彰德通□

周勗 重慶推官

屠明 餘姚主簿

曾景

陶世侃

龔益 連州通判 見廣東志

陶璽 安寧州吏目

二年丙戌
黄伯坋 遼東苑馬寺卿有傳
單麟 主簿
陳良 見貤封

四年戊子
張佐 黄州衛軍生進士
黄斌 岳池主簿
易泳 郴州學正
彭倫 開封推官

七年辛卯
徐賦 簡縣知縣
宋明達 彰昌府照磨

鄭鑑 萊蕪知縣

十年甲午
李曙 臨潁知縣
劉本 蘭州同知
朱珊 雙流知縣
黄崇 什邡縣丞
鄒璽 四川榮昌知縣有傳
鄒璥 安福主簿
洪儒
蕭聰

十三年丁酉
[illegible]主簿
朱晝 建安通判
朱璨 貴州宣慰司經歷
熊璋 瀘州知縣
王進 江南理問府案牘
謝[illegible] 梁子盱眙知縣
孫良謨 大足知縣
洪應奎
劉璋 潮州推官
管蘇
王昇

曹白 岳池知縣

十六年庚子
梅秀 富順知縣
宋榮 臨安主簿
陳富 奉化知縣
馬璋 常熟主簿
王文約
邱仁 黔平縣丞 見貤封
萬鼐
朱聰 歲州學正

十七年辛丑
張佐
周正

福建按察司僉事有傳
延平府經歷

十九年癸卯
蕭鳳
蔣珂
李世高　鄞縣丞
蔡勲　訓導

二十年甲辰
王璘　翰林衛籍中北闈廣西參政有傳
楊于榮　一作于樂　馬湖訓導
陳鸞　太平同知

二十二年丙午
唐友義
李沐　教諭
徐時中　延平教諭
周郁　銅陵主簿

弘治二年己酉
李潤
余復善　廣昌知縣
王麟　文學經進
蔡昆　白河教諭
曹儼
王簡　邵武推官
明燮　翁源知縣　見萬姓統譜
陶世賓　嘉靖志有史

[illegible]
李忠　白河知縣
謝昱　梁子長山縣丞
張伯洪　分水教諭
喻訓　山陰知縣
曹自學　教諭兄馳封
詹贇　衢州府經歷

八年乙卯
陳正　歸善知縣
秦尚恭　大名教授
李涇　大康訓導
詹玉　商州知州

九年丙辰
楊鳳　府學衛籍中北闈陝西按察司副使前御史
鍾琛
秦尚友

十一年戊午
王濟　麟弟進士
秦尚經

十二年己未
王麟　封翰知縣又見贈封有傳
徐輔　大理衛經歷

十四年辛酉
曹璉
李[illegible]

進士

陳廷瓚　彰德通判有傳
袁寶
張璐　新興教諭
余洪恩　福善子進士
汪經
蕭大韶　南雄通判見廣東志
李義　成都府經歷
郭鐙
張綋

順天經元尉氏知縣見河南志
本姓周
鄒軒　上林知縣
十五年壬戌
王濟　四川參政前史部郎中見馳封有傳
賀祿　潼川學正
十七年甲子
張濟　本姓周譜曾孫登魁嵩縣清河知縣有傳
王玠

曾璽　嘉興通判
邱大艦
十八年乙丑
余洪恩　行人
陳榮　渭南知縣
張滋
樊鐸　遂溪知縣
正德二年丁卯
郭慶　經魁浙城知縣一作清平有傳
宋昇　陳留訓導
邱尚湯　夔州府同知
謝皐　欽州同知
胡永華
袁璽
官祿

清河知縣
開封教授
和陽衛經歷
鄭文炳　濟寧衛籍中順天鄉試進士
李文明　劍州學正
袁釧　錫山教諭
三年戊辰
鄭文炳
皮珪　陵縣訓導
五年庚午
周瓚　偃師知縣
王岡　南戰訓導
余繼
王德

進士

湯溪縣丞

六年辛未

余鑾　行人有傳

曹珪　巡按陝西廣西御史

陳璉　南部知縣

賈啓　西寧衛籍中順天鄉試進士

馮大本　定海縣丞

方敏　廣昌教諭

詹孟夏　潮州知事

杜華　廣東鹽課司提舉

八年癸酉

賈啓　太僕少卿有傳　巡撫延綏副都御史有傳

王廷陳　經魁齊子進士

王廷僊　壬午進士

夏時中

徐麟　慶陽通判

曾介　德化教諭

劉大同　太康訓導

陳言　慶陽通判有傳

袁尚明

通判

十一年丙子

余文瑞　進士

梅寶　安知縣

王廷錄　文學孫鹿邑知縣

王廷僊　齊子南京翰林院都事有傳

劉州訓導

邢寬　廣昌訓導

吳慶　建寧教諭

邱峻　貴縣訓導有傳

董公器　開封通判

陶瑁　浮梁主簿

十二年丁丑

王廷陳　會魁翰林院庶吉士謫上南巡謫裕州知州致仕有傳

劉濂　蘭州籍中陝西鄉試

晉綸　遼東定遼衛籍中山

曹詰　自學子進士

馬宸　光山知縣

閔泰　彭山知縣一作梁山有傳

朱應韶

胡靜　新建訓導

陳謨 應天府經歷

十四年己卯
劉柱 進士
金國用
曹詔 誥贈知縣
蔡珀 雒南知州 潮府長史

十五年庚辰南巡詔鄉試暫永延試十六年還京冬駕四月世宗登極五月始舉廷試
徐文瑞 有傳
陶作 南京庫大使
陶世寧 河內典史

嘉靖元年壬午
陶珪 經魁進士
宋章 咸寧知縣 有傳
張滋 本姓周以舉人行修舉未任
潘棟
魏春 西安知縣
劉大倫 彭水教諭
涂友紀 以人材薦
吳嶽山 寧國府經歷

二年癸未
劉桂
盧靜
張文淵
曹諾 誥弟吏部司務
徐寬 遂平訓導
孫欽 濟南通判
李春 蘭溪教諭
鄭廷相 邯鄲知縣
周廷相 曲靖推官
樊模
劉文炳
夏疇
曾卓
綦壹
劉文煌

四年乙酉
王廷梅 開封汝寧二府知府 成都太平知府前戶部郎中
潘士佑 兵馬指揮 有傳 襄陽教諭
林嵩 福建布政司理問
方任 經魁進士
王篴 夔州訓導
宋大經 知州
許賢 周府教授
萬民望
余洪績
劉文輝 桂子
劉揚
夏官
盧大舉
陳宣

寧州知州有傳

汪文淵 進士
王秉直 有傳
張澤 本姓周璘曾孫蒙自知縣有傳
宋希文 知縣

陳昊
蔣夔 歸德通判
李成芳 教諭
董昱 永定教諭

黃八望
邱纖
邱民德
陶化 廣東布政司理問

五年丙戌
七年戊子

曹誥 陝西按察司副使有傳
陶珪 山西按察使中癸未會試有傳
余鏖 蘭陽教諭有傳

黃芳 益府審理
陳暹 知縣
萬珊 由興國州學
曹琮 泌陽由南漳學
宋希哲

邱與 樂平縣丞
奚世奕 樸子光祿寺署丞
邱增 河池同知
邱綬 寧州同知
邱尚舜

八年己丑

汪文淵 金華知府前翰林院

周宏
朱鴻翔 泌陽知縣一作鵬翔
王廷槐 麟子見貤封有傳

霍邱知縣
鄧廷鳳 蒼溪知縣
杜翔 上高知縣
范芝 定遠知縣見貤封有傳
吳偉

曹自修
潘木
舒道芳
劉文燭
劉文烶

十年辛卯

庶吉士有傳

李學顏 進士
謝九遷 宗曾孫亞元
王同松 嘉魚教諭
呂疇

徐崇德 自□教諭有傳
呂祥 禧兄
侯佐
許錦 敘州訓導

普州吏目
劉榮
顧信 徽江府經歷
張文正 澤子
王台

黃岡縣志　卷之六　科貢上　卅六

十一年壬辰

方任　巡撫應天右副都御史有傳
董德明

丹稜知縣有傳
奚樸　黃州衛人富陽知縣見馳封
王鳳陽　萬縣知縣有傳

李仁
孫鉽　州判
彭忠　溫縣知縣一作熊忠
陳實
吳紀

齊弟鴻臚寺署丞
王廷遷　齊子見馳封
王同公　廷儒子
戴應兆
劉桐
方作

十三年甲午

廣西衛籍中廣西鄉試河南右參政有傳

汪文瑞
呂韶　進士
王同鶴　麟孫
劉亮　彰德通判

泰和訓導
黃薰
曹雲鳳
謝文祥　知縣
陳恩　見馳封
趙貢

任弟
易聚之
戴應元
劉思名
梅一樹　榮昌縣丞
劉長統

黃岡縣志　卷之六　科貢上　卅七

十四年乙未

李學顏　戶部主事

龔淳
李時芳　興化同知加四品服色有傳

黃華　府知事
蔣希周　訓導
羅素　睢州訓導
劉錠　夔州訓導
張治　本姓周德化訓導

泰永
黃櫃
曾梟
李材　梧州府經歷

十六年丁酉

呂韶　彙平知府前南戶部郎中

黃自然　揚州通判
唐璉　淮府長史
盧大化　卯州知州
杜銓

陶珽　丙申選貢裕州判官
聶惟賢　湖口知縣
余瀹　大足主簿見馳封
張玉振　訓導
余[illegible]桂

王大同
方一龍　任子承繼州吏目
王廷柟　儲子
高一龍
徐文炳

訓導

陳廷舉　知州
李澍
王同京　廷儒子

陳尚詢　魚臺知縣
徐相　大足教諭
王同冊　廷陳子

十九年庚子

周之冕　餘杭知縣　陞知州有傳
徐希孟　武學教授
王廷揚　濟子

劉珙　安慶知州　有傳
蔡明試　處州訓導
王階　鳳陽子

陳萬策　貴池知縣
甄善　訓導見貽封
汪之濂

凃瑜　敘州推官
袁邦祥　商城知縣
陳表

二十二年癸卯

杜鳴陽　華子遂寧　江川知縣　有傳見貽封
胡濬　新蔡教諭
陳萬化

郭進賢　知縣
康祥　訓導

黃希然
魏欒
程先登

[illegible]知縣

奚世亮　楪子進士
張起鰲　登州訓導
於廷獻

魏鳳陽
劉承芳　同安訓導　有傳
劉芳聲

嚴宏　義利知州
陳大器　新寧教諭
陳正倫　福州府照磨以上茅志例貢

周藏　西安同知
朱辰　江陰訓導

二十五年丙午

萬一貫
林民表
葉夢陽

肇慶同知　致仕進階一級
主簿　官將仕郎　由吏員

鄒岳　進士
曾守約　訓導
康良臣　定海典史　殉難賜廕　有傳

奚世交　新鄭知縣　建州知州
蔡明儒　訓導

羅朝錫　九江同知
孫之禧　主簿

朱廷相　大寧知縣
鄧正　教授

鄭眞 中山東榜進士
汪文相 棗陽教諭
蕭文奎 訓導
二十六年丁未
奚世亮 延平同知殉難贈恭議有傳
邱尚策 訓導
邱岳 禮部右侍郎致仕進階正奉大夫正治上卿有傳
居宗禹
周文炳 訓導
二十八年己酉
鄭眞 文炳子
劉廷憲 德安教諭見九江志
黃士元 撫州通判有傳
蔣自貴 錦衣衛經歷
程鳳金 彭澤知縣有傳
劉文斌 國子監博士
袁文星 文伯兄商城知縣
羅昱

[illegible] 四品服色 有傳
祝宗文 大足知縣
江漢 寧國同知
袁廷椿 通判
李文進 滁州知州
蕭灝 瑞州通判
三十一年壬子
陳仕 廷資子嘉興同知有傳
汪之汸 文炳子
王廷瞻 濟子進士
曹瑯
邵一麟 [illegible]子
周[illegible]
王同復 廷瞻子
王承熙 [illegible]孫
王同軌

延槐子太僕寺主簿有傳

三十四年乙卯

黃自任　蘄州通判

鄭一德　文彬子光祿寺署丞

汪仲川　四川叅議　前兵部員外郎

陶一蘭　化子兵馬副指揮

王睦　鳳陽子

黃一裕　馬湖府經歷

熊□申

劉功懋

三十七年戊午

進士

陳廷政　建水知州

范宗鎮　寧州知州

嚴璞　安遠□

杜傑　鳴陽子長寧知縣□覺

主簿

潘文元　大官署正　江西副理問

梅埸　吳江主簿

方一棨　任子嘉善主簿　以上□□

倒貢

賜□有傳

熊□蒙　成都通判

曹光　珪孫

三十八年己未

王廷贈　南京刑部尚書　前總督漕河　戶部尚書　贈太子少保　有傳

四十年辛酉

嚴珣

□貢

馮言　瑞州通判

葉維喬　銅梁知縣

王岡□　延楠子進士

王追美　延儒孫有傳

何天德

舞陽知縣

四十一年壬戌

王址　鳳陽子

李植　廣西道御史陞福建僉事有傳

周文卿　江夏籍進士

王同道　南京戶部主事補郎

四十三年甲子

按江南御史有傳

周樸　崇安知縣

曹繼孝　進士

徐時可　進士

李之用　進士

曹昊

邱養浩

謝筵

黄道亨　壯元子

蔡一茬

黄岡縣志　卷之六　科貢上

鄧謙

余本淳

程良球　婺源知州有傳

熊應鳳　養中子

吳恩文　岳池知縣

黄德

牛若麟　貴州衛籍進士

曹之建　士彥子四會知縣有傳

舒中天

杜鎮

蒲圻教諭

恩貢　應芳子癸酉副榜拔貢

二年壬戌

靖科元　工部郎中陞浙江副使有傳

洪周祿　常州知府有傳

何閎中　四川副使有傳

鄒一儒

張守節　本姓周嘉魚教諭

方來賓

葉應昌

四年甲子

魏公韓

於斯臨

佘光先 洪恩始雲昌知縣
沈廷臣 國子監學錄

劉功允 洪子溫州汝寧同知臨濠府長史見馳封有傳
袁邦祿 訓導

劉文熾

徐應聘 進士
徐自懋 成都通判

邱一奇 商城知縣池州同知
高士 石門教諭

有傳

李裕 泰州知州
梅一株 濟南推官

朱朝龍 沁源知縣
劉賢 歙縣知縣

徐銘 武定同知加四品服色
王光 光祿寺署丞與修郡志

汪守廉 曲靖同知蘄州知
鄭施民 廣子

二年戊辰
徐應聘 揚州知府福建按察司副使

州入名宦有傳

四年庚午
易傚之 四川參政前雲南道御史有傳

汪之渙 經魁見馳封有傳
王廷楨

麟嬉先達知縣

葉正裳 封邱知縣

涂巍 瑜孫廉州知府

程希凱 鳳全子定遠教諭

汪一右 中應天鄉試泗州知州前徽州同知有傳

[illegible]

江沛然 戶部郎中 有傳

杜伸 四川按察司僉事以邊功贈太僕寺卿有傳

周文卿 陝西按察司副使

萬曆元年癸酉

王同晉 濟孫亞魁 寶應知縣

黃楊 平津縣丞

陳嘉學 知縣

劉文熠 鴻臚寺丞

余應鶴 知縣

金良知

黃宗聖 郫縣知縣 淮安通判

邱尚夔 通山訓導

劉道 承芳子 參政 前登州知府

龔偉 承大教授

余心純 淪子進士

鄭文彬 由遼東籍知府

於廷詔

王松

四年丙子

王同大 濟孫

汪季川 仲川弟 祀縣教諭

朱萬年 國子監丞 安順知府

黃白中 河南教授

徐鏘 遷溫縣知縣

余大韶 梧州通判

黃甲 應城訓導 黑兖州通判

廖自伸 貴州同知

何天申 中鄉試

陳九德 仕子

陳化 廷瑞子 孟津教諭

周時烈 敘州通判

陳汝讓

陶便 潮州通判

王同恒 選 廷璋子

七年己卯

郭知易 廣係工部員外郎 有

樊辯 學府南陵教諭以見

傳

贈……有傳

曹士彥　美子，定遠知縣，入名宦，有傳
高柏　選郴州學正

阮文蔚　進士
蔣賢

李汝賢　鹽山知縣
王圖亨　楚府教授

蕭友蘭　昇曾孫，萬年訓導，延平學教諭，有傳

王陞
姚端

邱慶同知，河間通判，有傳
蘄州教授

陳首俊　南溪知縣
秦一清

余履盛　桂陽教諭
朱廷光

杜若芝　高充知縣
熊養純　養中子，教諭

梅應時　漢口教諭

[illegible]年甲戌
[illegible]年壬午

李之用　王府授察使
劉文會　甘子

樊玉衡　禧子，經魁，進士
陳大奎

王一鳴　追美子，經魁，進士
陳養　教諭

瞿成名　吉安同知
余應奎　英山教諭

吳嵩
樊鼎遇　玉衡子，選貴德陽知

縣，有傳

孫大壯　進士
高第　柏子，安慶教授

吳士瑞　進士
劉文元　清江知縣，有傳

盧國正　蘄州同知
邱縉

孫紹芳　桂林衛指中，廣西鄉試
汪傑　守兼子，選貢，臨洮通判

十一年癸未
樊玉衡 全椒知縣建言謫戍前江西道御史贈太常寺少卿有傳
曹繼孝 衛輝同知
魏岫 訓導
余繼登
觀文斗 黃岡通判

十三年乙酉
汪起雲 木英子解元瀘州知州
陳相道 嘉學子選貢知縣
蔡正茂 鄱江知縣
江鑄

盧勲
林國卿 衡山訓導
孫大祚 大壯從兄淮安同知忤璫被謫起楚雄推官贈僉事有傳
陳宗顏 通城教諭
周有爲 武定推官
龍雲程
李之本

瀏陽訓導

十四年丙戌
王一鳴 會魁臨漳知縣有傳
阮文蔚 行人有傳
宋德祈 瑞昌訓導咸寧教諭
劉功遠 琪子武昌訓導
周啟孫 澤孫平度同知
程師明 由江夏學涪縣丞

十六年戊子
章尔孔
李應翠

德安訓導
曹光德 進士
汪廷桂 德安訓導
程登雲
葉維正
徐學禮
徐言
劉天 武昌教諭嚴州通判
邛州同知入名宦
汪元極 解元進士
陳三鳳 知州

十九年辛卯

盧　登
彭應元
熊養初　萬中弟 梧州推官
余道南　鏖孫
祝名先　宗文子 開封同知
陶一經　武寧知縣
洪聲遠　貴州參政 有傳
趙　炳　世顯子 祀鄉賢
何天申　有傳
羅一振
中應天籍 試順天治　星子

二十年壬辰
余心純　會魁 嘉善知縣 有傳
吳士瑞　四川按察司副使
中膝無為州判 是科存多士坊 有武陵用 存考
魏士元
范　垠　厚 伊陽知縣
胡　瀞　遂平知縣
涂適審　巍子

二十三年甲午
秦繼宗　解元 饒陽教諭 進士
胡克矩　訓導
官應震　進士
陳九成　化子
黃一中　化州知州 肇慶同知
王同鼎　廷聘子 刑部主事 有傳
汪應衡　吳江知縣
詹時明　筠連知縣 有傳
樊玉衡　王衡弟 進士
梅獨卓　樹林子 作門
周道泰　瑞昌教諭 見九江志
蘇應祖　舊志姓樊 誤坊等
黃自新　王府教授
程元瑜　中應天鄉試
胡　璽　國子博士
萬一奇　黃陂籍進士
邱一讓
吳思福
劉　誥
曹士奇　美子 知州
戴中甫
樊維甫　玉衡子 中副榜
王同觀　廷聘子 有傳
徐　褒
王追醇　時可子 光祿寺丞
周執子
朱維新　萬年子
汪　儼　守濂子
陳心得　以上茅志 例貢
方一盛

江夏籍……西布政使有傳
四川鹽課司提舉由儒士有傳

二十二年乙未
樊玉衡　商城崑山知縣有傳
孫大壯　陝西苑馬卿有傳
程汝遷　見貤封
張一鳳　雲龍知州
邱綖　民感子縣主簿由儒士

二十五年丁酉
穆天顏　進士
王同謙　濟孫進士
何士望　天德子雲南布政司檢校由儒士
涂両山　管州判官由儒士
以上芳志

葉石麟　進士
胡欽闕
羅一哲　星子沅江教諭
陳鴻恩　貴陽知府有傳
周蓋臣　原名張周後調縣名……知縣有傳
羅良詔　永豐縣丞見永豐志
周文洋　監生正陽縣丞

陳余遠　永寧教諭安寧知州
周之訓　澤曾孫進士
胡來臣　欽闕弟江夏教諭眞寧知縣
華崇　隴州籍黃岡人見多士坊
周文止　監生弋陽縣丞
易恒之　監生江油主簿

二十六年戊戌
萬一奇　開封推官有傳
穆天顏　福建道御史有傳
宮應震　太常少卿有傳
葉石麟　戶部主事南安知府
邱一濬
宮應雲　當縣丞
劉思謙
易維翰

二十八年庚子
鄧應張　亞魁知縣
杜其哲　副
劉鉞　歙縣知縣

吳時泰

於倫　進士

曾日省　潛山知縣行取有傳

吳崧　嵩弟

官應賓　應震弟

二十九年辛丑

於倫　通政使有傳

曹光德　監察御史有傳

王同謙　戶部主事

黃拱辰　自中子蔚州知州

程士升　泰州知州

三十一年癸卯

鄭之良　鎮遠知府晉四川副使有傳

鄭謙　雲南知府

劉文忠

甄淑　進士

江躍龍　濟然子梓　濟知縣

三十二年甲辰

汪元極　翰林院檢討國子監司業

魏國賓　江夏教諭

王同定　濟經孫

三十四年丙午

杜應芳　傑子經魁進士

陳懋

余士忠　九德子，孝感教諭
鄒之易　漢陽籍，光先姪孫
鄒之易　進士
晏清　進士
余宏靖

三十五年丁未
杜應芳　會魁，四川督學編紀

三十七年己酉
按察使，有傳
陶起虞　珪姪孫，經魁，進士
程之試　士升姪，閩封同知，有傳
王一桂　戶部主事，贈太僕寺少卿，有傳

三十八年庚戌
秦繼宗
胡騂

四十年壬子
□□□部郎中，有傳
鄒之易　兵部職方主事，有傳
甄淑　南北刑部尚書，有傳
杜祝進　若孝子，國子監助教
邱惟明　定遠知縣
邱惟時
操明德　仁和知縣
邱宗儕　□奇子，青田知縣
王欽灝　南陵知縣，有傳
李五美　台州欽州知府，晉惠州海防，有傳
趙世貞　壽州知州

四十一年癸丑

周之訓 浙江按察使山東參議偷難贈光祿卿有傳

四十三年乙卯

魏之璞

魏國彥 同知

劉宗祥 功允子進士

劉宗祺 副功允子

邱維灝 桂林經歷

洪周祿 進士

靖科元 進士

曾齊賢

禹三俊

李顯祖 知縣

程迪 選貢梧州通判有傳

胡朝卿

邱式儀 麻城教諭

劉鍾虬

吳瓚

穆如賚

徐有爲

陳尙彥 肇慶經歷

何應麟 浙江[illegible]衛經歷

四十六年戊午

汪煥南 元極子經魁

祝世美 宗文孫進士

何闓中 進士

王六如 壬事前信豐知縣有傳

殷爾範 珦子進士

阮維岳 文蔚子知府

詹振鐸 知府

樊維城 玉蔚子進士

蕭正大 知縣

程烺

杜桂芳 仲子訓

余學淵 安順推官

杜瑞芳 傑子竹山訓導

曾撫宸

與濟知縣

桃源知縣徐州知府有傳

四十七年己亥

祝世美 太常寺少卿有傳

樊維城 福建副使殉難有傳

晏清 特敕司郎中嶺南道副使有傳

王追盤 咸寧訓導

樊維甫 中南關副榜有傳

官撫極 應震子太僕卿有傳

吳元吉 監東昌通判

陳尚友 西安經歷

官應霞 東鄉典史

天啓元年辛酉

王家祿

胡克武

杜時芳

關南僉事殉難贈太僕卿有傳

訓導

儀子

劉栩可

洪聖典

郭世完 以異科舉

樊齊宏 維城子

盧士澄

曹士謨 隨州學正殉難有傳

鄒士正 之易子武定州同知

呂元音 禮孫有傳

曹之棟 公安訓導有傳

周宏邦 九江知府

廖白强 江浦知縣有傳

瑞孫附傳

四十四年乙丑

徐時可

杜偉 鳴陽子進士

易傲之 進士

汪本爽 懷寧知縣

袁文伯 潛山知縣附傳

王追兗 延儒孫

蔡一癸

官任 四川眉州吏目

隆慶元年丁卯

廣東右參政布政使

蕭養中 戶部員外郎

王追伊 崇禎庚辰孫穎州知州

李實 訓導

劉逵 真陽知縣

汪一右 中鄉試

江沛然 江夏籍進士

廖通 訓導

陳萬卷 吏員永平通判有傳

士元孫進
士
王源昌 陞孫亞魁進士
蕭繼芜 有傳
程之敎 萍鄉知縣 有傳
余士瑋 學淵子漢陽籍一作士瑞進士
夏道肆
王箕
杜喬芳 傑子漢陽訓導
鍾天錫

五年乙丑
劉宗祥 江西巡撫副都御史有傳
王源昌 江西按察使有傳
陶起虞 泰和知縣有傳
魏公韓 保定巡撫有傳
杜鋥 應芳子拔貢
袁用宜 衡州教授方正署學
樊玉衡 煒子恩孝感訓導

七年丁卯
周啓元
王家鎮

有傳 ……殉難贈僉事
陞子
蔡馨明 祈陽教諭眉州知州
王用予 進士
鄒之燧
劉師健
洪有臨 聲遠姪忠夾山知縣
邱之鍾
陶彥 德安訓導見九江志
江中柱 雖鯤子崇善知縣

崇正元年戊辰
王用予 淮安推官特擢檢討東宮校書又見贈封有傳
鄒之旦
王士龍 潛江訓導有傳
張二南 隆慶同知
朱荃宰 萬年子武康知縣有傳

三年庚午
王追駿 廷璿孫進士
阮國允 興國學正
汪世極 通城教諭見贈封有傳
欽取 吏員薊州巡檢

劉子莊 進士
王一翥 追阜子有傳
陳師泰 蘄州知府有傳
張士志
詹大有 有傳
余晁 雲南通判
方堯相 按察僉事見四川志有傳
奚所蘊 恩廣濟藉江夏教諭
黃登雲 拔 臨洮知府
曹之翼
時明孫金谿知縣
李挺林 原名尊乘刑部員外
蕭奎
陳瑾 進士
易士龍 大昌宿松知縣有傳
徐尚禮 蘭州州判
秦一才 大理雲龍州同知
張三才 寧夏經歷

四年辛未
嚴錦範 兵部郎中汝南參議
六年癸酉
於斯行 倫子殉難有傳
葉國章 徐聞知縣有傳
汪煉南 之與孫進士
汪爚南 元極姪河南知府兵部職方司有傳
李如璉 陸涼知州
魏師田 公韓子
鍾天與
奚纓香
吳元佾
張鳳來 以進士舉有傳
劉宗祺 重慶知府

胡公陳　鄉貢進士　山東參政　載武昌府志

崇寧戊　陳瑾　驗封員外郎福建僉事有傳

何世遠　桂林同知

奚三益　監壽州知州

九年丙子　韶行薦舉

萬日吉　進士

韋克振　寧波知府　有傳

官撫昌　南城兵馬司吏目

張士佳

韋克濟　進士

萬爾昌　有傳

黃鉉　永城知縣兵部主事有傳

詹謙之　以薦子濟南雄官考

十年□□　余士瑋　會魁九江推官殉難有傳

林之華　有傳

王追駿　戶部員外真定知府

王旋大　副有傳

牛若麟　吳縣知縣陞御史有傳

杜琠芳

韋克濟

龍瓚

南安知縣

應城教諭

十二年己卯

奚鼎鉉　還吉姪

杜詔先　祖進子副後改名濤有傳

晏際明　知府

秦餘馨　繼宗孫安定知縣

陳克峻　虹縣知縣有傳

韋成賢　克振子進士

丁應明　吉安同知

王源善　本越傳

魏師卜　瑞韓子

陶克峻　何昌祚 閣中子有傳

於斯昌 兵部主事殉難有傳　萬引吉 拔

方應地　孫錫蕃 遵化懷化知縣有傳

劉子芬　嚴之聰 海寧知縣

魏應驪 國彥子殉難　魏師旦 公韓子雄慶路安同

知

十三年庚辰　詹大衍 謙之子經魁　程之奇 沔陽學正

萬曰吉 一貢曾孫崑山知縣有傳　王承祜 欽濂子　姜應詔 雲都御史見雲都志

十五年壬午　程文　劉文運 宗師子推官

臧允盛 進士　靖安 知縣

曹淼　孫希坤

副有傳

郭都城 知易孫咸寧教諭　萬里春 副有傳

晏濟 清弟鳳陽推官有傳

按明代科目缺漏頗多今查各志九江載有舉人安節爲教諭廣東載有舉人鄭抱素廉州知府舉人汪之浹天啓四年南雄知府舉人周若崧崇正四年雷州推官四川載有舉人成敏貫新寧知縣其世次難以表列附後以俟參考

黃岡縣志卷之六終

黃岡縣志卷之七

知黃州府事□□□ 參纂輯 皆裁訂

知黃岡縣事 陳文樞 蔡韶清 王鳳儀 仝纂

選舉志

科貢表下

朝代帝號紀年	進士	舉人	貢生	薦辟	例選
國朝 順治三年丙戌		周九華 獻縣知縣 魏邦哲 進士	梅斯瑞 訓導 曹亮采	汪指南	官撫滇 應選二十會稽知縣殉難贈廕 官撫燕
三年丙戌	常成賢 秘書院編修歷通政使有傳	鄧錦 本姓曹兵部主事有傳 蔡黃佐 本姓黃 張偶賢 本姓林知縣	誥孫桂東教諭有傳 殷之捷 訓導 方烱 知縣 陳敦 昭平知縣 王朝允 海澄知縣有傳 劉公琰 選	福建分守道 陶之俊 茂名縣丞見忠烈傳 杜琬 仲孫大冶教諭	貴池知縣見江南志 操志葵 由例貢官蘭溪知縣 張貞 英王委用蘄水縣丞 劉漢符 馮翊經歷

朝代帝號紀年	進士	舉人	貢生
五年戊子 是年直省行拔貢		曹本榮 之建孫經魁進士 穆啓朱 鳳金曾孫進士 凌建奇 翰林院孔目 黃中實 應城教諭 汪基遠 進士	景寧知縣 梅斯美 教諭 周維僑 通判 王用世 用予弟中鄉試 官撫邦 撫辰子大冶訓導 謝纘邦
六年己丑	劉子壯 狀元內翰林國史院修撰有傳 曹本榮	王用世 之渙曾孫進士 用予弟	副 祝世標 教諭 王□宏 中鄉試 金鳴□ 胡□□ 拔知縣 甄嘉榮 周士韶

黃岡縣志　卷之七　科貢下　三

翰林院侍讀學士有傳

汪基遠　東鄉知縣殉難與僉寧賜䘏有傳

程啓朱　山西鹽運使有傳

推官

樊維遠　訓導

靖乃獻　豐潤知縣

熊光裕　中鄉試

穆修　鉅鹿知縣有惠政民愛慕之

八年辛卯

王協　隨州訓導東強知縣見隨州志

王澤宏　甲子中京闈進士

王源曾　州判

王承啓　欽濂子

陳之賓　教諭

張之杜　隨州學正陞常德教授載隨州名宦有傳

呂尚和　清豐知縣

官純徹　雅州同知

劉更生　安鄉教諭

黃岡縣志　卷之七　科貢下　四

熊熊　本姓胡有傳

祝守峻　澧陵訓導

劉承祐　江夏籍

孫如芝　筠連知縣有傳

洪有守　選貢中鄉試

汪忠達　學正

高登雲　選嘉興知縣

陳肇昌　進士

鄭光聚　教授

王成　有傳

熊燮　由弟拔遂寧知縣

九年壬辰

黃中實　鉉子吉水知縣陞行人有傳

周泰祥　祁陽教諭

汪烋南　侍讀學士有傳

張可贍　清浦知縣

魏邦哲　冀州知州陞禮部員外

王一喬

汪郇孫　選貢洪洞縣丞

十一年卯午

戴治盛 江夏籍 邱知縣

馮雲傳 本姓熊潛江教諭

張本忠 經魁江陵教諭有傳

熊光裕 養中孫進士

宋必達

林秀

官純脩 沅江通判

葉秀 麻陽教諭

錢交叟 內江知縣

晏勳明 濟子知縣

張洸

進士 中書舍人

樊維域 玉衡孫進士

汪沅 應節子進士

程啓張 啓朱弟進士

汪建遇 起雲子

杜琦

操日臻

張宏任

姚彥

何履仕 有傳

樊齊畧

仲孫黔陽教諭有傳

胡翊明 祁陽教諭

杜碩 有傳 榜姓楊博羅知縣

黃名啓 應山教諭

王一鈃 同門孫中京闈見貤封

維城子恩

曾克明

朱日濬 均州訓導 有傳

余世羽 光先曾孫中鄉試

何右彬 穀城訓導興國學正

十二年乙未

熊光裕 杭嚴僉事前刑部郎中

王澤宏 禮部尚書有傳

高恩忠 副歲薦遠安教諭有傳

王日列

汪以載 拔

十四年丁酉

汪士商 經魁進士

余三俊

王追騏　廷聰孫經魁進士
王追駁　廷聰孫
吳孫詔　進士
邱學岱　綎孫
葉封　進士
王追驥　廷聰孫天柱訓導
周之美　進士
王追騏　廷聰孫江陵訓導見馳封
吳升東
周世對
元伯子進士
武昌訓導
王封濼　一鈺子進士
趙應瑞
杜喬　進士
林亚所　六合知縣
龍可旌　進士
宋文球　巴陵教諭
陳之宗
汪嶼府

之敘孫武邑知縣有傳
徐子有　監利教諭國子博士
余卓
杜士英　琬子江夏教諭永豐知縣
黃如松　辰州教授禮部郎中
林昆翰　知縣
魏信陵
葉自嚴　江夏學綱武備學正
洪有守　聲遠子中京闈
十五年戊戌
陳肇昌　順天府尹有傳
王封濼

吏部左侍郎有傳

杜蒿 平山知縣

王追騏 會魁禮科給事中有傳

吳升東 浙江道御史有傳

汪士奇 刑部郎中有傳

十七年庚子

奚祿詒 常州同知有傳

樊維城 平鄉知縣有傳

葉封 工部主事有傳

張從瑜 會魁長沙教諭

王追騄 有傳

廷儒孫刑部主事

操之盛 部中鄉試有傳

程董書 副榜小孫

十八年辛丑

鄭二成

王之鯨 追騄姪泰州知州刑部員外郎

楊允正 本姓吳進士

鄭二成 進士

鄭一洪 貴溪知縣

王祖華 副

余世安

鄧正運

康熙元年壬寅 癸卯

知縣

龍可旌 濟陽杞縣知縣

汪沅 榮澤知縣

朱必達 寧都知縣有傳

程啓張 武城知縣

陳敏常

詹大爵

巢□訓導

鄭可教 江夏訓導

郝正寶 岳曾孫

蕭廷相 通城籍

彭永祜 拔貢南同知

程奕

吏員海陽典史有傳

舉八股改論策取士
經魁克修 二典國學正
謹之子副 孔目有傳
西鄉同知
梅佳楠
王材成 澤宏子南康知縣
樂之盛 景陵教諭 有傳
易道憲
王封漾 封漾弟江津知縣
江永祚 宜都教諭
陳繼賢
吳大本 吉水知縣
王萬瞻 邵陽教諭
孫叔嗣 黃安籍
魏熉 公韓孫雲夢訓導

余世羽 瑞安知縣
陳吉 副教諭
周祖武 興寧教諭
陳國祝 漢陽籍進士
陳景申
鄭昌 漢川訓導 鄖西教諭
三年甲辰
楊允正 遂寧知縣
陳鴻元
姜祚昌 徽州經歷 卓有政聲
王知琮 一鳴孫
劉隆道 常德訓導
五年丙午
張仲經 經魁繁城知縣
馮士尹
宋敏政 必達子耒陽訓導

鄭昱 進士
廖之渾
王澤霖 瀘溪教諭 歷知縣
黃嘉應
李拱祝
胡坦 景陵教諭
李遐齡
黃名凱 九溪衛學正
汪垾 穀城訓導
胡思燮 恩貿孫均州學正有傳
劉宏蘭 應城訓導

六年丁未
陳國祝 青浦永清知縣陞兵馬司指揮
孫子候
七年戊申詔復以八股取士
袁黃琮 副有傳
八年己酉
王風采 進士
王追驊 廷贍孫
陳宏仁
李朝瑱 有傳
孫筠
廖知愚

夏縣知縣 有傳

鄧維憲 襄陽教諭

瞿體元

徐光林 齊東知縣 有傳

郭文述

張宏功

程宏會

九年庚戌

周之美 浦城廣元知縣

王之張

魏 嶠

鄭 昱 安徽布政使 有傳

汪基邦 嵩南子

十一年壬子

晏勵明 濟寧十經魁 應城教諭

黃顯文 副

王材受

王文繡 本姓黃

王材任 拔澤宏子 中鄉試

袁應侯

王源復

姚之年 本姓蕭[illegible]諭

洪有能 家錄子拔 柳州學正

前庚子副 癸丑歲貢

劉天植 山西運判

十四年乙卯 聯時吳逆 道梗楚闈 停試

王材任 中京闈進士

黃鲁滋 副闈始知縣

龍光庭

十六年丁巳 是年天下監生入試江南

十七年戊午

聶鍾藻 成賢子中南闈餘姚知縣

陳肇熙 肇昌弟江夏籍平江教諭

龍可[illegible]

宋敏求 必達子解元進士

曹大輅

龍際昌

胡之太 長沙教諭 來水知縣 有傳

陶稽勲

熊于岱

王一鱗

王懋才 承祐子進士

汪在兌

梁[illegible] 西安縣丞 有傳

詹士蕊 大衡子漢陽教授

陳大章 肇昌子中書中鄉試

余士達

龍尚傳 可旋弟進士榜姓邑

王 適 大冶籍

胡之暎 以上見董志

毛鴻漸 咸寧教諭

聶克繼

詹大衡 謹之子黃陂教諭

王材升 潛宏子王事

十八年己未
王材任 僉都御史有傳
宋敏求 翰林院檢討
汪風采 會稽知縣有傳
龍尚傳
王封㴓 封㴓弟黎城知縣
曹宜溥 本榮子召試翰林院檢討
魏嶠 公韓孫郟縣
王鍾璋 羅田學導
王追騏 召試
宋一俊 嘉魚蒲圻江教諭
汪其美 經魁㷊南子公亥教諭
汪維鏞 副南漳教諭

二十年辛酉
許文岐 本姓鄧武岡學正
王懋德 承啓子進士
陶五秉
王學朱 承祜子靖州學正
詹士朗 太徵子嘉魚訓導

二十一年壬戌
王懋德 廣靈寧都知縣有傳
劉孫茂 子壯子靖州學正
王懋才
姜維周

新建知縣
鄖陽教授

二十三年甲子
宋如辰 解元進士
段光文 襄陽訓導
江一崙
周維樸 歸州訓導、漢陽教諭
王如治 蘄州學正
周維棫 鄖縣寧遠教諭
吳國正 興國學正
曾明德 衡州訓導本姓李
祝軒齡 寶坻知縣
程光禧 之奇子江陵訓導
舒士才 本姓盧永定衞教授
陸伯瑶
杜士默 琦子拔大冶教諭

二十四年乙丑
宋如辰 左春坊中允有傳

二十六年丁卯
熊開任
詹士廉 拔大衡子南漳教諭
陳大章 肇昌子中北闈進士
王追騊 拔廷瞻孫寧鄉教諭
王澤深
陳清

周岑 本姓陳
陳大聲 舉昌子
謝加恩 經魁刑部主事有傳
龍世斌 訓導

二十七年戊辰
陳大章 翰林院庶吉士有傳
萬翁隨 有傳
里春子杜陽學正

二十九年庚午
陳大華 舉昌子解元有傳
陳大年 副舉昌子鄧州知州
葉道復 封子進士武昌籍
王一鯤 追與子海陽學正
王一導 追與子進士
劉隆基 副判允曾孫
萬翁恪 副昌子進士
鄭昌 武岡州訓導長沙教授
陳大韓 舉昌子戶部郎中有傳
王掄士 拔武學知縣
李正蓮 湘潭教諭
黃復生 貴州安順通判見貴州志

三十二年癸酉
周士佃
范同文

杜必春 本姓欽艄元進士榜姓譚
王嘉勳 坂
萬燦 歸州學正有傳
萬齊蕃 里春子應山訓導
袁豐 有傳
樊齊英
周承文 雖域子
程有年
余先緯
王漢周 潛江教諭安陸教授進士
葉世椰
朱之棨
張聯奎
喻以章
袁國裕

三十五年丙子
范其淳 學士
靖孫華 武昌訓導
陳大慶
蕭國樞

三十六年丁丑

萬熾燦　遂安知縣有傳

王一導

肇慶子桐鄉知縣有傳

劉紹東　副

王嘉薰

王一煌　追駒子通城籍能詩

王名超　羅田籍訓導

王文燦　武昌籍

三十八年癸巳

浙江學紹台道有傳

范基祚　清川知縣行取有傳

易天壽　士龍從經興濱協教授

陳澤周　經魁衡陽教諭

郭壯猷　本姓吳所藴子咸寧籍

程國器　華容教諭

王樹仁

陳際昌　理子國子監助教

孫鴻勳

童儒　本姓張

王全才　鳳采姪進士

盛文賢

余珖　進士

王文炳　進士

王名啓

程芳烈　副竹山教諭

張錫國

陳首撰　瀘溪訓導

王一麟　追駒子佐源訓導

三十九年庚辰

欽士佃　翰林院庶吉士有傳

徐流謙　中京闈進士

葉玉前　中京闈鎮江常州知府陞副使

杜大任　仲孫崇夢訓導有傳

樊齊伊　維城子中鄉試

張一珽　技南漳教諭有傳

樊齊佶　穀城訓導

王一鯤　追駿子

王木仁　鳳采子通城教諭

王澎仁　鳳采子荆門訓導

王道復
周繼宗

余珗　四會知縣　有傳
鄭可格　昱子宜城訓導中鄉試

王文炳　知縣

四十一年壬午

葉正晷　本姓熊瞻
周命新　副

姚必發　州學正　本姓王
操士望　之盛子　羅田籍

王如稱　封[illegible]子鄉知順州知縣
曾一嵩　拔

王材進　武岡學正
靖乃懷　隨州籍

陳大輦　肇昌子進士
熊鍾濬　訓導

宋敏道　如辰弟
杜魁楚

劉祖陶
陳師履

中鄉試

沈文謨
胡塤　坦弟

陳灝
余世煌　本姓龔　有傳

汪度宏　進士
王茂勳　材任子　鍾祥訓導

徐士通　本姓鄒　咸寧教諭
樊聖濂　恩　本姓易

王策勳

王維宏　材任子　副中鄉試　崇陽籍

汪維銓　維鏞弟

王澤昌

四十二年癸未

王漢周　肇昌知府　有傳

王材適
孫顯音　希仲子

四十四年乙酉

姜世坦
龍傳封

崇陽教諭
可旌弟武昌籍

孟應泌
宋應辰 如辰弟桂陽學正
王策勳 材任子
汪惟鑾 作鏞弟
胡瑆

孫昌運 有傳
顧本恭
王正位
熊涓
歐陽應理 漢陽籍
王紀勳

鄭可格 思樊姪石首教諭 中書

袁應時 副
陳寅亮
程宏元
王論相
杜上志
邵其父
陳珽
王祿楠

四十五年丙戌
陳大奎 福建副使有傳
汪宏度 保昌知縣有傳

四十七年戊子
王全才 長寧知縣有傳

袁士昆 本姓陳
樊齊伊 繼域子中書
王顯勳 本姓蕭
孫昌遠

丞祐子
袁壽眉 咸寧籍
王林蘭 副
李高楠 副
周宏祚
陳應鳳

本姓宋
王林績 進士
杜樞 傑曾孫教諭
夏銑 亮采孫本姓曹

璡孫保康訓導
葉學 鄖陽訓導
冊姓唐
陶正發 冊姓楊中鄉試
陳如峯 訓導
周從易
許竒
方炳

五十年辛卯

杜啓運　大任子　經魁進士

袁國梓　進士

范元灝　基祚子　固始温縣知縣　署開封同知

訓導

晃全德　本姓程　咸寧縣訓導

謝鼎　蘄水訓導

陳昱　有傳　襄陽訓導

周維禮　漢陽德安訓導

張楠　衛所教諭　有傳

周有堂　進士

楊正發　本姓闞　有仁

王一闕　追駒子

楊篤本　棗陽教諭

魏焴　嶼子　江陵訓導　兵馬司吏目

葉凌雲

胡思虞　本姓郎

宋猶璪　必達子

五十一年壬辰

周有堂　禮部主事　有傳

黃晸　沔陽籍

葉應時

王如柘　武寧知縣

葉維藻　副應城教諭

王如程　封藻子

五十二年癸巳

袁國梓

徐沇謙　翰林院檢討

陳士俊　經魁

王漢書　襄陽教諭

余其鳳

韓世昌

杜邦彥　江夏籍　士英子

熊之聘　巴東訓導

於正泌　恩　廷詔曾孫

陳大鴻　恩

王如曾　洪午巡檢

周其達 本姓吳石首教諭
黃啓文
陳師栻 大挙子德平知縣
黃世法
鄒受祉 蒲圻教諭
匡乃后
萬禮祖 廣昌任孫 進士
祝伊齡 沅陵訓導
尉祚縉 進士
鄧侗文

五十三年 甲午
余鼎鍾
鄧文炳
夏忠賢
陳大啓
楊瑞杞 經魁
劉同寬
鄭維嵩 進士
劉元勳 訓導
李璵枝 本姓蔡 進士
馮三才 湘鄉訓導 蒲圻教諭

陳師履 大章姪
汪元炯
王樹材 家餘孫
胡如斗
王如旦
陳師洛 三科副榜中鄉試
孫問禮 顯奇姪應城訓導
詹士齊 大衡子
孫世德 宛平西山巡檢
熊同仁 太平知府 戶部郎中

五十四年 乙未
王林續 永州教授
杜啓道 西和知縣
謝應珏 松滋訓導
王漁 京山訓導
方國正 武昌訓導
熊同智 同仁弟羅田教諭
陳際飛 瑾子蔚州知州
五十六年 丁酉
靖道謨 經魁進士
王材樂 副中鄉試
靖天紀 漢陽訓導
喻良林 本姓潘
孫士表 顯奇姪應
朱鍠 徽求子德 部郎中

陶肇曙　恩施教諭
呂成旭　本姓杜
宋南朋　本姓王　無錫知縣
王一華　追贈子衙　山教諭
鄭琛

熊同義　同仁弟　實坻大城知縣
喻良才
李崇義　副
杜宗藩
宋葉芳
熊鍾秀

張鳴皐　龍泉知縣　有傳

現任訓導

五十七年戊戌
李瑗棲　本姓陳　有傳
黃馨　孝感訓導
魏永綵　淮安鹽大使　有傳

五十九年庚子
於高震　正滋任經魁
蔡來儀　副
甄元歸　本姓汪
曹宣高　本姓蔡
王旦
靖乃成

六十年辛丑
靖道謨　姚州知州　前翰林院庶吉士　有傳

宿遷知縣　有傳
汪煥
桂時榮
余欽若　恩
龍際舜　尚傳任
夏興邦　恩

雍正元年癸卯　恩科鄉試是科大省加中三十名
王封岱　一尊子
陳必達
邱良驥　通城訓導
張鳴遠　醴泉知縣　孫建鑛籍　醴泉拔貢　以知州官

江都知縣

陳師濂　大挑選主事　候
余學乾　副　現任崇陽教諭
王如琰　監利教諭　有傳
胡作舟　江夏籍
陳師弼　副
方可用　進士
萬壽祖　中鄉試
余世宗
龔䫉渤　副
李高松
汪茂本

皮日升 高祖弟進十
孫偉畧 拔 拔作錡孫
朱案扶 南漳教諭 進士
彭之凰 拔
靖天綱 道讀兄
劉鋒
王封岷 一導姪
方可榮
王封樂
田宏道

一導姪
余承曉
杜邦愷 士英子
王封岐 一導姪監大使
王道明 武昌訓導
朱錫 如辰姪
陳昌
嚴世同
劉廷相
王世道

雍正元年癸卯
恩科會試
萬應祖 太平知縣
方可丹 新淦知縣 辰州教授 有傳
周嵩 大名知縣 行取大理 評事有傳
儲士盛 大衛子
陳榮 竹溪訓導
姚文鳳
徐學燕 沔陽訓導
二年甲辰
補癸卯北
萬壽祖
周士濂

科
詔湖南北分
闈湖北中
額五十名
榮子
本姓程漢
陽籍
汪家仁 虔安子海 陽知縣
劉近顒 本姓王新 野知縣
李應魁 進士
四年丙午
是科五經
論務准作
舉人
徐世正 清淵知縣
胡紹緒
李壽英

王允珮　楙績子歸州學正進士
陳師晉　大章子　州訓導　現任楓縣
許岳　進士
王一佐　追駒子
郭宗乾　都城孫
雷震元　枝江訓導
汪永開　惟鎰姪
劉奇　本姓余現任漢川訓導

五年丁未
周作謨　施南教授
李高松　晉學政行　定遠知縣　襄陽武昌教授
陳師洛　大章子
王道亨
張起鵬　五經副榜准作舉人
萬正勲
袁應炳
胡天健

七年己酉
許岳　永和知縣
朱澤遠
孫天祿　當陽訓導有傳　拔江夏籍知縣有傳
施士卓　永州教授現任恩施教諭
周興邦　拔
汪永書　拔惟鏞姪署華亭昆山浦縣知縣
陶玉華　副

十年壬子
萬年茂　爲脩孫進士
王本義　雲夢教諭
佘宏仁　監利臨水知縣見廣東志

十一年癸丑
李應魁　永順同知
鄭維嵩　文登知縣前主事
萬嬰祖　黎子
魏永經　永標弟竹山訓導

十三年乙卯
孫從濂　芳都孫
王朝曰　廢中舉

王如□　改名如瑄　現任巴東教諭
余從龍
傅楫

陳應龍　士俊子援中鄉試
袁其昌　副京闈
范朝綱　副中鄉試
張儀鳳　副
萬綿祖　為恪子副中鄉試
孫延禧　偉略子副
周起龍　□崙弟副中鄉試
王如芝　現任公安教諭
晏□仟　現任石首訓導
晏合璋

□□□□
丙辰會試

萬年茂　翰林院編修山東道御史
程從濂　寄籍海寧同知

乾隆元年
丙辰鄉試

張雲鵬　經魁現任京山教諭
周起龍　亞魁
周茂建　之美孫石首教諭

鄧克煥　恩　敦品力學至老不倦
葉瑞麟　副
萬經祖　為恪子副

靖道謨　舉博學宏詞

謝國詔　南安縣丞分駐羅溪

萬年豐　年茂弟
萬綿祖　為恪子
萬縉祖　為恪子丁巳明通現任岳州教授
萬廷望　定邊米脂知縣
鄒宗□

余思潤　副
徐繼先
袁竹
楊維楓
□大年

胡蕃凡 甲戌明通 現任沔陽州學正
汪峻[illegible]
張廷偉
王年松 丁巳明通 孝感教諭 現任鎮原知縣
胡 琰 弟理

三年戊午
郭維本 宗乾姪解元
王封渭 副中鄉試
萬希賢 爲隨曾孫
萬廷綱 副
吳起鵠
詹世純 上盛子副
馮子式 中貴州榜進士
秦開煐

四年己未
王光珮 登封知縣
孫祚濬 拔中鄉試

六年辛酉
孫[illegible]濬 錫蕃曾孫 亞元應城縣教諭
邰光祖 拔
孫祚灝 祚濬兄亞魁壬戌明通恩施教諭
陶鳴岐 副
宋 鏊 如辰姪壬戌明通恩施教授進士
陳健颺 副
韓觀理
王古剛

李長青 進士
呂 愷
萬綏祖 爲恪子
嚴 岸
張夢魁
方可觀 可榮弟
王[illegible]燕 全才姪壬戌明通現[illegible]縣
鄧光旦 維德子酉副訓導
陳騰龍 授
胡仁法

七年壬戌
馮子式　益陽知縣
京闈亞元進士
呂德芝

九年甲子
樊廣烈　玉衡曾孫
靖式文　副中鄉試
蔡必朝　之驥孫
蕭廷相　通城籍
周棟隆　繼禮姪進士
周毓賓　副
孫廷槐
李光緒
天祿子
萬年治　年茂弟
蔡履豫　江夏籍中鄉試

十二年丁卯
靖式文　遵績子亞元
周邦佐　副
范朝綱　元灝子進士
龍華封　副
宋嶽源　敏求孫鍾祥籍
馬堂

十三年戊辰
陳懋龍
程化龍

十五年庚午
李長青　停德知縣歷官江南兵備道
朱家扶　有傳
王維翼
童一鯨
胡必安　天健子經魁興業縣知縣
楊聯奎　篤本孫副中鄉試
邱恩榮　進士歷官岳州府知府
萬希濂　禮祖孫副
舒攀桂
蔡必選　副
宋廷採　敏求曾孫進士
黃自芳

十六年辛未
邱恩榮　現任梁山知縣
范朝綱　資陽知縣候選主事
宋廷採　歷官雲南大理府知府
程之驅　芳烈子恩
邵光映　恩

十七年壬申恩科鄉試
萬廷璧　壽祉子仕典縣知縣
魏應魁　副

十七年壬申
恩科會試
周棟隆
張念祖
本忠曾孫
張京鯉
咸安教習
宣猶知縣
杜秉時
啟運孫官
威縣知縣
王封渭
追縣孫進士
猗氏縣知縣
王宏猷
副
齊　曦
程興仁
光禎孫中
鄉試
張鳳鳴
拔中鄉試
周凝光
黃廷子拔
現任雲夢
訓導　中
試
萬廷琯
奇英孫拔

十八年癸酉
王封渭
張鳳鳴
經魁甲戌
明通歷官
山東兗州
府知府
程興仁
進士
孫廷璋
天祿子副
周攀鰲
典邦子副
於正淳
陳宗熒
陶國幹
歷官貴州
安順府知
府捐道銜

二十一年
丙子
蔡履豫
王維淵
副
程志韓
二十二年
丁丑是年
奉
旨鄉會試頭
場減經藝
二場減論
表判用經
藝加排律
詩一首後
於頭場加
論一首
程興仁
現任鄖陽
教授
宋　鏊
現任安陸
教授
王世垣
夏其城
楊瑞棕
孫士敏
胡如琮
舒學乾
杜啟元
二十四年
己卯
余文煥
周凝光
大任子
楊聯奎
許　謙
宋本敬
如辰孫湖
南解元榜
姓陳中式
後復姓現
任道政司
經歷

二十五年 庚辰 恩科鄉試

張其洲 鄖陽府教授

尹長源 任宣恩訓導

張宗崇 任宣恩訓導

朱 申

二十六年 辛巳 恩貢

周鳴新 現任房縣教諭

二十七年 壬午

姚文炳 任咸豐教諭

王世迴

陳純中

萬年壽

萬廷翼

嚴彥文

二十八年

周孔彰 官通城縣知縣

陳希聖

陳 發 廩貢任鄖縣知縣

程偶泰

二十九年

吳超鸞

范青年 溫縣典史

三十年 乙酉

邵明鑾

張雲濟

張雲濟

拔中鄉試

譚本謨 拔中鄉試

王炳文 歲貢由兵馬司吏目貴州郎岱同知

三十一年 丙戌

嚴承晏 現任定遠縣知縣

三十二年

陳啟疆 現任潛山訓導

曹 穀

三十三年戊子

杜魁　現任松滋教諭

周邦勳　官石首訓導

朱大勳　官石首訓導

三十四年

周邦勳

孫洪濟

三十五年庚寅恩科

朱曾遠　現任臨城縣知縣

操履驄

靖本誼

霍純　任京山訓導

王錫觀　副

萬人傑

胡世經

三十六年辛卯

陳鳳藻　現發廣東候補知縣

劉之銑

張士巨　北闈副現任枝江教諭

姚知鏞

楊遵隆

三十八年

邱雨濟

楊肇遠

三十九年

吳夢鴻

龍士藩

張士昱　北闈現任石首訓導

王如黎　副

陶萬寧

周璜　任宜城訓導

童龍光　任孝感訓導

馬正勳

四十年乙未

靖本誼　官萬安縣知縣

錢恭祁　監生湖南試用通判

張士晟　監生貴州按察司照磨

朱廷選　監生任福建古田縣縣丞

四十二年丁酉
龍　澍
萬希科　拔中鄉試
孫光樓　現任襄陽教諭
孫承炳　拔中鄉試
羅萬邦

四十三年戊戌
王槐堂

四十四年己亥
張大運

恩科
靖本翊
黃紹慈
朱　英
王侍詔
林向鳳
孫承炳

四十五年庚子
萬　嵒　解元
王養濤　副
邱士麟
魯昌期
萬希科
陳　琢

四十六年
萬年華

四十七年
余攀龍
史文燦
王　岑　山東試用州同
王　嵩　山東試用州同

四十八年癸卯
龍門鯉
李天訓　副
張掄元
萬希洛

五十年	四十九年甲辰	
	龍渤 任新泰知縣	
		汪兆霖 王士珍
陳膺旃 程盃超	葉大隆	

五十一年丙午	
李鈞簡 解元 黃位三	
王鑾 副 張寶 副 熊廷俞	汪耀宗

五十三年	五十二年	
黃樹棠 錢周德		汪鳳超 靖本誌 北闈
詹聞鳌 副 商權	周漢德	

五十四年己酉	
李均簡 翰林院庶吉士	
邵國柱 韓振煒 宋治咸 拔 王琰 拔	嚴文乾 副

武選

周貢士試於射宮未有分也漢曰武勇曰剛毅多略間有所舉至唐始立武科其軍謀奇技之見於制科者又其異等者也我朝揆文奮武經緯備其在茲邑以武登科第先後若而人武勳附焉

明表

	武進士	武舉	武勳
洪武			王弼 封定遠侯 廖永忠 封德慶侯 黃榮 指揮使
建文庚辰	操重五 兵部郎中靖難後棄官		賈忠 官雲中指揮返葬邑之楊畈見王夢澤集
正統			王景 世襲武畧將軍 王應隆 世錦衣衛千戶陞守備
嘉靖			胡平重 山東大嵩衛指揮僉

	武進士	武舉	武勳
萬歷		徐時濟 進士 李光祖 恩平掌印守備	胡恩 世指揮累官四川松潘總兵有傳
		金來相 解元進士	曾一夔 世指揮都督同知有文武才崇祀鄉賢
		黃正遠 徐時俊 徐飛熊 金城 子進士來相	曾恕 世指揮征宸濠有功陞雲南都司僉書有傳
甲戌	金來相 福建屯局署都指揮僉事		
		金印 解元進士來相子 黃正清 中三科 於佳	曾言 世指揮陞都指揮使司僉書崇祀鄉賢 牛瑤 世指揮
乙酉		杜修 解元進士鳴陽子 黃金色 於黃國 陳全斌 中三科精六壬數有武經注解行世 於必聖	曾爵 世指揮從征有功陞四川行都指揮使 牛斗 世指揮 陶紹政 滿思謙 世指揮官廣東掌印都指揮使有傳

戊戌
杜修 石硤遊擊
李應鶴 世正千戸 署本衛指揮使 有傳

黃伯麟
蕭鄴侯
倪敏政 世指揮官 南洋參將 有傳

辛丑
金城 四川建昌 屯局都指揮僉事
金印 京營千總
易道俊 北陀營守備 晉都司
葉思陞
陳訓 世副千戸
王一瑞 都院中軍
牛可耕 世指揮陞遊守備 又見馳封
張藍思 明威將軍

壬子
黃賓王
葉顯祚
靖韶 游擊
李貫 辰沅游擊
樊玉振 朝鮮千總
劉文奎 漢中千總

乙卯
張應祖
蔡一申 仮山副總兵陞都督
郭亢
易道賓
張應祖 進士
蔡一申 進士
李梼 四川[illegible]茂遊擊

天啓甲子
徐時濟 三江口守備
王吉士 解元進士 一名追祀

乙丑
王吉士

丁卯
趙璧
陶紹侃 鄖陽行都司掌印 官至都督 有傳

崇正
王追琯
杜紹芳
黃名秀 中三科
劉國治 督標守備
李士奇 鄖陽行都司

丙子
王一沐
方應星 殉難 有傳
徐静
王一斌
陶全斌
王德飛 殉難

國朝順治
於斯貞
李成功
陳士銘 授拖沙喇哈番
劉志高 殉難 贈遊擊 有傳

姜疆 南鎮左營守備
宋英
劉思王 松江府川沙營副將
蒲如弦 明總兵世職副

辛卯
張奇 進士
孟賢 守備
劉先大 大名中軍

壬辰
張奇 備協左營都司

甲午
徐逢春 鳳陽守備
杜洪烈
郭桐封 乙未會副
易爲斌

陳璧
杜天篤
彭試

丁酉
吳鼎鋕 衡州衛守備
張文光 進士
陳士鰲 游擊

康熙癸卯
張文光
陸邦畿 解元本姓余
黃雲際 本姓余
鄭化龍 都督同知

丙午
張玉 榜姓陳

己酉
甄映魁 榜姓方 武昌府學

壬子
鄭繼啓 本姓洪 游擊有傳
姚從時 榆林歸德堡城守
陶之秀
張尚聖 羅田學進士
劉耀 長沙守備

戊午
蔡之驌
劉炳
湯佐

張尚聖 守備有傳
周中時 守備
周中時 進士
汪家珏
田既霑

甲子
黃式坦 進士
胡紹虞
王家栩
黃時順
張三奇 福建游擊

丁卯

閔鴻
胡之藻
徐宏業

庚午

王鎮邦 榜姓雷
李其武 解元
周維新
李荃
熊一夔
陳鵬舉 茭陵千總

辛未

黄武坦 會元廣東惠協副將
楊繼暐
孫繼仲 進士
包昌
陶之俊
吳璉
劉經邦
方百里
陶成唐
馬天富 嘉興守備

癸酉

楊繼暐

丙子

孫繼仲
胡亮揆 江南宣州衛千總
張思賢

壬午

陳元德
孫英
陳盃標
楊作楫 都司
李風亨 進士

丑

李風亨
康時 游擊
劉奠邦
吳思驥
胡艮棟 亮子進士
胡亮 雲南虎泊口總兵
胡艮棟 御前侍衛
余國佐
姜灝
王鎮勳 進士
馮偱 貞州上江游擊有傳

辛丑
王鎮勳 改名錫勳 御前侍衛
康龍
吳傑
余意

雍正癸卯
曹紹烈
曹紹烈 進士
汪應元
王全用
陳有年 永州右營游擊

乾隆辛酉
康克明 官松江衛白糧廳千總

甲子
張雄 都司

丁卯
王萬載
劉夢龍

庚午
王一相

壬申
黃金鳳
李世榮 陽邏水汛千總

丙子
陳鵬舉
翁際盛 湖南辰州永綏鎮守備
余士選 羅田千總

戊子
胡振凡
趙治國 黃陂千總
王治岐

庚寅
陳占鰲
黃之連 羅田千總

辛卯
程標

丁酉
姚開第
張瑛
汪朝楷

己亥
康逢吉
姚開凹

庚子
汪承恩
胡萬青

癸卯
錢俊
胡定太 解元
張元音

甲辰
胡定太 漢三營侍御

丙午
胡超凡
鄧步雲

戊申
馮占鰲

封贈

後世子孫有大其族者德之食報也信哉自古推仁錫類廣被臣工俾顯揚其祖禰鄉黨之斯榮於兹爲盛

唐

周頲以子墀貴贈禮部侍郎

明

張榮甫本姓周以孫璘貴贈中大夫　張時中本姓周以子璘貴贈中大夫

蕭德輔以子昇貴封監察御史　謝志善以孫杲貴贈通議大夫右副都御史

謝希哲以子杲貴封通議大夫右副都御史　張福以子佐貴封主事

王景以子璘貴贈中憲大夫　王文凱以子麟貴封知縣

王文奎以子濟貴封吏部郎中以孫廷瞻貴贈戶部右侍郎

王濟以子廷瞻貴贈戶部右侍郎　王麟以子廷梅貴贈戶部郎中

陳艮以子廷璜貴封通判　曹儀以子珏貴封監察御史

杜永璘過春孫以子華貴贈鹽課提舉　曹自學以子詰貴封主事

樊大濩以子禎貴贈文林郎　邱仁以子民心貴封正議大夫

陶以亨以子甘貴封知縣　汪綽以子文淵貴封郎中

方勇以子任貴封承德郎兵部主事　李大安以子學顏貴封戶部主事

呂淳以子韶貴封郎中　奚樸以子世亮貴封戶部主事

邱尚忠以子韶貴贈禮部侍郎　王廷槐以子同道貴贈監察御史

徐榮以孫時可貴贈參政　徐尚義以子時可貴封參政

熊璦以子養中貴封戶部員外郎　奚樟以子世文貴贈知縣

黃珪以子士元貴贈知縣　范芝以子宗鎮貴贈推官

汪廷儒以子仲川封奉直大夫兵部員外郎　劉天富以子堪貴封奉直大夫

李暘明以子楠貴贈監察御史　徐廷蘭以子應聘貴贈中憲大夫揚州知府

易明幾以子做之貴封監察御史　江濟以子沛然貴贈郎中

汪廷彩以子守廉貴贈泗州知州　涂東山以子巍貴贈同知

杜鳴陽以子伸貴贈奉政大夫以孫應芳貴贈左參政

杜傑以子應芳貴贈左參政　涂友紀以子瑜貴贈推官

孫安以孫大壯貴贈中大夫苑馬寺卿　孫仕時以子大壯貴贈中大夫苑馬寺卿

徐蘊以子銘貴贈知縣　汪廷信以子一右貴封知州

劉承芳以子道貴贈知州　李田以子之用貴贈中憲大夫

樊熺以子玉衡貴封監察御史　曹雲深以子繼孝貴封知縣

余瀹以子心純貴贈文林郎嘉善知縣　帛體亨以子石麟貴贈承德郎戶部主事

吳嶽山以子士瑞贈奉直大夫戶部員外郎　劉藻以子文焰貴贈光祿寺丞

穆守文以子天顏貴贈知縣　官如皐以子應震貴贈中憲大夫

於廷試以子倫貴封太僕少卿
曹自化以子光德貴贈文林郎
汪守廉以子傑貴晉封奉政大夫
朱顯富以子萬年貴贈國子監博士
廖珩以子自伸貴封奉直大夫以子自強貴進封中憲大夫
王廷遷以子同謙貴贈戶部主事
王文炳以子陛貴封奉直大夫泗州知州
孫仕亨以子大祚貴贈奉直大夫
何友亮以子天申貴贈順天通判
鄭善以子文彬貴贈知州
鄭重以子之良貴贈文林郎
周啓孫以子之訓貴贈中憲大夫
王都以子欽濂貴贈知縣
李葵以子五美貴贈奉直大夫
鄭廷桂以子謙貴贈奉政大夫
王臺以子家錄貴贈奉直大夫
汪之清以子元極貴贈檢討

甄善以孫淑貴贈資政大夫刑部尚書
甄其賢以子淑貴贈資政大夫刑部尚書
程暹以子士昇貴封西充知縣
程汝遷以子焞貴贈與濟知縣
王家欽以子源昌貴封承德郎禮部精膳司主事
秦必富以子繼宗貴贈南戶部雲南司主事
邱韶以子一奇貴贈池州府同知
晏應元以子濬貴贈奉直大夫吏部文選司員外郎
祝一先以子世美貴封給事中
郭士民以子知易貴贈文林郎中江知縣
洪承化以子周祿貴封承德郎戶部主事
劉功久以子宗祥貴封中順大夫
靖國洪以子科元貴封奉直大夫
牛拱極可耕更名以子若麟貴封文林郎
程士翼以子之試貴封文林郎
王追哲以子一桂貴封戶部郎中

國朝

劉紹賢以子子壯貴
貤贈儒林郎翰林院修撰
劉紹祥以嗣子子壯貴
贈儒林郎翰林院修撰
曹大輔以子本榮貴
贈文林郎
程詹以子啓朱貴
贈中憲大夫

王崇擢以子用予貴
贈徵仕郎翰林院檢討以孫澤宏貴
贈資政大夫禮部尚書
王用予以子澤宏貴
贈資政大夫禮部尚書
陳廷仰以子璉貴
贈奉政大夫
王同觀以子追駿貴
封奉直大夫戶部員外郎以子追騏貴

贈翰林院庶吉士以子追騄貴
封承德郎刑部主事
汪世柱以子指南貴
贈中憲大夫
汪之漁以孫煉南貴
贈中大夫
汪世極以子煉南貴
贈中大夫
孫應鴻以子錫蕃貴

贈文林郎
熊應龍以子光裕貴
贈奉政大夫
陳鳳正以孫肇昌貴
贈通議大夫
陳元生以子肇昌貴
贈通議大夫
王追本以孫封滐貴
贈通奉大夫禮部侍郎

王一銈以子封滐貴
贈通奉大夫禮部侍郎
奚應賢以子祿貽貴
贈文林郎
吳元伯以子升東貴
贈文林郎
汪明盛以子士奇貴
贈工部郎中
王追騄以子之鯨貴

贈奉直大夫
陳　恩以孫士銘貴
贈光祿大夫
陳天開以子士銘貴
贈光祿大夫
龍膺宮以子可旌貴
贈文林郎
孫一升以子繼伯貴
贈武德將軍

樊王衢以子維域貴
贈文林郎
周　綃以子之羡貴
贈文林郎
鄭復禮以孫昱貴
贈通議大夫廣西按察使
鄭先慶以子昱貴
贈通議大夫廣西按察使
王澤宏以子材任貴

贈中順大夫都察院左僉都御史
王承祜以子懋才貴
贈文林郎新建縣知縣
王承啓以子懋德貴
贈文林郎廣靈縣知縣
朱必達以子如辰貴
贈左春坊左中允兼翰林院編修
謝起元以子加恩貴
贈文林郎安縣知縣

余雲際以子珖貴
贈文林郎四會縣知縣
萬爾昌以子爲恪貴
贈文林郎遂寧縣知縣
范維藩以子基祚貴
贈文林郎淯川縣知縣
王追駟以子一導貴
贈奉政大夫吏部考功司郎中
易爲泰以子天壽貴

贈修職郎衡山縣教諭
靖第元以子乃成貴
贈登仕郎漢川縣訓導
王紹嶋以子漢周貴初
贈文林郎奉節縣知縣再
贈承德郎吏部稽勳司主事晉
贈奉政大夫兵部武庫司郎中
陳大華以子師拭貴
贈文林郎德平縣知縣

熊文學以孫同仁貴
贈中憲大夫太平府知府
能道亨以子同仁貴
贈中憲大夫太平府知府
王漢湨以子楙績貴
貤贈文林郎汞州教授
靖乃勳以子道讓貴
贈文林郎翰林院庶吉士
馮君勗以孫𤏡貴

贈懷遠將軍貴州上江游擊
周之彬以孫嵩貴
貤贈文林郎大名縣知縣
馮明修以子𤏡貴
贈懷遠將軍貴州上江游擊
周大伸以子嵩貴
贈文林郎大名縣知縣
馬士驌以子天富貴
贈武德將軍嘉興衛守備

王封權以子如琰貴
貤贈修職郎盐利縣教諭
邱育紳以子良驥貴
貤贈修職佐郎通城縣訓導
胡正君以子天健貴
贈文林郎安仁縣知縣
馮　旭以子子式貴
贈文林郎益陽縣知縣
易時憲以子洪周貴

贈承德郎禮部祠祭司主事
李一翥以子應魁貴
贈文林郎會同縣知縣
宋敏求以子鍠貴
贈文林郎肥鄉縣知縣
萬紳祖以子年茂貴
贈文林郎翰林院庶吉士
王時舉以子道明貴
貤贈修職佐郎武昌府訓導

孫顯名以子士衷貴
貤贈修職佐郎應城縣訓導
陳應旌以子昆貴
貤贈修職郎襄陽縣訓導
康盍隆以子時貴
贈宣武將軍河北守備
馮正時以子三才貴
貤贈登仕郎湘鄉縣訓導再
贈修職郎蒲圻縣教諭

王　景以子澳貴
貤贈修職郎京山縣訓導
王世芳以子如芝貴
貤贈修職郎鄖縣訓導
王時宜以子漢萱貴
貤贈修職郎襄陽縣教諭
汪　璣以孫依仁貴
貤贈文林郎海陽縣知縣
汪度宏以子依仁貴
贈文林郎海陽縣知縣
宋敏德以子鰲貴
貤贈文林郎安陸府教授
鄭日晨以子維嵩貴
贈承德郎戶部主事
鄭　傑以孫維嵩貴
貤贈承德郎戶部主事
王漢準以子楙蘊貴
貤贈修職郎歸州學正

宋承璟以子廷棌貴
貤贈朝議大夫大理府知府
宋籛齡以子敬貴
貤贈文林郎陽城縣知縣
陶成新以子國幹貴
贈朝議大夫安順府知府
孫　鍠以子祚濟貴
贈修職郎應城縣學教諭
胡必祿以子如琮貴
贈修職佐郎

廕襲世職附

明

張官 本姓周以父璘廕按明職官志三品以上考滿著績得廕一子曰官生璘滿二考應得廕子舊志脫今照楚紀補入　謝元 以父梟廕官鴻臚主簿

奚繼善 以伯世亮殉難廕先是世亮無嗣廕從子繼良入監讀書該故以弟繼善補廕梟官詹事府錄事南京鴻臚寺主簿　康守功 以父良臣殉難廕官仁壽主簿

王追阜 以祖廷聰廕官至安順知府贈太僕卿有傳

曾恕 以父全指揮征橫江殉難廕官至都司僉書有傳

常蜀麟 以父宗孝殉難廕官南京衛經歷　甄若琰 以祖淑廕官國子監學正

王源發 以父家錄殉難廕　周之記 以兄之訓殉難廕

王封勳 以父一桂殉難廕

國朝

汪惟錡 以父基遠殉難廕官至霸州知州　常鍾炳 以父成賢廕官石城知縣

曹本懋 以兄本榮廕　李提龍 以父占春廕官至知府

曾宜溥 以父本榮廕後以博學宏詞官翰林院檢討

陶思哲 以父之俊殉難廕　宣純心 以父撫漁殉難廕官知縣

王麟紱 以父宗臣廕

世職

明指揮

曾斌 衛州人洪武間入籍世指揮使一夔恕言爵俱見武勲表

夏聚 懷遠人洪武間入籍　嚴禮 蒙城人洪武間入籍

陳榮 滁州人洪武間入籍

倪義 六合人洪武中以功由隨州百戶世襲本衛指揮僉事歷雄玉永福勇天祥士舉光敏政九世敏政有傳　康熙二十八年裔孫宏祚承襲碩運子璜孫灝

郭顯 保定人永樂六年襲本衛指揮使歷宣廷爵承武訓之翰以重六世以重殉難有傳　康熙二十八年裔孫文臣襲職子祚啓孫桓秀承襲桓秀子紹基

刁海 臨潼人永樂間入籍本衛指揮僉事歷拱辰恩承謨俱世襲忍有傳

牛瑛 涉縣人永樂間入籍世指揮瑤斗可耕見武勲表

孟凱 德州人洪熙間入籍　趙能 陽信人洪熙間入籍

郭忠 廣昌人宣德間入籍

李勲 沂州人成化間入籍父新左府都僉事封崇山侯勲襲本衛指揮使歷儀廷汰海繼善光祖士奇七世　順治末裔孫逢春傳運兼管守備子師綱孫成紀承襲成紀子文熙

張永 魚臺人成化間入籍　胡輔 海縣人成化間入籍

張貴 章邱人祖榮從征靖難功世襲管軍正千戶貴成化中以破劉千斤功陞本衛指揮使世襲歷鎮裔科韓若駿五世　康熙二十八年裔孫國貞承襲

袁達 懷遠人嘉靖間入籍孫應報由鎮海將軍襲指揮僉事　順治初裔孫三才傳運子

之貞孫璜承襲璜給千總劉子又勲　李　士
潘　芳　定遠人嘉靖間入籍本衛指揮使歷思謙如芳世襲思謙有傳　順治七年裔孫恩
榮承襲領運　劉　威　蘄水人嘉靖間入籍
彭　宏　蘭陽人洪武中以征蘭溪功世襲指揮使至六世孫璿　康熙二十八年裔孫承元
承襲子家模　彭益孫　麻城人

鎮撫

詹　勝　鳳陽人　劉　綱　江西人
余　瑛　鄱陽人入籍世襲鎮撫子恩先承襲　李　芳　衢州人
王蒙哥禿　潘陽人　徐　福　江西人

千戶

李　成　靖海人人籍世襲本衛正千戶裔孫應鶴署指揮使有傳
潘　正　六安人入籍千戶歷崇高蘇世臣襲職康熙中裔孫源泓給千總劄隨運弟源濬
秦　得　鳳陽人　毛大節　巴陵人
朱　冑　泰州人孫溥建文四年調黄州衛右所正千戶世襲歷洪亮爵袞堂國宗寵凡七世
康熙中寵孫彭年承襲孫憲　王繼泉
奚佛聞　廣德人入籍孫綱從征香爐山陣亡贈黄州衛千戶子世襲
張養元　鳳陽人洪武時以功授靖州衛千戶七世孫鳳宣德初調黄州衛歷亞虎宗燮職
康熙二十八年裔孫光輝承襲子在儀

任秉直　南昌人入籍授衛千戶世職康熙二十八年裔孫廷哲承襲子士珍
嚴　興　六安人入籍子廷諫以功授千戶世職裔孫正紀承襲

百戶

樂　成　新建人　陳德新　息縣人
左　良　臨汾人　李　誠　鳳陽人
朱　昱　儀徵人人籍洪武中隨征雲南功世襲本衛百戶歷瑄誠輪襲職　康熙二十八年裔孫時懋承襲子紹程　陳虎安　常熟人
杜　玉　臨淮人黄州協鎮守有功世襲百戶至十世孫薦　康熙二十八年裔孫乾元承襲
方可大　山陰人入籍孫紹授百戶世職康熙二十八年裔孫廷賜承襲

范天受　廣德人　吳　斌　兗州人
雍大亨　壽州人入籍孫泰世襲本衛百戶順治中裔孫國瑞隨運子錫孫豊承襲豈子梅
韓　望　六安人　梅　芳　南昌人
潘　亨　餘干人　張文舉　廬州人
高　興　合肥人

以上指揮鎮撫千百戶世職有明一代酬庸之典
國朝康熙二十八年奉申嚴慎選例乾隆八年奉武舉雍
爽已通例錄其子孫咨　部備用因附志之

黄岡縣志卷之七終

黃岡縣志卷之八

知黃州府事王鍍 鑒纂輯 權裁訂　知黃岡縣事樂文樞 蔡韶清 王鳳儀 仝編

人物志

儒林

朱子記齊安二程夫子祠曰其道坦而明其說簡而通其行端而實於是追誦前烈思以風勵後進而納之聖賢之域故有能明於道而強行之者聖賢之徒也

明

郭慶字善甫聞王守仁講學徒步往從之三年得其說正德丁卯舉於鄉授清平知縣以廉稱勤於撫字捐俸給貧民牛種在官五年乞休民為立祠祀之家居儉約遇荒歲贍親鄰困乏為人質直好吟咏著述甚多然不自收緝後盡散失卒祀鄉賢

吳良吉字仲修師事王守仁其後自授生徒矩矱嶷然而純粹可親學者宗之家貧自得也孟津知黃岡延之書院有人夜懷金請間良吉怒却之卒少保耿定向備棺斂為作傳知府翟汝稷為之立墓碑所著有居湖集祀鄉賢

樊煒字崙川性孝友少負雋才博通經史以選貢授漢陽訓導約法嚴明講學不倦故其後及門多以經術顯子孫在官者皆能樹其清節以子玉衡侍御史封如其官時人以為純學之報云崇祀鄉賢著有史學集等書

王陛字進吾萬歷己卯舉人少孤事母以孝聞由肥城教諭遷四川威遠知縣威俗悍輒訟長吏陛曰長吏或貪耳乃勸耕興學毋單騎巡窮鄉中又捐賑凶饑

晉泗州知州舟東下山谷老稚爭送皆負豆稽首為獻陛辭不得人受一升泗有水不治陛力請開高家堰以疏水源忤諸當道遂以周家橋大工責陛獨任陛親畚鍤雜士傭坐臥風雪中水遂平又泗人倚陵莊奪民田陛按刑鞫核不少假遷重慶府同知改遵義上谷龍門皆有政績介不可犯老而彌篤再移鎮南遂乞休歸則講學正宗會館倡修問津書院生平宗湛若水之學隨處必求天理爲安尺寸不苟著有退省編退問集綱鑑讀要諸書崇祀鄉賢弟臺字敬

吾邑諸生，好學深思，與陞講學於定惠、問津諸書院。及陞宦重慶，臺猶往來講論，一時從遊者衆。子家欽字仲修，孝友文章，一時推爲醇儒，郡太守祝萬齡聘之設教定惠院，倡明正學。卒亦崇祀鄉賢。臺子家錄、欽子源昌，俱另傳。

蕭繼忠，字康侯，性素豪邁，弱冠列弟子員，旋中副車。先是蕭文憲爲酷吏所虀，其子繼元愬於朝，事在孝友傳内。吏以繼忠爲元之從弟也，遂誣以盜，置於獄，榜笞且劇。繼忠投獄井，經宿不死，遂讀易窮性命之旨。

既出，折節力學，遊燕都，越金陵，抵江右，訪求名儒，學益純篤。後設教白鹿、首善書院，及歸，又與同郡王陞、黄彦士諸人修問津書院，遠近受業者不下數百人。時魏璫恣橫，附之者因楊左摵東林，摧殘楚士尤毒。繼忠聞緹騎至，郎時就道，顔色自若，家人無一知者。會魏璫誅，乃免，以講學終老，著有語録諸書。至今問津書院祀之。

余心純，字西淵，萬歷壬辰進士，授嘉善知縣，研精禮學，彖稱篤至，言動悉遵矩矱，時以戴記儒宗立坊表之。著有禮記搜義二十八卷。初邑孝廉於廷詩以戴記鳴世，所稱樂葵先生也。心純與進士樊玉衝、王一鳴、學博劉功遠暨漢川中丞尹應元同受業焉，而心純所著爲尤顯。

秦繼宗，字西亭，萬歷甲午解元，以饒陽教諭登庚戌進士，累官戶部郎中。爲人德性醇厚，博綜力學，湛深經術，著述至老不倦。經其指授者皆有所成就。著有尚書疏意、禮記疏意行於世。

詹時明，字爾用，端凝靜重，寡言笑，少慕薛瑄之學，求王

守仁之所以異處，以歲薦除常德訓導，日與諸生講學，以聖賢務在實踐，戒浮靡。尋遷江西武寧教諭，攝縣事，彌歲簿書刑獄之事，必以至誠爲本，一時目爲儒者。擢四川筠連知縣，乞歸，齋居正襟危坐，講論不輟，遠近從遊者稱爲沖默先生，崇祀鄉賢。子謹之，另傳。孫大衍、大有，俱舉人。

朱荃宰，字咸一，明末巳卯辟舉，授浙江武康知縣，以最召赴京，卒於道。家惟圖書而已。著有周易内外圖說、禮記會通、禮記金丹、毛詩類考、孟子年表、經濟錄論

世篇世史尚史文通詩通詞通樂通韻通式學權衡
中庸權衡行於世艾南英稱其孝友廉讓留心著述
其於車戰舟師皆有師授

國朝

曹本榮字木欣號厚菴父大輔諸生以學行稱本榮少
讀諸儒書有志聖賢以清節自勵順治巳丑成進士
選庶吉士學行端粹嘗進
聖學疏應陳言
詔還司業尋充日講官又注易書稱

旨遷
經筵學士著有五大儒語要居學録諸書行世子宜溥
舉博學宏詞官檢討篤學勵節操著有鳳岡詩集

文苑

宇宙精華循乎氣運而發之於人曰文故凡鉅細精
粗能成一家言者皆可不朽蘊子曰黃州之士靜而
文由來久矣

宋

潘大臨字邠老豐警敏不羈家雖貧泊如也以詩名於
時與蘇軾黃庭堅張耒洪芻徐俯韓駒庭堅稱爲天
下奇才臨川謝無逸嘗問大臨有何新作答曰秋來
景物盡是佳句恨爲俗氛蔽翳昨有句云滿城風雨
近重陽忽催租人至遂敗意止此一句奉寄聞者賞
之年未五十卒祀鄉賢弟大觀亦能詩名與兄埒
何頡之字斯舉篤學善屬文自號樗叟蘇軾在黃嘗
與論文體法及黨禁開後黃州重建雪堂頡之作上
梁文一時傳誦嘗爲黃州雜詠陸游讀而和之
孫賁字公素客於韓魏公琦爲教授書記琦知之深後
官奉議郎蘇軾嘗與之同摹魏公詩而刻之石

元

滕賓字玉霄至大間爲翰林學士有文名嘗作韻序羣
玉府祀鄉賢

明

潘子安由保舉任四川夔州府同知工於詩賦有海天
青嘯集傳於時
熊仁宏覽不羈有史才嘗與脩郡志
王廷陳字稚欽年甫中日誦數千言能文章弱冠魁鄉

試正德丁丑成進士選庶吉士曠達不羈改吏科給事中武宗南狩上疏極諫廷杖謫知裕州以忤監司免歸林居三十餘年日以詩文自娛著有夢澤集嘉靖中巡撫顧璘疏薦起用不果卒祀鄉賢事詳明史

王廷美字輝之幼孤祖廷儒教之七歲舉郡神童郡守疑其妄試之應聲而就乃大驚補諸生搜羅圖籍恣力爲詩古文嘉靖辛酉舉於鄉會試不售乃放情山水詩酒自娛著有岣嶁山人集子一鳴以文學名事在宦蹟傳內

呂禧字本善少時嘗作烈女賦又爲古酒賦奇字盈幅時人莫識王廷陳見而奇之目爲國器嘉靖辛卯舉於鄉授丹稜知縣性簡靜吏事清簡暇即手一編吟哦不輟楊愼爲序其蜀稿及歸四十餘年絕跡城市年九十卒有見一山人集子應端諸生亦以博學稱

萬一蕑字九初幼穎悟目十行下或譏以未讀南華乃即席檢集增聯人稱聖童萬歷戊戌成進士授開封推官廉明有惠政會藩臬下各郡邑丐詩文獻巡按壽代揩數百盡一日畢遂不起時論惜之見黄陂縣志

曹之棟字喜玉博學多聞著述甚富由歲貢訓導公安教士子以學古爲先談忠孝節義輒鼓掌不倦與易道暹爲莫逆交著有四書講義及文集行世子大濩見隱逸傳

呂元音字節之少有文名及長學益博邑令茅瑞徵修輯縣志舉屬裁定稱爲善本天啓辛酉以選貢舉於鄉著有從耶集春秋問難無懷詩集其後有從孫德芝字時素歲貢生有文學以孝友重於士林家貧與

弟號玉稽古賦詩怡怡如也嘗輯黄邑續志藏於家

王同軌字行甫貢生爲南太僕寺主簿高才博學能詩古文同呂元音修縣志著耳談蘭臺集與國吳國倫推重之同時有汪世正何譔宋家瑚方日旭亦以博興聞世正字幹卿家瑚字伯華日旭字叔旦譔自有傳

江之蕃字二鳴號志書籍聞善本輒購之所積累萬卷築室陽邏顏曰芝山以爲藏書之所蒔花種竹日與文人吟咏其中蕭然不知世味之紛糾也生平著述

甚富明末燹於兵
王施大字化宇性孝友產業悉讓諸弟刻志勤學窮年
不輟再試副車不遇嘗與同里蕭繼忠熊霈等講學
問津書院爲人和氣藹如誠一不欺時論推重之
孫應鴻字孟長諸生勤苦力學入目終身不忘淹貫經
史及諸子百家架集萬卷信手拈取無不習熟書法
亦極工妙與人講學諄諄詳盡某友所訂六經皆折
衷其手尤精易傳究性命之學務在身體力行嘗徧
遊名山及歸益貧落惟杜門著書戒子弟勿干仕進

所著有古易圖河洛理數詮等書子錫蕃另傳
汪三省字別傳才思雋敏下筆浩瀚動數萬言生平無
他好惟喜讀書著有儆書慶酉四十八卷
國朝
劉子壯字克猷少穎慧讀書目數行下屬文雄肆成一
家言制藝爲楚風冠順治六年已丑成進士
廷對第一授修撰其條奏皆舉行載藝文志壬辰分考禮
闈得二十二人皆知名士尋告歸垂橐蕭蕭如布衣
時性孝友父母早喪撫諸弟及從子五六人篤愛無

間雖亂離必教以禮嘗過崑山令雅與厚贈以千
金不受見小吏囚自而釋之吏感其德將鬻女報焉
聞其卻千金也乃止遂全其婚又邑子某遭兵亂失
其妻以百金致歸之生平善行類此性嚴恪不問米
鹽陵襍而崇論閎議湛深經術有屺思堂集行於世
自少讀書文昌閣省身唯謹且晝所爲夜必焚香以
告終其身如一日年四十四卒祀鄉賢子孫茂靖州
學正
王成宇生生順治辛卯舉人奇慧好讀書志趣高遠與

同里高思忠孫如芝鄒亘初爲詩文友名動一時時
有胡夢熊亦辛卯舉人博學宏才研精易理著有易
林解諸書時人傳之
鄭先慶字亦懷明末諸生性孝友博學多才放情塵表
于清端成龍所稱肯崖老人也與交最久嘗爲聚瀛
舟詩又刻其集而序之欲使讀書學道者知江漢間
有張子同陸鴻漸其人也以子昱貴贈通議大夫廣
濟金德嘉爲作墓表
秫之華字伯滋貢生其四世祖琥尚氣節好施與里人

顯之之華工文章通經術著有周易上下篇義禘洪
範說卦鎖鑰易四書貫日箋鎖夢堂詩文士音會讀
諸書其從弟正所年三十始讀書五載成名士由鄉
貢出授襄陽教諭擢六合知縣居母憂廬墓三年
高思忠字孝移少頴異每試冠軍督學高世泰修三楚
文獻思忠與其事順治辛卯副榜後以歲薦授遠安
教諭
孫如芝字素公與兄啓選俱負才名如芝工古文詩詞
順治辛卯舉人授四川筠連知縣城中僅七十餘戶

如芝悉心招徠創禮殿建城垣逾年大治當事奇其
才修蜀志論列皆出其手
汪煉南字治夫順治壬辰進士選庶吉士授編修值楚
省大祲疏請蠲賑辛丑督學順天康熙癸卯庚戌鄉
會兩元皆出所拔考最晉侍讀學士以疾假歸卒
王澤宏字涓來順治乙未進士選庶吉士累官禮部尚
書有請移湖口關還九江疏商民便之尤工詩福清
魏憲稱其五古則鄴下彭澤七古則浣花徂徠近體
則絳州鹿門飄飄乎如蟬蛻之遇秋風子林升貢生

候補主事工詩材任另傳
王封濚字五書少有文名順治戊戌成進士選庶吉士
性淡泊居官廉慎
御書尊德堂三字賜之累官禮部左侍郎年六十餘卒於官
賜祭葬著作有紫春園集季子如稱諸生能詩有懶齋吟
吳祿貽字克生順治己亥進士博覽羣籍爲文力摹西
漢累官常州府同知課士有知人鑒歸時家無長物
嘗修黃州府志文筆簡潔著有知津堂集同邑高登
雲字丹壑亦有文名與祿貽同修郡志

王追騏字雪洲順治己亥進士選庶吉士改給事中多
所建白以終養歸閉跡窮經二十年徵博學不就晚
好易象懸河洛圖於座朝夕省覽每多心得著有學
餘樓集
葉封字井叔順治己亥進士初任延平推官改知登封
縣復嵩山書院及宋儒祠祀政脩事舉訟獄衰息有
古循吏風以最行取西城兵馬司指揮後遷工部主
事卒封少學詩於外舅杜濬在都門與王士正宋犖
顏光敏輩齊名著有慕廬集子道復進士孫德涵貢

生有文學省志黃岡人封本黃岡志黃陂籍今改入
何履仕字叔鑑歲貢生有俊才與李之泌晏清輩齊名
爲詩工秀婉麗字倣黃庭大徑尺者尤善
李朝琨字石同才思俊逸好古力學以氣節自負嘗應
童子試刻燭成七藝文采斕焉學使首拔之以歲貢
終時人稱其詩文方明之徐渭焉其門人楊允正字
典穆順治辛丑成進士授遂寧知縣詩文書法多傳
者年七十時每見朝琨必侍立未嘗跛倚時兩稱之
於斯和字爾節弱冠爲諸生應制科不第肆志詩古文

遊名山水所著有周易假我編老狂吟及復園還來
草詩集曹本榮王一翥張洮爲之序子心匡志行高
潔嗜讀書千言立就不加點嵐著有綱鑑儞正編撫
巴音詩集張洮字素先中書舍人以詩文名家工書
法一時推重之
陳芳烈字仲紀少穎異博學能爲詩古文究極根抵排
兀與衍試輙冠軍名重一時著有易數二卷觀心堂
集十卷及周天數史論諸書子裕貢生竹谿訓導
朱日濬字睿水諸生好學博文爲人端方自守由歲貢

訓導均州講說經義後進以爲典型卒於官著有五
經門印解百餘卷黃文獻六卷其門人王材任兄弟
爲梓行之
鄒亘初字公遂諸生穎異好學文本經義不假華藻教
人以德行爲先多所成就年八十餘卒問津書院祀
之著有三成堂家訓諸書子江遐諸生孫士通康熙
壬午舉人通城教諭俱能傳其家學
操之盛字右恆少與鄒亘初同學爲諸生有聲一日聞
亘初講學瞿然若失遂北面執弟子禮時以爲古人

所難康熙癸卯舉於鄉授天門教諭立科首德行次
文藝剗理欲消長榮枯循環二圖說令學者自省察
督學蔣永修深獎之歸與鄒亘初修葺問津書院以
啓後學子士望貢生
胡思樊字樊川康熙丙午舉人鄖陽教授風流文采照
耀一時著有樊川詩與善飛白書卒於官子珀及從
子理琰俱有聲理字羽彤殫心經學得先儒奥義閉
戶授生徒不輕與人接有質疑來者終日不倦康熙
乙酉舉於鄉授石首教諭年六十餘卒貧不能歸葬

家焉琰乾隆丙辰舉人

詹大衢字麗明謹之次子康熙壬子副榜授翰林院孔目性至孝居母喪有白燕來巢之異穎敏力學手一卷寒暑不釋著作甚富有大易疏𦛨四卷發明朱子本義及孝經論注黃安縣志環溪草堂集白燕堂集行世他書多散軼兄大衡貢生黃陂教諭從子士懿康熙戊子舉人漢陽教授俱有文學士懿事親以孝聞

胡之太字康臣性穎敏有文名少孤依叔氏有慈孝稱康熙戊午舉人教諭長沙先行誼學者宗之擢淶水知縣以老辭不赴歸閩江詩書自娛性好善汲引後進閭人一長稱述不置年九十卒甲子與修通志著有孝古名言卦餘集諸書

王材任字擔人尚書澤宏子康熙己未進士由文選員外郎晉大理少卿擢僉都御史性清介持法平允縲紲有聲罷歸寓居蘇州之常熟詩名重一時壽八十餘著有望雲集南沙集疊韻詩及集唐集杜鋼外集諸刻子茂勲貢生鍾祥訓導策勲乙酉舉人

陳嶽字雲壁諸生父洪卿襲黃州衛百戶明末以手誅荆藩嬖佞知名嶽生而穎異好古勤學敦尚氣誼名重一時年四十餘卒人或得其評點史漢諸書及象緯輿圖音韻無不精詳益服其學時有文名而不壽者陳之芬甄士棟皆諸生力學工詩文

樊齊斂字退園諸生篤志學問端品誼博綜淹貫著述甚富所著袖史及桃界諸書學者稱之

宋如辰字斗凝性穎敏少以文名貧困力學康熙甲子舉鄉試第一乙丑成進士選庶吉士恬淡伉直一時推重累官春坊中允致仕歸教授自給閉戶著書炊烟常絕泊如也家居三十年邑令罕見其面弟斂道字白山工詩古文詞中壬午鄉試

張一珽字聚上力究關洛諸書學必實踐平生謹言笑盛暑必肅衣冠其五世祖岐鳳所稱號泉孝子也一珽因輯古語爲孝行錄又旨著實貫通論體陰陽之理發道德仁義之旨學者宗之由選貢官南漳教諭子洪原諸生好學孤高能繼其業

余滋字滋水諸生天性敏捷好學不倦生平制藝近萬

首一時傳誦之博極羣書手抄卷籍百餘種年七十卒邑中名士多出門下

陳大弈字仲夔順天府尹肇昌子折節好學博研經史康熙戊辰進士選庶吉士以母老乞歸孝養備至葢肆力於詩古文獎引後學多所成就聞人一善未嘗不側席禮之教子弟有家法置節孝祀田兼以贍族著有詩經名物集覽。及玉照亭集。秋蓬集。鉤輈集。倣帝集。雨山詩鈔。行世。年六十九卒子師晉貢生

萬爲懌字怡儒爾昌子與伯兄爲壯齊名爲壯早卒爲懌刻苦下帷寒暑無間有得輒劄記之生平著述號樗窻稿甚富詩雅麗娩出王孟丁書法凡經史滿架皆手錄也以諸生終

陳大華字西嶽肇昌第五子年十四與諸文士泛舟鸚鵡洲賦詩立就衆皆驚爲之閣筆康熙庚午舉鄉試第一手自撰錄經史成帙書法雋逸遒麗卒年三十二著有砭髓集。詩。及書法。緒言。子師栻由舉人知德平縣修築田家古堰長堤邑得耕種免水患捐俸置義田義塚復興義學士民賴之卒於官著有敬義堂

集

張光璧字斗符諸生甫四歲日誦數千言七歲善屬文人稱神童皐城徐學士致覺一見屬以千秋之業年十八應郡試作涵輝樓賦筆不加點郡守何應珏深異之篤於天性父病侍湯藥十餘年如一日事繼母溈曲盡色養及沒哀毀成疾不數月卒平生博綜圖書叅貫義蘊每多前人所未發其誘進後學道範巖巖然無戾色以正身勤學爲家法所著有黃郡注遺江陵雜錄。及誠正堂詩文集。子亮采字敬六有學行

早卒士林惜之

孫朝宗字有山諸生博極羣書精於詩客江南十年所交一時名士日與倡和落筆成韻莫不推爲雋才著有岱菴詩集。其梅花百篇。尤膾炙人口子秋水諸生

靖乃勳字敬菴諸生好讀書精三禮學受知於學使蔣永修性慷慨有經濟才甲寅山寇蠢動太守于成龍討平之乃勳有贊畫功縣蠹胥飛灑無徵糧石於其族族人莫辨乃勳視冊即燭其弊其才識多類此子道謨有傳天綱雍正癸卯舉人孫式文乾隆丁卯舉

人兩世皆以曲臺魁楚闈

吳純德字以占諸生潔已好修讀書不事章句務得其要著有學庸講義古文纂畧諸書

萬燦字季方嗜古博學爲諸生二十餘年歲科試恒居前康熙癸酉舉於鄉時同舉者爲同邑歆士佃袁豐程有年孝感丁光偉皆一時知名士而燦尤籍甚一時相慶以爲得人官歸州學正指授人士以文章法度人比于厚之在柳州焉以母老歸養母卒哀毁骨立亦旋卒子娱祖壽祖俱以孝聞事母金眠食必省

夜分伺於側娱祖且老婉愉如孺親没悲泣而卒壽祖嘗計偕母知其好義益以奩金果散貧者曰以廣吾母惠至老歲時祭親輒悲不自勝娱祖著有懷先桐苑諸集壽祖著有晴沙集

陳大慶字頤伯肇熙子博極羣書一覽輒强記不忘工於詩康熙丙子舉於鄉除桐鄉知縣有惠政解組歸家徒四壁人稱其豁達不爲窮累云著有樂府古近體游詩秋詩諸集弟大本諸生亦能詩

歆士佃字文思少孤家貧汲水拾薪養母以孝聞康熙癸酉鄉試第一庚辰成進士選翰林庶吉士性恬淡臨事不苟磊落無城府工詩歌古文掌院韓菼推重謂其文爲尹師魯梅聖俞之亞著有瀛洲集

張楠字耕石康熙辛卯舉人性敏異好古博涉手不停披過目皆能成誦爲詩刻削清麗敏捷異常嘗和友人百韻詩援筆疾書名噪一時晚授衡陽教諭卒詩多不自惜皆散失

陶正發字開九榜姓楊康熙辛卯舉人博極羣書多所著述性傲岸於人寡合壬辰會試不第太史吳士玉亟稱之名益大振時年已七十不復再舉矣弟克家

諸生與正發齊名

王如琰字二思父封權諸生事母以孝聞家貧篤學年二十二妻亡遂不娶如琰舉賢良方正授監利教諭修學宫置學田培植士類監人咸敬慕之入祀名宦平生傲岸寡言笑所著有瀛洲小草三沙小式諸集又嘗與江陵張鈞旋選楚北詩曰詩佩行於世時同舉者邱艮驥字渭牧家貧力學敦行誼官通城教諭

靖道謨字誠合父乃勳有傳道謨才識英練學求實用

文名擅於楚康熙辛丑成進士選庶吉士雍正元年
檢發雲南攝姚州事甫下車即訪民疾苦除陋規數
十澄清積案訟獄遂稀以病乞歸益沉意圖籍博綜
遐討皆心得也少時嘗學於王徵君心敬後遊楊文
定名時之門故學益純邃累聘鰲山白鹿洞及江漢
諸書院教人以敦品實行爲務多所成就嘗修雲南
貴州下荊南道及黄州諸志義例嚴明稱善本乾隆
元年河東總督王士俊以博學鴻詞舉十五年廵撫
唐綏祖復舉經學皆以老疾不能赴居家孝友建祠

宇敦宗收族置義田六百餘畝又倣朱子社倉法儲
粟以備荒祲凡積累四十餘年而後成鄉故多水爲
築鍾秤嘴堤自是數十村無水患復修廟埠潭渡行
旅便之平生自處儉約見義事則不惜所費卒年八
十有四家傳三禮之學因纂輯諸儒訂以已意曰遡。
庭。綱。又著有中庸釋注繫辭解杲園古文時藝家訓
書院講義及詩鈔諸集。
續志載諸生杜之蘭程樊王際康馮汝鹽黄文蘵楚詩
佩載諸生王天驥王封激劉浦蔡驥德桂恐修桂嗣

宜又有貢生王一煌皆重文名惜其事無傳者凡十
二人

黄岡縣志卷之八終

黃岡縣志卷之九

知黃州府事王鍈 鑒彙輯 精裁訂　知黃岡縣事陳興樞 蔡韶清 王鳳儀 仝編

人物志

宦蹟

各省所載名宦詳言其事況實產斯土者愛其姓字與有榮焉而使後之人有所稱述而則傚之故日行有迹功有表不可誣也闕疑無溢美重其實也

後周

任果字靜鸞世爲方隅豪族祖安東梁益州別駕新巴

郡守閭中伯父褒沙州刺史新巴縣公果性勇決志在立功魏廢帝元年率所部來附周太祖嘉其遠至待以優禮果因面陳取蜀策納之乃授沙州刺史南安縣公及尉遲迥伐蜀果時在京師遣其弟岱及子悛從軍復乘傳歸南安率鄉兵二千人從迥征蜀請進授驃騎大將軍開府儀同三司蕭紀遣譙拔扈等率衆三萬來援成都果從大軍擊破之及成都平除始州刺史復進爵樂安郡公賜以鐵券聽世相傳襲並賜路車駟馬及儀衛等以光寵之詳後周書

陳

周炅字文昭本汝南安成人祖彊齊太子舍人梁州刺史父靈起梁通直散騎常侍廬桂二州刺史保城縣侯自靈起先世避西晉亂徙居黃岡遂爲永安周氏炅少豪俠任氣有將帥才梁西陽太守封西陵縣伯討侯景有功進爵爲侯陳高祖代梁炅與王琳起兵伐之爲陳將侯安都所敗擒炅送都世祖釋之授戎威將軍定州刺史帶西陽武昌二郡太守進都督安蘄江衡司定六州諸軍事改封龍源縣侯會炅入朝

定州刺史田龍升以江北六州七鎮叛入於齊炅討斬之盡復江北之地進號平北將軍定州刺史卒官贈武昌郡公謚曰壯子法僧法尚詳陳書

隋

周法尚字德邁少果勁有風概好讀兵書爲陳始興王中兵參軍其父卒後監定州事督父本兵數有戰功遷使持節貞義將軍散騎常侍領齊昌郡事封山陰縣侯以其兄武昌縣公法僧代爲定州刺史法尚與長沙王叔堅不相能叔堅譖其將反法尚懼歸於周

宣帝甚優寵之封歸義縣公隋高祖受禪拜巴州刺史破三鵶叛蠻於鐵山轉黄州總管尋遷永州總管安集嶺南仍給黄州兵三千五百人爲帳内嶺南州郡多降其後屢討平叛蠻賞賚優渥煬帝嗣位轉雲州刺史金紫光祿大夫後爲滄海太守討羣盜王薄孟讓等卒於軍贈武衛大將軍長子紹基靈壽令少子紹範最知名詳[隋書]

唐

周墀字德升炅五世孫少孤事母孝及進士第官集賢殿學士長史屬詞高古文宗雅重之李宗閔鎮山南表爲行軍司馬閲歲名還太和末李訓鄭注亂政以黨語誣縉紳竄逐之墀雖爲宗閔所禮不能以罪誣也武宗即位拜義成節度使封汝南縣男宿將暴蹙不循令者墀令鞭其背一軍大治進同中書門下平章事宣宗時河東節度使王宰重賂權幸求同平章事傾宣武墀言天下大鎮如弁汴者纔幾宰之求何可厭帝納之駙馬都尉韋讓求爲京兆持不與由是妄進者少衰會議河湟事墀對不合旨罷爲劍南節

度使駙馬都尉鄭顥言於帝曰世謂墀以直言補亦以直言免帝悟加拜檢校尚書右僕射卒贈司徒詳[唐書]祀鄉賢

宋

王揆字孔度泰和六年任虔化令築子城濬濠池建廨舍剏始之功居多詳[贛州名宦志]

元

冷庸字用和至正間任西臺御史有風裁祀鄉賢

明

詹同字同文舊名書婺源人元至正中舉茂才異等授郴州路學正避亂黄州因家焉陳友諒徵爲學士承旨明太祖下武昌名授國子博士易名同尋遷考功郎中直起居注會議禘祫禮議當遂用之累遷侍讀學士時劉基以用法過峻請加恤大臣同因取戴記及賈誼疏以進開説懇切進吏部尚書與陶凱作宴享九奏又與樂韶鳳定釋奠樂章又與宋濂倣唐貞觀政要分輯政績爲寶訓五卷後賜敕致仕語極褒美久之起承旨卒祀鄉賢同以文章顯而操行耿介

故眷注至老不衰子巖字資善任都御史持憲有聲
大誥嘉美之後誣藍黨死孫綬尚寶丞從孫希原中
書舍人善大書時宮殿城門題額皆希原筆俱祀於
鄉賢詳明史

吳琳字朝陽父應澍詳隱逸傳琳性純篤力學明太祖
徵用荊楚名儒詹同薦琳博學能文名爲國子博士
與同並教胄子同才藻過琳至商榷經義亹亹不窮
同自遜不及也洪武元年除浙江按察司僉事復入
爲起居注齎繒帛求書四方六年晉兵部尚書改吏

部尚書量材授官號爲得人以老致仕歸久之帝遣
使察之使者潛至舍傍見一農人坐小杌起拔稻苗
布田貌甚端謹使者前曰此間有吳尚書在否農人
歛手曰琳是也還白帝爲嘉歎詳明史卒祀鄉賢弟
琛字文錫少好學與兄齊名官衢州府同知盡心奉
法政多偉績

黃榮機警有謀明初從定江淮平中原有功授和陽衛
指揮洪武三年從傅友德伐蜀克成都又從征保寧
留榮駐守已論平蜀功賜金幣還鎮黃州修城濬濠
招懷降附民甚賴之卒祀鄉賢

徐本性倜儻嫻文辭洪武初由薦舉知嘉興縣重農勸
耕賑養貧乏擢平陽知府荒殘後建置一新詳山西
名宦志累官廣東布政使卒祀鄉賢舊志作雲南布政今依明史改
定

黃爽洪武初知衢州府芟草萊以營府治增城堡以撫
流亡振文教興水利頑民嘯聚親入其壘擒縱得宜
開衢之功爲最祀清節祠載浙江名宦志

陳敬洪武初由歲貢授龍川知縣時盜起爲患民不聊

生都司官將與師敬與邑人謀請爲先圖密遣人誘
其首擒之不費升糧不損一卒民賴以安載惠州名
宦志官至刑部員外郎

李本中洪武中由薦舉授通許知縣清謹公平驗丁編
徭吏胥縮手貧民無耕具者貸之使不失業許人咸
頌其德載河南名宦志

蕭昇字彥高永樂丙戌進士拜監察御史九載上疏省
親賜敕褒之給其路費中允王愷贈之文曰禮以律
身明以折獄皂囊曉進臺閣生風白簡夕飛奸回落

贍其見重於朝如此卒祀鄉賢

張璘字文玉本姓周宋工部尚書周有操裔也自璘曾祖原昇遷黃蒙張姓璘魁梧異常永樂壬辰進士累官山東叅政宣德二年調福建考最擢應天府尹璘廉幹所至有治聲嚴正自守摧抑中貴雖讒說不能沮卒於官祀鄉賢詳明獻徵錄

方正永樂戊戌進士宣德間知河南考城縣寬刑薄賦守法奉公得爲政之體載河南名宦志

王璘字廷玉先世以武功顯父景字時亨永樂間襲榆

林千戶英宗北狩擁護有功復辟時已卒賜之祭葬璘登成化丁未進士宏治中累官廣西右叅政時思恩土官岑濬叛朝議用兵誅勦分六哨璘與副總兵毛倫由慶遠入抵其巢思恩平璽書褒勞事見明史

劉以文字彥章永樂間溫州府照磨以廉能聞擢陽城知縣有治績澤州名宦傳稱其明於治體不矯飾爲廉不姑息爲惠九載民乞留進秩二級又九載治行優優化洽於民致仕去民慕之建祠以祀御史李經爲之記比歿有耆庶數十人弔於家正統中有劉以德由人材任知府進階亞中大夫亦有治聲俱祀鄉賢

謝杲字伯明父希哲性簡重工書畫由人材爲泰興長垣丞以幹濟顯杲登正統戊辰進士授戶部主事景泰中都督黃竑得幸奏求霸州武清地杲承命往勘還奏地實民産請罪竑天順三年由監察御史出知九江府莅任公勤撫民惠愛載九江名宦志以憂去後起江西副使累官四川叅政布政使所至得民以清愼稱晉副都御史巡撫貴州平鎭溪筸子坪蠻有

功見明史後致政歸卒諭祭葬贈太子賓客祀鄉賢

王恩旻有幹才正統間判泰州泰故多牧地孳馬民閒思旻爲奏罷三之二復苦水患請部使者蠲租六萬石挽舟京訴投水以白民災使者大驚爲請獲免又造廣運望江二橋置預備倉八十間秩滿當去民乞留遷本州同知德政益厲後歸老於家泰民祠祀之見明史循吏傳卒祀鄉賢

鄒璽成化甲午舉人授四川榮昌知縣邑值兵荒極意蘇息作饘粥以活饑民視獄究抑及罪輕者咸出之

見重慶名宦志

張佐字良弼成化辛丑進士有介行授彌勒知州政平訟息平十八寨運籌有功民不知擾累官按察僉事免歸饘粥不繼晏如也詳雲南名宦志祀鄉賢

王麟字體仁宏治己未進士操履端潔重然諾授封邱知縣勸農桑鋤強梗一境大治嘗途中見百餘人舉大木爲耶許歌有蒼頭乘馬鞭之問之則曰馬太宰治宅麟執蒼頭撻之比入覲天下計吏庭謁尚書即向時所稱馬太宰也起席曰賢哉封邱令能愛其民因下揖時兩賢之卒祀鄉賢子廷儀進士官知府廷

槐另傳

陳廷瓚字汝忠宏治辛酉舉人授洮邱知縣擢彰德通判清謹有惠政遇歲祲賑濟有方民賴以全活者甚衆祀鄉賢見府舊志

張濟字三峰本姓周宏治甲子舉人知嵩及清河二縣以氣節稱解組歸閉戶自怡同里王廷陳贈以詩曰自遂歸田臥何曾入郭行比鄰稀識面州郡祗知名其風概如此卒祀鄉賢

曹珪字廷獻正德辛未進士授桐廬知縣時[illegible]年大[illegible]又江西盜起邊軍南下經畫周緻事濟而民不擾又以其暇修葺廟學載嚴州名宦志改海寧名拜御史按廣西平徭獞有功再按陝西時武宗遣中官過陝者珪邀留疏諫輒得寢累官有餘俸不置私產悉與其母弟共之著有南坡奏議祀鄉賢曾孫士彥另傳

賈啓字啓之正德辛未進士授涇縣知縣爲政嚴明事至即決民有官清吏廉之謠載寧國名宦志徵拜侍御擢光祿少卿尋謫徽州推官累遷副都御史巡撫延綏啓博學多才藝善天文慷慨談兵事甚覈所至有治聲及致政家居二十年恬約不殊布素鄉人稱爲篤行君子祀鄉賢

王廷儒號七澤父濟載孝友傳廷儒正德丙子舉人由都察院都事轉四川按察司僉事左遷成都府漢州判官攝理綿竹性公直一介不取撫恤窮民加意學校士民德之載成都名宦志及歸立家廟如禮子弟有不謹者責於廟以孝友爲家法先是濟生子五廷儒前妻子也繼室徐生廷瞻方幼有羣盜至索金露

刃將加於廷儒徐氏抱幼子請代盜義而去之其後廷儒撫諸弟極友愛至老不衰

張澤字龍山本姓周父岐篤志慕古絕意科目楊愼所銘萬松處士也澤嘉靖乙酉舉於鄉授商水教諭主大梁書院以薦預廷試疏陳時事遷雲南歸化知縣改廣東河源未行復改蒙自蒙自當安南之衝時方用兵故撫按以澤才交疏留之澤不避險阻招撫輯安果有功將議甄錄乞養歸與吳良吉講學布袍芒履不治生產卒祀鄉賢孫啓孫博學篤行學者宗之以明經官平度州同知亦祀鄉賢曾孫之訓見忠義傳

萬民望號樊江子嘉靖乙酉舉人有孝稱文學豐贍操履端潔諭新野教士誠懇惟恐不至於成又請修新野名宦鄉賢之祀應南畿同考聘校士稱最遷寧州知州士民攀轅遮道詳新野名宦志著有鳴蛩集

王一鳴字子聲齠齔而能文潛心諸史百家言試童子輒第一一時目爲神童弱冠舉嘉靖壬午鄉試丙戌成進士與同年謁政府王錫爵揖之曰子天下才也授太湖令會歲大札賊起西鄙一鳴力請罷數年逋賦當事初難之卒如其請又請太府金五百給民易種植遣人從淮揚市麥發廣儲倉義倉穀親爲糜粥所活者萬餘人乃單騎行隴上召野老語如家人由是耕織復業時大盜劉汝國初平招徠流民數千築濯公隄無憂堰范園壩歲溉田數千頃利及後世後改臨漳承凋敝後加意撫字長吏重之凡有著撰悉屬焉會修國史大學士趙志皐薦有詔徵用未行卒於官著有朱陵洞稿四十卷子封東諸生

曹誥字廷綸嘉靖丙戌進士授瑞安縣知縣適山寇犯平陽境藩臬會勦駐邑中誥調度有方事集而民不擾値歲歉審貧困者刻期賑之惠及遐陬治邑六年革奸胥攘豪右疏通水利具有政績詳浙江名宦志擢禮部主事出知安慶府以清愼稱調寧波晉四川按察副使累官甘肅巡撫卒於任

陶珪字廷獻嘉靖丙戌進士授戶部員外郎督鈔臨清累官山西按察使所至稱爲廉明事繼母以孝聞餘俸分給諸孤從子家無私積性端介不附權勢著有

雪堂集又善擘窠大書邑里重之祀鄉賢

邱峻早負奇氣以歲貢除貫縣訓導持身嚴矩夔蜀人士爭斆礪焉

閔泰字文亨歲貢性慈和知梁山縣字民如子及去民有閔母之思云

陳言字秉忠仁慈謙讓口不言人過以歲貢擢慶陽府通判嘗督邊餉捐俸以助軍民立祠祀之歸老二十餘年不履公庭歲鄉飲賓聘凡至再始出其爲有司嚴重如此卒祀鄉賢

陳萬卷字德備以吏員授安平尉值白蓮賊謀襲城萬卷白令督捕擣其穴三戰皆捷賊魁就縛撫按上其功賜金帛擢永平通判丁艱歸卒於家安平人立廟祀之

汪文淵字赤崖嘉靖己丑進士選庶吉士改戶部郎中出知金華府清正剛明不畏強禦時嚴嵩擅權其僕怙勢橫甚文淵捕遣之忤嵩媒孽無所得乃免官歸金華人祀之

王鳳陽字梧岡定遠侯弼之裔也弼子誠孫貴遷黃岡

爲世族鳳陽少穎敏苦學嘉靖辛卯舉於鄉知四川萬縣時土苗作亂練鄉勇勦撫有功撫按交薦尋以疾乞歸講學著書耄年不倦卒年七十餘崇祀鄉賢子睦址俱舉人從孫欽濂南陵知縣有傳按舊志王弼有傳考弼實定遠人今依府志附見王鳳陽傳內

黃德明嘉靖壬辰進士授戶部主事督九江鈔關遷知處州府周恤民隱府縣常例釐革悉盡胸次洞達四境安其治載浙江名宦志五載擢山東兵備副使官終河南右參政

方任字志伊嘉靖壬辰進士由行人擢刑科給事中以讜直忤權貴改兵部主事遷員外郎出爲四川僉事江西參議副使所在以廉幹稱遷山東參政督蘇松糧餉力清積逋晉浙江按察司尋轉江西右布政以母病告歸終養郎苫次拜副都御史巡撫應天不起父勇性素方嚴任每事必先意承歡其孝友馴行爲鄉評推重祀鄉賢

劉珙字商陳嘉靖庚子舉人性孝友立身剛直足不入公府除黃縣知縣時宦豪肆勢珙摧鋤無所避海賊

臨城縱掠悉力拒之遷知寧羌州有仇夜殺七人案
屍不得與焚香告天雷發其屍寃遂雪仕宦不置生
產居鄉以公亮稱
周之冕字元服嘉靖庚子舉人授餘杭知縣勸農桑勤
教化凡案牘悉置秘室吏胥無所售姦催科能調緩
急見孝弟節義者必崇奬之詳[杭州名宦志]
邱岳字南止父尚忠見篤行傳岳成嘉靖丁未進士擢
工科左給事中時伊藩典椷貪復僭侈岳上言其罪
得勘定削伊世封直聲隆諫垣見[明史]累官禮部右

侍郎遇事敢達勵操清素每誡其家不得與公事致
仕後奉詔存問者再鴻文淵學典冊多出其手卒祀
鄉賢
程鳳金嘉靖己酉舉人授彭澤知縣多善政獄無寃滯
庭無私謁景王道彭澤不加派而供億傳廚如額有
廉能聲值御史按部鳳金後至忤御史意出曰御史
所以有權者能去人之官也吾官自去御史何權遂
解綬歸御史悔追之不復邑人思而祠之詳[九江名
宦志]

陳仕字又愚嘉靖壬子舉人除弋陽知縣時閩浙倭警
客兵騷動仕撫循既定請建縣城賴以保障詳廣信
[名宦志]遷嘉興府通判從司馬胡宗憲破倭賊有功
晉本州同知以母老乞歸布衣蔬食授徒自給與兩
弟友愛弟化歲次當得貢子九疇在其先仕使九疇
稱疾讓之弟遂得先貢
杜傑字汝英嘉靖戊午舉人授長寧知縣値歲歉賑活
甚衆時九絲初定黠酋內訌措据調劑卓有政績後
采木山中値水涸禱雨注木乃出先是西南蠻騷

動議討傑力陳不可當事弗聽卒至於敗人服其識
詳[敘州名宦志]昆季六友愛罔間及歸敝衣麤食陶
然自得也卒祀鄉賢
王廷瞻字稚表嘉靖己未進士授淮安推官入爲御史
督畿輔屯政裕邸欲易莊田廷瞻不可隆慶元年所
部入兩請自三宮以下及裕府莊田改入乾淸宮者
悉綱其租詔減十之五已言勳戚莊田太濫請於初
給時裁量田數限其世次爵絕歸官制可爲拱再輔
政廷瞻嘗論拱遂引疾歸神宗立起故官累太僕卿

五年以右僉都御史巡撫四川時番屢犯松潘廷贍令副使楊一桂總兵官劉顯勦之殲其魁於是風村白草諸番二十八砦率男婦八千餘人降復討建昌傀厦洗馬姑宰鐵口諸叛番皆降增俸一給進右副都御史撫南贛入爲南京大理卿累遷兩京戶部左右侍郎以右都御史出督漕運兼巡撫鳳陽諸府寶應汜光湖堤蓄水濟運平江伯陳瑄所築也壅決爲患諸鹽塲皆没廷贍承前巡撫李世達等開越河避險之議鑿渠千七百七十六丈爲石閘三減水閘二

石堤子堤各數千丈發公帑二十餘萬八月竣事詔旨褒嘉錫河名曰宏濟進戶部尚書巡撫如故尋改南京刑部尚書乞歸卒贈太子少保賜祭葬詳明史祀鄉賢

李植字良材少聰穎善屬文嘉靖辛酉舉人除萬縣知縣折獄明決時爲之語曰勿岐舌見必屈杜若居究必伸有無賴子殺七人而匿久索不獲植禱於神夢得殺人者迹而縛之有僧殺人隱其屍二十年矣植從容論僧得其狀遂伏罪隣邑皆呼神君詳四川通

宦志後考最徵拜御史請省壽陵費帝嘉納之以疏直出爲福建僉事㞐搜宿弊風教一新尋乞假治喪卒於家大司寇王世正志其墓祀鄉賢

王同道字純甫嘉靖壬戌進士授蕪州推官擢御史謫內江知縣調停里甲訓廸人材蘊藉風流古文詞賦咸有逸氣詳貴州名宦志

成敏貫舉人嘉靖末授新寧知縣值歲歉發倉施粥又革日支驛馬以寬征役南岸土酋用兵勦飄迭出邑不告罷比歸惟圖書數卷黃元白作去思碑謂其廉

與誠合不與俗偶洵清白吏也詳四川名宦志

袁文伯字綱齋性至孝愛慕如孺子嘉靖甲子舉人除潛山知縣崇孝友興文學三年政簡民和士風大振會歲大饑有院使過其地供億不備使者愠呼之曰汝讀書不知柔遠人乎答曰當此凶歲惟有子庶民而已解綬歸養親不懈者三十餘年太守楊節高其行登其堂匾爲鄉飲賓者五號曰孺慕先生有詩集十卷行世子希㷭另傳

范芝字德和性孝友父病三年日侍湯藥未嘗去左右

及父卒哀泣成羸疾醫療數年乃起兄及姊子貧不能自立推產贍之有儁才篤學挿間從遊甚衆嘉靖間以選貢授定遠知縣甄善除惡招撫流亡捐俸備賑邑稱大治事載定遠名宦志以母老歸養著有三秀集卒祀鄉賢

劉功允字順廷琪子隆慶丁卯舉人授懷遠知縣遷溫州府同知剖決簿書人稱神明贖鍰不入私帑悉以賑貧士修學宮整飭海防民賴以安載浙江名宦志改汝寧官况清苦如舊子宗祥另傳宗祺萬歷乙卯

副榜博學饒才畧崇禎初舉賢良授重慶知府辭不赴

卯一奇隆慶丁卯舉人官池州府同知舊志稱其家無私橐討倭寇有擒俘功

汪守廉字克辦祖大章有隱德歲凶出穀千石貸里中不責償守廉性孝友負介節隆慶丁卯舉人以甲戌會副授彭澤教諭興學勸士分丙子應天試得士多以清直顯遷雙流知縣察寃獄清隱賦人稱神明擢知威州民有疾苦身若痌瘝士民愛慕苗獠傾服詳

茂州名宦志遷曲靖同知以清白聞璽書賜金褒之値艱歸家無長物子傑選貢臨洮通判亦祀名宦孫國灤諸生以詩文名著有甲乙遊稿

易倣之字惟倣隆慶戊辰進士授行人擢戶部員外郎督臨清倉遷知衢州府務以德化訟獄衰息又邑苦遠輸倣之均田賦量遠近簽米多者爲正戶督解事少者附給路費民免困累詳浙江名宦志遷四川涪州道以招論楊應龍功晉參政丁艱歸居家醇謹篤誼卒祀鄉賢

凃巍隆慶庚午舉人累官廉州知府敦大不苛片言決訟十餘年未嘗撻一人攝理四川所至有聲載廣東名宦志

汪一右隆慶庚午舉人累官泗州知州時總河潘季馴請擲泗城護堤命一右董其役自新橋口亘西門坊至迤齊諸處增石堤長二千餘丈高於舊二尺又建子堤千六百八十丈凡二年畢工泗水得以無患泗人祀之名宦祠事見明世法錄

趙偉字沖宇隆慶辛未進士鳴陽子也除華亭知縣經

補大足擢知南安府所至以清直稱至松潘兵備道一身萬里捍禦邊陲苗蠻屏息民慶安堵以勤事卒於官廵撫裔維新爲治喪殮其篋敝衣數襲而已事聞贈大僕寺少卿賜祭葬仰居家孝友子無私藏嘗置公田三百畝以贍給族屬子桂芳副榜連雲淩雲俱諸生淩雲字爾青性至孝值母喪七日流賊猝至人盡奔散淩雲獨撫棺而哭曰無傷我母棺賊感其孝釋之

江沛然字應吾隆慶辛未進士知吉水俗多溺女沛然嚴禁之報最擢淮慶推官又江南名宦志載沛然署廬州事積弊之後力爲振刷廉渠奸置之法一境肅清海忠介瑞亟稱之後遷南戶部郎罷歸

曹士彥字孟彥父美嘉靖末舉人力學篤友誼淡於仕進士彥事繼母以孝聞萬歷己卯舉於鄉除定遠知縣清正自飭勵學勸農興滯搜奸民有不若訓者欵諭之及卒邑人張御史一鯤斂金治其喪去之日號哭送者數千人立祠祀之士人禱祈輒應載定遠名宦志

郭知易字如紀慶之孫萬歷己卯舉人授中江知縣治才明敏有廉平聲擢工部主事時方建兩宮御史議簽人夫運石如嘉靖故事知易上議造車法所費視舊僅十六之一宮備無損而民不擾其幹濟類如此遷員外郎告歸囊無餘物耿定向稱其世濟清白云子世完諸生舉異才參謀都司孫都城舉人咸寧教諭

洪聲遠字四極萬歷辛卯舉人授山西高平知縣歲大旱飛蝗蔽天聲遠禱天暴日中雨降蝗盡死歲登遠近異之擢戶部主事出爲貴陽知府時土司安邦彥圍貴陽聲遠禦之大小數十戰外援不至聲遠激勸士卒誓以身殉人皆感勵無叛志圍既解以功擢新鎮道監軍副使接物寛和民皆愛戴見貴州名宦志晉雲南參政以年老乞歸居鄉力行善事設義塚拯溺嬰人感德之從子有蔚甫一載撫猶己子以恩貢授夾山知縣子有執諸生有守舉人博學能詩古文兼以書畫名

符天申字穗錫萬歷辛卯舉人授廬州判三載名剔蠹

天時乾清宮災珍寶殘盡欲按籍名商買補之天申抗論明主不貴異物今珍寶價凡千一百四十萬有奇收之太倉則不足取之加派則厲民惟宜加意修省以回天變疏入落三級補無爲州判築護魚壩二十里數歲始成民賴其利移判鳳陽致仕歸卒

胡恩字前江黄州衛指揮督運漕艘輒報最累遷盧州衆將移鎮松潘諸土司長官例奉金幣恩一切擯斥威令大布三載進秩總兵

樊玉衡字元之父煒載儒林傳玉衡事親以孝聞性淡

泊無所嗜萬歷乙未進士授商城知縣商故徵賦保伍與胥役爲奸又縣拘因者例用馬快所至家輒破玉衡悉罷之逮按誅豪蠹民得休息教以孝弟廉讓行之期年訟獄且盡會中使採礦至商玉衡直言無礦與之抗因導入險爲文告山靈曰有礦當吐毋陳貢不然而令與璫藉口括金以爲民患神其亟之璫怏怏去其後治崑山有織造中璫擾民治之亦如商也玉衡初至崑山曰邑繁劇當臨以簡是秋雨傷稼駕小艇巡視村落與饑民相對啜菽粥民皆感泣詳江南名宦志在崑六年邑稱大治去之日只敝篋一肩而已是時方推吏部文選司聞父病乞歸養歲餘以勞瘁卒商崑民祠祀之崇禎初敕建祠諡忠介

孫大壯字心易生有儁才勵志讀書萬歷乙未進士累遷福州知府治行清簡一時推爲循吏擢江西右參政官終陝西苑馬卿所著詩文公安袁宏道推重之

周盖臣萬歷丁酉舉人授石泉知縣清操有惠政民懷思之載四川名宦志

穆天顔字象懸事親以孝聞家貧力學有儁才萬歷戊

戌進士授番禺知縣舉最拜禮建道御史劾稅監及諸權貴請省刑獨賦薦正人諸疏多所建白時號多留中而天顔奏輒議行累遷巡按廣西節操風裁爲一時人表以内艱歸不置産業所餘俸各族戚及故交貧子弟分之微時區豆之惠罔不報也初父守文教諭四川卒於官天顔方少與兄扶櫬走萬嶺中資橐且盡道旅不納大雷雨皆黑哀號遇電光行有客感其孝厚賻焉至是厚報之卒祀鄉賢

眘應雲字賜吾萬歷戊戌進士授南陽知縣再補雒縣

舉最擢戶科給事九年前後二百餘疏皆救時碩畫
神宗嘗以敢言稱之光宗即位遷太常少卿尋乞歸
天啓間屢召以魏璫當事不起卒年六十有八崇祀
鄉賢子四撫辰撫極另傳

蕭友蘭字九畹昇之曾孫性孝友萬歷中歲薦授江西
萬年訓導遷陝西延長教諭興學勸士周給貧乏延
長人德之卒於任士民哭送者百餘人署中有大樹
不知其名蘭常憩其下遂名曰蕭公樹

於倫字大常萬歷辛丑進士授吏部主事累遷至通政

使以不附魏忠賢告歸璫敗以原官起不赴卒祀鄉
賢子斯行字爾翼載忠義傳

曹光德字大洪萬歷辛丑進士授嘉興推官政稱清簡
溢任三年以憂去所攜惟圖書而已詳嘉興名宦志
平生究心經籍是時江西鄧元錫力排心學嘗著五
經繹光德爲之參訂焉後官山東道監察御史祀鄉
賢

鄭之良字直夫萬歷癸卯舉人累官敘州府同知時烏
蒙安邦彥爲亂川西南半陷督撫朱燮元屬之良監
軍之良乘賊觴壽日攻其壘擒賊將四十餘人殺傷
無算遷鎮遠知府役征苗有功時往來蜀道其子屬
以道死埋巫峽者十餘人之良曰但能平賊身膏野
草分也故所向輒有功晉按察副使歸卒子一魯一
愚一浚能世其家

杜應芳字懷鶴祖鳴陽父傑皆有傳應芳至孝有異才
稱於士林萬歷丁未進士授禮部主事出守河間時
福藩之國河間屬邑例有夫馬供億者五萬金應芳
議其太繁節三萬後三王皆視爲例天津稅璫馬堂

横肆應芳衛其弟不法事捕治之堂坐此遂去督學
四川無敢以片牘干者詳四川名宦志遷福建按察
使時倭寇旁午應芳勦撫兼用海甸以寧後告歸卒
妻樊氏死難載列女傳子鋑鋌俱選貢

程之試字孝錫爲諸生以行誼文章著萬歷己酉舉人
教諭扶溝擢江西都昌知縣坑直忤上官降四川按
察司檢校川撫重其才司夔州稅課剔除蠹弊民商
便之補河南考城知縣累遷開封府同知所至多惠
政治河有勞績河有妖巫像祀之之試縲而投於水

事遂已後以親老乞歸養鄉人稱其德

鄒之易字心元少家貧負薪水供母萬歷庚戌進士授桐梁知縣恤民艱剔宿弊徵解錢糧不取羨餘府吏收兌者皆憚之及去有存積三千金謀諸邑紳士置義倉廣儲積安奢之叛城賴以全

甄淑字爾儀萬歷庚戌進士授陽武知縣改太康俱有異政入侍經筵爲吏科給事疏請額丁額米兩衡其數丁隨米收額不減而貧民罔病熹宗從之他奏疏多救時事是時楊漣被逮淑疏救激切及阮大鋮囑

傳擬劾魏大中左光斗諸人淑復疏辯其寃忤魏璫削籍事見明史後起戶科都給事中遷太常少卿累官南北刑部尚書

王欽濂字孟周博學多聞萬歷壬子舉人授南陵知縣首闢六連湖水利澤及數千戶時寇躪江南捐俸賑饑練鄉勇增城堞賊不敢窺撫按以守禦功疏薦第一尋卒於官祀鄉賢子承祜癸酉副榜有詩名承啓辛卯舉人孫懋德懋才俱進士官知縣

李五美字尊菴萬歷壬子舉人教諭輝縣累遷戶部郎以清節著出知台州府改欽州時山寇剽掠民多逋賦五美設營分戍解散之賦因以登土官胥徒過州擾民者亟懲之修復子城濬濠築堤葺學宮蒐志乘文物煥然狠賊趙永烈據河州五美晝策堵禦兩省才之會惠州有海警題授惠州海防載廣東名宦志

滿思謙字吉用世職衛指揮使博學深思習於經籍中三科武舉累遷四川建武遊擊以征苗有功擢廣東掌印都指揮使子如茲善騎射矢無虛發由武舉累官揚州水師參將長孫世榮以廕官領運著績

王六如字凡夫萬歷戊午舉人授信豐知縣時寇盜蜂起兵役數發富戶輸役無不破產者六如請於上照糧編派糧者不得規避往倉庫典守外簽里民六如蠲正之責歸庫吏邑人立祠以祀詳江西名宦志

祝世美字濟之萬歷己未進士授山東諸城知縣有異政改東阿值白蓮賊亂後招流亡課農桑三年報最行取吏科左右給事遷兵科都給事疏劾張應昌殺良冒功人咸稱之晉太常寺少卿以守城功加秩正卿親老歸養遂終焉

晏清字泰徵萬歷己未進士授蕪湖知縣廉介明允政
吳江百姓請留吳吏來迎爭於路不得行再宿然後
去詳太平名宦志吳江值水潦爲民請命得邀全荒
例改折擢吏部稽勳郎時魏忠賢方盛請封其從子
良臣爲伯清阻之不得行冢宰周應秋怒遂削職崇
正初起文選郎尋給假歸壬午起考功郎轉廣東鹽
法道卒於鬱林子震明與其五孫俱亡子婦樊氏以
櫬歸葬震明字雲章有文學大名重一時
倪敏政字楙績世職衛指揮使以轉漕功累遷靖州守

備禁止令行苗民率服撫按交薦擢福建都指揮使
進表入京詔試兵部遷浙江南洋遊擊平海寇劉香
老有功加授南洋參將子宏祚世其爵領運有績
李應鶴字鳴皐世職衛正千戶言動不苟以轉漕功署
指揮同知又署本衛指揮使理屯局有稱庚戌歲饑
出穀數百石以賑年八十卒子遐齡貢生
程良球天啓辛酉舉人由建陽教授累莒州知州改渾
源州申革草商除民大害以憂去任士民懷之詳山
西名宦志家居戶族貧者分田與之復按李給鹽戶

必周其敦睦如此所著有周易贅辭
廖自强字中立父珩少敏學博與修郡志自强由歲薦
授江油知縣縣有荒糧萬餘自强泣言於大吏疏請
得盡蠲邑人尸祝不衰
何閎中字絅卿性敏捷目十行下天啓壬戌進士授鎮
江府推官累遷四川提學副使素饒才學復善甄別
所得皆知名士載四川名宦志改雲南瀾滄兵備道
捍禦災功績甚著時避亂婦女數千人賴以生全
卒於洱海士民戴之祀雲南名宦平生德量寬和不

問家產時稱蘧宿先生子昌祚有傳
靖科元字若谷天啓壬戌進士授邯鄲知縣興水利鋤
姦頑弭盜民懷其惠改宜陽擢刑部主事進工部郎中
以簽京商事忤時相周延儒罷歸御史衛景瑗疏救
不得時流賊蹂躪築砦小崎山保聚鄉族遭土寇襲
破之殉焉子三人乃心廩生乃試貢生俱從死小崎
乃獻官豐潤知縣
劉宗祥字梧陽祖珙父功允皆有傳宗祥天啓乙丑進
士授金壇知縣正直不避權貴奸猾斂迹時海盜王

武烈爲亂宗祥捕得之餘黨憤起人皆危懼宗祥悉
平之拜監察御史崇禎初巡按江西條陳興利除害
數事稱旨繼按四川入覲面劾少宰張捷行私捷坐
免時侯良柱秦良玉討平奢賊賞格不行宗祥上其
狀始錄前功事見明史進太僕少卿管東路遷江西
巡撫致仕

王源昌字紹鼎天啓乙丑進士授禮部主事出知恒陽
府時中使監軍威權日肆源昌抗不爲禮以清直聞
後擢監察御史巡按江西值宗室驕恣悉持法裁抑

不少貸改鎮河南禹州時八年不登源昌獨賑招集
全活甚衆流寇陷洛陽將窺禹源昌飭練鄉兵防禦
周密禹卒無患遷汴梁觀察使去士民遮道哭送者
百餘里未幾乞終養歸年九十卒詳河南名宦志
樹仁世其學行

魏公韓字小韓父翊明博洽端方公韓質明而好學事
祖母以孝聞天啓乙丑成進士授太平知縣修復伯
爵祠墓築城垣已寇至督鄉兵禦之斬獲無算累
遷汝南大名薊永諸道與士愛民弭盜邦敵多異政

所至有崇祀名宦時内監魏忠賢張彝憲輩聞其名欲
致之公韓慨然負氣節不肯屈崇禎初推巡撫保定
以母老乞歸隱居樟松湖築室日漁[illegible]年八十餘卒

陶起庠字士熙事繼母以孝聞操行端潔嗜讀書天啓
乙丑成進士授江西進賢知縣改太和縣政簡刑清
除其積弊士民樂之家無擔石儲鄉評推爲清介云

王用予字安生崇禎戊辰進士授淮安推官屢白枉獄
修文起書院勸課士值歲荒捐賑設法俱盡全活流
民以萬計淮苦水爲築三堤新舊兩城皆無患詳江

南名宦志六年報最時方多故舊儒臣必習吏事擇
知推有行者舉對入翰林於是擢用予爲檢討弟用
世字有可[illegible]日嘗依[illegible]其年與於鄉早卒其
子[illegible]以[illegible]聞官瀘溪教諭有聲

[illegible]官生知廉州公平慈惠政簡刑清修廉州志
[illegible]富民橋以利行旅士民愛戴之載廉州名宦志
[illegible]官志載[illegible]黃岡[illegible]入[illegible]名宦志作官生
[illegible]之太常寺應[illegible]次子以拔貢再任貴縣遷
判駐畢烏有捍衛功畢烏人立廟祀於開嶺關嶺者

撫極所守以死安晉處也晉平遂知府苗帥藍二李
萬人圍城七晝夜撫極力禦之以壯士七十人夜襲
賊營擒藍二餘散去以功擢太僕卿致仕歸
程廸由歲貢通判梧州以廉潔稱御史中丞知其貧且
廉欲有贈恐不受委以犒軍故羸其數使受之廸曰
子孫賢不須此否則益之疾矣聞者歎服
易士龍字雲間崇正庚午舉人授醴陵諭葺考亭書院
明正學尚德行遷大昌知縣流寇來攻者再皆力禦
却之門者俘三十餘人以閒諜論且云前此皆以是
得紀錄士龍訊知其陷賊也盡釋之改宿松歸年八
十四卒子爲泰有傳
牛若麟字鶴沙崇正丁丑進士知吳縣饑民蜂起若麟
亟爲賑䘏乃治其亂魁變遂定載江南名宦志
陶紹侃字惜之尚義有勇畧天啓丁卯武舉擢異等授
郎撫游擊會漢中亂陝撫檄徵援勦署爲前部倍道
疾馳至三條嶺大雪敵未備突騎乘之斬獲無算事
聞擢郧陽行都司尋加前軍都督僉事值房竹寇亂
力戰紅坪灣渡泥關諸隘以軍功遷臨鞏總兵左軍

都督告歸卒於家
萬日吉字允康與兄諸生介眉齊名崇禎庚辰進士
授崑山知縣時流氛熖熾江以南人心驚亂日吉撫
輯遺黎繕兵守禦羽檄旁午慷慨誓死邑賴以安未
幾以憂去生平著述散佚比卒同里王一翥杜濬悼
之
國朝
汪爚南字旆夫明末癸酉舉人順治二年授吳縣知縣
分校秋闈稱得人張九徵繆彤皆出其門累官河南
知府所至有聲其宰貴溪披荆榛招流亡時崗搗山
賊數千人爲患爚南示以威信親入險招撫賊首周
飛雄其衆盡降溪民德之卒年五十二工詩文著有
天鏡堂遺稿子基邢貢生基美舉人官教諭
韋克振字子寅父石麟前明戶部郎督臨清倉以廉潔
稱克振雄才博學明末判杭州順治二年授寧波知
府捐俸賑饑招集流亡所活數千人年七十九卒於
官子成賢另傳
陳璧字公瑜明末甲戌進士授行人遷吏部郎以清介

閩順治初薦起儀曹尋督學八閩汲引孤寒權貴不
敢干以私暇與諸生論文講道著有性書或問洛善
錄諸書及歸行李蕭然詳福建名宦志子際昌貢生
際鼎蔚州知州孫應鳳寶康訓導俱克世其家

陳克峻字伯鳴順治初由拔貢授虹縣知縣有清名歲
旱設法賑救全活萬衆以艱歸課子著書不與外事
年八十卒子斂常康熙癸卯舉人

詹謹之字仲庸明末壬子舉人順治初授濟南推官釐
清宿獘力卻鹽引及嶽廟各陋規訊讞務得實情全

活甚衆尋以疾歸杜門著述卒祀鄉賢從子大有以
舉人知金谿縣嚴介自持不避權貴一時誣挾者屏
息崇儒尚禮谿人思之

晏濟明末舉人順治初授鳳陽推官平反者衆他郡疑
獄不决者悉就理焉爲守所忌尋罷歸年八十二卒

張貞才能治劇順治二年授蘄水縣丞值山寇竊發官
兵進勦軍需旁午貞委曲籌畫民以無擾載〔蘄水名
〔宦志〕

韋成賢字念莪順治丙戌進士選庶吉士丁亥分校禮
闈得人最盛遷侍讀出爲江南參政督理糧儲滌除
宿獘賦足而民不擾遷右通政以丁艱哀毁卒

操志葵字我思順治三年由例貢任浙江蘭谿縣丞勦
白頭賊有功補授蘭谿知縣愛民減賦有惠聲操守
清潔人無敢私謁者歸居正直尚義鄉里稱之

程啓朱字念伊博物洽聞有經濟才順治己丑進士知
神木縣以最擢刑曹出知衛輝府招集流亡撫以慈
惠在任十八年晉山西鹽運副使衛人思之二年卒
於官詩載百名家選子奕契奕樊俱有聲奕字禹甸由

保山知縣擢西安同知居官以廉靜稱

穆修由歲貢官鉅鹿知縣〔舊志〕稱其有惠政民愛慕之

陳士銘字大新爲諸生時豪雋好談兵精天文及山川
阨塞順治六年以鄖陽守備勦流寇餘黨身經百餘
戰未嘗挫衂賊平擢軍功累遷總兵官鎮守寶慶督
偏沅建卒於官

王朝允字爾極順治己丑歲貢隨大軍赴粵授澄海知
縣下車訪疾苦問利獘潔己愛民大姓陳退夫集萬
人壁鷗汀以自保有楊許者素劫掠先歸命攜鷗汀

鷗汀懼不敢降躬允得其情單騎往壁人望見之曰汪使君來我數萬人活矣乃出迎事得解鷗汀爲建祠像祀焉城隅有叢爲祟居民皆徙避躬允以文檄其宅祟遂滅三載治行稱最解綬歸課子讀書不倦卒年八十有六

李君柱順治七年從征入粵知新安縣潔已奉公勤心撫字值營兵肆暴守將故縱之君柱力爭不得投劾去上官廉得其實治縱兵者罪民感君柱之力詳廣州名宦志

孫錫蕃字斐臣少工詩文由選貢司訓公安勤講課舉優劣修學宮爲學根極理要一宗紫陽課士十則皆以躬行實踐爲先士風丕變載公安名宦志遷遵化知縣改霑化均有清惠聲以疾告歸著有復菴詩文集及易經圖說子寅寓宙孫銓鎬鍠俱諸生有文名鍠字元希孝友端方安貧力學子祚灝祚濟同榜舉人

張之桂順治辛卯舉人有才名授隨州學正獎勵後學士風丕振在官七年遷常德教授去州人思之見隨州名宦志

黃中實字鼎在順治壬辰進士授吉水知縣省簿書清刑獄民不忍欺盜賊斂息擢行人司告歸安貧自得不入城市

胡碩字芳洲順治甲午舉人榜姓楊性最孝父病兩載未解衣三日始一食及父沒痛不欲生昏而復者再後除廣東博羅知縣賞逋欠懲蠹蝕革漏規均田糧士民以忠孝廉明歌之擢最卒於官事載博羅名宦志弟蘅字草臣順治戊戌進士授北直平山知縣學極宏博有文稿行世

汪獻南字與山性孝友父世楨明末鴨蛋洲之難獻南守父屍不忍去獻賊至逼入江不溺逆流上舟人救之順治丁酉舉於鄉授廣西興安知縣縣素有苗患獻南撫其酋遂不復叛以艱歸民請留弗許童叟送於分水塘爲清水分流之頌後補武邑清操自任不事干謁值新河邪民爲亂大吏以疲卒五十使往故難之獻南慷慨赴敵民皆望風降邑屢饑捐粟勸賑全活甚衆及歸築室江洲以老鄉里稱之

葉白巖字會瞻寄籍武昌順治丁酉舉人授黃岡教諭太守蘊良嗣重其才令攝縣事聽政無留牘以明允稱民逋賦貧不能完者嘗産代償之家以此落攻銅鼓衛學正衛隣苗疆諭以禮讓士風振起擢衡州教授卒於官從子學貢生有學行官鄖陽訓導

陳肇昌字扶昇順治戊戌進士授寶鷄知縣招徠撫字蠲除逋賦累遷戶部郎督學廣東時兵燹後士多流亡肇昌加意招徠甄拔得人所至申條約興學校士習以淳詳廣東名宦志考最擢僉都御史授順天府

尹任官四十餘年篤誠懋績門無私謁卒祀鄉賢生平好汲引人才凡所薦達後多爲名臣嘗讀書未嘗以倥傯廢命其子從名儒陸龍其遊故其後多以德業顯子六人大年鄧州知州大肇貢生大章大羣大華大華另傳

吳升東字巢薇豫政元伯子順治己亥進士授登州推官時于七叛茶連坐大獄升東讞鞫平反甚衆所至愛民重士風裁侃侃知無不言累官浙江道監察御史復協理河南道事告歸著有玉磬齋瑞芝堂集

汪士奇字凡子順治己亥進士以孝友方正重於時南安推官改東鄉知縣康熙十三年賊兵肆掠士奇練鄉勇保障孤城大敗之盡追賊所擄男婦數千人而還賊平乃興學育人才士民愛戴擢刑部雲南主事年六十餘卒孫度宏另傳

樊維域字念菴少失父事母張氏以孝聞順治己亥進士教授德安究心理學課士以孝弟廉隅爲本遷平鄉知縣弭盜賑饑凡積弊不便民者悉除之時漳水泛決維域捐資築堤防開渠溉畝訕患遂息期年以

母老告歸肆力正學著述甚富卒祀鄉賢子齊伊以鄉舉官中書舍人孝友文學鄉評推重

宋必達字其在初寓居武昌值獻賊陷城驅城人於江必達夫婦扶父投磯下得片板乘之竟抵陽邏乃免終孝養焉順治辛丑成進士授江西寧都知縣請免清泰懷德二鄉逋賦招集流亡邑有二城民兵分處必達始爲團練法適閩賊張志在阻兵窺贛南圍寧都請援未集必達率鄉勇與營帥協力破走之境[illegible]以安後奉檄誅黨亂者必達抗言良民脅從願[illegible]

其無他全活者甚衆及解組歸中途遇賊劫之繫家室中夜半忽多人持兵杖大呼宋公擁以去盍寧都百姓也年六十餘卒詳江西名宦志子敏求康熙戊午解元聯捷官檢討有父風以文行稱孫鍠德化知縣

王追騄字里之尚書廷瞻孫順治庚子舉人除永州教授遷犍爲知縣縣故瘠供膳例派里甲追騄悉捐之興學勸士文治遂盛擢刑部主事多所平反乞歸途次百餘人焚香跪道左詢之則署廣西司時所釋死

囚皆感泣各言其故家居十餘年教子孫清白不問產業子一得諸生孫封渭乾隆壬申進士

鄭昱字方南父先慶有傳昱康熙庚戌進士知建陽縣改唐縣以廉能擢工科給事中有正直聲出爲江西糧道革除陋規數萬請免弁丁月銀興學校釋諸生冤獄甚衆晉廣西按察使持法平允詳江西廣西名宦志遷安徽布政莅官月餘宿弊一清尋以老乞歸讀書教子鄉人以爲模楷子可格舉人官中書歸養工詩文著有永懷詩菊園集

梁鉞康熙初爲長安縣丞攝縣事農民盧某方耕其婦饁之食已噴血死前官治婦罪且成獄矣鉞至訊其由遂往饁所有樹翳其上伐之中盡蝎也乃知蝎所毒遂白其冤士民咸頌之

鄭繼啓本姓洪成童時蹻捷走城堞皆如飛鳥用長矛如雪練無敢禦者康熙壬子舉武科提督趙良棟奇其才從征吳逆平湖南袁州渡鐵鎖橋先登擢軍功累官副總兵年三十八卒于官

王鳳采字汝載康熙己未進士授會稽知縣清介自矢

以謙讓化民嚴絶請託邑大嵐山界連金寧溫台四郡有白頭賊乘歲饑誘民爲亂鳳采廉得其魁置於法餘黨解散乃勸賑全活甚衆捐俸建范陽閘居民利之在官十一年邑稱大治詳紹興名宦志子湃仁諸生澎仁訓導沐仁教諭

萬爲隨字麐瞻里春子慷慨有父風郡守于成龍平東山賊以爲練長資謀畧焉已由歲貢官桂陽州學正時兵燹後學圮爲隨捐俸倡修之進諸生以忠孝大義人才特盛桂陽苗舊多使咎與州牧李 往擒其

魁餘悉定州賴以安事載桂陽州志弟奇英字省炎
少孤事母孝與兄友愛無間家計無所校年八十餘
猶矍鑠勤於學以明經官訓導卒
孫筠字湘有父文燦諸生饒才畧明季結寨淋山河保
障鄉里爲獻賊所得欲屈以官拒之賊斷其臂終不
屈筠康熙辛酉舉於鄉授夏縣知縣有循良聲雍正
間夏縣樊大元知黃岡訪其子鉞曰吾邑賢令後也
善視之其令人久而不忘如此
王懋德字一士父承啓舉人少孤事母孝好學有文名

懋德康熙壬戌進士知廣靈縣縣故瘠貧值荒後招
徠生聚力陳流離狀悉如其請壬申陝西饑時大臣
督運擇賢能八員佐之懋德分運千餘石由口外黃
河故道循經險阻一年報竣艱歸後補寧都歲饑請
發倉捐賑民賴全活所至振拔孤寒興學勸俗治績
稱盛弟懋才字國士同榜進士新建知縣治事嚴肅
人感其厚好汲引多成名儒擢最以疾歸
陳大羣字季超犖昌子康熙庚午舉於鄉知四川會理
州州故邛僰地民俗獷悍大羣至輕徭役抑豪强擇

子弟之秀者親爲訓廸士風一變九年考最擢戶部
員外旋進郎中咸能舉其職引年歸以禮法教鄉族
咸矜式焉子師洛雍正丙午舉人有學行
萬爲恪字敬儒爾昌子康熙丁丑成進士授遂安知縣
釐剔宿弊常終日危坐堂上令吏卒無事則散民得
自前言疾苦聽斷無留牘遂故瘠里中歲約出三千
金供官日幇費至是悉革之茹蔬衣布與民休息撫
軍趙申喬張泰交推治行第一洪邨水暴溢壞民畜
田廬比賑而後請吏爭以故事待報否且得罪不聽

遂賑之已如請俞諮其賦用刑務寬恕然法行豪貴
不少貸巨猾毛六謀劉念那爲害招至開諭之猾泣
感遂爲良民後二十年子紳祖經其鄰境擔夫皆邑
人不受値以遺愛猶尸祝云平生嚴重寡言笑雖沍
寒盛暑不改儀度然亦無峭激之行饘粥屢缺未嘗
言貧也子六紳祖另傳綬祖舉人有學工文有知人
鑒誘進後學多所成就與伯兄繼祖以好義稱鄉里
服其訓數十年無雀角者
范湛辭字叔文先世休寧人祖元達來黃岡因家焉

祚少孤家貧母田氏苦節撫之見列女志甚篤乃學
敦行奉母以孝聞康熙丁丑成進士授河南淅川知
縣清操自矢案無留牘在治九年以最擢吏部主事
將去淅民攀轅不得行擔酒焚香走擁村落父老多
泣下者壽以疾歸年六十餘卒子元灝康熙辛卯舉
人官尚如温縣知縣以告歸里孫朝綱乾隆辛未進
士授貴陽知縣候補主事
王一導字子引康熙丁丑進士授德化知縣地瘠多訟
一導汰浮費案無留滯以明慎著艱歸起知屯留縣

值歲耗撫循賙恤全活甚衆地易馬牛估權號活稅
悉弛之擢吏部主事累遷四司郎中釐蠹剔弊有正
直聲典試浙江稱得人授浙江寧紹台道兼理海關
懲豪猾賑窮乏通商惠民以疾乞歸卒爲人誠直無
驕矜之色以孝友世其家子封岱雍正癸卯舉人
余珖字用南少爲諸生與兄世宗齊名康熙庚辰成進
士授四會知縣始至有胥獻金者懲之賂頓絶地瀕
海經亂丁耗田多蕪請以丁隨糧更募墾給牛種生
齒乃蕃邑苦盜用其魁治之盜遂止立義學爲之[illegible]

式人從其教焉七年以病告民籲留又二年乃蕆予
宏仁陵水知縣多惠政
王漢周字齊侯康熙癸未進士授奉節知縣有廉明聲
擢最累官西臺戶部郎復出守鞏昌知府諸大吏稔
其才凡鄰郡重獄委決無虛日多所平反陝人德之
以疾卒於官惟敝衣一簏見者嘆息詳四川名宦志
王全才字仲點康熙丙戌進士授廣東長寧知縣縣居
叢山中嵐重泉毒又俗尚巫覡衆全才懼諸法毀其
祠像巫風息盜魁吳辛龍嘯聚久爲民害乃率士兵

傾其巢辛龍伏法境賴以安卒於任兄漢舉子林
懷俱諸生有學行林蘊乾隆辛酉舉人歸州學正
陳大華字子京肇昌子也康熙丙戌進士授廣西永安
知州地僻俗雜猺獞大華爲立法使嫁娶喪葬以禮
民苗冤輒面控革仇殺之習興學勸士文教遂盛改
西隆偏牙盧苗與桑氏素相攻擊至是蔑之威震苗
蠻復授泗城岑酋平其獄舊俗官至輒多護衛苗長
進酒食必先嘗防鴆毒也乃悉弛衛飲食無所疑岑
酋益驚服考最擢福建鹽運司鹺政大治攝視福汀

諸郡群盜脅息發倉賑饑數折疑獄全活甚衆擢台灣道時兵後歲荒大饑分路給粥日食數千人發倉糧分十廠減糶民氣復盛又載米濟臺西小島曰澎湖活者萬家於是議建城郭裁番社花紅搜山陋規番社子弟皆興學又以前此官庄丈額不實多雜民田及荒埔磽确不可成賦者悉請更定及馬料糖廍皆有議報可卒於官臺民遠近皆至人持香一束哭堦下及去夾岸奔送呼聲雷動子師豫雍正癸卯舉人

王楙績字乃言勤學好古康熙乙未進士除永州教授爲嶽麓山長子光珮己未進士累官通渭登封知縣攝視假師性廉介爲治嚴明士民稱之擢最卒於官

靖乃成字我思由貢生除漢川訓導遷宿遷知縣地瀕河崩淤無常民隨淤任種以供正賦前令加派民苦重征乃成力請奏免圈柳地民產也軍丁冒占搆訟不休乃成廉得其實悉復本業宿民頌之

馮檤字臣武少孤母方氏教之載列女傳檤力學能文負氣饒勇畧遊於黔嘗大定籍補諸生例得與武試不售遂效力行間授貴陽把總雍正四年從勦定廣之長寨苗力戰破谷隆關敍軍功一等擢黎平守備駐古州復帥偏師勦撫新疆五載以軍功晉平遠都司遷上江遊擊迎養克孝其弟旭及從子皆從之在官十二年卒旭貢生有文名旭子子式字汝瞻乾隆壬戌進士知湖南益陽縣以氣節稱改黔陽卒方子式初第時檤亦以事同來故鄉人以爲美談其後子孫仍家於黃

胡天健字行旃父正君好施與周鄉族貧乏里有疫癘

給棺木助以葬貧家以是破然終無悔天健性坦易由己酉拔貢累官江右瀘溪安仁鉛山知縣興學校均賦役舉廢出滯所至有聲安仁縣志載雍正十年逆民黃申冠猖獗天健往勦獲其首所至安堵人稱其德

宋鍠字雪懷由貢生授肥鄉知縣清慎自矢邑舊城爲漳水所圮甫下車捐俸修之又建

文廟修補諸缺遺凡民詞訟及微納皆令自赴無差拘之擾嚴夜禁弭姦賊懲遊蕩民悉便之

周嵩字元峰祖之彬貢生于清端成龍為郡守時推重
之以儒林俠骨顔其室父大伸諸生守禮方嚴為鄉
里所宗嵩性孝友厲節操博綜羣籍文名特著雍正
癸卯成進士授大名知縣釐革蠹弊屢決疑獄濬李
茂堤水患居民稱便一時推為廉幹攝視長垣有囚
病放歸歿於家違例削職於是衆民哀號乞留巡按
御史莫禮博李徽奏其事
特旨留任復攝元城魏縣獄多平反興賢勸學廣置學田
士風大振十年擢大理評事將去民猶濟濟日候於

門有控者皆曰願得一言而決其得民心如此受評
事職三月卒櫬歸過故治民哭而祭者絡繹載道家
無私橐舊時官俸所餘皆置祀田悉公諸兄弟鄉人
稱之
補遺
明
王琳正統二年由監生知雩都縣親賢愛士矜恤民瘼
邑舊苦差繇農民不諳水石皆驅供刈郡夫船之役
琳入覲奏其狀及諸邑皆免之比憂去百姓隨而送
者咸為泣下祀名宦祠見雩都志
國朝
淩建奇字仲平順治戊子舉人積學實踐手采熟曹
本榮劉子壯師資之授翰林院孔目奉
命册封安南宣休威烈比歸
世祖嘉之
賜象骨扇及
上方克食康熙初齎
詔陝西旋典試山東未竣事卒於官

陳大年字子山肇昌長子康熙庚午順天副榜授山西
徐溝令邑當燕晉孔道會
聖祖親征噶爾旦餱糧芻茭車輛之屬取辦俄頃年四出雁
門關馳驅無後期值歲荐饑民多轉徙力請於上開
倉以賑徐得保聚無恙艱歸起浙江樂清令建修堤
閘及塘埭各數十處報墾田五千餘畝學宫舊毁於
兵燹年修復如制浙撫王度昭撰文紀之勒諸石遷
鄧州牧鄧溝洫堙廢旱澇為災年教民修渠歲獲屢
登又勸以植桑養蠶繅功日盛鄧人戴之年七十七

卒於家子師履甲午舉人灝壬午舉人

謝加恩字勗菴康熙丁卯舉人知四川安縣時土流民少加恩招徠經畫民得樂業乃建廟學教育生徒鄉邑皆負笈至在治八載布衣蔬食素履蕭然以最擢主事載綿州名宦志

王掄士字以三拔貢博通典故由教習任江西豫寧令剔奸鋤猾興學右文政績最著值邑大祲爲粥以賑凡五閱月咸得全活士民立有生祠三比卒囊槖蕭然櫬歸之日送者哭泣入江右名宦所著有問津書

院志續三楚文獻錄寧國府志永安州志漳平縣志諸書

謝鼎字臣山歲貢官蘄水訓導誠篤好士貧無力者捐俸助之多所成就告歸士爲立去思碑見蘄水縣志

馮子式字汝瞻少穎異隨從父宦任黔以黔籍舉乾隆戊午鄉試壬戌成進士改籍歷知湖南永順麻陽益陽三縣剔弊除奸所至有聲令永時委勘邊界有獄案七八負決至以一月具讞悉得情民服焉麻地遠多蠻山誘開闢悍目積士陋少書籍爲廣購置並給

貲以鈔設義學日親講授文風丕振轉益陽置義塚便民恤老甫孤益人號慈母然性伉直無阿附間以事忤上官累不爲動後調任卒於京邸時論惜之

黃岡縣志卷之九終

黃岡縣志卷之十

知黃州府事錢鑒彙輯
王楷裁訂
知黃岡縣事陳文樞
蔡韶清
王鳳儀仝編

人物志

忠義

爲子克忠險不辭難以衛社稷匪躬之故人臣之節也天地正氣不可銷磨而揚以丹青報以俎豆使後之論古者以爲忠臣能致其身匹夫不奪其志有如斯也者

元

吳汝字國棟生而靈異膂力絶人其先自饒籍黃三世爲懷遠將軍父賢襲職鎮陽邏至正十四年劉福通作亂號紅巾據鄂州賢與其弟貴及汝討賊克復者再有大功賢卒汝累遷行省平章左丞鎮郡值大水堤潰決汝以巨艦載石塞之全活甚衆是時徐壽輝方破鄂州所至郡縣皆陷汝起兵大敗之盡復故地威震淮楚既而壽輝潛師襲鄂州城陷汝率十餘騎渡江欲更舉不克而死先是貴多智略常佐賢及汝籌軍事汝既死貴遂歸隱不知所終汝部將黃榮滮

權等歸於明後戰鄱陽且急見巨人紅袍馳白馬從空中來則汝也遂大勝因封護國忠臣顯靈王郡人以汝數有功亦祀之

明

奚世亮字明仲父樸嘉靖辛卯舉人知富陽縣有清操世亮嘉靖丁未進士授南戶部主事榷稅以廉著累官刑部郎出知思南府左遷高郵州同知先是世亮餞楊繼盛於西市嚴嵩銜之至是削秩四十二年倭犯閩浙乃起廢以世亮爲福建延平府同知時興化缺守倭寇且亟人多計避世亮曰承乏受署臨變若避非忠也即往率士卒登城守身冒矢石踰月總兵劉顯遣卒齎書城中衣刺天兵二字賊殺之衣其衣紿守者得入城陷世亮身被數創力戰死之賊平乃得遺骸於旗亭事聞贈福建右參議賜祭葬祀鄉賢廕從子繼善授詹事府錄事妻王氏以節旌事詳明史

康艮臣嘉靖間以掾尉定海率義兵與倭戰斬首三十餘級身受重創遂戰死手戈馬上不墜事聞廕一子

入監

樊玉衡字以齊家世孝友萬歷癸未進士由廣信府推官徵授御史性强直敢任屢劾權貴薦揚忠良時儲位未定疏請皇長子出閣視學正元良之位越三年有三王並封之旨玉衡復上疏語益激切與執政忤以京察謫無爲州判稍遷全椒知縣禮耆碩表先賢因俗便民剔除蠹弊詳江南名宦志二十六年玉衡又以册立久稽上疏極諫於是旨一日三四擬罪且不測大學士趙志皐等力救得免尋以憂危竑議連

及遂謫戍雷州即日挈襆被騎驢就道全椒人哭送之名其草疏處爲獬印堂居雷州二十四年閉門思過薪爨不給澹如也光宗即位起南京刑部主事以老辭疏陳親賢遠奸十事詔優答之尋命以太常少卿致仕卒於家詳明史子鼎遇維甫維城事在本傳

孫大祚萬歷乙酉舉人累官淮安府同知有惠政遷易州知州時稅監王虎以開礦駐横嶺肆爲民害大祚力與之抗不少屈虎嗛甚尋虎以横恣激廣昌民變乃誣劾大祚阻撓礦稅坐貶後礦稅罷以楚雄推官起用未仕卒贈按察司僉事旌其忠節事見明史

蚩宗孝字養玉事母孝母常卧病咳血宗孝必以手承之母卒刻木像朝夕奉祀道途飲食必先獻然後敢嘗萬歷時授雲南嵩明州吏目值武定賊鳳膽脅陷嵩明出禦而敗被執不屈死闔門殉之僅遺一子蜀麟有老僕葺全負棄其子而匿之鈌甃得免事聞賜祭葬贈本州同知廕子蜀麟入國學後官南京虎賁衛事載明史

王追皐字執之尚書少保廷贍長孫也事繼母以孝聞

少能爲詩文科試副榜者三乃襲廕累遷南戸部郎天啓二年出知貴州安順府是時安邦彦爲亂圍貴陽且急安順道絶追皐日彊場急豈得安寢遂傾家貲募壯士以行巡撫王三善見追皐奇偉多謀畧甚重之委署平越不逾月轉米舁七十萬激勵將士一戰貴陽解署平壩兵備副使督漢土步騎十五萬人討安酋自普定抵清河口十七戰皆捷以勞病三善問之對曰不負國不負知己遂卒子一翥陳其狀贈太僕卿廕一子入國學

王一桂字千秋由舉人累官戶部主事崇禎九年督餉昌平

大清兵入喜峰口御史王肇坤敗退保昌平戶部主事趙悅攝知府事王禹佐分門守一桂以城南最衝獨往時降卒二千人內應遂破西城肇坤被矢死一桂及悅禹佐皆死之先是一桂聞警呼曰合家速死於是妻姚氏妾邱氏偕子女二十七人投井死唯十歲兒與一婢潛土穴逸去事聞贈太僕少卿賜葬祭廕子事載明史

周之訓字日臺立身方嚴好學洽聞以進士授戶部主事督榷淮關約已逼商蕪埠役之困累官福建副使督學江西驛傳道浙江按察使所至皆有政績坐事罷復起山東參議備兵萊海時叛將沈志祥殺監軍於皮島走倚朝鮮之訓購得其黨誅之而沿海築工亦畢增級移濟南分巡副使崇禎十一年冬十二月

大清兵自畿輔南下是時山東巡撫顏繼祖方以本兵檄移鎮德州故濟南空虛止鄉兵五百萊州援兵七百勢弱不能支而督師中官大將皆擁重兵觀望不救之訓與右布政使張秉文等分門守晦日糧盡兵民洶洶思潰諸官皆集計事之訓按劍厲聲曰今日之事與諸公守此土死北面拜哭遂乘城二日城破秉文戰死之訓死於南城上妻劉及闔門皆死之弟之記上其事贈光祿卿謚忠烈賜祭葬建特祠事見明史

周啓元字善長父有爲寧國知縣啓元年十二侍父病晝夜不輟父卒哭輒欲絕歸次蕪湖舟覆啓元抱櫬浮水出乃還葬焉事母以孝聞天啓丁卯舉於鄉補

公安教諭教諸生以德義文章擢山東高苑知縣時歲凶民亂兼攝樂安臨朐咸綏輯之以才能著

大清兵東下破高苑啓元朝衣握三縣印坐堂上死之贈山東按察司僉事廕子入監事載明史

程之奇歲貢生官荊門州訓導崇禎十五年十二月李自成攻荊門之奇與學正張邠芳盟諸生於大成殿佐知州盧學古守之環攻四日援絕城陷不屈死詳明史按董志所載程之奇係沔陽學正癸未致仕壽終與此名同事異詳篤行傳內邠芳蘄州志作效方

樊維城字紫蓋太常玉衡季子也萬歷己未進士授海鹽知縣以清能稱詳浙江名宦志初玉衡謫當陽長子鼎遇請代戍不可至是維城因覃恩請停已封追父罪有起用之名事在本傳天啓七年維城以最擢禮部主事尋坐事謫上林苑典簿崇正元年維城抗疏言魏黨艮卿艮棟等冒請封爵當誅又言忠賢積財半盜內帑請籍還太府可裕九邊數歲之餉因請褒恤楊漣萬燝等一十四人召還賀逢聖文震孟孫必顯等三十二人亟正張體乾許顯純楊寰等罪是

月又言崔呈秀雖死宜加刑及五虎五彪之罪又斥吏科陳爾翼緝東林遺孽之非乞釋御史方震孺罪並可其奏遷戶部主事進員外郎出爲泉州知府擢福寧兵備副使於是海寇斂息八年罷歸自是力學著書敝衣蔬食陶然自得也十六年春黃州城南門哭五日夜衆知禍且至傾城走二月張獻忠圍黃州維城率衆拒之二月城陷維城抗聲罵賊洞胸而死從子諸生齊華殉之維城著有皇極數言毛詩太成周禮雜錄諸書紫巖集載明史孫聖和諸生敦行誼

曹士謨字獻虞十歲就童子試府縣皆首拔督學鄒思谷訝之及試乃曰異才也仍以冠軍旣長學益富知縣茅瑞徵異其才與呂元音同修邑志今所傳茅志是也天啓間以歲貢除隨州訓導教諸生有法三年告歸癸未獻賊之亂士謨與樊維城倡率勇壯守黃州城陷死之

郭以重世爲黃州衛指揮聞獻賊攻黃州乃率妻子赴難未至而城陷其妻不欲入以重曰朝廷與我十三世金紫豈不能易一死軀乎言則殺汝矣遂行遇賊

露刃脅之去以重紿之曰是不難彼抱小兒者吾妻也汝爲我殺之則無累矣賊果殺之以重奪賊刀殺一賊遂赴水死事載明史

王家錄字愧脩天啓辛酉舉人累官刑部郎有請恤刑熱審諸疏改戶部員外郎督餉榆林李自成方據西安遣其將李過以精卒數萬徇三邊陷延安綏德將及榆林時家錄已擢關南兵備僉事未行曰撫軍方罷總兵官已遁吾不可去當守此地佩利刃誓死戰也遂與兵備副使都任率衆協守崇正十六年十一

月圍急城無完堞家錄令男子皆乘城婦人運水灌城氷厚數寸賊穿地穴藥火燒之賊勢稍卻會寧夏諸賊合攻外援不至城陷都任死之家錄引佩刀自刎未絶以手蘸頸血書忠義二字乃死屍六日不僵賊衆見之有驚且拜者遂藁葬於城南後其子源發源復得其屍面如生以櫬歸葬事聞贈光祿少卿賜祭葬廕子詳明史

方堯相字洛虞貢生官成都同知明末獻賊寇成都堯相佐巡撫龍文光協守監紀軍事兵食絶泣請於蜀王不應怒投於池以救免明日城陷不屈遂殺於萬里橋下事載明史按四川職官志堯相官按察司僉事與明史所載官同知稍異今依明史

吳思溫字揚休萬歷甲午舉人由均州學正擢雲南順州知州苗蠻犯順撫循有方累官廣西布政使致仕歸寓武昌值獻賊薄城率兵守保安門抗節而死葬席裹屍數月不變其妾田氏子諸生江英子婦游氏及兩女俱投井死

余士瑋字季美崇禎丁丑進士制行端方尺寸不苟授

九江府推官左良玉兵叛士瑋抗義入其營罵賊賊重其名舍之復自悲號十日卒於廬山之麓張家山載九江府志

方應星字文卿崇正丙子武舉巡撫宋一鶴擢爲都司授兵三百防守遠安闖賊據襄陽招降不從遣賊將數萬騎攻城三日不能下叛卒開門應之城陷應星被執不屈罵賊死

國朝

江基遠字星伯順治己丑進士授東鄉縣知縣招集流移撫字多方民懷愛戴時金聲桓叛後所在嘯聚土寇吳君寵攻東鄉基遠督兵出戰死之後令曹司大狀其事

特贈按察司僉事廕一子載江西名宦志子惟錡由廕累官霸州知州基遠弟基遂諸生東鄉之役基遂獨力保全倉庫及惟錡卒於官爲經其家以義稱

吳之蘭字國禮黃協營把總有材勇康熙十三年冬山賊何士榮亂之蘭從郡守于成龍進討力戰而死士人哀其忠爲立祠以祀之事見于清端政書

劉志高麻安鄉人康熙十五年以守備管遊擊事從軍
戰死未詳何處是秋
賜祭葬有
諭祭文
陶之駿廣東茂名縣丞康熙十九年粵賊猖獗之駿傾
兵禦賊會武職逃去之駿毅然直前沒於賊事
聞褒恤廕一子思哲入監以上忠臣
明
吳璋倜儻負氣節嘉靖時大禮議起諸臣忤旨譴謫纍

纍璋曰死忠孝者分也我其爲陳東歐陽澈乎遂徒
步詣闕上書救楊廷和等復力持諸臣前議詞甚激
烈下錦衣獄杖八十遂瘐死帝聞之曰惜哉吾將有
以用之也詳舊府志
易道暹字曦侯邑諸生少尚氣節好讀書積卷滿家其
自著有十五朝文獻四書易傳內外集詩徵若干卷
盼季乙亥流賊亂將及黃州道暹惜所積書與已著
書多徘徊不忍棄賊至長子爲瑚奉母走青峰巖道
暹攜幼子爲璉擔囊而行遇賊索其囊則盡書也賊

問之且識其名道暹曰若既知我當聽我言愼毋殺
人焚屋賊曰身且不保尚爲他人言道暹怒厲聲叱
賊賊欲兵之爲璉請代賊並殺之未幾爲瑚亦死詳
明史其後監軍道王瓚沔陽知州章曠武昌生員陳
天一白雲寨長易道三皆起兵討張獻忠復蘄黃漢
陽諸州縣道三道暹之從弟也事見明史
馮雲路字漸卿邑諸生好學勵行年三十棄舉子業從
故相賀逢聖講學寓居武昌著書數百卷巡按御史
林鳴球薦其賢並上所著書不用崇正癸未獻賊攻

武昌雲路貽書逢聖曰在內以寧湖爲止水在外以
漢江爲汨羅寧湖雲路讀書處也城陷赴寧湖或止
之曰我生唯讀忠孝書未讀降賊書也遂懷所著藏
易投寧湖以死事載明史雲路子永明諸生痛父之
死哀毀不欲生終身不入城市
熊霈字渭公諸生移居武昌喜命子皇極書頗言未來
事崇禎癸未元日盡以所著書付其弟雲霽以歸曰
善藏之獻賊將至乃貽書雲路曰丈夫當於節義中
尋實地明日見我某樹下城陷霈投荷池死即所言

樹下也著有性理格言大易參圖書懸象春秋主左十三經注疏評畧立齋古今文諸書事載明史

汪陛廷字亦嘗一名三奇諸生窮經明理學所注五經名五經成又注離騷著冊畧二十一史兵法修楚文獻錄諸書寓居武昌時左良玉撤武昌兵自護東去守兵半老弱器械倉庫且盡張獻忠方陷蘄黃聞之即趨武昌守官及故相賀逢聖議守諸生馮雲路諸人從之以陛廷協守東門括城中宗室及民壯爲二營又榜募勇士守城號新營新營者即賊之間諜也

守三日所殺甚多賊不能入而監軍參政王揚基率其部下千人渡江去新營人遂開文昌保安二門迎賊賊入賀逢聖以下皆死之陛廷呼曰我黃岡汪陛廷殺賊者我也賊執之付一紅營賊拘之示以刃且勸之降不屈謂其子郘孫曰我生平力學在今日汝有母勿傷也賊投之湖湖水及肩陛廷坐而死明日郘孫負屍出覆以土賊去始斂貌如生見明史

王子堅武舉明末寇警與力士余季亚守城衛鋒破敵殺賊無算城陷子堅季亚猶奮力巷戰賊衆叢矛刺之被執齊聲罵賊賊怒且妬其勇也皆磔之省志作王子見

史子見諸生尚氣節明末獻賊僞將毛主伯據辛家衢徵財掠亡肆虐無狀子見殺之獻忠聲言三日不獲子見屠其鄉子見挺身往賊磔之皮肉且盡猶骨立不僵鎖其頸於彰孝坊夜分脫鎖走臨湖寺明日賊索獲復斫其首至今辛家衢家祀之

戴瑾字可懷諸生膂力絕人善用大刀馬上輪轉如飛聚義勇守馬鞍山獻賊破黃州將北掠瑾伏狹路邀之殺賊前驅千餘人獻忠至瑾射之中肩賊衆驟集

訝其勇欲生致之圍數重瑾登樓飛矢擿賊賊輒斃不得上乃積薪焚之瑾子孫並義勇三百七十餘人皆死

於斯昌字文言崇禎己卯舉人慷慨好節義張獻忠聞其名索之急敝衣草笠走得免至於贛與守之城破死焉

鄧雲程字扶風諸生父士駿以孝友稱雲程狀貌雄偉有膂畧赫然武勇以忠義自矢壬午張獻忠犯黃州守令名雲程議守雲程曰城頹人散徵發科派皆不

及獨有不肖一軀可塞餓虎之蹊耳郡守壯之然畏敵衆執其手欲有言雲程揮手去結襦持鐵鞭長五尺許縋城下獨當賊衝三晝夜賊遁及聞闖賊之變號吼噴血數斗遂狂走莫知所之後其子之愈聞其卒於洛陽之橫谿乃歸窆焉

操志述字振翼性仁厚負才幹嘗寒夜家人獲偷者方求火志述密縱之獻賊攻武昌糧餉且盡志述素見禮於楚王乃亟言發帑藏以犒守卒不聽志述聞城破遂赴難長子日元請從許之次子暗亦欲往止之

曰宗祀不可絕汝歸撫兩弟可也遂同長子赴水死

馮承進承選明末乙亥遇賊被執賊偉其貌脅之去大罵不從賊怒俱殺之同時以罵賊死者有蕭繼昇吳衍周吳應周諸人先是繼昇結寨禦賊方畧甚具後衆寡不敵乃獨持短鎗鏖殺三賊死之

王躬靖諸生年甫冠尚氣節善射流賊之亂保障山砦屢戰輒勝活人無算獻賊聞其名招之不從囚於週龍山罵賊不屈死

曹大震字孑旦諸生孝子大聲弟也獻賊之亂震[illegible][illegible]

執罵賊不屈而死孫一嵩字中巒選貢

萬里春字薦伯崇禎壬午副榜倜儻負氣誼以勳業自許時寇氛熾甚其父母方避兵武昌癸未夏望火光燭天驚曰會城破矣乃夜走展轉鋒鏑中迎父母歸居武湖與弟爾昌審地勢築堤障湖水環二百里經冬不涸爲守禦策甚備賊渠據武昌以僞職招誘亡命乘間竊發里春乃立團長朔望申明約束人知自凜以故他方糜爛而一鄉安堵歿後鄉人祠祀之年三十九卒

鴨蛋洲殉難二十八人崇禎十六年夏四月張獻忠破鴨蛋洲舉人魏應羆於斯行生員陳鴻劉紹熙鄭士杰師有功國學生韋秉國鄭儼林秀芳鄭長裕汪嬌南李若梅汪國衛劉應權韋石桂劉子俊杜紀劉相國陳鑛劉子偁劉子儼鄭士俊黃衡方珪張鴻儒張鴻仁劉紹伊劉紹賢諸人毅然不屈罵賊而死修撰劉子壯爲文祭之載藝文志紹熙子壯之從父博學好義子壯師事之

國朝

孫希伸字旭如明季副榜博學能文章負性敦樸仗義輕財先是鄉人經流賊蹂躪婦女多被擄掠希伸以計致歸者不下數十家及後獻賊所過降者皆屠希伸率居民守劉婆巖事急議者欲降希伸獨持不可極力拒之遂得保全子顯宗字方水諸生好義有父風

王象虞性抗直好義有智畧順治初土寇起清軍府選爲山砦練長象虞提義勇千餘人所向克捷時有紙砦鐵人練長王之謠子友柏化龍俱諸生以學行稱

張本恕字全淑邑諸生有才畧順治十年平石人寨山賊有功有司使爲但店鄉勇練長康熙十三年羅山賊周鐵爪潛入麻城東山白水畈聚衆謀逆邑石馬衝何士榮自長沙歸以僞劄煽衆附之於是知府于成龍率師使本恕督其堡烟甲防禦賊不得入境因陳山中形勢請亟發兵二百防守黃土嶺隘已成龍從之士榮及鐵爪皆就擒何族懼株累以本恕言盡釋其疑是役糧草區置不徵里甲及鄉勇旗鼓之設本恕參畫爲多賊平將上其功謝病不起成龍爲表其門見于清端政書

張尚聖字文先康熙壬子武舉有才勇十三年何士榮之亂尚聖受知府于成龍令與千總王茂昇把總羅登雲率鄉兵太平堡余君榮得勝堡高巨卿清淨堡舒楚玉雲龍堡王克明等凡四百人先駐黃岡廟賊衆突出戰於黃土垇尚聖冒矢石勇敢爭先賊勢稍却於是諸將分道進擊尚聖由石山東越崇嶺數重與衆軍合大敗之殺傷無算士榮挾矛走陷泥中獲之遂乘勝破石壁餘黨悉平後尚聖成武進士官守

備其同時著績者有貢生龔相且生員吳之鄒曹洪仁官純恭靖天德諸人扶病籌畫者則程鎮邦也見于清端政書

胡珠字山佃明末諸生好古力學尚節義以走馬試劍自喜父早卒事祖承通以孝聞獻賊之亂珠獻策楚撫宋一鶴時難其言而不能用楚竟以破左良玉鎮武昌聞其名辟之不就遂避居岳州平江磻溪躬耕自給吳三桂反迫致之珠避走瀕死者數得免亂平反其居屋已灰矣而故人所寄白金三千擲野塘中

尚在覔其人還之康熙二十三年聘修楚志後客死於岳著有無悶園詩文一百卷孫作舟雍正癸卯舉人

以上義士

孝友

爲子思孝惟孝友于兄弟故君子務本百行之所生也夫以聖賢行之而猶恐未盡而人心所不能已者往往獨盡其誠此百姓之與知而能行也可以觀道而示化矣

南宋

董陽西陽縣人三世同居外無異門内無異煙南豫州刺史舉以聞詔榜門曰篤行董氏之閭蠲一門租布

見南史孝義傳又宋書云西陽董陽五世同財爲鄉邑所美與南史稍異並存以備參考

元

林鳳陽事母孝宅失火獨負母出家貲盡棄不顧有過客憐之遺以金謝不受治春秋不第奉母屏跡林泉吟咏自適

明

王濟字體民思旻孫也宏治壬戌進士累遷驗封郎中母没廬墓側服闋就官戇直多所建明遷河南參政聞父疾三疏乞歸養不解帶者四年父卒哀毁盡禮正德中旌表尋起四川參政不就家居明農課士置義田義塾以贍族生平好經術能文章介立有特操不輕假人顔色敝裘羸馬絶跡城市鄉人敬畏之卒祀鄉賢子廷儒廷陳廷贈俱有傳

周日昂字民翹生而篤孝親卒哀毁廬墓側苫塊三年有白鳩巢其側有司以聞旌其閭

高登字汝清讀書行義里中貧者周遺不倦大父有暴

疾登籲天請代疾以愈大母年五十目雙瞽登日以舌舐之目復明事父母飲食必嘗而後進比卒哀毁骨立廬墓三年

劉承芳字世美少穎悟善屬文舉止中雅父母早卒哀毁骨立事繼祖母以孝稱仲父幼孤奉事罔懈撫從弟稱友愛以歲貢授同安司訓卒祀鄉賢

唐怡以掾授冠帶驛丞謹退讓若儒者鄰家火發舉室奔避父柩在堂抱而哭曰吾何生爲一時左右數百家俱燬柩堂獨存怡以[illegible]伏柩而死萬歷十二年詔

建坊旌之見明史
聶一正儒士有孝行舊志稱其久入憲綱待旌
陳常智性孝友兄常仁嘉靖間遇變坐戍常智曰予有
子兄未有出詣戍所請代同戍者白其事尹義之兄
得釋代戍一年卒事聞乃歸葬焉
詹景麟號南山子事父母能色養父母卒廬墓蕭山下
攀樹號泣行道傷之批閱書史窮年著述時稱楚黃
博洽者必首推之年三十餘卒
官如皋字直卿諸生事親以孝聞家貧力學以誠恕自

勵或面折人過久之人以爲愛我也學者多師之稱
曰古愚先生祀鄉賢子應震有傳
王廷槐字稚古麟子嘉靖戊子舉人麟早卒終身泣慕
事母孝養備至褆身潔潔重名義嗜讀書不治家人
產而佐人緩急又廣收道殣瘞之歲以爲常子同道
貴贈御史祀鄉賢
樊鼎遇一名維藩字長卿由選貢授德陽知縣有善政
先是父玉衡請建儲得罪謫戍雷陽鼎遇褁纍十餘
年思一救父不可得至是以考績例得封引邵康生

事願停已封代父戍疏再上不報遂去官悲鬱成疾
身如琉璃徹見五內遂卒著有道林集祀鄉賢
劉瀹諸生父沒廬墓三年晨昏號泣不絕萬歷二十一
年旌表

王廷賓邑陽城農民母病衣不解帶三年家雖貧隨母
所嗜必力致之母失明以舌舐之而愈及卒尤盡禮
黃孝子逸其名淋頭坂人事母孝明末當事給衣巾旌
之人稱爲孝子

倪士觀諸生母劉氏苦節士觀純孝萬歷時母子俱旌

張岐鳳字號泉諸生至性純篤事父靜湖母袁色養如
嬰兒既長廬墓六載曉夕哀號行人聞其聲莫不悲
之御史泉　與之官湖以旌其孝嘗有羣虎入其徑
岐鳳不爲動虎亦貼焉再宿而去山下忽出一泉衝
突鳴鳴然與號泣聲相應里人異之因稱爲號泉先
生欲上其事固辭乃止士大夫多爲詩歌傳之
蕭繼元字伯陽父文憲爲酷吏所斃與弟繼芃詣闕鳴

寃書不得上酷吏疑其從弟繼忠爲翼復誣以盜榜笞且死繼元曰事急矣我獨任之遂懷其狀叩閽自列事聞下撫按問狀竟抵酷吏罪出繼忠於獄繼元天啓甲子舉於鄉

汪世極父之渙卒於臨清舟次世極聞訃觸地幾死扶棺歸廬墓三年後歲凶賑饑全活數千人由保舉授通城教諭子燦南另傳

江世植字晉卿文淵孫五歲父之汸没生母范氏苦節撫之六十餘年癸未獻賊破團風洲母年九十不能

行植負母逃避已爲賊執欲挾之去不從遂遇害弟世柱字石卿亦篤孝友工文章

王崇擢字平衡三歲父没奉母李氏盡孝爲人長厚謹飭童稚皆親之晚與其妻同享大耋兩受封典孫澤宏請告終養人以爲榮

王同觀字養所廷瞻幼子年十三父臨殁摩頂謂之曰亢吾宗者必此子也事母董氏盡孝與兄同鼎友愛無間教十子皆以文行顯長追騤進士由戶部郎出爲眞定知府有撫字鎮禦之功追騏追騄另傳

胡心明性至孝母病篤禱於神願以身代其弟心孝復割股病尋愈心明多隱德鄉里稱之曰善人其弟亦以孝聞

徐斐諸生獻賊陷城劫其母爲虜不屈將殺之斐願以身代不許母遇害斐遂大罵至割四肢耳鼻罵猶不絕口

徐之卿諸生祖榮父言累世積善之卿事父母以孝聞父没哀毀幾死自卬歸葬焉癸未賊陷黃人皆鶩散之卿獨衰服護母棺賊憐其孝釋之平生研理著有

易經徵義子逢吉三歲失母友愛繼母弟年三十喪妻不再娶壽八十餘

王自誠字雲所團風市民也母病篤自誠爲嘗糞及卒痛哭死竟日乃甦縣令嘉其孝年九十三卒子田見亦有孝稱

祝邦勝字敬甫父尚仁多病邦勝日夜扶持逾久不懈病篤嘗糞驗吉凶一時稱爲孝子崇正六年知府許文岐知縣吳允初皆給牌褒之

張鳳來字文宇少孤祖母楊苦節教之鳳來以純孝聞

一門五世同爨性坦易周急如不及嘗遠遊旅次遇盜資斧盡喪獨友人所寄百餘金猶存及還封識宛然又嘗拾道遺二百餘金還其主生平義舉多類此有司旌其門崇祀鄉賢子本忠本恕另傳

易爲瑚字伯暘道暹長子少補諸生有文名暹死賊時瑚奉母走青峰巖團練鄉勇誓殺賊報父仇里人倚以生活者六七年後卒爲賊所殺學使洪天擢以父忠子孝區旌之

何昌祚字子安明末選貢父閎中見宦蹟傳昌祚砥礪名行博學深於易事祖父直以孝稱時閎中宦蜀道梗故昌祚養於家母余没昌祚奔喪自蜀歸行峽中每值險抱棺號哭波爲之平與弟昌祿友愛無間居鄉恂恂重交誼賑荒瘗暴骼郡邑爲立善人碑嘗避亂樊湖遇盜刼其鄰見火光中羣盜呼曰無驚何善人後僑居江南之童山

陳四維字孟達性孝友明末諸生家多藏書招延貧士兼有謀畧流寇掠蘄黄四維集義勇全活數百人巡按御史汪承詔優其文行請祀鄉賢

程脩父母卒每值日暮向殯側坐守之寒暑無間者七年事其兄伯仲甚謹兄怒輒跪而謝非色解不敢去其愛敬至老不倦居鄉無所忤於人者善屬文著有無居雜咏課子家規以子啓朱贈中憲大夫

方紹正字汝士父母早卒哀毁盡禮田廬美者推讓諸弟見人急難輒捐貲救之晚以岐黄濟人以詩禮孝義教其家

陶克孝字移士頴悟好學弱冠補諸生有文名流賊之亂所過殺掠居民奔散克孝以母病不能行乃擁土塞戶獨依依守母側賊至擾閭里無或免者及戶而返絲毫無所犯人謂孝之報云同時昆季多以文著克俊字堯叟崇正己卯舉人篤學力行一時重其名弟作聖研究宋儒書著有正菴文集

國朝

曹亮采字浚明性孝隨父遇賊請以身代賊感其孝釋之年十二補諸生順治乙未以歲薦授桂東訓導講學論文士風大振子衍諸生有學行孫夏銑康熙戊子舉人

張愈奎字雲衢父母年俱九十餘奎曲盡孝養後奎亦及九旬思親輒泣下里中有爭者每出一言解之皆爲心服子仲經康熙丙午舉人

王躬俊諸生少事父母以孝稱兄弟五人三世同爨立義學延名師訓鄉人子弟成就甚衆時東山未靖俊糾集鄉勇籌糧餉以義稱年八十餘手不釋卷卒祀鄉賢子風采孫全才俱另傳

劉思敬父病劇侍勤日夜手捧汚穢三年衣不解帶蝨如蝟弗覺也父卒既殯號泣氣絕而沒（按此後有劉殷之劉思敬別是一人）

張本忠字洪思穎敏好學嘗從名儒張溥遊溥亟稱之性至孝明季廬父墓側流賊將至掘其墓冐死捍護身受數刃哀切彌至賊釋之家貲讓諸弟日食豆粥晏如也巡按部炳元嘗旌以詩順治甲午舉於鄉官江陵教諭慤誠樸直一時稱爲長者子光璧另傳

易爲泰字閒于諸生事親孝父士龍明末知大昌縣值寇至爲泰身冒矢石以火攻退賊後告歸值獻賊破武昌流屍蔽江下爲泰斂之爲叢塚凡七千餘骸時兵警又家僮中人產也平時田宅皆讓於昆季撫諸孤從子如已出見路人貧乏者輒謀助之家白雲山羣盜過其里呼曰小人受恩多無敢犯也康熙二十五年夏逢龍之叛跳入白雲山泰與陳偉縛之以獻大軍自黃州還爲泰少以文名年八十三卒子四皆賢季天壽己卯經魁教授濮陽有文行

殷恭然字叔敬兄弟五人以友愛悅其親力學不倦輯孝友諸書爲家法其弟卒於湖南時亂離道梗恭然冐死歸其櫬年七十一卒囊無長物惟家訓格言手授後人而已子士智諸生

徐先林字雲參親老家貧甚每食進甘旨必審所宜及沒哀毀骨立廬墓三載康熙己酉舉於鄉由新化教諭遷寶慶教授陞東如縣所至除蠹弊申倫誼士民賴之

余良銓字衡臣諸生性孝友年七十事母晨昏左右依戀如孩提家貧力致甘旨以奉執喪哀毀撫從子以慈義聞年八十餘卒

羅經邦字五玉諸生性至孝居父喪哀毀盡禮事母婉

順項刻不離年六十餘病劇猶强起言笑慰其母比卒家人議以母棺斂經邦忽起怒視易他棺乃瞑

王道彰字誠思幼孤性篤孝友嗜學博聞尤精易義年十九補弟子員刻志下帷人罕覩其面值戊辰夏逆之亂邑人奔散道彰負其母走數百里匿於白雲山爲人方嚴言行皆宗先正重然諾好施與見族黨有不給者輒傾囊助之甚自處布衣蔬食淡如也

曹本英字卓湄諸生以孝聞年二十母柩在堂降火及於門急不能徙本英撫棺而哭有老僕曹太濡絮入

欲覆之出本英哭不應僕亦哭忽風回火滅俱得免時環居百餘家無存者獨柩室如故人以爲孝感

易康時字北司少孤事母孝勤學窮理謹言行以養母志壯有子妻亡遂不娶親執爨滌者二十餘年或勸之曰絜蘆異視恐以此重傷母心也其門人王道昕爲序其一門節孝之事

龍仁彰東絃鄉民與弟在旂方耕有虎驟至攫弟踞之仁彰奮枚擊虎虎傷逃而去在旂得不死爪裂遍體醫者曰以屋芋蟲口嚼自敷之仁彰自嚼敷果愈

曹大聲字子先諸生素以孝友稱康熙三年冬父之舅寢疾不能起火發門扉皆爇大聲急和衾挾父走不得路解衣蒙父火出體焦爛越四日死雍正七年

旌表

許顯字喆水與從弟顯勵學爲名諸生後顯母羅病風痺非顯抱持則呻吟故顯十餘年不離床褥母溺泣痂生於面顯常以舌吮之喪後以授徒終老得貲輒分給兄弟無所私傾下之愛撫孤姪如己子

熊之篤字其容諸生少失怙母蔡守節撫之事母盡孝

性仁恕嘗倡助社倉康熙癸酉歲歉鄉隣賴之

鍾璠字弁生性孝友持家有法四世同居爨者八十餘人循禮推愛鄉黨重之

鄧一隆字瑞林家世孝友一隆恭謹勤儉歲時集族男女序世次會講規訓立功過簿以勸懲子弟誦讀至年二十度能學則教之否則使食其力婦女以黎明集治女工財物悉貯公所推一人掌其出入服食無私年老及有疾者別養之八世同居雍正元年

旌表

鄧之璧一隆從子事親孝父病嘗穢焚香誠禱父立愈
居喪不飲食或強之遂成啨未幾卒雍正元年
旌表
呂希煜字孟陽諸生父尚和人稱長者爲清豐知縣剔
弊惠民有能聲希煜性至孝隨父任值母喪哀毀骨
立扶櫬徒步行三千里哀感路人後值父喪盜夜入
其室索財帛無所得煜身衛父棺被傷死雍正八年
旌表
黄濟隆諸生事親孝膂力過人父客死河南濮隆徒步

奔喪路遠且貧勢不能歸乃以布裹尸盛以大囊負
之而走夜則露坐守及歸葬大哭嘔血死乾隆五年
旌表
胡紹虞字希舜少孤性至孝母病輒晝夜哀涕不食晚
歲勤湯藥衣不解帶者三年母卒嘔血幾斃廬墓側
盡哀其後授生徒諄諄以孝友爲本著有格言怡齋
文集子益凡丙辰舉人沔陽學正
雷希聖字育萬諸生父飛僊卒於湖南希聖聞訃往奔
會其妻病劇親隣皆勸其緩行終已不顧家宭無行
貲沿途哀號所過州縣感其誠皆助之乃歸葬焉年
八十餘卒
胡必元字次之事母黄盡孝母素患咳每病輒晝夜不
離側晚年患疵藥餌曲致與其妻同吮之遂愈及没
涕泣目幾盲殯於廳遇火伏棺號泣不忍去族隣救
棺出始免子兆桂貢生
張世俊字恬聽性醇篤與弟世良友愛治家嚴肅有法
率家人耕而食織而衣諸器具自爲之希市者世良
以下稟命而行世俊没家人稟命於世良今四世同

居男婦數十外內各一人掌之歲時客至士農稱其
宜各有主者訓子孫以敦行篤學爲本世俊子鳳鳴
癸酉舉人任江陵教諭羣從鳳儀下列黌序五人
邱世總字選士諸生性孝友父勃敦行力學雖盛暑必
衣冠嚴冬夜吟不懈著有地輿圖補環山聚奎二文
集世總竭力奉養極得歡心與弟相友愛家有田産
悉付於弟小試屢冠軍教授生徒必先孝弟一時知
名士多出其門子恩榮乾隆辛未進士
袁豐字來章康　孝友方七歲時兄亮外

出不知所向父母思不已豐慰曰兒稍長必尋兄歸越數年豐乃徒步遠游無可尋者久之至豫之商城過村舍見門額數字似其兄問之果得兄遂與俱歸豐著述甚富授後學多所成就

汪度宏字擴如康熙丙戌進士事祖母以孝聞兄没姊寡子女皆無依度宏爲撫養之及其婚嫁其祖姑適陳亦寡歸養三十年無懈色舅没子女幼亦養之及其婚嫁官保昌知縣有惠聲及歸猶寒素也

葉兆東字位春監生少孤事母孝母病數年侍養無懈

及没廬墓五載遇風雨輒號泣不止

馬鞍山丐者不知其姓名日出乞食必載酒肉慰其母自茹腐且無食然歸則常有喜色傭於人或以簞食貽其母輒喜否則强之不至母老疾常負而遊母亦樂而忘其貧雍正五年里有疫其鄉人死經宿而甦曰吾聞冥官言孝子母老衰其志使歸之於是見羣從譁然道孝子則求鄉之丐者也是時丐者之病方甦後果終其孝養云

割股附

劉思敬割股救母病愈明巡按汪承詔匾旌之

彭克永父扶冲病劇克永割股餌之病愈明提學道王永祚匾旌之

陶之伊康熙二年父君重病篤夜焚香禱祖願以身代因割股進之病以愈里人上其事知縣徐鑰匾旌之

湯士松字步常早失怙事母向孝養備至母常患疝其妻陳吮之母夜苦足冷陳抱而温之士松日夜不離側經冬未嘗解帶病劇割股進之尋愈

張有餘字玉卿事親以孝聞父廷榮病篤爲禱神割股

以進病遂愈其妻嚴氏亦倣之以救其姑其後仲子華國子婦萬氏孫錦煌皆割股三世之割股愈親者六華國其再也

劉宗向字天孚母汪病篤宗向湯藥親嘗衣不解帶及病愈變藥不能調乃齋戒告天割股進之母病復痊

吳太治字道愷父宏功病百計弗效太治日夜悲泣私於書室默禱願以身代閱七日病漸劇乃引刀割股以進父病遂愈

龍肇亨父士通病劇醫藥罔效肇亨廼割左股啖之病

吳紹周字世欽東鄉人也事母張氏極孝冬爲溫衾夏爲扇枕母病疽周親吮之少瘳復病喘醫藥弗應齋戒禱於天密自割股和粥以進母病始愈周後危疾將劇其子啟秀亦進股不應呼諸子囑曰不孝之罪母老不能終養爾等爲我盡心事之言畢而歿葬吳家冲大腦西向鄉里稱爲孝子腦

吳應學字萬成少孤事母邵氏至孝母病百治不應密以股肉三進亦不應哭禱于天夢神語以山白合食之可以全愈次早望花往掘遇虎在焉學執鋤俟之虎去旋掘烹進果愈

陳士勳字勛章母黃氏抱病勳嘗糞割股古人所爲無不効之母轉危篤勳已絕粒數日及母歿頓足觸棺頭骨破裂悲號半月而卒

吳德祖字明章母周氏篤疾德夫妻身不離榻衣不解帶二載餘醫藥罔效每同妻徐氏静夜焚香哭禱愿以身代夢神授以泥漿水煎藥頓愈母復病卧德迎醫遠出隣居回祿殃及母榻徐氏衝入烈焰中負母冒火而出俱經禿髮爛膚勢在不起德歸號泣連旬慘裂肝腸幸而神佑孝子母妻俱獲全安以愈事在乾隆甲子年

程如曾字克繩家貧孝事繼母廖廖病如曾情廹割股烹進之病因愈人以爲難又有趙國祚劉世爵林宜賢胡克定亦以割股稱

補遺

明

易道旦字瞻明道暹兄童時父豫之病篤禱於祖割左股以進尋愈性澹泊修身立行老而彌篤鄉里稱之

百歲翁　附

屠應蛟　胡來通年俱百歲各見本傳

於心貫字正伯諸生方正嚴重人稱長者年躋百歲子弟恂謹遵其訓孫萬震康熙庚子舉人

洪世永字清渠諸生生崇禎十年迄乾隆元年壽百歲聰明康健無疾而終

袁文衡年百歲見于　清端政書

黃岡縣志卷之十終

黃岡縣志卷之十一

知黃州府事錢鋆纂輯 王楷裁訂 知黃岡縣事陳文樞 蔡韶清 王鳳儀仝編

人物志

篤行

夫人嘗學不倦守其所信砥節礪行不苟於流俗至於好行其德能濟人者大則法於鄉里次亦不失爲自好皆可傳也

宋

潘丙字彥明以解元舉進士與蘇軾交至善有文行其弟原秀才軾亦稱爲佳士有舉業見軾與朱康臣書

董助教敎信誼恤貧乏大觀間歲旱爲食以待餓者又設養餌給小兒訖百餘日無倦色

明

董經綸多隱德家素饒好施與以義重於鄉里

孫子華輕財好施正統間值歲大祲輸粟萬石賑黃麻蘄水三縣饑民御史臺以聞詔賜敕旌爲義民牓存

陶以諒好義輕財正統間歲侵出粟千餘石以賑事聞旌其廬勞以羊酒免繇役三年

朱文智字道全諸生性忠厚與弟毋均財輒相讓其尙義勤施亦相類嘗歸省江右饒虔吉信連荒慨然勸賑正統成化間輸穀者再凡三千有奇事聞特勅旌之勞以羊酒仍免本戶雜泛差徭五年府縣官賓禮存問萬揉

曾恕字希仁黃州衛指揮僉事性至孝父全正統時征橫江戰死詔錄諸陣亡子姓恕後至人問之曰吾不忍也後督漕以介聞監司咸旌異之祀鄉賢

曹良輔字大忠居崎山之陽釣於清溪因號清溪居士置產分諸兄弟族黨無歸者濟之嘗有二盜過其門曰是長者犯之不祥

王孚生而穎秀童時與張寶共學於白鹿洞後同舉於鄉天順癸未會試孚弟美玉與偕值貢院災美玉踰墻負孚出復入尋寶則頭面半毀又負屍出遂歸葬焉孚後爲襄城教諭應河南鄉試聘所至有方正聲乞歸建書院於西阜山莊以來學者子簡邵武推官範夔州訓導

黃伯垓字鵬遠成化丙戌進士累官苑馬寺少卿節操

清亮鄉許稱重卒祀鄉賢
余鑾字廷儀正德辛未進士授行人奉使封唐王王餉
以金帛不受歸與諸生論學自立崖岸有豪右觸法
懷金求解鑾拒之曰國法不可撓且吾豈以多金禍
鄉曲耶其耿介多類此卒祀鄉賢
余文瑞正德庚辰進士有學行未仕卒祀鄉賢見府舊
志又有余鏊者嘉靖戊子舉人性孝友授蘭陽教諭
終養不仕
樊模字廷正由恩貢官兵馬司指揮性孝友好學至老

不倦鄉里稱爲善人
王秉直字子愚嘉靖乙酉舉人性伉直所與遊必賢豪
長者見非其人輒引去不輕與言也
郎尚忠事後母承順惟謹子㽞在諫垣有聲尚忠偶謁
縣令令疑有所請因問近得家書否即應聲曰兒屬
家書惟諄諄老夫愼勿造公府耳時稱其介封工科
給事中祀鄉賢
宋荢字朝憲歲貢知威遠縣親老懇乞終養士林重之
易大廈字廣居家殷實好施與嘉靖中出粟千餘石以
賑饑詔賜義民冠帶
史秉直諸生萬曆十六年邑大荒秉直捐米六百三十
石於團風鎮親煮粥賑饑救活多人知縣劉萲周請
給義行足表匾額鄉人稱之　採
劉文元性方正故人王追美將沒托其幼子一鳴文元
許諾乃從之學過則撻之甚則使跪於木主下稱父
訓哭而告之後一鳴成進士每接文元衣履必肅時
懼其怒且叱也晚爲華容教諭
王相字艮弼諸生爲學必求天理爲安置義田贍族歲

大饑爲粥食人於路一日見婦人渡河爲鄉人所阻
乃大怒以騎濟之遂造橋人呼爲王相橋郡守潘允
哲爲旌善亭列名者四人皆高年敦行誼者相與鄭
廷桂郎鳳鳴及其從子養儀也又程逌者字子羽諸
生廉而讓著有舉仁會約鄉人重之
鄭廷桂字石濱性孝友好施與有貸不能償者輒焚其
券年八十餘卒諸子廬於墓忽一人率妻子拜哭於
墓問之則瞿姓也曰微翁之惠則無室今子三人皆
成立矣平生善行多如此長子謙舉人官雲南知府

次讓次讚皆以文學稱曾孫光鄧光黃有傳

杜鳴陽字子鳳嘉靖癸卯舉人性渾厚與物無忤親歿撫兩幼弟友愛備至授遂寧知縣改江川俱有惠政故人朱廷相女許聘蒙右及廷相死且貧蒙右背之女無所歸鳴陽乃聘爲仲子傑婦是秋傑舉於鄉時人以爲盛德之報云祀鄉賢

徐熙德字象賢貢生性坦直不私芥蔕以禮經名四方士多遊其門爲白水教諭風節特著祀鄉賢

徐禮字天祐有隱德兄早卒從子幼撫育教訓俾至成

立平生趨人之急樂施與鄉有不能葬者助之無吝色以子銘貴贈文林郎

易明幾字汝戒篤於孝友諸弟早逝撫遺孤猶已出家素饒人有稱貸必應未嘗計其報也日每㠘重危坐見人過輒面折之以子俶之貴封御史

黃士元字汝覺篤志力學嘉靖己酉舉於鄉攝貴溪教諭至白鹿洞一時從遊者甚衆擢餘干知縣遷撫州府通判有能聲後歸屏若林畝日與諸士講論不輟歲祲施穀賑救人稱其德年躋九十鶴髮童顔望之若仙其時有李時芳羅星俱以操行方正爲鄉評所重時芳嘉靖甲午舉人官興化同知星己酉舉人官阿偪知州

阮文蔚字自質萬歷己丑進士性介潔嘗道經維揚鹺賈奉千金餽居間文蔚曰吾先世無千金產況敢侵士大夫權竟却之後官行人以冊封上饒王道卒家貧無以殮延按御史李天麟助之葬

魯日省字見獨萬歷庚子舉人辛丑會副累官灃山知縣行取主事致仕歸講學於赤壁正宗會館學者宗

之著有五經心要

方一盛字新宇萬歷間由儒士授四川鹽法提舉持法平允商民便之擢真定知府終養乞歸事親以孝聞建祠堂置祭産又設粥食饑掩路骼修橋梁郵亭凡可利人者竭力爲之年九十餘卒

孫顯祖字衡洞諸生性渾厚家貲素饒周散貧乏有彭城塘潤里許歲多魚利盡捐爲宗族供祭祀貧戚有遭喪者指他人田求售於顯祖遂應之或言其詐乃曰聊爲麥舟贈耳還其田亦無德色以家事付二子

棲隱山林種花竹自適年八十卒子應鴻另傳

王同鼎字調甫由歲貢授江寧知縣著廉聲擢刑部主事諸生時好施與家中落不倦嘗曰人生重義耳豈望報乎值歲饑弟同觀捐粟千石以賑同鼎亦力附之一郡多所全活

萬一儁字葆初父偉諸生晚舉儁時勢家豪奪而儁勤約務刻苦以實行率鄉人嘗避賊鄂城有豫士李姓亦以亂奉母至賊圍城縋而出反求得之與俱乃行卒無恙又避家崎山路遇賊刦其帑巳知爲儁也謝

而還之從兄一奇嘗曰吾弟渾厚如太古他日遠大吾不及也子四俱以學行顯科名世宦不絕至今里中稱孝友必推儁家云

曾之建字中甫父士彥有傳之建事繼母蕭以孝稱族戚交游有貧窶及婚葬者皆助之不矜巳形人短縣令茅瑞徵修黃岡志之建與焉由丙寅歲薦除吳江教諭多所成就擢廣東四會知縣能教養有清直聲卒於官孫本榮有傳

程士翼字冲寘諸生好施與同族貧乏者必濟之萬歷巳丑歲歉減糶百石不償者亦不問與人寬容無所較子之試之奇俱以文行稱之試載宦蹟傳之奇官沔陽學正及歸年皆七十餘日常相依怡然樂也之敎士翼兄子少有文名天啓甲子舉人累遷萍鄉知縣清慎自守教人以實行致仕卒

樊玉衢字荊軒少時從父煒司訓漢陽會張緒講學江漢玉衢與兄玉衡師事之益自勉於學侍父疾衣不解帶者三年比卒毀瘠骨立兄玉衡清介早卒無子玉衢治其喪葬嫂余苦節事之如母又置義田贍族

立義倉以備凶荒多所全活見善事輒行不遺餘力流寇之亂所在擢靡玉衢指授方畧守土者賴之當事薦其才辭不受年七十餘卒祀鄉賢子維鼎維城維忠俱有聲維城另傳

何直字報所幼聘同郡鄧氏女女年十三目眇足廢鄧翁謝請他聘直不可竟娶之後鄧卒遂不再娶父母卒月省墓歸則扃一室以詩文終老子閎中另傳

鄧士駿字良夫諸生性孝友好學深思卓然自立與弟士駒皆有才名與黃梅瞿九思爲文字交年六十卒

子雲程載忠義傳
樂國章字憲可諸生向陽子事繼母以孝聞少勤學博涉經史年三十舉於鄉授廣東徐聞知縣以疾歸平生好行德義全活甚衆有鄉人來全者以己女償人債章爲贖歸之又嘗借蘄州陳立吾及楊應第百餘金値兵亂後無可歸者乃以其金分濟饑人書其上曰某氏之金使歸功於陳楊也子大年之允俱諸生
何譔字韋長弟謙字緘仲兄弟皆博學尚氣誼人有一善力爲表揚與廣濟劉養微交最善養微病譔謙家

距三百里器用服食需之立至奔走者絡繹不絕歲餘養微沒經紀其喪爲刻康谷子集其他豁達好善類此譔子元方屬志篤行有文名以諸生終劉醇驥爲序其遺集
胥應蛟字仁齋至性過人潛跡授徒多隱德生嘉靖庚子距崇禎已卯壽百歲子振鐸官工部主事請諸朝賜冠帶建坊妻周亦九十有七
黃鉉字宏卿好宋儒書諸弟少孤皆教誨有成以會副授湘潭教諭遷河南永城知縣多善政擢兵部主事

告歸仲子中實有傳
劉伯江宏治時大饑邑及麻城黃陂三縣尤甚伯江捐穀萬石銀千兩全活甚衆樊採
江之渙字鳳溪隆慶庚午舉人嗜學尚義萬歷戊子大饑之渙捐穀煮濟全活甚衆穀盡自食菜羹無悔甲戌公車道上見少婦自鬻贖夫罪與之金遂去既而其夫送婦以券至之渙曰吾哀汝貧無告耳豈有私乎焚券令歸人義之卒祀鄉賢孫煉南另傳龔採
謝宗湯字建中博通文學明末歲荒路拾遺金坐待還

其主不問姓字人稱篤厚君子
杜鈺字子堅幼爲諸生有雋才習父時芳訓言動不苟素好義能救人有夏姓者垂老爲豪右宛鬻其子鈺爲贖之後與弟鏞同舟弟溺鈺赴救之竝沒於江詩文甚有稱同里杜詔先爲序其遺集

國朝

陳天生字粒其父鳳正生母劉俱早逝事嫡母蕭至孝弱冠補諸生敦行尚義以清白訓子孫里黨式其長厚徹衣芒屨逍遥遊咏有古君子風卒祀鄉賢子五

長肇昌另傳

鄧錫字子燦本姓曹順治丙戌舉人累官兵部職方主事出判彰德府解組後沉酣圖史被服若儒素端方誠篤里中稱爲長者

杜琦字奇玉太僕仲之孫也警敏力學事母以孝聞順治甲午舉於鄉授黔陽教諭日集諸生講禮法程文藝士風一振夷子應聘滇闈稱得士子士默字伯緘倜儻好義由選貢教諭大冶士人悅服値歲饑民譁士默諭之輒斂息故人索震老無子及知縣汪灝子

壻貧不得歸士默俱養之終其身無德色

鄧正暹父母病嘗藥滌垢後任海城典史有金州豪王守祿逋島舶爲姦府屬正暹治之祿啗賂以千金卻不受獄益急祿遂陰賂塾師傷正暹酖之府廉得狀治酖者罪子維熊康熙己酉舉人襄陽教諭

蔡師孔諸生性好義居濱孫鎮埠大河水漲人艱濟渡師孔捐造義船並置田數十畝爲舟子衣食歲時修理之子之騏諸生勤施樂與有旗丁逋官糧法不貸之騏捐穀三百石銀二百餘兩貰其死者七人鬧郡

義之邑行鄉飲禮聘爲大賓 蔡採

陳偉字璽臣諸生父尙友潼關縣丞偉刻志讀書敦行勵品性至孝値明季賊亂奉母避難雖倉遽未嘗稍懈康熙二十七年夏逆將趨黄郡守以偉有幹濟使團練以守及夏逆敗荆口走白雲山偉與易爲泰計縛之一時烟戸賴以保全子瓚廩生多隱德士俊癸巳舉人孫應龍乾隆戊辰進士榮與諸生俱有文學

聶文錦字道章諸生篤志嗜學尤慷慨好義有梅邑故家子爲無賴所賺文錦詰得其由設計贖之併令就

塾撫之一如巳子越三年有成乃尋其家送歸其家謝以厚餽堅不受生平行義多類此 以上訪採

韋克繼字奉公歲貢生性和厚樂爲善事從弟妹之孤皆爲婚嫁又故人辟仇遠遯遺子方數歲克繼育之三十餘年學成有室其父始見焉克繼招之歸也克繼年七十餘卒

熊翼爲字湘尹諸生事親先意承志病侍罔懈與人諒直爲戸正整齊有規矩置祠産養老恤孤倣范文正之法好施與於物無所取嘗見遺金守而還之砥行

好學鄉里遵爲模範子德炎邑諸生崇禮收族不墜父志 孫樊採

易中瑜字與楷諸生家素貧力學尚義厲布衣之操族有幼貧而爲僧者贖之歸撫養授室子姓遂盛其妻弟出繼他姓亦收養之嘗於途中拾遺金候之歸其主所著有大學中庸講義四卷纂輯各代史評三十卷子德瑩字以文弱冠入郡庠事親以孝問厚重寡言笑讀書必極源委人以爲不忝家學云 孫樊採

龔鼎鍠字夏彝十歲能屬文尋補諸生屢試有聲以明

經謁選訓導未赴任卒性孝友研究宋儒之旨尤精春秋左傳爲人謙讓厚德里黨號爲正氣先生其弟錫恩字漢若諸生輕財好義族中貧不能支者悉周之晚年工詩文著有鷺湖剩錄從子陳謨推財讓産善處兄弟亦以義稱

胡可封諸生篤學尚義康熙十八年歲饑捐穀五百不足勸捐穀千餘石計口給糧活人甚衆郡守王輔親至其宅匾旌之 鍾採

陳維藩字爾頎家素封好施與康熙十年歲饑維藩捐穀四千石以賑郡城賴之次年冉饑後爲粥於路存活甚衆布政使徐惺郡守于成龍給匾美之年九十八卒

周之鳳字爾尊重義好施與康熙十四年歲饑捐穀千餘石以賑郡守于成龍給匾旌之子維禮德安訓導維禄維福諸生孫棟隆乾隆壬申進士應隆諸生

許文燦性仁厚輕財重義康熙九年歲饑文燦捐米設廠煮粥以賑全活甚衆同知于成龍給匾旌之 揭採

徐肇泰性孝友好施與康熙十八年饑肇泰設粥於路

兩月貧不能殮者施棺二百四十餘鄉人稱其事

張美之市民也尚節義少時遭流賊亂身被數創走伏荻林中見女子言自江陵避亂迷路不得歸美之使就其家養之禮度維謹歲餘亂平訪於江陵果得其父壻迎而歸一時傳爲盛事後美之壽至九十餘

杜大任字連玉歲貢生雲夢訓導性純厚篤孝友鄉黨推重太守李彦琩慕其賢敦請鄉飲賓教學於城南草堂貧者助其薪粟多所成就子啓運由進士知西和縣性廉才捷屢決疑獄力清陋規皆撫薦其才未

幾卒於官士民泣送百里外爲牓遮致於黄云

靖乃質字素菴諸生素抱經濟爲善於鄉康熙甲寅乙卯間連歲旱荒乃質捐穀爲鄉里倡全活甚衆太守于成龍獎異之又嘗捐千金爲宗族建祠修譜年幾七十訪詢所至不憚勞瘁鄉族稱焉

孫昌運字天被學行修飭爲士林望歲大饑力募捐賑全活者衆以選貢授教諭未仕卒

周有堂字叔蔭少孤事諸兄敬愛備至家貧力學屢試輙冠軍名譟一時康熙壬辰成進士授中書舍人丙

午典試浙江稱得人補禮部主事以疾歸仕宦二十餘載仍然家徒四壁云

蕭必昌字克侯諸生端潔自好年三十妻亡遂不再娶接人必飭衣冠言動維謹至老不倦好學博聞尤邃於易年八十餘卒

周世逵字道以國學生父之美立從弟驄子爲己嗣也世逵忼慷讀書能文章好賢以禮見鄉里窮乏輙賙之所活甚衆然無德色往往折券棄負無人知者家以是落不恤也之美官四川生子曰世遹之美卒世遹幼疑世逵其母聶乃詳言世逵之爲人且曰是至誠不可疑者於是終身無間言子八人多能文茂建乾隆丙辰舉人

方可丹字一常雍正癸卯進士授新淦知縣有廉平稱以病改辰州教授訓士先行後文丁艱歸閉戶不出蒲守禹殿鰲延主河東書院多士景從時以方正舉後選襄陽教授卒

孫天祿字亦僑父士謀諸生事親委曲承順鉅細必誠天祿事祖母亦以孝稱嗜讀書敦行誼雍正五年歲

饑粟歸天祿糶千餘石減價十之五多所全活邑有貧鬻其女者訪知爲故家後乃擇從子年相若者婚之人以爲義晚以歲薦訓當陽能得士心以疾乞歸子廷璋副榜廷槐舉人廷琯諸生

魏永緜字言如由鄉貢教習授儀揚鹽運分司性孝友好施與雍正五年饑設粥米多所全活又嘗建義倉義塚鄉人稱之著有怡怡堂稿弟永經亦以孝友稱

萬紳祖字純子爲恪弟三子性篤孝友父病求醫一日夜行二百餘里及卒殯殮皆誠愼如禮歲時館穀歸

一付諸兄弟無所私為人樂易坦直終身不見有疾言遽色好施與宗黨急者歸之不以疏數間嘗急父友之難崎嶇齊豫潁泗間雖值危殆不忍去事已經年乃歸又嘗值歲暮以私逋且亟貸金將償焉途有被誣瑭告以困遂傾囊予之終不以無償悔年四十七卒

邱自東字震芳性好施與雍正五年歲饑穀價踴甚自東減價以糶踰年又饑六月連雨隣里斷炊升米三十錢自東乃焙新穀乾之升僅三文存活甚衆人咸義之（王採）

陳師豫字書田副使大華子雍正癸卯舉人性純篤事祖母徐母鄭以孝聞嗜學敦行蒞生平施與甚多歲稍歉則減糶儀減十之五全活甚衆歲時族里見能學者勸之必濟以薪米及應試貲其他賻棺櫬助嫁娶事難枚舉例選主事未仕卒

詹方泰本姓呂家貧力耕行壩城山道上見遺金不取坐候之逾時一客踉蹌至則嶽商李文侯所失五十金也文侯感其還金欲有贈不受一時稱之

顧鈞字竹如父文玉諸生鈞幼時父為聘室未嫁而瞽其父母沒兄嫂惡之遂使蓬跣事舂臼無復人狀文玉見之歸坐而嘆鈞問之告以故鈞曰幼聘之瞽而棄之非義也父喜曰爾能如是遂迎而歸夫婦終身無忤色

陶之玿字荆璞貢生性孝友好施與雍正二年邑饑捐糶千石價減十之二至五年倣社倉法放穀千餘石所濟甚衆又建韓家社橋捐貲三百餘金行人便之子成新孫國幹官岷州知州（謝採）

謝惠敦行好義親隣借貸輒應折其券佃農多逋租往往棄之嘗捐社倉穀百餘石重建賀婆橋鄉里稱為善人

秦樂天字少白嘗讀易閉戶二十年從兄有貧無家者樂天為營屋娶婦安其業值歲疫樂天承父志捐貲置棺動其里晚年吟咏自適著有山居稿及擬陶擬樂府諸集（揚採）

余文元性樸誠喜施與雍正癸卯捐洪山寺社倉穀百石又捐修棠棣湖橋數百金復置田畝為歲時修理

費行人便之（鍾揆撰）

程後濂字貢書乾隆丙辰進士性孝友母患瘵朝夕服侍衣不解帶者三年大父芳烈遘宿疾牀簀汙垢躬自滌除閱兩載無倦色家僅薄產舉以讓弟時人稱之生平篤志力學嘗以鴻博見舉未就河東總督白鍾山奇其才辟署海贛同知著有治河末議尋以父病乞歸父沒哀毀成疾逾年卒

朱案扶字典傳好古勤學雍正癸卯舉於鄉教諭南漳振興文治襄陽書院延爲山長一時經指授者皆有

法度與修安陸襄陽鄖陽府志以艱歸哀毀踰常三年啜粥不茹葷性廉慎不妄干謁樂施勸善纂輯孝經衍義及五經註疏至老不懈乾隆戊辰成進士

有若敦行礪節積學授徒鄉黨重其人不能搜其遺事猶冀後之考而續之得十六人貢生李拱視王名啓田宏道諸生李逢年歐鶴舒日觀洪必璋李璜王黜德李春堂夏聲王楙勿陳師昭孫可行周其稱杜贊

義僕

卒魁叟邱高奎僕也明末兵亂高奎年甫十二爲賊所虜魁叟奮身入險七年得之邱氏數世子傳至是得不絕既歸延師訓之補諸生爲明經後高奎卒有幼子四魁叟復百計輔之成立前後事主五代壽一百一歲終

胡義吳文蔚之僕也文蔚父母早沒義夫婦養之崇正癸未獻賊肆虐見嬰兒必貫槊上爲戲文蔚時六歲爲賊所得將槊之義夫婦躃踊哀號吾主人遺孤止此義不忍絕爭以身代賊感而釋之

隱逸

古傳光黃間多異人然不少概見豈異於古所云耶

夫人介節果行遯世無悶亦各成其志無復求名於後禩而舊聞放軼遂使湮滅而不稱爲可惜也

元

范愷字士元博學能文性恬約不肯仕進年九十餘終

吳應衡性淳實重義好施歲饑設食於路貧不能殮者助之棺置橋四十餘處井十九居民便焉湖廣平章事以聞詔徵不起賜書西山二字人稱西山先生子琳明初官吏部尚書有傳

董敬中字仁輔一字建中成宗大德八年爲黎知政事

玥初隱居圍湖因以自號劉基屢爲薦辟躬往聘之竟不起有鏡心樓見古蹟

明

吳榮一洪武初棲中和石壁山博覽豪吟種蔬養鶴抗志不仕嘗荷鑱劚藥以濟疾苦後有王瓚及思裕者俱以隱德聞

畢奇中好讀書家貧歲授生徒講課不輟翛然自遠聞達淡如也

樊志張原名維甫字山圖玉衡次子隨父戍雷陽二十四年及玉衡歸卒志張慟幾殞遂不應試潛心易學

著易象易數易適易占益王遣使再聘皆不就

陳鴻恩字大經萬歷丁酉舉人累官貴陽知府所至有政聲後退居林泉手一編不輟以老

洪周祿字半石天啓壬戌進士知常州府解綬歸里肆志詩文行草書妙絕一時急難好施鄉里德之年七十餘卒曾孫宗鎣諸生甘貧力學善書法

陳師泰字文甫性端方崇禎庚午舉人累官蘄州知府告歸隱山林樂道好吟咏工書法家貧問字者餉以酒即留客談論竟日年八十餘卒

帝克濟字孝思崇禎丁丑進士授南安知縣以誠格巨猾邑人賴之丁艱歸遂隱武昌之賢庾鄉率諸子躬耕自給究心典籍爲詩文以自娛

袁裔樊字子理年十五和李本寧黃鶯白鸞詩各十五章本寧大器之已而與三袁唱和又與喻美長錢伸與輩贈答於金陵遊跡幾半天下歸隱於茅山之麓結茅曰遯園以著作娛老通顯者招之不應也子貴琮副榜詩文敏捷有稱

王一木字遠届弱冠補諸生以文名爲詩皆泉石之音人或勸以用世輒唯唯然性不可强也寄興於花竹

魚鶴時坐桐陰下擊節高歌而已著有後絕交論時人傳之

易爲鼎字用王有文在手曰汪因號汪來子弱以文章氣節著明季壬午學使高世泰修三楚文獻鼎與汪三奇龍墳劉醇驥皆與焉後棄舉子業築室白雲山教授生徒著有經說四書偶書毛詩易說及雪香亭草龍墳字蒙先邑貢生官應城訓導江西文德翼雅

似堂集云墳以文名海內者三章一年盖高士也其後
無考

李之泌字鄰仙父雲綮諸生以詩文名之泌窮性理發
程朱之旨明末隱白雲山劍峯下歲薦及徵聘皆不
就爲人嚴氣正性非其友不交一言君常閉目袖手
而坐有財則與其故舊貧之者卒之前二日猶與同
學論顏子四勿巾庸西銘天人之意著有鳳知錄松
鱗集悅泉詩集子孝廸孝种皆淳篤力學种善詩及
書法

杜濬號茶村原名詔先崇禎己卯副車父祁進忠入官
國子助教精藻鑒有隱德濬負異才以詩文名家壬
午不售遂絕意仕進遊覽名山水才聲雄鶩驚藍江
淮士大夫以不識其面爲恥乃益隱遁甘心窮餓以
守道義老於江南之鷄鳴山右同窩齋年七十七卒
葬其地子世捷世農遂家焉皆能以詩文繼其業

杜岕字蒼略同兄濬居江南以吟咏自適雖饘粥不繼
廓然不介胸臆著有□山集卒年與其兄同桐城
□□爲之錄其□

王一著子子雲太僕追舉子有異才以忠孝自矢貧□
好讀書一時□□無不知有王子雲者少以父蔭當
得官不就魏□□聞其至都下將招爲記室卽日棄僕
從遁去庚午舉於鄉明年獻賊破兰江口其妻樊氏
死之詳列女傳一翥奔白雲山尋隱於匡廬之吳鄣
嶺著書十餘年一夕爲賊竊去乃歸寓於巴口卒葬
其地曰鳳山詩文既散失其前曰智林村稿餘則爲
長遊圓青遊花樹亭子等集制義曰留響編子封帶
封洽封帶當闖賊之變從父居廬山以憂憤卒封洽
後歸於黃

鄭光郢字爾忠弟光薦字爾孝前雲南知府鄭謙孫也
少孤母甄守節教之皆孝友勵名節同補諸生及長
隱居相與著述積□甚多燬於兵然至老猶力學不
少挫光郢子宏博□古遺亦名諸生隱居自守時稱
長者

官撫辰字凝之太常□□震之長子也少穎異博學工
詩古文精天文兵法□□貢授桃源知縣上治河□
兵議當事不能用□□歸總督徐標舉爲真

軍又擢徐州知府皆不起及闖粵諸藩聘之撫辰慨然曰天道不可違也臣節不可變也遂祝髮於維揚名德是又號知劍道人雲遊名山古剎老歸黄居維摩堂卒葬其處

萬爾昌字師二少能文好賢尚節義崇禎丙子舉於鄉流寇亂毋陶遇執爾昌號籲求代賊感其孝釋之從武昌見楚藩亟言防城不如防江一旦賊從下流掠舟徑渡何以禦之為陳防江之策不聽遂歸黄自是杜門絶口不言功業見樵夫漁子輒坐對終日無倦

容嘗與兄里春築隄障湖禦賊湖環陂岡江夏三邑冬春巨浸人東西避寇於是十餘年無患又倣社倉春出秋入行之五年人稱便會大饑乃悉付郡守王轉以賑一方全活甚衆所著有顧莊詩文集顧莊隨抄年八十有四卒

萬爾昇字退修少豪華為諸生有聲年三十棄舉子業結茆居側置一榻負墻坐當肩墻四至尺探其袂亟盈握也四十餘年未嘗至門内與家人接平生所著有史求及秋岑詩滋言集年七十有四卒弟爾杲字爵季篤學尚節義以諸生隱

曹大蘐字尚白諸生父之棟有傳大蘐生而偉異莊言厲節不求仕進年八十餘清癯鶴髮士林重之工書法所臨摹古帖甚富有豁隱詩文集子本復字剛來詩與書法亦有稱

魏澤霖字鶴山家貧嗜學讀書於湖山之一蕭庵性純樸古道照人厭舉子業怡情山水少交游人多不識者詩有紅雪齋集從孫希聖亦能詩

杜士鵠字鶱公諸生博極羣書研究經術寄跡於蘄水

之昔山授生徒三十餘年每因事導人於善年七十餘卒無嗣其門人陳汝鱗王宏毅諸人葬之建祠於昔山下置田以祀

王士龍字木籐工詩古文名籍甚以歲薦授潛江訓導及歸刈蓑結廬遠近多請業者所著有蓑廬集年八十餘卒同邑陳大章稱其逸才高節古之文獻為序其集孫南朋舉人官知縣

萬年鼎字常銘諸生嗣母張苦節教之以孝聞閉戶力學不求仕進與李之泌鄭先慶易為泰鄭宏博為執

友築室東絃路口村修講禮法勤引古先一詩仰爲楷範年七十卒子初陽字寧周諸生

國朝

胡來通字安吾明嘉靖時八年十二僧見之曰此人間百歲翁也性好施與楚撫魏光緒爲表其廬順治庚子壽百歲僉謀建坊來通力辭之忽一日沐浴更衣端坐卒孫琪珠能繼其志琪字石屋諸生好學汲古以詩名金聲譚元春雅重之爲序其集後散佚不傳珠另傳

楊鍾乾字健之父企虞家訓有法鍾乾性穎嗜學淹貫經史隱於邾城龍邱間論學不倦子允正進士

周紳字元初性穎異博涉經籍自遯跡山林無人知其學者鄉里見紳輕財好施推爲長者子之美浦城知縣以經濟稱

余師皐字廸甫諸生積學遜養多所著述明末流賊亂手錄無一存者乃隱居龍崗山中子世羽康熙癸卯舉人瑞安知縣有清白聲

方伎

子夏曰雖小道必有可觀者焉史記曰方伎者生生之具王官之一守也茲邑所傳寥寥數人而已然不以奇爲貴也

元

葉如菴儒醫診視有方撰傷寒大易覽一編爲時所宗

明

宋鯨幼業儒未就遂精岐黃術診驗生死如神不責貲謝里人管大用病死將殮鯨過其門試治之復蘓類此全活者甚衆

陶仲文嘗授符水訣於羅田萬玉山嘉靖中由黃梅縣吏爲遼東庫大使秩滿需次京師素與邵元節善寓其宅時元節得幸年老宮中黑眚見治不效因薦仲文以符水噀劍絕妖十八年南巡元節病以仲文代有旋風繞駕仲文言主火是夕果火於是授神霄保國宣教高士尋進封神霄保國宏烈宣教振法通正忠孝秉一真人明年以所禱却疾功授少保禮部尚書尋加少傅仍兼少保帝自二十年遭宮婢變居西內日求長生君臣不相接獨仲文得時見輒賜坐稱

之爲師而不名大同獲諜者王三歸功上元加少師仍兼少傅少保一人兼領三孤終明世惟仲文而已二十九年春災異頻見仲文言有寃獄得雨方解時都御史胡纘宗下獄株連數十人悉從輕典果得雨乃以平獄功封恭誠伯歲祿千二百石仲文得寵二十年位極人臣然小心愼密不敢恣肆郡中橋梁多所剏建行人利之卒年八十餘賜葬祭加謚隆慶初追奪秩謚詳見明史

胡大順嘉靖中寓京師以巫術召子姑神見幸勅賜方

外散人詩文奇詭一時傳誦後下吏死見明史

馮蕃字松雲善繪事有夏珪馬遠楊松年筆意黄邑知繪事自蕃始然莫能重之貧困以歿

李藻字文甫能詩有氣節畫筆清遠得李營邱家法不治生產每得數百金立盡年七十餘尚好遊卒於河南息縣葬其地常自題畫云一幅輞川無着處夜深猶向月中看人多傳之著有横鶴老人詩

朱子京學舉子業不售去而爲醫望人輒知其病有趨道不能食或以子京進子京曰且無狂嘗若觀之於是伺其去從輿上觀之乃微衣冠垢汙而進趨道怒次日病愈詰其故曰公平生常得喜病一怒而喜消便能食矣又見舁棺者血出曰此可生也問之則婦以難娩死針之娩一男母子俱全視郡守脉謂十年後當領西南節鉞然必墜下頦至期撫蜀果病子京至將下拜以手掖之起而下頦已上矣按舊志止載宋鯨無宋子京省志因文獻錄收宋子京傳而無宋鯨疑即一人名字互見今以其事蹟頗有異同姑兩存之

國朝

朱心安明末避亂揚州求卜遇異人曰子以吾術終可

得中富然嘗病一足心安師之五年盡得其秘歸以善卜名占驗奇中不爽錙黍其終身一如異人言續志

胡延大字德孚先世以醫名延大性孝有文名其父教之醫名溢三楚活人無算隨遇施濟不責貲謝人稱長者年九十二卒子有謙應周俱列庠序續志

袁黄琮字三山有文學尤精於畫常畫觀音像安國寺僧戒顯視之曰筆已通神可留寺中供養然不久存人世也未幾禪堂火衆見畫像銜煙去其徒汪家正亦能詩畫得黄琮之秘邑中以畫名者又有余鼎王

以璋李中柱昇字義馭以璋字彤佩中柱字天擎續志

陳繼謨字五彝學問博洽屢試不遇逐業醫治病多奇效名聞於京師由太醫院薦舉授八品吏目六年以親老告歸性孝友行橐甚豐歸卽盡散諸兄弟生平著述甚多值所居濱河水漲壞其居僅存陳氏醫案一書業岐黃者皆奉爲準繩焉靖採

宋震字獻子工隸書善寫墨竹風致瀟灑鐫石法文三橋其外孫徐元士字素臣傳其法亦稱能品又有王如琮字寶臣邑諸生有詩名詳考六書篆刻蒼秀續志

易時澤字汝悅父爲泰有傳時澤邑諸生同從弟時範學醫於隱士李之泌皆精其術時稱二易初之泌愛醫法於江南劉霖生著廣舉醫學寶露又授方洛呂君調洛字東卜君調字戒平著醫方人華集其子大呂著傷寒心要識者以爲正宗後二易既老黄念貽何子康歐斯萬許丞生以良醫名皆之泌門人也故黄岡醫學獨稱師授過於他邑樊採續志

胥秉哲字匡生性穎異博通書史家世業醫嘗遊吳會燕豫間過沉痾投劑卽痊著有診法精微等書後徙居江夏

易洪周原名德溥博涉羣書精岐黄之術雍正七年召對授禮部額外主事年七十一卒於官

流寓

蘇文忠之於黄州謫居耳而人樂稱之愛其居與韓忠獻同所謂地以人重者信矣後來者顯晦不齊夫豈無和亦有幸焉其遇不遇不可强也

宋

韓琦字稚圭相州安陽人兄琚天聖間守黄州琦從之讀書安國寺白晝青燈風雨無怠後登進士仁宗時入相封魏公謚忠獻黄人想其德望爲立祠於讀書處

蘇軾字子瞻眉山人嘉祐二年進士元豐二年知湖州言事者摭其謝表語爲訕謗謫黄州團練副使本州安置寓居定惠院遷臨皋亭故人馬正卿爲守從請故營地東築雪堂以居自號東坡居士與潘大臨陳慥王文甫游時策杖往來江上泛舟赤壁遊西山寒谿後先題咏甚富將買田沙湖老焉尋以量移汝州

去後官至兵部尚書封武功縣開國伯食邑八百戶
贈崇政殿大學士加贈太師謚文忠
張耒字文潛淮陰人弱冠第進士累官秘書丞著作郎
擢起居舍人紹聖初知潤州坐黨籍謫監黄州酒稅
徙復州徽宗立起爲通判黄州知兗州召爲太常少
卿出知潁州復坐黨落職明道初在潁聞蘓試訃爲
舉哀行服言者論其罪貶房州別駕安置於黄凡三
至黄五年得自便居陳州未有雄才論文以理爲主
士人就學者衆分日載酒殽飲食之晚益貧郡守欲

爲買公田謝不取乃監南嶽廟主管崇福宮卒建炎
初贈集英殿修撰著有柯山集一百卷
陳過庭字賓王山陰人宣和間爲御史中丞時方臘陷
諸州過庭上言致寇者蔡京養寇者王黼又言朱勔
父子本刑餘小人竊取名器罪惡盈積宜昭正典刑
以謝天下三人憾之陷以罪罷知蘄州未半道謫海
州團練副使黄州安置
陳慥字季常蜀人扶風守希亮之子少豪俠晚隱居黄
岡號龍邱居士又號方山子嘗讀書以溪山自娛蘓

子贈謫黄往來唱和爲作方山子傳子贈去黄送者
皆止礠湖惟慥至九江後講學於雪堂軾所畀潘大
臨處也孫去非以詩爲高宗所賞官至執政
元
龍仁夫元史劉詵傳吉安之廬陵人同郡龍仁夫字觀
復其文學與詵齊名而仁夫之文尤奇逸流麗所著
周易多發前儒之所未發用薦署爲江浙儒學副提
舉不就明志至正間徙黄州明五經爲時矜式
學者稱麟洲先生

蔣彦忠南昌人勸課蘄黄元末兵起隱居黄岡庶安鄉
講學授徒因家焉
明
陳世昌江西舉人官武昌同知有治聲民愛戴之遂家
於黄岡廷瓚仕慜郎其子孫也
周浩字季深四川人正統間官黄州同知視民如子遷
石阡知府致仕附籍黄岡孫瓚舉人爲偃師令
程豪字子德蘓州人習儒術商於邑歲饑有積粟豪糜
所積以給饑人邑令旌之兄表字子儀亦有文行督

學高世泰爲立兩儒賈傳

國朝

補帽匠不知何許人無家室居止擔頭有補帽具書數卷琴一襆被一小鐺一往來園圃間以所得市米取小鐺飯之或煎茶爲飲暇則隨其所至澄潭激澗斷岸層巒長松之下或讀書或彈琴歌詠或坐臥數日不去問其姓曰何問其名曰白雲後卒於蘄州

李之華岳州人順治初之華游黃爲農家傭繫耒於頸曳而耕農家惡其無能數叱之既而曰吾不能制牛

也傭者嘗教人矣或試以文輒就聞者稍稍訝之然無深信者陶一佐鄉之耆老也與之道語延歸使其子克壯正發克家受學焉其後皆以文行顯之華無子既沒一佐爲營葬設主世世祀之信其學也

補遺

明

邱一貫諸生敦善不怠家素饒遇困必有濟時疫施藥活者無算嘗一日焚券千餘金人有質絮袍及被者叁不贖輒取以還鄉人賴之子維明維時同榜舉人

國朝

曹紹烈字承緒雍正癸卯　科成武進士當道屢促就職以親老辭不赴性幹而廉邑有公務非其人莫任乾隆乙丑郡守禹重修韓魏公書院烈贊成之蔣石紀績丁丑邑宰劉改建縣學宮謀可託者乃以其任專屬之毅然引爲己任年餘告成凡一材一木悉無虛置戊寅郡守錢增修考棚及創河東書院烈爲經始及中州郡守王視事黃州諸爲商訂而烈年六十有二老且病病且革矣可慨也夫篤行以上

明

奚鼎鉉字仲雪崇禎己卯舉人以文行自勵參政許文岐守蘄州引與俱　正十六年獻賊陷蘄城文岐被執鼎鉉與同事數十人俱幽繫賊聞其名不殺寘之後營文岐密謂鼎鉉等曰觀賊老營多烏合凡此數萬卒皆被掠良民若告以大義同心協力賊可殲也於是陰相結期正月起事以柳圈爲信謀洩文岐見殺鼎鉉以計遯事見朔忠自此絕志仕進名節詩文爲一時推重隱逸

黃岡縣志卷之十一終

黄岡縣志卷之十二

知黄州府事王鑒楷裁訂　知黄岡縣事陳文瑶 王鳳儀仝編

人物志

列女上

天地之正氣人之綱常婦人女子而有士君子之行激揚風化道至大也窮鄉僻壤懼有遺焉勿使鬱而不彰將以光諸簡册閭里樂道其盛於是書也致不慎歟

明

熊谷眞妻魏氏　知縣吳受妻胡氏　熊奉妻吳氏谷眞没魏年二十四奉養舅姑壽終撫幼子奉長娶吳受女生子官受官童奉没於五開衛戍所其子當補伍時吳受妻胡亦寡三孀相依爲命吳私計曰兒獨應伍兒必亡我隨兒往姑與母皆年老無託亦必亡乃赴京陳情洪武中詔有司體勘得實魏胡以節旌吳以孝義無雙旌並復其家後官童之子仁博學有文名

進士余文瑞妻周氏文瑞没氏嘔血不食强起撫其一女自是蓬髮垢面毋死不歸偶婢褻其衣訝近男子衣立焚之

劉烈女父負薪爲活正德間流賊過黄見女殊色欲亂之女紿賊以飾粧將登舟遂投江死

李富妻項氏正德中爲流賊齊彦明所刼氏自誓不辱赴水死時人哀其烈

劉鵬妻盧氏鵬没痛哭嘔血自縊死嘉靖中旌爲烈婦

張烈女嘉靖時人其父先有所許已而悔乃挈居團風鎮見富商許之女曰兩髦何在遂至此乎引刀自刎

遺詩云搖落林居風日淒黄花白露客心驚頗傳信美非吾土却憶飄零即此生隱几晝聽飛海燕杖藜秋色醉山城年華轉換俱陳跡底事猶牽世上名

生員倪天瑞妻劉氏年二十天瑞歿撫孤子士觀以女紅自給後士觀爲諸生授徒里中奉養備至氏年踰九十卒萬歷二十二年旌其節後十二年並旌孝子

舉人盧静妻方氏年二十四静没氏事姑以篤孝稱守節七十二年萬歷二十三年建坊旌表

贈參議奚世亮繼妻王氏世亮殉興化難時氏年二十

二苦節七十餘年年九十四卒後封恭人萬歷間三
經存問詔建忠臣節婦坊並附世亮之諭葬
生員王追宣妻汪氏追宣沒無子弱齡苦節年六十餘
卒事聞旌表
生員曹銓妻盧氏年二十二銓沒遺孤自化方在襁褓
勤劬萬狀偶隣媪微言挑之氏剪髮齧指叱媪出不
再見卒年七十五萬歷三十六年建坊旌之
萬體亨妻周氏生子石麟方幼體亨疾篤指老母幼子
目之俄卒氏守志奉姑孝謹撫石麟辟纑佐讀後石

麟官主事氏封安人旌表建坊
陶以憲妻王氏憲早歿氏守節撫孤子斑成立以選貢
判裕州氏年八十餘卒
曾祿妻吳氏　魏璋妻邱氏俱年少守節養舅姑撫遺
孤甘寂茹苦終身不易
樊燎妻鄭氏　藍繼妻吳氏舊志稱其節久入憲綱以
要志
孝子唐治妻桂氏治死於孝氏撫孤子之屏弟兄食貧
勤業不忘訓廸

詹景麟妻雷氏年十八歸景麟事舅姑以孝稱越八載
而寡守志撫孤收夫遺文自輯成帙出入以禮自持
其姊適同里張澤澤既貴姊有饋遺屏不受教二子
有法及孫時明爲名儒氏年九十六卒
貢生王箕繼妻何氏年二十箕沒子鳳閣在襁褓依前
子孝廉鳳陽以居苦節四十八年卒鳳閣子都諸生
都子欽濂見宦蹟志
於伯貴妻熊氏　舉人於廷評繼妻張氏伯貴早沒熊
苦節五十餘年壽八十孫廷評亦早沒張年一十四

守節四十餘年事聞建坊額曰完名全節
於倫妻朱氏隨夫任萬安縣聞母死廢飲食哭泣五日
而卒時以孝稱其地祠祀之事見旌表坊
徐某妻汪氏萬歷四十二年御史趙應元疏云十九于
歸未及期而良人早逝廿年守志不移時而姑舅雙
亡建坊旌表
生員林廷模妻陳氏年十七適廷模未逾年廷模病劇
製木主授氏而沒氏慟欲絕遂血貫雙眸事舅姑孝
年五十病且死治棺自題曰復主廬命與主俱瘞其

故篋中有橫江詞云日落孤帆盡江流片石危千秋盟白水不逐海風吹蓋自謂也然生前無一字示人萬歷四十二年旌表建坊

袁文仕妻王氏（府志作文任）孝婦何氏王氏適文仕甫二載文仕姓孝友以兄冤代杖死時舅姑年皆九十遺孤希詩僅閲月氏孝養備至撫子成立萬歷三十二年下詔求民間節婦兩臺獨旌王氏希詩與其婦何氏皆以孝稱王氏年八十病篤婦何刲股救之事聞天啓四年賜坊曰節孝流芳

樊玉衡繼妻佘氏玉衡謚孝介有傳方沒家益貧氏勤苦奉姑能得懽心立從子維孝爲嗣一女適漢陽李應橋苦節四十餘載天啓六年詔以廉貞雙美旌之維孝亦以孝稱

賈燿妻袁氏年十四適燿二年而燿沒遺一女氏茹蘖飲氷清苦萬狀迨女嫁誡曰自汝父死我眼未嘗覩男人女生一世不可輕覩人也年六十六卒

生員王相妻李氏年三十相沒子崇擢僅三歲氏截髮明志食貧教子以孫用予貴受封旌表

鄭一魯妻宋氏一魯父之良爲四川副使一魯省父還至巫峽沒氏年二十一聞訃觸墻幾斃撫二孤成立長可教江夏訓導次可訓諸生氏衣終粗麻足不踰閫卒年七十四

生員杜桂芳繼妻劉氏年二十七桂芳沒氏屏飾長齋撫孤琬以節終流寇陷城廬舍俱燼氏柩獨存人謂苦節之報（按董志止載劉晉運妻杜氏係瓊芳女又載杜桂芳繼妻劉氏省志乃載杜瓊芳妻杜氏府志謂因二傳誤書今從董志）

曾獻甫妻胡氏年二十二獻甫沒守節撫孤孤壽夭母

與兄弟欲更嫁之誓死不變伶仃紡績年七十二卒

牛斗妻陶氏黃州衛指揮牛可耕母也娠三月而斗沒氏日夜禱天祈牛氏一綫不絕及可耕生襲世爵者欲害之保護備苦家益貧可耕年十五有異才陶乃指其幼時所坐草蓆曰此中有金可取之北上襲祖職矣後可耕子若麟成進士官御史具疏上請事聞旌表

洪有奇妻牛氏于歸踰年有奇沒氏痛哭淚血淋漓而死其兄若麟爲請旌表

張懷橘妻屠氏年二十五懷橘沒家極貧更値荒亂兩子繼沒子煢然無依汲水負薪自給年逾七十卒

舉人曾齊賢妻余氏年二十齊賢沒撫二子成立長克明貢生次克修諸生氏苦節五十年崇正間大學士姚明恭疏請旌之

生員黄榜開妻蔡氏　黄文宗妻鄧氏蔡年二十榜開沒撫遺孤文宗娶婦鄧氏逾年文宗亡生遺腹子燕喬撫之成立姑婦皆高壽人稱雙節

生員何高甫妻陳氏年十九高甫沒遺腹生女相依齋

素終身壽八十七卒

生員汪繼周妻王氏年二十三繼周沒無子氏閉處一室自牖納饘粥年六十病將死始開闢治後事焉其父家屏爲合葬於繼周墓

朱棠妻余氏棠妻劉舉子女各一余無所出棠病篤託余以子女及棠沒劉他適余辛勤撫育日事紡績非丙夜不休壼政嚴肅親屬莫敢窺其門踰三十年忽謂子廷琦及女曰吾不能終視若輩惟望若輩爲上流人越宿卒年五十四事載明史廷琦及其子一龍

俱以孝稱

陳貞女知縣陳相道女通論語許字汪二南未嫁二南沒女毁容自誓父母嘉其志製斬衰歸汪承服苦塊守志五十七歲卒

生員余大鉤妻欽氏父取爲蔚州倅贅大鉤未一載歸黄大鉤沒氏年二十守節撫遺腹子壽七十卒

王朝文妻陳氏團鎭人年二十二朝文沒撫一子維繼爲諸生守節五十二年

武舉蕭鄰侯妻王氏年二十鄰侯沒家貧撫遺孤箕爲

諸生事舅姑孝年逾八十卒孫之年舉人

黄正存妻王氏年二十七正存沒家貧撫三歲孤紡績自給年六十八卒

熊行之妻李氏年二十四行之沒家貧撫兩遺孤孝事舅姑年逾七十卒次子飛熊諸生

邱九園妻劉氏九園沒子玉崗甫週歲氏斷脂屏飾勤苦撫育閲六十餘年壽八十七卒玉崗亦以孝稱

周升岐妻王氏年二十一升岐沒貧甚撫孤學易艱苦萬狀誓死不渝年逾七十卒

生員吳茂兌妻汪氏副使士瑞孫婦也年十八茂兌没撫孤畢昏事姑孝守節四十五年 以上府志

生員周之詰妻曾氏之詰没無子氷節自矢年七十卒

陶莘野妻余氏莘野没無子氏守節備極艱苦事姑以孝稱撫按匾旌之邑長史邱民心爲之傳 萬採

易明虛妻蔡氏年二十四明虛没遺孤二長僅數歲次遺腹乃生家甚貧母家欲嫁之氏以死自誓事姑鞠幼以孝慈聞守節五十年士大夫爲詩文以美之 樊採

熊爾興妻吳氏年二十四爾興没氏事繼姑盡孝撫遺孤文華爲諸生屢經寇亂艱苦全節年逾七十卒

汪晨妻趙氏年二十二晨没遺孤應秋甫二歲奉舅姑殯葬悉如禮守節六十年足不踰閾壽八十二卒

生員陶玨妻姜氏年二十四夫卒撫孤守節四十四年

張凌雲妻何氏　諸生陳彭時妻阮氏俱年二十餘夫没家貧無子孝事舅姑拮据送終窮老而卒 以上府志

易明晉妻汪氏明晉歿氏撫嫡子女恩勤育閫下逮諸孫治家勤儉有法守節五十五年

生員易遂之妻劉氏年二十三守節撫二孤嚴勤以訓

次子道位諸生

易建之妻王氏年二十四建之没撫子道備族有利其家貲者將害孤氏辛勤保護得無恙時稱其節

易道敏妻趙氏年二十七道敏没書籤外無長物功朞無可依撫歲餘孤紡績自給寇焚其廬百折不渝卒年五十一

生員易爲經妻柴氏年二十九爲經没遺孽子及一女子夭氏苦節以終其女適方嶌賊烈死

易明晉妻陳氏　易儀之妻董氏側室陳氏

易道端妻應氏　人稱三世四節

易明序妻葉氏　易偲之妻蕭氏　易明占妻王氏

易傳之妻余氏　俱姑婦雙節

易念之妻段氏妾郭氏段與郭共撫庶子以嫡庶雙節稱

易依之妻陳氏　易從之妻陶氏　易道新妻周氏俱年少守節撫孤 以上樊採

陶鼐妻邱氏　陶以陽妻徐氏　陶瑗妻戴氏

陶世儒妻蔡氏　陶思曾妻魏氏　陶思仁妻熊氏俱

年少夫沒苦守終身 以上萬採

生員王之經妻鄒氏年二十三之經沒氏撫五歲孤成諸生壽夭無後氏挈一老婢獨處樓上守節四十餘年卒 續志

生員陳繼善妻林氏年二十五守節撫孤夫兄弟欲嫁之氏刺目矢志値寇難備閱艱險卒興家道撫二子士閎肇遠俱諸生卒年六十七 陳採

舉人魏師田妻靖氏師田沒於京邸氏依父科元避寇小崎山科元闔家死氏藏石窟得免撫幼子成立守

節四十餘年卒

靖天錫妻葛氏天錫沒於小崎兵難氏年十九攜二歲孤必純得脫又遺腹生子嘉植守節教子俱爲諸生 以上採武昌府志

生員蕭璧妻李氏年二十二隨璧避難璧罵賊死賊偪氏不屈梃刃交加無完膚賊去越三日復甦苦節四十年撫孤邦符爲諸生 董志

余貞女安湖余承靖妹許字張氏子張子幼爲賊掠去父母欲更嫁之女曰吾身已許張矣誓死不可奪閉

門五十餘年卒 黃文獻

易明徵妾羅氏明徵及妻俱沒遺孤僅五歲氏撫之艱辛備至伯氏利其產將害孤羅籍產付之丐餘以活孤長乃大會族里收產而還 樊採

陶克順妻甘氏克順從戎麻陽死氏年二十四止一女誓死守志事姑孝年七十四卒 萬採

易崐生妻楊氏年二十二崐生沒生子甫歲餘氏誓節紡績自給撫孤成立壽八十終 樊採

同知何世遠妻羅氏世遠沒於桂林無子羅扶櫬還楚

涉險五千餘里途遇盜劈其棺殺其僕羅身護之亦被重傷閱盡艱辛始得歸葬苦節以終 府志

晏霱明妻樊氏副使維城女博通書史霱明隨父清沒於鬱林氏扶櫬越崎嶇數千里得歸葬焉自是長齋誦佛書苦節而死嘗爲文祭夫有曰子孫同稻蟹之無遺大姑已若拔之不食孤忠淪落撫時而泣文山未亡飄零逢人而思范式風鳴鶴唳皤身獨寘蒼梧瘴雨蠻煙離魂誰歸赤壁邑人哀之 董志

贈太僕卿王一桂妻姚氏妾邱氏一桂死昌平之難姚

與邱及子女二十七人俱投井死

贈光祿卿周之訓妻劉氏妾楊氏王氏之訓死濟南之難劉與楊相持入井死王自刎死　以上明史

萬五玉妻張氏幼明大義五玉力學早沒無子氏毀容自矢撫從子年鼎爲嗣教誨方嚴守節三十年年鼎諸生能守氏教有傳

陳季昌妻萬氏夫亡守節明末攜子道平避賊滸子灘爲賊追及氏奮投江中有物承之浮流十里得免道平得册亦濟漢陽熊伯龍爲撰奇節記　以上董志

按察使杜應芳妻樊氏年七十獻賊破城氏白髮皤皤坐堂上賊亦不欲加害會見眷屬受傷乃正色罵賊遂被殺

舉人王一翥妻樊氏太常玉衡女也歸一翥研究書史閨中若嚴友獻賊破鴨蛋洲氏隨一翥將奔鄂舟至三江口賊突至兒女盡散賊逼之氏叱曰我天下名士黃岡王子雲妻也何敢辱我賊問曰名士有何官職氏曰不作賊遂大呼尋子二字躍入江死一翥後以尋子名其集

生員徐大初妻李氏年二十七天初沒遺二孤長斐三歲次斐方襁褓氏矢志守節養姑誠孝教其子皆爲諸生循例旌表獻賊陷城被執勒氏爲爨不屈死之斐以身殉詳孝子傳

張問達妻李氏武進士張應祖子婦也居城内六劉巷年二十一問達歿奇貧苦節獻賊陷城投巷井死骸骨瘞井中

王二林妻屠氏流賊陷城被執罵不絕口引頸受戮屍彌月不壞

李君賓妻王氏居道觀河遇流賊逼之不從乃先殺其舅姑及夫氏不爲屈賊猶無意殺氏氏奪刀自刎死

吳周封妻曾氏性介不苟言笑勤紡績典簪珥佐夫誦讀及流寇亂爲賊所掠瞋目詬詈不屈賊欲殺氏度不能脱抱七歲女奔赴火中時廬舍方焚膚髮立燼賊義之拾其骨裹以白絹瘞之

生員黃正遠妻蕭氏爲流賊所執大罵見殺知縣李翕流覩其墓事聞獲旌子文繡舉人士錄諸生

團風鎮烈女逸其姓明季獻賊破團風女登樓賊招之

不下焚其樓女掌痕殷然類墻間
同知奚祿詒妻王氏通經史獻賊破城隨祿詒避亂於
大冶之鴜虹山下祿貽爲土賊石可鼎刼去氏聞信
投水死惟八歲幼子在傍及祿貽脫難歸死十餘日
矣後因夫貴封孺人
倉廒烈婦不知姓氏獻賊破黃州殺人盈城貢生李拱
祝走伏城外糧倉下見衆賊擁一少婦至坐倉畔石
砌上婦抱一嬰兒賊解索求歡婦奮怒大罵脇以刃
不避復詈刃婉語之竟罵不絕聲賊怒斬之首躍五

六步身抱兒端坐不仆
朱日灝妻李氏幼讀書曉大義年二十五避亂西鄉竝
阜山遇流賊掠之瞋目大呼曰汝何等賊奴敢辱我
奪一稍自刺其面刺且罵賊怒殺之越七日得其屍
如生
竹苑舖池邊烈女失其姓氏賊至氏結衣履自縊於池
邊高樹邑人易爲鼎爲之記
易氏十六烈　生員易道脩妻王氏崇正乙亥二月氏
與二女爲賊所迫躍入塘賊攢石破腦母女俱沉水

死　易道一妻熊氏賊至奔山谷賊退子爲璘野哭
求之七日獲其屍刀痕叢聚血漬衣裾　易時昇妻
汪氏避賊天井畈賊至被縶奮罵賊怒斷首懸樹上
一子甫晬乳姆爲匿積草中以免　易吉甫妻陳氏
聞賊警以麻遍束其身及爲賊掠不屈作炬焚之罵
聲激烈而死　易道旦妾華氏爲賊所追躍於池中
賊亂刃攢之死　易道重妾周氏避難洞中爲賊所
得驅之不行殺之屍坐於岡上　生員何剛妻易氏
罵賊賊怒磔之　生員夏繼璜妻易氏素喜讀女誡

繼璜死於賊氏守節撫孤仲父逼之避寇氏不肯歸
賊至抱幼子厲罵拒之攢以刃顚蓬中蓬焚屍化
生員何際時妻易氏避賊龍井寨賊索深菁中見之
罵賊死　李爾常妻易氏崇正丙子賊襲白雲寨氏
泣謂母曰與其受辱生毋寧潔身死自投懸巖而斃
劉伯昇妻易氏避亂泉華山抱一子藏小蓬中賊
追之亢聲大罵刺之不懼焚其林而死　方爾聞妻
易氏奔山庄賊縶之詞色俱厲刃之膚盡裂罵不絕
口　易爲禧妻郭氏　易爲祉妻郭氏女兄弟也爲

禎早卒郭守節十餘年癸未三月獻賊破郡城不屈死五月獻賊襲白雲寨爲祉妻復被執不屈賊怒捽之斃復刃剸之其子時弧同遇害　易爲瑾妻陶氏癸未城陷扶姑王氏登埤賊至厲聲罵賊賊廹之同姑墜城死　易道久女適孫某乙亥遇賊不屈死　易道光女適熊友嘉仲子賊襲白雲寨熊子被殺氏奮罵號哭賊攢刺之死　當明季流賊之難城陷及諸寨女烈葳久漸軼邑人易爲鼎記其族若而人故其事特詳 以上府志

生員潘南嶽妻李氏避亂武昌縣遇流賊以烈聞見武昌府志

生員胡珙妻邢氏江夏人性嚴正歸於珙避亂鄂城城破居鄰皆逃避氏曰女人面目可令外人見耶投井中死 慕義薦採

汪部孫妻熊氏義士熊霈之姑也素嫻內則避亂鄂城城破義氣凜然自縊而死 慕義薦採

余明貴妻鄒氏氏年十七適余未半載值獻賊陷黃州驅之行遂投塘死賊退鄉人收葬之身帶箭及重創數十處 永寧孫採

生員熊兆聖妻夏氏避獻賊亂於白雲山羣寇破寨氏素守禮義恐爲賊辱遂投水死 永寧孫採

蕭烈婦鄭氏失其夫名夫爲四川黎雅營弁氏避兵憇郵亭見柱有驛柳驚别意堤柳暗離愁句遂成十絶題書於壁自經其旁其七曷夫云日星潛氣在人閒立志當如張別山音信須憑隴外寄暗傳汝婦已投繯見者傷之 楚北詩佩

林廷爵妻尹氏崇禎丁丑爲賊所掠氏搶地求死罵不

絶口賊怒刃之裂其屍 中和薦採

謝宗湯妻梅氏獻賊之亂爲賊所執大罵而死 上伍謝採

黃名儒妻邱氏年十九名儒客於外流寇至里人促之避亂氏以少婦不可令賊見攜幼女投塘死 庚安鍾採

王躬靖妻張氏年二十三躬靖殉獻賊難氏聞訃曰吾夫忠義今不屈死可告無憾矣吾夫無後吾何以生爲遂焚香叩首入室自縊死 下伍操採

包明文妻劉氏獻賊之亂氏從明文避之巒蒙山寨已寨破賊執明文氏泣請以身代明文得逸去賊欲逼

氏奮詈而死（樊採）

汪鼎臣妻殷氏夫姑避賊巒崇山寨寨破爲賊所獲氏值母病歸省於鴨蛋洲聞之布奠江濱號泣投江死

舉人汪建遇妻杜氏隨母與建遇避難於白雲山寨寨破其母投巖下死氏泣囑建遇潛逃建遇未果氏曰君慮妾爲賊汚耳請先死以明妾志言訖亦投巖下死（倪孫採）

布政使吳思温妾田氏婦游氏及兩女寓居武昌崇禎十六年獻賊之難城陷聞思温殉節相率投井死（萬採）

州判秦一才繼妻杜氏雲南大理人一才官雲龍州將歸娶之年十八或謂一才老且無子氏聞之曰不能偕老獨不能偕死乎未幾一才病屬其族弟繼宗爲治棺氏請爲治兩棺繼宗如其話一才沒氏服斬衰成禮喪畢服酖以殉蓋初嫁時所攜也血漬五官猶自拂拭不假侍婢手臨絶乃令加故祿衣於衫上時稱爲杜烈婦

監生王封帶妻程氏年二十封帶沒無子氏以死殉衆救之氏號泣曰不死何歸從一而終分也日夕嗚咽柩側不食死時稱烈婦

金烈女鴨蛋洲漁家女明末許字李之次子比李子長尪呆甚李欲以長子配之父母許諾女聞悲憤曰此何事可移易乎乃縫其周身衣夜半投江死

生員杜鈺妻樊氏鈺救弟溺死有傳氏年二十九攜幼孤迎屍殯於堂慟不欲生喪三年畢語其子曰兒長不須我矣不食而死

陶烈女足大中和鄉民陶誠之女年十四許字朱廷傑廷傑死女欲往奠父母堅止之涕泣竟日自縊死

贈文林郎王追駷妻程氏年二十八守節值寇亂三幼孤各隨乳母逃散氏傾囊求之旣而皆得課子禮師能承其家苦節四十二年（以上府志）

生員姜壐妻徐氏壐沒無子依女以老守節五十年壽七十七卒

生員樊玉衢繼妻張氏衢沒三子俱幼氏茹苦撫而教之後維域成進士維鼎維忠俱諸生守節三十餘年卒

生員何昌祖妻樊氏年二十七昌祖沒誓死撫二一女遺

嫁畢獨棲一樓三十年以全節稱
生員王憲伯妻王氏年二十二憲伯沒守節撫子女各
一事姑孝姑病刲股進之愈後子女俱夭煢子以終
卒年八十四
生員鄭季艮妻余氏年二十九守節事姑以孝稱撫二
孤有成一洪舉人官知縣一灝諸生氏年八十五卒
朱光坤妻易氏無子苦節依從子以居閉室誦經不見
一人壽六十九卒
何昌祚妻王氏昌祚沒無子氏終身衰絰閉居一室三

十餘年一日櫛笄扃戶而死
王學任妻甘氏年二十八守節事姑孝撫孤子成立卒
年六十三 以上董志
生員易學汾妻王氏賢而有勇年二十二避亂遇寇氏
拖子持槍連刺三賊得脫比歸學汾已沒苦節撫其
子康時以文行稱康時妻死撫其子德宣及成立而
夭氏與德宣妻方復撫其曾孫嘉會方守節年六十
二卒王年九十九卒及嘉會亡其妻馮氏無子守節
康時門人王道明爲立三節傳 見府志

國朝
陶光先妻劉氏年二十光先沒氏勤紡績養姑撫子苦
節五十年順治九年 建坊
劉三重妻魏氏年二十二三重沒無子刺一目自誓依
兄子紡績爲活守節四十餘年順治年間巡按張朝
瑞疏請 建坊
生員陳天球妻陶氏讀書知大義年二十天球沒無子
事姑張氏朝夕相依與娣劉紡績自給守節五十八
年足不踰閾康熙二十八年 建坊

知縣王欽濂繼妻陳氏 舉人王承啓妻杜氏陳年二
十七欽濂沒撫二歲孤承啓苦志訓廸承啓舉於鄉
娶夭婦杜氏年二十四遺孤懋德甫八月茹荼飲血
養姑教子後懋德成進士官知縣陳守節五十六年
杜守節四十年康熙二十九年以雙節 建坊
何烈婦任氏爲强暴所犯不從而死康熙五十四年
旌表
歐烈女歐爰臣女性端厚每誦貞烈事輒三復不厭許
字蘄水徐基盤基盤沒女遂自縊時年二十父母合

葬之康熙五十九年　建坊
鄧顯奇妻劉氏年二十五顯奇没截髪矢志遺孤俱幼敬事舅姑撫教二子成立卒年八十二雍正元年
旌表
李又白妻徐氏年二十二又白没遺一子孔瑞訓之如嚴父遇娣姒和而有禮內外皆稱其賢守節四十餘年雍正元年　建坊
范彩雲妻吳氏歲饑乞食於賀坳凉亭彩雲早出樵子田士義過亭見氏抱小女獨處欲犯之氏大怒罵不

絶口田斧砍之及其小女氏創甚五日死田後伏法雍正二年　建烈婦坊
宋正元繼妻邱氏年二十三正元没氏撫前子曲盡母道奉舅姑孝守節三十餘載雍正四年　建坊
生員邵之瑜妻方氏　監生邵先陟妻宋氏年十六之瑜没撫遺腹子先陟復早亡一孫光祖甫五歲其婦宋氏年二十五守志方以憂慟寢疾十七年宋百計調護及没拮据營葬如禮教子光祖成立選貢有文名雍正四年以姑婦雙節　建坊

王時聖妻陳氏年二十六時聖没子道明甫七齡家貧舅姑俱八十餘伯氏老病無子皆仰給於氏氏守義孝養自矢糠粃歲大饑食且盡道明拾遺金歸氏不啓視令覓其主還之教子以明經官訓導年五十三病革指所坐木榻曰吾苦守二十八年但對此無愧耳端坐而卒雍正四年　建坊
生員魏裕淵妻段氏年二十四裕淵没遺孤永楷氏誓志苦守養姑以壽終撫子成立卒年五十一雍正四年
旌表

鄭可榮妻龍氏年十九可榮没氏事舅姑以孝聞夏逆之亂舅病弗能起比里皆逃氏侍湯藥不忍離撫孤雯燕爲諸生持家勤儉姻戚貧乏者則周之雍正五年
旌表
陳位一妻熊氏年二十位一没無子事舅姑盡孝舅姑卒夫弟值夏逆亂所居一里河爲往來孔道氏獨依柩不去撫嗣子經才爲諸生勤儉自給時出貲以周鄉里雍正七年　建坊
夏同霖妻蔡氏同霖没撫遺孤克宗成立姒娣皆早寡

氏持家有法待諸從子如己出同居四十年內外和睦無間雍正七年　建坊

王漢杰妻張氏漢杰没氏矢志孝奉舅姑撫週歲孤楙蘭勤苦備至年五十四疾篤楙蘭刲股以進復延三月乃卒楙蘭康熙戊子副榜雍正八年　建坊

生員李元龍妻胡氏元龍以才幹見知總制蔡毓榮從征洞庭陣亡氏遣僕李望扶櫬歸見血衣慟幾死懸之閣中日夜號泣斷髮誓志操作勤苦二子槐及崇義俱幼教之皆成立戚里婚葬無力者多須其德崇義康熙丁酉副榜氏守節五十年卒雍正八年

旌表

孫維嶬妻樊氏年二十四守節養舅姑曲至教子士謀爲名諸生值山寇竊發居民爭走氏以舅姑未葬號哭不忍去旣免歸葬有枯柏復榮之祥子亡又撫二孫之煒天祿俱成名苦節六十二年卒其元孫承暉娶陶氏年二十嫁三月而寡撫遺腹子守志人謂能繼樊節樊以雍正九年　建坊

生員方應張妻周氏年二十三守節有欲奪其志者斷指以誓子介甫六月撫之成立介輕財好義有稱孫可榮可觀俱明經氏年六十六卒雍正十一年

旌表

劉翔妻楊氏年二十一翔没撫遺腹子夢趙成立持守端嚴締造辛苦守節三十年雍正十一年

旌表

喻順澤妻夏氏年二十二順澤没撫遺孤人悅成立姑胡年九十餘氏奉養盡孝及没哀毀盡禮守節二十九年雍正十一年　建坊

孫自融妻杜氏年三十三自融没氏事祖舅以孝稱教二子維翰廣瑜成名守節三十四年雍正十二年

旌表

孫時霖妻皮氏家貧甚隣人夏道生乘時霖外出恃强逼之氏怒拒獲免遂自縊死雍正十二年

旌表

陳來蘋妻汪氏年二十三來蘋没家貧無子立從子爲嗣守節四十五年雍正十三年　建坊

陳可麟妻王氏雍正十三年　建坊

鄧光國妻張氏光國應試墮水死氏迎尸殯畢痛絕數
四撫遺腹子成立奉姑盡禮守節三十七年乾隆元年
旌表
程逢泰妻龍氏年二十五逢泰沒家貧教二孤甚嚴事
舅姑盡禮守節五十五年乾隆元年　建坊
吳之滐妻盧氏年二十五之滐沒家貧勤紡績以撫三
孤守節三十三年乾隆二年　建坊
曾承鞏妻何氏年十六適曾甫八月承鞏沒無子守節
憑撫嗣子履泰卒年八十一乾隆二年　建坊

胡生奇妻汪氏生奇沒一子復夭撫從子爲嗣守節三
十六年乾隆三年　建坊
鄒洪勲妻秦氏年二十五洪勲沒撫七月孤教之成立
守節三十一年乾隆四年　建坊
鄧光國妻鄧氏年二十五光國沒家貧紡績以奉舅姑
撫孤鵬成立爲諸生守節三十九年乾隆四年
旌表
舒其彩妻徐氏年二十九其彩沒撫孤學韶成立守節
四十三年乾隆四年　建坊

舉人陳大華妾顧氏年二十五大華沒嫡早亡無子氏
撫嗣子師栻登賢書守節四十年乾隆四年
旌表
王家勲妻陳氏　王之統妻陳氏家勲沒陳年二十五
撫二孤成立長之統復早亡婦陳氏年二十四與姑
共撫孤孫姑守節五十二年婦守節三十五年俱乾
隆四年　建坊
程熾祚妻朱氏　程基統妻余氏朱年二十熾祚沒撫
遺腹子基統旣授室復亡婦余氏年二十三無子同
姑矢志朱守節四十七年余守節三十一年俱乾隆
四年　建坊

生員劉隆禮妻朱氏幼時父柩在堂鄰火及於室氏撫
棺號哭火遂反年二十七隆禮沒遺孤甫兩月氏卒
勤矢志事姑孝姑病目日餂之目復明教子芳熹以
道嘗拾遺金斥棄之芳熹亦有孝稱氏守節三十一
年乾隆四年　建坊
陳光濟妻張氏年二十六光濟沒遺孤士昆甫三歲居
敝廬中盎無儲粟勤苦教子內外整肅後士昆舉於

鄉氏守節五十九年乾隆四年　建坊

秦琢成妻馮氏年二十六家貧守節事姑孝撫從子爲嗣年六十八卒乾隆四年　建坊

陳起龍妻藍氏年二十六家貧矢志鞠育孤子成立其從子少孤氏亦撫如已子未幾從子夭氏復撫其從孫守節三十五年乾隆四年　建坊

生員鄒一標妻龔氏年二十七家貧苦節撫孤之駿成名卒年七十三乾隆四年　建坊

謝其恩妻李氏　謝如紛妻高氏姑婦相依數十年撫孤守志乾隆四年以雙節　建坊

陳大鵬妻高氏年二十八大鵬没奉姑以孝稱撫三歲孤成立守節四十二年乾隆四年　建坊

生員鄒澄中妻張氏年二十四澄中没無子守節事舅姑盡禮撫從子光煜爲嗣及於成立年六十二卒乾隆四年　建坊

沈應晟妻吳氏　余思湟妻曾氏　陳艮佐妻胡氏　劉承祥妻潘氏俱乾隆四年　建坊

生員胡璉也妻饒氏年二十五璉也没僅遺一孤艱辛撫之守節五十四年乾隆五年　建坊

李孚極妻吳氏年二十六守節事衰舅繼姑以孝稱撫四川孤成立卒年五十三乾隆五年　建坊

奚祿貴妻張氏祿貴没氏奉舅姑以孝稱撫二孤子成立守節四十年乾隆五年　建坊

訓導宋一俊妾胡氏年二十九一俊與嫡俱没氏撫育嗣子守節三十九年乾隆五年　建坊

朱峙中妻陶氏年三十四峙中没氏事舅姑盡孝撫育二孤守節四十三年乾隆五年　建坊

生員王溢勲妻孫氏年二十二溢勲没氏紡績事姑尤氏盡孝姑没倍服衰麻以代子職撫二歲孤履中爲名諸生守節三十九年乾隆五年　建坊

胡純虞妻羅氏純虞早没家貧撫孤乾隆五年　旌表

吳璋珽妻王氏年二十六璋珽没氏撫孤守節二十六年乾隆五年　建坊

靖必昂妻黃氏　靖必昱妻祝氏黃年二十一必昂没無子氏治家有法事姑孝撫從子本誠爲嗣課之成立祝年二十必昱没無子事舅姑以孝稱撫從子本

詰爲嗣慈嚴交至黄守節三十二年親守節三十三
年俱乾隆五年　建坊
高一申妻易氏年二十一申没家貧無子以從子爲嗣
儀真芳瘁清操獨茂卒年六十餘乾隆五年
旌表
曹本洪妻陶氏年二十本洪没一子復夭氏刲面自矢
事繼姑以孝聞撫從子爲嗣守節三十一年乾隆五年
旌表
鄒璡妻丁氏年二十七璡没氏事舅姑撫二子守節二

十七年卒乾隆五年　建坊
楊春曉妻劉氏年二十五春曉没氏撫孤成立舅病足
不能行氏奉事盡禮守節三十五年乾隆五年
旌表
夏祜申妻楊氏年二十七祜申没氏矢志撫孤守節三
十年乾隆五年　建坊
生員李天柱妻孫氏年二十三天柱没遺一子一女氏
艱辛撫之守節三十八年乾隆五年　建坊
王克俊妻龍氏　蕭徹文妻李氏俱乾隆五年

旌表
王大任妻喻氏年二十二無子大任病劇氏禱天祈代
不得乃預製兩棺期以同死及大任没含殮畢遂閉
戶自縊死乾隆六年　建烈婦坊
陳道洙妻梅氏年二十二道洙没無子以從子爲嗣守
節三十九年乾隆六年　建坊
歐陽秩妻何氏年二十五秩没孝事衰姑撫孤成立守
節三十二年乾隆六年　建坊
生員孫光錫妻劉氏　孫自怡妻張氏劉年二十二光

錫没家貧撫孤自怡授室自怡復夭婦張氏年二十
同姑矢志撫遺歲孤人龍迄成立劉守節五十七年
張守節四十年俱乾隆七年　建坊
潘二有妻聶氏年二十五二有没氏泣血嗚咽一死而復
甦者再事姑孝紉織以供甘旨撫八月孤教之有法
守節四十六年乾隆七年　建坊
生員張瑄妻黄氏年二十六瑄没僅遺一女氏撫從子
承洙爲嗣守節三十五年乾隆七年　建坊
生員孫惟翰妻李氏年二十四惟翰没撫二孤成立守

節二十六年乾隆七年　建坊
王嗣可妻樊氏年二十四嗣可沒撫五月孤特矜艱苦
勞瘁教之成立守節五十四年卒乾隆七年
旌表
湯德治妻王氏年二十八德治沒氏養姑撫孤守節三
十六年乾隆七年　建坊
劉隆業妻李氏年二十九隆業沒氏孝事姑撫教孤子
守節五十三年乾隆七年　建坊
樊濟文妻陳氏齊文沒氏撫遺孤勤苦經營置祭田以

奉烝祀臨沒囑子孫曰善守此田鬻者不孝乾隆七
年　建坊孫廣居諸生
吳烈女幼讀書許字書生桂登瀛未嫁登瀛沒女聞之
不食旬日父母密防之乘間至後園竹林中自縊死
衣帶有句云此身已許桂三生誓不將身別字人兩
家合葬之乾隆八年　建坊
朱蓋與妻彭氏年二十四蓋與沒無子撫從子爲嗣家
貧居一茅廬母家有語其難守者氏號泣遂終身不
至母家苦節三十四年乾隆九年　建坊

朱徹文妻吳氏年十九徹文沒氏孝事舅姑撫一孤成
立守節三十四年乾隆九年　建坊
張則我妻馮氏年二十七則我沒氏事舅姑盡禮撫週
歲孤成立守節四十一年乾隆九年　建坊
生員靖匡世妻周氏年二十五匡世沒無子氏奉姑甘
旨罔缺以從子天祐爲嗣守節三十五年乾隆九年
旌表
饒萬次妻吳氏年二十六萬次沒氏撫育一孤守節三
十年乾隆九年　建坊

魏光瀚妻王氏年二十三光瀚沒無子氏事舅姑盡孝
撫從子爲嗣守節三十三年乾隆九年　建坊
葉日周妻張氏年二十八日周沒無子事衰舅以孝稱
撫從子爲嗣守節五十八年乾隆九年　建坊
陳啓運妻吳氏年二十六啓運沒斷髮自誓事姑與嫡
盡禮操持辛苦撫三歲孤金颺成立守節四十四年
乾隆九年　建坊
徐載寧妻馮氏　監生徐鼇妻佘氏馮年二十七載寧
沒氏撫二孤成立其次子鼇復夭婦佘氏年二十六

無子以從子爲嗣湯守節四十六年余守節三十七
年俱乾隆九年　建坊
陳方模妻黃氏年二十二方模没氏撫三孤成立守節
五十四年乾隆九年　建坊
生員董日康妻吳氏年二十六日康没氏奉事舅姑撫
育孤子守節四十二年乾隆九年　建坊
張其源妻朱氏年二十六其源没氏事舅姑盡禮撫孤
成立守節三十八年乾隆九年　建坊
許帝簡妻陳氏年二十六帝簡没一孤未週氏撫之成

立守節三十七年乾隆九年　建坊
監生朱一麟妻陳氏一麟早没辛勤撫孤乾隆九年
旌表　建坊
許賜文妻趙氏年二十六賜文没氏事姑孝撫從子爲
嗣守節四十三年乾隆九年　建坊
龍南伯妻汪氏　龍勝友妻范氏汪年二十五南伯没
氏撫六歲孤勝友及長娶范氏生子僅六月勝友没
范氏年二十六與姑同志共撫穉孤汪守節四十二
年范守節五十四年俱乾隆九年　建坊

吳克繩妻王氏年二十一克繩没氏撫孤成立守節三
十六年乾隆九年　建坊
曹廷捷妻汪氏　監生曹熙妻汪氏廷捷没氏年二十
四撫遺腹子熙成立家法整肅守節四十餘年熙早
亡婦汪年二十五事姑孝撫遺孤昌壁成立守節四
十餘年姑以乾隆九年　建坊
李子言妻陳氏年十九子言没遺一子辛勤撫之守節
五十九年乾隆九年　建坊
張晥林妻唐氏年二十八晥林没三歲孤復夭氏撫從

子爲嗣守節三十餘年乾隆九年　建坊
胡之恂妻彭氏年二十之恂没氏奉事七旬舅姑撫育
三歲孤子家貧紡績守節四十八年乾隆九年
旌表
生員王天爵妻周氏年二十五天爵没氏孝事舅姑撫
孤成立守節六十一年乾隆九年　建坊
劉文台妻程氏年二十五文台没氏養姑以孝稱撫孤
子成立守節四十九年乾隆九年　建坊
雷國燦妻張氏年二十守節撫五月孤方輿成立方輿

天偕婦撫孫苦節三十八年乾隆九年　建坊
胡德玉妻吳氏年二十九德玉沒家貧氏撫育二孤守
節三十八年乾隆九年　建坊
王宗楷妻謝氏年二十一宗楷沒既葬氏密縫周身衣
自縊死乾隆九年　建烈婦坊
沈應昇妻李氏年二十七應昇沒無子氏撫從子為嗣
治家儉嗇足不踰閾守節三十一年乾隆九年
旌表
周祚仔妻林氏年二十四祚仔沒家貧撫二歲孤成立

復天再撫二幼孫苦節五十二年乾隆九年
程熊占妻王氏年二十二熊占沒氏事姑以孝稱撫孤
大才成立守節四十四年有孤燕巢其梁人咸異之
乾隆九年　建坊
甄載韶妻劉氏年二十八載韶沒遺孤七歲氏奉姑鞠
之守節五十四年乾隆九年　建坊
蔣頻桅妻陶氏年二十三頻桅沒紡績養舅姑一子復
天更撫幼孫守節三十四年乾隆九年　表建坊

杜桂妻龍氏年二十三家貧守節紡績事姑撫六月孤
繼炬成立現年六十九乾隆九年　建坊
周則堯妻袁氏年二十五守節撫子超凡成立乾隆九年
旌表
佘啟宜妻成氏　孫廣錦妻周氏　孫有道妻歐氏俱
乾隆九年　建坊
贈懷遠將軍馮明修妻方氏年二十九明修沒茹苦守
志撫二子熾旭成立後以熾貴封淑人壽八十卒乾
隆九年　建坊

單從儒妻吳氏年二十六從儒沒氏事姑孝撫一子復
早亡又撫幼孫守節六十八年卒乾隆十年
旌表
教諭鄭昌妾鄧氏年二十六昌沒嫡亦亡一子可揖方
幼自持節操以勤督下森嚴有禮撫孤成立子亡又
復撫孫守節四十三年乾隆十年　建坊
張西在妻李氏年二十九西在沒家貧氏撫孤成立守
節三十一年乾隆十年　建坊
方可正妻汪氏年二十五可正沒氏奉繼姑以孝稱撫

從子爲嗣守節四十二年乾隆十年　建坊
齊國楫妻羅氏年二十國楫没氏撫十月孤成立教以
義方守節五十年乾隆十年　建坊
生員詹世賓妻嚴氏年二十二世賓没家貧撫遺腹子
啓龍成諸生守節三十四年乾隆十年　建坊
孫士彬妻馬氏年二十七士彬没氏事姑撫幼子守節
二十三年乾隆十年　建坊
劉貞女巴人劉若順女許聘陳仲玉年十八未婚而仲
玉亡女遂終身不字父母没教弟之勲成名守貞五

十四年乾隆十年　建坊
生員童維源妻喻氏年二十八維源没姑病氏侍湯藥
盡孝撫孤志灝爲諸生守節四十一年乾隆十年
旌表
生員汪維鉅妻鄭氏年二十三維鉅没無子甘貧守志
以從子士澄爲嗣撫育成立子夭又撫孤孫苦節五
十四年辛乾隆十年　建坊
佳崇妻程氏年二十二崇没無子氏以從子承瀚爲嗣
守節四十三年乾隆十一年　建坊

生員胡士昂妻吳氏年二十七士昂没氏孝事舅姑撫
二歲孤成立守節四十一年乾隆十一年
旌表
梅長綍妻曹氏年二十八長綍没家貧氏事姑孝撫孤
成立守節四十二年乾隆十一年　建坊
邱古璋妻童氏古璋少時母葉病劇割股救之比没氏
年二十四撫遺腹子希昴成立守節三十一年乾隆
十一年　建坊
郁重榮妻劉氏年二十八重榮没遺孤甫八月氏撫之

成立守節三十六年乾隆十一年　建坊
李世麟妻舒氏年二十三世麟没氏撫五月孤成立守
節五十五年乾隆十一年　建坊
黄鉅妻沈氏年二十一鉅没氏事姑撫孤守節四十年
乾隆十一年　建坊
孫仔偁妻羅氏年二十三仔偁没家貧氏閫範清肅撫
孤士英成名守節三十二年乾隆十一年
旌表
胡啓爵妻任氏年十九啓爵没氏勤紡績以奉舅姑撫

育三月孤子紹虞有和九畫荻風及孫蓋儿遂登賢書守節五十六年乾隆十一年　建坊

韋鍾焜妻盧氏年二十四鍾焜没氏撫孤守節三十二年乾隆十一年　建坊

生員萬信妻張氏　生員汪念祖繼妻萬氏張年二十四信没僅遺二女氏孝事舅姑撫從子爲嗣一女適汪年二十五念祖没子與前妻子俱殤亦撫從子爲嗣以節孝稱張守節四十七年萬守節二十七年卒俱乾隆十一年　建坊

張紹江妻姜氏年二十三紹江没氏養姑撫三歲孤成立守節五十一年乾隆十二年　建坊

袁心宅妻周氏年二十八心宅没氏孝事舅姑撫二孤成立守節三十四年乾隆十二年　建坊

周世軸妻李氏年二十六世軸没家貧氏撫孤士珮教之讀書授室後士珮復亡氏煢煢獨居守節三十一年乾隆十二年　建坊

朱光儒妻周氏　朱昭兹妻柳氏周年二十四光儒没氏撫育二孤長子昭兹授室復夭婦柳氏年二十七無子以從子爲嗣周守節五十九年柳守節三十五年以雙節稱乾隆十二年　建坊

鄭日晃妻程氏年二十四日晃没氏撫從子爲嗣嗣子復夭氏與婦楊力撫孤孫守節五十一年乾隆十二年　建坊

生員余光先妻朱氏年二十七光先没氏撫三歲孤成立守節三十二年乾隆十二年　建坊

王道亨妻龍氏年二十五道亨没家貧氏撫一子甫二歲事舅姑及喪葬悉如禮守節三十七年乾隆十二年

旌表

劉永興妻鄒氏年二十二永興没氏養姑撫嗣子守節三十二年乾隆十二年　建坊

生員程元義妻靖氏年二十一元義没氏孝事舅姑撫從子爲嗣守節四十四年乾隆十二年　建坊

生員張滇妻陳氏年二十二滇没氏撫四月孤迄成立子死復撫孤孫值兩姒俱亡氏並撫其幼子女如己出守節三十年乾隆十二年　建坊

生員孫鈞妻張氏年二十六鈞没無子氏孝養舅姑立

再從子旂淞爲嗣舅姑没夫弟及娣俱亡遺孤甫二
歲氏撫育如已出家貧茹朝夕莫給艱苦自立守節
三十九年乾隆十二年　建坊
易德暅妻徐氏年二十德暅没無子氏撫從子爲嗣守
節三十三年乾隆十三年　建坊
生員蕭建極妻顔氏年二十七建極没氏撫從子爲嗣
孝事舅姑守節四十五年隣宅火俱燬氏室巋然獨
存人以爲節孝所感乾隆十三年　建坊
周懿德妻姜氏年二十七懿德没氏撫五歲孤成立守

節五十年乾隆十三年　建坊
生員徐尚文妻陳氏年二十七尚文没氏撫三歲孤成
立守節四十一年乾隆十三年　建坊
生員邱自西妻王氏年二十二自西没兩子繼夭氏撫
從子爲嗣守節三十八年乾隆十四年　建坊
周卜恒妻陳氏年二十卜恒没無子氏矢志甘貧其兄
勸以再適氏剪髪自誓終身不至兄家忍饑杜門瀕
死者數守節四十二年卒乾隆十四年　建坊
童昌惠妻林氏年二十五昌惠没無子撫從子爲嗣與

從娣蕭氏矢志不移守節二十八年乾隆十四年
旌表
郭旂起妻高氏年二十二旂起没氏撫二歲孤成立守
節三十一年乾隆十四年　建坊
李宗唐妻汪氏年二十六宗唐没事衰舅以孝稱撫八
月孤成立守節三十四年乾隆十四年　建坊
張亮工妻馮氏年二十七亮工没遺二歲孤繩祖尋夫
兄亮采亦没從子念祖甫四歲氏與姒孫氏苦節相
依撫教成立素重節義如蘄之節婦馮雲龍母盧氏

奚孔文妻吳氏皆待之有加禮繩祖積學早卒氏與
婦周復撫孤孫卒年七十二乾隆十五年　建坊
汪烈女長姑團風市民汪用和女也言笑不苟幼許聘
王必選未嫁而必選没女聞訃欲往弔父母止之自
經者三防之密乃經素而居既而父欲爲更聘女聞
之一夕整衣裳自縊死乃歸於汪合葬焉乾隆十年
旌表
龍哲希妻李氏年十八守節事姑撫遺腹子廣材子夭
與婦童撫嗣孫年六十乾隆十六年　建坊

劉昌明妻檊氏年二十守節親族欲嫁之誓而截髮得免撫半歲孤有成年五十乾隆十六年　建坊

程華柏妻余氏年二十無子守節事翁姑孝立從子爲嗣年五十三乾隆十六年　建坊

顏煜妻張氏年二十九貧苦矢志事姑孝撫教七月孤孫有文名守節四十年卒乾隆十六年　建坊

梅源仁妻姚氏年二十二守節無子事舅姑盡禮撫嗣子成立年五十二乾隆十六年　建坊

楊烈女生員楊以鏞女幼習父訓以淑慎稱許字蘄水

監生汪世嵩之長子士敏未嫁而士敏没女聞訃同母往吊號痛成服投繯者再家人防護之絕粒十日而死乾隆十七年　建坊

夏克綱妻蕭氏于歸六年而寡無子與從娣克璉妻王氏誓死守節蕭現年六十乾隆十七年　建坊

方思种妻王氏年二十一守節養舅撫遺歲孤同壽及於成立年五十二乾隆十七年　建坊

童尚賓妻袁氏年二十一家貧矢志事舅姑盡禮撫一孤成立守節三十三年乾隆十七年　建坊

生員舒之𡅏妻胡氏之巘幼有文名早没無子氏年二十痛不欲生將自縊祖姑拒之遂不食而死族人以其從子光灃嗣之乾隆十八年　建烈婦坊

副使陳大華妾姚氏大華卒於臺灣署中氏年二十八扶櫬歸里矢志不二嫡卒爲嫡撫二孤既孫啓謨早亡氏與其妻冷氏同撫嗣子元忠卒年六十三乾隆十八年　建坊

謝仁滏妻程氏年二十守節事舅與繼姑盡禮撫遺腹子方東成立年五十七乾隆十八年　建坊

生員王燮佐妻陳氏年二十二矢志撫孤時旣時及其婦俱亡復撫孫錫璋成立勤苦不怠卒年八十餘乾隆十九年　建坊

孫士璋妻曹氏年二十五守志事姑孝姑卒夫弟妹俱幼氏爲撫育有成課孤子之寅爲諸生守節三十三年乾隆二十年　建坊

汪鄴山妻甄氏年二十一守節事姑孝撫孤廷棟成立守節三十七年乾隆二十年　建坊

鄭辭魯妻陳氏年二十八守節立嗣年五十一乾隆二

十年　建坊
監生謝如鏘妻靖氏年二十二守節事舅姑孝立從子
仁湛爲嗣年五十五乾隆二十一年　建坊
於正宗妻王氏年二十一守節事舅姑孝撫孤蒼林而
夭復撫嗣孫士鄭年六十一乾隆二十一年
旌表
孫貞女孫如藩之女幼許聘李廷桂未嫁而廷桂没女
年十七聞訃往弔遂不返紡績奉姑喪葬盡禮守貞
三十八年乾隆二十三年　建坊　以上縣册

史君宣妻陳氏年二十九守節事舅以孝稱建坊董志
邱之進妻霍氏乾隆十四年建坊　胡志
監生姜維寬妻胡氏年二十二守節奉事祖舅撫孤夔
鯉能文孤夭復撫孤孫備嘗艱苦子媳魏氏亦相繼
云亡乾隆二十五年建坊現年八十有二侍婢名貞
靜相依不嫁現年六十有八
監生鄭琺妻王氏　鄭心菊妻孫氏王年十九守節事
舅盡禮撫孤心菊尋亡孫年二十二守志事姑孝撫
嗣子存祖王年四十五卒孫年五十八現在請

監生汪聯芳妻王氏年二十八守節撫孤啓運尋夭輿
婦王氏茹苦撫孫成立乾隆二十四年請　建坊
孫坦妻呂氏年二十三守節撫孤子錞子夭撫孫彬海
成立卒年七十六現在請　建坊
龍祖輝妻鄭氏年二十三守節事姑孝撫嗣子廣智成
立年四十九卒現在請　建坊
張隆昱妻方氏年二十三守節事姑孝力置祭產二十
畝以共祠祀撫孤京鯨成立貢成均年五十現在請
旌表

姜之琇妻黃氏年十九守志事姑孝撫八月孤文灼成
立守節四十四年現在請　建坊
詹宇端妻江氏年二十八守節事舅姑孝撫三歲孤授
室而夭復撫兩月孤孫年六十四現在請　建坊
汪顯祖妻龔氏年二十無子守節撫從子爲嗣事姑孝
姑卒隣火發氏撫棺號痛家人强之出不可風反火
滅柩室獨存年五十四現在請　建坊
李翰妻劉氏年二十二守節一子早殤母家欲爲攺適
誓死不可奪撫嗣子基榮年五十八現在請　建坊

黄士郊妻程氏年二十八守節奉事舅姑撫一孤成立卒年五十八現在請　建坊

曹貞女曹有章之女幼許字徐應舉未婚而應舉沒女年十九聞訃絶粒七日父送歸徐拜姑成服與姑同室奉事盡孝既夫兄生子茂松甫半月請以爲嗣育之成立卒年四十一現在請　建坊

童繼松妻王氏年二十七守節奉舅姑撫孤子年五十三現在請　建坊

王必選妻周氏年二十三守節撫二孤成立年六十四現經　建坊

熊時元妻陳氏年二十守節事姑孝撫遺腹孤成立年八十六現在請　建坊

童繼模妻舒氏年二十五守節事舅姑孝撫孤志璠成立年五十七現在請　建坊

舒學曾妻彭氏年二十六守節撫二孤養舅姑年五十七卒現在請　建坊以上縣冊

生員劉晉璉妻杜氏年二十三守節時訛傳宮室求婚氏引刀自剄幾絶以救甦奉養舅姑撫孤隆譽中副榜卒年六十二府志

贈文林郎范維藩妻田氏年二十五守節家酷貧勤恭無依養舅以孝聞教子基祚力學荼苦萬狀人謂有孟母風後基祚成進士爲循吏氏受

封典年五　孫曾仕宦猶守氏遺教云府志

贈文林郎王漢漁妻余氏年二十一守節家貧茹苦撫教孤子楙績以進士官教授得膺

封典年七十卒以上府志

余貞女余店鄉民余君儒女未嫁而壻夭有豪宦求之女毀容矢志紡績自給依父終老同知于成龍匾旌

之

生員陶克讓妻詹氏年二十八無子守節事姑孝卒年五十一

州判徐尚禮妻胡氏年二十五守節撫孤時濟以武進士官守備得膺榮祿壽至八十卒

贈僉事官撫漁繼妻孫氏撫漁沒於會稽之難氏年十八守節撫孤絶心承蔭官知縣年五十餘卒

舉人王用世妻田氏年二十四守節閫範清肅撫遺腹

子澤霖山歲貢官瀘溪教諭有聲氏年八十卒以上舊志
方昆一妻杜氏無子守節事祖姑孝或勸之嫁號泣絶
之旣議者有成言氏聞之曰我思葬舅姑及吾夫耳
今不能待也遂自縊死時年二十六人稱方烈婦
王某妻沈氏未嫁壻病癩父母强令他適不聽歸於王
生一女夫沒年二十二守節卒年六十
生員曹世治妻張氏年二十六守節撫孤紹琦卒年六
十四雍正年間布政使徐鼎匾旌之
王尼望妻馮氏年二十二夫病氏刲股食之及沒三子

繼殤氏勤苦守志養姑孝卒年六十四
生員熊養模妻熊氏年二十二守節撫教兩孤卒年六
十餘布政使徐鼎匾旌之
王惟邦妻舒氏年二十一守節家貧撫三月孤閨範整
肅卒年六十餘
周貞女永寧鄉民周子恒女許聘同里陳氏子陳子遠
出不歸父沒或勸改適女正色曰幼受陳聘已決終
身言者慚退紡績自給年六十餘卒
楊文炳妻劉氏　楊瑞松妻宋氏劉年二十六守節撫

孤瑞松早沒宋年二十五守節撫一孤事姑孝劉年
六十五卒宋哀慟而死
王基遠妻鍾氏　王銓勳妻成氏鍾年二十二苦節撫
孤銓勳早沒成年二十五守節撫孤永齊成立王卒
年六十六成年五十餘
周國寶妻夏氏　周國棟妻陳氏夏年二十九其娣陳
年二十六俱家貧苦節撫孤成立夏年七十餘陳年
六十餘卒
龍時齋妻王氏年二十四苦節撫孤養舅姑八十四卒

陳滄瀛妻龔氏年二十二苦節事舅姑年八十三卒
周國華妻瞿氏年十九守節家貧撫遺腹孤七十一卒
生員宋敘功妻張氏年二十四守節立嗣年四十卒
袁達士妻雷氏年十八守節遺腹子亦殤卒年六十八
王夷和妻姚氏年二十七守節孝姑撫孤卒年八十一
徐幼澤妻呂氏年二十七守節家貧孤夭年六十卒
成汝齡妻陳氏年二十二苦節立嗣卒年六十餘
孫徵吉妻呂氏年二十六苦節撫孤卒年七十
監生葉槐妻曹氏年二十五守節事舅姑孝年五十卒

万與時妻汪氏年二十四守節立嗣事繼姑孝卒年六
十餘
生員孫一軏妻程氏年十八守節立嗣卒年六十九
百戶朱元吉妻余氏年二十二撫孤守節卒年八十一
汪德智妻周氏年二十守節卒年七十五
黄萬鏳妻曹氏年十九守節卒年七十七
王長泰妻曾氏年十七守節撫嗣卒年八十七
杜宗木妻李氏年二十五守節撫二歲孤卒年六十五
張君耀妻戴氏年二十四苦節撫孤卒年六十四

生員喻炳元妻劉氏年二十撫孤守節卒年五十二
生員劉隆時妻牛氏年二十一守節無子卒年七十
王季占妻劉氏年二十一守節無子卒年七十以上續志
官啟妻陳氏　官思誠妻汪氏陳年二十一守節貧苦
撫孤思誠孤夭其妻汪氏年二十三事姑撫孤陳卒
年七十二汪年六十六
王伊克妻江氏年二十四守節貧苦卒年五十一
熊輔妻程氏年二十七苦節教二子成名年八十卒
監生張玉起妻熊氏年二十四守節撫孤年五十六卒

宋一龍妻盧氏年二十三守節孤夭立嗣年六十七卒
邵幹臣妻熊氏年二十守節嗣子殤年三十五歲卒
生員姚兆麟妻樊氏年二十五守節撫孤卒年五十二
袁士翰妻項氏年二十四守節無子夫庶弟三歲失怙
恃氏撫之成立卒年六十二以上黄郡注遺
姚士琳妻吳氏年二十四守節貧苦無子寄從姑宅紡
績其中間不舉火有饋遺者堅不受卒年六十四續志

補遺

明

朱貞女許聘張倫未婚倫病劇請於父母親侍湯藥倫
没守貞不返卒年八十八萬歷四十四年旌表建坊
烈婦邱翊運妻楊氏崇正癸未避獻賊亂至大士閣磯
為賊所執強偪登舟氏罵不絕口奮身投江而死

國朝

葉豊揚妻孫氏年二十八豊揚没氏事姑孝撫孤成立
守節三十八年乾隆九年　建坊
監生程正叙妻隗氏年二十三守節立嗣事姑孝年五
十三現在請

黄岡縣志卷之十二終

黄岡縣志卷之十三

知黄州府事王鑑　鑒彙輯　偕裁訂　知黄岡縣事蔡韶清仝編　王鳳儀附攷

人物志

列女下

杜讖妻張氏年二十五守節撫孤卒年九十一布政使
李基和爲詩嘉之
生員汪沃之妻段氏　汪度孚妻吳氏姑婦也段年二
十九守節撫二孤成立吳年二十六守節撫教二孤
長開運爲名諸生段年八十三吳年六十七卒

齊昇妻包氏父煥早卒無子母李苦節撫之既適昇昇
力學成瘵氏刲股食之昏仆復甦比沒無子立夫兄
曦子爲嗣哀號嘔血五月而死時年二十七郡中士
夫多爲詩傳以表其烈
生員黄志忠妻李氏　黄珍妻何氏李氏年二十四守
節撫遺孤珍成立珍病何氏刲股年二十歲守節事
姑撫歲餘孤德溥李年六十九何年七十三卒
生事王材升妻尤氏長洲人工詩好學年二十五守節
撫子溢勲居小樓教之既溢勲成諸生早卒氏復撫
孫履中爲名諸生卒年六十三著有紅餘草琴瑟吟
諸種　按氏幼依舅吳氏故清詩二集梓吳姓
生員李亚芳妻陳氏　監生李光庭妻陳氏姑婦也姑
年二十六守節撫遺歲孤光庭成立婦年二十八守
節奉姑撫孤元開成立姑年七十五婦年五十九卒
黄榮麟妻郭氏刲股救夫病年二十九守節家貧養姑
撫歲餘孤極成立現年六十六
王養烈妻湯氏年二十八貧苦守節撫二孤俱沒投繯
者再哀慟餘生年五十七卒

汪士通妻胡氏　汪芳妻湯氏胡年二十四守節撫孤
子芳成立芳沒湯年十六矢志奉姑立嗣胡現年六
十六湯守節三十三歲卒
左經國繼妻陳氏年二十八守節撫前子如已出子亡
又撫孤孫孫沒又撫曾孫卒年八十三
熊應洛妻李氏年二十七守節事姑孝家貧撫孤勤苦
孤殀立嗣復殀年五十八卒
余承導妻徐氏守節無子勤撫從子家貧甚或議嫁之
氏聞方爲從子綴襦襦成授之自縊死人稱余烈婦

王昌嗣妻羅氏年二十五家貧守節孝事舅姑二孤繼没諸從無可嗣哭泣以殞卒年六十七

生員呂修齡妻余氏年二十七守節家貧辛勤事姑伯舅德芝老無出氏奉養盡禮撫二孤成立年五十四

夏道永妻黄氏年二十五守節家貧竭力養姑撫孤成志爲諸生卒年五十六

沈應昌妻金氏年二十九守節撫孤啓賢成諸生現年八十四

監生李聯芳妻龍氏年二十二守節撫孤光緒爲明經

孫元輔諸生卒年八十五

楊友金妻袁氏年二十三守節家貧無子姑没撫夫幼弟成立及夫弟生子立爲夫嗣現年五十三

張驎妻孫氏　張騄妻廖氏娣姒也孫年二十二廖年十九俱無子守節卒年七十六

謝永命妻袁氏年二十九守節撫教三孤孤亡撫諸孫子殷孫文光俱諸生卒年九十二

曹世濬妻馮氏　曹世滋妻孟氏娣姒也馮年二十五守節立嗣孟年二十六守節撫孤年俱七十三卒

杜士煥妻鄭氏年二十六守節無子貧苦孝事舅姑卒年八十七

烈貞女生員周有光女許字本里張東惠之子紫文未于歸而紫文殀時女年十七請於父母歸張守志舅姑已逝或勸其改適誓死拒之身無完縷並日而食伯叔舅各出錢米以作膳資現守貞二十九年

生員陳宗禹妻楊氏年二十六守節撫孤現年六十七

楊作校妻吳氏年二十六守節撫孤士煥年七十六卒

劉志向妻楊氏年二十五守節貧苦子夭撫孫年七十

奚光緒妻劉氏年二十六守節撫孤現年六十七

唐耀卿妻王氏年二十五守節撫孤成立卒年八十七

唐文深妻何氏年二十五無子守節卒年七十八

劉訓臣妻孫氏年二十四守節撫二孤卒年九十五

生員吳世英妻周氏年二十九守節撫孤現年七十三

梅國楠妻張氏年二十七苦節撫孤現年六十六

生員胡桂宮妻劉氏年二十六守節撫孤卒年六十六

胡元位妻周氏年二十九守節現年六十二

余承嵘妻奚氏年二十八守節撫孤現年七十

尹嗣美妻劉氏年二十守節一子殤現年五十二
張惟中妻馬氏年二十四守節撫二孤年五十卒
監生張思和妻吳氏年二十九守節撫孤卒年六十四
錢名震妻王氏年二十四守節立嗣年四十六卒
監生包輝序妻田氏年二十一守節立嗣年五十三卒
許可妻張氏年二十守節撫七月孤廷珍卒年七十八
許廷珍妻周氏年二十五守節撫三歲孤卒年七十六
李永貴妻郭氏年二十三守節撫孤子年六十七卒
陳文煊妻王氏年三十四守節現年五十四

龔學乾妻歐陽氏年二十二苦節撫孤現年六十五
夏爲炳妻張氏年二十四守節現年六十一
杜茂長妻陸氏年二十五守節撫孤鄴侯卒年六十九
杜鄴侯妻吳氏年二十七守節撫孤現年八十三
郭助發妻魏氏年二十六苦節撫孤現年六十七
李國校妻陳氏年二十六守節撫孤卒年七十四
王如璡妻柳氏年二十八守節撫孤宗堯現年五十六
郭步韓妻左氏年二十二苦節撫六月孤卒年六十一
馮書賢妻霍氏年二十五守節撫孤現年五十五

楊以鍠妻程氏年二十三守節撫嗣子曦爲諸生現年五十六
張世良妻李氏年二十三守節撫孤卒年五十四
李可梅妻姚氏年二十四守節撫二孤現年五十六
王永言妻鍾氏年二十七守節撫孤孤沒孫夭現年六十
生員劉芳妻李氏年二十三守節甘貧撫孤年五十一
劉耀南妻霍氏年二十守節事姑撫遺腹孤年五十三
夏方傑妻秦氏年二十四守節孤亡撫嗣孫年五十九
張之仲妻黄氏年二十八守節撫孤年八十二

毛文峰妻徐氏　楊崑妻李氏　以上屁坊 楊程採

喻烈女喻章褧孫女也許聘蘄水高渭璜之子未嫁高子縻疾流爲丐其家令女別字女泣日命定矣安知富者之不丐乎事遂止次年復議改適有期女聞之默無言夜歛衣自縊死見蘄水縣志

陳起義妻程氏由江左遷邑孫家嘴年二十五夫沒誓死守節蓬垢而居以刺繡爲業冬擁草日不再食室無人聲教二幼子嚴正不受人憐有嘉其節助以薪米者謝不受卒年六十餘

龍宗猷妻劉氏年二十二守節貧苦以孝聞或議奪其志氏抱遺腹孤悲號投繯死復甦事乃已年五十五

生員杜士諒妻吳氏　生員杜梅妻王氏吳年二十二守節教子梅成諸生梅沒王年二十六守節養姑撫孤吳卒年七十二王現年八十五

龍宗傳妻萬氏年二十一守節撫遺腹子廣珠早亡撫三歲孫閱十八年復殀日夜悲號而卒年六十一

生員陳浩妻倪氏年二十一守節無子斷髮自誓依嫡撫嗣子既嫡沒嗣子殀一孫甫九月氏紡績撫育有成卒年七十一

龍際嘉妻熊氏年十八截髮誓節撫教嗣子華封華封副榜有文名氏卒年六十九

呂昌柏妻董氏年十八守節事姑孝撫遺腹子期烈成立及期烈沒氏與媳乃撫二孫女守節三十二年

程世麟妻李氏事舅姑孝年二十五守節嗣子復殀撫三幼孫成立卒年六十五

陳常儀妻鄧氏年二十守節無子宗貧或欲奪其志氏毀面截髮乃止現年五十

汪永康妻曹氏年二十六守節嗣子材霖殀復撫嗣孫卒年五十

喻順時妻凌氏年二十二守節撫三月孤成立孤殀其婦張氏年二十一守節凌與撫六月孤孫凌現年七十五張現年五十三

王世銘妻張氏年二十四守節撫孤孝養年九十一卒

監生陳茂績妻高氏年二十三守節無子事祖姑及姑盡孝現年五十九

龍毓旭妻項氏年二十五守節孝養撫孤年六十餘卒

王如琳妻邱氏年二十四苦節撫遺腹孤現年六十

龍欲璟妻陳氏年十九守節撫孤崇雍卒年八十三

呂昌槐妻喻氏年二十四守節撫嗣事姑孝年五十九

陳茂觀妻王氏年二十四守節孝姑撫子現年五十四

龍廣盛妻胡氏年二十三苦節撫孤逢俊卒年七十四

劉熙光妻張氏年二十三守節孝養撫二孤年七十卒

李宙靖妻王氏年二十四守節撫嗣子現年六十一

龍廣琰妻王氏年二十六守節訓子嚴正卒年五十九

陳茂祚妻柳氏年二十守節撫月餘孤卒年五十一

高公爵妻倪氏歸高五載無子苦節現年七十七

王汝剛妻鍾氏年二十五苦節撫教二孤現年七十六

陳基才妻王氏年二十一苦節撫孤成立現年五十二

龍維松妻曾氏年二十二守節撫二孤卒年六十八

杜機妻甄氏年二十四苦節無子事舅姑卒年五十五

陳士銓妻王氏年二十七守節撫嗣子現年八十一

王佑我妻龍氏年二十六守節撫二孤現年七十三

生員呂自超妻蕭氏年二十七守節無子現年五十二

王永第妻呂氏年二十五守節無子事姑現年五十九

呂應泉妻陳氏年二十三守節事姑孝現年五十三

王元思妻呂氏年二十五苦節子歿撫一孫卒年七十

喻順行妻呂氏年二十二守節撫孤卒年七十三

謝漢江妻汪氏年二十五苦節家貧勤績現年六十一

奚祖炳妻徐氏年二十六守節饔飧不繼勤撫二孤次萬和歿氏與婦劉復撫遺腹孤孫現年六十九

倪若凡妻何氏年二十六守節無子家貧卒年八十六

龍萬選妻夏氏年二十一守節撫嗣子成立現年五十

王如珍妻殷氏年二十六守節無嗣現年五十八

黃玉璉妻劉氏年二十五守節撫嗣子以任成諸生卒年八十四

陳肇禮妻嚴氏年二十二守節貧苦孝舅姑撫二月孤琰成立現年六十一

鄭道渙妻殷氏年二十二苦節家貧一孤之樞早亡與婦童撫孫成立殷現年七十四

張文煜妻倪氏年二十二無子誓死守節現年七十四

監生楊履善妻周氏年二十五守節撫孤年七十三卒

生員王光福妻孫氏年二十六苦節撫孤年七十八卒

杜學呂妻孫氏年十九守節立嗣現年五十二（以上東鄉王採）

殷大瑞妻王氏年二十一大瑞沒殮畢引刀自刎未殊復絕粒祈死姑止之乃撫遺孤事姑二十餘年不怠姑病劇刲股以進不愈氏曰吾死期也一慟而死

貢生樊齊英妾李氏年二十五守節無子嫡勸改適誓死不可忍饑寒以事嫡嫡病調護備至卒年七十五

生員趙世芳妻朱氏年二十五守節事姑孝撫二孤皆早沒長子大任妻黃氏年二十五守節次子大本妻劉氏年二十七守節皆事姑孝黃無子撫嗣復夭劉

撫孤超趙卒年七十七黃卒年六十九劉年六十六

樊念和妻邱氏年二十三守節無子家貧長齋以卒年七十八

樊舒甫妻汪氏年二十六守節無子家貧卒年七十

吳時妻曹氏年二十四守節家貧事姑孝撫二孤成立卒年六十一

朱之倫妻高氏年二十六守節撫孤家貧孝養年七十

監生熊于瀚妻樊氏年二十三守節立嗣卒年六十三

生員劉昌運妻孫氏年二十五守節撫孤卒年七十八

江廻瀾妻袁氏年二十五守節無子現年五十二

生員葉道謙妻樊氏年二十四苦節撫孤卒年七十二

廪生馮清原妻祝氏年二十九守節撫孤現年六十

汪某妻謝氏沙河頭人年十八苦節撫孤卒年八十四

黃某妻曹氏黃家墻人年二十二守節撫孤性貞靜鄉里稱之卒年七十後嗣遷徙失其夫名字

馬正彩妻李氏以上還和樊採

程貞女大崎山氏家女也許字同鄉陳敦本年十九敦本沒女往奠吊遂不歸家貧守貞紡績修子婦職足不踰戶卒年七十六黃麻兩邑人士爲之禮葬焉

熊元裕妻何氏性端莊勤女職歸甫二載夫沒無子乃立從子爲嗣殯殮畢越三日引嗣子於殯前跪而哭因拜辭舅姑曰婦不孝不能終事舅姑有姒娣在舅姑可無慮拜姒娣託舅姑與其嗣子是夜自縊死遠近聞其烈赴吊之

熊文亮妻劉氏年二十一守節家貧婦工自給夫兄逼以改適持刀誓死拒之撫從子爲嗣卒年七十三

張表海妻熊氏年二十三守節事姑孝姑衰折足扶持

左右者四年撫三歲孤並週歲孤姪成立年七十四

陳世甫妻袁氏年二十七守節撫孤家貧孝養七十卒

高時春妻熊氏年二十五苦節撫孤卒年六十五

包有周妻陳氏年二十二苦節家貧孝姑撫嗣年六十

易德棟妻鄧氏年二十八苦節養姑撫孤現年六十七

易時宣妻曹氏年二十五苦節撫孤成立現年八十八

陳介仁妻荀氏年二十七守節貧苦撫孤現年五十五

陳應位妻黃氏年二十七守節貧苦撫孤卒年六十二

陳應鐸妻程氏年二十五守節家貧撫孤卒年六十四

易子碩妻劉氏以上承寧樊採

王之瑾妻程氏　王時聯妻陳氏　王道泮妻盧氏程年二十八守節撫二孤長時聯没陳年二十九守節撫孤道泮道泮没盧年二十三守節撫孤程年八十四卒陳年七十四卒盧年五十四卒里稱三節

陳方際妻王氏年二十二守節無子日夜禱夫主前求嫡得男男生襁褓裹之抱見夫主爲嗣含漿哺之事舅與繼姑盡禮卒年七十六

易時遇妻方氏年二十二夫病刲股食之比没家貧子殀苦節終身卒年九十一

生員易德忠妻趙氏年二十二守節立嗣孝姑年七十

孫君明妻楊氏年二十四守節截髮誓死卒年七十一

何永裕妻周氏年二十五夫病劇語氏曰家貧子幼余死汝可他適氏曰君無我慮比没營殮殯畢家人有議更適者氏聞之以二子託其父投繯者三飲酖者再卒自縊死郡守禹殿鰲匾旌之

何如代妻易氏　何在職妻李氏姑婦也易年二十六守節家貧撫二孤俱殀李年二十九守節撫孤易卒年八十七李卒年六十三

熊養純妻孫氏年二十九守節貧苦撫孤孤殀婦何氏年二十一守節撫孤氏年六十九何年五十七

熊運鋒妻楊氏年二十五守節無子家貧苦其娣陳亦寡無子相與奉養舅姑撫教嗣子楊現年五十二

易壽淮妻陶氏年二十一守節無子其娣壽漢之妻呂氏亦寡相撫一孤孤殀陶哀慟成疾年四十五卒

易敦懷妻熊氏年二十一守節孝事舅姑撫數月孤孤甫冠而殀與婦孫氏撫嗣孫現年五十三

孫之玗妻賈氏年二十三守節貧苦現年五十五

孫立繩妻汪氏年二十九守節無子卒年七十一

汪世崇妻丁氏年二十四守節撫二孤成立卒年七十

易德隆妻鄒氏年二十三守節無子事姑孝年六十卒

張體乾妻魏氏年二十苦節孝養撫遺腹子年五十二

童偉元妻倪氏年二十四守節撫二孤卒年九十一

余克勝妻邵氏年二十二守節貧苦撫二孤現年七十

孫之覲妻王氏年二十九守節現年八十二

孫半秩妻汪氏年二十八守節無子卒年六十

熊追烈妻何氏年二十守節貧苦卒年六十
熊文燒妻劉氏年二十九苦節撫嗣子卒年七十
生員何士讓妻張氏年二十六苦節撫孤卒年八十六
丁式義妻雷氏年二十一守節撫孤孝舅姑現年八十
盛若堯妻尹氏年二十八守節貧苦卒年七十
丁盛[illegible]妻何氏年二十五毀容誓節家貧苦年五十二
胡嘉廬妻何氏年二十一守節貧苦撫孤卒年五十一
但希文妻劉氏年二十三苦節子亡撫孫現年六十四
易晉貽妻陳氏年二十九守節撫孤現年七十三

胡及三妻何氏年二十四守節撫孤年六十餘
魏尹龍妻陳氏年二十四守節撫孤事祖姑孝年五十
曹茂周妻張氏　熊湘來妻陳氏　以上永寧孫採
廪生曹方心妻段氏乃心與父為賊所殺氏年二十一
誓死復仇請於官誅賊首祭墓靈撫二孤起鳳如松
俱諸生守節四十二年卒
廪生程起鵬妻陳氏年二十八起鵬沒於靖州氏守節
歸養事祖姑及姑以孝聞勤劬課子夾竹為諸生卒
年七十一

袁格妻丁氏年十九守節貧苦撫孤成立既子遠游不
歸婦陳氏事姑以孝稱丁現年七十四
靖天工妻甘氏年十七守節撫嗣子必發成立既嗣子
歿與婦劉氏復撫嗣孫現年六十五
靖必泰妻吳氏年二十四守節撫孤亦謝早亡與婦撫
氏撫三月孤孫現年七十六
監生陳喬妻吾氏年十八歸陳八月而寡撫遺腹子鼎
鼎歿氏苦節卒年七十四
石玉書妻魏氏年二十九守節奉舅姑撫孤育宗為黃

州協戚守卒年六十三
魏宏勳妻李氏年二十八守節撫三孤廪昌兄弟成名
卒年七十五
姚亨豫妻王氏年二十一夫病割股療之及歿矢節撫
二孤長之煥諸生氏現年五十一
岐以淳妻黃氏年二十二守節撫孤貧苦卒年五十五
生員王世勉妻吳氏年二十三苦節撫孤卒年七十四
倪之麟妻舒氏年二十二守節家貧立嗣現年七十四
謝惟楚妻秦氏年二十一守節撫孤現年五十四

王琢妻郜氏年二十守節撫嗣子乃鎬現年五十二
萬鑑妻汪氏年二十一守節貧苦撫遺襁孤現年七十
張漢宗妻陳氏年二十守節茹苦立嗣年五十五
吳名高妻王氏年二十八守節撫孤養舅姑年六十七
靖天禔妻邱氏年二十二守節撫遺腹子卒年五十三
靖天授妻操氏年二十守節事姑撫二孤卒年六十三
童永安妻靖氏年二十一守節無子貧苦現年五十一
靖本濟妻謝氏年二十五守節撫嗣以孝聞年五十五
邱雨湛妻靖氏年二十守節撫孤事繼姑孝現年五十

李自天妻陳氏年二十八守節撫孤年五十七以上慕義靖採
詹貞女孝廉詹士懿女幼聘王封爵未嫁封爵聾王欲其別字女語母曰女從一而終奈何以聾易封爵没女往弔遂執婦道事其繼姑守志五十三年卒其婿弟亦早亡妻王氏與詹同居苦節六十年卒合葬道周行者傷之
監生王一豫妻孫氏年二十二截髮守節撫孤封祖成立封祖没氏不食卒苦節二十九年封祖之妻詹氏撫遺腹孤如殼娶操氏旋没詹慟哭遂卒苦節二十八年操氏無依與夫從妹王氏同居王氏適夏克瑚早寡無子誓死守義人謂一門苦節
劉起洙妻胡氏年二十七守節貧苦撫孤卒年六十四前令項樟立碣表之
汪廷蔣妻龔氏事姑孝侍病五年不倦年二十五守節有孤燕棲其梁二十餘年不去里人奇之
宋岍源妻葉氏年二十四守節貧苦紡績養姑撫子廷杰成立現年五十三
隗道南妻姚氏年二十四守節事祖姑事姑撫孤孤殀

撫孫孫天撫曾孫家貧勤苦現年七十
龔伯友妻羅氏年二十四守節無子或令别適氏截髮毀面家貧拮据事姑年六十六卒
吳名成妻王氏年二十六守節言動不苟無子嗣子逢盛甫匝月舍藥哺之年六十二卒
邢烈婦王氏團風民家女年二十二守節無子貧苦有富室求婚其母許之氏聞自縊死康熙二十七年事
李烈女幼許字同里尹繼宗未嫁繼宗殀女聞訃誓欲身殉母止之乘間自縊死

葉之華妻鄧氏年二十六守節貧苦撫四齡孤瑞麟有
文學中副榜卒年六十九
生員宋鑣妻胡氏通書史能詩年二十八守節教子嶽
源舉於鄉卒年四十九
劉一濤妻程氏年二十六苦節撫八月孤績紉易米以
事舅姑已常不飯現年六十八
舒兆占妻鄧氏年二十四守節貧苦性貞靜人罕聞其
聲者現年六十六
梅烈女道觀河民梅以衡女許聘同鄉鄭心應年十八

未嫁婿訃至女方理絲母起爲餐遂登樓自縊死兩
家義而合葬之前令暢于熊申詳請　建坊
龔世則妻周氏年二十二守節子亡撫孫卒年七十
汪鑽妻周氏年二十九家貧守節事舅姑孝撫孤承謨
成立年六十二
劉世濂妻宋氏年二十二守節無子以孝聞年五十七
龔宗韓妻曹氏年二十七守節撫孤事姑孝六十一卒
曹錫璋妻姚氏年十九守節撫遺腹孤成名年七十一卒
於事公妻曹氏年二十八守節現年七十五

薛定位妻操氏年二十八守節現年七十三
周祇安妻朱氏年二十六苦節撫孤養姑年五十三
汪承祚妻江氏年二十二守節貧苦卒年五十
汪永元妻章氏年二十四苦節養祖姑撫孤年七十四
胡世熙妻劉氏年二十二守節養舅姑撫孤年五十卒
童子恕妻詹氏年二十四守節撫孤養舅姑卒年七十
生員汪世爵妻邱氏年二十七苦節撫孤卒年六十八
霍正直妻曾氏年二十四守節撫孤朝鉅卒年五十九
生員王封典妻林氏年二十五守節撫孤卒年五十六

杜若權妻張氏年二十苦節撫孤元驥年四十七卒
王如績妻樊氏年二十七守節貧苦撫孤現年五十二
余錦妻倪氏年二十三守節撫從子爲嗣年四十七卒
於萬巽妻呂氏年二十七苦節撫二孤年六十一卒
吳名施妻陳氏年二十一守節無子年五十四卒
鄭亦鍠妻王氏年二十四守節撫嗣子現年五十三
甄封淇妻邵　年二十一守節撫嗣子年四十六卒
吳焮妻王氏年二十五苦節嗣子早亡現年六十二
胡世佑妻王氏年一十八守節一孤復歿現年六十一

曹廷楠妻汪氏年二十四守節撫嗣孝姑年五十二
梅啓昌妻周氏年二十三守節貧苦撫孤現年六十三
郤先楚妻徐氏年二十三守節撫孤現年八十六
王方殷妻余氏年二十三苦節撫孤現年七十一
龔昇高妻曾氏年二十四守節現年五十八　以上慕義龔採
周宗聖妻張氏農家女也嫁未浹旬宗聖没氏取衣衾殮畢夜赴水死厥明家人求得其屍面如生爲合葬焉人稱周烈婦
馬貞女上伍鄉民馬輝九女許聘同里陳命儒未嫁命儒外出不歸或議更聘女怒誓死依父母守貞年七

十九
梅光被妻夏氏年十七歸甫七月夫没氏守節撫嗣子涉川聘李崇義孫女年尚幼氏迎而撫之既嗣子未昏而殁李女誓死從姑其里兩遭火數逐水害惟氏家得免人謂節義所感夏現年五十
張貞女張君卿之女也許聘同鄉劉必昆未婚必昆游四川久不歸其母病無所依女遂執婦道奉姑日夜勤侍數年不懈必昆没人勸改適女怒誓死守終鄉人以貞孝稱
監生陶國渾妻程氏年二十適陶未没遺腹生子復夭遂自刎未殊姑奪其刀乃不食數日死人稱陶烈婦
廩生黄聯驥妻宋氏年二十四守節無子家貧甚事姑孝姑患癰日以口吮之遂愈卒年五十四
生員陶起瓊妻謝氏年二十九守節撫一子養姑有欲奪志者誓死絶之卒年八十五
姜文烈妻彭氏年二十五守節撫嗣奉舅姑年五十二
蔡三若妻姜氏年二十七守節撫孤成立卒年五十七
監生陶國澍妻劉氏年二十九守節年五十　以上上伍謝採

戴貞女鄉民戴中時女許聘孫蓋臣次子年十八壻亡矢志守貞或議更適女覺悲號毁容乃止紡績茹齋至親罕見其面年七十一卒
黄樂鈞妻操氏歸黄甫一年樂鈞没殯葬後氏蓬垢不欲生舅姑强止之越四十九日適氏二十初度遂號哭不止至不成聲而絶
黄志道妻何氏　黄得其妻劉氏何年二十三守節奉養舅姑撫孤得其殁劉年二十苦節撫孤何現

年七十三劉現年五十一
操履駿妻鄒氏幼失恃從繼母訓年十八歸操越二年
履駿没氏慟不欲生逾九十九日而死
王霞汝妻夏氏年十八守節事祖舅姑暨舅姑孝養曲
至撫三月遺孤成立現年五十二
游寧遠妻夏氏年二十八苦節養姑撫三歲孤孤没撫
孫年六十四
監生黄士鄯妻王氏年二十七守節祖姑暨舅姑皆老
三子幼氏孝養撫孤成名炎紹慈廩生氏年五十七

夏必銑妻隗氏年十八歸甫八月必銑没氏持剪自殺
救則投繯姑止之遂蓬垢操井臼以事姑現年五十
戴朝尊妻操氏年二十六守節無子時姑老夫無昆季
遂促舅買妾數請而後行果生子氏撫之曲至現年
五十六
黄士郊妻程氏年二十八守節舅姑老病曲盡孝養撫
孤紹忠成立卒年五十九
劉思達妻楊氏年二十二守節備棺矢志食貧茹素戚
里罕見其面現年五十五

袁紀雲妻王氏年二十守節無子事舅姑以孝聞撫嗣
子宗道爲諸生卒年七十二
王光履妻李氏年二十二苦節事姑孝撫遺娠子成立
操履岷妻杜氏年二十一守節以孝聞撫月餘孤成立
邱世綵妻童氏生員童應逵女年二十八舅姑雙逝夫
亦繼殁家貧紡績奉祀盡禮訓二子成立守節建坊
王來鏞妻劉氏年二十五守節養姑撫子世淮成立而
亡與婦陶氏撫遺腹孫有成卒年七十九
吴象乾繼妻曹氏年二十八守節事姑撫前子二以孝

慈聞卒年六十八
王光祥妻劉氏光祥勤學早没氏年二十守節遺娠生
女家貧甚紡績易食卒年七十一
劉啓哲妻鍾氏年二十一守節撫教二孤長漸逵諸生
次鋒恩貢氏卒年七十七
鄒受員妻方氏年二十四守節奉舅姑盡禮撫孤時獻
爲諸生卒年六十四
郤文升妻張氏歸時依伯舅姑年二十七守節曲盡孝
養教子成立卒年七十七

王世源妻王氏年二十一苦節養姑撫孤現年六十一
涂之綸妻洪氏 涂思智妻徐氏洪年二十七守節奉姑撫二孤長子思智早沒其婦徐年二十五守節事姑人稱雙節洪卒年七十二徐現年五十五
生員操履壽妻盧氏年二十三苦節撫教孤麟成諸生卒年七十六
王立業妻王氏年二十苦節撫孤孤亡撫孫年六十五
黃士英妻吳氏年二十二守節孝養撫孤卒年七十三
王倫伯妻左氏年二十七苦節無子現年七十五

毛有昇妻李氏年二十二苦節撫遺腹孤年六十五卒
李翰妻劉氏年二十二守節奉姑立嗣現年五十八
鄒治秩妻楊氏年二十二苦節子卒撫孫現年八十二
黃逵妻鄒氏年二十七守節撫孤事姑孝現年七十一
鄒鼎和妻王氏年十九守節撫嗣嗣沒撫孫年七十八
王世浩妻祝氏年二十二苦節撫孤孝姑年六十四卒
操士敏妻鄒氏年二十三守節孝姑撫孤卒年七十三
石在珩妻王氏年二十守節撫嗣事姑孝現年五十九
操廷棟妻李氏年二十苦節事姑教子現年七十九

童子佐妻袁氏年二十六守節孝姑撫孤子成名年七十四
操采若妻熊氏年二十守節貧苦撫孤卒年六十五
吳調遠妻王氏年二十六守節撫孤卒年九十四
范純琰妻袁氏年二十一苦節撫孤養舅姑年七十二
吳天植妻祝氏年二十二守節慈撫嗣子現年六十一
齊同鏞妻吳氏年二十八苦節撫二孤卒年七十六
孫維章妻王氏年二十守節撫孤養舅姑卒年五十二
王映文妻張氏年二十七守節無子家貧卒年五十四

戴裕祿妻舒氏年十九苦節撫月餘孤現年五十九
程日耀妻劉氏年二十守節撫嗣子現年五十一
生員易德揚妻趙氏 以上下伍操採
江貞女訓導江漢書孫女幼許聘徐世經未婚世經沒女年十八聞訃請於父母以歸徐衰服成禮事姑盡婦道年四十七卒
萬貞女幼許字鍾天錫未嫁天錫沒女年十八聞訃歸於鍾堅貞誓死貧苦勤績族人爲立從子麟生承祀守貞五十六年卒

左貞女左芳名女幼聘張氏子未嫁張子遠貿易没客
年二十四守志依父母勤苦終身年五十九卒
程貞女南瀕程氏女幼聘胡氏子未嫁壻没女誓死守
志父喪母老兄嫂俱亡養母撫姪備極勤苦守貞五
十餘年卒
蔡貞女幼許字董士占次子未婚壻没女堅貞自守家
貧勤紡績以養母人稱孝姑守貞四十五年卒
巴貞女幼許聘黄采璧子年二十未婚壻没有勸其改
字者女哭拒之養母以孝聞鄉里爲立勝稱之守貞

四十四年卒
監生朱岳妻楊氏年二十五守節事舅姑孝姑病日以
舌舐之久復明撫孤成立現年六十四
程世璞妻黄氏年二十守節撫教孤子化龍以明經舉
孝廉方正卒年八十四
余文傑妻程氏年二十歸余甫五月守節貧苦孝事舅
姑現年六十三
陳友龍妻胡氏年二十六苦節事舅姑孝撫孤奇峯爲
諸生年七十卒

生員邱式儀妻馮氏幼敏能文習父雲路訓年二十七
守節教子延英爲諸生卒年六十八
鍾斐生繼妻徐氏　鍾衛生妻錢氏　鍾魯生妻潘氏
娣姒也家貧守節徐年二十撫前子成立錢年二十
六撫孤成立潘年二十三孤殀復撫嗣孫徐現年七
十六錢卒年六十潘現年六十五人稱三節
胡盱妻徐氏年二十二守節貧苦族有欲奪志者氏抱
孤歸徐與寡嫂陳相依辮紉教子成立卒年七十二
廩生程光旦妻汪氏年二十二苦節撫嗣子淑元成諸

生淑元卒與婦施氏共撫孤孫現年五十二
童之翰妻李氏　童之旦妻高氏　童士雷妻林氏
監生童國材妻周氏李年二十二守節撫孤士霽高
年二十三撫孤士雷林年二十七撫孤國材周年二
十二撫孤敬綸李林卒俱年六十三高卒年七十五
周現年五十一三代四節族黨哀之
余濟川妻彭氏夫病刲股年二十四守節貧苦撫孤養
舅姑卒年七十四
監生彭化龍繼妻馮氏年二十七守節撫前妻子子婦

歿復撫週歲孫卒年六十一
黄士濬妻彭氏年二十二誓死苦節無子孝事舅姑卒
年八十三
汪叔友妻江氏年二十四苦節一孤復歿卒年七十三
李長達妻朱氏年二十四守節孤歿撫孫卒年七十三
監生姜之采妻廖氏年二十七守節卒年八十二
周頤妻熊氏年二十一守節撫嗣事舅姑孝年五十一
彭思周妻劉氏年二十一守節撫孤貧苦現年六十一
劉甫載妻鍾氏年二十一守節撫孤貧苦現年五十一

呂應玫妻史氏年二十守節無子家貧孝舅姑年五十
黄廬莪妻姜氏年二十五守節無子貧苦現年七十八
徐繼松妻楊氏年二十六截髮矢節以孝聞年七十卒
鍾載暘妻曹氏年十八苦節撫孤卒年六十九
錢白輝妻桂氏年二十四守節撫嗣子年四十九卒
張紹前妻黄氏年二十守節撫孤事姑孝現年五十一
曾太占妻張氏年十九守節撫孤貧苦現年六十九
曾萬侯妻庫氏年二十二守節撫孤貧苦現年六十一
胡朝岳妻王氏年二十守節撫遺腹孤卒年八十

萬文伯妻錢氏年二十五守節以孝慈稱現年五十一
程履安妻何氏年二十五苦節嗣子復歿卒年六十八
鍾奇㞢妻袁氏年二十苦節撫八月孤卒年五十七
鍾秉烈妻盛氏年十九守節艱辛撫孤孀現年五十二
鍾神燦妻張氏年二十二守節撫歲餘孤現年五十四
萬敘水妻胡氏年二十七守節慈撫庶子現年八十一
邱龍翔妻吳氏年二十三守節嗣歿撫孫卒年七十三
汪國伸妻陶氏年二十守節撫孤貧苦卒年七十一
張必友妻劉氏年二十守節撫孤貧苦卒年七十三

余海書妻程氏年二十五苦節撫孤成立卒年六十
胡駕妻邱氏年二十守節撫教嗣子現年五十三
胡子颸妻陶氏年二十守節立嗣以孝稱現年五十二
徐學言妻蔡氏年二十二守節撫孤孝姑年五十六卒
徐世松妻程氏年二十六守節立嗣孝養年五十五卒
徐正言妻高氏年二十二守節無子貧苦現年六十二
汪國寶妻劉氏年二十守節貧苦卒年六十一
姚士瑾妻朱氏年二十五守節撫孤貧苦現年五十六
姚次仁妻劉氏年二十六苦節撫育嗣子年六十二

庫型侯妻童氏年二十六守節撫孤貧苦現年六十二
庫從忠妻張氏年二十二守節撫孤貧苦現年五十九
黄名儒繼妻徐氏年二十守節撫孤成立卒年八十四
黄雲純妻曹氏年二十八守節撫孤事姑孝年七十卒
黄雲盛妻郭氏年二十七守節以孝慈稱卒年九十一
黄舸妻熊氏年二十二苦節撫孤事舅姑孝卒年六十
黄士璿妻朱氏年二十二苦節撫孤孝養年八十八卒
邱龍光妻蕭氏年二十五守節撫孤卒年七十四
邱士菽妻吳氏年二十一守節無子現年五十八

邱體仁妻許氏年二十六苦節無子孝舅姑現年六十
邱世繹妻黄氏年二十守節撫孤現年七十六
孔四輿妻王氏年二十四守節無子貧苦現年六十四
張現之妻姚氏年二十三守節撫孤成立現年五十二
黄之驥妻蕭氏年二十三苦節撫孤孝繼姑年五十六
黄之錦妻徐氏年二十四守節撫孤貧苦現年五十八
程邦傑妻湯氏年二十七守節撫孤孝舅姑年六十卒
吳叔嗣妻謝氏年二十一守節撫孤貧苦卒年七十五
李之垣妻楊氏年二十一苦節盡孝撫孤卒年五十二

錢之嵩妻程氏年二十四苦節事姑孝現年六十二
胡如坤妻陳氏年二十一苦節撫孤事姑孝年五十七
李世儒妻袁氏年二十三守節盡孝撫孤年六十四
胡士元妻柳氏年二十三苦節撫孤事姑孝年六十四
童仰之妻曾氏年二十二苦節撫孤孝舅姑年六十八
王世馳妻張氏年二十一苦節撫孤卒年七十五
吳登尼妻鍾氏年二十五守節撫孤現年五十四
蔡宏玉妻謝氏年二十苦節撫孤承翼卒年六十二
童昌懿妻曾氏年二十五守節撫孤現年六十五

王家傳妻汪氏年二十四守節撫孤孝舅姑年五十五
余承颯妻胡氏年二十三苦節撫孤現年七十三
余烈學妻張氏年二十六苦節盡孝撫遺腹孤七十卒
黄源渤妻胡氏年二十三守節撫孤貧苦現年六十三
汪世銓妻陳氏年二十一守節立嗣事姑卒年五十四
任如海妻黄氏年二十一守節撫孤貧苦卒年六十一
黄云瑜妻朱氏年二十二守節撫孤貧苦卒年五十七
李克俊妻萬氏年十九苦節孤歿孑居現年六十二
喻世顯妻余氏年二十二守節事姑孝現年五十三

余璧六妻吳氏年二十四守節撫孤現年五十六
余斐明妻陳氏年二十守節撫孤貧苦現年六十八
余廷杰妻周氏年二十守節撫孤孝舅姑現年六十四
余興志妻羅氏年二十一苦節撫遺腹孤現年五十三
蕭正則妻余氏年二十守節撫週歲孤現年五十五
任克理妻陳氏年二十一守節撫孤貧苦現年八十三
周克厚妻余氏年二十守節撫半月孤復殀年五十八
邱士節妻劉氏年二十八苦節撫孤現年六十五
監生許云旭妻黄氏年二十七守節立嗣現年五十七

王全宜妻鄧氏年二十四守節撫孤貧苦現年六十八
汪世雄妻王氏年二十八守節撫孤殀現年六十六
汪世賓妻周氏年二十守節撫嗣子貧苦現年五十一
黄家益妻高氏年二十四苦節盡孝立嗣現年五十六
胡之常妻汪氏年二十一守節立嗣孝舅姑年五十五
陳世勳妻胡氏年十九守節立嗣卒年八十七以上唐家鐘採
生員尚爾泉妻蔡氏年二十七守節孝奉舅姑撫孤為
境為名諸生又建祠置義田卒年六十二
生員尚為壯妻魏氏年二十六守節勤紡績食雜草蔬
撫孤繩祖成立卒年六十五
尚岱妻萬氏年二十九守節貧苦撫二子成立補諸生
現年五十八生員王飛熊妻萬氏年二十九守節撫
一女貧苦弟或分館穀助之輒不受年五十六卒魏
重光妻萬氏年二十四守節撫遺腹女艱危勤苦不
變時稱姊妹三節
生員朱國順繼妻柳氏　朱承標妻陶氏柳年二十八
守節撫孤承標及前妻子承樂恩勤曲至承樂夫婦
亡撫二孫承標沒陶年二十六守節孝姑姑卒年七

十四婦年五十三
葉自華妻王氏　葉時培妻周氏　葉時濟妻戢氏王
年二十二守節撫二孤時培時濟皆早沒周年二十
二守節事姑孝戢年二十二守節姑病刲股食之王
卒年七十四戢卒年六十四周現年七十八其姊王
氏亦老死不再嫁云
袁應鳳妻萬氏年二十三守節撫三月孤事祖姑事姑
孝現年五十六
江象瀾妻柳氏年二十八守節無子孝養舅姑家貧甚

游逆之不歸日惟與庶姑馬紉績餬口現年五十六

監生蔡朝榆妻宋氏年二十三守節茹苦事舅孝撫孤必俊成立卒年六十七

陳德鳳妻周氏　陳德翥妻周氏　陳宗驥妻程氏二周娣姒也姒年二十五守節撫孤現年六十八娣年二十二守節撫孤卒年六十二俱事姑孝程氏從子婦也年二十七守節事祖姑事姑以孝稱撫二孤成立現年六十二人稱三節

生員邱安行妻吳氏年二十八守節孝事舅姑遺孤殤

嗣子士藻亦夭立從子士鑑甫婚復夭與士鑑妻吳撫士藻遺孤姑守節四十一年卒婦守節三十三年

林方海妻程氏年二十守節無子嗣子復殤事舅姑孝有憐其貧餉遺者謝不受以饑寒卒年七十

羅澤珍妻彭氏事姑孝以刲股聞年二十五守節立嗣現年五十一

李立貞妻黄氏夫病刲股比卒氏年二十三守節立嗣事姑孝現年五十

監生朱承澍妻周氏年二十一守節撫遺腹子事姑孝年七十六

黄之梅妻田氏年二十五守節撫兩孤長子開周夭遺一孤女氏與婦熊共撫之現年五十九

萬貞女許字徐氏年十八壻殀女衰服臨喪或以未字爲言曰名分已定吾生猶死也遂立嗣以守茹苦終身足不踰閾年七十餘卒

陳之洪妻胡氏年二十四守節立嗣事姑孝姑患痺氏爲盥櫛起居數十年未嘗假手他婦現年六十二

張象樞妻熊氏年二十四守節事舅姑盡禮張四世同居羣從娣姒處之雍睦無間現年六十五

朱烈女生員朱建三女許聘程文正未嫁文正没女聞訃遂自經死時年十八乃合葬於五雲寺側陳採訪

童貞女江夏童兩松女許字周昆樹子運康周以子廢疾謝有議改適者女初聞截髮自誓再則裂其面三則截其耳事乃止壻没女遂閉居密室中十餘年惟一婢侍飲食及壻弟生子請立爲後曰吾今有母道乃出與家人一見現年六十三陳採訪

萬廷衡妻周氏年二十七守節撫孤孝舅姑年五十卒

萬燿祖妻鄧氏年二十八守節撫孤連城現年八十六

萬延顯妻金氏事舅姑孝年二十七無子翦髮誓節現年六十五

朱承耀妻陶氏年二十三守節撫孤事姑孝現年七十

生員林應奎妾鄧氏年十九劃面誓節年九十五卒

張浩源妻周氏年二十六守節撫孤孝姑現年六十五

周熙懷妻朱氏年二十一守節事舅姑孝現年五十六

生員朱景洛妻周氏年二十六守節撫孤現年六十三

生員許甫榮妻張氏年二十五守節子殀年六十四卒

朱承詰妻程氏年二十七苦節撫遺腹孤現年六十三

生員邱信古妾周氏年二十四守節撫孤卒年五十二

萬廷舜妻許氏年二十二守節貧苦孤夭現年五十一

何永涵妻黃氏年二十四守節撫孤事舅姑孝姑目疾日舐者三日復明姑病篤刲股食之愈現年六十五

杜天知妻李氏年二十二守節貧苦有欲奪其志者以死拒之乃止撫遺腹子成立年五十四

熊文鳳妻萬氏年二十五守節撫二孤行不踰閫瞧機聲與泣聲相間現年五十三

陶以侯妻李氏年十九矢節撫孤事舅姑孝年五十三

陶思慶妻張氏年二十三守節撫孤事姑孝卒年八十

劉延桂妻張氏年二十守節撫孤事姑孝年六十三卒

劉之炯妻張氏年二十三守節撫孤事舅姑孝年六十

王柱極妻何氏年二十五守節撫孤事姑孝姑病五載奉侍晝夜不懈刺指血和丸病以愈現年六十七

潘西佑妻程氏年二十四守節子沒撫孫現年九十一

陶文閒妻譚氏年二十六守節撫孤卒年六十三

陶文舉妻姚氏年二十二守節撫遺腹子卒年五十五

陶克遂妻金氏年二十八守節撫孤貧苦年七十五卒

陶文旭妻桂氏年二十四守節撫孤貧苦年六十二

陶文洪妻程氏　陶文昌妻方氏　陶文耀妻徐氏　陶文佑妻常氏　陶文宗妻陳氏娣姒也年俱二十餘守節貧苦撫孤以壽終人稱一門五節

陶宇望妻汪氏　陶思道妻蔡氏姑婦守節各四十年

陶文貴妻邱氏年十八苦節遺腹生子命名明意撫之成立絕跡戶外者五十餘年

汪述祖妻胡氏年二十二夫沒殯殮畢泣曰今可從夫

毗下尋舅姑亦徐以一女托姒氏素餓祀先翹表其
號慟閉戶自經死人稱王烈婦
葉念依妻程氏年二十守節孤夭立嗣卒年六十八
葉晉水妻童氏年二十四苦節子婦俱亡現年六十八
葉文昭妻詹氏年二十六苦節孝姑撫孤卒年八十五
葉某妻周氏年二十守節撫孤習贈成立卒年八十二
葉佩周妻陶氏年二十守節撫孤貧苦卒年六十八
陶應星妻萬氏年二十三守節撫遺茂孤現年六十二
吳明弼妻胡氏年二十九守節撫孤貧苦卒年九十餘

熊至仁妻潘氏年二十七守節撫孤卒年七十
朱承撫妻周氏年二十四守節撫遺腹子現年七十六
宋天爵妻鄧氏年十八守節貧苦立嗣現年五十一
金龍田妻黃氏年二十四誓死守節撫孤卒年七十七
生員李有略妻陳氏年二十四苦節撫子現年七十二
喻友臣妻李氏年二十六守節貧苦欲與從子俱殁或
憐其饑與粥之錢不受現年六十七
生員林朝宗妻程氏年二十守節嗣子嗣孫俱夭卒年
八十七

胡應運妻喻氏年二十六苦節撫孤孝養卒年七十二
周世仁妻徐氏年二十三守節撫孤孝養現年五十四
程東泉妻吳氏年二十餘守節無子立嗣現年五十餘
萬位青妻劉氏　林廷仁妻曾氏　吳秀卿妻汪氏
吳聰祖妻張氏　生員萬鼎黃妻程氏以上由和萬採
江世經妻劉氏夫病刲股以進年二十一守節二孤繼
殀貧苦養姑姑病復刲股姑疑所食起視其手創血
淋然姑哭曰兒孝乃至此及姑没氏曰吾得下見吾
夫矣絕粒數日而死時年五十六里人厚葬之勒碑

紀其事
鄧尚勳妻彭氏年二十四守節立嗣撫之鄧本義門氏
持家四十年小大輯睦毋事之年五十九預定時日
而卒其家有蔡氏者刲股救姑以孝聞
孝婦江存治妻劉氏年二十二夫没氏嚙指血自題其
主矢節撫二孤尋殀舅姑相繼病氏刲股者再病以
愈姑老遺脾疾衾席日十數易氏扶持上下者逾年
氏年五十一卒
鄭一亨妻周氏年二十五夫没氏投繯姑壞戶救甦戀

且訓之氏乃起奉姑撫遺孤孤成立家貧甚姑老病逾年姑曰婦之孝也苦矣姑卒氏殮畢是夕自縊以殉守節三十六年族人義之爲合葬於鳳台山

揭宗軻妻周氏年二十四守節姑老子幼貧苦甚康熙癸酉冬里中火姑病不能起氏呼天捧夫靈而哭火驟返獨免卒年八十五

劉鍾鼎妻葉氏　劉之源妻萬氏葉年二十守節貧苦撫孤之源之源沒萬年二十一守節撫孤廷華廷華沒妻曾撫遺腹孤孤病將死葉與萬號哭吾何生相卒投於江救免孤亦瘳葉年七十八萬年六十

陳芳烈妻魏氏年二十九守節撫教子裕以明經任訓導卒年八十二

陶思洵妻陳氏年二十四苦節孝養撫孤現年七十餘

童士焜妻沈氏年二十一守節無子姑年八十多病事姑以孝稱姑沒悲痛而死

生員周士禮妻汪氏　生員周邦獻妻杜氏汪年二十五守節貧苦撫二子邦獻中規俱諸生邦獻沒杜年二十四苦節立嗣汪卒年七十杜現年六十五

王貞女許聘殷履雲之次子殷子外出十餘年不歸履雲語其父母爲更聘女誓死不可苦貞至六十餘年

生員嚴文任妻周氏年二十二守節撫孤承夏爲諸生現年六十

叚邦彦妻周氏　叚爾康妻張氏周年二十守節撫嗣子爾康爾康歿張年二十二守節撫孤周卒年八十餘張現年六十二

監生周价繼妻范氏年二十四守節撫教前妻子奇觀弱冠補諸生現年五十二

方之德妻周氏年二十九守節自築墳塋日常不炊勤績撫諸孤卒年七十三

宋宗燦妻陶氏年二十守節撫孤兆桂事姑孝以刲股聞年六十

程兆義妻宋氏年二十五守節撫孤紹川爲諸生現年六十五

夏岱妻劉氏年二十五守節立嗣姑患癱氏日吮者三得痊繼姑老遘痺疾溺溲不懈以孝稱卒年七十五

徐國章妻呂氏　徐鑒孺妻周氏　徐大元妻王氏三

世姑婦也呂年二十八苦節撫孤蓬穢周年二十四
苦節撫孤大元王年二十七苦節無子事姑呂卒年
五十四周卒年八十五王現年六十一
生員夏瑜妻蕭氏年二十六守節撫孤貧苦孝事舅姑
姑老疾氏晝夜扶持者四載卒年八十三
陳三聘妻胡氏年二十六守節無子有勸以改適者氏
忿甚終身不往母家撫孤姪以終卒年五十二
余宏仁妾馮氏年十九宏仁卒於陵水氏扶櫬數千里
歸承嫡事姑盡禮撫二歲孤成立年四十五卒

陶思球妻鄭氏年十九守節撫二孤及夫幼弟俱成立
卒年七十四
生員程應祚妻李氏年二十守節撫二孤成立長燊諸
生以完節終
葉仲載妻胡氏年二十二守節奉姑孝撫月餘孤肇錨
成立孤亡與婦魏撫幼孫現年五十六
陳維翰妻張氏年二十五守節課子延鈞食餼有名早
卒其婦靖氏年二十七同姑矢志張現年六十四
邱貞女許聘鄭某子鄭年二十出外十餘年其父母潛
爲改嫁女自誓曰願守終身閉室紡績卒年五十七
陳希妻徐氏年二十三守節撫孤家貧日茹菜根現年
六十一
吳有庠妻夏氏年二十五苦節孤夭家貧甚其兄遺以
衣食辭不受卒年七十七
魏現妻雷氏年十七守節撫遺腹孤或欲奪其志截髮
誓死乃奉舅姑無闕子夭撫孫卒年六十九
程之孟妻鍾氏年十八守節無子夫弟甫週而孤氏獨
力撫之卒年七十

張之瓊妻程氏年二十四守節立嗣姑病刲股尋愈氏
卒年六十餘
葉自超妻邱氏　葉祥士妻周氏姑婦也邱年二十二
守節撫孤祥士周年二十守節無子邱卒年五十餘
周現年五十八
劉芳輝妻周氏年二十九守節事姑孝姑病刲股病以
瘳卒年五十七人稱劉孝婦
蕭祚連妻殷氏年二十三婚甫三月祚連游四川歿氏
守節貧苦現年五十八

朱國模妻陶氏　朱承詰妻周氏陶年十八苦節撫孤
承詰早亡周年二十五守節孝姑陶卒年七十七周
現年七十九
生員韓大紳妻余氏年二十八守節現年六十
賀克成妻余氏年十八守節現年五十
周之美妻范氏年十九守節無子年六十卒
周榮路妻潘氏年二十三守節撫孤貧苦現年七十
生員周華國妻余氏年二十一守節撫孤現年五十
周熙陶妻萬氏年二十一苦節撫孤運騤現年五十四

周季襄妻汪氏年二十六守節撫孤和鸞現年七十五
童繼栩妻孫氏年廿夫歿撫栩姪爲嗣孫現年五十六
周運詵妻袁氏年二十五守節撫孤現年五十七
劉國寧妻江氏年二十五苦節奉姑撫孤卒年七十三
陳芳馥妻陶氏年二十二守節撫孤貧苦卒年六十五
郭本棣妻王氏年二十九苦節無子孝舅姑年七十四
陳祖徠妻孫氏年二十一苦節現年五十八
萬一能妻龔氏年二十六苦節事姑撫嗣現年五十七
監生李之斌妻陳氏年二十六守節撫孤現年六十

陳大福妻熊氏年二十守節撫遺腹子卒年五十五
陳偉昆妻錢氏年二十三守節撫孤啓祥現年五十
陳錦棠妻余氏年二十五守節卒年六十四
陽邏鄭莢妻張氏年二十二苦節無子年七十四卒
陶思恒妻齊氏年二十四守節撫孤應緝現年八十四
王天義妻林氏年二十八守節現年八十四
陳師道妻盧氏年二十八守節撫二孤現年六十六
童之昭妻陳氏年二十五守節現年五十八
陳世則妻邱氏年二十四守節現年六十二

周秩斯妻邱氏年二十四守節撫孤運矩現年五十九
周熙冕妻葉氏年二十五苦節撫孤運元現年五十九
周熙樸妻雷氏年二十四守節奉姑撫孤現年五十八
周運會妻朱氏年二十六苦節撫二孤現年六十六
周承堃妻童氏年二十五苦節撫孤現年八十餘
周熙權妻魏氏年二十四守節撫孤成立現年六十餘
周熙輝妻張氏年二十守節撫孤以孝稱現年五十一
監生周惟樞妻陳氏年二十四苦節撫孤現年七十四
周利川妻熊氏年二十五守節立嗣現年五十餘

周柏石妻向氏年二十四守節撫二孤現年五十七
周汝與妻邱氏年二十三守節撫孤覩孫現年五十七
周熙華妻童氏年二十五守節撫孤貧苦現年六十餘
周士高妻朱氏年二十一守節撫孤貧苦現年五十四
周作霖妻張氏年二十守節無子家貧現年五十二
生員周文憲妻袁氏年二十五苦節撫孤現年六十五
周承錦妻陶氏年二十五守節撫孤貧苦現年七十餘
周熙光妻陶氏年二十一夫殁無子撫嗣子苦節終身
余良才妻楊氏年二十六守節盡孝撫孤卒年七十一

余在文妻楊氏年二十四守節撫遺腹子卒年六十
程利厚妻周氏年二十四守節無子貧苦現年五十二
程兆亞妻周氏年二十六苦節撫孤事姑孝年七十四
張子淑妻周氏年二十五苦節無子現年七十五
陳蓮妻盧氏年二十五苦節現年六十餘
童士利妻錢氏年二十四苦節事姑撫孤現年六十八
吴國鹽妻黄氏年二十八苦節撫孤孝姑現年六十三
蔡元彙妻余氏年二十守節立嗣事姑壽年六十一
陳文在妻何氏年二十一守節年八十四

陳敬虞妻黄氏年二十二守節年七十三
陳選周妻周氏年二十三守節年六十八
陳博也妻林氏年二十二守節年五十七
陳子佳妻雷氏年二十三守節年七十
陳念松妻袁氏年二十七守節年六十四
陳秉章妻郭氏年二十七守節年六十一
陳咸若妻李氏年二十七守節年六十二
陳瓊夫妻戢氏年二十八守節年八十
生員袁幼成妻林氏年二十四守節年七十七

林載揚妻陳氏年二十六守節年八十一
林魯仲妻胡氏年二十三守節年八十七
葉倫針妻朱氏年十九守節年六十三
王德昭妻陶氏年二十二守節年七十五
張青懷妻陳氏年二十守節現年五十
林方抱妻鄭氏年二十八守節撫遺腹子卒年七十七
陳啓盛妻何氏年十九苦節撫遺腹子卒年八十五
黄正和妻葉氏年二十六苦節撫孤年五十四
生員夏夢齡妻魯氏年二十五苦節盡孝年五十卒

陶應琊妻曾氏年二十守節撫孤現年五十
葉昌義妻童氏家貧守節撫孤奉繼姑孝卒年六十六
劉文彩妻李氏年二十五苦節撫遺腹子現年八十八
李如龍妻高氏年二十三誓死守節撫孤卒年七十三
程嘉盛妻何氏年二十三苦節孝姑撫孤現年六十八
陶文焯妻陳氏年二十三守節事姑撫孤現年六十餘
陳克極妻邵氏年十八守節現年五十
戚世礮妻余氏年二十守節撫孤事舅姑孝年五十二
楊眉玉妻葉氏年二十苦節撫孤卒年七十八

葉淞懷妻林氏年二十八守節撫孤事舅姑七十五卒
葉阜兆妻童氏年二十八守節立嗣事姑孝年五十七
陶思懌妻王氏年二十守節立嗣現年五十九
林振翯妻葉氏年二十一苦節撫孤現年六十六
魏玉田妻葉氏年二十二守節撫孤年七十餘卒
魏峯妻雷氏年二十一守節撫孤光澧年六十五卒
程景綱妻向氏年二十五守節撫孤貧苦現年七十三
陶應焯妻葉氏年二十二守節立嗣現年六十八
魏綱妻萬氏年二十五苦節立嗣卒年七十餘

魏崵妻周氏年二十二守節家貧無子現年八十四
陶應純妻陳氏年二十六守節撫二孤年五十卒
陳芳極妻韓氏年二十九守節無子貧苦卒年八十六
陳世嶽妻周氏年二十四守節事舅撫孤現年七十九
陳世璉妻袁氏年二十九苦節事舅姑現年五十八
陳德和妻葉氏年二十二守節現年五十二
周桐柏妻張氏年二十五苦節撫孤現年五十八
周繼胡妻蔡氏年二十四守節撫孤現年七十三
周祚峒妻陳氏年二十五苦節撫孤年七十五

廩生周世烇妻陶氏年二十二苦節年七十二
周世熉妻葉氏年二十五苦節年六十五
周祚皞妻韓氏年二十五苦節年七十五
周祚新妻喻氏年二十一守節立嗣現年五十八
周祚調妻張氏年二十四守節撫孤現年六十
周祚榜妻葉氏年二十五守節無子貧苦現年六十餘
葉應軒妻何氏年二十五苦節立嗣年六十五
劉廷棟妻常氏年二十五苦節無子養舅姑年八十五
陳元照妻童氏年十七守節撫孤成立現年五十

周伯山妻陳氏年二十二守節事舅姑孝卒年八十二
陳子重妻葉氏年十九守節現年五十
陳大文妻王氏年二十三守節現年五十五
周祚秀妻陶氏年二十五守節無子貧苦現年六十一
林宗揆妻汪氏年二十五守節慈撫嗣子現年七十三
林若許妻韓氏年二十四苦節撫孤現年五十九
揭若嵐妻李氏年二十一苦節立嗣事姑現年六十餘
程兆準妻江氏年二十四守節無子孝舅姑年五十卒
張一棠妻余氏年二十三守節撫孤孝舅姑年六十四

袁應遠妻李氏年二十四苦節現年五十七
陳憲章妻戢氏年二十三苦節現年五十一
林常春妻陳氏年二十七守節現年六十一
柳一元妻王氏年二十守節養姑子殤嗣歿年五十卒
程梧妻杜氏年二十二守節現年五十二
陳同仁妻向氏年二十八守節撫孤成立現年六十二
鄭辨玉妻陳氏年十八守節現年七十
葉大材妻程氏年二十五守節現年五十
林常耀妻雷氏年二十六守節現年五十七

林常士妻雷氏年二十二守節現年五十三
林常通妻李氏年二十四守節現年五十六
林常寧妻葉氏年二十三守節現年五十
林常美妻葉氏年二十七守節現年六十一
陳先一妻熊氏年二十六守節現年六十七
廩生陶隆運妻王氏年二十八守節現年六十五
許東會妻張氏　許正昌妻張氏姑婦也姑年二十四
守節撫孤正昌婦年二十一守節無子奉姑孝姑卒
年六十六婦現年五十

生員鄧文煥妻李氏年二十四守節撫孤現年五十六
葉出萬妻李氏年二十八守節子歿撫嗣孫年六十五
柳載千妻徐氏年二十一苦節撫孤事姑孝年五十八
葉世經妻陶氏年二十七苦節事舅撫二孤現年六十
陶應譜妻周氏年十九守節立嗣現年五十
江提遠妻周氏年二十六守節立嗣現年六十四
袁應煩妻陶氏年二十五守節孝養撫孤現年五十一
段邦基妻陳氏年二十二守節撫孤成立卒年六十六
葉同桂妻高氏年二十一守節孝養立嗣現年七十五

龔同榜妻熊氏年二十三守節孝養撫孤卒年六十一
監生袁應永妻韓氏年二十四守節孝姑現年六十九
徐韜妻陳氏年二十六守節撫孤現年六十四
徐大隆妻余氏年二十五守節無子貧苦現年六十二
殷開周妻呂氏年二十一苦節事舅撫孤現年五十七
郭鴻功妻王氏夫病刲股年二十守節立嗣年五十五
生員程人文妻周氏　生員程兆坤妻吳氏
周世丕妻盧氏　周爾耀妻彭氏　江象濱妻魏氏
余良諭妻朱氏　余國構妻郭氏　向全熙妻陶氏

陶會極妻黃氏　張天和妻林氏　賀克健妻朱氏
張應樂妻黃氏　周以寧妻張氏　周民長妻向氏
林永芳妻張氏　陳德成妻孫氏　張一濂妻陳氏
陳世旂妻張氏　以上中和陳採
生員詹世賢妻林氏年二十二守節撫孤事繼姑孝年
七十二
詹世瑞妻嚴氏年十九守節年五十六　以上萬採
詹世賚妻袁氏年二十三守節年五十四
詹啓森妻陳氏年二十三守節撫孤貧苦年六十八　萬採

凌君顯妻程氏年二十一守節撫八月孤現年七十　採
熊聞遠妻程氏年二十一守節盡孝撫孤現年七十餘
萬世昌妻王氏年二十三苦節撫孤現年六十五　中和萬採
李先懋妻吳氏年二十八苦節撫二孤現年七十　慕義汪採
陳材勤妻雷氏年二十二苦節立嗣孝姑現年六十一
生員陳漢章妻楊氏年十九守節撫孤材美孤夭復與
婦謝撫兩孫卒年八十
陳焯觀妻周氏年二十一守節事姑撫孤現年六十
胡慕文妻向氏年二十九守節繼嗣夭現年五十八

胡近光妻袁氏年二十守節撫孤卒年五十一　以上永寧孫採
商範維妻蔡氏年二十四守節撫孤現年八十八
黃昆山妻林氏年二十四守節撫孤現年六十九
黃龍山妻喻氏年二十二守節撫孤現年六十二
聶世子妻汪氏年二十五苦節撫孤現年六十四
夏必榮妻李氏年二十三守節撫孤現年六十四
李宗常妻汪氏　汪毓元妻鍾氏　鍾三陽妻沈氏
夏超萬妻邱氏　凌思儒妻周氏　商方訓妻童氏
商世興妻施氏　鍾載勷妻張氏　童次妻凌氏　以上鍾採

詹啓鋐妻陳氏年二十六守節年六十三崗採

童士俊妻許氏年二十六守節卒年八十二

戴基泰妻汪氏年二十六苦節撫孤現年六十三

曹本鋆妻胡氏年二十五守節孝姑撫孤卒年六十五

袁其賓妻曹氏年二十四守節現年六十一以上慕義巽採

監生余思澤妻甄氏年二十守節立嗣孝事祖姑年四

十四卒以上上伍鄉採

朱世宏妻熊氏　黃雲斐妻劉氏　陶韶久妻程氏

陶德堯妻淩氏以上城鎮採

魏基鉅妻郗氏年二十二守節撫孤貧苦現年六十二

監生王如錦妻李氏年二十六守節立嗣年四十七卒

王壽文寧台道王一導女也幼抱病母曹憂勞成疾女

痛母病由己誓不嫁養母終身曰北宮之女獨異人耶父

沒事母以孝稱母卒哀毀數月亦卒年五十六廂坊楊採

壽母附

張汝賢母江氏壽逾百齡乾隆十八年　建坊

生員徐逃伯祖母林氏生順治戊戌沒乾隆丁丑壽百

歲曾元七十餘人

補遺

葉大俊妻程氏年二十四夫卒誓以身殉瀕死者數四

家人救甦防閑極力乃陽爲好語乘間自刎死距夫

亡僅七日事在乾隆二十三年四月王聞採

監生湯光謙妻盛氏年二十六守節無子現年六十

張夢俊妻孫氏年三十五守節無子現年六十三

程宏任妻王氏年二十二守節撫一女現年五十五

葉光祖妻奚氏年十八守節撫一女卒年六十一

齊維臣妻龔氏年二十九守節撫二子現年六十二

朱士龍妻魏氏年二十六守節卒年五十七以上楊程採

崔任達妻徐氏年二十五守節現年六十七

徐慶忠妻汪氏年二十二守節現年五十三

監生朱彭年妻王氏年二十七守節撫孤現年五十五

李和珠妻周氏年二十七守節撫孤現年七十八

監生馬自榮繼室朱氏年二十五守節孤夭現年六十

樊廣霖妻熊氏年二十四守節撫孤現年七十六以上樊採

鄒祖顯妻姚氏年二十守節卒年六十八

余運玉妻包氏年二十五守節撫孤現年八十六

汪國燃妻吳氏年二十四守節撫孤現年五十四
繆品兹妻江氏年二十二守節現年五十三
童希穆妻魏氏年二十守節現年五十
邱孔在妻胡氏年二十三撫孤守節卒年八十二
邱翊仁妻王氏年二十二撫孤守節現年七十一
邱世有妻孫氏年二十五撫孤守節卒年五十四
邱子善妻朱氏年二十五撫孤守節卒年六十五
邱時文妻汪氏年二十六撫孤守節現年六十一
邱能遠妻張氏年二十八撫孤守節卒年五十七

邱賓泰妻戴氏年二十八撫孤守節卒年四十六
邱廷宗妻李氏年二十九守節現年六十五
邱亦山妻陶氏邱縉後妻王氏姑媳也陶年二十九守節卒年七十四王年二十九守節卒年五十六以上邱孫採
魏中虛妻蔡氏魏汝明妻汪氏魏萬國妻陳氏娣姒也蔡陳年二十守節撫孤汪年二十三守節撫孤蔡現年七十二汪年六十七陳年六十二人稱三節
佘先進妻姚氏年二十三無子守節現年五十三
鍾立賢妻黄氏年二十五守節撫孤卒年七十五

鍾全章妻江氏年十九守節撫孤現年五十一
桂斗山妻彭氏年二十四守節撫孤卒年六十
李懸玉妻汪氏年二十七守節撫孤卒年七十四
張利涉妻徐氏年二十七守節撫孤現年五十四
吳次周妻周氏年二十守節撫孤現年五十一
邱之廷妻胡氏年二十二守節撫嗣子年五十五
張克遠妻任氏年二十三守節卒年七十八
胡世美妻王氏年二十四守節撫嗣子現年五十二
萬昆山妻林氏年二十四守節撫嗣子年六十七

羅結遠妻高氏年二十守節撫孤年五十四
鍾儒望妻雷氏年二十三守節撫孤卒年六十
鍾儒行妻程氏年二十守節卒年六十三
姚簡能妻郭氏年二十七守節撫孤卒年八十六以上鍾採
郭元章妻可氏年二十九守節現年七十九楊程採
童承曾妻趙氏趙其城女年二十七夫歿無子哀號絕粒死不欲生時氏母秦氏諭以事老撫幼截髮隨姑紡績供養姑歿盡禮撫弱叔教訓嗣子宣恩成立守節建坊

續補

王烈女王其富之室女幼許聘葛之佼次子世華年二十未娶而世華歿訃至女大痛欲往奠母氏阻之值世華葬女更素服乘母疑熟寢戶自經族戚憐其志爲祔于世華墓乾隆四十年建坊

黃世作妻劉氏事姑盡孝年二十餘世作歿乏嗣氏撫姪餘慶爲嗣教之成名乾隆四十一年建坊

陳貞俊妻李氏年十七貞俊歿乏嗣姑病三載氏侍湯藥無倦歸母家憐其青年用言探之氏毀容剪髮以

見志並撫姪國泰爲嗣教養成立乾隆四十一年建坊

王乃立妻埼氏年十八適乃立甫三月乃立歿無嗣時姑患筋骨疼氏坐臥扶持侍湯藥歷數十年如一日撫嗣子大文成立乾隆四十三年建坊

曾建中妻孟氏年二十二建中歿無嗣氏奉舅姑備得歡心後撫叔建牖成立建牖以次子爲之後乾隆四十五年建坊

姜如法妻繆氏年二十適如法三閱月而夫歿時公姥

旌

早下世事同居守節之叔嬸胡氏如親姑撫從子起鳳爲嗣復殀後撫嗣孫文佐成立乾隆四十八年建坊現年六十有三

夏克璉妻王氏貢生王乃鋒女年十八克璉歿家貧氏日夜紡績事舅姑饔飧無缺舅歿鬻簪珥製備棺殮安塟成禮姑目瞽氏多方醫藥得愈撫嗣子必貴成立乾隆五十二年建坊

蔣貞女蔣元珧次女幼許聘居萬占次男居銘年二十未婚而銘殀女聞信痛哭絕粒剪髮自誓身更縞素親往奠殯乘間覓死公姑慰之遂留養衣粗食淡紡

績以佐晨夕膳公姑先後歿靡所依倚女仍還母家奉事父母父母沒喪塟俱如禮現年五十五歲乾隆五十二年建坊

王廷佩妻史氏年二十三廷佩歿無子氏哀痛絕粒閉門自縊母氏覺破壁入救得不死奉舅姑備得歡心公姑歿竭力營喪塟撫運翁爲嗣列成均現年六十歲現已請

儒童孫祚洽妻黃氏年二十適孫生一子甫二年夫歿
氏矢志守節繼姑童老病臥床七載氏日夕扶持不
稍懈撫子廷樞成立乾隆五十年學使王懿修予以
柏節松齡匾額現年七十有五
李君諟妻汪氏年十八舅姑早逝夫亦繼歿勤儉持家
擇繼胞姪文讀爲嗣撫養成立現在請
旌
監生李可棟妻童氏年二十四廩生童超羣之第三女
夫歿事舅姑盡孝撫養二子均經成立現在請

旌
蕭徵文妻李氏李明璵之室女年二十五夫歿氏欲殉
同穴勸幾死復甦紡績不倦事舅姑盡孝二子而歿
復撫養嗣孫俊偉並曾孫咏均經成立乾隆四年
旌表建坊
陳順道之妻涂氏陳由道之妻李氏俱賦柏舟咸盡孝
養明末兆於冦至二人棄子扶姑胡氏而逃蹶步難
前姑思老朽一軀何忍累及二媳乘媳倦鮮自縊死
之媳皆隨縊而亡里隣憐其節孝歛其三屍而瘞之

吳岳之妻朱氏年甫二十四岳卒氷雪清操事姑陳氏
孝著値明末之亂流冦將近陳氏自揣累媳驀投於
井朱氏隨覺棄子廷朝於道亦投井死里人知爲節
孝井至今石封不敢啓
汪延岳之妻易氏乃易學富之長女事姑屈氏極孝年
甫二十六夫故哀號求死誓不苟生其母易陳氏乃
陳士勳之女也甚賢而能勸以養姑撫孤爲至孝死
之何益遂矢志柏舟極盡孝養撫子于全于會成立
亦盡孝養族憐嘉其節孝現在請

黃岡縣志卷之十四

知黃州府事王勍 鑒彙輯 楷裁訂　知黃岡縣事陳文樞 蔡韶清 全編 王鳳儀

藝文志一

古文上

夫文所以明道理備故實勵風教也故凡簡籍所載故老遺聞以及殘碑斷簡皆可愛惜而傳之其無關於方域人事者不必備也

綸音

世祖章皇帝勅大學士傅以漸日講官曹本榮

朕覽易經一書義精而用溥範圍天地萬物之理自魏王弼唐孔穎達有注與正義宋程頤有傳朱熹本義出學者宗之明永樂間命儒臣合元以前諸儒之説彙爲大全皆於易理多所發明但其中同異互存不無繁而可刪華而寡要且迄今幾三百年儒生學士發揮經義者亦不乏人當並加採擇折衷諸論簡切洞達輯成一編昭示來茲爾等殫心研究融會貫通析理精深敷詞顯易務約而能該詳而不複使義經與旨炳若日星以稱朕闡明四聖作述至意欽哉故勅

世祖章皇帝諭祭東鄉知縣汪基遠文

皇帝遣黃州府堂上官知府王偉諭祭於故東鄉知縣今贈江西按察使司僉事汪基遠之靈曰爾試宰東鄉剋勤撫字方資保障遽罹賊氛抗節不回殞身城社可謂烈矣所司上聞良用憫悼緣賜祭一壇造墳安葬爾靈不昧尚克承之

聖祖仁皇帝諭祭署守備管游擊事劉志高殉難文

康熙十五年季秋月二十日

皇帝遣湖廣湖北承宣布政使司經歷成試詮諭祭署守備管游擊事陣亡劉志高之靈曰勒躬盡瘁臣子之芳蹤䘏死報功國家之盛典爾劉志高賦性忠直國爾忘身禦敵衝鋒奮勇陣没朕用悼焉特頒祭葬以慰幽魂爾如有知尚克歆饗

前代誥勅

宋

以右監門衛大將軍趙仲郃爲黃州刺史封齊安郡公誥　韓維

朕按屬籍以觀祖宗之世而陳□土之後獨微顧其位不章顯朕甚憫之以爾具官仲郃孝友惇謹善守法度爰命褒

蹤以爲厥慶刺史重任也郡公高爵也逕領紹建茲謂顯休噫惟務學可以正己惟率禮可以保位汝其懋哉

明

賜吏部尚書詹同以翰林學士致仕勅

朕起布衣提三尺劍總率六師以拯民艱延攬英雄以圖至治凡二紀於茲曩者親征武昌平城之日爾同以文學之美從朕同游歷後任博士起居注學士皆舉其職又長吏部甄人才之賢否審職任之輕重咸得其宜今年雖已邁猶輸誠效謀迄無少怠可賢也已朕不忍以爾耄年服

黃岡縣志　卷之十四　古文上　三

役奔走特命以翰林學士致仕爾惟欽哉

賜吏部尚書吳琳誥

惟古帝王之治天下在於得人才然人才實由於銓選朕所以於吏部之職必擇器識公明者居之爾琳學術既醇踐歷尤正事朕由博士陞僉憲克振風紀及貳憲臺國課以游俾居記注獻納爲多茲用陞長天官以掌銓衡之重爾其量材而授官計功而考能使賢愚有別而黜陟合宜庶克稱朕爲官擇人之意

諭祭贈參議吳世亮文

皇帝遣黃州府堂上官知府葉坰遠諭祭福建延平府同知贈參議吳世亮爾發身科甲才器有聞歷職曹郎出佐閩郡署篆臨封倭夷入寇爾登城戰守誓與存亡兵力不支遂罹鋒鏑守臣上奏良用悼傷念爾死綏晉官蕃秩並加祭葬以示卹恩爾靈有知尚其歆慰

贈刑部尚書王廷贈太子少保誥

大臣樹績偕年垂聲異世雖加恩卹猶晉官聯匪直旌祇服之崇亦以示勤勞之勸爾原任刑部尚書王廷賦性資沉毅才識通敏由制科起家郡冠烏臺妙簡早蜚聲績

黃岡縣志　卷之十四　古文上　四

之聲歷卿寺洊登藩臬羔羊之節彰聞開府佐計河漕司寇陪京克佐協中之化遺榮田里衆推難繼之風後先視爲典刑柱臺望騰薦剡賜環非遠捐館遽聞宜霈殊恩用酬在勤茲特贈爾爲太子少保錫之誥命於戲昔之進而宜歆秩省今之沒而晉秩春宮是惟優渥之恩永作泉臺之賁

賜工科左給事中邱岳勅

國家倣古諫議之職分設六科慎簡才賢寘諸近列資其獻納之猷冀底[illegible]言之績厥惟重矣非端慎明允練國事

而識治體者烏能勝斯任乎爾工科左給事中邱岳清慎勵於特操敏達優於敷政昔居劇邑夙著賢聲繼陟諫垣益隆譽問盤書奏最亟用嘉焉茲特晉爾階徵仕郎錫之勅命以爲爾榮夫古人不慕專城之柄符竹之榮而願出入禁闥者爲其身依清近而雅言易聞也爾尚以古之賢臣自期勵志儒猷拾遺補闕用裨治化之成無負掄授之意其爾尚亦有顯秩矣欽哉

表

唐

黃州刺史謝上表　杜牧

臣某言臣奉某月日勅旨自某官授臣黃州刺史以某月日到任上訖臣某誠惶誠恐頓首頓首臣自出身以來任職使府雖有官業不親治人及登朝二任皆參臺閣優游無事止奉朝謁今者蒙恩擢授刺史專斷刑罰施行詔條政之善惡惟臣所繫素不更練兼之愚昧一自到任憂惕不勝動作舉止唯恐罪悔伏以黃州在大江之側雲夢澤南古有夷風今盡華俗戶不滿二萬稅錢纔三萬貫風俗謹樸法令明具久無水旱疾疫人業不耗謹奉貢賦不爲罪惡臣雖不肖亦能守之然臣觀東漢光武明帝俱爲明主不信德教專任刑名二主相繼亦五十年當時以深刻刺舉競爲稱職治古之風廢俗吏之課高於此時循吏衛颯任延王景秦彭劉寬陳寵之徒止一縣宰獨能不循時俗自行教化惟德是務愛人如子廢鞭笞責削之文用忠恕撫字之道百里之內勸生古風凡遵此者時謂古非今王者公侯尚難其事豈一縣宰能移其俗此蓋人爲治古之人法爲一時之法以治古之教教之即治古之人以一時之法齊之即一時之人國家自有天下以來二百三十

餘年間專用仁恕無復刑罰是以內難外難作者相繼土地甲兵權柄號令蓋非我有終能擒之此實恩澤慈愛入人骨髓俗厚風古不可動搖今自陛下即位以來重罪不殺小過不問普天之下蠢蠢之類有罪黥亢一皆存恤聖明睿哲廣大慈恕遠僻隱匿無不獲受十四聖之生育張二百四十年之基宇臣於此際爲吏長人敢不遵行國風彰揚王化小大之獄必以情恕孤獨鰥寡必躬問撫庶使一州之人知上有仁聖天子所遣刺史不爲虛受蒸其和風感其歡心庶爲瑞爲祥爲歌爲詠以裨盛業流乎無

躬在臣心之則然豈材術之能及無任感激惆懇血誠之至謹奏

宋

黃州謝上表　王禹偁

乍離近侍猶忝專城術省尤違彌深感泣伏以黃州地連雲夢城倚大江唐時版籍二萬家稅錢三萬貫今人戶不滿一萬稅錢止及六千雖久樂昇平尚未臻富庶永言養活亦藉循良如臣庸愚曷副憂寄謹當勤求人瘼遵奉詔條窒塞嚚訟之民束縛憸猾之吏敢言課最庶免曠遺況

當求理之朝必爲無言之政伏念臣叨司帝誥久歷周星既不曾上殿求見天顏又不曾拜章論列時事入直則閉閤待制退朝則杜門著書雖毎日起居實經年抱疾不敢求假恐煩醫官自後忝預史臣同修實錄晝夜不捨寢食殆忘已盡建隆四年見成一十七卷雖然未經進御自謂小有可觀忽坐流言不容絕筆夫讒謗之口聖賢難逃周公爲鴟鴞之詩仲尼有桓魋之歎蓋行高於人則人所忌名出於衆則衆所排自古及今鮮不如此伏望皇帝陛下雷霆震怒日月迴光鑒曾參之殺人詆寬投杼察顏回之盜跖或出如簧未令君子之道消惟賴聖人之在上況臣孤貧無援文雅修身不省附離權臣祇是遭逢先帝但以心無苟合性昧隨時出一言不愧於神明議一事必歸於正直慍於羣小誠有謗詞謀及卿士豈無公論以至兩朝掌誥四任詞臣紫垣最忝於舊人白首不離於郎署以微臣之行已遇陛下之至公久當辯明未敢伸理今則十國千里長淮一隅雖云守土之榮未免謫居之嘆霜摧風敗芝蘭之性終香日遠天高葵藿之心未死仰望旒扆不勝涕洟

到黃州謝表　蘇軾

臣軾言去歲十二月二十九日準勑責授臣檢校尚書水部員外郎充黃州團練副使本州安置不得簽書公事臣已於今月一日到本所訖者狂愚冒犯固有常刑仁聖矜憐特從輕典赦其必死許以自新祇服訓辭惟知感涕中謝伏念臣早緣科第誤忝縉紳親逢睿哲之興遂有功名之意亦嘗召對便殿考其所學之言試守三州觀其所行之實而臣用意過當日趨於迷賦命衰窮天奪其魄叛違義理辜負恩私茫如醉夢之中不知言語之出雖至仁屢

蔽而衆議不容案罪責情固宜伏斧鑕於兩觀推恩屈法猶當禦魑魅於三危豈謂尚玷散員更叨善地投畀磨麗之野保全樗櫟之生臣雖至愚豈不知幸此蓋伏遇皇帝陛下德刑並用善惡兼容欲使法行而知恩是用小懲而大戒天地能覆載之而不能容之於度外父母能生育之而不能出之於死中伏惟此恩何以爲報惟當疏食沒齒杜門思愆深悟積年之非永爲多士之戒貪戀聖世不敢殺身庶幾餘生未爲棄物若獲盡力鞭箠之下必將捐軀矢石之間指天誓心有死無易

代倉部知黃州謝表　　呂祖謙

提邊符而乘障愧非禦侮之材佩郡紱以長民莫稱承流之寄撫躬跼蹐涖事凌兢中謝竊以羣萬國之輿圖大一王之統御地分遠邇之別政有先後之差繄牧守必得夫循良則羣黎庶底乎康乂睠惟小壘介於長淮雖事簡而俗醇實望輕而責重登覽故跡多名勝嘯咏之餘參考前聞亦豪傑騁馳之舊肆求其理必脩異能如臣者樸拙孤蹤凋殘遺族冥心造化已絶意於紫青屈首簡書第研精於朱墨偶濫塵於論薦遂誤畀於藩宣自揣庸虛難爲稱

聖武蓋伏遇皇帝陛下錫天勇智受命溥將日月光華在照臨之下乾坤高厚咸歸覆燾之中凡茲銅虎之司尤謹玉關之戍曾何疏賤亦預選掄臣敢不宣布詔條輯寧閭里挈缾守器誓力保於封陲毀冠畫墁敢坐縻於廩祿

國朝

進易經表　順治十五年冬十月

經筵日講官左春坊左庶子兼內翰林祕書院侍讀加一級臣曹本榮恭承
勅諭纂修易經今已成書謹奉

表上
進者臣本榮誠惶誠恐稽首頓首上言伏以六經皆治世之書作述既垂於往哲一畫最先天之秘表章尤貴乎
熙朝唯其妙貫天人是用精探幽邈業資四聖實造化之元關道綜羣儒殆源流之奧府聖人以之開物成務學者以之致遠鉤深包羅天地之神奇囊括陰陽之變態於吉凶悔吝之理洞若秋毫知進退存亡之幾捷於桴鼓遠則六合之外近在一身之中天道遠而

無不可明人事紛而悉有可據顧前人窮理盡性原
聰明揭朗鏡而行奈後學觀象玩占每悵悵同幽室
之步茍非博采章句擇摭義疏會異旨於同原立片
言以居要卽枝葉而究其根柢棄糟粕而尋彼淵微
何以使大義炳於日星深著乎性命之理求學升其
堂奧不疑爲一筵之資然則讎校繆譌貫穿同異必
有待於乘六御天之主始足垂爲函三得道之書則
專欽仰
今日矣茲蓋伏遇

皇帝陛下
通德類情
顯仁藏用
中正觀天下皇哉
天子之龍飛
和平感大心允矣
大人之虎變
乙夜之觀萬卷奎壁宏開二酉之格
兩階海山效順煥大文於經天緯地知

帝王之絕異儒生彙衆理於諸子百家陋古后之專言圖
讖凡屬先民正學悉垂
昭代鴻編況大易之全書尤六經之奥旨儒者研磔而
莫究柱飛露於華箋博士皓首以難窮還叢芸於渠
閣卽考詁疏於王孔未續微言幸遵傳義於程朱如
窺貞際猶恐百家爭喙或多榛蕪之識兼之俗說流
傳不少豕魚之誤用是涣啓
宸聰俾之修輯成書撮要删繁博選諸家之箋詁要終原
始獨探至理之要歸固將沿流以遡源抑且得一而

貫萬雖書不盡言言不盡意參語當在文字之先而
因經成傳因傳成文啓蒙不出詮解之外誠一代尊
經之表的更大道接續之微幾也臣學愧宣儒才慚
都講管窺蠡測未悉理數之兩家薪盡火傳寧識南
北之二派祇以恭承
勅命俯竭顓愚考訂不厭其再三舛訛或除其一二仰資
睿鑒乃乖金石而不磨允協
昌期如覩龍馬之復出伏願
天行時健

盛德日新寔上有教思容保之功在下有遷善改過之實君子之道日長聖人之教常新大啓儒宗用繼淵源於周孔丕躋治化獲返醇問於義皇臣無任瞻

天仰

聖激切屏營之至謹奉

表上

進以

聞

疏

宋

請修城疏　王禹偁

伏以體國經野王者保邦之制也易曰王公設險以守其國自五季亂離各據城壘豆分瓜剖七十餘年太祖太宗削平僭僞天下一家當時議者乃令江淮諸郡毀城隍收兵甲徹武備者二十餘年書生領州大郡給二十人小郡減五人以充常從號曰長吏實同旅人名爲郡城蕩若平地雖則尊京師而抑郡縣爲强幹弱枝之術亦匪得其中道也臣比在滁州值發兵挽漕關城無人守禦止以白直代主開閉城池頽圮鎧仗不完及徙維揚稱爲重鎮乃與滁州無異嘗出鎧甲三十副與巡警使臣彀弩張弓十損四五蓋不敢擅有修治上下因循遂至於此今黄州城雖器甲復不及滁揚萬一水旱爲災盜賊竊發雖思禦備何以枝梧蓋太祖削諸侯跋扈之勢太宗杜僭僞覬望之心不得不爾其如設法救世久則弊生救弊之道在乎從宜疾若轉規固不可膠柱而鼓瑟也今江淮諸州大患有三城池墮圮一也兵仗不完二也軍不服習三也濮賊之興慢防可見望陛下特紆宸斷許江淮諸郡酌民戸衆寡城

池大小並置守捉軍士多不過五百人閱習弓劍然後漸葺城壁繕完甲冑則郡國有禦侮之備長吏免剽略之虞矣

明

寶應越河成請河名疏　萬曆十三年六月初十日　王廷瞻

寶應地方澤國委流汜光一湖尤居窪下上接淮泗長合七十二山之水下通與鹽新興伍祐等場之疆由射陽湖穿廟灣東注於海地勢沮洳素稱險阻國初宣德間平江伯陳瑄築堤於湖之東蓄水以爲運道上有所受下無所

宣一綫之堤當萬頃之衝是以決爲八淺灘爲六灘與鹽
田廬盡蕩俱被淹沒而糧運往來至不可以舟近來高堤
既築足禦伏秋之漲而惟東南從閘家橋漫入則橫流由
馬湖而直射寶應亦勢所必至也矧其東西相望浩森無
涯洪濤洶湧不時常作加以西風號起洶湧掀空蕩擊石
堤糧艘舟楫人人不能必命而葬之魚腹中者無月無之
無論其遠如萬歷十年間一日而溺者千餘人即萬歷十
二年間糧船沉溺者數十隻漂沒糧至七八千石殊爲
運道之梗遠近之民談此湖不寒而慄凡東南財賦轉輸

以充軍國之需命脈所係豈容哽噎若此臣仰遵廟畫殫
力經營夫役用銀募招未嘗派擾里甲木石差官採買亦
不干及有司雖匆亟之令屢申而胼胝之趨益勵興工甫
及八月用費猶有餘銀兩堤並築五閘屹然數十里之湖
患屏之藩維千百萬之生靈盡居衽席且舊堤有重閘之
險永無潰決之虞不唯行旅藉之以爲安而又居民恃之
以無恐萬口歡呼咸稱不朽再照先年高郵越河閘成得
蒙欽定河名康濟近年淮安新河開成亦蒙欽定河名永
濟今寶應越河視之二河尤爲緊要自此而南由高儀以

達於江自此而北由淮浦以出於河實爲運道咽喉第一
之關利害懸殊事體更重伏乞皇上特賜佳名以光萬世
無疆之業　部覆奉旨是河名與做宏濟

請起用樊侍御疏　陳邦瞻

直臣久戍瘴鄉徼遵恩詔請乞赦還錄用事戍官樊玉衡
孤忠天植小臣抱廟社之深憂浩氣雲蒸讜議關儲君之
大計雖一時絲聽直忤主而究竟以血誠回天當時之早
建元良今日之快瞻聖主縱未必皆其强諍之功亦不可
謂無一激之力而乃以諫行言聽之臣使終老於雷陽荒

徼之境亮亦天王聖明所不忍也況名[illegible][illegible]錄屢奉恩綸
豈諸臣可紓朱委珮於班行而玉衡猶未[illegible][illegible]入玉門關
乎所宜即日赦還亟爲起用以爲批鱗折[illegible][illegible]勸也

乞致仕疏　樊玉衡

爲聖恩高厚難報愚臣止足宜知謹瀝血陳情伏乞俯准
致仕以安愚分以全晚節事臣仕無中人之助言有狂直
之辜風霜五六千里瘴癘二十四季中經皇太后東宮兩
赦不得開伍先臣前興隆衛教授煒疾終不得與諸弟侍
湯藥老妻長子繼沒亦復半年得問臣荷戈卑濕之鄉屢

遭悲惋之事摧傷五內遂染風痺調攝逾年始復初體臣幸得及見休明拭目而觀太平之業又幸以前建白微勞得比覃恩起廢諸臣除授今職文憑到時值臣在疚徂夏具疏謝恩辭任至秋得報已蒙俞旨雖嘉其言而未許休其職時以部堂正官未到意俟春暖抵任申繳乞休不圖獻歲之朝稽首北祝之後拜奠家廟感慕先人夙疾頓發遂歷三時朝夕藥餌雖神明無損而筋力已衰囘思臣今所授之官不容坐論方將明罰勅法省獄慮囚雖在留都罔敢暇逸陛下以濬哲臨朝諸臣以明作就列而臣當過

七望八之年抱痾盡災生之恐即列擁帶之儔尚有懸車之限況於山林痼疾麋鹿同遊久別簪紳不堪軒冕者乎臣前者自揣疏野上負聖明曾於辭疏之中稍及時事雖語無足擇而報下公車愚臣荒耄之言何幸得瀆聖聽臣始以言謫雖被謫而言終見錄竟能開皇考三旬之治與陛下萬禩之休雖日臣二十四載樂魍魅於廣南猶之班鵷鷺於闕下也今臣荷陛下起用洪恩循省微軀莫能宣力故於前疏復陳十事辛蒙嘉納臣自維衰朽之餘得不棄斥已云福矣敢辱白雲之司於桑榆之景恐人將指臣曰是以言爲市而老不知止者也伏祈察臣愚衷鑒臣哲志准臣致仕於家俾得與擊壤之民扶杖而覩德化之成以終其天年則聖朝佚老之仁自臣而先受之矣

請補楚中諡典疏　李若愚

爲易名一代大典褒德千秋盛事謹據會典特舉幽貞事臣竊惟世運剝復全繫人心人心邪正祇賴名教人心者匡復宇宙之具諡法者春秋義也大夫沒則請所以易其名者其制昉於周公而定於沈約杜預蘓洵諸名臣或以全德名或以一事名貞福惠謬正不妨褒刺並見夫法有

賞罰一時之榮辱也諡有貞醜萬世之榮辱也一時之榮辱甚輕萬世之榮辱甚重我國家鄭重其議五年一舉行綦嚴矣然議者多拘攣守文不從名教起念高賢湮沒不傳者比比而是往徐師曾建議止覈人品高下不拘官品泉壤始稍稍生色矣大明會典一欵實云官品未高勤事死義例得特諡臣考本朝以四品諡者曾文恪是也以知縣諡者鄧文簡是也鍾同以御史贈大理丞諡矣楊繼盛以員外贈太常卿諡矣何遵以主事贈尚寶卿諡矣陳選以布政贈光祿卿諡矣沈鍊以經歷贈光祿少卿諡矣近

議鄒智以州吏目補謚矣楊源以五官監補謚矣何得以官品高下而廢勸懲大典也近奉明旨咨訪謚冊發單會議臣楚人也例得言其鄉先正頃如楊漣首發逆謀精忠大節已蒙皇上鑒錄先是給事中李沂抗疏擊大璫杖闕下給事中孟養浩抗疏請冊立杖闕下一段義烈俱載萬歷實錄中乘禮諸臣能任之惟據臣所耳而目之可表可傳者楚有三大賢公論久定祇以官爵未顯議者闕焉臣敢摭亦以聞故戶部員外郎漢川張緒清操苦節胡威劉漁一流人而風節不減薛仁輔惠政不減陸九淵緒夙與

張居正友及柄政不少遜始終以忠告相匡其力拒故人巡撫一語至今在海內名人口居然孫覺錢顗矣林居二十年孜孜以講明正學成就人才爲急遠近謂程明道再見晚節上疏乞代師李材死中外義之跡其一二正足廉頑立懦史臣焦竑傳之以告四方而幽芳徒把嘉名未錫識者恨之故崑山縣知縣黄岡樊玉衝爲諸生便有徐穉非力不食梁鴻不肯因人熱風節起家兩劇邑家無石儲身無完衣苦節孤詣一肖其師張緒九年滿以吏禮兵啓事皆不報父病乞身歸竟以孝死學臣董其昌表曰孝介

先生銓臣王士騏誌其墓禮臣郭正域紀其傳至今薊邑尸祝之種種芳猷鄒志完陳瑩中不是過也公議已僉同矣而以官卑不爲請不有知縣鄧文簡例歟故長興縣知縣贈太僕少卿黄梅石有恒清操卓識有膽有骨爲令發奸摘伏澡身礪節治平爲兩浙最壬戌偵知葉朗生謀逆聞於撫臣得先發一日擒其魁請於朝立磔之不爾則吳越半壁皆震矣逆黨乘元旦拜萬壽禮突執有恒以報前憤欲因而起兵且逼奪其城印有恒曰有斷頭將軍無降將軍殺即殺耳朝廷倉庫城池不是我買命物也遂遇害

中外咸謂張巡許遠後身今世何得有此社稷臣蒙上贈已恤矣而易名大典方在會議臣有恒友也應爲之請自反此心可對君父臣不愧矣皇上若以臣爲鄉言請徵諸左驗張緒仕留都日久大節清風今留都人仕中朝者余大成方孔炤等可訪而証也樊玉衝歷中州三吳治蹟最著今三吳中州京朝官多矣劉可法顧錫疇等可訪而証也石有恒死節始末大司馬王治撫浙時嘗列其狀以聞現在朝端可訪而証也其可令此三臣者姓字不一耀於春秋也哉伏望皇上下該部一照會典從公咨議簪筆之

臣速定所以易其名者勿以官階不高而格之世教人心所補禆大矣

請文武一例殿試以尊主權以別真才以濟實用疏

甄淑

我朝之制武科舉于鄉拔于會選於兵部祖宗之法至善也但思文致治武勘亂古今兩重之在文固寬取於三途制科以三試而武獨略非立法之意有偏輕也蓋兵者凶事也談兵者雄心也在太平之世宜鎮之以靜故凶事不使之爭營而雄心不使之妄動聊設科以收之以存武之

一局以適少文者之用而已不似文科制度詳備合其人戶誦讀率土之濱莫不務爲亨途也此文則勸之修而武則示之以偃之隱意也今何時哉四方蠢爾處處兵興博衣大帶之儒不嗜仗鋭披堅之味即號曰大將偏禆亦不過平日之按籍而選循級而遷以充員數而已見猶之捕而遽責以獵奚能之皇上軫念封疆曾出榜招天下智勇而竟無一應且大小諸臣抱憂危之心亦莫不各舉所知而竟無當于用者非天不生才亦非艸澤有真才恐不效于上也品必受鑑而後妍媸辨木必受削而後曲直明人必觀察而後真僞定今六比武士天下英雄之萃拔矣與其出榜勤使汲汲不相知之人于不可得之數孰若乘其負劍抱策羣然而赴闕下而擇之而精鍊之爲便哉與其以無功之爵祿無窮之帑費飽有名無實之人冒上濫下磬之欲孰若宏吾網羅嚴吾明試行無私之登庸於無私之爵秩之爲公哉與其寄耳目于羣情施蒐求于影響孰若聚之廷下俟聖聰聖明親見親聽之爲確哉凡此入觳多士弓馬試矣策論試矣恐騎射之一或遺諸藝之全而尺幅之華難信韜鈐之實況掄武與掄文不同其膂力欲

强也技能欲精也年力欲壯也神情欲奮發也心膽欲忠也志量欲沉毅也才德欲智勇仁義信也眉宇骨幹欲超也此數者可於尺幅弓馬問悉之否臣讀皇上比照場例除頭項瑣屑不敢煩宸嚴而以策問而試之再以考選之法參酌其用待放榜之日暫令中試武舉以本等巾服謝本月末旬職方司查照各生履歷前數名如列單察訪會同九卿科道備細查核其單次分年貌勇力謀藝才德塡註簡明句語或二字三字四字十月十旬內該司投單諸生過堂諭令各陳所能先期演驗部臣閣臣商討揭進十

月之望皇上臨軒策問閣臣與兵部尚書提其銜分官讀卷一聽皇上欽點傳臚第一甲三名始擬僉書都司二甲三十名始擬守備三甲百餘名始擬鎮撫各出身職方司陞續遇缺補授定于三年内選完以免壅塞臣之膚見如此況總督鎮守廷推國家之舊典也大將廷遣皇上之新美也當武臣進用之始而儼然廷試豈不赫赫盛舉哉臣祖宗原無是法然于舊制加詳非于舊制有背也倘于百六十人中得五得十以濟目前實用而由是永行天下不復貴文賤武人皆童習而壯行之閭里健兒良家義士不

堪章句者莫不磨礪以圖一售而國家從此收武之效矣伏乞勅部轉行臣無任激切之至

請旌表祖母陶氏苦節及妹洪有奇妻牛氏疏　牛若麟

奏為聖世闡幽最切。祖母苦節堪憐。懇賜旌表。用慰孤貞。以廣皇仁。以隆孝治事。竊惟激勸表揚。朝廷馭下之禮制。忠孝節義。臣子立身之防維。有禮制而後有紀綱。有防維而後有風俗。此帝王鼓舞一世之大權也。我皇上自御極以來、凡攸關綱常名教。雖細必矜。無微不錄。一時大小臣工無不砥礪勸勉。以觀德化之成。而恐有負於堯舜之世。況奇行苦節。如臣祖母保遺可泣鬼神。矢志輒回天地。言之神愴。思之淚雨。能不嘔心灑血為我皇上陳之。臣祖父牛斗、承襲祖職、授黃州衛指揮同知、世沐國恩、捐軀莫報、乃以急公糧運、積瘁積勞而病且死、傷哉、於時祖母陶氏僅踰及笄、忽當異變、不但自計一死、即家人亦拚臣祖母勢不獨生、臣父牛拱極、孕腹中止兩月耳、一時倉皇涕泣莫知所為、獨臣曾祖母力解慰曰、汝產男耶。牛氏有祀。女耶。死未晚也。臣祖母少悟、每於風霆震怒之際、望空泣訴、

雖夜必興、曰、天不絕牛氏一脈。亦當轉女成男。俯地叩頭、聲聞於外、里人知之者、為之寒心、至期當產、臣祖母恐未必生男、陰備殯具、蓋前時之强恐自護者。實非真生。此際之從容就義者。誓在必死矣。幸而皇天俯憐、獲生臣父、家庭咸里、皆為加額感傷、至一週臣父佈痘、危險甚幾不可起、醫人觀之者、掉臂不顧、臣祖母搶地碎首、昏瀍復甦、次晨、臣父忽有起色、若神助、醫驚異之、痘已病脾、乳漿不能入口、臣父或一七一器、或并日一食、臣祖母亦一食再食而不能下咽也、臣父七歲求師、臣祖母訓誨愈切、辨色則

促之就館、暮歸則督課於臣祖父王前、背誦如流、始命就寢赴館後屬内戚之賢者往檄之、彷彿若家訓、未嘗不扑責而繼之以泣也。里中紳士、知臣祖母之賢、欲爲聯姻、而臣母陳氏、實與斯舉、臣祖母莫知所從、焚香告天曰、牛氏再傳之後。一綫之脉。全係諸此。願憐而明告之卜。臣母凡叶吉者三、遂定聘納采、及臣父成婚禮、臣母事臣祖母、備極孝養、臣祖母性剛烈、竟日整襟危坐、不輕笑語、治家清嚴、頗有古賢母自任、臣母侍立不敢少懈、命之坐、乃敢坐也、家雖食貧、歲不登、寧儉於飲食、而臣父師友之費、未嘗惜

焉、稍不給、即脱簪珥以爲供、至臣父欲襲祖職、時則無其資矣、旁求之親友、終無應者、臣祖母傾金五十兩、泣授臣父曰、汝父遺也。此與汝併相爲命。初念留此。正爲今日地。否則世職無由得襲矣。臣父泣而受之、始得襲受祖職、理學先臣耿定向題其堂額曰、千秋閒節、曰節覲撫遺。一時闔郡公舉、響應皆同、乃臣祖母猶謂臣父曰、婦人撫孤守節。是自家本分内事。何必令官府知道。是臣祖母尚不欲有生後之名。而臣愈不覺增生前之淚矣。傷哉。臣祖母也。臣痛之。猶不能言之。言之猶不能盡之也。計臣祖母苦節

四十年。而以積傺病終。其間奇窮異厄。酸辛備嘗。臣祖母卒而臣尚未生也。臣讀書祖母王前。一思及此。輙嗚咽不已。臣妹幼時恒問之。臣語以臣祖母苦節之故。後臣妹適臣妹壻洪有奇、踰年而早卒、臣妹求死再四、其姑勸諭之云、汝青年、自宜再適、何自苦、臣妹應之曰、此亦恒情。但恐死後無面見我祖母耳。遂痛哭益甚、血淚淋漓而死、臨終時語臣曰、可葬我于祖母之側矣。臣一痛幾至傷生。雖臣妹柏舟矢志。出自性成。實臣祖母之奇行苦節。默有以風之也。臣伏讀大明會典一款、凡民間孀婦三十以前夫亡、

至五十以後不改節者、旌表門閭、又查辛未刑科進士鞏焴爲母褚氏舉節建坊、壬戌禮科進士夏琳亨爲祖母夏侯氏生母石氏繼母王氏舉雙節、俱蒙恩允、臣事與例合、而臣祖母精誠感格。尤於苦節中爲人所難。臣妹牛氏仰承祖母之風。竟殉始終之義。血心不泯。至性難忘。臣是以反本呼天。特抒積痛。我皇上以孝治天下。闡揚之典。幽隱不遺。臣水木恩深。情難緘默。不控於我皇上之前而不忍安也。伏乞勅下禮部、轉行本處撫按衙門、照例旌表、不敢上煩國計、准臣備資、自行建坊、則九原之下。臣祖母率臣

媲相與申嵩祝於億萬斯年而臣此後犬馬之身盡瘁
而不能自已矣
國朝
進奏議疏　劉子壯
爲懇請力行以光
親政事臣草茅書生荷蒙
聖恩拔置詞垣三年以來日夜思維矢竭顓愚光贊
高厚及至今春我
皇上親政

恩詔上傳頻頒德意及內外諸臣先後奏疏見我
皇上所以進賢愛民布德除弊爲開代致治億萬年久遠
者悉且備矣率是行之雖唐虞三代可以漸臻而望
治之心猶有待者豈言之者已詳而行之尚未能斂
而奮也臣觀數日以來所降
德音諸臣所條便宜自臨朝講學執經侍班臺諫立仗以
及用人理財省刑寬斂諸大典者皆已具備無俟臣
言臣所請者惟祈
皇上勤御便殿日召院部大臣將向來頒行及題奏者勅

以力行其已施行者務在持久其未盡行者宜加敏
速務求至當則內外咸精心實事而天下咸被德澤
故不自揣冒昧謹錄
親政以來
恩詔
上諭及內外大小諸臣奏疏爲二卷進呈倘蒙賜翻譯得
登御覽將諸事件每朝臨問責以成效臣不勝幸甚
請罷湖口關復九江關疏　王澤宏
題爲湖口之設關甚險九江之舊關宜復請照成規收
稅以裕

國課以全商命事竊惟
朝家之有關所以權財與賦財賦之充足在鹽與關我
皇上頻頒蠲租之
詔屢減額外之徵數十年來農工商賈無不仰戴
皇恩固已淪肌浹髓矣乃有不費
內府之金錢不損
朝廷之額課
綸音一下各省歡呼則莫如湖口之仍歸九江關之爲善

也請爲我
皇上陳之。夫昔日之設關九江者，因上有龍開河、官牌夾，下有老鸛塘、白水港，俱可停泊多船，冬夏不涸，無波濤洶湧之危，輸將甚便。此誠
國利民，經久不易之善地也。後以江西東下，亦應納稅，暫移湖口，此一時權宜之計耳。初未計及湖口一縣地處下流，乃江湖兩水交會之衝，又有上下鐘山巉巖峭壁插入江中，既已設關，遂成商船納稅必泊之地。止有虹橋一港，水漲之時，大船僅容數號，小船僅

容數十隻，倘水涸，船多不得已盡泊江外，大風暴起，巨浪滔天，欲求入口而不得，欲求渡關而不能，故其患不可勝言。此湖口斷斷不宜設關之明效也。或謂自江西出湖以下江南，自江南入湖以上江西，恐有漏稅之弊。不知九江一關，征船而不征貨，丈尺已定，稅無可匿。臣查大姑塘去九江四十里，在湖口之內，舊係泊船之地，應聽部司委員在彼收稅，彙繳關庫，以給票爲憑。至各省出湖船隻，大姑塘收稅者，九江驗票放行，各省進湖船隻，在九江納稅者，在大姑塘

驗票放行，則兩處自無漏稅之虞矣。年來風濤時起，沉溺疊見，商情以積久而不得伸，差員以時暫而不敢請，此臣所以不得不代爲請命也。倘荷
允行，則往來舟楫無傾覆之虞，東西商賈無漂没之苦，既於額設
國課一無所虧，又於貿易民生皆得其便，乃經久無弊之良圖也。臣本楚人，九江湖口皆臣久居，故於情形甚悉。伏乞
敕部詳加酌復，務審稅課之盈虛，查風濤之險易，考人心

之向背。一經改正，庶船多稅足，商悅民安，無不仰頌
覆載之恩，同於天地矣。緣係條陳事宜，字多踰格，貼黃難盡，未敢另繕。如果臣言可採，伏乞
皇上俯賜施行。

請通行常平倉法疏　鄭昱

題爲積貯之成效，既以藏富於民，北直之變通，亟宜廣諸各省，仰祈
睿斷，迅賜施行事。竊惟國以民爲本，民以食爲天，民安而
國運昌隆，食足而民生樂利，此古今不易之定理也。

臣辦事垣中見戶部覆直隸撫臣郭世隆爲
聖心之愛民甚切米穀之久積宜酌亟請變通以濟實用
事一疏內稱應如該撫題請各州縣所存米石加謹
收貯以備賑濟其餘米穀平價糶賣秋收照數糴買
還倉仍將賣買過銀米價值數目造具清冊報部查
核等因具
題奉有
俞旨欽遵在案將見直隸之積貯即足直隸之民食穀貴
而不致傷民穀賤而不致傷農年凶則有備無患年豐則

出陳易新此真常平倉之善制也臣請得而推廣之
竊思直隸而外各省俱報有積穀之數但聞有捐輸
之例存貯米穀無邑無之但未奉部文不敢擅動耳
查各省昨年豐熟者固多而饑荒者間有如河南山
陝江淮等處內有
奏報發賑者有請停漕糧者是目下青黃不接之形與
直隸同然也至於湖廣江西素號米穀之鄉臣楚人
也三年前讀禮家居每至五六月傳聞穀價不昂而
民多乏食豐年猶然況薄收乎是目下青黃不接之

狀亦與直隸同然也他如閩越川廣雲貴等省雖豐
歉不齊要之五六月間新禾在畝舊穀已罄皆青黃
不接之時亦與直隸有同然也夫積穀原以爲民也
穀積而無濟於民食其謂之何仰祈我
皇上迅飭部議凡各省積貯捐輸米穀行令各撫臣酌量
州縣之大小詳查存積之多寡應留若干米穀以備
饑荒其餘剩者俱於每年五六月照市價減糶所糶
銀兩仍於本年九十月糴買新穀還倉稍有羨餘存
爲修倉之用夫夏則舊穀必貴秋則新穀必賤穀貴

則量減而糶以利民穀賤則量增而糴以和農豐歲
則出所存之銀買穀以補倉而常使其有餘凶歲則
發原留之穀給賑以救荒而無使其不足更將賣買
價值動用銀米數目造冊報部查核買穀則驗實在
給賑則予開除民得通其緩急穀不至於紅朽如此
則常平倉之良法美意行之北直而效行之各省而
罔不效雖有水旱而天不能使之災斯誠萬世之計
而所謂議變通以濟實用足民食以安民生者莫亟乎
此也緣係推廣部議起見條陳字多逾格如果臣言

可採伏乞
睿鑒施行

策

國朝

殿試策　　　　劉子壯

臣對臣聞人君致治在力行不在多言人臣進言與其文毋寧過質今臣拜獻之始也又蒙
聖諭許以直陳要言而復以浮蔓之詞聲韻之體雖宏麗可采而且實或闕毋乃非所學而或幸
明問乎欽惟
皇帝陛下
道闢乾坤化包中外驅除亂逆奠安生民隆祀典以達孝廣試額以求賢能嚴衛以寧人去寺宦以謹始近且勤
召對以闢言路馳養馬挾弓之禁寬隱匿連坐之條凡寬大之政蓋亦漸已舉行四海被其風而仰其德矣然猶
聖不自聖下訪於愚豈以爲臣之言誠有當乎雖然處不諱之時而有所不盡非臣志也夫帝王以天下爲一家則滿漢皆一家也
朝廷雖無異視而百姓不能不異也即滿人漢人不能不相異也百姓之所以異視者何也邊防之外愚懦之民見一滿人則先驚之矣又有挾之爲重者以相恐其實滿人之與人未嘗不愛也處事未嘗不明也守法未嘗不堅也居身未嘗不廉也而小民須有畏怯之意雖其極有理之事嘗恐不能自直於其前則其勢不能以卒合而又時當變革之初民重其生是以雖有相愛之誠而不敢相信雖無相凌之意而先已自怯也此百姓之所爲異也滿漢之不能不相異者何也滿人有開剏之功其權不得不重滿人有勳勞之積其勢不得不隆漢人雖尊貴之位力固不敢相抗志固不能必行也其中自專者未免輕漢人爲善狡爲朋交其中自疑者未免懼滿人之多強之多執是以有懷而不能相喻有才而不得自盡也此滿漢之相爲異也今欲去其異而同之臣謂滿人尚質以文輔之漢人尚文以質輔之其以文輔之者設滿

學焉或如國子監或如敎習庠序使讀四書五經以通其理觀通鑑綱目以習其事限爲歲月以考之亦可以知奉敎之人卽爲他日奉法之人又可以察其才之所堪以爲選授之地其樸者敎之禮數以知謙讓通之而易以知義利同之好惡以達其意通之交遊以習其情日漸月積至於化而相忘矣其以貲輸之者凡在官以實事責之選授之公於所選之大槩舉多少知之錢穀之任於所掌之務出入淸愼知之司敎者於風俗美惡人才盛衰察之典戎者於民生

安擾盜賊平定察之監司以屬吏奉法舉劾當可爲考有司以土田開墾民人歸業爲課凡在民以實心責之如往來毋以其少文而畏其難近如事理毋以其嫉勝而懼其相使如貿易毋疑其貪狠而設爲欺冒如居處毋厭其鄙固而多所棄遠如是則習俗雖不同道德同之也音語雖未通氣類習之也意見雖偶殊義理達之也一文一質方將變通古今轉移造物而有何不化之畛域哉抑臣所祈者願復古日御便殿之制令大臣如唐虞君臣論道取內外章奏面相商謝諫官仍得於仗下封駁則上下情通滿漢道合中外權均宰輔不僅以奉行爲職卿貳不僅以署紙爲能則中心隱微皆可告語而海荒萬里如在目前此古和衷之休也又何遠近百姓之風不可同與至於地之多荒者逃亡多也民之好流者賦稅煩也
國家未嘗不寬恩而上之所放下復收之則民不感也
國家未嘗不定額而今之所減吏故益之則民不知也
古者理財以愛民爲先籍民以墾田爲實今欲足賦稅必先減之何則今田之開者不及十之五而賦不

可免則終不能應不能應則必有中飽於里甲零侵於差票而民益亡田益荒故不如察其荒者議蠲焉是上寬必不可得之賦以活民之生貲散可漸歸之民以厚國脈也若夫民之不能耕者官給牛種春以助之秋以收之焉又設常平之倉荒歲以備歉豐歲以備貸倣社倉之法察之以月報積穀司之以廉正鄉紳又訪古西北之水利或堰或防以時築洩東南之圍田如圩如沙因地修舉務在不擾民而利民則民知田之可種自能歸業民知賦之可供自能墾

田民益歸而農大起農大起而稅自足矣若夫盜之多有民之不靖則在亟廣寬大之政而已矣漢光武遣將每曰凡征討豈務多殺傷要在平定安集之耳裴度平淮西即以蔡人為牙兵或諫之度曰蔡人即吾人庸何疑故 臣 以為一在酌叛服之法也其求歸者或本於投誠或迫於兵力以恩待之使安其爵祿以信予之使保其身家則無有自疑而為叛者矣其未歸者或地遠阻化或迫挾相從宜別其首從毋及善良宜完其室家如多係累則將有相率而格心者矣一在弭禍亂之萌也

國家沛大恩令為兵者與為賊者悉許歸農而此輩不知感也彼其喜亂之資以掠劫為長技以焚淫為本業豈能退而修農桑之勞事商賈之謹哉其平居三五成羣慶厲鄉黨剽竊江湖聚匿山壑法有所及則望影而逃風有所聞則羣謀而起去之則無盡殺之理留之必求處置之宜 臣 請令所在揀其強者備為勁旅如古府衛之法什伍相制懦者率令屯田以時教閱居則有城守之功出則有禦侮之用上無養兵之費而下無夜呼之聲此亦杜萌之道也一在清釐成之源也小民經數亂之餘幸少安息無不欲守其田廬長其子孫然而守令不治則有重賦以迫之有雜役以困之將帥不治則兵未討賊而先虐民民未受賊而先受兵誠能慎有司之選嚴閫外之法則百姓能安其身奸猾何所藉以為用乎百姓不生其心叛逆何所指以為名乎此又端本之治也如是則執亂首而誅之是殺皆仁天下之心也取難民而釋之是宥皆定天下之術也而奚憂盜之不息民之不安耶自古開國祈命必在敬德和民故周以忠厚享年八百故 臣 以謂宜廣寬大之政也然而 臣 有

清問所未及不敢不直陳者夫二帝三王為古神聖功化之極然其治本於道道本於心故講學為明心之要修身為齊家治國平天下之本請

簡宰輔侍從先將大學正其句讀說明意義然後四書五經漸而進焉至於大學衍義尤為切要下手之書

經筵之餘仍將內外奏疏逐事講說印證經傳以敬為正心之功以誠意為復性之道以仁為成己成物之本

理明可以知人幾審可以斷變亨國僞萬年而臣民咸獲覆載無疆之澤將在茲乎臣草茅新進罔識
忌諱干冒
宸嚴不勝戰慄隕越之至臣謹對

啓

宋

黃州還回畢太守啓　蘇軾

五年嚴譴已甘魚鳥之鄉一旦生還復與縉紳之齒屢將通問輒復自疑方茲入境之初遽已誨音之辱披緘驚眩

撫已汗愧恭惟某官師帥斯民表儀多士道德冠黃之右宰鄙坐空風流王謝之階嘯歌自傳豈特居人之安堵固將遷客之志歸路轉湖陰谷聽風謠之美郵驛鈴下如聞謦欬之音贍詠實多敢宣問既

明

上直指擬赤壁賦啓　茅瑞徵

竊念某本習儒濫竽嚴邑叨戎幾銳情乎翰藻邇年竟奪志於鉛槧几席湖山漫盟赤僊之詛雷連魚鳥未諧與衆之懽非悔雕蟲實慚叨牧至如登高作賦尤為文苑所難北地詞宗曾向洞庭留什于麟哲匠止因錦帶名篇乃猶遜作者於前人況敢效顰和於下里受簡莫知所措操觚勉竭鈍思將補綴宮商庶竊比彈絲品竹豈提衡風月能巧模碧水丹山或大雅自不糜嚕咨旁收蠡測而曲學祇與譏蕪陋罔佐鴻裁唐突臺嚴省躬惶汗

國朝

賓興餞士啓　蔡韶清

恭惟諸賢秀孕文明星占德聚蓉自秋以懸鏡宮非月而勢羅挹江漢之波濤才堪濯錦採東南之竹箭志欲凌雲

賓適與乎玉筍班聯金勒駕將勸矣黃華香襯綠袍燈續九微羽飛三爵既篤笙簧之好用敷桃李之榮謹啓

書

晉

與西陽令孔德琰書　應璩

嘉麥正祥惟日未久不圖飛蝗一旦至止知恤燕庶念存艮苗親發赫斯爰整其旅駘背皓首奔走道路旌表曜日窴鼉雷動以此掃敵必將席捲況於微蟲能無驚駭卓茂治密魯恭在中牟時雖有災未若斯勤亦猶子賤鳴琴巫

焉出入勞逸有殊立功惟一重雲比興不降靈雨麗此二災憂心忡惙逐蝗之道敬聞命矣不審致禳將以何物

宋

黄州上文潞公書

蘇軾

軾再拜孟夏漸熱恭惟留守太尉執事臺候萬福承以元功正位兵府備物典册首冠三公雖曾孫之遇絶口不言而金縢之書因事自顯真古今之異事聖朝之光華也有自京師來轉錄所賜書教一通行草爛然使破甑弊帚復增九鼎之重軾始得罪倉皇出獄死生未分六親不相保

然私心所念不暇及他但顧平生所存名義至重不知今日所犯爲已見絶於聖賢不復得爲君子乎抑雖有罪不可赦而猶可改也伏念五六日至於旬時終莫能决輒復彊顔忍恥飾鄙陋之詞道疇昔之眷以卜於左右遽辱還答恩禮有加豈非察其無他而恕其不及亦如聖天子所以貸而不殺之意乎伏讀洒然知其不肖之軀未死之間猶可洗濯磨治復入於道德之場追申徒而謝子産也軾始就逮赴獄有一子稍長徒步相隨其餘守舍皆婦女幼稚至宿州御史符下就家取文書州郡望風遣吏發卒圍船搜取老幼幾怖死既去婦女恚駡曰是好著書書成何所得而怖我如此悉取燒之比事定重復尋理十亡其七八矣到黄州無所用心輒復覃思於易論語端居深念若有所得遂因先子之學作易傳九卷又自以意作論語説五卷窮苦多難壽命不可期恐此書一旦復淪没不傳意欲寫數本留人間念新以文字得罪人必以爲凶衰不祥之書莫肯收藏又自非一代偉人不足託以必傳者莫若獻之明公而易傳文多未有力裝寫獨致論語説五卷公退閒暇一爲讀之就使無足取亦足見其窮不忘道老而

能學也軾在徐州時見諸郡盜賊爲患而察其人多凶俠不逞因之以饑饉恐其憂不止於竊攘剽殺也輒草具其事上之會有旨移湖州而止家所藏書既多亡軼而此書本以爲故紙糊籠篋獨得不燒籠破見之不覺惘然如夢中事輒錄其本以獻軾廢逐至此豈敢復言天下事但惜此事粗有益於世既不復施行猶欲公知之此則宿昔之心掃除未盡者也公一讀訖即燒之而已黄州食物賤風土稍可安既未得去去亦無所歸必老於此拜見無期臨紙於邑惟冀以時爲國自重

與章子厚參政書

軾頓首再拜子厚參政諫議執事去歲吳興謂當再獲接奉不意倉卒就逮遂以至今卽日不審臺候何似軾自得罪以來不敢復與人事雖骨肉至親未肯有一字往來忽蒙賜書存問甚厚憂愛深切感嘆不可言也恭聞拜命與議大政士無賢不肖所共慶快然軾始見公長安則語相識云子厚奇偉絕世自是一代異人至於功名將相乃其餘事方是時應軾者皆憮然今日不獨為足下喜朝之得人亦自喜其言之不妄也軾所以得罪其過惡未易以一二數也平時唯子厚與子由極口見戒反覆甚苦而軾強狠自用不以為然及在囹圄中追悔無路謂必死矣不意聖主寬大復遣視息人間若不改者軾眞非人也來書所云若痛自追悔往咎淸時終不以一眚見廢此乃有才之人朝廷所惜如軾正復洗濯瑕垢刻磨朽鈍亦當安所施用但深自感悔一日百省庶幾天地之仁不念舊惡使保首領以從先大夫於九泉足矣軾昔年粗亦受知於聖主使少循理安分豈有今日追思所犯眞無義理與病狂之人蹈河入海者無異方其病作不自覺知亦窮命所迫似

有物使之及至狂定之日但有慚耳而公乃疑其再犯豈有此理哉然異時相識但過相稱譽以成吾過一旦有患難無復有相哀者唯子厚平居遺我以藥石及困急又有以收恤之眞與世俗異矣黃州僻陋多雨氣象昏昏也魚稻薪炭頗賤甚與窮者相宜然軾平生未嘗作活計子厚所知之俸入所得隨手輒盡而子由有七女債負山積賤累皆在渠處未知何日到此見寓僧舍布衣蔬食隨僧一餐差為簡便以此畏其到也窮達得喪粗了其理但祿廩相絕恐年載間遂有饑寒之憂不能不少念然俗所謂水到渠成至時亦必自有處置安能預為之愁煎乎初到一見太守自餘杜門不出閒居未免看書惟佛經以遣日不復近筆硯矣會見無期臨紙惘然冀千萬以時為國自重

與司馬温公

謫居窮陋如在井底杳不知京洛之耗不審邇日寢食何如某以愚昧獲罪咎自己招無足言者但波及左右為恨殊深雖高風偉度非此細故所能塵垢然某思之不啻芒背爾寓居去江無十步風濤煙雨曉夕百變江南諸山在几席下此幸未始有也雖有窘乏之憂顧亦布褐藜藿而

有物使及至狂定之出但有慚耳而公乃疑其再他豈有
此理哉然異時相識但遇相稱譽以成吾過一旦有患難
無復有相哀者唯子厚平居遺我以藥石及困急又蒞以
收恤之真與世俗異矣黃州僻陋多雨氣象昏昏也魚稻
薪炭頗賤甚與窮者相宜然軾平生未嘗作活計子厚所
知之俸入所得隨手輒盡而子由有七女債負山積賤累
皆在渠處未知何日到此見寓僧舍布衣蔬食隨僧一餐
差爲簡便以此畏其到也窮達得喪粗了其理但祿廩相
絕恐年載間遂有饑寒之憂不能不少念然俗所謂水到

今遇中復辱教感愧益甚比日履茲初寒起居何如軾寓
居粗遣但舍弟初到筠州即喪一女子而軾亦喪一老乳
母悼念未衰又得鄉信堂兄中舍九月中逝去異鄉衰病
觸目悽感念人命脆弱如此又承見喻中間得疾不輕且
喜復健吾儕漸衰不可復作少年調度當速用道書方士
之言厚自養鍊謫居無事頗窺其一二已借得本州天慶
觀道堂三間冬至後當入此室四十九日乃出自非廢放
安得就此太虛他日一爲仕宦所縻欲求四十九日閑豈
可復得耶當及今爲之但擇平時所謂簡要易行者日夜

賈耘老畫义錢

爲之寢食之外不治他事但滿此期根本立矣此後縱復
出從人事事已則心返自不能廢矣此書到日恐已不及
然亦不須用冬至也寄示詩文皆超然勝絕亹亹焉來逼
人矣如我輩亦不勞逼也太虛未免求祿仕方應舉求之
應舉不可必竊爲君謀宜多著書如所示論兵及盜賊等
數篇但似此得數十首當卓然有可用之實者不須及時
事也但旋作此書亦不可廢應舉此書若成聊復相示當
有知君者想喻此意也公擇近過此相聚數日說太虛不
離口莘老未嘗得書知未暇通問程公闢須其子履中哀

詞軾本自求作今豈可食言但得罪以來不復作文字自
持頗嚴若復一作則決壞藩牆今後仍復衮衮多言矣初
到黃廩入既絕人口不少私甚憂之但痛自節儉日用不
得過百五十每月朔便取四千五百錢斷爲三十塊掛屋
梁上平旦用畫叉挑取一塊即藏去叉仍以大竹筒別貯
用不盡者以待賓客此賈耘老法也度囊中尚可支一歲
有餘至時別作經畫水到渠成不須預慮以此胸中都無
一事所居對岸武昌山水佳絕有蜀人王生在邑中往往
爲風濤所隔不能即歸則王生能爲殺鷄炊黍至數日不

厭又有潘生者作酒店樊口棹小舟徑至店下村酒亦自
醇釅柑橘椑柿極多大芋長尺餘不減蜀中外縣米斗二
十有水路可致羊肉如北方豬牛麞鹿如土魚蟹不論錢
岐亭監酒胡定之載書萬卷隨行喜借人看黃州曹官數
人皆家善庖饌喜作會太虛視此數事吾事豈不既濟矣
乎欲與太虛言者無窮但紙盡耳展讀至此想見掀髯一
笑也子駿固吾所畏其子亦可喜曾與相見否此中有黃
岡少府張舜臣者其兄堯臣皆云與太虛相熟兒子每蒙
批問適會葬老乳母今匆匆作墳未暇拜書歲晚苦寒惟

萬萬自重李端叔一書託爲達之夜中微被酒書不成字
不罪不罪不宣軾再拜

答吳子野　蘇軾

每念李六丈之沒命人不復有處世意復一覽其詩爲涕
下也黃州風物可樂供家之物亦易致所居江上俯臨斷
岸几席之下風濤掀天對岸卽武昌諸山時時扁舟獨往
若子野北行能迂路一兩程卽可相見也

與陳季常

疊辱來貺且喜尊體已全康復然不受盡言遂欲閉公何
也公養生之效歲有成績今又示病彌月雖使皐陶聽之
未易平反公之養生正如小子之圓覺可謂害腳法師鸚
鵡禪五通氣毬黃門妾也至禱

答畢仲舉

軾啓奉別忽十餘年愚瞽頓仆不復自比於朋友不謂故
人尚爾記錄遠枉手教存問甚厚且審比來起居佳勝感
慰不可言羅山素號善地不應有瘴癘豈歲時適爾既無
所失亡而有得於齊寵辱忘得喪者是天相子也僕既以
任意直前不用長者所教以觸罪罟然禍福要不可推避

初不論巧拙也黃州濱江帶山旣適耳目之好而生事百
須亦不難致蚤寢晚起又不知所謂禍福果安在哉偶讀
戰國策見處士顏蠋之語晚食以當肉欣然而笑若蠋者
可謂巧於居貧者也菜羹菽黍差饑而食其味與八珍等
而旣飽之餘芻豢滿前惟恐其不持去也美惡在我何與
於物所云讀佛書及合藥救人二事以爲閒居之賜甚厚
佛書舊亦嘗看但闇塞不能通其妙獨時取其粗淺假說
以自洗濯若農夫之去草旋去旋生雖若無益然終愈於
不去也若世之君子所謂超然元語者僕不識也往時陳

豬肉美而可飽

述古好論禪自以爲至矣而鄙僕所言爲淺陋僕嘗語述古公之所談譬之飲食龍肉也而僕之所學猶豬肉也豬之與龍則有間矣然公終日說龍肉不如僕之食豬肉實美而真飽也不知君所得於佛書者果何耶爲出生死超三乘遂作佛乎抑尚與僕輩俯仰也學佛老者本期於靜而達靜似懶達似放學者或未至其所期而先得其所似不爲無害僕常以此自疑故亦以爲獻來書云處世得安穩無病粗衣飽飯不造寃業乃爲至足三復斯言感歎無窮世人所作舉足動念無非是業不必刑殺無罪取非其有然後爲寃業也無緣面論以當一笑而已

與參寥子

覺太虛題名皆予昔日游行處閉目想之了然可數始予與辯才别五年乃自徐州遷於湖至高郵見太虛參寥遂載與俱辯才聞予至欲扁舟相過以結夏未果太虛參寥又相與適越云秋盡當還而予倉卒去郡遂不復見明年予謫居黄州辯才參寥遣人致問且以題名相示時去中秋不十日秋潦方漲水面十里月出房心間風露浩然所居去江無十步獨與兒子邁棹小舟至赤壁西望武昌山谷喬木蒼然雲濤際天因錄以寄參寥使以示辯才有自至高郵者亦可錄以寄太虛也

與言上人　蘇軾

去歲吳興倉卒爲别至今耿耿謫居窮陋往還斷盡遠辱不遺尺書見及感怍殊深比日法體佳勝北翰愈精健詩必稱是不蒙見示何也雪齋清境發於夢想此間但有荒山大江脩竹古木每飲村酒醉後曳杖放脚不知遠近亦曠然天真與武林舊遊未易議優劣也何時會合一笑惟萬萬自愛

與李通叔　蘇軾

某啓久不奉書爲愧春物妍麗奉思無窮比日起居佳否中間蒙寄示雪堂篆字筆勢茂美足爲郊藪之光不即裁謝未見罪否會合未由萬萬以時自重不宜

與上官彝　蘇軾

和啟詩篇多寫洞庭君山景物讀之超然神往於彼矣見教作詩既才思拙陋又多難畏人不作一字者已三年矣所居臨大江望武昌諸大山咫尺時復葉舟縱遊其間風雨雪月陰晴早莫態狀千萬恨無一語略寫彷彿會面未

宙惟千萬以時珍重何時得美解當一過我耶

與潘彥明　蘇軾

東坡甚煩葺治乳媼墳亦蒙留意感戴不可言令子各計安費見想見頎然矣郭興宗舊疾必全平愈酒坊果如意否韓氏園亭曾與葺乎若果有亭榭佳者可以小圖示及當爲作名寫牌然非華事者則不足名也張醫博計安勝一場災患且喜無事風頗不少減否何親必安竹園復增葺否以上諸人各爲再三申意僕暫出苟祿耳終不久客塵間東坡不可令荒蕪終當作主與諸君遊如昔日也願遍致此意

與蘇黃州　秦觀

自聞被旨入都遠近讙傳莫知所謂遂扁舟渡江比至吳興見陳書記錢主簿具知本末之詳以先生之道仰不愧天俯不怍入內不愧心某雖至愚亦知無足憂者但虞道途頓滅起居飲食之失常是以西鄉悃悃有兒女子之懷殊不能自克也比聞行李已達蘄安燕居僧房水飲蔬食有以自適然後私所念慮一切具亡且知平時有望於先生者爲不謬矣彼區區所謂外物者又何足爲左右道哉本欲便至蘄安屬久離侍下未可遠適問道或在秋冬也惟親近藥餌方書以節宣和氣臨紙於悒不盡所懷又東人云蘇黃州雖不得書然昨蘇子由著作過此及南來士大夫且云在黃甚能自處了不以遷謫介意日但杜門蔬食誦經讀書而已昔之論者常患其才高太銳今日之事尤足以成其盛德也

明

與郭善甫書　王守仁

朱生至得手書備悉善甫相念之懇切苟心同志協工夫不懈雖隔千里不異几席又何必相與一堂之上而後快耶來書所問數節楊仁夫至適禪事方畢親友紛至未暇

細答然致知格物之說善甫已得其端緒但如此誦泳深厚諸如數說將沛然融釋有不俟於他人之言者矣荒歲道路多阻且不必遠涉須稍收穩然後乘興一來不縷縷

與郭桐岡　王廷陳

廷陳謹啟桐岡先生僕於左右輒有所薦幸君侯聽之客有居門下者施生雨泗上人也能琹琴琴能自合材質由膠漆徽軫以上不一假他手古今人所爲曲操彼誦之且是可絃輒譜而被之五音不爽能書書兼真行草八分又能虞搢能篆刻能雜畫數者雖未臻妙善然其品不下矣能

哭謳謳能爲疾響爲慢聲其疾也則激烈悲壯若劍客互擊瞋目而語難忽然爲慢則闡緩婉媚如孽膠病姬隱呻謹訴欲盡而不能予每傾耳而聽之未嘗不怪其宮徵之稍移歡戚之驟逮也其最奇者則於方寸之楮作小楷數千點畫不淆體裁各具於粒麻之上宛轉書之成五言詩一絶即有烱眸非極視專瞪數拭屢翕蕭而後張不可得其勞髴誠文固之絶伎生平之未覩也僕見古昔九奕庖削之流皆得專精於記籍亟贊於聞人此君子下逮之仁曲成之誼也况生所能乃儒術之支裔學士之旁暢乎即

其人跌宕負氣澹泊寡營羈控莫施踈逸近達雖無典學之績而妙性資之合雖在韋素之賤而縉紳佩之器雖被泥滓之跡而厲振刷之操雖寡儋石之儲而絶悒怨之色至於負俗之謗時時有之人不以病生生亦自謂不病也然則僕之禮之獨以其能哉僕於暇日於後二藝而令爲之知其非妄玆不敢蔽乃以所爲敬致記室一以明慧匠之未之一以證吾言之不虚我侯多材藝而好奇其於此予必有鑒賞矣

詒銓部諸老書　樊維城

職父當戊戌之春深計社稷靈長之慶不惜碎首殞命冒觸天威幸遇聖明寬仁放之嶺表此其忠鯁獨至誰人不知抑其辛苦備嘗誰人不憫且前後論戍有因詿誤者有因鑽窺者至於國本惟職父一人詔書云云定有以應此一款職思爲父孤忠吐氣靜俟休命無何亦蒙吏部列名奏請然所列者止姓名耳今八閲月矣職父既不言祿祿亦弗及豈諸老先生竟忘之耶夫以勞勛則職父剖臟以爭國本其疏具在似不可忘以困阨則職父白首瘴鄉流離忩載似不忍忘以恩澤則明詔特爲職父更宏一網似

不當忘况諸老先生舉親舉讐乃千古之遺直而職父一起一廢關盛世之典章此寧可漫以意行止者職海隅小吏初釋父書安知銓除大政忠而見錮必有其端獨自去秋引領望恩至於今日時接邸報凡詿誤觸犯諸臣咸蒙推援即未及者亦有一二疏中稱其才望何於職父寂爾無聞深可駭嘆假令職父向以他事去官不由貪酷亦得際遘覃恩閑居冠帶此朝廷禮士之仁縉紳自重之體也何况職父所言者國本所爲者君父以正直忠厚如諸老先生豈其重縉紳而輕君父耶盍試權之職父之宜急推

者從來之國典也其欲綬推者延日之銓事也其不容不授者萬世之公論也其竟不肯授者一時之私議也國典銓事一屈一伸孰大孰小職父盡忠原非有榮華之冀瘁癘風霜艱難險阻幸得再見天日職爲人子忝竊章綬縱未敢妄冀殊恩豈忍令不返初服乎職父年雖七旬筋力尚壯況意氣銷靡二十餘年精神歷練不復激烈能爲國家持大體豈遂無益時事而虛糜爵祿者但職父恥邀後福絶郵朝媒然亦不肯以進退未明之身受職馳典職不自揣奉職無狀敢以上請職父向爲臺官不敢望登卿寺

班於前者起用諸臣惟與職所引例亦應得復父職不煩銓曹設處但祈賓授一銜則於錄舊之典既全而於權時之誼亦無得矣

國朝

與熊次侯書

劉子壯

昨座上所言夜來思之過却此時別無機會蓋撫臺所題楚省兵餉每歲十七萬有奇而民間止供十一萬有奇其在餉兵者分文不可藏而取之民間者則有荒熟之異地水旱之異天完欠之異人催科撫字之異官在十一萬尚有三分之一不能全徵是楚省之餉欠至十餘萬矣即使能完亦欠六七萬無措處以此入告將望發帑金乎抑望各省協濟乎今內帑告匱是上無可發而江西之餉責之江南大河南北荒蕪遍地自支不能尚能及他乎計惟有清兵一着汰其冗者則兵不擾而餉無煩再增也近如敝鄉民間極苦屯兵婦子不得寧而雞犬無遺種其望兵之去不啻望歲矣爲司農計上之則盡徵以爲征湖南入廣西之用次之亦宜少減老弱無用以節損浮糜之費如謂地方纔定未宜輕議則敝府止留三五百精卒自足以彈

壓飛揚蘄州有道臺亦可不設兵爲守況前歲之亂全由蘄鎭兵丁凌辱士民蠶食紳富以致激成變亂是有兵更以生亂非能靖亂也度此時楚省之困已極新有功脩城工之旨則民間無可廣額藩司無處設處不知去無益之兵以損有用之食上不至於憂乏而下不至於重困也敢祈老年兄親詣大司農一商此事以惠困窮以拯軍國不勝幸甚今早期於衙門言之會年兄未來又恐一二日即司農覆奏遲不及事矣故不避倉卒草此奉聞

黃岡縣志卷之十五

知黃州府事錢鋆纂輯　王楷裁訂　知黃岡縣事陳文樞　蔡韶清　王鳳儀仝緝

藝文志　二

古文中

序

明

孝友堂詩序　李東陽

吏部驗封郎中黃岡王君濟舉進士爲南京戶部主事會今天子登極詔兩京文臣當被封命者悉予誥敕獲封其

父竹坡翁時曜如其官其勅命之詞有曰孝友躬行家居表式戶部尚書安陸孫公爲摘二字名其堂曰孝友之堂鄉大夫士傳之以及於予予唯孝友者弟子之道終身行之而不可易者也周命君陳曰惟孝友于兄弟克施有政孔子以爲是亦爲政又謂孝可移於君弟可移於長益家國一道處則敎焉仕則行焉不可以顯晦論也近世推恩之典贅將所應類皆有之若不以爲異者顧天子命六卿吏部統百官文選之所簡考功之所最驗封乃得而行之計時而後請量功而後授其有失者寡矣閭閻之行不能達於朝廷誥勅之詞多出於代言之手若亦不爲甚異者然天子任之詞臣詞臣據之吏部而又采之輿論彼此之相參下上之相信其有失者寡矣夫以子之貴而褒錫其親所以勸忠與孝得之者固以爲難若親親老老之恩出於朝廷及於臣下嘉期勝會無俟乎考績之時者其難尤甚然京朝臺省大抵亦皆其人除而考之其有失焉者亦寡矣予家本出長沙與黃州同省數百里而近聞湖南北稱王君若之賢謂其七八歲時連失怙恃鞠於庶母李氏恨弗逮養事李如母奉諸兄如事父然撫諸子皆如已

出無異歲積粟數千斛以應族人之用年豐則去息年凶則棄責置祀田一區以備蒸嘗祭掃之禮平生以勤儉起家寢至饒裕每戒子孫勿以奢僭廢業曰此所以保家而睦族也跡其言行皆出於倫理著於家庭勅命所褒殆非虛語濟方學古檢身不墮流俗以行藝爲吏部所簡至今言孝友之敎得於家者有素是其封也不爲幸而其美也不爲溢矣況今驗封所掌躬自爲之必將精覈允覆爲有職者勸且其勲業所就功利所被殆未可量又以見綏猷之責作師之道得於累朝聖天子作養振厲之餘者豈獨

於家教然哉夫自有經傳以來孝友者天下言之矣朱子入朝聞正心誠意之說爲時所厭謂生平所學在此竟以此言進學孔子者必自朱子始予豈敢以孝友爲常談庸行而不思所以相勵乎哉今年翁六十濟方廉於官欲有所頌禱而未能也乃徵諸能賦者爲詩十章授簡於予張仲之孝友詩人言之亦孔子所取朱子所傳者予不能詩請以是言爲翁序

夢澤集序

皇甫汸

夢澤集者齊安王君之作也君名廷陳字稚欽號夢澤子

因以名集云父南墩公濟孝廉時登壬戌進士爲吏部郎生君穎慧絶倫髫齡即能綴文殆由性靈非假師授黄產世謂無雙倚相時稱能讀咸楚產也君實似之吏部公愛之甚常云王氏千里駒復見此子矣甫冠舉於鄉越丁丑試春官俱爲禮經第一廷對擢高第選爲庶吉士與東浙汪子應軫江子暉關中馬子汝驥許子宗魯任邱曠子灝大梁林子時曹子嘉西蜀余子承勳楚蔡子木暨君並摛藻掞天敷華縟國得人之盛彬彬首是科矣江子爲文尚元徵秘難以古文奇字詰屈聱牙令讀者謬愕埓霓至莫能句隱口汗顔而罷王君每有所著輒大書以視人曰有能增損一字者願以千金爲贈恐呂覽金卒莫可得也又好爲譏評由是人多陽服而陰憾之矣歲餘解館拜爲吏科給事中値毅皇帝將南狩在廷羣臣咸諫止之章奏日盈於公車不獨言責也汪子乃邀衆詣闕下上書牢樹熊羣石公典司館教危言沮之曰倘禍叵測老夫力莫汝庇也且賦烏母謠大書玉堂之壁語侵石公公爲大慙其縱謔多此類先是忌者以館中譏評浸淫聞於政府政府啣之書上果諷吏部出補州郡吏竟得裕州太

守磬折不習其容訟牒委填又非所好至則治尚嚴核不畏強禦法行貴戚有鷹擊之風詔御史不爲少貶迺希附權勢文搆讒稔遂使鍾儀縶冠於楚因鄒陽按劍於梁獄悲乎今上嗣位湛恩汪濊虚納貸予稍稍晉復君獨詿網擯棄顔子嬰禍尤烈至使患同黨禁而榮異彙征去均淵墜而進乘薪積世共嗤之自後一絀而余忝己丑進士識崑崙山人於都門山人者張詩也雅善諸子聞與余道夢澤事因聞其詳余亦濫有時名諸子引與締交未嘗不延頸想見王君也況負才使氣亦與同病尋以觸忤權貴頹

天子竟頌謫爲黄州理官是役也不以左遷爲恨而以得繼蘓長公爲榮不以赤壁爲樂而以得見夢澤子爲幸下車亡何廼乘雪造其廬時君足跡久不入公府余署自外員君由別駕君亦不惜造余乍奉半面驩若平生接以杯酒中以贈章辭載集中夫王氏業紹青箱官聯朱紱爲楚世家君又命其子暨弟若姪從余遊嗟乎君胡自首於衆而傾葢於余余亦胡爲在衆欲殺而在君獨憐也顔子雖清揚未覿而芳訊亦數相聞矣君屏居幾二十載釋縫於爵服娛志於琴書覃思古人專精作者屢勤剞薦耻赴弓

招覩其上顧中丞陳監察書若稽康之絶山宰及寄余慭昭舒國裳二劉節楊惲之報會宗其節槩可想見矣君方欽英戢鋭撝謙履坦不以才華傲物而以道術誘人使早年砥行能然可優游以取卿相然未能宜耿介發憤如晩歳所底也固知書成於去趙賦就於還邛人爵榮名豈有既乎終不以彼易此矣夫楚多材之邦而辭賦之藪也屈原見詘於上官宋玉蒙訴於登徒禰衡被害於曹瞞然其志則爭光於日月而其言語則等敝於霄壤矣君亦奚媿哉是集也樂府古詩潘陸齊執下擬陰何五七言律沈杜比肩參之盧駱文效左氏國語而兼揚班馬皆類東京尺牘而雄視崔蔡足以不朽矣凡詩賦十一卷文六卷成一家言舊刻於家塾季弟雲澤君廷麐刻於睢陽姪三湘君同道又刻於吳中而吳板益精矣二君皆以進士爲理官善治獄號神明涖淮者以賢拜河南道御史涖吳者亦被徵行矣三湘謂余知夢澤最深命序居首嗟乎甲寅之秋余有瀆莿之役取道齊安訪君故廬見其子若孫歔欷收涕賦詩弔之茲復序之是生叨敬禮貫訂之交死辱彥昇筆札之託不敢辭三湘者不忍負夢澤云爾言惡足爲

集綴哉

貳守趙君述政序　王廷陳

趙君自黄之貳移尚書郎黄人愛莫借焉夢澤子乃爲之言曰嗟乎今之弊吏二而俗謂良也一曰畏吏二曰怒吏何謂畏吏舉虞其咎執辟其怨遭事首鼠苟而日月而傳視官惟其私之善而已斯之謂畏吏何謂怒吏不能其上奴遇其屬怙愎以逞而人莫之堪微沮焉拂衣起矣斯之謂怒吏其畏也是惟救過不暇而何理之能其怒也擇爾官之糞其圖也而以憤誰則懟焉茲二者俗謂良焉而予

弊也布君之履而祛之可乎君之泣黄也守之而攝者過半是故國人忘其貳也君忘其攝也長吏之臨也弗毀閑以務悅焉上不謂簡禮而褒之弗恃而倨般務薦至是惟他有司胥績不給徐而措之不疲而輯更而為衆虞後至則曰咎惟身焉其利也引察以分推而不有於胥無愛以小賄覺曰胥也士責之過矣杖而釋之胥憚莫繼犯故郡之門無晝局入者不何而胥貧亦無賄敗胥德焉曰賴以免戾君實庇之其敢懟於里之俠不假也侈而踰修軌以幅之里之悍少誣右之民或曰必窘右君曰右民之望

也夠其民一而裁之其何能平直右而罪誣者夫其不毀度而誤也其不辟咎也其不暱胥也其不俠之假也是非僻而畏者也夫其不恃以倨也其不有譽也其不徹疵之指也其不執而窘右也是非僻而怒者也是故君之治屬安焉而長吏宜民德焉而羣胥不怨辱者籍焉而右不病也是而進之其天下將稱黄何得專君焉

賈子篤本序　王廷陳

賈子黄人也而家於燕其先世皆葬黄焉始祖滕葬賈坳六世祖興甫仕元葬泉嶺明之初造五世祖忠往歸焉累官指揮則自雲中反葬楊泛忠子恒恒也死事後是無後反葬也而守者淩弱業也他有有者不仁暴而據之於其巓也屋焉於其側也竊而葬焉枌檟見誅山麓不完守者莫何靈也用悖賈子迺濵道黄拜墓下愴然悲焉曰嗟呼狐死首邱代馬悲風翳鳥商號故棲是眷操而南音土風之係也疾而越吟悰寄之由也是故太公封於營邱比及五世皆反葬於周聖之准也仁之則也恒之後無黄葬者力也乃心未一日去黄也鄉人不仁而暴吾祖吾敢不讐暴而不讐罪浮於暴聞於官官曰有弗讐者無祖也於是

乎童之山也植於是乎裂之陵也完於是乎漁之族也收於是乎怖之靈也安君子曰仁哉賈子禮樂在茲樂樂其所自生禮不忘其本

節推嚴君嘉政序　王廷陳

觀風者嘉嚴君之政而禮焉國人以聞諸夢澤子夢澤子曰政可聞歟曰可夫黄繁獄之域也夫子聽焉而優且多習訟者也精跡之核則職而懲以下覬聽者以其自也而曲庇焉聽者匪人忌忤而務婿得而不執夫子不然惟得而已不虞其忤上亦遂之國也蝗委揃焉曰蝗異也異由

政政之不求而捕是務捕以巳巽爲劇之矣乃省咎去敝精禱迹阡壟蒦差賞有轍之原蝗無留也麻之學宮邇河漲而衝圯親宮學士謀徙長老曰地則靈而徙焉不可且下防而徙衙復及其能亟徙亟徙將棄邑則曰誰能河夫子乎大吏問之因以命夫子曰弗費莫艱矣乃命虞誅材之能久者遵岸之足布而入之出其顛腹實礫焉巨石甃而壘岸立若磐繫支河二其旁分其衝而殺之水至三注邑之人幸焉曰微君學宮魚入矣室廬其蛾沫矣茲而後其名嚴河三者政之大者也夢澤子曰政止是歟曰何爲

其然也議口亂聽枝論奪本斯其爲訟也大矣饕餮是肆魚肉我良斯其爲蝗也大矣暴客伏姦伺焉而決斯其爲河之患也大矣夫子惟是之務息也訟如是之務捕也蝗如是之務防也河如夢澤子曰政止是歟曰何爲其然也利義戰心互勝不下斯其爲訟也益大矣私妄族據蝕我善萌斯其爲蝗也益大矣矜欲潰理隄之莫遏斯其爲河之患也益大矣夫子惟是之務息也奚啻訟如是之務捕也奚啻蝗如是之務防也奚啻河如夢澤子曰韙哉國人之言茲政之所由來以其見禮也惟以是歟

貳守蕭君明慶序

王廷陳

黃貳守蕭君遷司徒郎或問於王子曰國人惠乎曰不曰何故曰其君子明於其政而冀其顯庸曰君之良也六年而遷其晚矣其小人幸君之足賴而欲私之以終惠焉曰吾母也俾不吾是子孰令借之借孰聽之是以弗慶曰於予謂何曰其弗慶也慶孰大於是何則夫子之政不近名而近名爲廉也弗爲矯爲直也弗爲激爲嚴也弗爲苛爲寬也弗爲弛爲明也弗爲察爲敏也弗爲驟爲斷也弗爲愎是故其於民也無或陰焉無或窘焉其於屬也無或馮

焉無或悟焉其於長吏也無或逼焉無或媚焉夫其不爲矯之類也其於名也不亦不近乎夫其爲廉之類也其於民也不亦近乎夫其不近名也是以後聞焉而竟聞也乃遷夫其民之近也是以民望私焉其竟弗能私也乃懟焉是故晚而遷者養君之譽也不以君私黃者國之公也或以王子之言聞於國人於是乎君子不以其晚恨君之遷小人不以其私幸君之留今而後國人無弗慶者

郭善甫歸學序

王守仁

郭子自黃來學踰年而告歸曰慶聞夫子立志之說亦既

知所從事矣今茲將遠去敢請一言以為夙夜勗勵明子曰君子之於學也猶農夫之於田也既善其嘉種矣又深耕易耨去其蝥莠時其灌溉早作而夜思皇皇惟嘉種之是憂也而後望於有秋夫志猶種也學問思辨而篤行之是耕種灌溉以求於有秋也志之弗端是莨稗也志端矣而功之弗繼是五穀之不熟弗如莨稗也吾嘗見子之求嘉種矣然懼其或莨稗也見子之勤耕耨矣然猶懼其莨稗之弗如也夫農春種而秋成時也由志學而至於立自春而徂夏也繇立而至於不惑去夏而秋矣已過其時猶

種之未定不亦大可懼乎過時之學非人一己百未之敢望而猶或作輟焉不亦大可哀歟從吾游者衆矣雖同說之多未有出於立志者故吾於子之行卒不能舍是而別有所說子亦可以無疑於用力之方矣

贈王行甫序

郭子章

王行甫北上公車走武昌辭予予無以贈行甫則以言行甫之才雄幾于八斗士大夫爭下之行甫之數奇阨于一第士大夫爭憐之茲行也燕上黃金臺下者憐者交譽而互推上之八佐史局而纂繪皋猷球琅禮樂次之出佐劇郡煩寄山川覆露閭閻苟未能究行甫且抒其一二而予所期于行甫不謂是也昔自蘇文忠公監稅以來林籟結響泉石激韻至于今是則是效奕奕熊熊亦充箱照軫矣二程祖父世居黃陂發祥于茲蔚為名儒至于今能紹明其學者唯耿天臺先生至之周廷尉與其弟太常君羽之郎有談仁義稱古昔者不過若文士之林林豈興起于文者易而興起于道者難邪乃行甫論文與王元美吳明卿二先生遊論學與耿先生遊意固欲成之邪夫文與道非判然兩物也行甫以其根原窮二程之正脈而以其枝葉啖

文忠之芳躅即才雄八斗不自知其雄即數阨一第不自閔其阨赤壁邪金臺邪夫惡往不自得邪予之所期于行甫者以此

鷦鷯集序

無名氏

予方索居僻里自分於世澹然無所好而獨時時好與客言詩顧詩未易言也友人王行甫氏間自黃岡來見訪為予頌其郡使君鄒公詩即不數篇業已泠然中窾鏗然叶宮商竊心賞之謂復覩風人古而未亡嗣之音庶幾未絕響乎固恨不多得耳會龍大夫子揚以鷦鷯集見遺且介行

甫問序於予曰此鄒使君宦遊諸藁而黃岡沈令哀而傳之者也予喜而縱觀焉盎溢於所前聞而快其私心爲甚則又恨不須臾見其人嗟乎詩與人哉予於使君蓋神遇之矣集凡四卷古詩與近體相半古詩浸淫漢魏近體則開元天寶諸名家乃其達觀宏識與若博雅之才俶儻孤高之節命意而不盡於意寓言而不盡於言其在驪黃之外而心手之間乎豈嘗假道於漆園託宿於鄭圃將抗志一生死齊得喪適然自全其天乎非近代辭人能也即鷦鷯名集亦有所託而安焉夫鷦鷯棲不踰枝託亦微矣顧

其心安則其天全天全則鵬圖無所用廣耿蹏無所用隘何也天下莫加於所安也予聞使君自釋褐爲郎諸大臣無不識其爲公輔器乃獨砥節約行坐臥手一書與古人遊恥事干謁以故鮮根柢之容而卒無特達之遇役役與諸曹郎吏伍久之且一麾出守矣言有小而可以喻大鷦鷯豈無謂乎昔孟嘗君寄客於齊而不見用客因以鷦鷯自喻而以葬孟嘗張茂先初未知名著鷦鷯賦以自寄阮嗣宗見而奇之曰王佐才也夫自寄與寄於人其大較相懸蓋如此執其較以爲人倫之鑒是曰察其所安若使君可謂善自寄矣善自寄者其視六合内外皆寄也豈復知郡吏與公輔爲疏戚哉語云明珠不以櫝貴良馬不以御名使君其人與詩曾無俟予言輕重而竊附於知己則私願畢矣使君毗陵人名廸光字彥吉也家進士

三諫存草序　　　　樊玉衡

孤臣萬里之行豈非天哉當臣不才釋褐皇長子生始岐嶷耳輒惓惓國本迨理信內召時爲諸君子言之曰此日當官第一疏也念之猶如昨日比己丑十一月八臺庚寅二月巡視西城即有一疏如後草癸巳正月讀三王並封

之論復有一疏如後草至戊戌三月則臣望隔春明久矣乃有最後一疏以成今雷海之竄九年之中凡再三致意焉秉性奇褊執心不化無能仰窺我皇上淵微閎深之指於國家未有絲毫補而自開罪明時以重太和中一物不得其所之累至於國本已定恩赦垂頒而猶未得與諸氓隸名在丹書者同其觧網大耋老親經年臥病閒關百折僅一歸省而梟獍之齮齕隨之乃老親竟亦賫恨以沒則忠可爲乎雖然孤臣側牘之初即鼎鑊甘焉不者庭杖不者詔獄而皇上之所以宥臣者乃在諸慮下頗不足臣所

乎目也譬臣者與爲譬使者與爲譬之使使者方欲甘臣之肉不厭而卒無以加我皇上天寬地容之外臣罪實深臣罰猶薄雷霆雨露大用循環謂聖明不減堯舜而終無回霽之日哉固矣固矣抑臣竊怪夫世之窺言者淺也以爲指麾於此顯融於彼若償博進然其言唐子方胡邦同之事津津矣不曰寇萊胡李趙任王秦諸君子之負猶多哉奈之何其以忠爲市以百一爲倖也昔人有言凡吾所以爲此極難將以愧夫天下後世之爲人臣懷貳心以事其君者如抗言以博名高而席言以徼厚利貳孰甚焉即衰周之烈士不爲熙朝盛世有之可令家賡見耶

黃岡縣志序

茅瑞徵

黃入國朝版籍二百餘年矣而志故有闕有以邑執事問主者安所置對而山川之險易風土之淳澆田賦之登耗即主者蕩然不得其要領譬如亂絲棼挐萬端無復條貫而欲經緯裁割以幾於治不戛戛其難哉嗟夫此予今志所爲作也邑之有志以悉四境弛張佐遺志耳當不得以擬史顧國史摩班馬之壘馳逞千古體宏而畧邑志附輶軒之義綜覈一方體詳而盡不以絲麻棄彼菅蒯葢互相發者黃亦古一都會原隰墳衍鱗錯綺分風氣人文粲乎大備而上下百年缺如罔紀即後有銳志信史何所考據其將遂鄙棄視之耶或謂茲事體大古亦有云闕疑且殆夫前後之相沿亦既閱二百餘年矣若更袖手轉待後人疑殆滋甚傳曰惡其害已而去其籍今之侵蠹競於家在繭絲亂於猾胥若者計皆無便於志乃窮源探奇破群宵之膽懼於光明如挈五指而頓裘領此志安可緩哉或又謂臧否人物何以不如嗣宗之慎而家驥人璧多啖孝慈之腹志之難言久矣予獨以爲二百年來高賢踵武而直

任其名實浮沉靡以異於儕俗將善良何所勸而中庸何所勉維楚有史稱名檮杌意主以剸小人而近世兼以牖君子所爲揚榷逸光磨礪末俗繫志是賴獨奈何以斧袞之嫌不奮筆清議也予既治黃無狀得借筆端維風萬一庶免於戾即言之不文而竊以一日簡牘仰資國史采擇不猶愈於隨人觀場漫無鑒裁者乎志凡十卷其折衷總志及郡志者十之三而博稽文獻及出之蠹簡斷碣者十之七稽經三易而于建置錢穀特詳以治邑要領具在是棼而理之將有取焉今而後主者有所置對矣

志小序九首　　茅瑞徵

楚地延袤綦廣黄邑于其中得百九十里有奇往代分領
併隸不常厥治第仰窺躔次俯驗山川斯㕑萬古不變也
屬且乂安久都野民居殷軫相望庶幾稱沃土焉若流覽
圖牒求曩昔名賢勝蹟與其坵壟令人欷歔久之至乃稽
考風俗物土之宜而布之利兹固長吏事余且兢兢欽承
矣輿地志叙

易稱王公設險周官之制掌固掌修城郭溝池維此保障
與民守之莅官行法豈傳舍是爲中國授室絃歌蔚興矣

黄岡縣志　卷之十五　古文中　七

無寧兹社稷壇宇實鬼神式憑大事在祀古也有志至乃
謹盖藏嚴比伍飭郵傳庀關梁修濬以導利坊表以厲俗
井井煌煌斯善國焉若夫遊觀之臺老釋之宫有其存之
莫可廢也建置志叙

古者九賦任萬民民不以困井田什一足術也管子牧民
輕重九府遂霸諸侯井田而阡陌而履畝幾無行矣太史
公曰楚越之地地廣人稀無饑饉之患以故呰窳偷生無
積聚余覩黄大都若斯云遝布縷粟米力役之征山澤不
麗亡遺利矣聞者歲不登日食半菽不腆邑介郭中孔道
縣官匆競外日益拮据出事租庸調滋煩苦我父老何敢
合之爲也郡又榷𨌺車銅素木鐵器卮茜之屬若干緡江
淮之民罷焉夫豆區釜鍾刀幣金錢非較若畫一如圜如
流恐民之無以守也田賦志叙

釋名縣以懸郡爲義或云絃也施繩用法不曲如絃古必
經宰縣始刊人爲臺郎此詎易勝其任乎丞佐庠師一以
職守贊助一以功令厲士亞旅保傅爲重惟均黄邑建自
隋唐官與邑俱廼勝國而上寥寥無傳德靖以來稍具聲
蹟余特爲銓次焉長此不絶是在來者矣官師志叙

黄岡縣志　卷之十五　古文中　八

述鴻㢈之政者不備於殷周久而逸其傳也前芳無稽後
美何續黄邑宦蹟往世不可槪見入國朝來代幾更令長
幾易廼所稱説僅僅如左其他湮滅無聞何耶以今觀傳
列諸君子非必有殊尤卓絶之行而歲計有餘於越鑄金
像蠡峴首望碑思祜入人深矣什百而得三五厥惟艱哉
冢寳有曰吾將以爲賜秋名宦志叙

古設科取士靡滯一途周典賓興漢法舉辟隋唐而下爰
開進士諸科維楚有材黄郡實當其半矧兹邑首稱郡望
歷代豈繄無人抑世遠籍湮湮無可述或風會未値應運

斯興迄唐迨宋斷帙遺若辰星我國家文明化洽二百年來西陵一叢土薦紳學士肩踵卋列英聲茂實固足上勸紀牒下映來茲者矣至若武僃嚴翹關之選封廕重覃恩之制亦例所不遺得備書云 選舉志敘

吾聞光黄間多異人出則鸞翔處則豹隱夫皆孕靈光岳文行表表絕塵而馳殆指不勝屈云高賢流寓所至仰如九鼎大呂猶將地以人重深閨淑媛之操蘭馨玉立固闡幽者不廢焉余識非冰鑑敢負陽秋闡中撰索取其神駿度義不能曲筆諛世知我罪我亦載籍得失之林也 人物志敘

易稱觀乎人文大哉王言吐詞爲經鸞龍之文奮矣士昻首俊談千秋業腐毫濡翰遠希作者至或藏之名山播響來禩寧雕蟲小技云爾哉齊安自有王杜闢茲風雅至蘇端明益揚其波江山斐然增色明典王太史稚欽先鳴狎主詞盟楚師遂方駕域中家挾荊璧鬱有殊彩伯固後起喁喁逼人惜天未竟厥緒至乃宦游流覽神與境合每奓文外獨絕可合汎焉弗章羅綱舊聞揚榷删述意在斯乎則余何敢讓焉 藝文志敘

已館事臚次較覈矣五行沴應及四知多壘之跡皆邑大故雖多掛漏猶可參而互也僊宗釋部頗幻妄然名逼在足稱者齊諧稗説雅饒碎金闕略不備非以傳信語有云無過而廢之也寧過而存之道在尨襍諜野則獲作平等觀一切神奇爰誌雜記以擬曲中之亂 雜志敘

刻赤壁集小序　茅瑞徵

古來山川壘魂多藉文士筆端爲之吐氣今寓内艷談赤壁以公瑾一捷而赤壁獨擅名黄州以子瞻兩賦鼓吹也無子瞻則黄州無赤壁矣然余嘗怪從漢歷宋千有餘年

緑筆相望而茲山罕詠不多得豈繇小巫氣盡抑陵谷留遷銷沉乃爾耶落霞孤鶩作者所難刻羽引商其和彌寡不廣蒐羅而事弋獵空山之遺響可盡乎余每散情濠濮結想風騷此邦之秀頗堪揚榷王子虢讀父書呂生時推國步爾乃同事編摩博采成帖勝國而上誇得遺珠本朝以還爭傳連璧既富招摭亦煩詮品嗟乎雲物不常人事代謝習池之賞空把接籬峴首之游應留魂魄子瞻云江山風月本無常主余於茲山既以一日叨主者而殘文蠹簡散佚罔紀是亦有責焉爰代棗梨以當金石庶同名山

之藏永作琬琰之秘繼今以往子瞻不可復作而猶識前人之勝蹟竟在此不在彼者以有斯編也

募修鉢盂峰青雲塔序

晏清

黄州鉢盂峰者峻聳廻抱咋崿崢嶸與大别西塞相撑拄雖作鎮一方實爲武昌漢陽諸上游水口山也其前有青雲塔萬歷二年邑人李郡丞時芳黄别駕士元醵邑及諸弁金以剏造而自捐亦倍故稱諸郡鉅觀迨萬歷三十六年塔之頂非烟非雲出白氣者月餘有士八結廬讀書其下引領頃盼見塔影下顛士子心悸歸家不數日而塔

壞飛其五層入卯湖亦異矣當其塔之成也未合尖而聯登解額者三及其壞也僅數年而武黄諸郡相繼罹于亂一塔之成壞其響應捷如左券顧不重哉演章上人修行精嚴住靜白臬之古峰菴偶入塔瞻禮遂向佛焚香曰余僧臘多歷年所修石橋者十有二修木橋者四十兹浮屠七級二級尚存既關于武黄諸郡甚重僧寧惜此頂踵不爲再造乎演章居西陵相去數百里屬余作文足及門者七余曰方今西山始平民用休息頻年旱魃禾苗枯焦力役徵備莫聞暫輟此萬民疾首蹙額之秋也費有用之金

錢以脩無用之梵剎聚窮民之汗血以飾富庶之美觀毋乃非計乎演章曰此吾見之所及也然吾見有炊金饌玉碎錦破綾者有游博持擲櫝金囊帛者與其飾籢笥以供戲娛不若絶浮費以種福果余亦未敢以樂施喜捨望諸人也斗米尺布亦破慳貪木屑竹頭皆獲福惠况此塔所需者磚石而磚石寺存其半所乏者工價爾工價不望其多余以歲年爲期募一層則建一層造一級則葺一級破衲草屨絲毫不以入囊纖微盡以供衆或者感人天之呵護邀佛祖之鑒臨未可知也吾惟不昧因果而已余心賞

其言嗟乎天下事患無有以身任之者耳事無巨細獨立擔荷以世外之一人成之亦易羣相推諉世内之衆力當之亦難近日賢豪長者有能如演章之脩石橋十二木橋四十者乎吾知其必不能也世内之人能之而不爲世外之人爲之而即能使海内當其任者盡如演章之所爲可也無太息痛哭之事矣况塔成有三元之祥塔壞有兵燹之應其係于武漢諸郡之重如此其見于黄州諸邑之效如此若以諸郡邑之羣策羣力加葺于丈尺間其成功可毋難也余嘗習形家言巽爲文章之府塔有卓筆之形卓筆

無鋒當主文星缺陷是謂勢吉而形凶法當趨全而補缺則是此塔之成昔作鎮于一方者今且中流之砥柱矣余是以樂爲之序而爲諸君子勸

楚音館桎梏隙景自序　樊維城

先太孺人生城時家大人夢寐若見靈異城生五日即呼父母再言悔悔於兄弟中稍得憐愛也竹馬之年感厲氣嘔血斗餘夢天帝召如李長吉故事力辭父母情愛不忍割後雖用不死自此得癲疾發則狂躁號走成童以前歲恒八九作父兄有事四方不及課城所肄業是以年近弱

冠學尚未殖先伯兄自粵省父旋屑榆講論城不解始內慙稍從事制舉藝朝夕依仲兄先伯兄不獲卒教復奉檄之德陽城時雖諸生恥誦帖括年漸壯家人責以典謁負薪事不得專意下帷乃悔其幼同輩以城未知名與游者亦少惟往來里中三何君甚驩先太孺人見城得一友即色喜然城甚愚不能承志每試輒後中外昆季多名士城自媿避不敢厲行乙卯先太孺人損簪珥拊膺罔極瞻屺無從先伯兄既早卒偕仲兄治喪煢煢之餘繼以總總無復問舊業矣丙辰冬始療先太孺人於先塋側時家大人養疾家以七年未嘗見一吉祥善事開口而笑計此身繼事毋日短猶當竭綿力以慰吾父顧親友益落落復依三何君遠思敬臣問父之語時覽僧虔誡子之書不羞凡鴑猶意十駕戊午領鄉薦餘其夏課詩文若干首題曰桎梏隙景紀時也嗟乎勉承庭教倘遂肯堂感念先慈忽焉過隙城敢梓是以自鳴耶聊以志吾哀思云耳何君者二爲姻兄弟爲長緘仲也與年相先後一爲仝門兄綱卿也年雖項背望而城實師之戊午陽月一日黃岡樊維城拭血書

汪闇夫文序　汪名㷉南　湯顯祖

說者云舒攖寧實發慈其家司馬故晦之以神其事夫以攖寧之大對其援古昔切時務有學究老吏所不能說者是不妄以予所聞汪闇夫何年少而多奇也其爲文奇肆橫出頹異獨絕旁傳而前天下莫能當闇其家太史故欲爲晦閟扃之深室賓書數萬卷絕不通賓客度非太史不能成闇夫矣雖然闇夫之光故自難掩貴生弱冠與河南璩秀上聞王僧虔弱齡袁司徒望風惟服世患無吳袁耳此道父不能譽其子亦安能秘其子耶風胡之治劍也百

碑而成之秘不以示人而鋒芒脥絶廼至於斗截彗飛鳴吳出楚其秘之久也玉人之治玉也百琢而成之不示人以璞而精華流炫廼至晁采宵光城秦國號其藏之久也閟夫之秘藏久矣太史公可出以示人矣

朱咸一近藝序　　無名氏

事之至難者莫難於御衆一畝之宫上妻子而下僮僕不待智者而後能御之也淮陰論兵過十萬不以許高祖夫將百萬之衆如使一人故多多而益善不然智愚勇怯雜糅不齊金鼔之聲作而敗端見矣此符秦之師所以殲於

淝水也讀書爲文者亦然苟其學一先生之言而止則亦何難之有至於上下數千載什伯伍伍井然於吾心而又融洽其神情使達於吾之手與口此何異於將百萬之衆呼吸運用如使一人者哉盍嘗思之國朝著述之富無踰於楊用脩用脩生平所編輯百有餘種老師宿儒不能悉其書目可謂有衆百萬者矣及觀用脩所自爲文何其萎爾不振也豈用脩徒有其學而不能達之手與口歟若是則雖有百萬之衆而不能呼吸運用如使臂指無羨乎其爲博也假有人焉其博無愧於用脩其役使載籍不獨見之於古文辭而併見之舉子業使其性靈與其學術相輔而行乎聖賢之旨則君子於其人宜何如然自吾求友於天下始於豫章得王孫鬱儀鬱儀著書頗宗用脩然及其所爲文則吾不能不以恨用脩者恨鬱儀而又以王孫故不得見其長於制藝則吾尤以爲歎最後至齊安又得朱咸一咸一著書不亞鬱儀而詩通爻通詞通於予意尤合齊名一錄較班氏人物踵事而增詳未知古今人相去若何其於樂書窮律尺聲器之變則又爲儒先之功臣意咸一所編輯必窮年矻矻億精神忘寢食疑無暇於詞章之

學而咸一游刃恢恢讀跡園草比物連類有足悲者討咸一所得於載籍如將百萬之師呼吸運用若使臂指已見其全矣而間出一二制舉業以示予則鬱儀之所無而用脩之所僅有也嗟夫學之博者每至舉子業而窮何也彼其所傳若古人之神也其蘊籍古今嘗具數千年載籍之理而性靈之妙至蹈襲古人一句一字而不可則所謂將百萬之衆如使臂指者又在言語文字之先此吾終身習之而猶見其不及而咸一爲之有餘地故予至黄岡獨深交咸一而黄岡人竟無有知咸一者彼將學一先生之言

而足豈能窺咸一之涯涘哉咸一蕭讓孝友與其兄析箸而居多所推予而獨留心著述然咸一於車戰舟師皆有師授與予言天下事嘗有杞憂發憤之慨區區制舉藝與其所編輯又其小者天下無事則已天下有事不能不用咸一則吾所謂事之至難莫難於御衆者又豈獨於咸一之文見之哉

王孟侯踏花篇序　　無名氏

踏花篇者黃岡王孟侯居桃花源所得詩因以名篇也予至武陵去桃源不百里而未嘗有遊觀之志夫神仙之說

誠不知其有無即使有之然所貴於神仙者以其淡泊無累與於常人使得一邱一壑而守之若美田宅長子孫之計其貪且愚若此則亦與庸人何異今夫庸人得一廛以終老願世世無失人未有過而問焉者也而獨浮慕於貪愚之神仙何歟或曰其得名不以神仙而以山川窔深可以避世則今之窮山僻塢其人鳥言夷面不通商賈不知膢臘者何限誠得是地而種桃其間皆桃源也嗚呼得吾說而存之桃源猶諸山也亦何必以未至爲戚哉乃孟侯之詩其於是山不一而足且以名其篇孟侯家世儒顯棄妻子婚宦不事獨來窮山中豈神仙之說惑之耶抑有大不得已者存故托而逃焉也夫是山以靖節之文而重非以桃源重也則謂以孟侯重桃源可矣予獨怪世之爲文者不知六籍子史之大而侈花草蟲魚爲高逸雖名山水亦反以其人其文而汚後爲斯游者其慎之哉

萬退修史求序　　王一翥

昔鄭端簡公紀本朝事蹟卓有古風其集中所論征史獨有斷制如胡致堂眞西山所論不讓邱文莊之讀史然鄭有眞見不憑意氣不侈翻掀故衆而可味萬曆末年立論

者好用小慧自謂成一說一說弗成反與諸說有碍是一廢百也今不患不讀史患讀而無用不患不纂史患纂而紊舊必得約其志明其識者方可從靜中考訂夫志不約則縱逸於經識不明則變窮於事約在守之而已退脩有焉明在旁悟而截其綠而已退脩有焉予不見史册者垂二十一年矣客有操觚而問者予對以前人已盡後人無勞疊見其實世不止無約志並無約本夫果何求乎求如其人而止耳如其人而止者如其昔所傳而止耳能止於心自止於心所欲言言不苟言而後得斷制之平退修造

史求寸見之卽題此見寸之一見而服也亦如見鄭端簡之所論也退脩日累其功而成之可謂不負前人云

杜子堅遺稿序　　杜詔先

吾亡友、杜子堅、慧業夙成。元心孤往。青蓮前世。知爲金粟如來。拾得後身。錯是涪翁居士。啼哭曾驚座客。聲名無假先生。方將三四歲、若尊人置諸膝上、能誦琵琶行。邇來七八年、凡同志、訝其手殊。爭看鴛鴦譜。奚囊不倦。禿筆常揮。其書圖邑等身。成誦止須過目。沉香薰小像。長如維摩詰默然無言。片語鴻元機。闇似吾夫子莞爾而笑。孤筇瘦馬。

獨走空山。淡飯麄衣。長齋繡佛。濁世猶傳其文字。坦夷不料於風波。俠骨含香。宛在蒹葭秋水。轉頭皆夢。曾歌楊柳春風。畏六丁六甲之下取其書。卽一字一珠而且授之梓。於是道道人發篋僭存。掇其吉光片羽。因而農丈人開函太息。如對潭影閒雲。詩三十首、有柴桑笠澤之風。曲一兩聲、奪花庵玉林之席。揚雄之賦嘗云、不似人間來。杜甫之歌、亦謂祇應天上有。少年第一。老手無雙。故誦其詩者以意逆志。傷其遇合牢騷。而傳其曲者、聞絃賞音。想見風流蘊藉。道骨仙風杳矣。白雲檀板依然。至其現居士身。不覺具大人相。滅臨濟眼。坐釋迦頭。青州布衫重七斤。白雲端不値一掌。參窮因果。落葉歸根。悟徹虛空。如藤倚樹。卽三世佛不知去向。吾兩人者足窺底蘊乎哉。崇禎壬申五月、題於雙寂寞庵、

雲鴻洞詩序　　葛一龍

詩句入妙若天生地成後千古無能更一字而其惡習則虛處籠落自失手眼衝口藉紙再設已陳常見小慧寡學人稍稍涉獵輒爾握管倣摹調句頗文成篇謂同鈔寫終無入處今之人有匠意特造不恨我不見古人恨古人不

見我者余拜之向來吾友伯敬友夏使我每觸意新今讀凝之詩廣陵散何曾絕也俗不如野滑不如迂和不如艱艷不如樸渾不如鑿共昔人生活不如任今人笑罵凝之意乎每得凝之詩未嘗不介人思思之未嘗易盡詩有別腸吾舍凝之誰與及聽凝之談矣則古法畢具余嘗譬之覔句如剝鮮宿而薦之盤非其味矣用兵如服藥反古方而投之則必殺人凝之恭分用而各得之壇上主盟閫中畫像頗自看鏡前無沾沾乎哉雖能是猶知一之說也好古而有獲是以有驚人之句百變不窮者古法之所以可

用也詩與兵無兩法門其變之之通會而神明之蓋久矣夫

國朝

居學錄自序　曹本榮

居學錄者曹子退習時與一二同志所論也蓋夫六經之理廣配天地人心之靈炳若日星大道不孤聖賢授踵斯錄也毋乃稊米之於太倉哉雖然道猶天也天體無方千萬世上下凡具知覺有目共睹則安得以寥廓爲天而謂昭昭者非天乎但聖言深遠末學支離執日用者以大本爲虛談樂徑造者以事爲爲粗跡各成擔板徒增籓籬其

爲不合不公則一而已夫孩稺知能而同然之仁義已達墟廟哀敬而百千之禮制以生仁體事而皆存心隨處而各足顯微無間體用一源此千聖之道所以朗明高懸而世儒往往莫之悟也本榮學術知路詘愧升堂閱歷淺則肯綮未嘗深索跡則義蘊匪偕頑以區區之淺陋仰窺聖道之大全豈有當乎然而性命之故費隱之間其通一無二者猶可嘿契也後之君子亦可以推其志矣錄成凡答問十之六告語十之三雜著十之一言卒無心詞取達意故不復分別體例云

奚蘊嶺詩序　杜詔先

吾邑出郭里許過濂溪書院得異境焉望之蔚然陰森杳靄朗之華表屹立有松櫪數百株皆偃蓋合抱而峙大邱左右列翁仲石馬豐碑穹窿高二丈餘深刻諭祭文一道是爲鄭靖中以丁未進士守延平州殉倭難贈光祿卿奚公墓蘊之藏今吾友蘊嶺則公之曾孫也冢旁有草堂三楹蘊嶺自幼時侍其尊大人讀書其中其地又與外王父陳公之廬相接近余與蘊嶺皆陳公外孫每值歲時節序外王父母暨諸舅氏生辰往修拜賀之禮兩人嘗先後至

相見握手歡抃讌集既罷必重過蘊嶺書屋酌茗論文徘徊于忠臣之墓下良久而後去方是時先慈暨諸姨母共四人表兄弟不下十許人而余與蘊嶺獨于其中岸然自異厚相期許慷慨相謂吾與若既同所自出又同志同學異時通顯建樹將無所不同乃中更世變余流落金陵蘊嶺修業里社一別不知年及此相見笑噱抑至莫辯爲悲爲喜以俗情論之余兩人於是乎爲不同矣不知必于是而益見其所以同非世俗所知也詩曰同心之言其臭如蘭何嘗曰同迹哉姑崖略明之大蘊嶺少而沈敏余少通

輕率然而好學同也三十年來蘓嶺以才大不能藏斂以
器小不能行然而兼善獨善其學各有所本同也今讀蘓
嶺之詩多清新跌宕之音余詩多志微噍殺之響然而貴
眞不貴贋同也夫詩至于眞難矣然吾里自一二狂士以
空疎游戲爲眞而詩道遂亡眞豈如是之謂耶夫眞者必
歸乎正故曰正風正雅又曰變而不失其正詩至今日不
能不變道在不失其正而已蘓嶺獨知之屬余言其端余
惟序眞詩不可以作餙語而眞莫眞于疇昔之日外王父
家之所講摩及忠臣墓下之所期許葢未嘗一日忘諸懷

而于是焉發之以爲是眞詩之所繇來而且以見蘓嶺與
余所以同之故其指深渺矣哉

葉慕廬詩序　朱彝尊

周職方氏所掌葢爲國一千七百七十有三而附庸不與
焉其得列於詩者自二南豳及王風外僅十有一國而已
夫以邶鄘曹檜之微不遺輶軒之采況疆域之大焉者乎
彼其國人豈無感於心而宣于言詠歌嗟歎以賦其事然
皆置而不陳何也傳曰若以水濟水誰能食之琴瑟之專
一誰能聽之殆或所操類鄰國之音所沿沓前人之體製
則言不曲中膠固而不知變變而不能成方斯則可以無
取司馬遷謂古詩本三千餘篇孔子去其重複取三百有
五其勿信矣乎自後變而爲騷爲樂府爲五言爲七言爲
六言爲律爲長律爲絕句降而爲詞爲北曲爲南曲作之
者恒慮其同則變變而其體已窮則不得不復歸于古譬
之冶金者必異其齊改煎而不耗斯其爲器新而無窮敝
盡而無惡故正考父奚斯之頌不同乎周景差宋玉之辭
不同乎屈平孟郊劉乂盧仝李賀詩不必盡學退之張晁
秦黄詞不必盡師蘓氏此其人皆以雷同勦說爲恥視其

力之所變而莫肯附和不知者斤斤操葭黍圭臬以繩其
非是欲其派出於一毋乃謬論與三十年來海內談詩者
每過於規倣古人又或隨聲逐影趨當世之好於是巳之
性情汩焉不出惟吾里之詩音響雖合取而繹之則人各
一家作者不期其同論者不斥其異不爲風會所移附人
四方之流派惜夫工之者類多山澤憔悴之士不汲汲於
名譽或不能盡傳又或傳之不遠則一人之言無以風天
下歲在丙辰遇葉先生井叔於京師誦其詩清而婉麗而
不靡彧削而無刻劃之迹至於友朋山水之好流連唱歎

乎嗟嗟先生學然後詩中正和平之旨悉由於刪始六義之文其有得於吾夫子刪之之遺意乎其有當於金張兩孝廉好之之心乎至若評論存刪之權更質之詞壇君子余何能以盧陵南豐崆峒大復先比妣於前賢乎

於梅傳復園草序　張洗 素先

逸思臨秋高木先其搖落驚飈振物騷士倍其感傷草冷蟲吟望將梧楸之上霜明鶴警叱嘆星漢之前飛雁流天落英在澗崎山之側况復旌旗白雲之旁空餘腓草梅傳公所以寫情世外寄趣林皋志本澄幽歌聲金石風生平

渚豈無放鶴之洲門望鹿柴遂有求羊之徑楚離五岩陵彼羅卯邏物練懷披榛覓路安得盼妖虹之不落碧壑多濤徒悵憶青鳥之無期瓔臺終杳抗思渺論悲凉係之若廼蘿蘚紫煙琪雲卷芙蓉紅淚綺沼相鮮慨世事而悽酸望古人而遙集斯奚囊或以還來詩瓢無能再失者也

赤壁志序　金德嘉

黄州之赤鼻山酈氏水經曰江水又左逕赤鼻山南注曰山臨側江川經曰又東逕西陽郡南郡治即西陽縣注曰晉書地道記以為弦子國也山之紀載章章如

而不已庶幾發乎情止乎禮義可以化下而風上者與先生前知登封縣事入為西城兵馬司指揮與一時士大夫官京朝善詩者九人合刻其集以行比而觀之若金錫之各異其齊不同夫琴瑟之專一可謂善變古人者矣先生雖家於楚實吾里人也乃為序之以質當世論詩之君子

屺思堂詩集序　周世遴 寧質

稚川劉先生今文古文既售之世矣其所為聲詩亦散佚無存而質廬續為纂輯承金君會公張君金山之命俱梓而請之詞林益成此孝思以見前人之志又在乎詩也夫

詩自卿雲賡歌康衢擊壤明良道合志意相同其始也本乎性情攸如太樸既而離騷漸作辭甚風雅雖曰濫觴大抵本三百篇之意明於治亂故龍門稱其志與日月爭光可也漢魏小變亦云近古六朝之靡曼盡黜輕婉宏麗若然一代名家洎及四唐漫誇初盛為清廟明堂之響好中晚者則曰骨節珊珊無煙火氣象回憶柏梁近體孝武大司馬以下君臣各言其志詞意較然先生之詩銘貫百家典型在哲野之歌朝之頌風雨晦明不無所感感發懲創各有所寄其亦深於言志矣豈殆神超形越能解人頤者

此蘇公賦乃及周郎戰曹孟德事，即經江水左逕烏林蘭
注吳黃蓋破魏武於烏林處也。夫博物如蘇公，豈於水經
注而忘諸葛前賦寓言耶？後賦江流有聲，斷岸千尺，山高
月小，水落石出，後人諷之，猶如公灑翰雪堂時大江東去
時也。公言語文章如天下，所過名山大川咸賴之以不朽，
而自峨嵋東至陽羨，北中山，南儋耳，館閣中州京華紀述
都稱，而赤鼻以兩賦特闡公之之黃，豈惟黃人賴之，抑亦
赤鼻之幸也。其賦以元豐五年、壬戌之七月、十月，其量移
汝州，以元豐七年甲子之四月，到于今踰十一甲子矣。縉
紳章縫之彥於黃者，由朝士大夫之官於黃者，四方騷人
學士之名於黃者，或登臨題詠，無慮日益，自二賦啟之也。

赤鼻舊志散軼，河東賈大夫守黃續輯之，垂四載志成。山
水亭臺祠宇人物題詠金石藝文犁如也，燦如也。大夫以
治行遷陝西按察副使以去。其治黃也，爲是志，乃創前賢
所未有大端，昭之在黃也不得行政，以惠我國人，猶以詞
賦爲光寵，大夫則吾父老子弟飽身沐其治化，而又高文
巨筆爲江山大發其英華，則黃人之於大夫，自此以至於
千萬斯年，其與端明並可知，而何足道，當何如也。讀是志
者，其不以余言爲然乎。

乘槎詩選序　　無名氏

天地之文章莫大於江海，江海之文章莫大於吳楚。黃岡
負山倚江，千古絕勝，而吾吳東際大海，西控震澤，故兩地
並稱都會。文人傑士往來其間，班荆道故，傾蓋莫逆，而江
海之文於是乎聚。吾友蔡子鶴舫爲臨皋宗匠，意氣豪邁，
襟期磊落，發爲詩文，瓌偉卓絕。其才峯峭拔，則赤壁怪石
也；其墨浪淪漣，則武湖金沙也。江淮千里，吞日吐月，鶴舫
盡收入詩筒酒椀中，亦奇矣哉！而鶴舫之意猶以爲未足

也。登眺吳山，瀕洞觀海，道經吾婁，遂訂同心，出其錦囊佳
句，顏曰乘槎。愛而讀之，或如驚濤怒瀾，或如微波細水，出
入三唐，貫串百家，吉光片羽，寧遜明珠十斛哉！往昔二何
兩潘，皆黃中人傑，工詩苦吟，爲天下最，而瀼川子美、東陽
元發俱以倜儻負奇，流寓吳門特久。今蔡子生於黃而客
於吳，長江大海隱現筆端，撥諸古人，豈有異乎？益信天地
之文章莫大於江海，江海之文章莫大於吳楚，而吳楚之
文章則有乘槎集在。

王子重集桂亭　　朱日濬

蜀地古稱多才蓋其山川之氣如玉京大蓬插天連雲百花潭水濯錦分箋故萇宏雲卿輩皆隱顯殊絕而杜子美以盛唐一代才人結廬浣溪之上故集中所著蜀詩爲多蓋人地相期忠愛菀積於中奇遇薄射於外故憂苦沈湛憔悴行吟之感往往若瞿塘灩澦之險驚湍噴激而出不能自已也子重王子入爲吏部出典蜀試以鶴禁冰鑑之司任皇華四牡之遐揖其宿抱與蜀士遇將見倡風應雅厲辭賦事鷹揚其體鳳觀虎視出其天藻神思以潤爲國華亦何不可顧獨取子美愁苦憔悴之咏而集之何耶蓋

子重一出一入皆爲國家作人之用其入蜀也不獨公門桃李盡入夾袋即千載以上莫不追其既往溯其流風蓋以求才之志引而爲憐才之思古之所謂登駿骨而致千里之足其即此與故曰駪駪征夫每懷靡及見詩人之不敢以皇華爲樂而以原隰爲憂也子重以天部侍從之臣志與時並極人生之至願乃於出使而不忘羈旅孤臣之子美所謂安石既與人同樂自不得不與人同憂其忠君愛國之思必自有以著見於異日者而非徒以詩也

黄州府志序　　靖道謨

太守關中王公於乾隆戊辰十月開志館招邑文學之士編輯郡志道謨以衰年昏耄備員其間越明年夏五志稿成太守公親爲釐定校覈嚴體例慎去取弁序於端而屬謨以一言繼其志謨考黄州之有志舊矣宋景德四年凡四方郡縣所上圖經詔翰林李宗諤等刊修校定爲一千五百六十餘卷南渡後多散軼而止齋陳氏家尚存有蘄越黄三州刻本乾道間郡守李訦於圖經四卷外又以近事爲附錄一卷訦參政李邴子朱子所爲作二程夫子祠記者也慶元己未郡守李昭問俾教授厲居正重修齊安

志二十卷可謂詳且備矣去今不六百年求片紙隻字絕不可得即明萬歷乙亥所修志僅於康熙乙丑志中存其一二歷代文獻無徵昔人云作史之難無如志殆尤莫難於黄州志矣夫時代遼邈傳聞何可盡信黄州周弦子國而混於江黄蘄水漢軑縣地而入於蘄春則地理之訛也周仁毛玠余闕本汝南陳留廬州之産而係以黄岡麻城羅田之人則人物之謬也邾城有二而混爲一舉水倒水鄳元有注而無其名黄歇樊噲封邑湮絕而載其墓則古蹟山川陵墓之舛也其他錯誤難更僕數大約記載所傳

聞多不復考信於正史、想當年景德乾道慶元之圖經志錄、决不如是、則兵燹之所焚棄、風雨蟲蠹之所泯蝕、文獻名邦、幾同僻荒陋壤、披覽遺文、徒滋疑竇耳。謨自早歲、每遇遺文、輒訪問鄉里故實、後來奔走四方、修志滇黔、書籍所紀、有關故國者、手自劄記、積久成帙、今來館中、同事張君緒茲出其大父斗符先生郡志注遺五卷、糾正傳聞之謬、與余劄記符合者、十有六七、喜先得我心、因與同事諸君子共相商榷訂譌補缺、以就正於太守公、太守先大父關中理學名儒、研經味道、屢徵不起、海內所稱豐川先生

者也。昔年海寧陳實齋先生開府湖北、禮聘來楚、講學江漢書院、謨曾與執經之列、師友淵源、校讐之役、尤義無可辭、夫沿流溯源、參互考訂、以搜討遺軼、生長鄉土者之責也、修舉文獻、以昭明政治、而激厲風化、則太守公於此有深意焉、後之覽者、可以興矣、

記

宋

竹樓記　王禹偁

黄岡之地多竹、大者如椽、竹工破之、刳去其節、用代陶瓦、比屋皆然、以其價廉而工省也。子城西北隅、雉堞圮毀、蓁莽荒穢、因作小樓二間、與月波樓通、遠吞山光、平挹江瀨、幽闃遼夐、不可具狀、夏宜急雨、有瀑布聲、冬宜密雪、有碎玉聲、宜鼓琴、琴調和暢、宜詠詩、詩韻清絶、宜圍棋、子聲丁丁然、宜投壺、矢聲錚錚然、皆竹樓之所助也。公退之暇、披鶴氅衣、戴華陽巾、手執周易一卷、焚香默坐、消遣世慮、江山之外、第見風帆沙鳥、煙雲竹樹而已、待其酒力醒、茶煙歇、送夕陽、迎素月、亦謫居之勝槩也、彼齊雲落星、高則高矣、井幹麗譙、華則華矣、止於貯妓女、藏歌舞、非騷人之事

吾所不取、吾聞竹工云、竹之爲瓦、僅十稔、若重覆之、得二十稔、噫、吾以至道乙未歲、自翰林出滁上、丙申移廣陵、丁酉又入西掖、戊戌歲除日、有齊安之命、己亥閏三月到郡、四年之間、奔走不暇、未知明年又在何處、豈懼竹樓之易朽乎、後之人與我同志、嗣而葺之、庶斯樓之不朽也、咸平二年八月十五日記

永興禪院記　王禹偁

齊安郡名也、永興院額也、蓋僧者故老逗而呼之、遂以爲常耳、唐時舊州在齊安河上、院錄云、因刺史杜僕射以白

雲觀建爲斯院按唐史未嘗有官至端揆而刺黃者疑唐末杜洪據有鄂渚與結梁人東抗楊氏黃鄂之屬郡也或以宗族典之於時是綱弛紊官紀僭珍僕射之稱不爲異矣其後隨郡遷徙亦院於茲兵掠火燔僧無寧歲乾寧中楊行密盡有江南之地天祐二年楊公卒其子渥稱嗣吳王奉唐正朔以部將孫彥思爲黃州刺史始造院宇崇佛像彥思母王氏捨粧奩鑄鐘於今尚在主院之僧傳法之祖喪亂無紀莫得而知今所述者斷自紫陵而下紫陵者鄂中名山也山僧曉禪世謂之紫陵和尚其後指茲院遊

鳳翔從清泰入洛賜號國師次日同一次日行忠次日節運次曰延眞次曰自正此五僧者自前唐天祐止聖朝端拱初有若蘄州三角山龍門禪院自南開堂演法自南者合肥人也姓解氏住持凡七年復歸蘄州四祖雙峯山淳化中有若蘄州自雲山廣教禪僧智雨嗣興院事智雨者漣水人也姓朱氏以至道三年十一月十三日寂滅壽八十一夏臘二十七臨終召院衆囑付今長老仁辯仁辯遂學人得法於智雨者也即以其月十八日荼毗之法起塔於長圻村二十八日仁辯會大衆陞法堂有僧元質問曰

如何是齊安境答云後面青竹連道觀前綠水又問如何是境中人答曰大似不相見此之謂住持傳法僧舊有堂廚各五間郡人王福捨錢二百萬造殿成再與捨錢一百五十萬造僧室郡之衆率錢二百萬建長老宿堂又率錢十萬立方丈室左都押丁文璲捨錢五十萬建浴堂蘄州王貞捨錢四十萬創菩薩堂塑彌勒佛里人何遇捨菜圃此之謂檀越知院從節掌申牒公府維那敎功掌捉宮堂司供養殿主有思掌化募施利典產義超掌庖廚有歲省愼掌墾種此之謂知事僧先是爲住持傳法僧無祖禰道

高衆伏則推之知事僧無資級才堪心願則爲之故上下熙熙而忿爭不作矣禪者儒之曠達也律者士之名教也浮圖氏離而爲二罕能兼之其甚者率相矛盾過於仇讎惟長老仁辯禪其心以度人律其行以伏衆有來斯應虛往實歸禪其心也一衣一飯之外日誦法華經一部律其行也禹偁筮仕以來治僧訟多矣獨愛其無親疎無人我有賢智則尊而仕之有才力則信而使之去而不強推而不競渾然幾乎道矣故總而爲之記至於院宇之至爾田園之廣袤道具經典租傭什器請書石陰

黄州安國寺記　　蘇軾

元豐二年十二月余自吳興守得罪上不忍誅以爲黄州團練副使使思過而自新焉其明年二月至黄舍館粗定衣食粗給閉門卻掃收召魂魄退伏思念求所以自新之方反觀從來舉意動作皆不中道非獨今之所以得罪者也欲新其一恐失其二觸類而求之有不可勝悔者於是喟然歎曰道不足以御氣性不足以勝習不鋤其本而耘其末今雖改之後必復作盍歸誠佛僧求一洗之得城南精舍曰安國寺有茂林修竹陂池亭榭間一二日輒往焚

香默坐深自省察則物我相忘身心皆空求罪垢所從生而不可得一念清淨染汙自落表裏翛然無所附麗私竊樂之旦往而暮還者五年於兹矣寺僧曰繼連爲僧首七年得賜衣又七年當賜號欲謝去其徒與父老相率留之連笑曰知足不辱知止不殆卒謝去余是以愧其人七年余將有臨汝之行連曰寺未有記具石請記之余不得辭寺立於僞唐保大二年始名護國嘉祐八年賜今名堂宇齋閣連皆易新之嚴麗深穩悅可人意至者忘歸歲正月男女萬人會庭中飲食作樂且祠瘟神江淮舊俗也四月六日汝州團練副使眉山蘇軾記又記應夢羅漢僕往岐亭宿於團風夢一僧敗面流血若有所訴明日至岐亭以語陳慥季常皆莫曉其故僕與慥入山中道左有廟中神像之側有古塑阿羅漢一軀儀狀甚偉而面目爲人所壞僕尚未覺而慥忽悟曰此豈夢中得乎乃載以歸使僧繼蓮命工完新遂寘之安國院左龍右虎益第五尊者也

子姑神記　　蘇軾

元豐三年正月朔日余始去京師來黄州二月朔至郡至之明年進士潘丙謂余曰異哉公之始受命黄人未知也有神降於州之僑人郭氏之第與人言如響且善賦詩曰蘇公將至而吾不及見也已而公以是日至而神以是日

去其明年正月丙又曰神復降於郭氏余往觀之則衣草木爲婦人而置箸手中二小童子扶焉以箸畫字曰妾壽陽人也姓何氏名媚字麗卿自幼知讀書屬文爲伶人婦唐垂拱中壽陽刺史害妾夫納妾爲侍妾而其妻妒悍甚見殺於廁妾雖死不敢訴也而天使見之爲直其冤且使有所職於人間蓋世所謂子姑神者其類甚衆然未有如妾之卓然者也公少留而爲賦詩且舞以娛公詩數十篇敏捷立成皆有妙思雜以嘲笑問神仙鬼佛變化之理其答皆出於人意外坐客撫掌作道調梁州神起舞中節曲

終再拜以請曰公文名於天下何惜方寸之紙不使世人知有妾乎余觀何氏之生見掠於酷吏而遇害於悍妻其怨深矣而終不指言刺史之姓名似有禮者客至逆知其平生而終不言人之陰私與休咎可謂智矣又知好文字而耻無聞於世皆可賢者粗爲録之答其意焉

記遊定惠院　蘇軾

黃州定惠院東小山上有海棠一株特繁茂每歲盛開必攜客置酒已五醉其下矣今年復與參寥師二三子訪焉則園已易主主雖市井人然以余故稍加培治山上多老

枳木性瘦韌筋脉呈露如老人項頸花白而圓如大珠纍纍香色皆不凡此木不爲人所喜稍稍伐去以余故亦得不伐既欲往憩於尚氏之第尚氏亦市井人也而居處修潔如吳越間人竹圃皆可喜醉卧小板閣上稍醒聞坐客崔成老彈雷氏琴作悲風曉月錚錚然意非人間也晚乃步出城東鬻大木盆意者謂可以注清泉瀹瓜李遂與緣小溝入何氏韓氏竹園時何氏方作堂竹間既闢地矣遂置酒竹陰下有劉唐年主簿者餽油煎餌其名爲甚酥味極美客尚欲飲而余忽興盡乃徑歸道過何氏小園乞其藂橘移種雪堂之西坐客徐君得之將適閩中以後會未可期請余記之爲異日拊掌時參寥唯不飲以棗湯代之

記承天夜遊　蘇軾

元豐六年、十月十二日、夜解衣欲睡、月色入戶、欣然起行、念無與爲樂者、遂至承天寺、尋張懷民、懷民亦未寢、相與步於中庭、庭下如積水空明、水中藻荇交横、蓋竹柏影也。何夜無月。何處無竹柏。但少閒人如吾兩人者耳。

贈別王文甫　蘇軾

僕以元豐三年二月一日至黃州時家在南都獨與兒子

邁來郡中無一人舊識者時時策杖至江上望雲濤渺然而不知有文甫兄弟在江南也居十餘日有長而髯者惠然見過乃文甫之弟子辯留語半日云迫寒食且歸東湖僕送之江上微風細雨葉舟横江而去僕登夏隩尾高邱以望之髣髴見舟及武昌乃還爾後遂相往來及今四週歲相過殆百數遂欲買田而老焉然竟不遂近忽量移臨汝念將復去此後期不可必感物悽然有不勝懷者浮屠不三宿桑下有以也哉七年三月九日

黃州快哉亭記　蘇轍

江之清流揖西山之白雲窮耳目之勝以自適也哉不然連山絶壑長林古木振之以清風照之以明月此皆騷人思士之所以悲傷憔悴而不能自勝者烏覩其爲快也哉

黄州師中菴記　　蘇轍

師中姓任氏諱伋世家眉山吾先君子之友人也故予知其爲人嘗通守齊安去而其人思之不忘故齊安之人知其爲吏師中平生好讀書通達大義而不治章句性任俠喜事故其爲吏通而不流猛而不暴所至吏民畏而安之不能欺也始爲新息令知其民之愛之買田而居新息之人亦曰此吾故君也相與葬之不替及來齊安嘗游於定

惠院既去郡人名其亭曰任公其後予兄子瞻以謫遷齊安人知其與師中善也復於任公亭之西爲師中庵曰師中必來訪予將館於是明年三月師中歿於遂州郡人聞之相與哭於定惠者凡百餘人飯僧於亭而祭師中於庵蓋師中之去於是十餘年矣夫吏之於民有取而無予有罰而無恩去而民忘之不知所怨蓋已爲善吏矣而師中獨能使民思之於十年之後哭之皆失聲此豈徒然者哉朱仲卿爲桐鄉嗇夫有德於其民死而告其子必葬我桐

江出西陵始得平地其流奔放肆大南合沅湘北合漢沔其勢益張至於赤壁之下波流浸灌與海相若清河張君夢得謫居齊安即其廬之西南爲亭以覽觀江流之勝而予兄子瞻名之曰快哉蓋亭之所見南北百里東西一舍濤瀾洶湧風雲開闔晝則舟楫出沒於其前夜則魚龍悲嘯於其下變化倏忽動心駭目不可久視今乃得翫之几席之上舉目而足西望武昌諸山岡陵起伏草木行列煙消日出漁夫樵父之舍皆可指數此其所以爲快哉者也至於長洲之濱故城之墟曹孟德孫仲謀之所睥睨周瑜

陸遜之所馳騖其流風遺跡亦足以稱快世俗昔楚襄王從宋玉景差於蘭臺之宮有風颯然至者王披襟當之曰快哉此風寡人所與庶人共者耶宋玉曰此獨大王之雄風耳庶人安得共之玉之言蓋有諷焉夫風無雌雄之異而人有遇不遇之變楚王之所以爲樂與庶人之所以爲憂此則人之變也而風何與焉士生於世使其中不自得將何往而非病使其中坦然不以物傷性將何適而非快今張君不以謫爲患竊會計之餘功而自放山水之間此其中宜有以過人者將蓬戶甕牖無所不快而況乎濯長

鄉後世子孫奉嘗我不如桐鄉民既而桐鄉祠之不絕今師中生而家於新息沒而齊安之人爲亭與庵以待之使死而有知師尚其將往來於新息齊安之間乎予不得而知也元豐四年十二月日眉山蘇轍記

遺愛亭記　巢　穀　或云子瞻代作

何武所至無赫赫名去而人思之此之謂遺愛夫君子循理而動理窮而止應物而作物去而復夫何赫赫名之有哉東海徐君猷以朝散郎爲黃州未嘗怒也而民不犯未嘗察也而吏不欺終日無事嘯咏而已每歲之春與眉陽

子瞻游於安國寺飲酒於竹間亭擷亭下之茶烹而食之公既去郡寺僧繼連請名子瞻名之曰遺愛時穀自蜀來客於子瞻因子瞻以見公公命穀記之穀愚樸羈旅人也何足以知公採道路之言質之於子瞻以爲之記

鴻軒記　張　耒

鴻軒者文潛讀書舍也客有言曰吾聞之時其往來以避寒暑之害而高飛遠舉能使弋人無慕者鴻也今子以讒暗不見事幾得謗辱於世也蒙垢忍恥於泥塗苟升斗以自養爾欲自比於鴻不亦愧乎張子曰子之言是也然余居此以巳卯之秋其遷也庚辰之春與夫聱聱啖澤中猶食以酒秋至而春去者得無類乎客曰然

遊黃州東坡諸勝記　陸　游

自州門而東岡壟高下至東坡則地勢空曠開豁東起一壟頗高有屋三間一龜頭曰居士亭亭下面南一堂頗雄四壁皆畫雪堂中有蘇公像烏帽紫裘橫按節杖是爲雪堂堂東大柳傳以爲公手植正南有橋榜曰小橋以莫忘小橋流水之句得名其下初無渠澗遇雨則涓流耳舊止片石布其上近輒增廣爲木橋覆以一屋頗適人意東有

一井曰暗井取蘇公詩中走報暗井出之句泉寒熨齒但不甚甘又有四望亭正與雪堂相值在高埠上覽觀江山爲一郡之最亭名見蘇及張文潛集中坡西竹林古氏故物號南坡今已殘伐無幾地亦不在古氏矣出城五里安國寺蘇公所嘗寓兵火之餘無復遺跡惟遠寺茂林啼鳥似猶有當時氣象也羣集於棲霞樓蘇公樂府云小舟橫截春江上臥看翠壁紅霞起正謂此樓也下臨大江煙樹微茫遠山數點亦佳處也樓頗華潔先是郡有慶瑞堂謂一故相所生之地後毀以新此樓酒味殊惡然文潛乃極

雅黄州酒以爲自京師之外無過者豈文潛謫黄時適有佳匠乎循小徑繞州宅之後至竹樓規模甚陋不知當王元之時亦止此耶樓下稍東即赤壁磯亦茅岡耳略無草木故韓子蒼待制詩豈有危巢與栖鶻亦無陳迹但飛鷗此磯圖經及傳者皆以爲周公瑾敗曹操之地然江上多此名不可考質李太白赤壁歌云烈火張天照雲海周瑜於此敗曹公不指言在黄州蘇公尤疑之賦云此非曹孟德之困於周郎者乎樂府云故壘西邊人道是當日周郎赤壁葢一字不輕下如此至韓子蒼此地能令阿瞞走則

直指爲公瑾赤壁矣又黄人實謂赤壁曰赤鼻尤可疑也晚復移舟菜園步又遠竹林三四里葢黄州臨大江了無港澳可泊或曰舊有澳郡官厭過客故塞之

二程夫子祠記　朱熹

齊安在江淮間最爲窮僻而國朝以來名卿大夫多辱居之如王翰林禹偁韓忠獻公蘇文忠公所人至今樂稱而於蘇氏尤致詳焉至於河南兩程夫子則亦生於是邦而未有能道之者葢王公之文章韓公之勳業皆已震耀於一時而其讜論氣節卓犖奇偉尤足以驚世俗之耳目則又莫若蘇公之盛也若程夫子則其事業湮鬱既不足以表於當年文詞平淡又不足以誇於後世獨其道學之妙有不可誣者而又非知德者莫能知之此其遺跡所以不能無顯晦之殊亦其理勢之宜然也葢天聖中洛人太中大夫程珦初仕爲黄陂尉秩滿不能去而遂家焉實以明道元年壬申生子曰顥字伯淳又明年癸酉生子曰頤字正叔其後十有餘年當慶歷丙戌丁亥之間攝貳南安乃得從掾舂陵周公惇頤而與之遊於是二子因受學焉而慨然始有求道之志既乃得夫孔孟以來不傳之緒於遺經遂

以其所學爲諸儒倡則今所謂明道先生伊川先生是也先生之學以大學論語中庸孟子爲標準而達於六經使人讀書窮理以誠其意正其心自家而國以達於天下其道坦而明其説簡而通其行端而實葢將有以振百世之沉迷而納之聖賢之域其視一時之詞章事業議論氣節所係孰爲輕重所施孰爲長短當有能辨之者而世非徒不之好也并抑乃目以爲道學之邪氣而必剪滅之於斯時也苟無濂溪其伐木削跡焉斯已矣尚何望其餘哉今太守李侯乃能原念本始追誦遺烈立二夫子之祠於學

害以風厲而作興之非其自信之篤而不以世之趨舍動其心其孰能與於此李侯名訦字誠之其爲此郡勤士愛民固多可紀特於此舉尤足以見其操行之不凡而非衆人之所能及是以因其請記而具論之以告來者使有考焉

元

黃州路重修竹樓記

龍仁夫

齊安固江淮間斗僻郡然以江山之勝望東南岷江嶓漢淵澎浩潒來天際赤壁巉其渚過江武昌樊口諸山皎翔爲峙森森獻狀茲其爲勝已然談是間登臨之美刺刺稱

竹樓曩宋王公禹偁字元之來守黃郡即城西北隅雉堞篠穢作小樓二間爲退食之娛不瓦而竹從工宜也風鑒而蝕薦圮薦新新復圮蓋三百年矣至順辛未冬侯疇埜公初涖郡憑高躑躅曰是宜新之既期穀登民和寮寀薤肅刑清訟簡長日湛然於是謀之監郡公暨佐貳諸賢究厥興修故章掄材鳩工改作此樓棟宇楔棖甍榱櫺闌黝堊漆丹悉如度蓋捐俸廩與官計之羸而民不與知焉登斯樓也所謂風帆沙鳥煙雲竹樹與夫夕陽素月之觀與然如在至道咸平間屬予記客有聞而勸之曰王公茲樓之勝竹之助亦多矣今不竹而瓦何居予曰陋哉客蜒山之屺以玉抵鵲彭蠡之岸以魚餇犬則繁故也黃之人昔者刈竹如菅蒯今者得竹如金珠夫役人之存古也存其意而已奚竹之拘客又曰君子從人以其倫今之構斯樓也其猶昔人也歟予艴然曰客陋滋甚夫善論人者不於其迹於其心黃爲郡歷世稱遷厥非竊人謫客左遷謫退不至是間王公以危言直道獲譴當朝自玉堂而滁而揚而至是州江湖魏闕之情蓋不勝黯然彼鶴氅華陽爐

香易卷之云少寄其遷謫亡聊之情而已天朝混闢來黃爲腹郡且天歷初皇帝舊勞於外嘗駐蹕焉顧南州赤子遠天京勤勞擇良牧侯以身冠名流天官清選佩二千石綬爲此來而何王公之比所謂迹也天壤間惟人備士有曠萬里而同襟懷越千百年而合符節者心而已翰林以清忠鯁亮爲宋名卿侯以公廉方正爲元鉅公心術行事軒軒磊磊揭日月行中天非予所謂曠萬里越千百年而脗合者乎矧長貳若屬無不心侯之心乎然則茲樓之勝炫映今　昔夫奚疑客語塞則續請曰將無異乎於是綴續

大笑曰老哉龍子昔人所謂中書君老而禿假執筆從王
公後茲其爲異歟客相與笑粲然遂書畀石工勒

明

黄岡儒學記　　李時勉

學校之興有資於守令舊矣文翁之在蜀郡范純仁之在襄邑皆以能興學校崇教化致民俗丕變故聲譽顯於當時名聞昭於後世有不可及也蓋學校風化之源三綱五常之道由是而明詩書禮樂之教由是而行風俗由是而變人才由是而出古昔治效之盛非後世所及者有此道

也洪惟我太祖高皇帝自即位以來輒詔天下郡縣皆立學詔師弟子員付之守令以程督之藩臬二司考察其勤惰而勸懲之賢能文學之士往往出於其間自公卿大夫至於州縣之選常不乏人是亦興學校之效也比年以來儒學之士多以記誦文辭爲業而不務實學者蓋由有司者每以簿書期會爲急視學校若不干已者雖廟舍頹毁教化廢弛略不加之意故爲師者怠於教爲弟子者怠於學雖朝廷專設憲臣以督理之未能或之變也吁豈漸染之深未可以朝夕革歟是殆不然憲臣之巡歷有時而守令之臨涖無間苟一加之意焉則無不可者在鼓舞而作興者何如耳黄岡黄州之附郭邑也地濱大江舊有學規制卑隘且歲久頹圮太守錢公至周覽慨嘆首捐已俸欲擴而大之於是縣正僚佐邑人富室爭出錢幣以相助者甚衆乃庀材鳩工諏言興作自大成殿以至明倫堂池臺門廡師生講誦之所齋宿之舍一新理之至於神厨倉庫泡湢之處莫不備具壯麗宏偉數倍於昔經始於正統二年九月告成於五年庚申七月費不出於公辭勞不及於庶民而成此大功其孰能之公之爲人端厚坦夷廉静而

不阿居家以孝弟聞親喪廬墓三年朝廷旌異之在大理獄不以寬今爲黄州環千里之民無不歸心焉又能以其餘力一新郡縣之學暇則與諸生講論經史課其所業而獎勵之莫不翕然向於學文翁范純仁不得專美於前矣孔子曰身修而後家齊家齊而後國治此大學之道也若公者可謂身體而力行之矣邑學官尹勗以書來求予言夫郡縣博士樂得賢太守以蒙其作興之惠又樂得其才以盡其教育之功何其幸哉

遊黃州赤壁記　邵長蘅

自鳩茲泝江十日抵黃州泊舟日方晡有山巋然詢之舟人曰是赤壁也則大喜躍而登舟從行者三人尋岸可二百步抵山麓山之高可百步土盡赤巔童然若髡石負土出者皆犖犖而碩躡其尻則睥睨據之子瞻片石剝落頹垣薜壁間可摩挲讀按志魏武與周瑜戰地曰赤壁在今嘉魚在黃州者曰赤鼻水經曰右得樊口左逕赤鼻山南是也蓋名之從其色矣自子瞻冐鼻爲壁而黃州之名特著然余曩時讀子瞻賦所云履巉巖披蒙茸踞虎豹登虬

龍意必幽邃峭險逈然耳目之表今身歷之皆不逮所聞豈文人之言少實而多虛雖子瞻不免耶抑陵谷變遷而江山不可復識耶噫天下穹磐嵌崖爭奇於茲山者何啻什百而或限之遐陬荒徼輿莽之所翳豺狼狐狸之所嗥數百年不一效靈於世而茲山以子瞻故樵夫牧豎皆熟其名山之遭固有幸有不幸耶然則士卓犖負奇往往不能自著名當世而當世冐重名者又往往過其實悲夫

重修團風漕倉記　王正常

團風距郡城五十里當水陸之會自古爲巨鎮前明隆萬間四方居積人物繁茂比於一邑劉克猶先生序可覆按也先是漕倉在樊口額徵南北米貳萬叁千有奇士民輸納必渡江往往爲風濤所阻苦不便康熙中邑令鍾公葦始移建於團相傳議建之前日有白髯老人曳杖週遊其地居人不經意也洎鍾公相度定於茲衆始悟向者老人固倉神也團之人至今猶稱靈異焉倉舊制列天地人三廒倉神祠位左碑亭位右門堂廳室署與縣署相等頗歷時既久榱腐石泐駸駸不可支聞前攝縣篆史公澹園慮及此以經費不敷中止嗣是率以爲傳舍歲補苴而已丙

午秋余奉調茲邑多方粘葺且假僧房分貯之及兌畢而坍塌十之三

天庾重地關係匪輕因循不治伊誰之責明年歲大稔余爲請於

上憲借項重修報曰可於是庀材鳩工撤枯朽而盡易之爲廒六十間兩翼以廠俾收放時風雨無患又繚以磚垣陰疏水道其他治事之所與夫齋廚溷湢靡不具備倉前街皆砌石以達於江越六旬而工告成是役也擘畫度支而司其事者吾友毘陵陸君瑛也吳門詹君桂副之而天時人事會逢其適數十年之廢墜毅然與舉不畏

其難老前則蜀人王某也例得並書。

黃岡縣志卷之十五終

黃岡縣志卷之十六

知黃州府事王　錢　楷　鋆　裁　纂　訂　輯　知黃岡縣事　蔡　王　陳　韶　鳳　文　清　儀　樞　仝　編

藝文志　三

古文下

傳

宋

方山子傳　蘇軾

方山子光黃間隱人也少時慕朱家郭解爲人閭里之俠皆宗之稍壯折節讀書欲以此馳騁當世然終不遇晚乃遯於光黃間曰岐亭庵居蔬食不與世相聞棄車馬毀冠服徒步往來山中人莫識也見其所著帽方屋而高曰此豈古方山冠之遺像乎因謂之方山子余謫居於黃過岐亭適見焉曰嗚呼此吾故人陳慥季常也何爲而在此方山子亦歎然問余所以至此者余告之故俯而不答仰而笑呼余宿其家環堵蕭然而妻子奴婢皆有自得之意余既聳然異之獨念方山子少時使酒好劍用財如糞土前十有九年余在岐山見方山子從兩騎挾二矢遊西山鵲起於前使騎逐而射之不獲方山子怒馬獨出一發得之

[illegible]及古今成敗自謂一時豪士今幾時耳精悍之色猶見於眉間而豈山中之人哉然方山子世有勲閥當得官使從事於其間今已顯聞而其家在洛陽園宅壯麗與公侯等河北有田歲得帛千匹亦足以富樂皆棄不取獨來窮山中此豈無得而然哉余聞光黃間多異人往往陽狂垢汙不可得而見方山子儻見之與

元

黃岡隱士西山吳公傳　曾貞

天有知乎天無耳目之視聽天無知也主宰於冥冥之中

作善者降之以百祥作不善者降之以百殃爲之主宰豈非天乎如果天也是天之有知也人感之天啟之猶影之隨形聲之應響也天未始有不定也以爲未定者是不知天者也觀黃岡吳氏積善厚施而未食其報者何哉夫生賢子孫能世其家即天報之也豈必食祿傳爵而後爲報哉况子孫賢天爵修而人爵至是天報之也閩南招撫使吳　生公七歲而父亡賴母夫人江氏匡扶保養延師教以詩書及長通儒業習國語博學多能以德義爲鄉黨親戚之所推服暨兄長曰東山次曰南山其東山兩淮鹽場司殁無後繼以南山之次子南山亦早世遺孤五人女六人西山撫育教誨男爲之娶女爲之嫁以已財擴充產業數倍於前以已財所置產業均分之六縣皆感悅公之樂善好施惠宗族鄉黨禮名士大夫自陽邏至桃花地高處得水甚艱者公鑿井一十九所家不闕水造橋自太平橋五里至陽邏地高險處不通車馬公爲開險鑿石地遂平坦行者便之砌路陽邏至蓮花橋一百三十餘里鄉人立石以記功歲施棺以濟死者日施粥以活饑人立義塾招名師以訓鄉里之子弟名士大夫若吳草廬曾子翬龍麟

洲黃子肅平章乞住忽剌歹右丞札忽台叅政龔友輔御史李子源皆與公交天歷己巳湖廣省平章同薦公德義不求聞達上遣異珍庫大使陰索卿齎詔徵之公不起御書西山二字賜之公建御書樓以侈賜危太僕爲之記公生於至元甲申歿於至正己丑娶袁氏名妙本後娶虞氏名妙恭葬中和五里之原生四子長曾思不花入爲内臣次琳次琛幼珪琳琛皆與余交琛乃曰西山之樓已毀翰苑諸公之詩文皆不復存子其爲我先人作傳將刻石以示[illegible][illegible]可辭也余謂[illegible]之吳氏積善厚施天既報之[illegible]

文報之以子孫十爵賢天爵修而人爵至信乎天之有知也豈有未定者乎論曰洪範九疇曰念用庶徵曰天人感應之理九曰嚮用五福威用六極言天人感應之效也由是觀之爲善而報之不差毫釐天命理也未嘗不定也吳氏子孫之昌也宜哉

明

劉廣文托孤傳　耿定向

進士王一鳴黄岡鉅室也十三喪父十四喪母上無伯之祖母次無第五之叔父内無昌黎之兄嫂外無齊秦之

婚媾煢煢然與一弟居乃攻治博士家言尤嫺古文詞而弱冠取高第名滿京國而故恂恂雅飭無纖微憍蹇浮薄態近從余游因詢其所以成立生蹙容含淚應曰小子何知先君子托孤於吾師之所造也師劉氏先君子中表也知其賢屬纊時以小子屬吾始師日課誦經史諸子百家言日不如程則撻之不少姑息已自不忍撻之苦則時時捧先君子主置座上跪小子前師自抱主而長號曰孤嬉惰不學吾負君矣何面目見君地下小子雖蒔悲愴且愧欲死寧受撻百十不忍聞此語也師之數年一歲以小子有他適必辭去小子自分不能一日遠離吾師乃啓明自文新得接新建堂下流戀書集曰師乃復下發壬午小子幸舉於鄉師一日臨吾家小子命身衣履未整師怒叱跪之庭下欲有論時姻友曲爲解乃免其龍嚴類如此先君子遺命每歲贄三十金師計日而分之每一日當取八分日籍記之如偶以家務曠半日程則減取其半曠一二然則減取三之一曰師御孤幼可欺不忍欺而况於冥冥也其介又如此小子之有今日也蓋多賴之歎子曰昔曾子以可託六尺之孤爲君子託孤惟艱哉此劉君之撫孤王

生若此柳君子人與君命是適顯躋膴仕御亦不負人國矣乃王生當弱年失怙恃師嚴如是尔從不肯遠離緊誰督之其識卓矣亦王氏之禮教素嚴漸漸然也余交海内人士如姚江之孫靈寶之許安成之鄒閩中之林其子姪大都仁厚醇謹故能熾昌興盛若斯也由斯以觀王氏其長世乎劉字表卿名文元任爲華容廣文先生

樊太常本傳　樊良樞

公姓樊諱玉衡字以齊號大父軒黄岡還和鄉樊畈人其先[illegible]章[illegible]元中[illegible]爲省一公[illegible]其名生子曰

發章黄之有樊自漢晉公卿士人所稱爲樊將軍者也數傳而爲東廂公以明經官留都司城東廂公生汝文是爲桐山公舉邑茂才公大父也桐山公生一子諱煒應明經選三爲學博學者多遊其門稱曰崙川先生薛郭文穀揚太史志傳也崙川公娶蕲春鄉進士李公承陽女是爲公母以嘉靖己酉誕公於樊敬東南二里之陳庄公幼時聰穎異於常兒崙川公每授以孝經論語一再過母李太夫人代授之日數百至千言無不立誦年十八補邑弟子員明年食餼每試與崙川公皆高等名相次時傳樊氏父子

文公六齡喪母至是易太夫人入繼政大母黃太夫人猶健在管不問家事熊恭人來歸極賢易太夫人生四子玉衡是爲孝介先生玉衡邑茂才玉衡孝感司訓玉衛郡茂才公天性純篤時人謂公有孝友之實而不居其名嘗授徒於邑歲數歸省輒抱幕不忍去諸幼弟更相抱攜衛時方幼被疹公視之淡旬既愈猶間日來視日暮抱送至路側則伏地哭公去復回亦泣下崙川公深於易桐仙公著戴禮荒餘未顯則尤顯治曲臺藝邑先輩於孝廉廷詩以戴記鳴時所稱樂蔡先生也公與漢川尹中丞應元同邑余進士心純王進士一鳴劉學博功遠同受業公最爲入室所著有中論故當時號禮有樊公學公嘗論志謂大丈夫得時當爲留折廷諍之臣無令汲黯朱雲輩寂寂地下矣人若止爲一身妻子計溫飽未足了樊生事也神宗壬午舉於鄉明年癸未得雋禮部除廣信李官時爲李者率深爲巧詆任爪牙詗伺奉上官指以擊斷破滅爲勝任而公持大體折獄多平反獨爲上官璽使者所敬信應廉狀舉首者以十數然不務矜詡故予知必所觀記時主撫者慕王文成勛貲爲贛以南諸山建搗巢之議軍興破金錢數

百千萬楊崗大帽㴴頭諸遺孽騷動殺官軍不可詰而僨帥納弁則大掠衆繫附近農民數千百詭號爲渠魁主撫者翁張其事則召僚撫吉信四李官監決上首功郎子上者公奮身而出曰此皆良民無死法願得覆按無使寃濫主撫者震怒他官皆目攝公爭之翁力久乃得按釋俘囚二百七十人他李官亦得準此意末減強半公歸未嘗語家人後戊戌秋仲子甫從公入粵舟過白鷺洲公指曰此余昔釋誣俘處也屈指十年強矣因語之故誡勿言己丑冬徵召爲江西道試御史巡視西城是時皇長子遁處龍

危在廷巧竊官府者以此卜菀枯之集公奮然曰九廟根本大計孰先此乎即於授事之初爲庚寅二月以儲位宜以時定儲教貴在夙成亟正元良之位飭講讀之儀以重與本具奏其畧曰臣聞賈誼之言天下之命懸於太子太子之善在早諭教古者人生八歲始入小學十有五年則自天子之元子以至士之適子與凡民之俊秀莫不入太學國家御慶祖宗貽謀有此名分然後有此官屬有此位號然後有此等威未有不讀書而可以疑圖不正位而可以出閣者今皇太子生九年矣以主器則繼體爲震以天

顯則同氣爲尊以承華則毓德爲盛今且踰古人入學之期名不正則人心疑蒙不養則聖功疏我祖宗執子均以嫡纔勝衣冠便受璽冊其爲根本計有不勝豫焉其爲輔導計有不勝夙焉何者懼其疑與疎也闇一涉疑與疎而邦本之繫屬天位之逸豫不可言矣臣無暇遠引即我皇上冊立之年與學問之期視今皇長子不已早乎皇上將昇皇長子以天下獨不思舉其治天下者而畀之乎今日不立而種種危疑將有叫日衆之者則見以爲急而實緩也今日不學而種種邪僻將有叫日衆之者則見以爲緩

而猶晚也宋寇準之告其君此事謀及婦人謀及中官皆不可唯斷之聖心天下幸甚而唐李泌之諫德宗且曰願陛下還宮勿露此意左右聞之將樹功於舒王太子危矣此今日之炯鑑也夫斷而必行鬼神且避其鋒天地且助其順而況中外宵憸如斯商京豐之輩乎疏奏不下尋差印馬屯田按部直隸河南山東是時議者以馬自入價代息率皆駑瘠應故事欲復養馬民間又開馬市一切權宜然積重懼他變而歲當大祲瀛灤以南數千里蜚鴻肥遺之跡如掃逃亡未盡復業躪虛罄空者人人趙過爭言水

利奇策以佐軍儲故兩政皆號難治有寶坻令首以開荒請所上圖說沸騰公卿間公曰此方土物不宜稻其荒者苟可耕種民必不遺力愛死以盡其利諸所言率鹵斥蘆葦甌脫夏苦潦水秋苦暵雖縣官給與牛種一再歲得不償失不可施行欲實軍儲當覈屯政蔽粟芻藁登耗本折丁中農鑛有定法而苦權勳豪戚中貴人僕區兼并其間則屯政大壞於是按行諸無所得隱露章劾奏惠安伯壞屯法覽諸戚貴而下黜戍其刁幹奴公曰國事戒爲大戒事駟爲大法久滋弊在以溯復而不亟去其害馬者徒爲

權姦北廠則又露章劾奏臨淮侯以私占役妾請駿足無
人臣禮待奏下馬隸戎政問卿如祖宗舊制此勳戚權貴
皆與鬭幾倖御名漸思有以中之矣壬辰冬廷臣之請建
儲愈急忽傳有三王並封待嫡冊立之旨癸巳正月公復
上疏曰皇長子之必爲太子也天下所共知也我皇上平
日雖聞有難色然不過曰待其稍長曰再遲一年初未嘗
有所謂留待中宮之說令天地祖宗垂精儲思於上四海
臣民延頸企踵於下萬口一辭想見冊立而忽然藉口於
立嫡之說以脫手於親王之封爲謀雖工而人心愈不敢

信爲說雖辯而人心愈不敢從天下耳目豈能盡塗乎如
謂長幼已定名分自存冊爲太子固當爲天下主封爲親
王亦不妨爲天下主而不知千秋之重加銖兩則移宮官
宮交鬭前而逢左右近習聽而合興比事勢其能遮覩
且輔臣志皋臣位皆新拔自夢卜之中而元輔錫爵又獨
際君臣魚水之遇四海仰望在此一舉相與唯唯諾諾展
轉附和陰諭變倖之蠱邪陽塗輿師之視聽躐邀冀戴之
虛譽曉市觀望之私恩成受其榮敗不與禍果克之心立
將見於今鮑牧之誰非又在其後也三臣者何以謝天下

曰皇上要用此三臣爲也臣竊爲皇上計誠無難者也立
太子是二十年之旨也並封親王是今日之諭也莫若俯
信而俱行之所蠱惑之私謀奮乾剛之獨斷皇長子照舊
冊立皇三子皇五子一併封王根本永固枝葉並茂億
萬年磐石之安孰加於此疏不下臺省交章攻者益急時
相漸不安其位前旨竟中寢而戚畹陰嫉及前所論劾仇
公者希時貴語遂謫判無爲州是歲冬量移全椒令民憚
直指使嚴重又謂遷客牢騷不堪簿書至則豈弟平易因
俗便民平役蠲賦剔奸蠹禮賢士民大喜過望三年考最

推金部比部及廷尉評皆不赴丁酉夏初河決蕭碭總河
漕大司空楊公檄署淮河防丞事是時河南徙歲伐竹石
下楗卷埽費萬億功且決黃堌口公至則露蓋行泥沙中
率三省坻隸開小浮橋二十里以受黃堌南出之支築又
安壩以隄之使不得入姬永二湖瀉畢吉沙陶莫直淺以
分舊河之流穿渠建閘宣漲蓧決器費萬金紓道旬日而
漕艘銜尾並進語詳楊公一魁堤記碑中公將歸全椒乃
著河上臆說以貽大司空其後楊公坐上流不治鐫秩去
言河者益思公頗採用其說而加河令爲利涉之津公歸

機既懷前星之慶以此公卿臺諫之請建儲一不報至是
復上疏曰我皇上御極二十有六載幅員萬里威令八荒
竄無煬奚之奸阿鮮倒持之柄不可謂不治矣獨奈何於
根本之地缺焉不講上感天災下徵獄沴遠近藉爲口實
桀黠生其心機若今日皇長子不冊不冠不婚以重貽天
下大慮者乎昔人謂大臣不敢言故小臣言之今大臣之
言亦已屢矣近臣不言故遠臣言之今近臣之言亦已勤
矣臣最小最遠亦曾復丈石之陛進執戟之班荷國家數
百年養育培植之恩於此畏鼎鑊避鈇鉞而不一極言之

天下後世其謂盛明何我皇上十齡嗣位天縱聰明古今
善敗何所不鑒於中一則曰父子至親再則曰兄弟有序
炳如日星昭揭海宇而今且人心皇皇若不勝其杞憂者
則以所信者不在皇上之空言而在皇上之實行也所冀
者不在昔日之溫語而在今日之遲回也何則數年以前
皇長子尚弱藉口從容猶可言也今且十七齡矣男子願
有室女子願有家父母之心也臣庶之家冠婚亦必及時
而況帝王典禮祖宗彝憲忍使天下萬世謂有子不立有
子十七齡而不冠不婚蔑常棄典自此始乎夫天下者聖

祖神宗櫛風沐雨而得之天下也冊立冠婚諸大禮者聖
祖神宗貽謀燕翼而垂之典禮也祖宗朝豈無一二親昵
之人而終不以愛廢禮先皇帝建儲春宮天下猶或憂之
而冠婚二禮亦未嘗過時不舉誠以昭繫望之重杜窺伺
之萌監前古之亂亡建萬年之長策不可易也今天下慮
亡不以皇長子之不冊立歸過於貴妃者而我皇上又故
依違以成其過不知貴妃何以自託而我皇上又何以託
貴妃於天下伏願我皇上亟聽公卿臺諫之言亟定皇子
元良之位而後冠婚大禮次第舉行使天下臣民不至觖

觖然如有不可測之憂則名分繇是正宗社繇是安臣雖
虀醢無悔也臣年五十如鴻毛之軀有補萬一則鼎鑊不
足爲臣憂鈇鑕不足爲臣懼臣願得先伏重誅以上悟可
主而下隆萬世磐石之安進效涓埃而退爲山岱言事之
戒疏上留中月餘賫奏人繫保舍得放歸讀者摘疏中語
謂人臣訕上大不敬罪當誅上猶豫不忍於是一夕三四
票擬相國趙公志皐極諫救之累牘揭封進止者不已事
乃得寢域睨既無所洩忿時有憂危竑議之訛則刑部給
諫戴士衡請同公遠謫欲委罪相國新建張公以及正人

爲一綱之訃乃別旨內降罪以哀指宮禁干撓典禮而公
有雷陽之行全椒父老攀號悲思名其草疏處曰翼日堂
歲時伏臘拜祠下詳全椒名宦傳中公聞命之日襆被就
道經故里拜伏父前謝不孝無狀崙川公愀然曰兒行矣
愛我乃不及范孟博母耶熊恭人曰君此舉差勝噂沓不
依忠良萬里何慮亟爲治裝南征是冬謫制府大司馬游
公燿於端州而同戍給諫戴公士衡爲大司馬宗人會於
座上始相識面退而坦然蓋給諫坐甚許寔累公公不急
自白其生平退讓率如此瑒粤有珠稅兩璫詗劾公私間

微反唇輒聞於上公益祇畏自端州陸行千餘里迫歲抵
雷陽旱疫之後暴骨如莽僦屋索米大不易後漸與雷陽
人講學受束脩如儒生時瓊康陽電間有負笈至者日與
諸生游西塘予旌忠祠冠蓋而下十賢人者嘯咏忘歸泊
如也吳川令丹公應蒸爲買故馮侍御地築室而居之即
公所自記思齊書屋爾六宗伯王公宏誨所署讀易臺者
也服則渡海爲海忠介公瑞重輯其祠請於當事爲之立
後辛丑冬青宮冊位壬寅春內閣傳旨罷礦稅且特赦公
等復追停公先後聞詔惟槃服焚香北向拜祝無覬倖之

意其述懷詩所謂無訧思古昔有道祝皇壽去生皆天地
棲遲繫紀綱者是也又嘗爲海語云川行處益壓船處危
飲食處毒呼吸處瘴欬口處讒舉足處阱皆實事也癸丑
春長子鼎遇以德陽令考績引神宗初邵康生例乞以身
代父罪其畧曰臣父得罪南竄愁苦憂思襍以瘴癘臣萬
死一生無復志意傷駑駕之不前遡鷄綸之無日又曰臣
父觸犯雖在不赦之科而遭遇聖明會有特赦之論臣職
卑賤雖無贖父回天之力而明典寬仁實有停封復職之
例但使荷戈遺老得脫蠻煙瘴雨歸老邱園爲內地垠黎

斯大幸矣疏奏不報伯子以憂思卒大宗伯李公維正爲
著楚德陽家傳甚核公自庚戌踰嶺染嵐瘴致足疾甲寅
冬制府張鳴岡直指周應期刑科姜信諸人交章請釋戍
俱不報庚申八月泰昌改元光宗首詔有抗言國本降黜
謫戍永錮歿身者分別召用卹錄列名王德完孟養浩等
三十二人公名與焉九月熹宗復詔錄建言諸臣起用未
盡者益公恬默絕朝貴歸然一老以戍籍應詔者未上聞
也明年辛酉天啓改元叔子維城以進士令鹽官覃恩當
封父引邵康生事請復父職其畧曰臣父得罪劍之雷海

二十餘年值陛下大孝之推賚臣父如天之福獨因當日疏奏爲巾科部查覆稍緩列名在後遂令應得之典不獲月承前災眚肆赦之日獨無解於向隅當恩賚洊及之時尚靳封於比屋誠不願聖朝旌直尚遺抑鬱之臣明主教孝求昔尉璟之澤使鼎彝垂白進不得從侍從之班擯國之餘退不得比就閑之列享子之榮臣亦猶人何以視息於是起補南北部福建司添註主事公方居易太孺人喪未禫聞命不敢具冠裳北面稽顙踰年壬戌服除公用初志上疏辭任且陳時政其畧曰臣七旬殘喘萬里羈臣絕

望生還無心後福二十四載苟哉長征雖流離瘴癘之鄉猶食息投畀之處在皇祖肆矜愚戇得寬蕭斧於讒謗構會之時在皇考曲記細微首霈溫綸於劍履棄遺之後我皇上英明天授仁孝夙成聖繼聖而不改其臣生並生而益宏其度如臣疵釁尚及維新自顧衰羸眞邀異數臣聞命之日雪涕感泣即欲匍匐趨朝捐糜就列緣家久成物是人非母慟方纏父殯未舉既不敢以苦塊不祥之辭瀆尊嚴又不敢以糾痛未定之身曠瘝清署迨今天啓二年三月負土之役粗畢彈弦之制難逾矧國家多事之秋

豈臣子避難之時猶力疾徇思一奮鉛刀雖鋒鏑臨此須則未溢犬馬之齡皆戀主效報之地也但念臣曠職久禦髮體變衰心緣省疚而驚悸多忘足以侵嵐而趑趄況給計懸車之格越三四年竭叩囊之愚或千一得是以審思陳力不敢以衰質輕黜朝班惟有瀝血貢丹猶得以野謀共勸廟算自知悖老不過常談遠隔春明罔知時務但臣進難備於奔走退有愧於恩榮含默不言首卯遺恨於是列陳其事一曰明聖學二曰勤實政三曰培元氣四曰固人心五曰核名實六曰信賞罰七曰隆繼輔八曰酌兵

餉九曰申武備十曰久使任疏入詔褒之是疏十條皆不存草時有見其數語者如怨端流而誅政最關節到而科日榮庸奴充將帥之材破格爲速化之徑又如執戀不次而祖額莫前使過屢聞而後效欽寡皆切中時政者尋復疏乞休乃以太常少卿致仕又二年甲子元旦公夢神人告之曰增爾壽八十日未又告公曰增爾壽九十日未盡至六月十四日凡一百有六似又四日是一百七十之成數也年七十六卒又二年逆璫竊命黨獄大興皆不出公所料及叔子維城從監簿上疏請誅逆璫語在本傳人謂

忠誠有子云公在晋陽時嘗辨沈中丞思孝讒寓之忠甚借山亭上因爲又借亭詆至是諸生得請於官祀中丞與公於其地而全椒人亦請祀公於名宦祠公之先世遷黃八傳至崙川公欲合豫章之族而未能也及公理信州每過鍾陵頓瞻社樹愀然動念輒求三陽北山之譜不可得以故公與族祖泰公不能叙余與仲甫叔城亦不能叙余自庚午宦遊湖北取道於黃始知修寧於楚爲近仲甫遂走修寧至仁鄉之畫橋有樊氏祠宋理宗時建也仲子猶以支孫之禮拜祠下明日宗子出譜示之果與黃合符者

也又聞雲巖寺鼎銘爲樊之先世所遺仲子往求得之果寧黃之所共也余以松隱公十九世孫距公析十七世曾拜公之堂得聞叙言又與仲甫叔城季獻有道義之雅則深知公者莫予若也余始爲義喆將軍立傳作寶鼎頌序今乃得爲公傳而歸之庶幾存其實而撫者使後世之有所攷焉子若孫曾孫元孫婚嫁名氏詳具狀中不悉載

論曰樊氏入黃至於崙川以孝友傳者數世矣太常忠介絶俗動觸機阱時人謂其位不稱德實過於名往往惜之然其忠白於斯也投荒萬里錦衣而歸不可謂非幸及其衰老初復猶陳時事不避忌諱蓋忠臣之志死且不變也子四皆能世守忠孝叔子請誅魏璫白泉正沉冤其後身死孤城之難尤赫赫在人耳目皆樊氏之忠孝也可謂盛矣

國朝

周中憲周僉事王光祿傳

劉騂驤

周公之訓號日臺黃岡人曾祖爲蒙自令有惠政居與王文成門人吳石梁以理學倡父啟孫從耿恭簡余鏡源講學篤行爲人倫師歲貢公髫齒氣節自許弱冠舉於鄉務

爲經世大文萬曆癸丑成進士授戶部主事大司農籌國計疏議多出其手督榷淮上約巳裕商甦埠役困勒頌尋除福建副使督學鑑閱精嚴風教動海表會璫禍起楚人熊尚書楊忠烈殊事同慘痛傷之遷陝西參政弗顧遽拂衣歸逆璫誅廷論思其風節起補江西驛傳以郵符詿誤歸後起山東參政兵備萊海先是登州叛將沈志祥殺監軍副使於皮島而挾先亡朝鮮者勢要我公募人責以大義而陰散其部曲將討之志祥懼遁去朝鮮公乃懸重賞購得其腹心誅巡撫軍前而沿海築城工亦畢以防禦綢

一總兹登萊無事戊寅冬
本朝大兵入山東時巡撫移鎮德州按察司無官公以兵巡
總司事倉皇部署不滿數百人警報至城守無一具公捐
貲日夜治攻守器粗備而兵已至城下公與方伯張公秉
文糧儲鄧公謙督學翁公鴻業畫城守西北馮都司熊通
判副焉翁隨侍御宋公學朱守東門公獨守南門以民兵
不足恃親厲所部往來欲給士卒糧而糧儲沮之曰吾事
也奈何分吾權竟不給兵民倀倀時城内有遼兵數千議
者謂不可令乘城侍御乃給出城壁已復令入大兵攻南

城急公自督守二日夜砲傷長帥乃引去明日圍復合公
枕甲城頭嚴待之兵撤圍始去時援兵無一至者遼兵索
德藩餉不遂而百姓守歲呷鬨怏怏思潰己卯正月朔二
復來黎明架雲車登西北城束草為人梯諸呷亂箭射城
内人遂望臃落會天大風砲皆反擊城西北陷報至公亟
分卒往救而兵已至公被創墮馬時短衣露刃兵不知何
人索賂公張目叱曰吾巡道領兵禦汝有賂耶立碎死東
南樓上妾三人劉氏楊氏持入并王氏為兵執矢死不屈
遂寸斬之壬午春贈光祿寺卿廕一子入監尋優卹典公
立身方嚴好學治聞黄諸薦紳士咸推重之青浹亦宜而
竟以節死至今稱惜

周公啓元字善長黄岡人父有為寧國知縣啓元年十二
就任省親父病單心醫藥晝不暇食夜不解衣父卒哀痛
泣死地上移時扶櫬歸次蕪湖大風舟覆啓元抱櫬從水
浮出歸事嫡母竭力承歡慎志誦習天啓丁卯舉於鄉署
枝江諭補公安陞高苑知縣歲凶賊警多方緩輯上官獎
其能命兼攝樂安臨朐而[illegible]
本朝大兵至山東郡縣望風降[illegible]不屑身攜三縣

印吉服北面稽首再拜引頸就死士民感其忠烈歛葬
署中贈山東按察司僉事廕一子入監

王公家錄字愧修黄岡人天啓辛酉鄉舉署武昌諭陞國
子監學錄歷刑部郎中有請恤刑熱審諸疏改戶部陝西
司出督延綏餉晉陝西副使駐節關南方候代而闖賊李
自成破西安率衆十萬攻榆林時巡撫鉄總兵去家錄司
鄉之仕者督率軍民捍禦餉懷利刃誓死賊圍城戰且守
半月殺賊屍横野賊砲雨至城無完板天寒家錄令丁男
穀誠婦人運水結冰城賊穿地入火藥轟燒之且盡勢蹙

邵因會寧夏諸賊合攻而我兵□立竟無救者家錄見力竭難支引所挾刀自刎南城樓　郡官尤世威奪刀慰云城尚未破何遽死家錄乃命取紙筆染頸血大書忠義數百字呼軍士用心守城殺賊城陷自縊尸六日不僵賊見之驚嘆贈光祿寺少卿蔭一子入監

劉修撰傳　金德嘉

劉修撰稚川先生者黃岡人也諱子壯字克猷其先江西清江人遷黃岡團風鎮四世而生贈公贈公二丈夫子伯克章先生其次也贈公暨太孺人蚤卒先生鞠於季父髫齡穎慧讀書一目數行下屬文奇肆甚弱冠登崇禎十三年賢書淵裕有文昌閣先生下帷其中博綜六經左氏公穀史漢暨唐宋大家書戶外事不聞也順治六年成進士廷對策萬言其畧曰陛下統一海內子惠元元隆祀典以達孝寬試以求賢罷廠衛以寧人去宦寺以謹始近且勤召對以開言路弛養馬挾書之禁寬隱匿連坐之條亦既湛恩汪濊寓內嚮風矣然猶發德音下明詔廣覽兼聽取法上古此三公九卿之任非臣草茅新進所能及也然臣愚述所聞誦所學竊以爲二帝三王治本於道道本於心

故講學爲明心之要修身爲齊家治國平天下之本請經筵講讀致知而力行之以敬爲正心之功以誠爲復性之道以仁爲成己成物之全復古者日御便殿之制令大臣取內外章奏面相商訂諫官仍得於仗下封駁上下情通滿漢道合宰輔不僅以奉行爲職卿貳不僅以署紙爲能則中心隱微皆可告語而海荒萬里如在目前由是蠲荒賦以裕邦本并屯衛以杜隱占清釀成之源弭禍亂之萌以消寇盜立滿洲學設教習以同風俗敷文治斯享國億萬年而臣民咸獲厚載無疆之福者將在茲乎

上覽之大悅於是臚傳第一授國史院修撰如經筵滿漢學教習屯衛諸大政悉著令甲次第舉行之八年分校南宮得二十有二人皆天下知名士尋請告旋里明年疾卒享年四十四元配張先卒繼曹侍讀學士曹公本榮姑也子孫茂甫二齡先生天性孝友諸父伯兄沒弟姪五六人孤弱拊而訓之婚娶成禮離亂離不苟也常過崑山令雅與厚善願以千金爲壽有小吏獲罪急請救用將嫁女貲數十金餉先生先生閱而止之吏恐解脫不力因諭之曰毋恐不費爾一縉也入白令令不可則曰第貰吏罪即

拜賜千金矣令不得已從之吏得脫而女婿以全然終不以告人也邑子某遭兵亂妻被掠至京爲貸百金贖歸後生數子戶口大蕃息南歸抵家垂橐蕭蕭如布衣諸生時性端莊嚴恪不問米鹽凌雜而覃精論著制舉文湛深經術門人陸進士鳴時刻以行世至今傳誦之初肄業文昌閣省身唯謹旦晝所爲夜必焚香以告祕數十年如一日云曹夫人拊孫茂成立今安陸府學訓導孫永錫純錫且繩繩矣金子曰余讀稚川先生對策竊謂經術爛然矣廼歷觀先生生平抑何恂恂篤行君子也名冠當時慶流後裔有以也夫

寧都尹宋公家傳

故江西寧都尹宋公諱必達字其在其先江右遷楚自明經文衡公下皆爲黃州人公幼異慧四歲就塾八歲詩書易皆上口九歲居母孟太孺人喪哀禮如成人十六補弟子員十八受室于程氏事父廓上公備有孝名避亂寓武昌張獻忠陷武昌驅男女老幼數十萬入于江公扶父挈程先從城闕水竇出無所往亦自投殘下有片板承載流至陽邏岸上人從洄渦中投篙起之是時浮屍蔽江鮮有活者人以爲獨公孝感所致無以資生教村童小學奉廓上公甘旨廓上公卒周身周棺無憾順治甲午鄉舉辛丑進士知寧都以循良治瘠邑邑有清泰懷德二鄉土寇屯聚死徙荒蕪公請盡蠲逋賦招流亡貸牛種二歲桑麻爾望寧治瀕河夏雨泛旬水瀑逾三版灌城中號啼[illegible][illegible]爲文禱請食頃水落衆隨故道而去按行壕上知歲久堙淤且多隱占據縣志疏濬之四月而工成廣七尺深半之引河通舟楫東西路二石梁車可方軌自是邑免水患是役也鏟下白骨纍纍皆前代刀兵棄骸作巨坎十數以瘞祭而埋之使粉人毋復廬井其上也自新建伯治兵寧都有南

北二城南民北兵公曰古者藏兵於農有團練保甲弓弩社索何物甲士而情壯夫一旦不虞分守乎合禦乎甚不便昔新建之勦宸濠也守令各領兵那項出贛城王冕出寧安王天與出寧都强半保甲義勇于是法其意練義勇甲寅旲晃亂作而寧都已有義勇二千成一軍矣賊前鋒哭至北城營將劉請議事而南城民蜂集馬首曰公毋往恐不測公曰豈有文武嫌猜軍民疑貳而可以禦敵者乎策馬馳赴甫揖坐劉曰倘援不繼衆寡勢殊令君云何公

曰今日之事且堅守人臣之義有死無二賊本烏合可一鼓而破劉曰公言是也我前公守公曰戰氣也語曰衡劍在氣公前我繼之劉率所部亂流以勁弩斃十數人賊少却公揮義勇橫擊大敗之方是時鄰郡邑多脇羽書不通賊全軍集城下號六萬巨礮隆雉堞隨墮隨壘會都督許公援師至賊解去有管中軍者言於巡撫中丞曰寧都各堡砦多從賊請發四協官兵勦撲以戒衆中丞許之仍取縣令結狀公曰賊勢猖獗非無二三脅從今又以脅驅去其坐家保妻子者皆良民若殺以示威某一官可棄七尺

可捐此結不可出也四協以業經調發決難回軍公刺血上書中丞感動檄軍還事小定鞫逆案首犯碼彭榮實教我彭榮者邑之諸生曾與縣役訟語侵令犯者疑令銜之冀嫁禍脫罪公怒曰天道神明安可枉也不問榮論犯者如法汀師凱旋公出犒閭婦女悲歎聲隨傾橐解衣裘計口贖之詢籍里姓名命者押□送其家寧人建祠祀聳碑紀其事始公治寧邑鹽政寧人便之明初額食淮鹽新建改食粵其後苦餉引之累公請以粵額增淮額則商民皆便三上中丞書獲允恭與新建先後補救無異義乃卒以粵引帶銷不及額歸咎免官寧人哭而送之餞貽皆不受路經閩道出豫章賊邏獲送其渠魁脅以兵公瞋目大罵我天朝清白吏從汝鼠子叛逆耶賊分梏僕從而縶公空屋斷飲食忽夜半踰墻排闥持兵仗者數十人曰宋爺安在我等皆寧民並僕從擁而去潛行達南昌方伯姚公驚喜曰公以至誠出於坎窞豈易易哉具舟送歸黃蔣江督董公移鎮楚以公咨內部還故職徐俟優叙公受咨無行意或問之公曰故吏如棄婦忍自衒乎卒不行所居臨皋江滸茅屋一區瘠田一頃褐衣補綻與農牧遊頤喜著述

有古文辭若干卷終年六十有三崇祀鄉賢子庶常敏求

吳烈女傳

靖道謨

烈女姓吳氏世居黃岡之慕義鄉其於在明嘉靖間有號石梁者師事王文成傳良知之學黃安耿天臺嘗造廬訪之烈女父授徒村塾授烈女女誡諸書皆能記誦及笄許聘同邑杜氏子將婚而怙之父母殁又三年杜氏子亦死女聞之欲往喪父不許遂欲以身殉家人防守甚嚴十餘日女不得間乃佯飲食如平時家人以為可無慮矣未幾其嫂歸寧兄送之女為其姪女捉髮挽髻纏其足曰與

至外家善自愛母往田中鋤木棉室中虛無人女扃其戶至後圃竹林中自經死鄰舍隔籬窺之見林中赫然有死人急呼其母揞戶視之氣絕矣康熙辛丑歲五月十六日事也家人從衣帶間得絕命詞一首有此身已許桂三生誓不將身別字人之句桂氏聞之請與其子合葬焉舊史氏曰女未適人而爲其夫死非禮也蓋女子旣嫁而後夫婦之道成聘則父母之事而已女子固不自知其身之誰屬也有廉恥之防焉禮記曾子問篇嘗言之矣即考諸令甲凡女子夫亡守節必以歷久不渝者爲正激烈捐生例

所不許然有司彙以上請每邀特恩表厥門閭豈非律設大法重生命萬世常經而特沛之殊恩爲磨俗勵鈍立懦廉頑之至意也歟烈女許字未出閨而矢死靡他不少顧慮意其讀書曉聞烈女不事二夫之說遂確守不易而遽自蹈之也雖遠於中道可以爲難矣彼士夫日談忠孝廉節之書而能取義守死者有幾人也哉

杜茶村先生傳

胡紹鼎

杜濬號茶村原名詔先黄岡人明季已卯副車也祖若芝萬歷已卯舉人官南充知縣父祝進壬子舉人官國子助[illegible]世有厚德重於鄉邑濬少負才氣欲建功業於世壬午再乙遂絕意仕宦思天下名山水若豫章之廬阜新安之黄山浙東之天台雁蕩一往遊焉氣凌顥貴名壓東南道義之守死生不變而遂老於江南

國朝順治丁亥歲春濬自金陵泛維揚太平初定天下名士適聚秦淮於是燈船方盛有富者列貨寶滿舟榜其門曰名公能爲詩先成者贈以爲壽濬繼至筆不加乙爲長歌千餘言投其槁而去不問主客爲誰氏也者去之白門名愈盛楊龍友肅冠帶以五十金乞一傳茅止生非之門細

甚未知文章之難也一時爭傳雖不知其文者皆來趨之亦如此推重云云於是濬徙避其居曰寓齋在雞鳴山之右城之遠僻處也茅屋數間梁棟欹腐墻屋皆傾倚欲麥人然人猶有至其室者則惴惴然恐其壓已焉謂杜子何乃居於是人又爭相傳聞皆謂杜子何乃居是而濬方安之且喜人之不能數至此也若後數十年窮愈甚所守愈拙餓不再食者率以爲常賣其衣冠及於書籍及於餅罌且盡遂及於床乃徐曰無所不賣矣絺帳飄蕭有離別可憐之色吾將何以酉之哉旣而有客自嶺南來貽以洗水

香或又貽以六安梅花片而絕伯紫又贈以湖毫一管皆絕品也濬列三物並其問俾繹然自誦其所爲詩古文者其言曰古之作者以其好學深思又必經挫折偃蹇身世牴牾仕宦蹉跎至於饑寒困頓拂逆之至而後有以激發其聰明鍛鍊其材格爾其根柢在於聞道乃可傳於後世豈其生平之行事而能爲詩文者以此又嘗曰吾欲刪訂四十以後所作爲一集而焚其所不欲存者是志未遂愴然老矣故所傳正歷不一濬弟岕字蒼略與濬齊名另有傳于世挺世農家於江南皆能爲詩文猶未免於窮濬夫

黃四十六年而卒葬於江南之全路口故其後無居於黃者

論曰明季之詩古文壞於名士矜率爲之遂失其體濬毅然修復昌黎廬陵之業於詩獨推少陵宜乎名之重矣而必絕交遊之趨慕廿心窮餓以自守也讀其生平所作庶幾見大而能行之遠其知道也夫

贊

宋

東坡先生像贊　　黃庭堅

子瞻堂堂出於峨眉司馬班揚金馬石渠閱士如牆上前論事釋之馮唐言語以爲階而投諸雲夢之黃東坡之酒赤壁之笛嬉笑怒罵皆成文章解驂而歸紫微玉堂子瞻之德未變於初爾而名之曰元祐之黨放之珠厓儋耳方其金馬石渠不自知其東坡赤壁也及其東坡赤壁不自知其紫微玉堂也及其紫微玉堂不自知其珠厓儋耳也九州四海知有東坡東坡歸矣民笑且歌一日不朝其間容戈至其一即一望則無如此道人何

明

赤壁圖贊　　方孝孺

孽兒戲兵河此游望江山無情猶有慚色帝命偉人眉山之蘇酹酒大江以瀹其污擲斥冠佩與造物伍哀彼安庸壞殺廢鼠明月在水猿鶴在山勿謂今古公在世間

明

怪石贊　　宋犖

齊安怪石名天下自蘇子瞻始余寓黃年餘遍求不可得所謂聚寶山者斷崖頹岡纍纍皆粗石幾令子瞻之言不信今歲秋友人以石餉者屢矣較文辨色得十有

六枚甚可寶翫始信子瞻怪石供非虛語也爰塑畾盤注以泉水各即其形象名之而繫以贊贊曰

人日有俗作宜春勝維此文石翦綵之勝綺畫莫及光彩照乘爰置畫堂發我清興 宜春勝

達摩面壁影在嵩少胡爲此石端然含照不起不滅孰擬孰貌稽首皈依淵乎微妙 達摩影

文禽斂翼在河之干爰覆其卵相彼流湍誰賦畀爾蔚然可欵采之山麓薦之畾盤 紫鴛覆卵

霜飛木落秋水澄清數莖翠藻潭底縱橫維茲景物造化

黄岡縣志 卷之十六 古文下 三十二

之妙三伏炎蒸于焉攸好 寒潭秋藻

爰有紅錦其色斒斕不出蜀道乃在寶山薄言采采濯以蘇溪文章之瑞發此瓌觀 紅蜀錦

赤城霞氣薄暮爾天中含片月既瀲且圓盤中一覩緬彼列仙挹浮邱袖拍洪厓肩 朱霞籠月

鬼固無形何有於面亦既有之藉石以見壓月張唇誰爲鬭撰選怪探奇高齋永薦 鬼面石

念彼梵文實爲貝葉與此頑石迴然無涉誰謂無涉淵乎其淵斯焉可悟奚事陳編 玉貝葉

三台維六名取其中奕奕是文兩兩同煥彰入斯石光彩燦爛以三代六供我把翫 三台象

人有白眼維石亦然睨復爾爾高致堪憐人之白眼可轉爲青石之不轉豈曰無靈 雙白眼

蠢然一物名曰蝦蟇出入蒲葦鳴聒泥沙在彼可憎在此可嘉玉形丹色頫首無譁 紅蝦蟇

端溪之良曰鸜鵒眼茲石信美實維楚產是見造物好醜無限人爲地限對之慙赧 鸜鵒眼

抱朴子曰壽矣蟾蜍三千餘歲頷有丹書高高者月亦號

黄岡縣志 卷之十六 古文下 三十三

蟾光風清露白素彩飄揚斯石玉色非雕非刻光不經天實堪華國 玉蟾蜍

盤中有石如肌如膚桃花一片點綴堪娛何以象之曰楊妃瘢房帷嫉艷作如是觀 楊妃瘢

首飾之珍有曰貓睛維其似之廼錫嘉名今此片石實與之衡晶熒閃爍琢傚璚英 琢貓睛

歲云暮矣滿目冰霜中宵皓魄千里流光一月一影兩兩相望誰貌此景維石之良效周生術作袖中藏 冰天月

箴

宋

司刑箴送王牧仲爲黄州録叅　劉[illegible]

惟聖好生以刑教德唯臣欽若哀矜惻怛曰彼嚚歸于獄之麗緊我淑問貌温氣夷以察其情以盡其辭故曰祥刑非訖于威二典既邈五疵𠔥互反或於辭貨誘於賂外奉往還内偏愛惡唯明能察唯廉靡求四疵遠矣抑又何尤維時上官獄以意成所貴有司寔持其平云何不思唯意之承怒苟未息根連株逮捶楚鍛鍊以成其罪意之所右覆之翼之罪雖貫盈罰不毫釐曰吾之明非闇於理曰吾

之廉非役於利不獲乎上志乃可諧意鄉一分職爲厲階淹速有度富貴在天釋之竟是周來疾顛名義凜然鬼神森列野人作箴敬告司臬

銘

宋

洪駒父壁陰齋銘　黄庭堅

甥洪芻駒父仕爲黄之酒正勤其官不素食矣又能愛其餘日以私於學名其所居曰壁陰齋余内喜之曰在官而可以行其私也唯學而已矣爲之作銘

惟道集虚觀我鏡中年耆典學考道則窮潛聖語道朝聞夕死謂高不知千世一士觴豆舞歌不愛其光孰能勿晝自憂而牆挾書呻吟白駒過隙我以道會何直尺璧古者寸陰不易千乘之國得道之根則有枝葉務華絶根安事奕奕渴日者揠苗罪歲者不芸茅勿亟勿遲能將者謂之君子

明

黄州廟學記銘　黎淳

惟黄建學華故鼎新何以致斯國有其人穆穆王公神綏

爵位人在春風物沾時雨潭潭儒室士履典常鼓鐘經史駿發福祥當其無事爾養厥躬官守言責蹇蹇匪躬其或有虞爾身殉道臣終於忠子終於孝觀文成化四海永清天子萬年吾道大行

誌銘

唐

東川節度使檢校右僕射兼御史大夫贈司徒周公墓誌銘　杜牧

周平王次子烈封汝墳侯秦以汝墳爲汝南郡侯之孫因

冢譜遂姓周氏自烈十八世至西漢周仁繼烈封侯其後逃西晉亂南去黃岡靈起仕梁爲桂州刺史生炅在陳爲車騎將軍炅生法明年十二朝命巴州刺史陳滅臣隋爲趙之眞定令隋亂歸黃岡起兵取蘄安沔黃武德中籍四州地請命授總管蘄安十六州軍事光祿大夫封國於道太宗命虞世南銘書墓碑相國爲六代孫曾祖惲汝州梁縣令祖沛左拾遺玉一作皇考遡右驍衞兵曹參軍贈禮部侍郎公少孤奉養母夫人以孝聞舉進士登第始試秘書正字湖南團練巡官母夫人亡哭泣無時里人過公廬曰

無驚周孝子後自留守府監察眞拜御史集賢殿學士李公宗閔以宰相鎮漢中辟公爲殿中侍御史行軍司馬後一年復以殿中書職徵歸時太和末注訓用事夏六月始逐丞相宗閔立朋黨語約挂名人凡百日逐朝士三十三輩天下悼慴以日受意附宄者屢以公爲言注訓日如去周殿中恐人益驚竟不敢意注訓取公爲起居舍人文宗復二史故事濡筆立石螭下丞相退必召語旁側窺帝每數十顧遷公員外郎帝曰周某不可不見宜兼前官數月以考功掌言事帝曰就試翰林公辭讓堅懇帝正色以手

三麾之遂兼學士遷職方郎中中書舍人政事細大必被顧問公終身不言事故不傳武宗即位以疾辭出爲工部侍郎華州刺史八禁軍二十四內司居華下諸集作者籍沒等百姓不敢妄出一詞李太尉德裕伺公纖失四年不得知僉治不可摧抑遷公江西觀察使兼御史大夫公既得八州施展教令巾盻約束發虔守陳弁跳坐弁以法死吏手膠拳窮鄉遠井如公在旁縛出洞寇劉太朴徒數百人斷發根脈無有遺失彭蠡東口戍五百人上下千里無一賊跡遷禮部尚書鄭滑節度使老將某項氣不如教縱公

鞭背降爲下卒聲北入魏皆曰周尚書文儒能治百姓仁愛兵士而復敢爾是豈可一集作十字犯九一作集歲入拜兵部侍郎節度支兼戶部東集作吏曹事積邊糧穀九十萬石今天子即位二年五月以本官平章事後一月正位中書侍郎監修國史就加刑部尚書因河湟事議不合旨以檢校刑部尚書出爲劍南東川節度使明日入謝面加檢校右僕射公自舉進士第非其人不交一集無一字言旁睨後進儁心儀志及爲將相近取遠挽悉置於位李太尉德裕曾昌中以恩撰元和朝實錄四十篇益美其父吉甫爲相事公

上言曰人君猶不政觀一作史入臣可改乎元和實錄皆當時多士自書事實今而不信信德裕後三十年自名父功衆所不知者而書之此若垂後誰信史竟廢新本並帥王宰劉所部財貨承事貴倖自請來朝聲言我取平章事鎮太梁公上言曰宰破太原取汴州不知天下治所凡幾得如太原汴之大者可飽宰欲乞宰還鎮自補其殘後二日還宰詔下駙馬都尉帝讓求爲京兆尹公言曰尹坐堂上階下拜二赤縣令屬官將百人悉可笞辱非有德者京兆不可爲豈止取吏事讓議竟寢自此非道求進者鼠遁自

屏及鎮東蜀一歲欲歸閑洛陽徵得風恙公曰我今去是以疾去疾愈去非晚大中五年歲在丁未二月十七日薨於位享年五十九訃至廢朝三日册贈司徒命諫議大夫盧懿弔恤其家公信於朋友公於爲官事親孝出告還面家事不敢自專同會祖兄弟入門呵笞奴婢衣服飲食無二等免相位西去送公還者雖武將散秩嘆惜咨嗟曰周相公無私我惜其去六字一作存日無戎惜私其去豈有私乎夫人義興蔣氏先公某年終生二男一女長曰寬饒祟文校書次曰成喜京兆參軍皆孝謹有文學女嫁起居舍人薛蒙大中六年歲次壬申二月十二日歸葬先塋河南府河南縣穀陽鄉立行里銘曰姬之支封國自爲姓以周爲氏入唐不盛烈後幾世厥生賢孫當唐中興爲唐相臣文思天子跨古爲治提起王道以公爲倚迒音剛蹊巢窟出者鳥駛誰塞誰棘勞分碎指三屏大邦駿壯武事哺撫稚耋老集作父母赤子曰將曰相公其愧幾稽古爲比公其無愧以公遺去聲唐而後公死不錫壽考誰其辯之

宋

乳母任氏墓誌銘　蘇軾

趙郡蘇軾子瞻之乳母任氏名採蓮、眉之眉山人、父遂母李氏、事先夫人三十有五年、工巧勤儉、至老不衰、乳亡姊八娘、與軾養視軾之子邁迨過皆有恩勞、從軾官於杭密徐湖、謫於黃、元豐三年、八月壬寅、卒於黃之臨皋亭、享年七十有二、十月壬午、葬於黃之東阜黃岡之北、銘曰生有以養之不必其子也死有以葬之不必其里也我祭其從與享之其魂氣無不之也

明

郭善甫先生墓表　[illegible]

岐南十里許有一坡郭公名慶字善甫中正德丁卯鄉魁
仕爲山東清平令蓋敦恂篤行人也爲舉人時從文成王
先生游最久文成念其篤實常延爲館師其所提訓者甚
悉具錄文成集中比歸則以其聞諸文成者接引里中後
生因而興起者甚夥不具述里有郡庠彥吳君名艮吉字
仲修者故篤孝人也性資視善甫尤英敏感母訓師事善
甫困齋產爲貲附善甫舟中往越謁文成行將抵越善甫
一夕大憤忤中夜呼仲修曰夜來自省胞中尚有俗念如
許如此爽襟心安能領受先生教耶拊心痛自刻責不已

徐質仲修曰子時自省如何吳仲修對曰此來一志惟求
王先生教更何俗念善甫訶曰汝胞中猶蟊賊窩巢多少
藏匿在未細自省察便謾謂無仲修曰但此志一眞便襟
念自消何須防檢至此善甫曰不然必搜滌諸襟念盡凈
郞清後此迺有樹也舟中哳夕爭論未决既至越謁文成
巳各就館文成時深居簡出出應四方來學者就質有常
期一日值文成出應來學期善甫趣吳以前論辨語在質
正文成時燕居樓上假儃聆仲修語已不答第目攝而指
示之曰子視此盂中下便能載此儃此案下便能載此盂

此樓下便能載此案地又下便能載此樓人貴能下下乃
大語已便目攝仲修者再竟不理前問語仲修退就舍善
甫問先生時何語仲修咽哽不能應第潸然涕數行下也
善甫後以循廉著其孫名知易中萬歷已卯鄉試仕爲四
川中江令有治聲擢召補工部主事田率益世濟清白云
仲修年八十力學不倦屢空終身晏如也有栗里柴桑之
風皆無愧師門云天台病叟曰文成之爐錘人也不在言
論辨析即精神盼睞間其陶鑄多矣雖然郭吳之舟中
省憤若此彼志學初已自得師矣豈漫然係籍者倫哉前

輩之發志爲學也大都若此吾儕志學者視之可省矣萬歷
二十四年知黃州府
事常熟瞿汝稷立石

資德大夫正治上卿戶部尚書贈太子少保雲澤王
公墓誌銘　李維禎

萬歷壬辰六月十有八日戶部尚書王雲澤公卒所司以
聞詔宗伯賜祭司空造官賜葬太宰賜贈贈太子少保宗
伯以歲杪奉請上報朝一日恭典典侍物矣踰數年而其
家孫司徒郎執之以卿宗伯所爲狀並所請謚疏草屬余
爲墓誌王氏於吾黃猶江東之烏衣也余奉廷對公以侍

御史監試讀余策而稱之因是定交其後拜廷尉丞往還又二年贈記官蹟甚稔狀與疏敘事質約非無美而稱者為之誌曰公名廷聘字稚表黃岡人也其先江西樂平人國初始祖省三移家黃岡以籍自占為黃岡人數傳至仲斌生思旻工法家言同知泰州有惠政民尸祝至今旻生文奎奎生濟宏治壬戌進士為吏部郎歷官四川參政祖父皆以公貴贈戶部侍郎濟丈夫子五人長廷儒次廷陳次即公次廷揚次廷遷吏部嘗語人曰吾五子皆可見陳必以文章顯聘必以功績著公少奇警好學博物多通為

文出入經史髫丱補郡諸生屢為督學使所褒異嘉靖壬子舉於鄉己未登進士除淮安府理官理官從侍御史按獄牽以刻覈立威繫於秋荼容於凝脂公獨持平例即上測答不易人所原貸無數郡守為應城李司空嚴重難事讞與公相權廉平慈惠之聲流聞江淮間三年以高第徵郡人扶老攜幼數千人號泣攀留者竟日拜河南道御史按覈畿輔屯田勳戚中貴侵牟虛匿不可問公請杜濫乞華妄冒穆宗在裕邸以閒田相易不許也諸豪斂手避公矣新鄭與華亭搆朝衆不直新鄭公言新鄭宜退無滋多

口以全大臣之體出按蜀蜀去京師遠多蠻夷道往往當事者寬嚴乖其用公治在鋤強植弱而於折獄尤慎所黜吏之不飭簠簋者若干人或救過不給投劾自免諸夷來王來享若世官無得稽故嚴恭肅為中丞意在省費而簡髮數米不可為典要公疏論之朝議兩存其說會新鄭以首揆領銓公遂謝病里居新鄭逐楊襄毅還為太宰擢公大理寺丞少卿已擢太僕寺卿所居多聲績張恭懿為太宰以公按蜀蜀人去後見思擢公僉都御史往撫之當用兵都蠻後歲比不登軍實物力耗詘矣至則循行郡邑問

民疾苦緩征薄賦民以還定安集建昌松潘番蠻入寇論之不受命潛師歷境寇莫知所措擒其渠魁正法諸迫脅黨與一切貰不問於是傀廈丟骨諸蠻二十八寨男女八千人來降刑牲埋奴誓不敢復犯更願易其姓為編戶受田牧事事上聞賜金幣增秩俸尋遷副都督撫南贛治一如蜀夷民謳之不煩尋移南大理卿已遷戶部左右侍郎督倉場倉塲以邊費詘於故額強半公酌盈縮量入為出而寶應湖通漕要地自高堰築淮水橫流寶應為壑不知際畔所濟[illegible]相傳多水怪西風起浪蹴天漕船漂汎且無

慮日議者欲於實應石堤東更濬河避險未得堅決會朝議以公習淮事遷右都御史督河漕撫江北諸郡遂條列上諸工作事宜度水脉緩急地勢高下人力難易濬河及爲石堤數十里土堤倍之爲石閘五以時啟閉而樹木護之至今萬艘往來不虞湖波惡商賈軍民稽顙謳吟此王公堤也所費十七萬有枝初估省十五上嘉公功遷戶部尚書治事如故復賜金幣而以經營相度暑雨蒸濕所侵病矣移南京刑部用均勞逸公力求歸上慰留不聽凡四疏始報可里居七年撫按臣數薦公有古大臣風槪不宜投

在林壑無何病卒距生正德辛巳九月二十八日年七十有二葬於還和鄉王家林初吏部公居父母喪廬墓三年公亦如是諸兄弟雖異母友愛無二儒以鄉舉爲南京都察院都事陳以會魁高第選庶吉士學士家所稱蒙澤先生者也其才傲倪一世出知裕州與上官相持罷揚遷俱太學生子孫由科目爲名士者相望獨公仕三朝位八座壽踰耆後人濟美象賢者方興未艾寧爲王氏無雙卽黄文獻大國不可有二矣銘曰隆萬之間執政者尊好人加勝憎入墜淵王公守中進不隱賢幷以辨義異以行權直無爲紋和無附羶股肱喉舌左右後先功德旁魄兩淮三川既度秉鉞亦吏鼓紘蠻夷率服諸吏受廛懷柔河伯金堤屹然鍾勒常紀廟祀不遷方鼎斯屬而車遽懸鴻毛可儀鳳德靡琢西陵大國表著蟬聯祿位名壽疇得其全振振子孫美彰姬傳裁此名詩藏之墓埏金匱石室史取徵焉

棠軒樊君墓誌銘　王衡

余讀楚史而悲之廉吏而可爲耶孫叔敖爲楚相其子至窮困而負薪嗚呼今樊侯死矣十年縣令至貧不能辦襚

衣而又兼無負薪之子夫道其如何哉君歿之十月而其季弟文學玉衢以君狀來累萬餘言然無溢詞無何崑山諸生張大復者又以所私紀樊侯治行乞附益焉噫嘻樊侯卽老壽有子徵文考獻能有加於是否耶按狀君諱玉衡號棠軒楚之黄岡人父爲吏隱公婦有淳德以貢爲南陵教諭配李太孺人生侍御君玉衡卒繼易太孺人郎君母也生君及君弟文學玉衢玉衝玉衛君生而恬淡寡欲神識湛如日未嘗言財利事既長娶婚盡斥奩資市書以甲午年舉於鄉乙未成進士時少宰劉公知君爲君館

遐地君故避不就試人以問君君曰吾不能逃溺焉遂去與
人爭熟官吾自有官也遐爲商城令初下車目矚矚視簿
書執筆不輟下商人曰吾令長者未踰月察知民俗青竅
斧斷裂然始大驚以爲神明商每徵賦保歇與吏胥比而
爲奸所侵牟賁幾半公賦君召其民與之約曰而課能不
保歇而辦乎民懽應曰辦已果先期完遂罷保歇先是縣
拘囚例用馬快馬快承縣令檄驍而入民家酷窘奪之家
立破君爲令首革馬快聽訟者自相拘於是民畏一日糧
集縣衙訟速畢矣而君又爲息訟歌悟匹歌使人唱木鐸

警動之間千百十訟紙中下一二紙終付外議息不罰一
錢民感悔甚而君又以次案誅豪黠民之爲訟府把持令
短長與令市者卯壽春等若而人於是羣奸脅息而俗用
和縣令身而衙食頃而休衙無所事事間一巡行阡陌課
民農桑歸則焚香讀書而已君笑謂弟文學曰吾嘗謂仕
不如隱第如此者蝗避其境雨止於陌官府若無事亭落
若無民不逾妻孥不羞父母者仕可矣無何而開採之使
至時中使至郡縣郡縣輒裒金錢盛歌舞以容與其意伏
謁庭下惟謹而君則先移書中使極言商阜荒無鑛狀欲

以逆止其來業不可止則鳴騶列仗謁中使與人休喜中
使氣爲奪遂錯愕成賓主禮而去明日款中使酒酣中使
執君手曰好手君正色曰手幸不掘錢耳中使默不應徐
曰人生幾何君何自苦乃爾君愾慨泣數行下曰令與公
皆飲食百姓百姓不苦而令苦乎公悔無苦百姓中使謝
曰不敢歸而與其黨相戒然索斯如故也若一切禁勿與
中使合人採鑛君則導之險道斗絕不可登鑛竟無有又
邀而之金剛臺銀山兩山者夙稱鑛地君爲禱於山神採
兩月亦無有中使乃馳去君僅以兩麻贐行李而已中使

怏怏欲中傷君而君先挾其所移檄中有歸過主上語欲
草疏上聞中使懼而擬謀君以其手疏毀之使無生心而
後以書致稅使錦衣楊君擁殺市魁數十人商乃鑛而不
害云臨蔡旨調里山人咸謂商簡嚴煩不可以治商之治
治也君曰惰煩也故帑臨之以儉其所勸農息訟約供費
絕饋遺一如在商時吏胥膠拳不得伸往往謝去治前酒
家所余至有徙業者是秋雨傷稼公率二三胥役駕小艇
勘視墟村破椽與饑民相勞噉菜粥父老爲之流涕時縣
官方急積逋停邑長俸以徵逋完日始開崑逋至二十萬

君曰我奈何以數千俸而易萬口詛乎止不徵民亦踊躍惟恐後吳諸生聞與公府事督學爲設門禁簿籍記之君曰父母有過此皆吾諍子弟何禁爲第易其名曰求瀍臺生簿而挾私來于者皆靡然反矣崑當編審賦四十萬隱覆萬狀前令君號精敏居別院鉤校一月許始完君獨以三日完不爽毫髮奕學驚問其術君曰我何術我第於平居訟牒中默識某飛若干詭若干某田浮役某役浮田若干而十得二三矣隨証以徵逋之籍而十得五六矣又出而詢之薦紳卒而問之吏胥而十得五六矣我何術蓋君

之精心爲民類如此庚子冬入覲抱襆被行無一錢通長安貴人然銓部卒以君爲卓異首推君兵部武選主事旨不下即馳歸覲封公與太孺人旋復之崑甫入境騶卒之迎者屬於道酒甯風風公舍旁獄案之積於几者紙且三尺矣公曰若以樊侯爲不復來耶夫樊侯則猶故侯也於是盡決冗吏理滯獄而崑復大治時郡民以稅事不均譟織造中使門郡縣欲相率往謝君曰崑山令無罪何謝且吾向者商城不庭謁固不可郡縣以君不可遂皆罷謝君居崑前後六年所銓部復推君吏部文選司命甫下而吏

隱公病耗至君乞歸省上官及邑之人士競留君君度不可卒解以印綬付學博士五鼓馳歸侍吏隱公疾云不解帶者數月遂患脅痛不能食尚時時強櫛沐以寬太孺人然竟不起矣嗚呼以君兩地民譽赫赫如此誰有損也顧當有論重以當事者或推或挽不爲不知君而迄不能爲君增半級之陛延數年之命豈非天哉君樂易好善多長者游然不輕納交初於漢陽師張毓山先生已心嚴洗介菴先生而不稱師成進士後始稱之曰吾以愧天下之未覲面而名弟子者生平不再宿於寢與諸弟自相師友嘗

吏隱公析箸將止取田六十畝曰吾爲官不能潤諸弟吾不忍取盈也自爲諸生以至宦成服用無兼副有乞者輒推與之常膳乾蔬菜數莖耳則加兩瀹卵而已當在崑時與余從子雅相莫逆家宮保常撫君背而嘆曰崑民肥矣奈君瘠何已而君竟以瘠死蓋君幼時慨然慕海忠介之爲人卒其所爲居官持已大略近之然海公獨立行一意將小有所左右而君於大家小民之訟一視法爲之劑其所平停控解甚多用意常依忠厚人以是多君於海公君公餘時常銓次古今人物爲習品凡若干卷大都以洗發

畜運功表濟，將者爲上。意所位置甚高，人第知君廉，其不能盡君者，未有量也。悲夫！君無子，以弟玉衡之子維孝爲嗣。女一，適漢陽李若愚次子應橋。葬還和鄉桐梓岡。君歿未幾，而地方諸臺檄君入名宦。邑之民德君不已，復專祠君於崑山之巔。嗚呼！神所憑依，將在民矣，則百世而下，君之所憑依可知矣。銘曰：清且平，乃以爲御之衡，冽而食，乃以爲梟之德。雖瘵乃身，實惠我剛。惜哉！樊侯以廉爲隲，而止於陶然於風世，有偉矣。

國朝

鄭肯崖先生墓表

金德嘉

黃岡鄭肯崖先生諱先慶，字亦懷，晚節自稱白臨阜漁人。子昱以唐縣知縣逢

覃恩敕封文林郎，先生封如其子官。初，昱仕閩之建陽，丁母憂歸，服闋補唐縣。地瘠而衝，難迎養，衙齋辛苦儉素，乃踰家食。會課最，超遷行且有日，先生南旋里居，居亡何，寢疾卒。昱歷諫垣久之，出爲江西藩參，書來以墓表屬草。先生詳具誌銘，顧表其大略。先生於明季受知督學無錫高公，補武昌府學生。會流寇躪楚，辟地白下，讀書雞鳴山寺。一逆世變，則棄諸生家言，肆力於史，往來河南北、豫章、三吳、七閩間，交游多賢者，耳目濡染，學與歲月俱深。清端于公之總制江南、江西也，先生客幕府，大綱小紀，裨益民生風俗，而口不言勞。清端卒官，侍側無子弟親戚，先生經理其後事，歸其喪。游轍所至，友教士大夫，往往至通顯。如泰淮趙天騋、雲間張昺三、山林薄田國求、同里劉同向、龔鼎錦、鄭文甫，皆官五卿，經所指授，蔚爲聞人。以是拮据鉛槧，不遑內顧家事。昱作吏，諄諄誡以清白，又遭逢蹇滯，俸入不能具饘粥。當康熙壬寅、癸卯大旱大浸，罄所有以濟人，

乃至家無儋石之儲，泊如也。天性孝友，幼居父喪，戚如成人，事寡母謹，于毀瘠。伯兄卒於亂世，且無後，爲改葬而續其嗣。文兄貧而老，善病也，歲時問遺絡繹於路。從子嗣文俗汝，教育如己子。按鄭故姬姓，明初由江西徙居黃岡之開風鎮者曰興，五世曰崧，族寖大。曾祖諱廷鳳，祖諱文輔，父諱復禮，皆庠生，妣徐孺人。生三男子，伯之後次即先生，弟之倫早卒。先生元配袁，黃岡百歲翁文衡女，繼娶殷文學大則女，賢而有才，先家政，壹稟內則，黃人以爲肯崖生平得婺孺人之助爲多也。男子三人，長昱，康熙丙午舉

人庚戌進士累官江西布政使司參議

驍騎將軍柱石王公墓表　于成龍

公諱宗臣號柱石南陽淅川人生有異徵偉骨相膂力絕人喜劍嘗射獵禹山淯水間以雄桀自命弱冠遊荊益

國初時滇黔未入版圖公　即審順逆仗策來歸

世祖章皇帝嘉之命從事鄖鄂令

上龍飛之五年滇蜀平江漢底定

上緣楚當要衝西陵弋陽爲重鎮晉公都督僉事駐劄黃州公至則簡練將士蒐乘補卒於戟門右隙地闢射圃超距翹關角力較藝立廟祀馬神春秋取駒閑廄蕃庶暇則角巾從容柳蔭中指顧形勝用兵之地以示將佐公紀律既嚴什伍無舛彍弦之士襏襫耰耡懽然聚處樵牧近於柴柵雞犬放於營壘其威重慈惠如此性篤厚愛敬士大夫士之賢而貧者民之孤寡篤癃者歲時賙給以爲常而其自處則甚約或饋美酒十數罌悉以頒之麾下雖古投醪挾纊何多遜焉康熙七年有隣鎮叛卒匿大崎山中擄掠四出公命偏師馳往擒其渠魁九人送大府餘黨遂鳥獸散歲大饑首倡捐賑存活數萬人

上嘉之加一級十二年癸丑冬滇黔變起倉卒公不震不慴惟申國威明號令備戰守明年正月三日大司馬撫軍張公檄守武昌公星夜率兵往元夜有警公謹斥堠息燈火偃旗鼓分州九門而自環甲坐譙樓上夜半領十數騎周巡雉堞竟夕惟飲湯一盂而已賊寢謀不敢發是時大司馬出奇制勝視公如左右手五月麻城東山賊起公請於大司馬率師東下僅守憲徐公疾趨至麻城相與贊畫悉中機宜且勦且撫不旬日東山平冬十月江右賊出鄱陽陷湖口數縣進逼楚境蘄州大震公奉大司馬命急駐蘄與下雉一軍爲犄角時精甲盡在武昌而公所部多新募糧餉匱軍容未振余力圖芻糗並贈火槍百日公立赴蘄蘄民稍安公委羅田守備黑子駐黃梅清江鎮會禁軍樓櫓西上夾攻賊賊敗走收湖口星子諸縣自蘄以上金湯安堵事聞

上大嘉歎數賜紀錄而公以勞瘁病遂作和門星隕櫪馬夜驚嗚呼痛哉時康熙十四年二月廿二也大司馬恩公功特疏薦卹曰方茲多事之時該將勤勞頗著與尋常病故者不同今王宗臣幼子伶仃窮途旅櫬情實可愍應否比

照桑陵鎮標馬之迅病故之例恩賜存卹少慰忠魂激勸勞臣俾服皇恩靡盡疏上天子惻然改容奉俞旨賜祭葬先是康熙六年覃恩誥封驍騎將軍元配王劉氏封夫人並封三代考妣如其官廕一子入監讀書公子名麟紱公卒麟紱甫六歲居喪成禮今且十齡舉止如成人穎異能文黃之人既德公不忍其裔之歸豫也相與留公匱而公素與里中王氏篤

兄弟誼有年麟紱將長爲黃岡人康熙十七年戊午十月二十九日卜葬公於縣東還和鄉楊坂之原既建塋兆既掩黃腸畏壘相鄉永思無疆嗚呼哀哉麟紱聘現任武昌府城守都督僉事李公諱兆捷女女二俱幼未字公之葬也既礱石鐫誌納壙中而黃之紳士以余知公最深屬以墓表爰實直書用告來禩覽斯文者有所攷述庶以裨國史焉

跋

宋

書韓魏公黃州詩後　蘇軾

黃州山水清遠土風厚善其民寡求而不爭其士靜而文樸而不陋雖閭巷小民知尊愛賢者曰吾州雖遠小然王元之韓魏公嘗辱居焉以誇於四方之人元之自黃遷蘄州歿於蘄然世之稱元之者必曰黃州而黃人亦曰吾元之也魏公去黃四十餘年而思之不忘至以爲詩夫賢人君子天之所以遺斯民天下之所共有而黃人獨私以爲寵豈其尊德樂道獨異於他邦也與抑二公與此州之人有宿昔之契不可知也元之爲郡守有德於民民懷之不

忘也固宜魏公以家艱從其兄琚耳民何自知之詩云有斐君子如金如錫如圭如璧金錫圭璧之所在瓦石草木被其光澤矣何必施於用奉議郎孫貢公素黃人也而客於公公知之深蓋所謂教授書記者也而軾亦公之門人謫居於黃五年治東坡築雪堂蓋將老焉則亦黃人也於是相與摹公之詩而刻之石以爲黃人無窮之思而吾二人者亦庶幾託此以不忘乎元豐七年十月二十六日汝州團練副使蘇軾記

黃岡縣志卷之十七

知黃州府事錢塘王　鎏纂輯　書裁訂

知黃岡縣事　陳文樞　蔡韶清　王鳳儀　仝編

藝文志四

詩賦上

地多山水俗尚風騷故作者日盛而四方賢達之往來又相爲歌詠不可勝數夫古今人各言其性情與其登臨之景宛然在也是亦山水之助矣

賦

宋

前赤壁賦　蘇軾

壬戌之秋七月既望蘇子與客泛舟遊於赤壁之下清風徐來水波不興舉酒屬客誦明月之詩歌窈窕之章少焉月出於東山之上徘徊於斗牛之間白露橫江水光接天縱一葦之所如凌萬頃之茫然浩浩乎如馮虛御風而不知其所止飄飄乎如遺世獨立羽化而登仙於是飲酒樂甚扣舷而歌之歌曰桂棹兮蘭槳擊空明兮泝流光渺渺兮予懷望美人兮天一方客有吹洞簫者倚歌而和之其聲嗚嗚然如怨如慕如泣如訴餘音嫋嫋不絕如縷舞幽

壑之潛蛟泣孤舟之嫠婦蘇子愀然正襟危坐而問客曰何爲其然也客曰月明星稀烏鵲南飛此非曹孟德之詩乎西望夏口東望武昌山川相繆鬱乎蒼蒼此非孟德之困於周郎者乎方其破荊州下江陵順流而東也舳艫千里旌旗蔽空釃酒臨江橫槊賦詩固一世之雄也而今安在哉況吾與子漁樵於江渚之上侶魚蝦而友麋鹿駕一葉之扁舟舉匏尊以相屬寄蜉蝣於天地渺滄海之一粟哀吾生之須臾羨長江之無窮挾飛仙以遨遊抱明月而長終知不可乎驟得託遺響於悲風蘇子曰客亦知夫水

與月乎逝者如斯而未嘗往也盈虛者如代而卒莫消長也蓋將自其變者而觀之則天地曾不能以一瞬自其不變者而觀之則物與我皆無盡也而又何羨乎且夫天地之間物各有主苟非吾之所有雖一毫而莫取惟江上之清風與山間之明月耳得之而爲聲目遇之而成色取之無禁用之不竭是造物者之無盡藏也而吾與子之所共食（適）客喜而笑洗盞更酌肴核既盡杯盤狼藉相與枕藉乎舟中不知東方之既白

後赤壁賦　蘇軾

是歲十月之望步自雪堂將歸於臨皋二客從予過黃泥之阪霜露既降木葉盡脫人影在地仰見明月顧而樂之行歌相答已而歎曰有客無酒有酒無殽月白風清如此良夜何客曰今者薄暮舉網得魚巨口細鱗狀如松江之鱸顧安所得酒乎歸而謀諸婦婦曰我有斗酒藏之久矣以待子不時之需於是攜酒與魚復遊於赤壁之下江流有聲斷岸千尺山高月小水落石出曾日月之幾何而江山不可復識矣予乃攝衣而上履巉巖披蒙茸踞虎豹登虬龍攀栖鶻之危巢俯馮夷之幽宮蓋二客不能從焉劃然長嘯草木震動山鳴谷應風起水涌予亦悄然而悲肅然而恐凜乎其不可畱也反而登舟放乎中流聽其所止而休焉時夜將半四顧寂寥適有孤鶴橫江東來翅如車輪元裳縞衣戛然長鳴掠予舟而西也須臾客去予亦就睡夢一道士羽衣翩躚過臨皋之下揖予而言曰赤壁之遊樂乎問其姓名俛而不答嗚呼噫嘻我知之矣疇昔之夜飛鳴而過我者非子也耶道士顧笑予亦驚寤開戶視之不見其處

明

放龜賦有序　李夢陽

畜有二龜李坪驛俯長江之流目發育之溶溶恒然有傷於二物復思趙抃放龜事千載同懷爰放二龜於江渚已作斯賦比興諸義聊抒鬱志非諷　而勸有者擬也論兒子亦作

精絪緼以游魂兮各含和而搆形何茲物之神異兮獨肖超而蘊靈準麟鳳之隱見兮呼吸陰陽而卷舒昔伸縮以遠慮兮匹神龍而水居嘆賦命之多蹇兮遇罝網而見執蒙君子之珍視兮戒航舟而亟畜仁人細弗棄兮適伊欽余之素質曰雕籠豈林游若兮爰傍賢哲而用情譬機蠶之願脫兮慮曳尾及而遲暮俯洪流以余縱兮瞪長江而徑步歌曰醜混混以流形兮孰厥龜而副嘉外負介以昭武兮內文柔而靜退嚴穹窿以則乾兮履坤方而伏慝鄙饕餮之訣世兮寧吞浮而歛息沐澄洽以棲寂兮戚潭衙而保身文予列以布象兮色蒼古而玢璘景至人之赴義兮將剸中以效誠怨穆卜之靡啓兮懼損軀而莫明賡歌曰江滔滔以東下兮蒹葭莽而波濤幸已縻而終逝兮剸順泛而長逝念曩昔以中惕兮數惟拘縱之所殊思范楲

以依徙兮願附孔而海浮鳥故林以悲鳴兮獸蹢躅于前卲軫宿參以廻透兮躍瀴溟而溯流亂曰聖欽元龜戒忍顒兮十朋四靈榮以時兮淵潛罔沕出斯麖兮求仁見夢厥無惑兮刳腸灼蠵爰奚盍兮謐兮龐兮齊天地徜徉兮

擬赤壁賦有序

茅瑞徵

余向不作賦既量移齊安友人温太史長卿書來道訊曰黃州赤壁盛傳坡老兩作此自記體子令斯邑直須作賦余竊心許竟逡巡未遑也會歲丁未直指史公按部之暇原本山川以賦見屬茲乃不辭固陋僭爲抽毫坡老可作應嗤貂續

歷皇輿以遐矚循南紀而騁武爰按轡以澄清乃周星而閱楚既縱目乎山椒遂弭節於江滸惟兹山之鬱盤標奇蹤兮終古夫其擁帶長薄苞舉層巒靈根競爽秀色堪飡象朝霞之軒翥雜落英而流丹眄赭岸于天末縈蘭渚之凝紼信山川其殊詭有今古騷人墨士之所怳忽而貽䚁者矣若乃跨江濤眺漢沔選芳洲馮遠瀲山如簪樹若薺遡樊浦之歸雲阻三江于東逝望鄂渚兮中流辨西山兮新霽夫何形勢之巀嶭以崔嵬枕長江而作蔽爾其繡甍棲鴛嵩墉列雉聽鼓角於嚴更拱金湯於西顧千門晨啓排閶闔而生雲萬竈宵凝捲簾櫳而飭霧面波濤之澎湃以下上兮大別注之滙彭蠡而張怒亦有征檣橫霧而突進兮想舳艫之爭馳杖尺箠而飛渡至若軒楹顯厰以前闢亭榭紛披以層布掩樓百尺兮星臨雕檻三垂兮棊峙枕流漱石既天劃而神鏤左江右湖亦龍驤而虎視此固夫震旦之仙都方隅之偉觀也當夫天氣肅零露瀼龍火頹兔華上晚風清綺席張理瑤琴聆鬱蒼饒庾公之佳興同蘇子而徜徉則有漁燈佛火兩兩相望蘭槳桂檝傾彼

壺觴引金樽而邀月弄涼夜之逸光亦有聲犯龜茲韻寫滄浪紫裘腰笛一曲傍徨鶴南飛兮歌裂石鵲遶樹兮夜何長爾乃感雄圖之延促徵往牒之興亡館橫江兮創竪洲得勝兮垂芳彼蒯恩既嘗吞吳而御敵暨劉冠軍之破桓元獨崢嶸於此方是皆號最勝之遺蹟又仰窔齒乎東風折戟之周郎爰有問鶴之亭放龜之渚留遺惠於千秋訪飛仙而儻止悟身名之浮漚而露電兮緊獨三不朽之流傳歷刼灰而可譜而亦誌夫磯頭之金甲兮井綆寒碧血剖竟矯矯乎潤英聲于鼎釜乃若抽彩毫之五色愴往

事而搖詞粤有李白之韻杜牧之詩夫實超兩賦以前芬
兮宮商沉振而互馳至於肇嘉名顯榛蕪定雄飛訂圖史
吾又孰測當年之故物兮茲磊磊而懸崖脊厥土之赤墳
蓋嘗錯楚方而可數寧止連雲夢而爲三抑亦沿郢沔而
稱五彼聲名之奪朱徒赭堊乎凝質的歷丹邱目遇成色
尚有霍州之商焉獨嘉魚之北物換星移沙青渚白目送
手揮天空海闊勝以時顯地因人傑是耶非耶山川罔識
吾將挾以問之寥廓竟略然而失答

國朝

赤鼻山賦　胡復亨

獄錐巍聳兮維天柱之高撐支條蜿蜒兮繫地氣之周旋
鶚足千里兮蹶起於西陵穿身百雉兮首出乎邾城羌盤
礴於水曲實苞育夫火精乃厥土之赤埴又其石如紫金
儼丹沙之爲骨類臙脂之染形雨頻洗而彌耀日常暴以
愈新撼飈風之勁疾無改麗質激怒浪之餐齧盍試堅貞
頤造化之肖物偏近取諸人身異焉哉髣髴古之隆準妙
矣乎天錫予以嘉名儷黃岡之舊號受赤鼻之殊稱方其
胎息聚寶兮纍纍數指上之羅文角立剪峰兮稜稜樹額

間之峥嶸靡蕪芽茁兮延蔓似趺坐於緣茵峨峨冰融兮
驛漲如渴飲於黃泓既植體之特絕復景物之競呈則有
水落而平原出牛馬牧兮錯錦霜降而旅雁呼驅橋過而
乍驚脆以薄兮渦上之茭蔆縱橫解以膩兮窩中之菊英
繽紛宛委定惠之院海棠綽約而春榮霜衍橫江之館絲
柳搖曳而秋青經時則熟地蒲雪藕之白蓮應候而肥潛
泳玉脂之鯉鱘況夫諸川環合羣湖洄潆沙巴南亘兮澄
澄荻洲北擁兮汀汀右控三江之上游左漏微泉於下清
澗轉溪回滙玻璨於衣帶葦航葉駕接西巘於門庭寒溪

隱見兮仲謀避暑之離宮杯湖淨滌兮次山抔飲之窊尊
凡盡態而闘妍俱呈技以效命猶且脛踏毛寶之龜渚肘
挾張耒之鴻軒玩月波之佳趣想見浩浩睹竹樓之巧制
如聞丁丁摹木石於壁間寔耶何氏之堂得江山於几席
快哉張子之亭若夫前賢之輝映則魏公之與禹偁幽人
之點綴則季常以及大臨於時草昧欲開天作奇緣氣機
感召帝遣偉人才蹴趾於虎豹遂濯纓於滑淪攀危巢而
長嘯放扁舟而酣吟因裁成夫兩賦兼吁嗟以千言假苑
枯之已往抒已心之不平約畧大夫之懷沙大都太傅之

過秦既風流之駘宕尤意致之超騫悲窶敖之莫用託莊列之幻行學稽阮之曠達笑魏叟之閒争栩栩羽衣之翩躚湫湫孤鶴之飛鳴固將神遊於十洲揮斥於八紘夫何絶調之既出遽來文人之相輕或指沙羨之仄岸或云臨嶂之烏林謂摘詞之失据豈傾耳之知音抑有味乎寓言曷少念其感興兹企懷於後代久抱歎夫斯情喜騷客以韻事兮掩霸業之雄能恍遺風之未遠兮寧勝蹟之勿珍倘遜步於往哲兮必見嗤於山靈值姑洗之應律兮正勾芒之司辰看奇踪之遝郭兮眄麥穗之映津尚桂酒之堪

謀兮便蘭橈以再尋搴浠水之芳茝兮擕樊口之細鱗烹鳳棲之清泉兮按陸羽之茶經竊以踵巴人之下里匪敢續坡仙之餘韻固已油油乎樂家廟之厚載皥皥乎沐浩蕩之深仁

辭

宋

黃泥坂辭　蘇軾

出臨皐而東騖兮並藂祠而北轉走雪堂之坡陁兮歷黃泥之長坂大江洶以左繚兮湫雲濤之舒卷草木層累而右附兮蔚阿丘之葱蒨余旦往而夕還兮步徙倚而盤桓雖信美不可居兮苟娛余于一眄余幼好此奇服兮襲前人之詭幻老更變而自哂兮悟驚俗之來患釋寶璐而被繒絮兮雜市人而無辨路悠悠其莫往來兮守一席而窮年時游步而遠覽兮路窮盡而旋反朝嬉黃泥之白雲兮暮宿雪堂之青煙喜魚鳥之莫余驚兮幸樵蘇之我嫚初被酒以行歌兮忽放杖而醉偃草爲茵而塊爲枕兮穆草堂之清讌紛墜露之濕衣兮升素月之團團感父老之呼覺兮恐牛羊之予踐于是蹶然而起起而歌曰月明兮星

稀迎余往兮餞余歸歲既晏兮草木腓歸來歸來兮黃泥不可以久嬉

子瞻嘗自書詞後云余在黃州大醉中作此詞小兒輩藏去稾醒後不復見也前夜與黃魯直張文潛晁無咎夜坐三客飜倒几案搜索篋笥偶得之字半不可讀以意尋究乃得其全文潛喜甚手錄一本遺余持元本去明日得王晋卿書云吾日夕購子書不厭近又以三縑博兩紙子有近書當稍以遺我毋多費我絹也乃用澄心堂紙李承晏墨書此遺之

元

龍郎引　楚龍郎子作　吳萊

春花兮亂開秋葉兮滿階時不再來兮我憂用老獨行懷思兮我儔無所烏則有翼兮魚則有鬐濤霍有岳兮江漢

斯阪徘徊不進兮尼彼路岐僕夫告病兮儀馬醫貧我蒙之歸兮吾鄉我里門闕依稀兮墟墓則邇魂神惝怳兮一夕九徙父母何在兮敢及妻子天陰歲莫兮北風之寒曰我無衣兮坐不能食我拊我膺兮摧我肺肝悶天嗟嗟兮謂其增歎

明

黃州謁蘊文忠祠　廖道南

歲閼逢兮涒灘遭吾道兮江干遵黃墟兮浩淼艤泉舟兮盤桓悲靈祠兮擊鼓薦蕰藻兮焚蘭悲伊人兮不作志坎

壈兮多艱抗危言兮逢紛履險機兮罹讒屈鳳鳥兮鶩鷄訊麒麟兮軀豻擯瑤琪兮兆礫踐芝英兮草菅據蒺藜兮困石將執往兮奚安嘯赤蟒兮摘藻弄浦月兮潺湲駕一葦兮凌濤俯江閣兮觀瀾譬予來兮歲莫木葉下兮驚湍抑遺容兮若在鬱憤悁兮空山

五言古

南宋

王撫軍庾西陽集別　沈約宋書曰王宏監豫州之西陽新蔡諸軍事撫軍將軍江州刺史庾登之為西陽太守入為太子庶子集序曰謝還豫章太守庾被徵還都王送至湓口南樓作　謝瞻

祗召旋北京守官反南服方舟析舊知對筵曠明牧輿駿矜飲餞指塗念出宿來晨無定端別晷有成速頹陽照通津夕陰暖平陸榜人理行艫輶軒命歸僕分手東城闉發櫂西江澳離會雖相親逝川豈往復誰謂情可書盡言非尺牘

梁

赴荊州泊三江口　元帝

涉江望行旅金鉦間棹謳水際含天色虹光入浪浮柳條

恒拂岸花氣盡薰舟叢林多故社單戍有危樓疊鼓隨朱鷺長簫應紫騮蓮舟夾鶴鷺書舸覆緹油榜歌殊未息於茲泛安流

登琴臺　簡文帝

蕪階踐昔迹復想鳴琴遊音容萬春罷高名千載留弱枝生古樹舊石抗新流由來遞相嘆逝川終不收

宋

月波樓有序　王禹偁

月波之名不知得於誰氏圖牒故老皆無聞焉因作詩

詩一章凡六百八十字陷於樓壁庶使玆樓之名得與詩俱不朽也

郡城無大小雉堞皆有樓其間有名者不過十數州吹簫事迹迴仙迹鄭尋求庾公在九江締構何風流謝守鎮宣城登嘯名有由東陽𢾗八詠吾聞沈隱侯白雪架郢中調高誰和酬黄鶴倚鄂渚仙去事悠悠賛皇謫游上作賦懷當陽樓居出俗態澤國多勝遊好景不遇人安得名存留齊安古郡廢移此清江頭築城隨山勢屈曲伏環周玆樓最軒豁曠望西北陬武昌地如掌天末入雙眸平遠無林

木一望同離婁山形如八字會合勢相勾東晉方士戴洋言武昌有山無林山形如八字勢不及九故孫權以黄武元年都武昌八年遷建業三國事既遠六朝名亦休近從唐末來爭奪互仇讐斯樓備矢石此地控咽喉終朝望烽燧連歲事戈矛可憐好詩景牢落無人收皇家統萬國遼邇盡懷柔三聖四十年蕩蕩文德修淮甸爲內地黄岡爲上游儒服假郡印踐更若公郵況多辦職吏誰肯恣吟謳伊余何爲者竊禁騷人儔兩朝掌文翰十年侍冕旒去歲出西掖謫居抱窮愁日日江樓上風物得冥搜何人名月波此義頗爲優西南新桂魄初上懸玉鈎晚瀨浴

且淺漂蕩影沉浮三五金波滿夜光如璿投驪龍弄頷珠晃朗照汀洲澹臺投寶劍碎璧蕲長虬氷輪曉入地推下赤金毬闌干四五星斜漢印清秋誰家上元燈而盛剗藃藪此景吟不出謾使聲呦呦千里畫圖潤四時詩興幽野花嬌宮纈芳草鋪碧綢火雲照沙浦暴雨傾瓦溝白亂蘆花散紅殷蓼穗稠簷氷垂若練雪片大於鷗江離煙漠漠官柳雨颼颼舟子斜盪槳牧童倒騎牛水獺有時戲江豚頗能泅山鳥奏竽籟落霞展衾裯魚網雪離離酒旗風颼颼旅懷雖自適詩物奈相尤右顧徐邈洞精靈如在不左

瞰伍員廟荒隙介人羞樓中何所有官醖湛蚍蜉棋枰留客坐琴調待僧抽橘苞鄰藥䊵墨筆間茶甌平生性幽獨寂寞誰獻酬官常已三黜懷抱羅百憂凭欄憶王粲望闕同子牟自甘成潦倒無復事聲猷身世喻泡幻衣冠如贅瘤放意無何鄉誰分親與仇寓形朝籍中毀譽任啁啾君恩無路報民瘼無術瘳惟慙戀祿俸未去耕田疇題詩郡樓上含毫思義猷功名非范蠡何必泛扁舟

涵輝樓　韓琦

臨江三四樓次第壓城首山光徧軒檻波影撼窗牖予兄

天聖中向擇齊安守兄才無不宜吏治孰可偶公庭常寂
然所樂在文酒

黃州　　蘇軾

南山一尺雪雪盡山蒼然澗谷山自暖梅花應已繁使君
厭騎從車馬留山前行歌招野叟共步青林間長松得高
蔭磐石堪醉眠祇樂聽山鳥攜琴寫幽泉愛之欲忘返但
苦世俗牽歸來始覺遠明月高峰巔

安國寺浴堂　　蘇軾

老來百事懶身垢猶念浴衰髮不到耳尚煩月一沐山城

足薪炭煙霧濛湯谷塵垢能幾何滌然脫羈梏披衣坐小
閣散髮臨修竹心困萬緣空身安一床足豈惟忘淨穢兼
以謝榮辱默歸無多談此理觀要熟

定惠院顒師為余竹下開嘯軒　　蘇軾

啼鴂催天明喧喧相詆譙暗蛩泣夜永唧唧自相弔飲風
蟬至潔長吟不改調食土蚓無腸亦自終夕叫鳶貪聲最
鄙鵲喜意可料皆緣不平鳴慟哭等嬉笑阮生已粗狂孫
子亦未妙道人開此軒清坐默自照衝風振河海不能號
無竅累盡吾何言風來竹自嘯　以珠滌俗撩

遷居臨臯亭　　蘇軾

我生天地間一蟻寄大磨區區欲右行不救風輪左雖云
走仁義未免遲寒餓劍米有危炊鍼氈無穩坐豈無佳山
水借眼風雨過歸田不待老勇決凡幾箇幸茲廢棄餘疲
馬解鞍馱全家占江驛絕境天為破饑貧相乘除未見可
弔賀澹然無憂樂苦語不成些　沉著痛快

東坡八首　有序　　蘇軾

予至黃二年日以困匱故人馬正卿哀予乏食為於郡
中請故營地數十畝使得躬耕其中地既久荒為茨棘
瓦礫之場而歲又大旱墾闢之勞筋力殆盡釋耒而歎
乃作是詩自愍其勤庶幾來歲之入以忘其勞焉

廢壘無人顧頹垣滿蓬蒿誰能捐筋力歲晚不償勞獨有
孤旅人天窮無所逃端來拾瓦礫歲旱土不膏崎嶇草棘
中欲刮一寸毛喟然釋耒歎我廩何時高

荒田雖浪莽高卑各有適下濕種秔稌東園蒔棗栗江南
有蜀士桑果已許乞好竹不難栽但恐鞭橫逸仍須卜佳
處規以安我室家童燒枯草走報暗井出一飽未敢期瓢
飲已可必

自昔有微泉來從遠嶺背穿城過聚落流惡壯蓬艾去爲柯氏陂十畝魚鰕會歲旱泉亦竭枯萍粘破塊昨夜南山雲雨到一犂外泣然尋故瀆知我理荒薈泥芹有宿根一寸嗟獨在雪芽何時動春鳩行可膾（蜀人貴芹芽膾雜鳩肉作之）

種稻清明前樂事我能數毛空暗春澤鍼水聞好語（蜀人以細雨爲雨毛稻初生時農夫相語稻鍼水矣）分秧及初夏漸喜風葉舉月明看露上一一珠再縷秋來霜穗重顛倒相撑拄但聞畦隴間蚱蜢如風雨（蜀中稻熟時蚱蜢羣飛田間如水蝗狀而不害稻）新春便入甑玉粒照筐筥我久食官倉紅腐等泥土行當知此味口腹吾已許

良農惜地力幸此十年荒桑柘未及成一麥庶可望投種未逾月覆塊已蒼蒼農夫告我言勿使苗葉昌君欲富餅餌要須縱牛羊再拜謝苦言得飽不敢忘

種棗期可剥種松期可斵事在十年外吾計亦已慤十年何足道千載如風雹舊聞李衡奴此策疑可學我有同舍郎官居在灊岳（李公擇也）遺我三寸柑照座光卓犖百栽儻可致當及春冰渥想見竹籬間青黄垂屋角

潘子久不調沽酒江南村郭生本將種賣藥市西垣古生亦好事恐是押衙孫家有十畝竹無時容叩門我窮舊交絶三子獨見存從我於東坡勞餉同一飡可憐杜拾遺事與朱阮論吾師卜子夏四海皆弟昆

馬生本窮士從我二十年日夜望我貴求分買山錢我今反累生借耕輟茲田刮毛龜背上何時得成氈可憐馬生癡至今誇我賢衆笑終不悔施一當獲千

大寒步至東坡贈巢三　蘇軾

春雨如暗塵春風吹倒人東坡數間屋巢子與誰鄰空床歛敗絮破竈鬱生薪相對不言寒哀哉知我貧我有一瓢酒獨飲良不仁未能赬我頰聊復濡子脣故人千鍾祿馭

吏醉吐茵那知我與子坐作寒螿聲努力莫怨天我爾皆天民行看花柳動共享無邊春

浚井（即東坡暗井也）　蘇軾

古井没荒萊不食誰爲惻餅罌下兩綆蛙蚓飛百尺腥風散泥滓空響聞點滴上除青青芹下洗鑿鑿石沾濡愧童僕盃酒暖寒栗白水漸泓渟青天落寒碧云何失舊穢底處來新潔井在無有中無來亦無失

日日出東門（東坡圖云東門近東坡之門也在乾明寺前五十步今無矣）　蘇軾

日日出東門步尋東城遊城門抱關卒笑我此何求我亦
無所求駕言寫我憂意適忽忘反路窮乃歸休懸知百歲
後父老說故侯古來賢達人此路誰不由百年寓華屋千
載歸山丘何事羊公子不肯過西州

元修菜 有序　　蘇　軾

菜之美者有吾鄉之菜故人巢元修嗜之余亦嗜之元
修云使孔北海見當復云吾家菜耶因謂之元修菜余
去鄉十有五年思而不可得元修適自蜀來見余於黃
乃作是詩使歸致其子而種之東坡之下云

彼美君家菜鋪田綠茸茸豆莢圓且小槐芽細而豐種之
秋雨餘擢秀繁霜中欲花而未萼一一如青蟲是時青裙
女採擷何匆匆蒸之復湘之香色蔚其饛點酒下鹽豉縷
橙芼薑葱那知雞與豚但恐放箸空春盡苗葉老耕翻煙
雨叢潤隨甘澤化暖作青泥融始終不我負力與糞壤同
我老忘家舍楚音變兒童此物獨嫵媚終年繫予胸君歸
致其子囊盛勿函封張騫移苜蓿適用如葵菘馬援載薏
苡羅生等蒿蓬懸之東坡下增鹵化千鍾長使齊安人指
此說兩翁

問大冶長老乞桃花茶栽東坡　　蘇　軾

周詩記苦荼茗飲出近世初緣厭粱肉假此雪昏滯嗟我
五畝園桑麥苦蒙翳不令寸地閒更乞茶子藝饑寒未知
免已作大飽計庶將通有無農末不相妨春來凍地裂紫
筍森已銳牛羊煩訶叱筐筥未敢睨江南老道人齒髮日
夜逝他年雪堂品何記桃花裔

曉至巴河口迎子由　　蘇　軾

去年御史府舉動觸四壁幽幽百尺井仰天無一席隔牆
聞歌呼自恨計之失留詩不忍寫苦淚漬紙筆於生復何

幸樂事有今日江流鏡面淨煙雨輕冪冪孤舟如鳧鷖點
破千頃碧聞君在磁湖欲見隔咫尺朝來好風色旗尾西
北擲行當中流見笑眼清光溢此邦疑可老修竹帶泉石
欲買柯氏林茲謀待君必

杭州故人信至齊安　　蘇　軾

昨夜風月清夢到西湖上朝來聞好語叩戶得吳餉輕圓
白曬荔脆釅紅螺醬更將西庵茶勸我洗江瘴故人情義
重說我必西向一年兩僕夫千里問無恙相期結書社（故人相約釀錢僱僕夫一歲再至黃）未怕供詩帳（僕頃以詩得罪有旨移杭取境內所留詩杭州供數百首）

謂之詩帳還將夢魂去一夜到江漲 江漲杭州橋名

陳季常見過二首　　蘇軾

仕宦常畏人退居還喜客君來輒館我未覺雞黍窄東坡
有奇事已種十畝麥但得君眼青不辭奴飯白
送君四十里只使一帆風江邊千樹柳落我酒杯中此行
非遠別此樂故無窮但願長如此來往一生同

寒食雨　　蘇軾

自我來黃州已過三寒食年年欲惜春春去不容惜今年
又苦雨兩月秋蕭瑟卧聞海棠花泥汙臙脂雪暗中偷負
去夜半真有力何殊病少年病起頭已白

戲作種松　　蘇軾

我昔少年日種松滿東岡初移一寸根瑣細如插秧二年
黃茅下一一攢麥芒三年出蓬艾滿山散牛羊不見十餘
年想作龍蛇長夜風波浪碎朝露珠璣香我欲食其膏已
伐百本桑人事多乖迕神藥竟渺茫鶴來齊安野夾路鬚
髯蒼會開龜蛇窟不惜斤斧創縱未得茯苓且當拾流肪
釜盎百出入皎然散飛霜槁死三彭仇澡換五穀腸青骨
凝綠髓丹田發幽光白髮何足道要使雙瞳方却後五百
年騎鶴還故鄉

題王黃州墨蹟後　　黃庭堅

掘地與斷木智不如機舂聖人懷餘巧故爲萬物宗世有
斲泥手或不待郢工徃時王黃州謀國極匪躬朝聞不及
夕百士避其鋒九鼎安磐石一身轉孤蓬浮雲當日月白
髮照秋空諸君發蒙耳汲直與臣同

寄陳季常　　秦觀

一鉤五十犗始具任公釣揭竿趣灌瀆與爾不同調先生
本西蜀俠氣見英妙哀憐世間兒細點似黃鵠侍童雙擢
玉鬢髮光可照駿馬錦障泥相隨窮海嶠平生攜手好十
七登廊廟小生相吏耶徒杜尺書召暮年更折節學佛得
心要薷馬放阿樊幅巾對洗燎泠泠屋外泉兀兀原頭燒
欲知山中樂萬古同一笑

別黃州　　張耒

扁舟發孤城揮手謝送者山回地勢卷天豁江面瀉中流
望赤壁石脚插水下昏昏煙霧嶺歷歷漁樵舍居此實三
載隣里通借假別之豈無情老淚爲一灑篙工起鳴鼓輕
櫓健于馬聊爲過江宿寂寂樊山夜

王立之大裘軒　謝逸

小人拙生事，三冬卧無帳。恐寒東窗底，坐待朝曦上。徐徐晨光熙，稍稍血氣暢。薰然四體和，恍若醉春醲。此法秘勿傳，不易車百兩。君胡得此法，開軒亦東向。爲公名大裘，意豈在萬丈。但觀名軒心，人人如挾纊。

燈下讀書　陸游

少年喜書策，白首意未足。幽窗燈一點，樂處超五欲。而況黄州路，小雨漁村宿。蕭蕭蒹葭聲，爲我洗昬毒。琅然誦經史，少倦兒爲續。何必效萊公，長夜醉晝燭。

泊三江口　陸游

遲明離武昌，薄暮次黄岡。勿言觸熱行，一兩三日凉。北窗荻蕭蕭，南窗江茫茫。元雲一池墨，碧綫半篆香。何無車馬塵，況復爭奪場。徐行勿挂帆，此樂殊未央。

月下步至臨臯亭　陸游

出艇蹈松陰，追此船未發。清遊豈無伴，三友風露月。山川鬱盤紆，鷗鷺浩滅沒。當年老先生，想像散醉髮。浮生等昨夢，人已埋玉骨。吾儕幸彊健，何事拘簪笏。

發黄州泊巴河遊馬祈寺　陸游

南望武昌山，北望齊安城。楚江萬頃綠，著我畫舫輕。雲帆不須挂，鼉鼓不須鳴。淡然隱曲几，山水相逢迎。疎雨瀟瀟日，非陰亦非晴。晚泊巴河市，小陌聞屐聲。棠舞刑馬地，一怒江漢清。中原今何如，感我白髮生。

明

黄州演武廳宴集贈石帥　王廷相

屏氛出江郊，選幽憩武館。秋容已淡施，雲物亦回緬。江山佳入牖，聊爾悉一覽。道悟見乃超，志愜興不淺。招邀子所敦，蒜期我當欵。雖値旅務迫，不廢賓筵展。會慶詎流連，談

劇非縱誕。窮蒐漢上曲，清切江南管。投壺按魯鼓，揮琴逃中散。居易命可俟，撫化慮始遣。江崩亦湧磯，岸折黄泥坂。爲公豪遊跡，咫尺竟莫辯。賞心卽命觴，庶達養生纂。

舟及團風以事復回黄州　王廷相

邊發齊安城，野憩團風坂。簡書申巽命，造次促櫂返。中夜凌迴江，侵晨見南巘。推篷緬卄旭，覽勝紛可辯。岩嵒桂霞影，蕩汀蘺露珠。泫時物豈不麗，滯旅興莫展。鹿門逐耕稼，太史樂遊衍。高賢雖自許，千祿竟澳泯。重來日云積，歸計路應緬。長嘯行曠達，偃卧飛潰懣。勞謙業以廣，此坎道乃善。

是氛與日搆持此度可遣

遊定惠院　王廷相

萋萋芳蕪郭杳杳青蓮宮隔陴睇瑶林亭午聞霜鍾霁霞紛綺麗木石遞玲瓏覊心愜蒼郊苦旅攄幽悰既登雲中閣復眺江上峯水沿狎鷗鳥洲擘斂芙蓉已協隱淪趣拱擬蓬壺逢惜非虎溪遊一笑證遠公濁世豈不厭妙道要可適妻孥歸性真宰丞亮天工義音顧靡偕慨息方彌重獨有滅心垢可與凈者同

赤壁亭宴謝蔣子胡子　王廷相

適志在林邱所嗟嬰宦籍雖偶登嶽謠終爾煙霞隔日來有所期蘭尊荷時哲虛館俯江郊況覽豪賢跡鳴雷輕隔浦涼風近將夕遊禽屬啁啁落水方戚戚瑶草未堪贈佳人徒艮覯遠心入洞庭曠覽狹夢澤事往情彌牽年衰感易迫已悲王子車終返原生宅賞心非外慕懷賢亦屢積且遂俄頃懽爲君謝行役

乞罷南歸過黃岡次舊游韻四章　林大輅

雙眸紫氣横西郊寒飈廣伊懷西方人眷兹滄洲賞景曠融道情豈牽簪纓想仰高聆山椒東流大江朗渚鳴羣鷗飛煙舒獨鶴上唱寻謝浮榮敢言愜跡放荒荒山木蹤緜緜元雲長虛無只蓬瀛長公得真象從之不可追試招漁人榜

投簪協退思驅車游黃岡黃岡非我游所思赤壁長煙光連汀渚石徑明宵霜林聲聞歌管鈞影横瑯觴策策羣飛鴉日暮鳴徜徉雲中雁相呼萬里獨南翔斗酒呼歲華況乃泛滄浪回首思佳人仙蹤今微茫問之元鶴夢何如炊黃粱

杲日照北林丹崖俯幽壑澄流碧於藍微風吹雲漠遠渚

既縈紆層峰亦連絡樵路莽荆蓁村樹栖鳥雀緬彼達士懷形骸非有託撫化薄浮名招攜千古樂我今已明農重游宛如昨神曠物徙縈歲寒江猶廓縱談天壤間豈復知龍蠖巾舄偕樵漁聊謝世人度

昔者蘓長公淹留黃泥坂覊旅本無營簞瓢同歲晩武昌魚雖薄猶勝惠州飯赤壁對暮齡扁舟亦繾綣才高愛者稀瓠落還泥沌雨賦達元門萬事奚寒暖二客者誰何時亦樂嘉遁張翰烟雲姿陳琳天趣遠方舟夾雙流淡日輝霜𢙺往事眷深衷兹游亦嫵婉北風吹歸輿麥斜林卧穩

豈無他年懷江湖終偃蹇

赤壁泛舟　許宗魯

轂輸去幽館揚舲泝洄淵澄瀾鏡羽蓋倒影浮霓筵前跳
霞壁麗側泛雲島妍窈飈扇微粼纖魄流逼川岸姿媚嘉
月水容漾遙天雜卉芬紫岫鮮芭耀碧泉躍鮮鯽素波慧
羽吟繁絃嘉朋艷簪盍時景臻華年淑氣怡賞情和春薄
冲元擷芳縱泮渙命酒恣留連俯仰攬故蹟悵望懷昔賢
雅抱良不窮既醉陳茲篇

壯士篇　王廷陳

少年學劒術英風聞九州慷慨出門去辭家將遠遊遠遊
欲何之炎荒爲我仇昨聞遣飛將召募何埔休國威有不
揚無乃壯士羞奮予不如迅湍拔距踰亭樓猛氣伏羆虎騰
躍捷獮猴置身百戰場妻子不顧留性命良足憐聊以紓
主憂揮戈盪蠻煙飲馬江漢流餘勇萬人賈雄傑無匹儔
功成獻大庭賜爵位通侯

眺江閣述感　王廷陳

偶遣邱中步來眺江上閣樹裹呂王城草邊郗子郭遺宫
隱莫尋往牒恍難托春深苦竹滋秋高白楊落故堞啼早
鴉野田噪暮雀頗爲樵牧資焉免狐鼠虐雍門哀有餘九
原何可作

園亭言懷　王廷陳

駿死骨誰市象焚齒自累棄置悲團扇齟齬嘆方枘恥隨
荆橘化樂與魏瓠棄素無金張援焉取邱園賁農圃衍世
業桑麻綜歲計實飽三士桃芳引八公桂春原露未晞秋
臯霜已被偶緣物態感遂與神理契晷度無能淹金石亦
善敝願言齊得喪庶以紓勞瘁

赤壁圖　楊慎十四歲作

曹瞞下江陵江陵正危劇周郎美少年氣吞江漢窄水戰
得上流火攻非下策卧龍東畧雄烏雀南飛廹妖氛掩黄
星倒戈回紫陌鼎足已成形鬼蜮俄褫魄王業聊偏安霸
圖何赫奕懷哉玉堂仙逖矣黄州客文光貫斗牛天遊忘
遷謫名姓識兒童畫圖粲金碧赤壁幾千秋山青江月白

黄州赤壁二首　潘恩

晚次黄泥坂來從赤壁遊長江水浩淼片石枕江流雲根
嚙不斷珠沫散還浮憶昔蘇公樂於今幾百秋盈虛那可
極此地已荒坵擊筑歌楚些班荆遲蘭洲

坡僊不可作哀泉響蹊壑衆星羅青旻光彩粲紛錯感之幽意多酹酒謝寥廓海月東漸生照我黃花酌對月忽懷人顧影傷寂寞大叫招天風馭此橫江鶴

留雲洞　陳宗虞

古洞鮮留雲不解留車馬笑此行路心又逐出亭下拂衣伺前楹元雲夜堪把蒼狗與白衣出岫何爲者爲霖在九垓從龍亦蕭灑

登陽邏驛樓　郭鳳儀

雄郵枕巨津檑軒瞰木杪弭棹亦何營攀梯肆周眺長江

浩無極連山青未了但覺去帆遲莫辯歸舟小參差遠樹迷歷亂輕鷗矯入夏暑雨盈是日炎蒸少吏道常局廻人事多紛擾逸興寄嵩麓滯跡猶江表愧無排虛翮臨風羨高鳥

遊赤壁　何遷

初冬歷陽坂浮景被繁木良辰愜元矚靈境宛招尋連巘既窈窕累樹亦蕭森乘層登瀛閒虛無湓沖襟緬想秋夜遊川原幽且深孤清詎同懷翹跡乃在今因之發靜嘯激楚有餘音飛仙渺難求撫化異浮沉何如盡超忽聊得山水心

鄒彥吉使君招飲赤壁　無名氏

使君展高宴飛蓋臨江圻隱彼千仞石樓觀何崔巍下有蛟龍窟洪濤震漁磯古人一遺跡我來寧有期中庭見樊口浦樹相因依舊游日以新新知良不疑客坐恣歡酬情言肯如飴君但發高唱勿謂知音稀

王稚欽吉士八子詩之一　無名氏

維楚故有才誰爲稚欽偶早歲發天秀匠心應其手高視千載前左馬相先後寧操湘女瑟恥擊秦人缶調苦知弄

丸罵坐非使酒敖然詠新篇豈復聞師友遂爲禮法攻一官棄如垢傷彼荊山璞終焉不見剖

鄒彥吉使君招飲赤壁　方尚贇

高臺俯郡郭飛磴連崇岡古人跡未朽今復登斯堂南臨樊山個兩望漢水陽使君政多暇攜客聊相羊薰風蕩遲景黃鳥鳴且翔綺饌簇江鱗玉醴澄羽觴彬彬軒冕士燦燦簪纓場縱談亦何貴賓席承芬芳登高歡有作爲樂戒無荒豈如晉山簡酩酊習池傍

和吳明卿方仲美赤壁讌集　鄒廸光

畢景百尺崖仰眺千仞臺漢水泝洄薄樊山葱蒨開檣帆
逗浦樹惝怳失去來鶴煙信容與簫聲亦悠哉陽烏逝久
波蟾影印石苔有酒須自醉爲樂不用猜酡顏徵令德雅
藻屬上才山水有深聽寧爲知音哀

雪堂詠懷二首　鄒廸光

夙抱理人術亦懷憂民心如何事纓牽托志翰墨林薄雲
逗蹕館當軒列遙岑喜絶人吏跡兼之鳥雀音對此坐偃
仰南薰盪衣襟鳴琴不下堂古人予所欽
魯連非吾倘子牟非吾師出處道自合囂寂理亦齊曰余

剖符竹揭來湘之湄披牘掇朝雲露晃摹春籬魏闕信敞
屣齊組豈土埃所以磬折間吏隱常在斯魯似蒙莊子昔
者嘆爲犧

赤壁感懷　易倣之

曹氏握漢綱已得天下半奉詞下江東投鞭流可斷日行
三百里水軍八十萬幕下客繽紛人人出長算偪虎恣咆
哮黔黎盡塗炭當其橫槊時無枝思已亂周郎方弱齡豫
州正奔竄起將白羽揮覆若春冰泮老死不敢東竟就分
香願雞肋始借劉鼎足猶存漢知非豚犬兒久識英雄冠
故壘惟白雲孤城空赭岸使倆終何爲悲哉供一粲三復
飯牛歌長夜何時旦

崑山馬工部席中有古詩見貽賦荅　陶允宜

會稽佳山水行吟足朝夕驅車一以遠投鞭每不懌侯罪
刺黄州賞心在赤壁爲呼府中僚出訪江頭石矯有壁立
姿而無斧痕劈窄向濁流邊獨作丹砂色人言三國時帝
遣兩雄敵南軍勢不競東風借其力炎皇御燭龍雷車駐
霹靂漫空朱鳥翔夾岸火雲赫大江蒸水氣洪爐煉金液
樓船盡爛燼壁石皆燔炙譬彼昆岡焚詎免池魚厄素質

蠲不灰亮節久彌赤或者百萬兵乃其膏血濺卷舒效火
滑掃蕩煙氣熄周郎美少年小喬初授室軍氣業已揚江
烽望不極攜手凭重闌調笑含芳澤芙蓉玉皎皎櫻桃珠
的的紅粉擁綺羅耕衣屯劍戟壁壘轉光輝旌旗交舄奕
烏林夜淜渺雀臺春脉脉念此蘄黄間留彼英雄迹客稱
工部郎胸掛堪輿籍爲道赤壁磯乃在嘉魚北寒潭軒冕
稀古蹟風濤蝕前賦或誣夸一客空訶譏我愛山水趣但
逃才情癖束手受拘攣搖唇費彈射四海幾茂軒臺九州多
禹蹟興人偶邂逅往牒爭組織爲謝祝融君巧奪老瞞魄

總是一江連初非兩地陽楚王失其弓亦復楚人得好將壘塊澆剖破藩離塞蘓公自仙才陶子今同調片語誠可投千秋足相識賓主旣笑喧歌人亦填溢戎糕款蠲鮮宮樣胭脂餙茜燭媚珊瑚香膠浮琥珀天際絳霞飛臺前紅雨積紺宇映葳甤酡顏金觴遞起立石壇高下望江流窅冠蓋各東西江山又今昔

赤壁陪胡茂承宴賦　王同軏

壁壘血未乾霸氣中原散蘓公夫何爲復此弄文翰俱爲地借名俯壁開樓觀上欲礙飛雲下踞江之半回思故聲

華何異暮與旦蘓公昔已悲翩爲後人歎我生室其旁君來自天畔踏蘚欲尋攜木葉紛已亂痴絶君不無一笑冠纓斷高窺鸛鶴巢險坐黿鼉岸題詩擊鉢成字字珠光爛鎔壘歡處饒年華暗中換却恐留徵音千秋益悲惋三益古所稱兩情殊泮渙江上山聯翩從君徧探玩

過孔子問津處　茅瑞徵

驅車循四履晴巒來遠矚一水不容刀征人戒勿遽褰裳往從之下流苦沮洳試扣此何爲云是問津處在昔鳳戢羽深心嚮誰語弇管岐路側所遇溺與沮避世不避人相對一何倨千載憑遺跡山川應可據我來出其傍茲行豈游豫六翮毋高飛丸折空叱馭雖馳雲外想已作粘泥絮仰止歩荒祠祇同不能去

咏署中雙栢　茅瑞徵

庭前有奇樹矯矯參天直古幹當勁風豐枝蔚其實閱世百年來朝華經幾革獨此雙珍木秀挺兩稱特豈必同衆芳所貴不朽德長夏落層陰赤日爲西匿高杪激清音遺芳故盈側雖無媚俗姿而有凌寒色吾拙久已徵偕爾宛相識遠植在及時令名永不忒

春日赤壁晚眺效謝康樂體二首　呂元音

歩出城西隅翛然靈界敞輕陰澹夕暉凉風正飄蕩雨初綠野秀臺高白雲朗登雉刺中流千颿落瀟泱林煙曳翠綃湖霞披絳幌旣懽僻野性復挾滄洲賞振衣登前岡徘徊命吾黨愛此離埃氛且得脫覊鞅美酒滌煩囂劇談發神爽會須倚層樓一嘯衆山響

纖月掛東林羲和節西弭遊目意未足緩步信所履逕轉石磴坼溪漲漁梁毀翠荇出水鮮朱纓然林紫涓涓芳露潤淡淡行雲止野照光空明泉瀰響清泚伊余邱壑姿眷

茲景物美登眺谿幽襟俛仰忘悲喜凭高身以軒臨流耳
堪洗泠泠御遠風悠悠得直理塵世事俱非獨此逍遙是
預愁還城市車馬紛如駛

臥病懷同好諸子　劉養微

辭翰難割嗜好所鍾聊擬選體數章自娛寄當神遊

何韋長

崗道有崩頹塵軫忿騰鶩鏤金理既訛輟響念彌固伊余
秉拙訥投足怯窘步譬尤非孝祥離餘慮違故很以孤睽
參親蒙三益顧傾蓋樊山賞駢筵赤壁晤敘離仍萬端協

懽匪一趣已恧德隣比復慚文會與蘭茗沐芬芳琬琰霑
濡蔭拘美平生遊胡寧離合遽鮮覯乖雲雨臥痾變朱素
余淹桑梓墟子帶淮淝路箕風振曠野涼月麗高樹翩翩
南鴈翔悄悄西舟泝引領限河梁躑躅不得渡

何緘仲　劉養微

臥痾尠懽趣感舊殷遥思豈伊膂歲月延促無前期微躬
懍淵冰竊欸恒在茲美人敦爵義夙昔夢音徽音徽日夜
隔心賞何由追緬懷援情愫探道覲元微遵塗宏正軌悝
顏隆萬規荆璞不隻剖宋石必覆揮山川邈離異形影久

參差昔別青陽徂今留白露滋涼颸盪清襟朗月耀光儀
與玩瑤華音想像瓊樹枝投桃理空切盍簪願亦違古爻
媿漸磐詠什懸緇衣久要崇篤固違擴貴推移

秋日赤壁晚眺　陶國楨

落日散餘暉晴川斷烟爽丹楓映赭岸歷歷衆山明征帆
渺天末迴波激清響長鱗躍湍渚修羽翔深莽牧笛揚榔
陰漁曲滄浪上極目萬里秋乘風起遐想浩歌振林颸松
檜亦偃仰晚茲夕霽登殊愜泉壑賞飛霞慕曾阿高懷將
安傚

閔易曦侯罵賊死　吳應箕

憶昔泊荻港適有黃州船心疑此船中曦侯或在焉曦侯
亦稍予問名良復然夜半猶沽酒高談驚客眠秦淮一月
聚古今皆窮穿是時射策者四方多名賢時時來既我相
見出奇篇曦侯對我嘆就流物理然慎予震驚意一善俾
終全每感良友規誦之中心鐫自君別我去濶晤已三年
懸懃遥尺素綿邈借山川豈知君死賊遠有義聲傳君無
一命寄君無百城專矻矻窮歲月閉廬絕市廛著書已滿
屋次第國門懸奄忽遭焚掠貫係索金錢謂君門下士何

難質萬千君前爲致説解甲便歸田賊怒不可遏君論白便便古窮葅澈厲髮指目睛圓大駡死狗奴爾罪已通天郎予老禿翁何惜須臾延頭可一刻斷氣常萬古鮮我也念嗟昔五岳崩胸前骨鯁不在朝死綏不在邊區區徒步士爵此一髮牽招魂豈江上淚落如流泉

買山　無名氏

何以見山深白雲路千曲何以謂高蹈瀑布濯吾足石頭半空垂開口如相告見謂斯世人名美郎酡毒含章自高貴何事明如玉聆此如蘭言晗然驚幽獨

維摩堂過孝宣寺蘄水劉中尊雲麓聞信郎至　無名氏

文公軍旅日勤禮大顛師君今政事暇清晝只歌詩詩中有禪意情境任參差以茲覲我理驀爾過招提佛法無多子名聞未有私見君繩祖武動我舊時思今古同旦暮道岸無傍岐相彼滄流水棠陰無倦時

自團風鎮沿江西行　凌義渠

未及涉江去廻環此眺聽涼秋涵野曠雲物何泠泠淈偃曦初落風逆帆乍亭芋田黝役熟藍圃望中青挽背依沙岸懸帘截水亭斷菁生遐響叢荏發微聲引極俄傷晚千山不一形霞光隱月腳青紫界蒼冥勞望會自極動者亦云停吾行適樂息催火出林坰

遣懷　蕭日吉

凌晨勉櫛沐出門見輪蹄云是市闤門車馬常栖栖富貴非可學安得強攀躋落花任天風隨分得高低所受有本限理數何能齊聞見苟非是且得聽黄鸝

山中夢何綱卿　王一翥

離皆暎斜月楓落餘枯井偕遊都邑佬訝度林阿氷川復

黄女塘　胡同寧吳歎之先生

黄女寺鍾京國景客學有高懷隨仕無旋軫淪憾多方嘆儒棘舌端省臑深酬斯論驚廻共厨嶺霜風動哀壁先軌蹈難驅千古忖心中何代不堪恐

野田黄雀行寄魏雲巷　王一翥

儒者道不顯托名求神仙一日亂難逃千年壽豈鍋帷有閫村静魏子忘華軒俗人不相師如病畏藥言黄雀野田中御泥戲丹鉛

赤壁送孫脅山行　王一翥

江漢滙湛處宜有隱人船煞記與滑唐亮芒海市閘往著

函塵遺前烈亦依然生民最屬意窮友今彙萃九辨係聲
詩七諫賡靈芬南詢岣嶁岡西涉磐礶泉涓子每出滄江
妃聃耶圓洞堅邸華葉冬霜展妙觀是時一卮酒爲我洲
渚言復驚採樵貌不在廬山原鷄黍隱士讐始徵薄俗難
蕭影訴沉滯素暉野月鮮

寓園即事三首

暫歸不得息復來叩園荊掃場恣偃仰深緣怡我情假寐
遂成夢夢醒閶流鶯爲時已中伏宛作春曉聲奈何雀與
烏努力方争鳴衆雀既嘈雜羣烏尤豪横坐令好音阻劇
耳不分明三歎推枕起仰視天宇行

我往囑除草我旋草亦鋤葵莽亦在眼宴蒙相翳如非躊
見醜態蓮問種類殊連日貸霖潦草長數尺餘中藏蛇與
虺豈但蠅蚋陸牽拔蘿蔦上勢欲薙芙蕖披尾器無逕出
入鉤衣裾我心有所觀此草遮可除但用一夫力坦然心
神舒

累石爲池沼坼裂不見水人言此龐春枯涸良有以我言
谷爲陵水自漲都鄙何知雨卒暴淤水忽一指昏濁豈足
觀徒惹鳴蛙起什伯唱相和曉夕無停昇其聲頗厭聞彼
自以爲美形容昔所知氣力今誰比愁人廿一瞬聒噪過
無理官私何所爲此言殊甚旨使我神不凝夢中亦掩耳
翻思雀與烏鳴尚有時已眼見水速消宿蛙毋太喜

問津河懷古二首　王士龍

江萍匣孔轍回馭經山阿涓涓淵底流悵然懷逝波騑傪
周道遲獻淝行露多青兕吽山壁元猿嘯谷蘿悼彼歲月
邁道阻且長何迷精怯山霧晻藹滯雲窩停轡思東土一
路山嵯峨

林暉耀夕霏光氣敀隅瞰山川險阻經易者誠足儔征車
傷行邁役車勤未休道旁簑笠叟禾黍長田疇杳靄日氣
佳沉陰天風颸青蘿臥犬吠晴嵐栖烏啾悵此素心侶攸

懷各有由嘆息津渚間千載今悠悠

題張虢泉公廬墓馴虎遺事　萬爾昌

漢史載歐子依墓結草室虎執遁奔觸襟覆得以逸感承仁孝意趨望竟如雁月為致一鹿孝子供俎實千載有張翁蹤事遙相匹虎亦稟其廬馴馴等卹勿此事餘十紀黃史流稱述龍負軀蜒視德至隨波没潮鱷肆吞噬投文遣以出驅使奚能然茲理安可詰至性極昭格豈云同幻術其時諸賢喆紀贊各鉅筆翁孫日聚上表幽闡剞劂余也得寓月追誦薗猶慄豈惟光家乘國史藉芬苾誰續漢歐

傳濡毫美無溢

國朝

冬春題文昌閣　劉子壯

冬春宜晏起酣情享昏蒙初日與我窗破懶纔一動人事豈能厭遲之庚有中袖足自多爽天閑志亦洞

吊貞女陶足大　程啓朱

江皐有貞女明粧立素月靜意慕孤芳緬焉懷往烈十四對流黃鳴機織秋夕媒氏何殷勤手持雙玉玦繫以蛺蝶羅紅絲千萬結女生願有家禰袂自茲領距意狂飈生山摧梁木折梁木亦已零女蘿弔所適止水矢從夫百折心益決死義非死情不必曾顛頭再拜別慈親俯仰腸内裂魂魄今于歸九原有安宅世人競鉛華聲容隨煙滅卓哉岳瀆英流輝映昔哲入夜起江濤今古聲悲咽

過問津河懷王生坐孫素公孫斐臣　陳肇昌

朝涉問津河微風飄霰霏鮮帶家風亭停驂休我僕山徑昔所經聽焉起遐矚嘉桐栢十尋滃湧雲一谷古殿鬱嵯峩正容瞻肅穆平生望道心晚歲徒鹿鹿念昔同懷人紆餘散遊目坐石草芊芊經臺松謖謖俯仰三十年歲月

如轉轂緬想竹溪遊悽斷山陽曲欲去復徘徊臨流吞躑躅

黃州移寓白衣巷適風雨夜作　樂封

頻年事行李復為江上客奔走非夙情栖遲喜梵釋寒溪春正殘風雨夜琳剛濛濛竹樹中飛泉赴危石枯坐闕長哦懷古空陳迹磬堂越千秋寸陰嗟不惜凌晨渡江皐躑躅更靡役拜揖苦淚旬僧齋始清夕俄然風雨生其勢如崎昔雖徵邱壑奇颯沓成幽僻是時羈旅心乃覺境曠適所念柴桑居松菊烟仍碧襲夜嘗相思問予新句獲挑燈

兹何爲躭佳詠性癖妙理發高吟寡儔廻風格用娛忘氣
交論詩希莫逆

贈葉井叔　王士正阮亭

作吏客伊洛門對嵩高山山色映終古客心長自閑朝看
飛鳥沒夕對孤雲還聞昔王子喬吹笙碧落間揮手駕白
鶴一往三千年至今緱山上逸響凌紫烟夫君有仙骨雲
駕如可攀游目憩嵐巔躡足升天闕廬巖瀑布佳百丈聞
琤潺懸流濺冬雪容樾生夏寒何當蠟屐來與君躡飛湍

遊西山寺望赤壁　孫錫蕃

寺隱翠微半城倚夕陽腳澹瀲發風榛薇翳幽花萼日來
募苔高江起芙蓉削曠懷嶺上雲實鼎長年藥扁舟邈赤
壁塹鶩並孤鶴游門島南來天漢星秋落鳳凰不肯鳴羽
毛非燕雀松柏不改柯性情老邱壑論交慎所許古人重
然諾

曉望雨華山　孫錫蕃

晨嵐洗初日巖陰截當戶風疎竹聲乾澗長泉流怒草荒
偏餘露木童不受斧煙動行人小蒼靜秋容古

安仁湖湖上二首　孫錫蕃

白白湖中水嫋嫋竿頭絲無魚不受釣素書來何時蘋華
開寂寞恪我長相思

相思復相思相思有已時相思不相思相思無盡期日落
四山紅雲起四山悲四山北雲日起落何時須

代鶴南飛曲壽燕小眉太守　王追騏

修翰翥北極翱翔指南隅逸翮振清音流響聞天衢直扶
雲漢上長呼蓬萊徒霞明閶海蓼月繞楚江圖凌霄俯塵
壞凝用映冰壺軒舉復滄瀛新秋景物愉俛仰千歲松鳴
和五雲雛羽簇鳳鸞並仙家律呂殊戛然橫江聲燕公與

正娛

懷子雲念菴鄰仙　吳祿貽

昔在亂離時猶得同栖酒氣岸凌五侯他人瞠乎後不惜
酒債多常恐墜厨柳落筆掃風霜珠玉時在口地下韜龍
泉紫花秀成土我歸芙蓉江浮雲知舊遇三傑合精光玉
京逢善友白虹吹萬城春花被積莠去者杳層雲存者厭
老醜安知草間人自與風月尊莫自問斷筍勞歌淚如瀏
何處是相思枝上子規鳥叫（叫丁柳切）

同萬師二別周崎鎰由西港入江至陽邏宿

汪國棨

九峰 山松煙入秋化皎月適袂別良朋輕舟於此發豁遊
選別人舟行歌未歇湖濶浪花平乘舟如乘筏雙櫓夾豁
流菊華時秘薛籬落挂漁罾渡之于彼忽日暮江流急萬
帆爭飛越勸客麥逆波舉棹心尤硊市肆倚山阿孤燈時
明後客窗更對語殘醉猶勃勃

冬日魏鳶臣見枉因登並埠山遠眺即事　汪國棨

山水與幽人情事多參廓相對不苟歡神理慎所託與子
登高峰四顧生聽怍暮壑栖賓鴻昏鴉四鳴躍向山不可
登寘實恒虞略翅首測幽遐胸中具五嶽

大上閣置酒遠眺還飲實臣齋看月　無名氏

年少夢邊城愁心天上橫今朝對荒嶺一片暮雲平雲平
復何處雉堞渐無數飄疑城外山近是城內路城外復如
何長江空逝波風流赤壁盡秋蘆白楊多徘徊不能住言
向招提去半壑起松風殘陽在高樹憑高矚衆峰顧盼爲
誰雄手揮三雅杯目送雙飛鴻可憐秋夜清三五月華明
王生知我意對月洗金觥

圍風鎮避風用少陵萬丈潭韻　宋犖

北風江上急濃陰忽如晦孤帆隨鷗鳥簸蕩洪濤內縈纜
向洲渚一水投煙靄咫尺見隣舟突兀柁樓大小船如蟻
頭絡繹兩岸對港深波復平陽氣浮瀋瀨雪花遠近飛著
地明幾碎荒村盡掩扉漁翁不在外驚心列戍多到處懸
旌旆江樓駐雄師聲名傳下瀨乾坤浩茫茫萍梗偕流輩
百年境遇繁適意誰能最緬懷川路紆顧景逢總睨悵然
念去春遊賞欣與會

○詠洗墨池圖　宋犖

疇昔判黃州一官同泛梗江山樂清曠俯仰希懷永東坡
洗墨池蕪沒無人境地別出神濺一泓浮翠荇豈惟存舊
跡兼可逐清景好風僭湯吹几席滄漣影幽人對如鵠頤
香時暇著蛙口食墨黑蛙故載池蛙食墨口黑臆說堪笑屛別來三
紀餘幾思駕蠖艇

東齋作　宋犖

官衙類荒村高齋賽廊几席控江湖軒檻帶巖壑往往
山水音泠然座中作牆隅竹與蕉枝葉相參錯嚴霜且多
來顏色已非昨臨風步廣除顧念修名薄載咏素發詩于

焉發內怍

黃州早發　　彭心鑑

大江入空流輕舟乘曉發篷窗睡未安四顧何恍惚漸收西塞雲猶見南樓月擊檝和櫂歌飈神兩超越

赤壁　　張叔珽

昔年讀兩賦仙風衣帶襲此日拜先生餘徽尚洋溢巉崖歷虎豹江山不可識道士歸何處耿耿填胸臆四顧轉蒼涼長懷到壬戌

湖居五首　　張仁熙

朝登赤壁山暮宿磯邊寺山雲自往還獨與幽人遇蕭蕭坡叟心淒淒毛公思赤壁磯下有毛寶放龜處水向今時流石老前朝字湖山昔已遷日月誰能志但聞山氣佳漁艇時搖翠城麓亦避俗籬落鶯孤邃行李忽爲家且晚發深喟

平生誰志得坐臥見江山況復秋冬中竹樓已成灣平林楳甚嶼物色會相關衆人各有作羌余獨解顏余心誠自遲聊復時閒閒

寶山雖不高當湖爲日夕水落見漁梁光景胡歷歷呼兒採怪石過雨山如滌始悟旅人懷形影出砂礫居民亦古初顧盼生愉懌欣然已結鄰荻徑聯疏逖日暮有鐘聲古寺余夙昔

夕陽浮野水漁舟始自歸寒城挂衰柳竹氣亦微微羇客愛明月閒情無所依坦步入蹲崖素髮坐漁磯清霜豈不嚴所惜在衣裳不見古賢心臨流知魚肥

昔我有良朋相邀洗墨池何子安嘗邀遊東坡祠池邊何燒燒雪照東坡時今我寓林皋斗酒忽如遺當年二客懷愴惻無人思洞簫隔明月武昌亦在茲仙人不可遇草石今參差

恭謁問津書院　　陳大章

去聖日已遠冥行類擿埴喤喤鐘鼓聲所習非所志恭惟問津河傳是回車地麟洲昔創始著書此築室天臺播遺風講壇樹閟秘魁儒宿望尊學子擔簦至當時諸老翁稱疊負鼓吹道義溯淵源公卿連項背坐令一畝宮遙揭東林幟我行傍祠堂循墻謹辟呵細草披蒙茸古栢摩蒼翠延堦眺修椽升堂閱禮器惕息拜褒衣彷彿瞻四氣東謁仲子祠沮溺列配位前楹奉儒先爵里如鱗次厥西宏仁堂絃誦儼居肆想像昔人心經營寓深意聖道日中天有目皆得覩寤寐卽羹墻小大隨所識涓滴助海流埃塵裨

嶽積登枝無捐本培根族其實敬恭鄉晉鄉趨蹌俎豆事
古賢迄未亡諸賢頌塗堊黽勉有同心修葺期勿墜

謁韓魏公祠呈許蓼齋太守

荒城秋氣合寒露百草滋緩策南郊道言尋魏公祠賢守
美爲政修舉亘在茲春草名餘結搆書堂煥棟題惟公不
世才間出當名時堂堂柱天手變化無端倪景佑治平間
呼吸定嫌疑杓懸天北極盂覆地四維公神在宇內元氣
浩淋漓黃人每矜誇謂公實我私永嘉有遺集浪語非無
稽宋薛季宣浪語集記公在黃有靚女在來踰年言不涉私及去已我屈原二女也公眞德士異日當推此意以

澤天下正直留民秉精誠格神祇昔謁相州廟載哦閱古詩
在定州敘述追典誥圖繪儼鬚眉請得搆妙手斧藻揚形儀
錄公生平事附以琬琰辭傳寫左右壁天宇爛虹霓乾坤
多醲粹思一萬如斯微公當有救英爽此昭垂今得拜遺
像儼聆生忸怩風雨俾勿壞殷薦謹常期匪惟慰邦人百
世瞻師資

里中四賢詩

贈光祿少卿謚忠烈周公之訓

周公戟鬚眉冷面骨高峙遨巡仕蕃籍屯邅落詞翰美晚出
崇禎中合沓風塵起備兵濟南城萬騎森薄犄孤軍援路
絕落日戰鼓死同時張秉文布政鄧謙督儲馮失名郎司畫守分尺咫
公獨當其南張髯劇嚼齒提戈憤一呼銜鋒斷雙髀烈哉
三股妾聯袂赴井水悽惻太常誄稠疊尚方璽至今六十
年舊蹟傳鄉里事失野乘蒐坊亡實錄紀我昔攬遺文慕
言痛至髓癸亥修通志載公殉難本末嗣叨三館末大聲激充耳
朝無諱筆修明史有詔勿諱死事諸臣淪胥固有以何以慰忠魂遺責
在青史

故孝廉王公一翥

龍性本難馴鳳羽實高舉偉哉王孝廉清芬揚六宇憶昔
撰公詩掐拾得藏弆幽姿豔冰雪老力雕肺腑目無七子
壇跡掃竟陵軌叫於時東林徵遺葉紛盈茹落落布衣雄
屹力相撐拄慷慨嘉魚交王希悽咽臨川語千子亂本兜衣冠
犖雄恣豺虎草履兩都穿丹心一寸腐人嗤杞人愚我憐
精衛苦長嘯隱廬山成名笑廣武爽氣不可攀逸躅渺前
古既吟乞食篇脈脈增酸楚

故大名副使魏公公韓

鉤黨終禍漢閹豎迄覆唐太阿一倒授白日慘無光惟茲

有明季事勢何披狂三朝實同貫失道潰隄防正人既殄
瘁國亦隨之亡魏公秉清鑒憤世懷激昂置身危亂際進
退特周詳一麾行解綬歸卧松山陽季鷹有先見子美多
慨慷每把金石句大義何琳琅遺風溯高節軼事徵左楊
孤節屹萬仞逸氣凌穹蒼兒童識舊德松栢表新岡九原
不可作湖水日洋洋

故孝廉萬公爾鳥

誰謂子雲元劇情甚誰詠誰謂阮公狂勸進何齷齪蹇予
遊四方少小慕奇卓頗亥隱側徒矢□在巖壑朝爲泛渚

鷗暮作乘軒鶴廻首西山薇大笑絕冠索齋美萬夫子聲
名實嘖薄世局幾滄桑雄心甘寂寞偕隱曰初平退修經先生
史坐揚擁胸次無拘牽篇章得灑落高尚五十年饑腸厭
藜藿前歲升公堂神明尚矍鑠頃來拜公墓荒草走狐貉
服膺甲子詩痛哭西臺作悵望武湖濱寒雲莽寥廓

舟過團洲懷鄭方南　陳大章

荒江蟲夕陰秋色澹無際沙洲昔未沉千室魚鱗聚故人
休沐歸吟餉有遺處結廬近何之四顧空雲樹康吏亦可
爲棲泊隨所遇遲知古尚世心獨與古人晤閒歌紫芝篇或

咏猗蘭句堦前戲小同膝上坐文度適意且逍遙搔首咨
嗟暮慷慨平生言合情未能去

夜泛赤壁　張光璧

磯上西蜀人磯下西蜀水蜀水三峽來蜀人不再矣小艇
放漁歌擊楫中流駛此夕非壬戌渺渺烟波裏

輓陳仲夔　王材任

卓哉太史公才猷未展半七十未爲夭良朋偏永歎天道
固無知國寶遂艳玩神理應不盡英靈未皆散獨嗟余後
死失此白頭伴君今騎箕尾長夜何時旦虛室闃無人素

琴陳在案門掩落花深園荒衰草亂念此心內傷有淚面
如盥早知永訣速始悔還鄉緩夢爲赤壁遊慟與黃壚貫
生死抱離愁饑寒纏其傾嗟彼九泉人愴然一埏炭他日
返故園誰於我乎館玉樹埋土中太陽照不援可憐長松
脐徒見凡卉繁

水溢决堤　靖道謨

澤國苦沮洳築防以爲衛長夏雨連朝頻成江海勢頻疑
古女媧補天留空際致令蜿蜒隄齒缺如睥睨沉竈跳井
蛙四野無涯滋嘆息此方民水災被連歲去年决程圩半

睇成川逝方圻今又圯蟻穴不可閉三春原野閒百草拔
根帶燕幾麥有秋盼望欲央背豈知秀油油徒供魚蝦甜
河伯無乃忍胡爲此大戾眼看鳩鴿形昏墊絕生計緬想
九年潦何以在帝世

十月既望攜二子忠敬游赤壁以仰見明月爲韻四首　陳浩

坡公舊游處千載餘洞賞怪石劈丹砂懸崖絕土壤大江
走其下靜夜發奇響對岸武昌山寒煙亘林莽我攜二子
來沿月蕩雙槳卮酒酹公祠高山心所仰

赤壁在黃州說者異聞見豈知博達人初不泥史傳揹揮
周郎軍來與孟德戰公從壁上觀奮擊駭雷電一聲孤鶴
鳴驚落白羽扇四顧寂無人江光皎如練

江風如此清江月如此明惜公不可見使我心屏營我欲
乘此月泠然御風行左攜羨門子右拉安期生飛渡紫沂
游詩公白玉京握手一歡笑用慰千載情

千載復幾時往來人代閱今人與古人共此一輪月造物
無盡藏江山此清絕更因文字奇不逐雲煙滅長嘯激松
風豪吟灑蘭雪留與後來人捫苔摹斷碣

黃岡縣志卷之十八

知黃州府事王　錢楷　鑒纂輯裁訂
知黃岡縣事陳文樞　蔡韶清　王鳳儀　仝編

藝文志五

詩賦下

五言律

唐

憶齊安郡　杜牧

平生睡足處雲夢澤南州一夜風欺竹連江雨送秋格卑
常汩汩力學強悠悠終掉塵中手瀟湘釣漫流

黃州　方干

弭節齊安郡孤城百戰殘傍村林有虎帶郭縣無官暮角
梅花怨清江桂影寒黍離緣底事撩我起長嘆

宋

雨晴後步至四望亭下魚池上遂自乾明寺前東岡上歸二首　蘇軾

雨過浮萍合蛙聲滿四鄰海棠真一夢梅子欲嘗新拄杖
閒挑菜鞦韆不見人殷勤木芍藥獨自殿餘春

高亭廢已久下有種魚塘暮色千山入春風百草香市橋

人寂寂古寺竹蒼蒼鸛鶴來何處號鳴滿夕陽

江上晚步　潘大臨

白鳥沒飛煙微風逆上船江從樊口轉山自武昌連日懸終古乾坤別逝川羅浮南斗外黔府若何邊

臨江亭　晁補之

古木嘯寒禽層城帶夕陰梁園多綠樹楚岸盡楓林山際豈爲險江流長自深平生何所恨天地本無心

東坡　張安國

繫船看西日曳杖到東坡暗井蛙成部荒祠鳥作窠老仙

騎鶴去稚子飯牛歌興廢何須問斯文自不磨

元

夜泛赤壁　楊惟中

瞥艤清江舸來登赤壁山怒虯松偃映潋玉水潺湲明月尊前色卅崖戰後顔亭城催暮角醉倚棹歌還

明

齊安郎事五首　陶安

初入黃州市蕭然綠樹村刈茅低縛屋剖竹密編門桃李花零落山川勢吐吞凋民來一二敬喜爲溫存

霧雨一城暗梨花三月天空梁春蟻壘蹊壁蘚蚓穿苔蘚枯井苔荒館斷磚開門山色好飛翠落吟箋

江月籬邊城春竹色斑天文鶉鷲外地險虎頭關縮綴此爲郡結茅先對山雨晴聞布穀鬪草未能閑

雨過山添色推窓翠撲衣秋隨新水長蝶趁落花飛江近簷頭掛春從客裏歸沙乾聊可步荷枝綠陰肥

千村新雨過水滿綠苗生蠶麥收成速兵農賦役輕紛紛奪家室日日到州城訟簡有公暇江山共此清

寓所　陶安

蓋茅爲寓所郡治亦于茲籬外麞窺吏衣中蟻嚙肥晝長無訟牒興到有新詩早食逢來使齋廚米再炊

縱步　陶安

傍市人家聚瀕江草徑遥燕尋曾到屋魚候未來潮訪友聊乘興扶笻直過橋晚山煙外見重疊翠如澆

燕子遊赤壁圖　何景明

垂老黃州客高秋赤壁船三分留古跡兩賦到今傳落日寒江動青山斷岸懸畫圖誰省識千載尚風煙

贈王稚欽　何景明

王子萬人英詩名少日成驪珠眠自抱天馬僻誰征旅食
青楓改秋吟素髮生過逢見汝意潦倒娛吾儕

夏黃岡採古桐製琴四牀見遺　許宗魯

單父君元是鍾期我未如遠傳哀玉片駢集草元居霞影
飄牀艷松聲瀉坐虛南薰音久歇遲子一吹噓

江上別夢澤王子　許宗魯

沙岸移星艇雲汀散夕遊水寒風色勁波淨月華妍酒興
劉伶後詩名謝眺先江湖爲別地解纜各淒然

發齊安風雨有作　王廷相

纜喜風檣順俄驚雨腳斜過山猶作陣鳴壑已如麻江動
潛蛟室天占上斗槎不須貪利涉隨意宿汀葭

赤壁感興　方豪

曲磴孤亭抱危崖古木攢泉聲絃裡聽山翠畫中看往事
悲蠻觸名賢惜羽翰登臨須拚醉洗琖向清瀾

山庄雜興十首　王廷陳

老夫諳稼穡次第葺園廬對酒唯田父呼門絕里胥柔麻
經雨後花竹宛春餘如此生涯好何勞薦子虛
事去心逾壯年來迹轉孤濯纓臨漢沔安枕荷黃虞春瀾
偏熟鳥秋窗近作樵出逢隣叟歡醉倩野童扶
避人開石戶覽物坐山堂湘柚寒增色江蘺晚更香卜居
悲楚客招隱憶淮王寂寞吾甘守浮沉念總忘
計拙堪時棄謀生托野人鶯花無約束木石有比隣溪上
思龍蟄林間學鳥伸逢人無一可語契即情親
天地一虛舟浮沉雙白鷗半生從失計萬事不關愁山月
杯中映江雲几上流狂歌人莫測吾興屬滄洲
圃坐晴逾麗畦行晚更宜客從蘿逕入自笑葛巾欹果熟
山禽戀林馴野鹿隨憑欄契物理衛足頗欽葵

樹古村墟僻江寒邑里秋過雲頻送目累月不梳頭廢禮
緣多病求仁未寡尤呼兒問網罟明發上漁舟
葉減山爭出林秋景故偏候蟲喧冷砌過雁影晴川尺
沾松露楓吟籟澗泉何人會幽興寂寂自鳴絃
物換竟誰使朋來非我期曙光隨日薄秋籟入雲悲速婦
開新醞從兒誦古詩自爲真率飲忘却鬢成絲
蘿軒時散帙苔澗亦垂綸翠竹供詩遍蒼林佐酒頻岫重
逃見旭源曲易迷津早契沈冥理難爲俗子陳

江上贈夏明府　王廷陳

令尹官初試江邦政已成節如秋壁峻心擬石潭清頗契烹鮮理無矜拔薤名操刀知善割愛助亦吾情

定惠院宴集二首　王廷陳

石磴接巖扉行行上翠微賓朋花下至雲鳥竹邊飛韶景庚欲盡舊遊存苦稀蘊公何可作今古一沾衣

結侶乘暄出凭高望眼開閭閻深負渚阡陌曲侵臺展席春雲映歸軒夕鳥催回看遽陳迹相送轉徘徊

遊龍盤磯寺　王廷陳

巨石表江心花宮傍太陰天寒龍臥穩雲迴鴈飛深棟宇

飄明饒汀洲響梵音慈航向夕渡轉覺戀祇林

宿龍蟠磯寺中　王廷陳

龍象開靈岫黿鼉戴法筵石間攢寶樹鏡裏湧紅蓮香氣潭烟接燈光岸火連禪房風浪過永夜不成眠

贈張子三峰（張名濟宏治甲子舉人知蒿與清河縣以氣節稱）　王廷陳

自遂歸田興何曾入郭行比隣稀識面州郡祇知名但結漁樵侶寧關婚嫁情溪潭垂釣處日見白鷗迎

自團江赴黃倏忽望見城郭　王廷陳

晴水平侵岸澄江穩放船櫓聲雜鼓吹橋影曳雲煙漫逐群鷗後俄驚百雉前長風如可假乘夕向遥天

黃州登赤壁亭　廖道南

亭倚石巖開風鳴萬樹哀人間不知去鳥倦忽飛來江勢平吞閣山形曲抱臺雲林秋色霽真自可幽懷

訪王夢澤園亭　廖道南

蚤謝承明署宾棲小隱園曲亭圍樹密斜圃種花繁江近吟招鶴巖虛臥聽猿郎承宣室召禮樂待敷言

赤壁席上　童承敘

磴曲城邊峻江清檻外浮天花籠佛閣巖竹過人頭摩詰

瑶編共文翁綺席留斷雲供徙倚此意更悠悠

赤壁和韋內方韻　崔桐

巉壁凌秋淨江煙向夕浮賢豪總陳迹感慨一回頭亭為披雲起觴因遲月留登臨有餘興酬唱思悠悠

留別王夢澤　崔桐

赤壁迴孤棹黃城別曉雲情懸夢澤子昔是鳳池君宋下仍儒雅周南滯典墳今宵楊柳月江笛不堪聞

送蔡安父之黃州　徐渭

安父黃州去乃當中夏時榴花作火豔柳雨爛蠶絲硃墨

汀滸燥書窗葉葉吹今朝聲如此別馬快風嘶

月下聽王稚欽彈琴　鄭善夫

昭文鼓綠綺六氣指間流王子梅花思飄飄下隴頭月華
終勝雪商意自成秋今夕西方夢佳人不散愁

暮春共適軒小集　郭鳳儀

壁峻臨俯路亭虛俯近闕到籬江漢水隔岸武昌山簿領
一春過壺觴半日閒便須同二客酩酊棹歌還

過問津河　無名氏

夫子南遊後山川不可名問津千古事環轍至今情雨汎

沙堆淨波吹石髮輕惟應楚孺子下馬濯塵纓

登赤壁有感

風流蘇學士所志癖登臨赤壁雄荊楚滄江見古今石懸
宿閣外帆過女墻陰尚有垂竿者能知戀闕心

柯山園四首

買舟三百里江上見柯山古徑雙橋外方塘萬木間入門
花石喜畱客水雲閒若與王猷共山陰那得還
性僻耽幽勝風雲奈汝何寄情都不淺乘興一相過宛轉
看亭榭陰森坐薜蘿移尊從所適山鳥自爲歌

蓽篁開作徑灌木不知年未解亭相錯飜疑地屢遷亭小葵
交舊鼎種樹續新編總失干時計端居亦晏然
散步出幽籬羣芳送酒卮隔城嚴漏下近寺暝鐘遲秉燭
興生榻停歌月滿池不禁酣欲卧敢謂老能詩

冬日遊赤壁　雷賀

城堞瞰江隈危樓雲氣回酒杯吹碧浪屐齒印蒼苔孤鶴
橫空下松鱸入饌來高山應仰止作賦有雄才

八月初五夜集赤壁二首　徐學謨

萬堞凌舟阜千家俯白雲雄圖餘戰伐清籟隔氛氳月色

遠山盡江聲靜夜聞囘戀看斗直懸漏欲宵分
兩賦已陳迹諸公復勝游問年還應戊爲客正逢秋月照
蛟龍窟風將江漢流爽來重洗杯懷古思悠悠

同王憲伯再遊赤壁　蔣夢龍

江城初雨霽赤壁景逾幽雲斂山疑畫波明天若浮花香
侵醑氣水色浸樓頭覽勝同延賞何妨醉碧甌

○赤壁懷古　鄒廸光

懷古獨登臺臨江思鬱哉波光清刺骨露氣白衝極事業
空沉戟英雄已劫灰惟餘蘇子賦讀罷鶴飛來

赤壁奉和魏懋通司理　鄒廸光

來遊集道侶杯酒慨生平楚雨聽簫歇湘雲帶苑明月於
深坐得天人放歌清最喜陽春雪飛來滿座驚

病後登竹樓詠懷四首　鄒廸光

蹤躅來爲郡支離已再春濫糜五斗祿羞說一官貧山雨
侵城堞湘雲下浦津登樓銷病骨畏路幾聞人
病起強登臨山城晝日陰鳴琴聊自適鼓瑟亦何淫咏入
瀟湘色風傳嶰谷音坐觀浮吏傳千古見同心
一室數椽小凴欄眼自寬井烟籠浦樹廨宇帶江瀾簾捲

南薰入樽開北海寒人言吾貌瘦從此欲加餐
雞肋三生病蓴羹此日情暫留因父老終去避時名夏日
連村郭樊山對郡城坐來吹萬集一半管絃聲

夏日過定惠院　鄒廸光

不向空門住那知化日長江煙低佛座山翠濕僧房忽草
侵衣碧曇花上屐香跏趺分半榻人境已微茫

王伯固邀遊赤壁三首　邱齊雲

百折城西路臨江赤壁分經時憂積雨一日破層雲柳色
望中盡漁歌醉裏聞磯頭無駭浪還欲攬斜曛

移尊尋往跡鼓棹破江烟感此浮雲事焉知赤壁年津風
吹水立山月入牕懸一片淒涼色無人不可憐

齊安雨夜思歸　鄧楚望

獻楚傷難遇在陳不可留停雲生遠夢聽雨亂鄉愁芳草
洛中路春風江上樓無端羈旅思白髮對滄洲

赤壁　石崑玉

樓憑丹嶂起浪作彩虹浮煙斷三朝堠風迴二客舟江渾
龍鬬日山靜鶴橫秋今夕非壬戌何人載酒遊

泊赤壁　車大任

地是烏林舊名還赤壁留獨詢三國事空見一江流風落

山樵地霜凋楚客裝孤舟今夜夢明月冷沙鷗

行白雲山中　王同軌

雨餘林氣靜山晚日光斜野店依孤樹村橋卧斷槎馬嘶
遲澗水犬吠隔林花白首鉏雲者春風自一家

赤壁樓上同弟綏父陪劉維芳雨集　王同軌

登樓披岫色尊酒暫從君檻集千峰雨窗流滿榻雲魚龍
寒自蟄鴻鴈暮爲羣共醉空明上人間世界分

九日同張念茲諸子游赤壁　呂應崑

節霽情偏適山登客與同霞收千嶂雨江亂萬帆風倚醉
調沙鶴銜泥仗野童遠峰青未了莫遣暝煙籠

赤壁再泛　祝世祿

水落磯頭石霜林紅欲燃重來摩赤壁孤嘯破蒼煙雁下
瀟湘雨人歸雲夢田江山英爽在平挹一尊前

春日書舍八首　王一鳴

雲岫青天上山堂白水邊看花頻過日種樹不知年日永
陪春酌無營費晝眠誰能悟瀟灑貧病接神仙
送目高城晚科頭小逕閒松筠團野日紫翠共春山坐上

尊須滿人間事不關苦憐叢桂發招客一躋攀
邱壑乾坤大漁樵歲月徂長來隣叟熟爛醉小童扶江漢
封春雨吟哦老豎儒一區潛自隱何必似王符
出門愁磬折用意買盤桓雲濇水城豁天虛風竹寬試兒
分棗栗報客正衣冠事事堪幽絕何曾酒甕乾
近憩郭城墅農家雨最霑地寬踈步曠園老信腰鐮趁浪
黃魚脆經時紫蕨甜一尊斟細細身世或陶潛
去國孤臣遠憂時萬事新過雲凭几席迸淚濺松筠匕首
遲星急旆頭望氣眞英雄泥塵土誰念捉刀人

醒夢移高枕登危送短筇一邱兼一壑爲圃又爲農天曉
烏江深想蟄龍仙逆漁父問枯槁近形容
報主身多病逃名計漸知築墻隣借樹澆竹水乾池剩習
收魚子鈎簾試燕兒柴門有天地幽獨一題詩

過問津河　梅之煥

每過問津處無愁魂自消門閒蟬語寂路古馬塵囂細雨
昏殘碣輕煙鎖斷橋耦耕人咫尺來往慰蕭條

赤壁餞姚允初使君　茅瑞徵

不盡登臨興憑欄賦未歸杯遲頻燭短歌轉雜塵飛漲水

浮青嶂橫舟點綠磯送君從此遠日暮竟何依

同江石鍾勘災二首　茅瑞徵

延何頻多難茲方更疊災停輿問桑海到處見蒿萊風借
炎蒸奪天舒鄉雁哀撫心吾有感誰屬救時才
同是勤民出非關載酒來穿林全竹覆掃路半沙臺野老
烹葵餉村籬待客開寄言肉食者何術讚康哉

游崎山　茅瑞徵

崎山高不極半嶺看雲低亂石紛排戟飛梁迥作梯孤風
傳遠梵人籟出煙谿直擬捫蘿上攀躋境屢迷

過問津河　　　　　　操明德

適楚津猶問，維車漲未消。江萍空有兆，田父竟難招。雨色迷殘碣，波聲咽斷橋。獨憐吾道在，行李共蕭條。

赤壁樓春望二首　　　曹士謨

平原千里目，騁望更登樓。春到凌崖樹，風移上瀨舟。殘陽明峭壁，倒影動澄流。欲盡林泉勝，藤蘿一逕幽。

着屐探幽逕，微痕翠印苔。雲低空野合，岸狹遠江廻。豔灔初垂柳，蕭疎半落梅。遥天下明月，清興夜歸來。

癸未三月十六夜同樊紫葢城守　　　曹士謨

風雨蔽城件，相逢咫尺迷。晴塗呼爾汝，潦徑失東西。倍蓰然膏費，參差列炬齊。最憐鈴柝衆，露立待聞雞。

步放鶴亭　　　孫應鴻

長嘯答空響，悲懷萬谷隨。潮流松露冷，鶴聽竹風吹。山靜來蛩悅，秋深落葉知。登高望太古，攜手柏臯時。

安仁湖上居　　　鄧雲程

居然一小伯，寓跡五湖邊。廊掛簷懸月，門開水浸天。好風吹暮雨，短笛弄輕煙。何處蛟龍鬭，綸絲滿釣船。

同兒洽李坪飲宋小黃家　　　王一翥

王事賢勞者，生前總不聲。名非重一死，學豈著三軍。魄散天猶慨，（公勝妣蹈難相率死之）忠孤君未聞。（當事盡掩公以節所私）鬼神終莫掩，野史續遺文。

過竹篦寺

不問當年寺，稱名示阿誰。行行人盡去，得得路何之。佛古泥團動，光留電影遲。沙彌錯相識，笑下幾堦卑。

寄龍夢先

爾也不隨俗，余焉同一心。從來身外想，偏向病中尋。草發故根綠，雲移何處深。江流聲不斷，應共虎溪吟。

同方還青卯過之兒洽遊安國寺二首　　王一翥

楚地悲風滿，幽蘭釆已非。尋燈魚市晦，訪寺圃蔬肥。塔裂前朝恨，經焚過客稀。武昌多霸跡，臨岸易歔欷。

邂逅桐眠倡，郊林慷慨行。廓寥嗟久寂，僻遠歎吾生。龍井孤亭在，雪堂舊砌平。微君思往緒，感不獨山城。

李坪漫意　　王一翥

彤傷纏國後，尚有古泉亭。不見浣沙女，誰瞞處士銘。衆雲飄不去，獨樹亦能青。別路惜殘語，輿夫攜小瓶。

同兒洽李坪飲宋小黃家　　王一翥

借宿棲方渡。携兒過李塒。荒江爭月艷。柴壁逗沙明。布被依鐏酒。書幃接雁聲。仰天輪舊願。北斗向誰橫。

簡奚蓀嶽　王一翥

誰地卜居好。李君知我貧。畫輪淹古寺。康飲仗東隣。孤鶴夜啼怨。絲蘿間踏春。椒漿璀席近。浣月釣魚綸。

陽邏再泊　王一翥

舊居三十載。就岸一帆斜。僧火催殘照。浮烟濬野槎。兒歸茅店月。僕阻碧山霞。饑困隣多虎。芳心寄海涯。

哭汪愧孝二首　王一翥

幾年同隱約。終母或隨君。片碣荷無跡。孤心兩不分。白頭誰敎和。名士絕聲聞。杖畫山雲細。秋宵一卷勤。

吟醉陶元亮。詠哀王景元。何人敢僞託。惜汝太無年。誦秘春秋註。神潛道德篇。空山雲月影。娟碧素心全。

李坪　王一翥

盛世馳戎馬。無非戰不庭。只今鵰羽動。惟見鬼燐青。少婦停尉繰。書生罷考經。饑能追石隱。安得守殘扃。

稍村答友　王一翥

人本非無事。投巖好獨還。長謠懸烏度。冥泛喜燈閒。曉霧思營驄。春衣戀故山。可憐鉦鼓急。十載未開顏。

重到郡城　王一翥

秫重殘松影。塘廻過雁聲。幾番遊子夢。猶遶故宮行。買酒壺難借。裝衣線不輕。漢廷詞賦死。抱甕老書生。

望下方廣寺二首　有序　王一翥

記乙亥秋、自白田至麻城獅子林、弔死心禪師墓、同其法孫長樂、返過此寺。携師遺笈在焉。越一年、武昌署中、與仲霖談及此。數日後、野行、望此寺、有寄。

精舍藏山隱。中途過法孫。寧知兵火逼。不遣婦兒存。魂夢求空像。丹青到墓門。人間酬酢盡。鐘磬代師言。

綠字迎遷籍。黃金結寶纓。當年獅子座。曾湧玉泉清。著短羲爻失。（師諸著盡燬）人亡肇論成。（予閱諸論在師身後）韜光（菴名）黃御史。稍可話無生。

七月十五歸自黃州夜泊趙磯　萬爾昌

斷岸沿江路。維舟信所安。風連葭影靜。月偪水光寒。盃冷呼猶數。更深語未闌。幾朝慙褦襶。贏得此宵寬。

寓大士菴三首　萬爾昌

微雨侵晨屐。循苔接舊畦。市囂垂御隔。路僻短垣迷。瓦石

栖難定蔬花徑欲齋老僧忘世久澹對肯招携
野聊尋知佛蕭然息此菴來雲窺曲牖迎旭逗重嵐容篠
依巖靜羣蜂趁藥貪隨行會所適閒退倚孤龕
待暝開扉闊春融氣若澄孤光涵靜夜遠塔湧諸燈幽意
生虛照空堂暗倚憑素甍供坐久竹露夕層層

江上逢王子雲　萬爾昌

江上逢人少崎嶇見老生聞知越嶠往只等看山行語習
先朝典詩求異代名如何携壯子曾不話躬耕

季夏留何元方南滽　杜鈺

訊渡晨光爛維橈岸草斑層波踏不没流影射常閒風動
微侵席雲歸遠在山論文佐清供破睡不須刪

邢孟貞過黄州有作見懷感答　無名氏

長江日夜流江岸有黄州是我十年夢輸君一日游山谷
樊口客月對武昌愁處處遨篇翰殘黎豈解謳

哭李鄭仙　李著有夙知錄　無名氏

事後論人品無如李鄭仙留身惟貢藥有子只耕田學道
知原夙安貧力更堅白雲山下路誰表少微阡

晚泊黄州　無名氏

赤壁雲初暝烏林日漸紅波搖兩岸火人語隔江風夢
侵蝴蝶燃犀逼水宮天寒遊子意清夜月明中

次團江　無名氏

下馬團江渚烏林舊戰場楚予沙月白吳壘戍雲黄蠡影
涵天遠襟流東地長江聲疑有恨如欲訴興亡

國朝

偶題文昌閣　劉子壯

常閒真似旅爲累祇因官才盡方知拙貧長漸得安門深
巢鳥偏庭靜落花寬良友能頻過相忘不着冠

雨花閣　劉子壯

小閣斷幽半古藤一徑通藏經黛跡裏煑茗雨聲中下鳥
窺高樹開䆫入遠峰悠悠江上路此地諒能容

赤壁　施閏章

欹石荒烟路千年人自游空青連赤岸虛白俯滄洲日氣
鮫宮暖風聲漢水秋誰憐詞賦客今古一虛舟

秋夜泛舟赤壁　孫錫蕃

吳楚江烟裏深林一艇開桐疎識露重柳拂礙波迴巖壁
孤懸處山灣小月來論文在幽僻古色滿蒼苔

舟泊水月菴　孫錫蕃

蟻影移村半梵鍾過小舟人開霜葉逕鬼宿露花叢夜永林烟寂寒深江月浮空山佳氣滿香積一燈秋

赤壁　施世綸

凌晨過赤壁昨夜宿黃州風物歸殊代江山重昔遊漁歌空互答客櫂自夷猶斷岸仍千尺蒼波去不留

雪中抵黃州　曹申吉

蒼茫天一色雪岸界中流帆影遥侵樹山光暗入舟風煙寒赤壁詞賦重黃州三楚經行徧春來倦遠遊

訃偕北上次李坪驛别家兄暨怡西昆季二首　葉封

行行此揮手能不乍銷魂相送只垂淚孤征寧可論江聲趨故里客夢待荒村倘藉壺觴立銜杯未忍吞

行色誰云壯羈愁獨自經已難辭骨肉況復去零丁沙氣蒸燕路寒雲暗楚汀江楓秖數葉露淚下離亭

琴臺詩　三江口在樊口西南三十里或云古琴臺地　葉封

高岵憑一哭云是楚琴臺江樹空無際蘋花冷不開損軀原世節（大人父友軒公以建白顯名舅逸求公殉黔難）遺珮動今哀有鳳孤飛遠年年夢屢回

同杜于皇李大有樊念菴夜集　吳祿貽

少陵方用拙元亮早投簪詩律當秋警鄉心入夜深鱸魚看楚味蟋蟀聽吳音衣薄涼風動蕭騷事滿襟

風泊龍口　白虎山名　吳祿貽

白虎連龍口前程十里賒北風爭繫纜荒戍不棲鴉天落雲垂草江翻水沒沙食鮭何處得寂寞兩三家

三江口　吳祿貽

衆水會夏汭三江趨海門煙寒郗子郭雨暗呂蒙墩避地

行舟少防關舊址有烏啼深樹裏秋色正消魂

立秋郡邸　吳祿貽

炎蒸猶不退節物閱年華旅食彫菰米僧房蟋蟀秋梧桐飄漢渚烽火暗瀟湘久閉蘿門跡還來問竹樓

舟過赤壁感懷　王承祜

艤舟赤壁下流覽舊山川亭閣皆新構詩壇俱昔賢水天光一色雲樹影同懸不盡登臨興乘風破浪船

輓茶村杜先生　程瑞禴

病足艱移步扶余造出門論詩忘暮雨飲酒過黃昏不盡

诙諧興頗多肝膽言先生長不死身久在崑崙

赤壁　張仁熙

孤城連赤壁高帶大江流魚艇千年事荒祠獨夜愁天晴堪去雁水落正芳洲久客經行地蕭蕭蘆荻秋

月夜懷王子雲先生　顧景星

野水明北郭長林收晚曛尋常來舊雨咫尺賦停雲溼氣月中白喞舡山裏聞無繇共欣慰愁思遠紛紜

○王子雲隱居廬山過訪淸談半日　顧景星

只愁歸不易歸後轉饑寒知己十年別貧家一飯難白頭

仍遊地遠害肯投竿孰是鄧文子能令王憲寬屢辟徵辟

泊長圻撩風雨　顧景星

源流緣訪舊檝棹復如何身世浮泡外江湖夜雨多濤聲來枕上檮響有漁過金錯囊金聲中宵獨寤歌

陽邏大士閣　顧景星

香磴倚巖阿雲根闢薜蘿長江廻地軸高閣入天河繫纜驚湍少扁舟乘興過聽鐘夜方半何處起漁歌

馬鞍山迷道就飯田家　顧景星

紆廻路復迷複嶺萬松齊有谷有樵逕無山無鳥啼斷橋

扶野葛履石渡危溪與食農家飯分餐過午雞

客樊憲副亢宗延坐園亭二首　無名氏

問業西樓竹亭開洞壑光寒山風雨樹佬客古今州不覺敲詩細松鬮倚嘯長折麻誰獨契者舊本江黃

蕪園具風雅門閉更幽淸止酒知心靜添書畏眼生長江奔樹色萬井避秋聲閣外崖陰夕彈琴意未營

樊憲副席上贈王子雲二首

羣彥推王粲雄人舊菽林書多傳劍履地少種桑陰江海短秋鬢知交剩此心到門車馬客無暇問懸琴

良會堪遺俗聲名老未忘主賓答鐘鼓天地失風霜燈動壁衣舞秋濃井葉香共來高邁侶誰厭阮生狂

元日諸公攜具招飲聚寶山　鄧之愈

夙性耽山趣貧來費未齊諸公不棄置元日肯招攜草刈行厨集壺乾信步題回看人影亂舍北又相徯

自聚寶山步至復宏菴　王封濚

濟勝乘方暇登高仗有秋節勞從緩步適景即凝眸雨後山容改風來草意柔載歸僧舍裏閒坐問林邱

○宋賢祠題壁四首　宋犖

地據黃州勝祠尊宋代賢峥嶸新畫棟疏鑿舊清泉一院
松筠茂千年俎豆虔扶筇同老稚憑弔向春天
遂與羣賢遇依稀杖履傍樓成名不朽道在黨何妨呑壘
傳蛙口留書解橐裝江山相映帶今古鬱蒼蒼
一片池邊石傳來文敏書披尋從苑碟光彩重璠璵勝賞
晨昏得傷心戰伐餘游人談赤壁風景定何如
移從堂亭上飛絮結搆牢萍香飄曲檻鳥語出天桃文彩
藹門盛聲望楚地高臨風添嚮往行矣寸心勞

步宋賢祠題壁四首之一　王澤宏

石橋煙樹外蘭若雨花旁地近城偏靜官休隱不妨疏齋
同野衲書史屬歸裝宿世君來此山川尚鬱蒼

望龍蟠磯　宋犖

孤嶼排空起波濤萬頃連蛟龍留窟宅殿閣自江天法鼓
開山縣神鴉送客船沙頭開極目斜日起蒼煙

秋夕湖上　於心匡

長嘯柴門外行居影自從晚風來爽氣野水度疏鍾壁古
蟲因穴沙寒雁少客宵闌猶未臥殘月尚臨峰

暮秋過白沙灣　於心匡

赤壁邊三里白沙第一家徑橫彭澤菊籬掛邵平瓜祇覺
風吹面安知露濕靴傾來茶碗數醆嶼散朝霞

江樓即事　王封濚

偶能逢愜意茶熟客來初知有廬仝癖因譽陸羽青物情
閒處辨世味談中餘簷日翩翩下休言駕去車

遊赤壁　梁斗巘

千秋傳赤壁屹立俯江根岸坼波濤險山高虎豹蹲文章
悲斷碣風雨拜精魂我亦傷心客傾盃掩淚痕

赤壁秋雨　彭一卿

清秋臨赤壁細雨濕空堵野樹迷山翠江風鎖岸霾行舟
停畫舫歸路踏芒鞋罷釣看漁父披蓑立水涯

赤壁晚眺　彭一卿

餘照覆城陰登臨散素襟暮煙橫陌上明練織江心雁陣
分歸路鳥棲返舊林漁燈依岸曉樵斧且聯吟

陪翰按臺遊赤壁二律　王顯

覽勝到山亭雲煙詞畫屏心丹映壁赤節勁比松青呼喝
搖河嶽文章燦斗星龍魚驚雨露變化滿江汀
追隨登赤壁病躍過坡仙瞻像塵襟滌讀詩暑病痊風清

披白簡煙霧繞青巔多少英雄蹟孤懸別洞天

赤壁懷古　胡之太

振衣千仞上江水自東流吳楚壤相接孫曹戰未休臨風
悲巨艦對月憶層樓望古多遷集賢名雅好遊

夜發三江口　陳芳烈

日落停橈纜安流坐可乘寒汀秋唳雁遠寺夜飛燈帆月
虛陰度江霜客面凝風輕人籟寂漁火宿孤燈

泊臨皋　宋如辰

薄暮臨皋驛蕭疎客鬢斑雲端迷夏口煙際認樊山噴壑

鬪鼉吼投林羨鳥閑龍湖有茅舍松月應常關

晚泊雙流夾　宋敏道

水落森危石溪流一綫天漲痕高岸迥月影暮山連野燒
分樵徑歸人入暝煙壯心何所適吟望淺沙邊

登武磯山　王鍈邦

峭壁臨磯上江黃一塹分秋高閒遠樹濤急帶飛雲客笛
空山響漁歌隔浦聞情隨流水遠不斷近斜曛

大士閣　王鎮邦

飛閣凭江起風霜老檻楹窗中山屏入足下水雲橫寶樹

明珠火寒空響梵聲千秋巖石上堪亞普陀名

雨中赤壁　王村尹

到來將一月赤壁已三過風雨皆詩料江山足笑歌路偏
逢鳥道衣好伴漁蓑莫話興亡事豐碑字總磨

小崎山中　張光壁

山中日正午雲氣上衣裳花閉空林豔風經隔水香古橋
還歷歷村舍亦堂堂爲性耽幽石逢人笑我忙

檃括蘓賦十首　賈鉉

我來登赤壁挾友共凌風山色蒼茫上江流浩渺中幾盤

休洞口一瞬喜天空彼美蘓安往長歌四顧雄
攀蒼皆抱石唯少桂千章窈窕出孤鶴徘徊周上方武昌
嘯印見夏口岸柳望白露詩成處南遊駕其藏
予懷繆已破羨此牛川清千里江陵接長艫落日外秋吹
波驟立風震谷潛鳴葉脫時方肅飛霜凜欲生
肴核既能攝歲時將亦消何人知屬賦有侶遨攜簫目斷
幽蘭媚縹緲烏鵲飄扁舟今可就婦子託漁樵
徐泛盈匏酌用斯遺世游踞巖驚虎豹橫槊笑蜉蝣名姓
海中粟旌旗江上移坐來悲孟德西去困荆州

雪堂巉絕地自道識臨皋草木久無主魚蝦各得曹登攀
窮造化俯仰寄秋毫東問黃泥坂故宮暮獨高
翩躚元鶴舞餘響應滄龍水降石橫渚山虛月湧松危巢
首戛擊鱗木影蒙茸籍酒與登嘯謂阮籍孫登也終霄二十從
吾衣披羽似吾履御風娛放睡倚為枕安行步是車呼樽
醒斗酒洗盞縷鱸魚反策昔遊者牛山歎逝虛
馮歌誠固耳白飲蓋寥焉用彈鋏生及緊吟先生傳事在客乃謝至舉
杯曾樂天鹿麋遊泗泗山水遇仙仙魚網紙名開千尺須留
待巨然巨然僧擅畫

扣舷風細甚光起一輪和正取清聲答不禁良夜過飛星
嘗動酒棲鶴也聽歌小棹輕槳瀉薄言歸泝波

檃括二賦詩十首　張楠

予過黃泥坂相從二客隨孤舟凌萬頃明月出東山舉網
魚曾得危巢鵲可攀劃然發長嘯人影斗牛間
舳艫千里盡傷一葉扁舟浩浩還虛御飄飄遺世遊羽僊
木葉脫風湧大江流是歲杯盤樂無殊壬戌秋
赤壁之遊樂茫然縱所如元裳縞衣鶴巨口細鱗魚逝者
未嘗往流光信有諸惟斯水與月相對識盈虛
有客若無酒如茲良夜何自將橫槊氣猶付扣舷歌窈窕
美人遠蹁躚道士過清風江上起無水不興波
東望武昌遠江流夜有聲匏樽來薄奠蘭槳擊空明客有
吹簫者秋從斷岸生偶然相顧笑休問姓和名
行歌互相答直上履巉巖幽壑潛蛟舞橫江孤鶴來山川
俱寥寂天地此徘徊嘯昔旋旗影而今安在哉
白露橫江下天光接水光予懷愁渺渺山色鬱蒼蒼崖劃
蒙茸影詩歌窈窕章攝衣還獨立把酒辭周郎
滅此蜉蝣寄不知何所終漁樵於渚上枕藉乎舟中造物

藏無盡長江羨莫窮飛仙難驟得遺響托悲風
四顧寂寥哉清風動縞衣大江自東去島鵠忽南飛木落
石仍出月明星漸稀凜乎難久駐歩自雪堂歸
正襟危坐久予亦悄然悲十月霜應降東方白不知杯盤
狼籍裏風露復遊時寄謝車輪客從今友鹿麋

○廣容園在城內棲霞館側即今廣嗣菴　張楠

洒醒不知處城頭日已西獨行經廢寺望遠見寒溪野草
離離綠新鶯恰恰啼誰知當日壁塵土拂還題

、赤壁二首　劉承龍

獨擅江山勝臨流枕楚黄朝霞生戸牖倒影入帆檣讀賦
思樊口鏖兵重武昌何由起蘇子載詠月明藏
名山逢勝地層閣倚江流浩渺窻中見嵐雲檻外浮一尊
邀月小萬棹放歌悠召伯巡行處揮毫有竹樓

陽邏阻風　孫鍠

晴江入望迴歸路一孤舟風急揮蘆過濤狂挾岸流喚[illegible]
逃落日沙草息驚鷗夜泊荒岸下瓢蓬雨不休

晚登赤壁偶感　蔡震升

晚風嘗艤舸首登巖徜徉沙渚不惜黄泥滑來尋赤壁遊江山

如話舊詩酒亦分憂鶴夢今宵穩中天月一鉤

赤壁重游　王言

闢破嶔崎路平原遠斷坡山横蜿蜒口障柳鎖渡頭春舊日
匏遊客當年作賦人風流賢太守江月一時新

冬日同杜伯緘夜飲赤壁　王子中

峭壁枕郭北危樓敞水濱蓼花開胡火石岫飲殘霞月起
驚棲雁風高落暮砧遥看牛明滅燈火是漁家

夜發陽邏　王心敬

帶月發江鄉歸程爭未央晨雞鳴遠岸畫楫泝流光曉色
繞窻入江風透體涼却憐閒覽勝也自犯星霜

薄暮再抵黄州謁李華西先生祠　王心敬

樊山江外暗赤壁柳邊黄此夜月如畫西州路久荒故人
乘箕尾吾道日蒼涼十載隔生死西風欲斷腸

黄州城北一覽亭　陳大章

孤亭如戴笠睥睨出林坰江瀉盤龍影山奔萬馬形荒城
圍宿靄萬井落遥青徙倚飛鴻外狂歌答渺冥

赤壁阻風　王世芳

烈風遲客路寒樹寂鶯鳴斷岸霾難辨孤蓬定亦驚催人

頻結纜戒僕莫營爨相識阿誰在空傳騁外聲

題黄岡廟樓　彭士蘭

樓迴環春霧飄虛納宿雲甘芳茶鼎沸颯沓磬聲聞鳥喚
征夫夢僧隨野鹿羣無心出世好公事正紛紜（時奉檄盤查黄岡諸鄉社倉積穀）

白黔中歸果園　靖道謨

于役頻經歲林鴉報客回别當楓葉落歸及柳花開斟罇
添舊醑徧堦扶綠苔籬邊舊時菊雨過更須栽

七言律

唐

齊安郡晚秋　杜牧

柳岸風來影漸疎使君家似野人居雲容水態還堪賞嘯
意歌懷亦自如雨暗殘燈棋散後酒醒孤枕雁來初可憐
赤壁爭雄渡惟有簑翁坐釣魚

即事黄州　杜牧

因思上黨三年戰閒詠周公七月詩竹帛未聞書死節丹
青空見畫靈旗蕭條井邑如魚尾早晚干戈識虎皮莫笑
一麾東下計滿江秋浪碧參差

齊安早秋　趙嘏

流年堪惜又堪驚砧杵春來滿郡城高鳥過時秋色動征
帆落處暮雲平思家正嘆江南景聽角仍含塞北情此日
沾襟念岐路不知何處是前程

赤壁懷古　崔塗

漢室山河鼎勢分勤王誰肯顧元勲不知征伐由天子那
許英雄共使君江上戰餘陵是谷渡頭春在草連雲分明
勝敗無尋處空聽漁歌到夕曛

宋

十二月二十九日蒙國恩責受檢校水部員外郎黄
州團練副使（監黄州酒稅）　蘇軾

平生文字爲吾累此去聲名不厭低塞上縱歸他日馬城
東不鬭少年雞休官彭澤貧無酒隱几維摩病有妻堪笑
睢陽老從事爲予投檄向江西

初到黄州　蘇軾

自笑平生爲口忙老來事業轉荒唐長江遶郭知魚美好
竹連山覺筍香逐客不妨員外置詩人例作水曹郎只慚
無補絲毫事尚費官家壓酒囊（謫官有字銜而不知事故云無補）

子由復至齊安以詩迎之　蘇軾

驚塵急雪滿貂裘淚灑東風別宛邱又向邯鄲枕中見却
來雲夢澤南求暌離動作三年計牽挽當爲十日留早晚
青山映黄髮相看萬事一時休

雪後到乾明寺遂宿　蘇軾

門外山光馬亦驚堦前屐齒我先行風花誤入長春苑雪
月長臨不夜城未許牛羊傷至潔且看鴉鵲弄新晴更須
攜被留僧榻待聽摧簷瀉竹聲

姪安節遠來夜坐　蘇軾

南來不覺歲崢嶸坐擁寒灰聽雨聲遮眼文書元不讀伴
人燈火亦多情嗟予潦倒無歸日令汝蹉跎已半生免使
韓公悲世事白頭還對短燈檠又嘗記云元豐辛酉冬至僕在黃州姪安節不遠千
里來省歆澗樂甚使作黃鐘梁州仍令小
童快舞一曲醉後書此以識一時之事

太守徐君猷通守孟亨之皆不飲詩以戲之　蘇軾

孟嘉嗜酒桓溫笑徐邈狂言孟德疑公獨未知其趣爾臣
今時復一中之風流自有高人識通介寧隨薄俗移二子
有靈應撫掌吾孫還有獨醒時

正月二十日往岐亭郡人潘古郭三人送余於女王
城東禪莊院　蘇軾

十日春寒不出門不知江柳已搖村稍聞決決流冰谷盡
放青青沒燒痕數畝荒園留我住半瓶濁酒待君溫去年
今日關山路細雨梅花正斷魂

一與潘郭二生出郊尋春忽記去年是日同至女王城
作詩乃和前韻　蘇軾

東風未肯入東門走馬還尋去歲村人似秋鴻來有信事
如春夢了無痕江城白酒三盃釅野老蒼顏一笑溫已約
年年為此會故人不用賦招魂

六年同甲復出東門仍用前韻　蘇軾

亂山環翠水侵門身在淮南盡處村五畝漸成終老計九
重新掃舊巢痕豈惟見慣沙鷗熟已覺來多釣石溫長與
東風約今日暗香先返玉梅魂

別黃州　蘇軾

病瘡老馬不任鞿猶向君王得敝幃桑下豈無三宿戀尊
前聊與一身歸長腰尚載撐腸米濶領先裁盝癭衣投老
江湖終不失來時莫遣故人非

舟次慈湖以風浪留二日不得進子瞻以詩見寄作
二篇答之　蘇轍

慙愧江淮南北風扁舟千里得相從黃州不到六十里白
浪俄生百萬重自笑一生渾類此可憐萬事不由儂夜深
魂夢先飛去風雨對床聞曉鐘

西歸猶未有菟裘擬就南遷買一坵舟楫自能通蜀道林
泉真欲老黃州魚多釣戶應容貫酒熟隣翁便可留從此
莫言身外事功名畢竟不如休

自黃州還江州　蘇轍

身浮一葉返湓城凌犯風濤日夜行把酒獨斟從睡醒還家漸近覺身輕岸回樊口依稀見日出廬山紫翠橫家住庾公樓下泊舟人遙指岸如頳

答王立之惠書　潘大臨

歸自江南即定居謾勞親友問何如剛腸肯為鬚髯轉病骨聊憑竹杖扶南國土肥千樹橘東湖春水百金魚明年生計應堪說待倩君侯買異書

望西山懷洪駒父　李彭

去歲湖湘賦凛秋閩君江國大刀頭百年會面知幾遇十事欲言還九休照眼遙岑落懷袖過看拄杖立汀洲莫言青山淡吾慮諸料那能生遠愁

過馬鞍山　孔武仲

兒歷黃州百疊山更無平地只岡巒物皆枯槁非人世石最崔嵬是馬鞍畏日流金紅艷艷亂沙堆雪白漫漫崎嶇出盡聊休息喜有松聲六月寒

黃州　孔武仲

客路深秋一轉蓬淮天年落此將窮城開雲木蒼茫處人在芳臺掩映中對岸武昌風月近千年赤壁是非空悠悠

陳迹慵開口謾把鈞竿伴釣翁

蘇子瞻雪堂　孔武仲

古縣東邊八徑開先生曾此剔蒿萊驚風一去應不返花柳當年皆自栽畫壁蒼茫留水墨朱欄剝落長莓苔髯翁笑我來何暮檢點風煙與盡回

和魏衍同登快哉亭　陳師道

經時不出此同臨小徑新催草舊侵欲傍江山看日落不堪花鳥已春深來牛去馬中年眼明月清風萬里心故着連峰當極目回看幽徑遠雙林

發安化回望黃州山　張耒

流落江湖四見春天恩復與兩朱輪幾年魚鳥真相得從此江山是故人碧落已瞻新日月故園好在舊交親此生可免嘲傖父莫避北風京洛塵

宿黃岡　楊萬里

我豈忘懷一畝居誰令愛讀數行書秋南春北雁相似柳恩花情鶯不如上市魚蝦村店酒帶花菘芥晚春蔬長亭一醉非難事造物相撩莫管渠

侯思孺將至黃州見簡　蘇轍

木川船頭報水程爲君持酒打愁城青山久負當年約白髮多從客路生點檢轉工新句法揩磨難滅舊風情小留莫道無供給一味東籬有落英

登赤壁磯　韓駒

緑蒋翠竹白沙游更挽藤梢到上頭豈有危巢尚棲鶻亦無陳蹟但飛鷗經營二頃將歸去眷戀羣山爲少留百日使君何足道空遺詩句滿江樓

寄張文潛右史　秦觀

解手亭皐纔幾月春風已復動林塘稍遷右史公何忝初

覲除書國爲狂日出想驚儒發冢風行應罷女爭桑東坡手種千株柳聞説邦人比召棠

黄州　陸游

局促常悲類楚囚遷流還嘆學齊優江聲不盡英雄恨天地無私草木秋萬里羈愁添白髮一帆寒日過黄州君看赤壁終陳迹生子何須萬戶侯

病後登快哉亭　賀鑄

經雨清蟬得意鳴紅塵開處見歸程病來把酒不知厭夢後倚樓無限情鴉帶殘枝投古刹草將野色入荒城故園又負黄華約但覺秋風鬢上生

黄州偶成　戴復古

雁叫淮南欲雪天倚樓無味抱愁眠算從滄海白雲際行到黄州赤壁邊萬事無於懷抱惡一生窮爲聲名牽鬢間白者休教鑷要使天知老可憐

黄州竹樓呈謝國正　戴復古

每日黄堂事了時一心惟恐上樓遲登臨天地讀周易管領江山歌杜詩切戒吏來呈簿歷常邀客至共琴棋風流太守誰其似半似元之半牧之

寄何立可提刑　劉克莊

故人握節守齊安聞説邊頭事愈難亦有千夔丁修隘白頭撥甲禦風寒半腰城甫包圍畢一把兵皆點摘殘收得去年書在架憶君燈下展來看

聞何立可李茂欽訃二首　劉克莊

初聞邊報暗吞聲想見登譙與敵爭世俗今猶疑許遠君王元未識眞卿傷心百口同臨穴極目孤城絶救兵多少虎臣提將印誰知戰死是書生

何老長身李白鬚傳聞死尚插州符戰塲便合營雙廟太

學今方出二儒史館何人徵逸事羽林無日訪遺孤病夫疇昔曾同幕西望關山涕白濡 二君皆舊同宫

暮春懷黄州白維那　揭軌

經春不見白維那花落瓊臺想已多簡令柴桑何日去遠公蓮社幾時過間來貝葉還同寫病裏胡笳祇自歌萬染近來渾似雪朝衣從此掛青蘿

赤壁　李晃

巍得功名兩鬢秋巉巖登處謾夷猶鄉關地迥三千里金闕天高十二樓鶴影伴雲飛渺渺水光浮日去悠悠還誰唤起東坡叟携酒中流夜泛舟

讀赤壁賦二首　文天祥

昔年仙子謫黄州赤壁磯頭汗漫遊今古興亡真過影乾坤俯仰一虚舟人間憂患何曾少天上風流更有不我亦洞簫吹一曲不知身世是蜉蝣

一嘯滄波浩浩流隻雞斗酒更扁舟八龍寫作詩中案孤鶴飛爲夢裏遊楊柳遠煙籠北府蘆花新月對南樓玉仙來往清風夜還識江山似舊不

明

赤壁懷古　無名氏

武昌東下次江皋赤壁磯頭蟻畫槐廢壘烟消荒草合横江鶴去碧天遥岸邊漁火燒殘炬水底龍吟憶洞簫往事千年增感慨荻花楓葉晚蕭蕭

團湖鏡心樓　劉基

團湖四面開明鏡中有高樓接太清絳氣往來蟾影入碧光浮動日華生雲間威鳳孤飛下湖底游魚作隊行安得翠蛾呼弄玉金銀臺上坐吹笙

邾城懷古　劉基

孤城寥落遍蒿蕪萬里蕭條近楚符鴉帶夕陽歸舊壘雁將秋色下平湖遺墟渺渺生禾黍古木蒼蒼接里閭故事豈勞重借問漢江流水自縈紆

受命知黄岡縣事作詩送使者　徐諒

紅旗招颭壓滄溟畫舸長驅上洞庭百萬生靈新撫綏九重天語自叮嚀猿啼山月灘聲咽鼉吼江風水氣腥好語湖湘諸將帥漢家信誓重丹青

和秦武昌赤壁懷古　李東陽

楚雲荆樹擁嵯峨一棹曾衝萬里波時花不同昔我艤江

山如此奈人何地從割據終全盛天遣文章爲不磨鸚說
空游兼弔古鶴樓東下水聲多

○舟泊團風驛李盤濱寇長見過　崔桐

李白過逢江上舟談詩呼酒共寒流慚予豈解吟黃鶴羨
予真能賦紫裘鳥鵲繞林涼月細魚龍吹浪暮烟愁相看
更擬蒼茫別燭剪黃昏坐未休

○夜酌龍蟠磯頭　王廷陳

大江之半石嵯峨石上樓臺蕩碧波沙淨鳧鷖依檻泊月
明舟楫逼筵過中流擬接鮫人室深夜猶聞漁父歌危坐

轉驚銀漢上幽棲翻厭碧山阿

○秋夜宿龍蟠磯寺中　王廷陳

三山海上但虛聞茲境真憐禮佛勤石勢參差蟠水府金
光縹緲出江雲龍宮潏瀝蛟鼉窟鷲嶺孤迴鸛鶴群向夕
繩床難假寐天花汀藥鬬繽紛

秋泛三台河司魏范諸子　王廷陳

賦客蕭辰此並來衰年勝地幾傳杯蒹葭水落魚龍冷島
嶼風驚雁鶩哀漁艇縱橫秋岸合遊軒雜沓暝原迴疎林
忽逆青天月沙色波光萬里開

○過元妙觀有贈　王廷陳

神君樓閣枕江濱鐘磬時時雲漢聞仙至忽逢青鳥使賓
來頻舉白鷺羣當遶揮灑皆成雨煮鼎飛煙盡化雲雙鬢
向衰渾欲盡洞天石髓若爲分

○宴集赤壁書懷　王廷陳

春深游興屬芳洲選地張筵對狎鷗赤壁徑盤危磴出青
天城抱大江瀰乾坤久厭三分業山水仍含萬古愁客散
晴沙樓閣晚佛燈漁火共悠悠

竹樓重修落成答郭桐岡使君有序　王廷陳

竹樓之廢其來久矣桐岡君治黃之二年百姓之急既
紓境內之廢漸舉遂因財力之餘新而葺之翼以陶
榜仍其舊匪乘作者之意聊爲可久之圖蓋精蘊之求
闢豈色象之是泥哉君每退食自公則登茲延客或憑
欄寓目或抽翰泄悰湍瀨滿聽蒼翠漬几乃知江海之
興悉歸廨宇之間魚鳥之娛雅佐羔羊之節茲吏隱之
攸寄非塵坌之能逮也況登高能賦共推大夫之不而
欲報不成將難郢曲之和乎

竹樓占勝城頭出郭子爲邦海內聞仍貫舊題應不改治

緜新政自無勞雲霄懸榻緣高士島嶼開簾近使君誰信喧囂官舍裏煙霞與客日平分

贈桐岡郭侯　王廷陳

依依山郭枕江流藉藉專城頌細侯高士獨過頻下榻公郎竹樓爲禮賢堂復扁其下日下榻處自公多暇一登樓深恩久結黄人愛苦節真分漢主憂躍馬忽看朝帝去攀轅何計望君留

赤壁　方逢時

危磯巉嶂倚高江人道曹劉舊戰場往事已隨寒浪滅遺堂惟有暮山長雲霞尚帶當年赤蘆荻空餘落日黄欲弔

英雄千古恨漁歌蕭瑟弄斜陽

題横鶴亭　潘恩

孤亭斜控楚江濱靈掌光分水石新翠裏煙波無盡藏空排鵞兎轉雙輪古來簪紱成虛土身後榮名總客塵便擬凌風騎鶴往青山爲訪採芝人

夜泊赤壁　羅洪先

五百年來此勝遊水光依舊接天浮徘徊今夜東山月彷彿當年壬戌秋有客得魚來赤壁無人載酒出黄州吟成一嘯四山寂孤鶴横江掠小舟

雪中遊赤壁　翁大立

江左西來總勝遊雪堂風景又黄州梅花亂點周郎壁亭樹平連燕子樓山勢倚天開佛閣雲光度水落漁舟坐中亦有吹簫者試問何如壬戌秋

禮賢堂倡和　郭鳳儀

昔賢遺構治西頭突兀簷楹敞素秋卿淨網塵供下榻非躭雲物快登樓肩輿肯爲尋常至步屧纔須咫尺游爲報南州高士道吏情原不遠滄洲

赤壁感懷　商廷試

赤壁磯頭水自東洞簫吹向夕陽中行看積翠塵心遠坐挹中流灝氣通煙盡江空浮夜月夢迴鶴去動秋風霸圖文藻俱消歇唯有驚濤撼故宫

赤壁懷古　皇甫汸

人言勝地臨江上客有高軒得重過雲起楚臺聯石壁水從湘浦接煙波漫因明月傷千里更遣迴風入九歌自愧清時承遠謫可無辭賦擬東坡

遊赤壁二首　王世貞

賓主西南勝事并此遊端足慰平生盃仍七月稱秋望賦

是雙珠可夜明戰船至今高壁色詞源終古大江聲與君
聊釋盈盧意忽聽山城漏五更
將壇文苑代稱雄指點千年感慨同名在江山辯借色事
過天地竟何功鄉心暫托烹鱸後客夢都抛別鶴中秋月
偶圓風自好坐來羣緒為君空

邱少宗伯邀顧大条王侍御及予雪後登赤壁作　徐中行

鳴珂舊接五雲班釃酒平臨七澤間霜落高天聊赤壁雪
晴隔岸出青山狂來意氣堪橫槊老去風塵復賜環不是

燕公能放逐誰將二賦壯江關

赤壁望雪　徐中行

憑高千里絕塵氛驟若濤驅白鷺羣西域化城翻易幻中
原色界總難分光搖鄂渚樓前月移散巫山賦裏雲此日
武陵迷欲盡采蘭何處問湘君

北征次赤壁別兄　無名氏

北風何意攪征裘無奈浮生寄遠游江湧亂雲蒸赤壁客
乘疎雨過黃州尊前灘冷三湘暮別後音書九派秋我向
燕臺望鄉國飛鴻落木使人愁

武昌李司理過訪赤壁舟中即席同王行父程孟孺
賦

午風飛盖出江濆卻喜孤舟共李君平楚蒼蕪春浩蕩遊
城烟水日氤氳旋移書卷供鋪席細倒樽罍款論文西日
漸從樊口落蓬窗猶接萬山雲

登嘯臺　在定惠院

千里江山一坐收異時何客此風流沙邊萬樹浮高混天
際孤雲入素秋寺僻斜連郭子邑軒空遥俯慶公樓醉來
長嘯不知處豈必蘇門是勝遊

遊赤壁萬仞堂　王惟中

高磯突兀俯江流氣壓元龍百尺樓萬里風濤接瀛海千
年詞賦壯山邱蹤星沈月魚龍夜老木清霜鴻雁秋倚劍
長空一盃酒浮雲西北是神州

赤壁漫興　邱岳

倚天傑閣俯江城徑入巉巖踏蘚行把酒斷虹開霽色凭
欄飛瀑送潮聲孤舟曾挾登仙興峭壁應高破虜名天晚
徘徊漁唱起幽襟蕭爽醉還醒

招王司徒穉表遊赤壁　陳省

青雀欲開風色兗千峰止向坐中看三分事往江山在雨
賦名高歲月殘隔水簫聲飛碧落半空鶴影下林端重來
二客應無厭携酒留魚興未闌

王司徒招飲定惠院　陳省

古刹高臺鼓吹繁沙邊綠樹萬家村江流夜出青天影山
色晴含白霧痕田罷還堪誇楚澤嘯來誰復辨蘓門花亭
處處王孫草落日從移北海尊

登黃州竹樓　沈愷

伐竹爲臺拂紫煙琅玕風骨尚依然不將金碧供時好自

愛清幽淨俗緣爽響遠從空外落琴聲若爲谷中傳秦樓
護憶雲霄爽一榻清風自歲年

始歲二日同長官步自赤壁飲作　袁福徵

山城風物黯新陳士女塡街悅建春樽飲坐移江上雨品
題還憶籍中人節扶東館空梅在地轍西陵感代湮日薄
依微傲秋夕壽昌凝望起風塵

陽邏堡懷古　袁福徵

江雄隄扼武磯城背井廬傳女子營酒際張雉颯士別寨
東開鏡冶文苴吳屯寶鼎收全荻楚塞金旌遺晚盟漲水
逕闢多杳泗興亡徙見草基平

黃州留別袁履善　陳宗虞

一官何意竹樓居頗穎還同澤畔漁千載能忘燕市筑八
年不寄洞庭書匣中流水誰堪聽臺上黃金爾自踈卻是
平津開閣日豈令詞賦失相如

雨後再登赤壁　鄧楚望

蕭條積雨喜初晴出郭尋芳載酒行歗水桃花明赤壁和
煙柳色上高城江山對客孤亭思風月懷人萬古情興劇
酣歌歸路晚漁翁罷釣小舟橫

雨中遊赤壁遲同遊不至　鄧楚望

縹緲雲山四望通衰殘誰與一尊同雪開遠嶂濤聲外煙
鎖層臺柳色中客思半庭懸暮雨世情幾度換春風江城
近日多機事誰是園居抱甕翁

過陽邏蓬萊寺江眺　鄧楚望

礧礐嘹唳度江洲僧舍蕭然嘆滯留苦思吟邊飛落葉悲
風起處見行舟愁心忽悟空王法久客眞慚故國秋爲問
崩濤何日返欲將心事語東流

赤壁同諸弟讌集　王同道

勉尊相屬復晴秋覽勝聊爲汗漫游明月忽疑人共鶴清江令以業爲舟巖前鳴瀑濺鮫淚林際晴雲結蜃樓覓醉不堪悲往事爲誰擊楫向中流

赤壁感興　李得陽

峭壁臨江接上遊登高懷古一停舟曹瞞霸業寒烟盡公瑾勛名野水流山鳥似啼當日恨東風猶作舊時秋坡仙辭賦多悲慨幷入江雲黯結愁

雪夜赤壁次徐憲使韻　胡贇

巉巖乘雪獨躋攀玉柱冰壺掩映間漫說霸圖銷赤壁且

招爽月過青山蛾眉夢遠聞詞藻銅雀春殘冷珮環清賞未窮壬戌興更携元鶴叩禪關

夏讌赤壁　邱齊雲

移尊五月大江亭檞外蟬聲不可聽雷雨驟飄波激白峰巒遥入酒杯青狂呼鷗鷺忘爲客醉倚蘼蕪轉提醒不向人間論二賦風塵何以慰沉冥

春日陶楊二使君招飲赤壁　朱孟震

幽亭突兀俯江天春色繽紛上綺筵凭檻鳥聲來谷口開尊花氣落燈前周郎赤壁名千古蘇子黃州賦兩篇今日風流誰得似會稽家世永和年

春日過赤壁席上分韻二首　李維貞

孤亭絶壁亦奇哉學士風流此地來東望拍天江自迥南飛啼月鵲堪哀但令詞客名千古不盡遊人酒一杯最羨使君能吏隱追歌清夜共徘徊

高歌急管促行觴莫問金門與玉堂佐客舟從波上下美人家自水中央鐘鳴煙樹殘陽赤洲柳春江宿露黃忽有東風生四座應知不爲便周郎

雨中遊赤壁　張元忭

不因風雨暫淹留勝地那成竟日游千里舳艫空赤壁兩篇詩賦自黃州籬邊花落香猶在江上煙深翠欲浮莫道尊前少明月殘星幾點動漁舟

同王行父集赤壁　王希元

水鄉雲日畫冥冥繫舸清秋郭外亭苦壁尔爲盃裏色漁歌還待月中聽郢人自古能高調楚客何緣厭獨醒世遠江山罷龍戰屏橫古鄂數峰青

赤壁晚眺　鄒迪光

斗酒披襟坐石頭武昌煙景入黃州風高大戰灰初冷賦

就月朔簫牛愁鳥鵲落來殘葉暝舳艫東下峭帆秋江冉
千古長壬戌才子何人續舊遊

赤壁席上賦　朱朔至

淸尊迢遞寄游踪面面嵓巒氣吐虹戰後紫髯聲藉甚賦
存白雪調誰工澹烟飛閣虛無裏沉醉新題爛熳中沙暝
烏栖回首急一江秋色屬漁翁

赤壁　魏允貞

天空萬里靜無塵勝地登臨況復春風月連宵頻對酒江
山千古更逢人人猶水戰俱成幻孤鶴扁舟稍自眞此意

與君須領略棹歌來往莫辭頻

登赤壁有感　丁繼嗣

畫閣雕甍壓永安獨凭高處拂雲看烽傳荻艦龍爭息賦
就蘭橈鶴唳寒征色四圍空夜月水深千里激秋瀾登臨
不盡英雄恨弔古歌懸抱琵彈

赤壁　石崑玉

斷岸樓臺倒影淸城闉不是舊連營無燈映月焼烽火鯨
浪翻風浪甲兵赤羽已灰餘壁色紫簫猶咽亂江聲獨傳
詩賦人何在鵠自南飛鶴自横

人日過赤壁　王嗣執

今年人日條風柔邀客把酒臨江樓青陽乍轉七日後赤
壁尚帶三分愁窺魚鷺立斷冰遠炙背僧卧頑石危入眼
煙波動遊興那能長繫木蘭舟

立秋日王伯固邀飲赤壁　俞安期

絕壁樓臺擁石城高標何異赤霞生過江嵐靄樊山色喧
浪魚龍鄂渚聲秋至風雲催作賦時平天地罷談兵清尊
縹緲臨江醮落日哀哀弔古情

冬日赤壁宴集　王一鳴

坐來赤壁下斜曛亦有登臨二客羣潭畔樹霞渾不斷城
邊江漢欲平分千山點淡原非雨幾處依稀盡是雲人散
水濱樓閣晚諸天鐘磬夜深聞

九月十日同劉明伯叔孝攜酒龍山　王一鳴

年年重九趁登臺爲愛龍山約再來渺渺大江秋月出寘
寘高閣野雲開幸同杖履諸公在肯放乾坤一日廻怨憶
賀蘭兵馬亂西風金鼓暮天哀

歸故園作　王一鳴

朔雪朔風日日顛孤帆遠客淮東旋入門忽聞掠雲雁陣

樹更有浮江天靖節五柳貧苦活義方雙桐清可憐閒樽
不愁不爛醉奈少沽酒青銅錢

赤壁　黄仁榮

磯頭風急水生文懷古凴軒自不羣座繞空潭青似案壁
留殘照赭如雲寒皐八月入思鱠夜夢三江鶴是君歌罷
洞簫聲和處滿林商意見秋分

贈倪氏節孝　姚履素

貞心千載憶共姜萊子班衣更有光節孝並摧標棹楔恩
褒重見下巖廊歌殘黄鵠操如雪賦就南陔鬢亦霜好把
姓名傳信史江天漢水共滂洋

赤壁懷古　黄建衷

嵯峨樓閣半凌虛霽景清漣眼乍舒往代衣冠消玉後名
邦形勝扼吭餘雲中秋色盤雙鵲爵裏梅花起夜魚嘆息
坂翁稱遇主鄉人唯說馬相如

仲秋望夕同高中白太行赤壁小集中白精於易學
席間為余演卦賦贈　茅瑞徵

凉宵勝地一輪秋喜得逢君投轄遊何事成都開竒秘還
同赤壁蹟風流樽前山水堪追賞卦裏陰陽費討求若會
畫前元有易天根月窟總清幽

九日同諸寮遊聚寶山　茅瑞徵

毎逢佳節得追懽此日相攜曙色闌三徑已看含菊紫兩
崖初見落楓丹坐深凉月侵衣薄人散塘雲抱石寒盈把
茱萸為誰插醉來羞倩一彈冠

登將軍山絶頂　茅瑞徵

非關性僻躭邱壑何事猿騰絶頂過千嶺遥翻紅日出萬
松深護白雲拖雄圖尚説爭蠻觸猛氣驚看印薜蘿崖上足跡
宛然俗傳將軍跡瀟眼巉巖煙霧冷好將談笑釋干戈

赤壁同顧山人晚酌　劉文忠

移觴江亭共倚欄西山又帶夕陽看霞栖斷岸波光紫鵲
繞霜枝月影寒津樹依微含雁浦江潮落後見漁灘蕭蕭
鱸騎孤蟆外明月芙蓉並爾餐

赤壁西湖有序　熊蓋中

蘇公寓黄時江湖合流有赤壁而無西湖至元末江生
夾洲水漲入湖環遶城西宛若錢塘羅浮之勝矣可名
西湖也余與邱少宗伯徐方伯易大参杜刺史暨諸交
遊宴會泛舟湖陰徘徊憑弔興思天開此勝其補蘇公

當年之鈇亦爲我輩今日之游哉詩以紀之

當年遷客經遊地此日平湖負郭西赤壁巳令迦霸鷁絲場衙自傍蘼堤雲鼎樊口羣峰出浪拖磯頭雙鷺棲人代風流元不乏頻邀吾侶一尊攜

出郊過赤壁用韻二首　袁希燮

春水縈隄綠帶橫鳥歌煙柳變新聲步隨野老忙猶緩瘦感山僧病亦清江上人家多不俗巖阿桃李若含情風和日永心無事一杖逍遙樂此生

也自媧皇割怪紅斷碑短草卧雄風更無作賦來圍練賴

有酉香接令公城角酣春青鬬草湖心鎖夏碧裁筒故鄉山水前人蹟爲畫爲詩亭受同

別官暘谷太常　時之江右臬任　周之訓

重陽風雨正淹沇握別共如越鳥吟每悔出山成小草還思退步有長林憂時名灑英雄淚興地相懸大隱心廬嶽高臨彭蠡上何年三笑訪知音

黃泥坂別鄧翁歸　王一翥

故舊沉冥想像中浮雲高舉采幽叢耦耕春畝嗟長別歸鳥衰條卜再逢登望赤潭惟澗草蹌踉黃髮信東風微晨

靜女甘窮處谿谷悲歌老婦吟

舟過琴臺不及南岸　王一翥

長亭人復夢長亭移向孤舟醒後聽垂死與名眞痛絕遊鄉重迹記幽冥月留寒影沙明岸春點殘星樹放燈欲向南荒風九辨蹸巫短笛閙湘靈

團風別裴臣因憶壬戌於此別堅公　王一翥

團風江上送袁公解脫貞懷世所雄雨雪飄蕭三十載琴尊元漢少年容樊催自辯霜濤急燈逗烏林戰火紅不是玉肌經宿酒翻疑劍俠走長空

九日登聚寶山　鄧雲程

寶山山畔一停車風雨歸來笑敝廬赤腳紅雲僧送酒斷巖綠蘚鳥傳書數莖愁鬢垂垂白累劫名根漸漸除唱晚踏莎舒老眼江湖留得幾樵漁

秋日飲赤壁　王祉

赤壁登臨正及秋賞心展席對清流三分鼎業孤城在千古鴻名兩賦留誰復磯邊逢獨鶴自甘沙際狎羣鷗山間有月莫嫌小隹照游人幾白頭

赤壁即事　孫應鴻

托足深林步落香藤崖狹道坐幽篁雲移峭壁浮松盤雨
洗斜苔卧石床散髮虬龍入夢鶴悲歌銅雀留飛鳥臨皐
尚有佳山在不盡江聲晝夜長

赤壁重逢至愚道人　　　　　　劉養微

昔曾相識大羅山十載風塵苦未閒破衲江湖容爾輩出
門煙火是人間月明古渡壺天靜雲落空亭鶴夢還前度
劉郎君記否許將大藥駐紅顏

白蓮池　　　　　　　　　　　劉養微

我聞西嶽泰華峰玉井蓮開十丈紅飛灑南天作法雨飄

飄萬里隨長風託根因悟清淨理化自忽與雲煙同明月
隨地光如水素波含華色是空

定惠院野步　　　　　　　　　王用予

博得清閒又一年樵漁相對轉相憐秋深八蕩山寒瘦江
漲天和木接連名宿海棠何自採邱陵石馬不須鞭此時
予古忘歸去曲徑還多薜荔牽

遊春草亭　　　　　　　　　　王用予

身返黃州心頓寬古亭憑眺快瞻韓閒遊不向愁中住久
客渾如夢裏看藹藹春光無俗礙青青草色是奇觀名賢
隨地留芳躅賦就新詩再倚欄

問津處詠懷

仍向津邊一問津碧流幽澗柳垂陰乘輿自有儒冠夢封
社猶虛適楚心魚樂江湖遊浩渺雲飛龍虎感高深古來
消息都如此獨坐胡然梁甫吟

次韻答王子雲

年年獨卧他山月昨夜同攜月裏人聽爾草元清冷句感
吾虛白空閒身病餘只覺聲猶似睡起翻思夢遇真呼喚
任從春至鳥認誰是主是誰賓

蓮花草堂　　　　　　　　　　王士龍

柴門秃鬢老漁灘深渡雲溪溪夢寒一自衣冠成鹵莽遂
令吾道屬艱難貧餐脫粟三旬食風裊廚烟半竈酸痛讀
離騷空憶酒起看星月白團圞

過何元方南漪　　　　　　　　杜鈺

小堤風定落花輕屢唱時煩折屐迎俱為青山愁冷落每
從白髮卜隣嘯門前未許荒三徑案上何須假百城把袂
不知殘照盡尚隨芳草踏春行

黃岡縣志卷之十八終

黃岡縣志卷之十八下

知黃州府事錢鋆彙輯　王楷校訂　知黃岡縣事陳文樞 蔡韶清 王鳳儀 仝編

藝文志六

詩賦下

五言絶句

唐

○黃州竹逕　杜牧

竹岡蟠小逕，屈折鬭蛇來。三年得歸去，知遶幾千迴。

○赤壁　黃鞏

坡仙天下士，聲跡重江湖。借問夢中鶴，何如遶樹烏。

宋

○赤壁山　王安石

日淨山如染，風暄草欲熏。梅殘數點雪，麥漲一溪雲。

○送安節姪　蘇軾

索漠齊安郡，從來着放臣。如何風雪裏，更送獨歸人。

○宿黃州觀音院鍾樓上　黃庭堅

鍾鳴山川曉，露下星斗濕。老夫梳白頭，潘何塤荒集。

○黃州集杜　文天祥

始謂虜以襄陽船自漢入江，後乃知虜之未渡蘄黃，已先降，故其渡也，襄漢蘄黃之船皆在焉。

桓桓陳將軍，東屯大江北。化作虎與豹，楚星南天黑。

元

○黃州赤壁　丁鶴年

橫槊英雄遠，鬭籌逸興長。至今風月夜，鶴夢遶黃岡。

明

○煙波亭　吳琳

漢水連天濶，江雲護曉寒。青青山數點，正好倚欄看。

○黃州　李夢陽

日落清江遠，光搖赤壁山。無人說吳魏，來往釣舟閒。

○至李坪驛始見竹筏上居民連亘三十餘家云隨流上下作箽治板行販　王世貞

何必問故鄉，浮家任儂住。一夜便風來，盡呼郎里去。

入黃州　王世貞

青山曳地行，雙眼鼻端看。此豈疏世人，憐爲世人疏。

赤壁懷古　王同軌

來游赤壁山，不識鏖兵處。山南片片雲，飛落崖前樹。

冬日過赤壁書所見二首　茅端徵

水落江全窄煙消山半晴漸看初月上鵲帶遠枝橫

磯前浸寒月磯上畱殘碣柳色漾前沙閑鷗出還沒

○過宏化庵四首　茅端徵

閒尋郊外游載酒山前寺幾處寒雲生雲臥人時至

蕉影横窗綠鍾聲引梵長坐看秋色老簾外月如霜

曲徑風敲竹前軒月轉廊此中栖託好清與得誰嘗

寒到青谿水長吟白社詩還同貞宰會剩有酒盈卮

臨仙亭　秋水道人

我醉愚爾眠我醒扣爾歌瑳瑳白玉几賴爾樂情多

○太崎山登龍頂五首　無名氏

龍井

環觀大海水眼在崑崙巔杖頭擢到處便是飲龍川

谺融洞

鳥道不逢人有人居洞裏終古欲何爲懸睇江湖水

仙人石

亭獨碁盤石星羅畫渾淪豈同圭角子不具四時春

飛來石

誰云不可轉却見自天裁佛燈有明滅劫石本無灰

牡丹菊惟龍井饒此種

三月牡丹花九月便名菊云何東土人時來不西竺

○維摩堂外十景　無名氏

石蓮庵

火宅藏華種海心湧石蓮黑風雖鼓浪不打石蓮船

金雞山

夜半雞爭曉門風越天表逆勢截横流平蕪青不了

松濤庵

萬樹江聲起千山松影移碧空浮野木終古接盲龜

聽潮庵

皷空時作響特發海潮音指顧江天外誰來容爾尋

龍鼻石

見說龍無耳誰知鼻準空雖無屈蕩水時有漢王風

石林巖

崎山天畔落東印轉身迎採薇石洞下高枕悟無生

誌公塔院

松翠五峰間珍珠撒玉帳剪尺任後人裁雲特立量

誌公禪院

是山皆有虎孰敢近前來退舍羽庭後游人毎見猜

白羊山

羱羊没踪跡角掛半天東亦有雲生處推移到鏡中

梅葢塢

春爽香噴雪夏煖實垂陰游子不能到幽人彈素琴

國朝

別白雲山二首　王一翥

零落豈堪念愚藏智亦慚古來荒草地歌舞曾當還

想雲疑割袖撥琶莫聽砧須念還東澗清缸剔到明

送葉井叔歸黃州二首　王士貞

秋盡黃州路千峰送馬啼夢迴山館裏落月汝南雞

斷岸黃泥坂寒江千尺流羨君歸去好雲夢澤南州

東坡居士竹石三絶句 上有荆公佛印題句　王士貞

新篁拆褐錦東軒三五莖時因看畫處觸忤別家情

東坡胸中墨吐此青天嬌常憶道場山把竹寫風篠

蒼蒼一片石磥砢閱千載我聞居士言袖中有東海

送王涓來侍讀歸楚　王士貞

解纜銅陵江是何黃州路不見雪堂人江關迷烟樹

登小崎山頂　王澤宏

蒼崖綿芙蓉大江一線雪願作崎山農更卿酌古月

黃州除夕三首　宋犖

歲除官愈閒不復親文牒長嘯向高齋磨墨寫門帖

弟作燕山客兒為漢水遊高堂當此夕兩地思悠悠

何限鄉關思天涯獨倚樓最憐小兒女談笑說黃州

七言絶句

唐

齊安郡後池　杜牧

菱透浮萍綠錦池夏鶯千囀弄薔薇盡日無人看微雨鴛鴦相對浴紅衣

齊安郡中偶題　杜牧

兩竿落日溪橋上半縷輕煙柳影中多少綠荷相倚恨一時迴首背西風

赤壁　杜牧

折戟沉沙鐵未銷自將磨洗認前朝東風不與周郎便銅雀春深鎖二喬

○題橫江館　杜牧

孫家兄弟晉龍驤，馳騁功名業帝王。至竟江山誰是主，苔磯空屬釣魚郎。

○偶見黃州作　杜牧

朔風高緊掠河樓，白鼻騧郎白罽裘。有箇當壚明似月，馬鞭斜揖笑回頭。

○題齊安城樓　杜牧

嗚軋江樓角一聲，微陽瀲瀲落寒汀。不用憑欄苦回首，故鄉七十五長亭。

○赤壁　胡曾

烈火西焚魏帝旗，周郎開國虎爭時。交兵不用揮長劍，已挫英雄百萬師。

宋

○壬戌正月晦復至齊安　王安石

風暖柴荆處處開，雪乾沙静水洄洄。意行却得前年路，看盡梅花看竹來。

○南堂五首　蘇軾

江上西山半隱堤，此邦臺館一時西。南堂獨有西南向，卧看千帆落淺溪。

暮年眼力嗟猶在，多病顛毛却未華。故作明窗書小字，更開幽室養丹砂。

他時雨後困移牀，坐厭愁聲點客觴。一聽南堂新瓦響，似聞東塢小荷香。

山家爲割千房蜜，稚子新畦五畝蔬。更有南堂堪着客，不憂門外故人車。

掃地燒香閉閣眠，簟紋如水帳如煙。客來夢覺知何處，挂起西窗浪接天。

○東坡　蘇軾

雨洗東坡月色清，市人行盡野人行。莫嫌犖确坡頭路，自愛鏗然曳杖聲。

○李委吹笛　蘇軾

元符五年、十二月、十九日、東坡生日也。置酒赤壁磯下，踞高峰，俯鵲巢。酒酣，笛聲起於江上。客有郭、石二生，頗知音，謂坡曰：笛聲有新意，非俗工也。使人問之，則進士李委，聞坡生日，作新曲曰鶴南飛以獻。呼之使前，則青巾紫裘，要笛而已。既奏新曲，又快作數弄，嘹然有穿雲

裂石之聲坐客皆引滿醉倒妾袖出嘉紙一幅曰吾無
求於公得一絶句足矣坡笑而從之
山頭孤鶴向南飛載我南游到九嶷下界何人也吹笛可
憐時復犯龜茲

○少年嘗過一村院見壁上有詩云夜凉疑有雨院静
似無僧不知何人詩也宿黄州禪智寺寺僧皆不
在夜半雨作偶記此詩故作一絶　蘇軾
佛燈漸暗饑鼠出山雨忽來修竹鳴知是何人舊詩句已
應知我此時情

○次韻子瞻臨臯新葺南堂五首　蘇轍
江聲六月撼長堤雪嶺千重過屋西一葉軒昂方斷渡南
堂瀟散夢寒溪

旅食三年已是家堂成非陋亦非華何方道士知人意授
與爐中一粒砂

北牖清風正滿床東坡野菜漫充腸華池自有醍醐味丈
室仍聞薝蔔香

隣人漸熟容賒酒故客親留爲種蔬任穩不論歸有日舡
通何患出無車

客去知公醉欲眠酒醒寒月墮江煙床頭復有三升蜜夢
函緗資恐是天

○戲答陳季常寄黄州山中連理松枝　黄庭堅
故人折松寄千里想聽萬壑風泉音誰言五鬣蒼煙面猶
作人間兒女心

○君子泉　黄庭堅
雲夢澤南君子泉水無名字託人賢兩蘇翰墨相爲重未
刻它山世已傳

○次韻文潛立春　黄庭堅

渺然今日望歐梅已發黄州首更回試問淮南風月主新
年桃李爲誰開

○同次韻　晁補之
誰憐舊日青錢選不立春風玉筍班傳得黄州新句法老
夫端欲把降幡

○柯山雜詩二首　張耒
幽人睡足岸綸巾策杖開門卯酒醺黄葉滿山烏鵲噪江
城秋日少人行

蕭蕭茆屋土山前翁媪開門去獲田朝日滿簷雞犬静荻

籬深處散炊煙

紀句九首之六　　張耒

天高列岫出林外霜落大江流地中晚日橋邊數歸牧牛羊部分聽兒童

樹頭三唱雞鳴日門外斜行雁寄書十月江城霜露薄滿山林葉亂藍朱

曉起山鴉噪作團西園霜木倚空寒風高斷雁呼俦伴雨止歸雲趁舊山

千林黃葉總飛霜寂歷疏梅未肯粧誰信輪囷卧山木心如九地有微陽

黃岡縣志　卷之十八　七言絕句　士

空山風雨洽蓬茅晨起幽人理縕袍深閉衡門且無出濕雲如黑怒江號

黃葉桑林赤土岡蓬茅小徑度牛羊似聞流亢之磨汝數息何人爲發倉（黃州年早饑流民就食唐汝）

齋中列酒數壺皆齊安村醪也今且亦竭獨數杯戲成絕句奉呈酬老邢仲　　張耒

曾宵玉帝碧琳腴不醉長安市上酤（作史官時歲節賜御醪）飲濕先生今已矣啜醨留得與門徒（東坡三年黃州城之酒但飲濕）

東堂初寒剏意作竹屏障門二首（屏脚偶得竹梅株截用之完固質野有可喜者）　　張耒

丈室新櫺用此君碧琅玕插古槎根白雲一片當空下護此寒堂宴坐人

簡冊林中老蠹魚年來窮譎尚耽書竹櫺風下憑烏几盡作柯山居士圖

遊赤壁　　王謙

夢裏曾爲赤壁遊月明孤鶴掠扁舟客中雖動秋歲恐爲戀名山亦少留

黃岡縣志　卷之十八　七言絕句　士

赤壁　　李璧

赤壁危磯幾度過沙頭江上鬱嵯峨今人慣信黃州是猶賴水經能正訛

晚過黃州　　楊萬里

數峰殘日紫將銷一片新秋綠未交道是今年春木小漲痕也到岸花梢

晚度東坡二首　　薛季宣

赤鼻磯頭橫曙煙吳王城下浪連天開道東坡妙天下爾來靡日不盤旋

浮生萬事盡塵埃瑞慶堂今榜快哉惟有東坡舊煙柳道人猶解指芳苔

○黃州道中　崔鶠

莫愁微雨落輕雲十里長亭未埜市流水小橋山下路馬頭無處不逢春

元

秋日登赤壁二首　張以寧

赤壁江寒葉漸稀黃泥坂靜鷺斜飛洞簫聲裏當時月應照千年化鶴歸

赤壁塵兵迹已陳長公曾此寄閑身只今歲歲秋崖下誰共扁舟泛月人

赤壁　龍仁夫

踏呂摧袁虎視眈曹瞞氣勢捲江南磯頭一霎東風轉天下江山自此三

明

泊新生洲　陶安

中流突起新生洲南岸猶稱下矮劉熟睡不須愁夜雨曉看黃鶴立雲頭

過攔江磯（即茶房石在陽邏江中）　陶安

朝來東北好風生吹得雲帆似葉輕穩向攔江磯前過怒濤噴薄不須驚

武磯山　無名氏

叔寶武磯山上樹蕭條邏阜水中天垂楊不管人間事猶自青青兩岸邊

○過黃州　李東陽

江上兵回烈炬空都將成敗付東風千年赤壁無尋處幸若英雄一戰中

西飛孤鶴記何詳有客吹簫楊世昌當日賦成誰與註數行石刻舊曾藏（世昌綿竹道士與東坡同遊赤壁賦所謂吹洞簫者也）

○赤壁　吳寬

黃州江北使君清赤壁山留萬古名黃州小兒騎竹馬來時相送去時迎

贈黃州守　李夢陽

東坡　盧濬

梅影横斜雪影清縱然磽确也堪行于今筆硯知何在試聽池頭洗墨聲

登赤壁　蔡汝楠

干戈滿眼渡重關客路還登赤壁山誰似周郎年少日孤舟戰捷笑談間

浮翠亭　何遷

天畔孤亭背郭開楚宮風思此登臺千山秀色江中見一郡浮煙霽後來

齊安驛樓春眺　郭鳳儀

春風幾月到黃州碧柳綠蕪滿舊洲欲下層梯重回首水光山色共悠悠

夜宿蘊長公洗墨池亭戲作　趙貞吉

江空草綠酒旗風半醉黃州煙雨中五百年前曾洗墨依稀猶記雪堂東

舟中望赤壁　王世貞

越州蘭亭千載奇黃州赤壁今半之若使舟人不解說一拳頑石草迷離

三江口　無名氏

孤舟落日下江關夜聽江聲逝復還逆浪捲空摧赤壁黑雲將雨過樊山

赤壁　鄧楚望

周瑜東捷操西歸赤壁名存萬事非星月滿樓秋樹冷江天寂寞鵲南飛

次赤壁　陳文燭

東山月出最良宵學士風流久寂寥此去扣舷歌窈窕臨臯有客為吹簫

元旦出郭至柯山園觀梅　陶允宜

一年不到避喧堂庭竹籬疎砌草荒幸有小梅三百樹春風無恙倚新裝

赤壁二首　易登瀛

山川相繆鬱蒼蒼人道西陵古戰場火後石痕存赭色千年流水泣周郎

沙棠艤泊岸嶙峋窈窕空懷隔水津欲起子瞻相借問於今明月屬誰人

登宏化庵　易登瀛

荒凉野寺小山阿荷挹江城景色多最喜四郊籬落滿秋風禾黍聽農歌

赤壁四絶和易中丞　茅瑞徵

湏指開山自五丁秋風凄瑟暮雲平赭圻赤岸千年色猶有雄濤撼石城

武昌嘉樹繞江蒼劃破雲根闢勝場誰是昔年龍戰地漫勞刺艇問漁郎

蘭橈幾度探嶙峋便擬乘槎入漢津何處洞簫明月夜曲終疑有弄珠人

百尺雕欄擁吹臺虬龍前突詫奇哉空山擕得驚人句搔首青天自引杯

南漪山房作　劉養微

竹林深樹午鳴鳩何限浮雲天際流待得月明秋似水王笙鸞鶴到峰頭

開繡堂曉望　劉養微

水綠花紅二月春極天煙雨霽芳辰浮雲欲盡江峰出不是清秋思殺人

雙柳夾　劉養微

孤鴻落盡暮雲高楊柳蒹葭傍客舠一片旅魂銷欲盡夜深風雨漢江濤

白雲山九日　王一翥

雲盡山空日正紅登高無酒夜闌鐘西風起處知衣薄吹到關河第幾重

霸城山早度　王一翥

古寺荒荒不見燈前生寂寞打鐘停無端忽渡東溪水早盡煙雲又一層

山中聞於文言信　王一翥

南昌沙岸舊隄荒凝眄虔州挽劍光只剩文山千點淚寒雲壓作柿頭霜

過黄州　王一翥

綠陽啼鳥不曾來只築荒城莫築臺夜半江聲聽不盡倘書宅後野棠開

獅子林憶死心禪師　王一翥

松響柴扉月自明韋陀樓下水空鳴丈夫死淚關生死何必秋風獨迸行

白雲山　癸未　王一翥

梵紘彈入十三峰水靜山寒月掛松洞府留人貪採藥偶來便見白雲封

樊亢宗城隅別業　無名氏

愛靜鑿池邀月小支亭當檻引風長隔江數點峰如筆插
峽城頭不肯藏

定惠院海棠　無名氏

柳花落盡海棠開還客多情酒一杯翠袖吟詩花裏泣西
山晴雪渡江來

團洲江上二首　李之泌

老漁家住滄洲岸日日風波常在眼十年三千六百釣幾
見蓬萊水清淺

射石曾自射鵰還故李將軍亦偶然懷舊雙收閒數雁知
回溪上打魚船

國朝

雪堂　劉子壯

四壁冷冷畫雪圖到來應有古心俱未知堂上登臨者得
似當年二客無

花園舖 俗傳尚書魯嗣所治　劉子壯

舊有園亭列石茵尚書曾此樂芳春即今花草都無在何
況當時遊賞人

乙卯春題書雪堂　于成龍

竹笋纔生黄犢角蕨芽初放小兒拳試尋野菜和香飯便
是黄州二月天

月夜泛江　蕭良嗣

天晴星爛帶銀河風著秋山客興多琴瑟蒹葭清暮靄茲
游何必讓東坡

將母樓即事三首　宋犖

危樓百尺向江開把酒登臨日幾迴隔岸樊山能好我故
將青翠入牕來

雨過山光翠且重一輪新月掛長松丈人散盡家僮睡坐
聽寒溪古寺鐘

聚寶山頭日已曛閒尋怪石踏飛雲牧童樵子相傳說拾
得應來獻使君

赤壁五絕之二　鄭昱

曲檻危欄步步幽波光雲影四窗收星槎一葉浮天上疑
是當年壬戌秋

水環磯下勝常時浩淼煙波盪兩儀安得桐江千尺線垂
綸天半釣蛟螭

黄岡縣志卷之十九

知黄州府事錢鋆纂輯 王楷裁訂
知黄岡縣事陳文樞 蔡韶清 王鳳儀仝編

雜志

祥異

自古分至啓閉必書雲物史册載五行祥異甚晰盍覘前世已行之事以觀天人相與者然也謹考記載所傳見於黄者例得備書

晉

大興元年春二月西陽地震水涌山崩晉書

南宋

元嘉十五年秋八月白雀見西陽江州刺史南譙王義宣以獻宋書

南齊

永明十年齊安郡民王攝掘地得四文大錢一萬二千七百十枚品製如一齊書

唐

貞觀十四年黄州進紫芝白兎

嗣聖十四年旱

中和二年春三月天鳴若轉磨無雲而雨

宋

乾德四年秋閏八月芝草生民段贇屋柱一本三莖知縣鄧守忠以獻是年黄州進白兎

咸平二年瑞草生知黄州張鑑以獻秋八月羣雞夜鳴至冬不止冬震雷十二月長蘄村二虎夜鬭一死食之　三年冬十月雷聲如夏

大中祥符元年秋八月黄州獻竹一本雙莖

明道元年秋八月橘柿連枝

淳熙七年春二月大旱

嘉定十四年春正月地夜震大雷

元

大德三年黄州旱秋九月有流星色赤尾長尺餘墜地聲如雷　十年七月黄州饑

至元二年夏黄州旱　七年五月大水

至正十二年大旱人相食　十三年大旱疫

明

洪武四年冬十月大霧北風寒勁雨黑雪竹柏皆枯

宣德三年夏六月隕霜殺稼
宏治七年興王之藩舟至黄州有烏數萬繞舟明史　十一
年自冬十月至明年正月不雨有鴉啣火集人屋以
翼扇之。居民露宿。　十三年夏六月大水　十四年
柳子港有虎害。
正德元年大旱　三年大旱井泉涸　四年夏旱　十
年蘄子灘水怪出知府盧濬滅之　十三年大水饑
女王城有虎害。　十四年夏五月雨雹壞民舍
嘉靖九年秋八月大水有星如月、流西北、聲如雷、　二

十三年大旱　二十九年雨雹　三十二年夏五月
大水道觀河水怪見民多溺死　三十四年冬十二
月地震。　三十五年謝姓民家豕生三子、龍一角牛
尾馬蹄、　三十九年秋大水傷稼
萬歷元年春三月田鼠食禾尋自斃虎食人於郊。　二
年春二月地震。　十三年清源門災　十五年夏大
雨城壞　十六年大旱人食木皮多饑死團風鎮火
延數百家　十七年大旱饑虎入市。　十八年夏四
月雨雹如磚大疫人相食　十九年大有年　二十

四年府文廟災　三十一年團風鎮河西岸崩舟
人多斃　三十二年府治災　三十三年地震。　三
十四年大水　三十五年彗星見昏東晨西夏六月
水白陽山蛟見以上茅志　三十六年夏五月大水舟入城
四十五年大水虎子灘水怪傷人、　四十七年秋
八月地震
天啓元年冬大雪自十一月至於二年春四十八日烏
鵲死路無行人二年大旱斗米千錢。
崇正八年二月鵲成羣投河、　十年雨蟲色黑大如菽、

食苗盡　十二年鼠食禾渡江。五六日不絶。城南門
流血五日、　十三年秋八月地震。聲如雷民舍壞　十
四年夏六月飛蝗食苗盡入城陰翳障天是年大
疫　十五年冬十月二日日食晝晦是年鴨蛋洲有
飛雀萬餘投蘄州南城濠死　十六年春二月清源
門哭五日夜、　十七年春正月初四日大雨雹
國朝
順治三年春正月生員李遐齡妻一産三男。　九年春
大雪地震六月一字門外災大旱斗米四百錢　十

二年大有年

康熙元年夏四月白燕來巢　二年秋七月十五日城內外火焚民舍十之九八月大水　三年冬十月彗星見翼軫分五十餘日　五年夏四月雨雹　七年夏六月地震　九年五月雨黑米黑豆　十一年冬十一月生員李宏妻張氏一產三男宏父退齡兩世皆有三男之瑞事見順治三年　十四年夏多虎害通判宋犖除之　十五年六月大水　十七年大有年　十八年大旱　二十七年四月十七日白雲銀

光見翼軫間層疊團結中有五色氣如斷虹　二十八年田鼠食禾及秋化爲魚　三十二年夏大旱　三十五年秋八月大水　三十九年春大雨地震　四十年夏六月大水　四十五年夏五月大雨江水驟長五尺西陽河馬家潭蛟見姚二渡簡隄決西瓜鋪魚博但家店諸山市民居漂没有溺者　四十七年春二月地震秋旱　五十一年春二月雨雹斃物大風伐屋夏蝗官捕之數日盡秋大熟　五十二年秋大熟　五十三年夏旱　五十四年至五十九年

秋大熟　五十七年冬十二月雷電雨雪　五十八年夏五月有虎傷人於城南三日乃去　六十年秋旱　六十一年秋大熟

雍正四年夏大水　五年夏大水秋大疫　七年夏四月佗鶊洲有蝗官撲滅之秋大熟　九年夏四月赤壁山下麥穗五岐　十年夏六月大水　十一年夏四月地震鴨蛋洲麥穗四岐五月大雨江水溢但店出蛟溺民居　十二年秋大熟　十三年春旱夏六月雨

乾隆元年秋大熟　六年秋大熟　二十年三月雨雹自鐵冶至柳林三十餘里大者盈尺　二十一年至二十三年秋大熟　二十九年大水　三十二年三十四年大水　四十三年旱　四十八年大水　五十年大旱　五十三年春東鄉蝗有雀千萬食之蝗間有化蝦蟆是歲大熟　五十三年大水至清源門

兵事

周

惠王二十二年爲魯僖公之八年楚鬬穀於菟滅弦弦

子奔黃於是江黃道栢方睦於齊皆弦姻也弦子恃之而不事楚又不設備故亡 左傳

按各代地理志江國在汝寧府新息縣西南八十里安陽故城黃國在今光州界或以江夏黃岡二縣爲古江黃二國非也 府志

漢

永和二年江夏盜殺邾長 李志

魏

太和二年滿寵領豫州刺史三年春降人稱吳大嚴揚聲獵江北孫權欲自出寵度其必襲西陽而爲之備權聞之退還 魏志滿寵傳

後漢

後主延熙二年吳陸遜取魏邾以兵三萬戍之 時吳赤烏四年 見通志

晉

泰始九年七月吳將魯淑圍弋陽征虜將軍王渾擊敗之 晉武帝本紀

泰康元年王濬督軍臨江吳牙門將孟泰以蘄春邾二縣降 續大事記

大興初陶侃爲武昌太守時天下饑荒山夷多斷江劫略侃令諸將詐爲商船以誘之劫果至生獲數人西陽王羕之左右也侃卽遣兵逼羕令出向賊侃整陣於釣臺爲後繼羕縛送帳下二十人侃斬之自是水陸肅清 晉書陶侃傳

咸和初陶侃以荊江二州刺史鎮武昌議者以武昌北岸有邾城宜分兵鎮之侃每不答而言者不已侃乃渡水獵引將佐語之曰我所以設險而禦寇正以長江耳邾城隔在江北內無所倚外接群夷夷中利深晉人貪利夷不堪命必引寇虜乃致禍之由非禦寇也且吳時此城乃三萬兵守今縱有兵守之亦無益於江南若羯虜有可乘之會此又非所資也及庾亮戍之果大敗 晉書陶侃傳

咸和五年鄧嶽爲西陽太守時郭默之殺劉應大司馬陶侃使嶽將西陽之衆討平之 晉書鄧嶽傳

咸康五年毛寶爲豫州刺史與西陽太守樊峻以萬人守邾城石季龍惡之乃遣其子鑒與其將夔安李菟

等五萬人來寇張駱度二萬人攻邾城寶求救於庾亮亮以城固不時遣軍城遂陷寶嶮等率左右突圍出赴江死者六千人寶亦溺死 晉書毛寶傳

元興三年五月劉道規與劉毅何無忌攻桓元西走江陵留郭銓等守盆口乃大聚兵衆名水軍造樓船器械率衆二萬浮江東下與冠軍將軍劉毅相遇於崢嶸洲時兵不滿萬人衆憚之欲退守潯陽道規不可麾衆而進毅等從之大破元軍郭銓與元單舸走江陵不復能守 宋劉道規傳

宋

元嘉二十八年西陽蠻緣江爲寇殺南川令劉臺並其家口時亡命司馬黑石廬江叛吏夏侯方進在西陽五水煽動羣蠻十月太祖遣太子步兵校尉沈慶之率江荊雍豫諸州軍討之使武陵王駿總統衆軍三十年正月武陵王出次西陽之五洲慶之自巴水至五洲諮受軍畧柳元景率所領進西陽會伐五水蠻世祖初元西陽蠻田益之等起義攻郢州及末年遣沈慶之討西陽蠻大尅獲而還 宋書

孝建元年臧質反兵敗走至潯陽載妓妾西奔使所寵何文敬領兵居前至西陽西陽太守魯方平質之黨也至是詐文敬文敬棄衆走六月戊辰質走武昌爲人所斬傳首京師 宋書臧質傳

齊

昇明元年沈攸之反圍郢州遣中兵參軍公孫方平馬步三千攻武昌西陽太守王毓奔於盆口方平因據西陽以劉懷珍持節督豫司二州郢州之西陽軍事遣建寧太守張謨遊擊將軍裴仲穆帥蠻漢軍萬人

出西陽破方平軍數千人收其器甲 南齊書劉懷珍傳

永元中西陽馬榮率衆緣江寇抄商旅斷絕刺史蕭遥欣遣宏農太守鄧元起率衆討平之 梁書鄧元起傳

中興元年四月梁高祖出沔命長史王茂冠軍將軍蕭穎達等進軍逼郢州五月東昏侯遣寧朔將軍吳子陽軍主光子衿等十三軍救郢州進據巴口西臺諸將議欲分兵以襲西陽武昌高祖曰西陽武昌取便得耳得便應鎮守守兩城不減萬人糧儲稱是卒無所出脫賊軍有萬人攻一城兩城勢不得相救若我

分軍應援則首尾俱弱如其不遣孤城必陷一城既没諸城相次土崩天下大事去矣若郢州既拔席捲沿流西陽武昌自然風靡何遽分兵散衆自貽其憂子陽等進軍武口高祖命衆軍乘流攻之大潰七月郢州下兩郡俱降 梁書武帝本紀

梁

天監三年夏侯夔假節西陽太守八年夔帥將軍裴元禮任思祖出義陽攻魏三關克之

太清二年侯景遣兄子思穆據守齊安西陽太守周炅

率兵襲破思穆擒斬之時炅據武昌西陽二郡招聚卒徒甲兵甚盛與寧州長史徐文盛擊任約於樊山 陳書周炅傳

太寶元年世祖猶稱太清四年九月侯景將任約進寇西陽武昌世祖遣左衛將軍徐文盛等下武昌拒約文盛入貝磯任約率水軍逆戰文盛大破之斬其儀同叱羅子通等傳首江陵仍進軍大舉口十二月壬辰世祖又遣護軍將軍尹悅巴州刺史王珣西荆州刺史杜幼安帥衆助文盛別攻武昌拔之約退保西陽文盛進據蘆洲二年正月任約告急於景三月景率衆二萬西上援約四月次西陽渡蘆洲上流以壓文盛等文盛不敢戰杜幼安宋遴等率所領獨進與景戰大破之獲其舟艦以歸世祖以王僧辨代文盛率巴州刺史淳于量定州刺史杜龕等俱赴西陽會景襲陷郢僧辨留巴陵景軍聞之世祖遣平北將軍胡僧祐率兵二千赴援至揚浦景遣任約率銳卒五千據白塔進以待之僧祐由別路西上約急追之及於南安芊口僧祐潛引却至赤沙亭會信州刺史陸

法和至並軍擊約大破之擒約送江陵景聞之遁 梁簡文帝元帝本紀徐文盛杜幼安侯景傳

陳

大建五年西陽太守周炅隨吳明徹北討所向克捷齊遣尚書左丞陸騫以衆二萬出自巴蘄與炅相遇炅留羸弱輜重設疑兵以當之身率精銳由間道邀其後大敗騫軍虜獲器械馬驢不可勝數進攻巴州克之於是江北諸城並誅渠帥以城降進炅散騎常侍追炅入覲初蕭詧定州刺史田龍升以城降陳以爲

鎮遠將軍定州刺史封赤亭王及吳入朝龍升以江北六州七鎮叛入於齊齊遣高景安帥師應之於是令吳爲江北道大都督總統衆軍以討龍升龍升使弋陽太守田龍琰帥衆二萬陣於亭川高景安營於木陵陰山爲其聲援龍升引軍別營山谷吳乃分兵各當其軍身率驍勇先擊龍升龍升大敗龍琰望塵而奔並追斬之高景安遁走盡復江北之地陳書周炅傳

隋

開皇九年以周法尚爲黃州總管上降密詔使經畧江南伺候動靜及伐陳之役以行軍總管隸秦孝王率舟師三萬出於樊口陳城州刺史熊門起出師拒戰擊破之擒起於陣隋書周法尚傳

唐

興元元年李希烈反淮南泝江狥地江西節度使嗣曹王皐討之遣將伊愼爲先鋒與賊夾江陣賊柵蔡山不可拔皐聲言西取蘄引兵艦循岸泝江上賊聞以羸卒保柵悉軍行江北與皐直西去蔡山三百里皐遣步士悉登舟順流下攻蔡山拔之遂取蘄州降其

將李良平黃州兵益振天子在梁州包佶轉東南財糧次蘄口賊遣驍將杜少誠以兵萬人過江道不得西愼選士七千列三屯相望偃旗以待少誠分留之未合愼自中屯鼓之諸屯悉出奮擊賊亂破之於黃岡少誠遁走斬別將許少華漕無留難拜愼爲安黃節度使貞元末詔安黃爲奉義軍即爲奉義節度唐書曹王皐傳及權德輿伊愼碑

乾符末黃巢亂江西出入蘄黃杭州刺史路審中爲董昌所拒走客黃州中和末入鄂州以守光啓二年爲安陸賊周通所攻亡去鄂州人杜洪乘虛入鄂自爲節度留後永興民吳討據黃州乾寧元年春三月黃州刺史吳討舉州附於吳夏五月武昌節度使杜洪攻黃州楊行密遣行營都指揮使朱延壽救之按唐杜洪傳永興民吳討據黃州駱殷據永興二人皆隸土團者也故軍剽甚洪雖得節制而附朱全忠乾寧初身自將擊討乞師淮南楊行密遣朱延壽救之洪引還延壽拔黃州俘討京師駱殷棄永興走行密取其地與此畧異今從通鑑所載俱見十國春秋十二月吳討畏杜洪之逼納印請代行密以先鋒指揮使瞿章權知黃州或作翟章瞿璋皆非今從吳錄見十國春秋

乾寧四年夏四月朱全忠將朱友恭攻黃州吳遣右黑雲都指揮使馬珣等救黃州以樓船精兵助章守黃州刺史瞿章聞友恭至棄城擁衆南保武昌寨五月辛巳友恭爲浮梁於樊港進攻武昌寨壬午拔之遂陷黃州刺史瞿章死之馬珣收散卒三百自黃州開道走 十國春秋

後梁

乾化四年楚岳州都指揮使王環襲吳徐溫黃州夜分南風暴起乘風趨黃州以繩登城徑奔州署執吳刺

史馬鄴展旗鳴鼓揚帆過鄂而歸 十國春秋

周

顯德三年周遣齊藏珍攻唐黃州未下命司超遙領刺史五年世宗南征臨江遣水軍擊唐兵破之二月唐主遣使獻舒廬蘄黃四州地畫江以爲界周師引還 通鑑

宋

建炎初賊閻瑾犯黃州縱掠而去鄂州遣守趙令峸渡江存撫之黃人乃安 宋史趙令峸傳

是年賊張遇過黃州城下知黃州趙令峸出城見之遇飲以酒一舉而盡曰固知飲此必死願勿殺軍民遇驚曰先以此試公耳更取毒酒沃地地裂有聲乃引軍去未幾丁進李成兵迭至令峸俱擊却之 宋史趙令峸傳

二年正月東平府兵馬鈐轄孔彦舟反引兵渡淮圍黃州守臣趙令峸率兵民固守拒之凡六日乃解 宋史高宗本紀趙令峸傳

三年金人犯黃州守臣趙令峸以丙艱去詔起復已還在道郡卒得金人木笴鑿箭浮江告急令峸疾趨夜

半入城金人力攻翼日城陷金人欲降之大罵不屈金人怒鞭之流血被面罵不絕口而死事聞贈徽猷閣待制謚曰愍忠初城破都監王遠判官吳源巡檢劉卓皆以不屈死焉 宋史趙令峸傳

乾道間江湖大旱流民北渡江宰相虞允文白遣薛季宣行淮西收以實邊季宣爲表廢田相原隰立二十二莊於黃州故治東並邊歸來者振業之季宣謂人曰吾非爲今日利也黃州地直蔡衛諸班輒則西道有屏蔽矣 宋史薛季宣傳

嘉定十二年二月金人分兵自光州犯黃州之麻城十四年己巳金將僕散安貞犯五關壬申治舟於團風弗克濟遂以十餘萬衆圍黃州丁丑詔李全救蘄黃三月丁亥金人破黃州淮西提刑知州事何大節自沉於江 按大節殉難見宋史忠義李誠之傳本紀以爲棄城遁死誤也 遂陷蘄州前後殺掠無算癸丑金人退師鄂州副都統扈再興擊敗之於久長鎭 宋史寧宗本紀

端平二年正月詔孟珙主管侍衛馬軍司公事暫駐黃州措置邊防三年珙至黃增埤浚隍蒐討軍實邊民

來歸者日以千數爲屋三萬間居之厚加賑貸又慮兵民雜處因高阜爲齊安鎭淮二砦以居諸軍創章家山毋家山兩堡爲先鋒虎翼飛虎營兼主管內安撫司公事節制蘄黃光信陽四郡軍馬十月元答思復出鄧州遂至蘄黃珙遣兵解蘄州圍 宋史理宗本紀及孟珙傳

嘉熙元年授孟珙諸軍都統制十月元將口溫不花別略黃州張柔自光州進趨黃州破三山寨至太湖中得戰艦沿江接戰壁於黃州之西北隅時蘄光舒三守或遁或降元將遂合三郡人馬糧械攻黃有乘舟出者柔曰此偵我也夜必襲吾不備分軍爲三以待之二鼓時宋師果至柔邀擊俘數百人攻其東門矢如雨注軍少却柔率死士奮戈大呼所向仆踣黃守王鑑江帥萬文勝戰不利柔執俘而還及珙入城軍民喜曰吾父來矣駐帳城樓指畫戰守全其城斬逗留者四十九人以徇諸將士彌日苦戰病傷者相屬珙遣醫視療士皆感泣 宋史孟珙及元史張柔口溫不花傳

淳祐四年命分兵三千備齊安孟珙言黃州與壽昌三江口隔一水耳須兵即渡何必預遣先一日則有一

日之費無益有損萬一上游有警我兵已疲非計之得也 孟珙傳

開慶元年八月元世祖入大勝關次黃陂得宋沿江制置司榜有云今夏諜闖北兵會議取黃陂民船繫栰出陽邏堡以渡會於鄂州世祖曰此事前所未有願如其言辛丑晦元將董文炳下臺山寨師次陽邏堡九月甲辰世祖登香爐山俯瞰大江宋兵築堡於岸以大舟扼江渡水陸軍容甚盛世祖遣兵奪二大舟夜遣木魯花赤張文卿等具舟楫以遏援兵絕宋往

來路文炳言於世祖曰長江天險宋恃爲國勢必死守不奪其氣不可臣請嘗之卽與敢死士當其前率弟文用文忠鼓棹急趨李毅以一旅先諸軍揚旗伐鼓叫呼畢奮三道並進天徐霽與宋師接戰者三文炳麾衆搏之殺獲甚衆徑達南岸時世祖方駐香爐峯因策馬下山問戰勝狀扶鞍起立堅鞭仰指曰天也進圍鄂州張勝堅守不下死之會世祖北還乃命史權總兵鎮江北之武磯山（宋理宗元世祖本紀董文炳張柔李守賢史天倪傳）

景定元年宋宣撫大使賈似道奏顗草坪與元兵大戰進至黃州元大帥兀良哈解率湖南兵北歸守將張傑作浮梁於新生磯賈似道自鄂趨黃與元回軍相遇用劉整計攻斷浮梁殺殿兵百七十人遂上表言夏貴等戰新生洲進至白虎磯身自督戰有功（宋史理宗元史世祖本紀及賈似道傳）

二年元命鄂州青石磯滸黃灘所招新民遷至江北者設官領之（元史世祖紀時元中統二年）

咸淳二年元阿朮畧地蘄黃俘獲萬計（元世祖本紀時元至元三年）

十年（元至元十一年）十二月丙午伯顏軍自蔡店次於漢口宋淮西制置使夏貴都統高文明劉儀以戰船萬艘分據諸隘都統王達守陽邏堡荆湖宣撫朱禩孫以遊擊軍扼中流師不得進用千戶馬福計自漢口開壩引船會渝（元史作淪）河口先遣萬戶阿剌罕以兵拒沙蕪口逼近武磯巡視陽邏城堡遥趨沙蕪入大江壬子戰艦萬計相踵而至屯布蒙古漢軍數十萬騎於江北遂修攻具進軍陽邏堡伯顏遣人招之其將士皆曰我輩受宋厚恩戮力戰死此其時也安有叛逆歸

降者伯顏攻之三日不克乃與阿朮謀夜以鐵騎三千泛舟上流爲擣虛計詰旦渡江襲南岸乙卯分遣右丞阿里海牙督萬戶張宏範等攻武磯堡堡四面皆水總管李庭決其水而攻之夏貴以兵來援元阿朮率萬戶晏徹兒等四翼軍乘雪夜對青山磯泊丙辰萬戶史格以一軍先渡爲宋荆鄂諸軍都統制程鵬飛所敗總管史塔剌渾等率衆赴敵血戰中流鵬飛敗歸鄂州都統高邦憲屯馬家渡棄舟走被執元軍進軍沙洲抵觀音山遂得南岸阿朮與鎮撫何瑋

等攀岸步鬬宋軍起浮橋成列而渡兵十萬舟二千迎戰横截江上阿里海牙遣張榮實解汝楫等軍舳艫相銜直抵夏貴鏖戰北岸獲宋大船二十俘二百斬宋將呂文信千戸脣世昌舍舟師率蒙古哈必赤軍步戰斬其一將宋師潰都統劉成以定海水軍戰死夏貴僅以身免走青山磯沿江縱兵大掠歸廬州伯顏遂破陽邏堡武定都統制王達戰死丁巳伯顏登武磯山望大江南北禩孫奔江陵鵬飛以鄂州降伯顏將大軍水陸東下俾阿朮先據黃州庚午鵬飛

以北兵徇黃州宋沿江制置副使知黃州陳弈降都統米立潰圍出走江西被執不屈死明年正月癸酉元兵入黃州（宋史度宗元史世祖本紀及伯顏阿朮諸臣列傳）

德祐二年宋淮民張德興起兵殺太湖縣丞王德顯據司空山與野人原寨主劉源司空山寨民傅高攻下黃州壽昌軍七月丁巳遇元宣慰使鄭鼎戰樊口鼎墜水死元宣慰司與魯赤調兵攻司空山復黃州九月元陷壽昌軍德興死之黃州復歸元（宋史瀛國公本紀及文天祥集）

元

至元十三年興國軍毛遇順等作亂權軍事陳天祥撫之及天祥去復變大江南北多殺守將以應宣慰使鄭鼎臣帥兵討之至樊口兵敗死黃州遂聲言攻陽邏堡鄂州大震天祥言於叅政賈居正曰陽邏堡依山爲壘素有守備彼若來攻我之利也且南人浮躁輕進易退官軍憑高據險而逼之烏合之衆與之相敵不二三日死傷必多遁逃者十八九我出精兵以擊之惟疾走者乃始得脫乘此一勝則大勢已定然

後取黃州壽昌如摧枯拉朽耳居正深然之聞至陽邏堡乃引兵宿於青山明日大敗其衆皆如天祥所料擒其長斬於鄂州市遣諭其徒歸里（元史陳天祥傳）

十四年黃州復叛命宣武將軍管軍總管齊秉節討之斬余總轄於陣（元史齊秉節傳）

至正十一年羅田徐壽輝兵起九月陷黃州路敗威順王寬徹不花十三年淮西元帥咬住進討斬黃十六年八月卜顏帖木兒守禦蘄黃等處十七年倪文俊謀弒壽輝不克遂自漢陽奔黃州壽輝僞將陳友諒

襲殺之並其兵元史順帝本紀

二十三年八月明太祖敗陳友諒於江州克其城分兵

徇蘄黃皆下明史本紀

明

正德六年僉事郭詔督兵追劉惠趙鐩等至汕河擒獲

三百餘人焚死二百餘人又天雨山水驟溢溺死者

千人明世法錄

七年五月河北賊劉六等走湖廣自河南取道麻城至

團風奪舟入江殺都御史馬炳然於爛泥舖登陸焚

漢口爲指揮滿弼等追及劉六中流矢與子仲淮赴

水死劉七齊彥名率五百人舟行自黃州順流抵鎮

江至通州颶風大作棄舟走保狼山官軍夔之劉七

亦赴水死明史陸完傳

正德中劇賊徐九齡嘯聚建昌醴源出沒江湖間積三

十年黃州等處咸被害江南巡撫俞諫討平之俞諫傳

崇正九年流賊張獻忠出太湖連蘄黃焚邑楓香橋一

帶邑文學鄧雲程兜甲執鐵鞭率鄉兵數千格鬭退

之是年獻賊駐邑之白楊山遂抵西北邑民被殺者

六七萬人吏部郎中吳清率父老請兵於巡撫王夢

尹夢尹不應舊志

十二年流賊賀一龍賀錦犯黃州與傷嗣昌官軍相持

十六年春三月二十四日獻忠破黃州城內外官民坊

舍悉燬居民盡逃乃驅婦女剷城尋殺之以填塹至

四月二十八日破鴨蛋洲殺居民五月五日遂渡江

陷武昌居之蘄黃等二十一州悉附於是自安集長

易道三與監軍道王璜沔陽知州章曠武昌生員程

天一起兵討賊蘄黃漢陽三州府皆返正明史流賊傳

國朝

順治三年土賊圍黃州先是明季賊亂郡城殘破居民

多據險結砦以守合黃岡蘄水羅田麻城共四十八

寨在黃岡者王光叔易名甫等各據一寨英王自九

江傳檄諭之不下副將線維綺破之寨遂廢至是陳

于藻王接骨等煽亂圍黃州副將唐國臣固守把總

鄧克剛自蘄水赴援賊衆敗逃入東山及小李之亂

郎陽用兵檄調黃協兵往援千總田龍見素有異志

鄧克剛亦以前功未賞至葉家洲激其衆叛與東山

賊合所至擄掠巡撫遣兵及黃會討明年克之府志

十年東山李有實等倡亂攻黃州諸堡同知白秉正招撫之遂於石人寨設立千總領兵駐防壽罷府志

康熙十三年麻城東山劉青藜倡言官激民變程鎮邦鮑洪功陳恢恢李子茂等附之先是妖人黃金龍亡匿青藜家潛結河南賊渠譚以從等私立名號約以七月爲亂事覺青藜恐遂於五月擁衆數千掠曹家河黃守將王宗臣率所部兵駐興福寺麻城知縣屈振奇率鄉勇駐白杲進討之劉君孚者青藜之從父

素黠者也夜遣七旗砍黃軍鄉勇潰賊勢益張同知于成龍聞警自陽邏兼程進諭散其黨羽因以二人從徑抵君孚營示以至誠君孚素知成龍威信遂率其衆三百人獻傾心向化旗又招洪功恢恢子茂等獻安家樂業旗以降於是程鎮邦出山乞撫盡降其衆金龍遁黃麻解嚴于清端政書

秋七月黃金龍鄒君升復據麻城之紙棚河脅良助亂李家集賊方公孝等附之知府于成龍同知佟養俊麻城知縣屈振奇黃岡知縣李經政次岐亭徵鄉勇

二千人進討至望花山武舉陶之琇貢生彭喆諸人及麻城紳士從之舊官程鎮邦獻地圖成龍乃令生員蕭命福蕭士蓁劉君孚鄭丹施之瑞率其鄉勇集白杲生員劉青蔾武童董錫董天祿拒寒坡岔唐殿袁興明何見子等拒塔兒岡劉以廷周伯卜等拒腦中山生員林斗文鄉保羅甸臣截其糧路夏仲昆余公俊以鄉兵伏布袋坳大崎山僧貫識伺賊於山後龍王墩區長王方遠等守賊出入隘口貢生吳晉爵生員戴宗禮程士極蔡作楫來助軍糧於是生員吳

之鄒貢生龔相旦領衆進剿駐鄒家河賊聞風夜遁追及油河王方遠獲方公孝斬之夏仲昆等生擒鄒君升於項家廟斬首四十餘級士民四面攻擊殺賊無算黃金龍二十人夜走馬鞍山伏兵皆起盡擒之斬其首餘黨撫定凡六日亂平政書

冬十月麻城東山李公茂陳頓徹鮑世榮擁衆數千據白水畈陳鼎業合逃兵由陽邏掠驛馬何士榮自永寧鄉應之賊勢大熾先是士榮與其兄士勝從吳逆士勝死士榮潛歸脅良爲亂鄉約熊爾忠上其變時

鎭兵隨大軍征湖南議者欲退守麻城知府于成龍力持不可計先取士榮餘賊自潰諜知士榮據黃土坳乃遣諸生張本恕等徵集鄉勇分守山隘别遣知縣李經政同生員楊璦枝陶大定密擒鼎業父子陽邏平十一月成龍率諸生二十二人次但店黃協千總李茂昇把總羅登雲吳之蘭百總涂魁凡杜保以所部五十人來會各區鄉勇至者二千人乃遣武舉張尚聖及登雲以偏師出黃岡廟茂昇之蘭程鎭邦驛丞李德等大隊進發下春鄉勇五千大集營箔金

寨下八日黎明士榮率賊數萬人自牧馬巖分兩路來攻成龍分令弁士各率其屬戰於黃土坳之蘭中鎗死茂昇陷陣射賊旗墮馳之馬斃遂徒步殺二人奪馬進戰李德揮鐵棍從之是時登雲尚聖自石山東路追賊越崇嶺數重衆軍齊合大敗之生擒四十八人殺賊無算士榮挾矛走左臂斷猶力戰陷泥中獲之餘黨解散遂乘勝抵呂王城白水畈至飢山河駐定慧寺時周鐵爪萬野于及公茂世榮頓徹復據麻城之石壁賊衆數百人將入什子寨兵進戰獲野

于公茂於是生員朱愷活擒周鐵爪劉青藜活擒世榮頓徹賊平東山悉定政書

二十七年五月二十二日督標裁兵夏逢龍叛陷省城旋陷漢陽黃陂六月朔日賊舟蔽江下寇黃州遂入城誘民從賊剳辮爲識搜掠富戶近城數十里多被其害越兩月走金口爲提督徐治都所敗奔武昌其將胡耀乾不納復至黃州八月鎭武將軍瓦岱引兵至賊將迎降逢龍逃白雲山里人縛送軍門磔於城東五里墩黃州平府志

墓域

名賢巨卿之墓雖鄉人皆有所尊敬而愛惜之而世遠年湮如舊志所載黃歇樊噲諸塚不無疑焉是故碑誌之愼也俾後之有考也過墓則式廣其敬也

周

黃歇墓舊志云在縣中誤也歇故封在毘陵墓在江陰縣碑見存

漢

樊噲墓舊志在縣西北府志漢書樊噲傳噲邑舞陽

斃當於其地張太史希良格物編云黃州城北二十里楓香橋北有樊墓世誤以對江之樊口爲噲封耳噲墓在關中而樊口本以古樊楚得名不因噲墓也又晉咸和中西陽太守樊峻守邾城爲石虎將所陷死焉疑卽峻墓未知是否

南宋

謝晦墓在縣西俗云謝鐵籠墓按晦在劉宋爲荆州刺史嘗過岳州黃山顧瞻久之及帝柩過黃山不肯去遂葬黃山非黃州也黃山民立祠祀之宋封顯應公

府舊志云今漢川門外止有一鐵淋墓近年嘗有鐵在其日鐵籠者訛也然不考爲何人墓

宋

蘇軾乳母任氏墓銘云生有以養之不必其子也死有以葬之不必其里也我祭其從與享之其魂氣無不之也墓在治南長塘街乾隆十年邑人曹紹烈爲置塋垣免樵牧之侵

元

贈正奉大夫護軍南陽郡侯吳普顯墓在邾陂湖毛家山離邾城南八里許

龍仁夫墓在陽邏華山之陽有祠

明

吏部尚書吳琳墓在中和上鄉官溪勅葬

學士詹同墓在城北九十里雷公山

布政司徐本墓在磻石橋旁

指揮使黃榮墓在洪山寨西半里許勅葬

御史杜遇春墓在縣東七里螺螄湖勅葬衣冠

都御史謝景墓在楓香橋勅葬

知府何曉齡墓在縣東十五里蔡家潭近名何家山

贈光祿卿奚世亮墓在定惠院左勅葬

刑部尚書王廷瞻墓在寶珠塆勅葬

崑山知縣樊玉衡墓在還和鄉桐梓岡

陶仲文墓嘉靖間封恭誠伯墓在陶家潭

將仕郎葉夢陽墓在還和鄉廟兒山下乾隆二年墓圮有誌畧云先世蘄州人官於黃因家焉夢陽幼習儒業壯仕公室在官則仁恕存心居家則孝友制行士民爲封其墓歲時祭之

給事中王廷陳墓在還和鄉烽火山側虎山

正議大夫邱仁墓在樟松湖之青草嘴勅葬
太常卿樊玉衡墓在慕義鄉對泉嶺
太僕卿杜仲墓在東絃鄉杜家花園勅葬
贈太僕卿王追皋墓在還和鄉王家板倉
德陽知縣樊鼎遇墓在還和鄉飲馬陂
贈太僕少卿王一桂墓在東絃鄉明家堰烏鴉地
贈光祿卿周之訓墓在中和鄉萬松山之甑蓬嶺勅葬
衣冠
副使樊維城墓在東絃鄉望城岡

知縣孫自一墓在梅家湖側離城十五里自一殉獻賊
亂葬
教授徐顯揚墓在城東石牛山顯揚房縣人明季癸未
獻賊陷黃州死之郡人收葬於此
杜烈女墓在陽邏廻峰山之陽女名小英辰州人明末
虜於軍將軍者不知何姓名欲娶之女紿言願三月
終母喪以稍慰孝思將軍聞其言惻然至漢口別置
民屋守之有頃守者懈不知其欲死也女使守者言
將除服乞筆墨爲文祭母於江將軍喜許之女乃自
述其遭亂殉節之情裹文於腋及江投而死尸浮於
陽邏里人收之得其所爲文乃葬焉
衛孝女墓在陽邏伏象山下女自言陝西人從父之官
至是舟覆全家盡沒遂沿岸呼號自投於江而死數
日負父屍出里人江之鰲收葬之

國朝

勅葬贈左都督王宗臣之墓在還和鄉楊家坂
勅葬禮部侍郎王封濚之墓在清淮門外
修撰劉子壯墓在府城北慕義鄉湯家墩俗名鐵金鉤

學士曹本榮墓在府城外山川壇
鄧雲程墓在洗馬池左岸
任烈婦墓在赤壁磯下
隱士曹大濩墓在袁山南曹家園離城五十里
禮部尚書王澤宏墓在中和鄉周山鋪
勅葬殉難遊擊劉志高墓在庶安鄉赤土坡西北風箏岡右

黃岡縣志卷之十九終

黃岡縣志卷之二十

知黃州府事 錢鍳 王楷

知黃岡縣事 陳文樞 蔡韶清 王鳳儀

外志

仙釋

佛老自得其道人所難能人之傳其事者又往往托於神奇誕幻而近世曾不多見也何哉夫古人亦各從其道也唐宋以來所建寺觀不少矣今並誌之

晉

葛洪字稚川句容人咸寧中爲散騎常侍通神仙導引術以交趾出丹砂求爲句漏令號抱朴子世傳其鍊丹處凡十有三今元妙觀有丹井其遺蹟也

梁

宋益青州人番禺刺史棄官隱黃之黃齡洞有仙術能役鬼神救疾疫後人祠之嘗有應唐封顯應侯宋加封靈濟侯

唐

浮屠滋邑人唐中宗時與侍郎張敬之善敬之子冠宗以父蔭宜入三品私詣有司言狀滋坐間忽曰君一

煩求三品也敬之大驚已而知出冠宗意嘗爲燕國公張說市宅戒無穿東北隅他日見曰宅氣索然云何視東北隅穿丈餘矣滋驚曰富貴一世而已諸子將不終後果如其言

齊安深通禪理每說偈從當境點悟有偈云猛燄焰中人有路旋風頂上屹然棲鎭常有緣誰差覺杲日無言運照齊人莫能識

壽禪師居護國院弟子問如何是一路涅槃門師曰寒松青千年色一徑風飄四季香問如何是靈山一會師曰如來䥳一領迦葉便低眉後證果尸解

德嵩居黃州柏子山栖真院嘗上堂舉寒山撫掌欣欣拾得呵呵大笑大衆問二古聖何笑嵩良久更大笑日蓮花一朵再逢逢不知胸中是何境界也

張憨子行止如狂見人輒罵云放火賊見紙輒書鄭谷雪詩人使力作終日不辭時從人乞丐之錢不受冬夏一布褐三十年不易

丐者趙生高安人蓬垢好飲酒見人輒言宿疾與所爲善否元豐中蘇轍謫筠生語以養生治性時年百二

十有七矣久之來黃州謁蘇軾留半載軾歸從至輿國爲騾踶死輿國守楊繪葬之後有蜀僧法震至京謁軾云遇於雲安酒家詢其狀良是輿國人發瘞視之惟一杖及兩脛骨存

明

柳夫人其先蜀人祖秉忠父正皆仕元夫人生而靈異齠年遭賊刃無所傷稍長好道家言歸龔氏有子父謀抗明兵止之不聽與壻敗死家俘焉洪武初放還夫人溯舟江上至武磯愛其林巒洲渚請地於官許

之因入山績麻七日有老叟袖書一卷授之是夕風雷拔木鷙獸潛藏乃剪荆榛而居焉時將軍鄧愈討麻陽道過陽邏微服雜衆人往見夫人獨指之曰將軍何不與乎且將軍無輕敵脫有難吾當助之見羣鴉銜陣則我來也愈進兵果敗且急聞鴉聲接羽而過則夫人緋衣躍馬風霆迸折沙石如射遂克麻陽事聞賜封妙真夫人建祠武磯上後年九十餘卒子才七葬於武磯之陰世爲柳姓舟商祭曰水神鄉人以爲痘神皆祀之

楊師失其名住鐵爐寺言事輒驗鄉俗歲上元設請天會爭得師至期皆有師在鄉人鄭貢將之彭蠡師送之曰行有難然無害也一日與人奕忽瞌依而覺履襪盡濡及鄭貢歸云是日大風舟幾覆見師以足鎮舟遂得濟年百餘歲化去有二女皆修行一住鐵爐寺一住彌陀菴後不知所在

荷鐘禪師俗名拗鐘不知何許人明萬歷時師以傘柄荷大鐘至聖泉寺山下耕夫十餘人見而訝之師曰僧力倦矣檀越爲我送山上可乎衆欣然齊扛之不能移有頃僧仍自荷至寺中今鐘猶存有遺像祀之

釋死心明末諸生袁文煒也遊京師祝髮於崇國寺公安袁宏道招之作吳越遊已而歸愛大別山水遂住藏經閣更築室以養母

寺觀附

報恩天寧禪寺在青雲路巷唐貞觀五年郡人曹仁濟捐基僧乘禪師建明洪武八年僧繼法重建錫名報恩寺設僧綱司於內崇正間重修

國朝康熙初知縣徐鏞復建地藏觀音二殿於大殿之東

籥有落成詩

安國泰平講寺在城東南二里唐顯慶二年郡人張大用捐基僧惠立建宋蘇軾記云寺立於僞唐保太二年始名護國嘉祐八年賜今名未詳孰是東坡志林云昨日太守楊采通判張規邀余出遊安國寺蓋名刹也明洪武初及萬歷戊戌再葺之

國朝順治中黃州協鎮張大治重修鼎建藏經閣邑紳孫錫蕃有疏記寺右有武節寺

大雲寺在城南五顯廟右今廢

承天寺在大雲寺前今廢卽東坡乘月訪張懷民處也

乾明寺在城東定惠院內今廢

永興寺在城南近大江岸宋刺史王禹偁有記今廢

南塔寺在文峯塔下

板塔寺在城內

太平寺在梅家湖有木佛遡流至楓香渡土人迎祀之

定香寺在東絃鄉距縣三十里古刹僧性天重建門臨湖水內有蓮池宋碑尚存佛像亦宋時塑

竹陂寺在還和鄉

法王寺在上巴河僧直際重修

白楊寺在還和鄉白楊山今廢

白虎寺在還和鄉僧自性重建

興善寺在白虎山古刹明成化七年僧懷遠建

御風寺在永寧鄉距縣一百二十里元至順閒建徐壽輝嘗欲毀之感鳴鵶數萬環翔而止

悟空寺在永寧鄉京省通衢官轍萃止

安寧寺在永寧鄉簸箕巖孤峯峻絕下臨深壑有石箕棋盤在焉

萬壽寺在永寧鄉五雲山相傳梁僧寶誌入定之所塔碑猶存明成化三年僧可信重建

國朝康熙初僧淑明重修

能仁寺在大崎山唐容雲禪師修行之所明成化七年僧常惠住持

東山寺在大崎山南明成化七年僧脩信重修

禪寂寺在團風鎮明洪武九年僧崇慶建天順閒僧福亮重修

圓通寺一在團風郭家塆古刹明成化六年僧淨倉重

建一在周山舖東古刹元僧懋意重修
獅峯山寺在伍重鄉古刹明成化六年僧國秀重建
五雲山寺在伍重鄉距縣九十里
紫霞寺在伍重鄉道觀河北其南火燒堰又西南有解
元寺
無盡燈寺在舊街之東又有文峙寺在黃林墅之北
方廣寺在金舖山北距縣八十五里金鼎山中前後二
塔明初建又有呂仙祠在飛鳳山山形宛如飛鳳武
溪諸峯環峙大江遶其下

化樂寺在舊州城古刹明天順五年重建同知袁福徵
有記
靜安寺有庶安鄉長河岸古刹
吉祥寺在庶安鄉安仁村里人蔡中和及僧常昱建
演教寺一名文佈寺在庶安鄉椰子港明景泰間僧大
休結菴於此成化七年僧文佈重建前有瀑泉山水
暴發時其泉清冽異常
西峯寺在庶安鄉明邑人邱縉建
覺林寺在庶安鄉安仁村古刹明成化三年僧祖超重
修
寶蓋寺在樟松湖北岸大林山明正統十二年僧智定
建
彌陀寺在陽邏鎮蓬萊山即蓬萊寺明景泰五年僧祖
直重修成化丙午泰和劉文輝捐修大雄殿考府舊
志洪武二十四年禪寂彌陀能仁寺併歸天寧寺
鐵爐寺在中和鄉畢家舖東五里明初建揚禪師於此
涅槃邑人程汝遷讀書其中程有學行從遊者或以
其號名寺曰木菴

雙林寺在中和鄉感化村古刹明正統元年僧直廣重
建
香山寺在中和鄉亭子塘僧鏡智建
湖山寺在中和鄉
雨華菴在淋山河僧懷水建
翔雲菴在淋頭畈
眠雲菴在龍崗山中天霽山光遠雲五色映帶
觀音菴在團風鎮史壩橋明宏治間邑人孫子華建
南堂廟　華光廟俱在團風鎮後街明洪武十八年居

民祝茂先建
普安堂在團風鎮巡檢司前古刹明洪武十五年居民
魏中和重修
觀音堂在街埠市舊志即古興化寺明洪武十八年里
民張王田募修
觀音閣在城西北赤壁磯明洪武八年僧智圓建二十
四年歸併安國寺惟存殿閣正統六年通判黃容重
建今廢
玉皇閣在元妙觀後明邑紳甄淑王同軌重建

大士閣一在城北覽勝亭下邑紳杜應芳建
國朝康熙間守備梁家植擴新一在陽邏閘下有磯甚險
知縣鍾萼捐銀三百鑿石開徑行舟便之
梓潼閣在漢川門外即橫江館今爲民居
文昌閣在縣西北四十里鴨蛋洲有劉子壯讀書遺蹟
元妙觀在清源門外唐貞觀間道士李雲外建內有葛
洪煉丹井宋爲天慶觀即東坡作易傳與論語說處
明置道紀司於內郡人王同觀修葺
國朝順治初郡丞白秉正重修邑紳孫錫蕃有記

眞武觀在磐石橋北又元妙觀有眞武殿元至正元年
建
清水觀即古東華觀唐貞觀中建元末兵燬基存
鐵樹觀在辛家衝古刹明宏治間重建
文峯塔在城東南羣山左翔長江東下此爲巽方明萬
歷二年邑紳李時芳黃士元募建

摭聞

摭聞蓋古小說家者流街談巷語不必盡然者也然
而整齊百家知者采焉詩曰先民有言詢於芻蕘言

有道也孔子曰多聞闕疑愼之至也
黃國顓頊之裔嬴姓子爵左傳桓公八年楚子合諸侯
於沈鹿黃隨不會使薳章讓黃而黃始見於經則黃
與隨隣僖公二年齊宋江黃盟於貫則黃又與江隣
至十二年黃人恃諸侯之睦於齊也不共楚職曰自
郢及我九百里焉能害我楚遂滅黃杜預註云黃國
弋陽縣按弋陽縣今河南光州杜佑通典亦曰光州
春秋時黃國也於黃州則云後爲黃國之境文獻通
考與一統志因之遂以黃州爲黃國而於光州註春

秋爲茲黃蔣三國地楚紀亦謂黃州爲古黃國且曰
至黃國觀黃子故墟在坡賦畧黃子咏孟德爲未老
然杜預去古未遠當爲有據楚紀謂楚滅黃徙邾君然考諸春秋楚滅黃在魯僖公世而楚宣王徙邾則在戰國之後固非一時爾
楚誌云江漢間言赤壁者五漢陽漢川黃州嘉魚江夏
唐元和誌云在蒲圻縣西與烏林峯對圖經又云在
嘉魚縣西葢初蒲圻地今屬嘉魚也宋謝疊山云予
自江夏泝洞庭舟過蒲圻見石巖有赤壁二字因登
岸閱赤壁其北岸曰烏林又曰烏巢乃漢陽境也烈

火岡上有周公瑾廟至今土人耕地得弩箭鏃長尺
餘或得斷鎗折戟以今嘉魚赤壁合之信爲瑜破曹
地無疑其他四處非是黃州赤壁本名赤鼻齊安拾
遺詭以三江下口爲夏口以武昌縣華容鎮爲操走
華容道其說乖謬嘗考水經云江水左逕百人山南
酈道元注右逕赤壁山北經又云江水左逕赤鼻山
南赤鼻之非赤壁明矣張耒雜志云南人謂山入水
處爲磯而黃人呼赤鼻訛爲赤壁
郭郡守鳳儀邀唐比部樞遊赤壁郭問天下兩府峙立

武昌漢陽一府一縣峙立黃州武昌何謂唐云天下
守法有據依據無據依援按晉陶侃傳議者以武昌
北岸有邾城宜分兵鎮之侃言我所以設險御寇正
以長江耳邾城隔在江北內無所倚外接羣蠻必引
寇虜且吳時此城乃三萬兵守今縱有兵守之亦無
益於江南後庾亮以毛寶戍之果敗皆服侃識或云
邾城東晉時客邏群蠻所以不可置戍與今不同宋
李宗勉建言荊襄殘破淮西正當南北之交齊安與
武昌對欲保江南先守江北正謂聲勢可應援耳

東坡嘗記黃鄂之風云近聞黃州小民貧者生子多不
舉江南尤甚聞之不忍黃之士古耕道雖椎魯無他
長然頗誠善爲善乃使率黃人之富者歲出十千
如願過此者亦聽使耕道掌之多買米布絹絮使安
國寺僧繼連書其出入訪閭里田野有貧甚不舉子
者輒少遺之若歲活得百箇小兒亦閑居一樂事也
吾雖貧亦當出十千
張耒雜志云黃州牌稅甚重所謂牌者皆大木版其販
自湖南郴連辰邵等州多以繒帛魚鮓等椎易至眞

州貨之獲厚利故雖重征商人不憚

志林載東坡曰余來黃州聞黃人二三月皆羣聚謳歌其詞固不可解而其音亦不中律呂但宛轉其聲往返高下如雞唱爾與廟堂中所聞雞人傳漏微似土人謂之山歌云又曰舊傳陽關三疊今歌者每句再疊而已通一首言之又是四疊或每語三唱以應三疊之說則叢然無復節奏余在密州有文勛長官自云得古本陽關其聲宛轉凄斷每句皆再唱而第一句不疊乃唐本三疊蓋如此及在黃州偶讀樂天對

酒詩云相逢且莫推辭醉新唱陽關第四聲注第四聲勸君更盡一盃酒以此驗之若第一句疊則此句爲第五聲今爲第四聲則第一句不疊審矣

唐房千里竹室記稱環堵所棲率用竹以結其四角植者爲柱楣撐者爲椽桷王元之竹樓記蓋其餘意秦人亦有版屋詩各從其俗也今江上多以竹代瓦無編每苦延燒云 今黃州無竹屋

東坡與李通叔云蒙寄示雪堂篆字筆勢茂美足爲郡數之光則雪堂扁當屬通叔筆今倣印章成字實出前守上海潘公伯明妮古錄載其事稍異

馬鄴仕宋爲黃州刺史有遠識時劉存爲鄂州殺鄴外弟霍基存征湖南使人夜扣齊安門曰霍判官借馬鄴豫知之盡馬數匹焚祭焉後存果敗

夏文莊竦謫守黃州時龐頴公籍爲掾嘗疾屬文莊後事文莊親臨之曰異日管爲貧宰相亦有年壽疾非所憂龐語已爲宰相豈得貧耶文莊曰但於一等人中爲貧耳故龐晚年退老詩述其事曰田園貧宰相圖史富書生石林燕語載龐嘗在告數日忽吏報死

矣文莊大駭曰此當爲宰相安得便死吏言其家已發哀文莊即自往取燭視面語醫曰此陽證傷寒汝等治誤爾亟取承氣湯灌之有頃蘇

王禹偁嘗作三黜賦見志後知制誥忤時相出知黃州藉易簡知貢舉適榜下放孫何等三百餘人奏禹偁禁林宿儒欲將全榜諸生送於郊上可之禹偁作詩曰綴行相送我何榮老鶴乘軒愧谷鶯三人承明不知舉看人門下放諸生至郡未幾二虎鬭於境一死羣雞夜鳴冬雷而雹司天奏守土者當其咎即命徙

蘄州謝表云宣室鬼神之問不望生還茂陵封禪之文止期身後帝深詫異促召還臺未行竟卒

子瞻還黃岡時曾子固居憂臨川死焉京師盛傳子瞻同日僊去如李長吉故事神廟以問左丞蒲宗孟嘆息久之故後量移汝州謝表有云疾病連年人皆相傳爲已死饑寒併日臣亦自厭其餘生避暑錄云子瞻在黃病赤眼踰月不出過客遂傳以爲死矣有語范景仁於許昌者景仁絕不寘疑即舉袂大慟遣人賙其家子弟徐言此傳聞未審當先書問安否得實

恤之未晚乃走僕以往子瞻發書大笑東答云平生所得毀譽殆皆此類也

子瞻謫黃布衣芒屩出入阡陌多挾彈擊江水每旦起不招客語必出訪客所與游亦不盡擇各隨其人高下談諧放蕩不復爲畛域有不能者强之說鬼曰姑妄言之數日必一汎舟江上乘興或入旁郡界嘗與客飲夜歸江面際天風露浩然乃作辭所謂夜闌風靜縠紋平小舟從此逝江海寄餘生者大歌數過而散翌日喧傳子瞻掛冠江邊拏舟長嘯去矣郡守徐君猷聞之恩州失罪人急命駕往則子瞻鼻鼾如雷

東坡至黃州邀一隱士相見但視傳舍不言而去東坡曰豈非以身世爲傳舍相戒乎贈以詩末云士廉豈識桃椎妙妄意稱量未必然此蓋用朱桃椎故事高士廉備禮請見與之語不答瞪目而去士廉再拜曰祭酒其使我以無事治蜀耶乃簡條目州遂大治　東坡集有張先生詩序云先生不知其名黃州故縣人本姓盧爲張氏所養陽狂垢汙往來者欲見之多不能致余試使人召之欣然而來既至立而不言不應使之坐不可但俯仰熟視傳舍久之而去疑即張憨子

蘇公謫黃始稱東坡居士蓋亦慕白樂天而然白刺忠

州有東坡種花諸詩蘇在黃與白忠州相似嘗有詩云出處依稀似樂天敢將衰朽較前賢則東坡名非偶因地稱也蘇又嘗東王定國云近於側左得荒地數十畝買牛一具躬耕其中欲自號鏖糟陂裏陶靖節　外紀東坡一牛病呼醫療之不識謂王夫人曰此牛發豆斑瘡法當以青蒿粥啖之而効後舉似章子厚云自謫居後便作老農豈知老妻猶能接黑牡丹也

東坡和王鞏詩我來黃岡下欹枕江流碧江南武昌山向我如咫尺春蔬黃土軟東笋蒼崖折此行我累君乃反得安宅他日與趙晦之云謫居既久安土忘懷

蘇子三養
書叉銘

東坡蜜
酒歌

一如本是黃州人元不出仕而已又與王定國云在彭城作黃樓今得黃州欲換武遂作園練皆先讖

子瞻在黃州嘗書云東坡居士自今以往早晚不過一爵一肉有尊客盛饌則三之可損不可增有召我者預以此告之自言有三養曰安分以養福寬胃以養氣省費以養財與李公擇書云口腹之慾無窮每加節約亦惜福延壽之道乃日用錢不過百五十每月朔取錢四千五百斷為三十塊掛梁上每日用畫叉挑取一塊以竹筒貯用不盡者以待賓客云此賈耘

老法也

東坡在黃州隣郡送酒合置一器為雪堂義尊又嘗以蜜為釀作蜜酒歌眞珠為漿玉為醴六月田夫汗流泚不知春甕自生香蜂為耕耘花作米一日小沸魚吐沫二日眩轉清光活三日開甕香滿城快瀉銀餅不須撥百錢一斗濃無聲甘露微濁醍醐清君不見南園採花蜂似雨天教釀酒醉先生先生年來窮到骨問人乞米何曾得世間萬事眞悠悠蜜蜂大勝監河侯序云西蜀道士楊世昌善作蜜酒絕醇釅余既

得其方作此歌遺之戲與吳君采云近日黃州捕私酒甚急犯者門戶立木以表之臨皐之東有犯者獨不立木怪之以問酒友曰為賢者諱吾何嘗為此但作蜜酒爾

黃州人造私酒俗謂之壓茅柴坡詩三年黃州城飲酒但飲濕我如更揀擇一醉豈易得幾思壓茅柴禁網日夜急韓子蒼茅柴酒詩三年逐客臥江皐自與田工釀小糟飲慣茅柴諸苦硬不知如蜜有香醪益亦謂差勝他酒爾張耒雜志直稱黃州酒可亞瓊液陳州酒名而差薄為謫官中一幸豈陸待制所云適有佳匠也

黃州東南三十里為沙湖亦曰螺師店東坡將買田其間因往相田得疾聞麻橋人龐安時善醫遂往求療安時聾而穎悟絕人以指畫字輒了人深意坡戲云予以手為口君以眼為耳

東坡序聖散子方云得之於眉山人巢君穀謫居黃州比年時疫合此藥散之所活不可勝數巢初約一傳人指江水為盟余竊隘之乃以傳蘄水龐君安時避

暑錄云聖散子方初不見於世凡傷寒不問證候一以是治無不愈子瞻奇之爲作序比之孫思邈三建散雖安常不敢非也乃附所著傷寒論中天下信以爲然疾之毫釐不可差無甚於傷寒安有不問證候而可用者宣和後此藥盛行京師殺人無數巢穀本任俠好奇從韓存寶出入兵間不得志客黃州子瞻與之游以谷奇俠而取其方天下以子瞻文章而信其言事本不相因而趨名者又至於忘性命而試其藥人之惑蓋有至是也志林云家有一方能下腹中穢惡在黃州試之病良已今

後當常以施人不審所指東坡茗水錄云黃州山中蒼术甚多就野買一斤數錢耳此長生藥也人以爲易得不復貴重至以熏蚊子此亦可爲太息

舒王在鍾山有客自黃州來公曰東坡近日有何妙語客曰東坡宿於臨皋亭醉夢起作成都聖像藏記千餘言點定纔一兩字有寫本留舟中公遣人取至時月出東南林影在地公展讀風簷喜見眉鬚曰子瞻人中龍也然有一字未穩曰勝日負不若曰日勝日負耳東坡聞之拊手大笑亦以公爲知言

對客叢談載王荆公詠菊句歐陽公稱之而元人小說謂子瞻以菊花被謫今黃州無落瓣之菊子瞻語黃乃舒亶李定等所爲時荆公已退居金陵不與朝政小說眞夢夢也張希良格物編

米元章自湖南從事過黃州初見子瞻酒酣貼觀音紙壁上起作兩行枯樹怪石各一爲贈有高述潘岐能作坡書亂眞山谷云東坡書彭城以前猶可僞至黃州後掣筆極有九可望而知其眞贗也

石林詩話云海棠詩爲東坡先生最得意之作嘗喜寫人間刻石有五六本邑農人於古墓掘得其一爲鉏

钁所壞僅存百字有先生自繪像巾氅拄杖正與詩意相發今石本存王同軌家宛言錄稱東坡海棠詩山谷書之傚長沙縱筆詩爲奇逸可喜

東坡詩話口語有語云日日出東門步尋東城游又云駕言寫我憂章子厚謂參寥曰前步而後駕何其上下紛紛也僕聞之曰吾以尻爲輪以神爲馬何曾上下乎參寥曰子瞻文過有理似孫子荆曰所以枕流欲洗其耳所以漱石欲礪其齒

謝無逸溪堂集云亡友潘邠老有滿城風雨近重陽之

句。今去重陽四日，而風雨大作，遂用廣爲三絶。其一、滿城風雨近重陽。無奈黄花惱意香。雪浪翻天迷赤壁。令人西望憶潘郎。其二、滿城風雨近重陽。不見修文地下郎。想得武昌門外柳。垂垂老葉半青黄。其三、滿城風雨近重陽。安得斯人共一觴。欲問小馮今健否。雲中孤鴈不成行。

黄庭堅有謝何十三送蠹絶句三首，何十三名覬，邑人

又東坡亦有書贈何聖可曰：歲云暮矣，風雨淒然，紙窻竹室，燈火青熒。輙於此閒得少佳趣。令分一半，寄

與黄岡何聖可。若欲同享，須擇佳客。不審聖可又何人也。

東坡在雪堂，一日讀阿房宮賦，且讀且嘆賞，夜分不寐。給事者二老兵，皆陝人，甚苦之。一人曰：知他有甚好處。一人曰：也有兩句好。其人大怒曰：你理會得甚麽。對曰：我愛他道天下人不敢言而敢怒。坡聞之笑曰：不意斯人有此鑒識。

東坡書蔡䘿句甚文云：予在黄州，蔡黑肥吏以一幅紙請祭春牛文，予笑而從之云：三陽既至，庶草將興，爰出土牛以戒農事，衣被丹青之好，本出泥塗，成毁須臾之間，誰爲慍喜。傍有一吏云：此兩句會有愠者，參寥能具道，乃復録之。

八景詩載郡書志中，斷文蠹簡多不可讀，今摭其可咏者得鄒吏部亮詩四首，聊復志此，齊安地連雲夢澤。迤邐岡巒帶阡陌，故壘蕭條古戍荒，爲問英雄訪陳迹。疎林烟雨秋濱濛，宿雲忽開天宇空，長江遶郭淨如練，沙鳥風帆圖畫中。黄岡曉霽 絶巘疑烟掃空碧，天塹横分限南北，舳艫灰冷戰氣消，岸草汀花自春色，沉

沙鐵戟悲前朝，割據英雄魂莫招，與來釃酒酬明月，醉倚龍顔吹洞簫。赤壁春暉 朝宗門外西風曉，臨皐館前烟景遠，爲憶秦家生寧馨，悵盡蒼生竟忘返，露洗明月光欲流，曾照人間千古愁，褰衣徐步踏花影，老鶴一聲天地秋。臨皐月皎 硯池水煖龍睛泣，墨花晴行金壺汁，科斗浮波翠藻紋，香雲醮影淋漓濕，坡翁騎鶴上青冥，誰復籠鵞寫道經，跡甬淡烟人不到，舊時行迹蘇苔青。洗墨泉生

宋奎章閣侍書學士虞集父汲爲黄岡尉，乃右丞相鑑

文四世孫汲僑居臨川娶國子祭酒楊文仲女楊以理學名家共女深通其義生集及弟槃受教內庭從父寓黃時稱爲一家之學槃著有非非國語

宋嘉定辛卯金師圍黃州守何大節召僚佐曰諸君親老且非守土臣可無死各以差檄使爲去計自誓不屈城陷沉於江時蘄守李誠之亦以城陷自殺朝廷爲立廟而寧宗紀乃書大節棄城遁劉濬夫詩云淮堧便合營雙廟太學今方出二儒（二人皆出太學）又云世俗令豨疑許遠君王元未識真卿蓋爲大節白寃

明江學士淵字時用居中和鄉以永樂靖難師入蜀家重慶之江津縣由翰林至工部尚書後守都城有戰功又文淵閣蜀志云清勤簡靜忠鯁不阿文事武備功業兼懋善文詞所著有觀光錦榮等集子孟綸官御史今江郎中沛然其宗人也

黃州西北百餘里有歐陽院院僧蓄一古編鐘云得之耕者發地獲四鐘斸破其二一爲鑄銅者取去獨其一聲空瓏饒古意見子瞻集又元豐四年正月子瞻自岐亭泛舟還古黃州獲一鏡周尺有二寸製色如漆背銘云漢有善銅出白陽取爲鏡清如明左龍右虎俌之字如菽大雜篆隸甚精妙嘗以示樵子容子容以博名世曰此禹鼎象物之遺法白陽疑南陽白水之陽漢人而如通用鏡微凸照人微小道家聚形鏡也

盧公濬嘗浮舟江上陽侯風起舟師頻呼楠木大王問故以妖對公歸撰文牒水府其畧曰象窮魍魎轉深鑄鼎之思誠格神明欲下然犀之照蜿川靈之失綱故令尾大者不掉彼風師亦助虐其與首惡者何殊

越三日忽一木自樊口至命縛之登岸時修學宮以爲左柱後毁於火

長蘄墩有老圃畜一瓜最鉅將獻豪門丐者挾籬入竊食之老圃擊之斃即瘞其地明年瓜復盛有一大如斗會令購瓜剖之皆血令大疑掘視根出死人口中推訊得丐者狀遂伏法

邑人歐普祥從徐壽輝以燒香起兵爲帥稱歐道人引兵掠江西攻袁州陷新喻諸縣據之壽輝加普祥左丞大司徒袁國公陳友諒弑壽輝徵兵普祥不應一

云友諒襲壽輝併其軍自稱帝都郡城即蘄州是也後友諒滅徙其雉堞益郡城今故址尚在以上茅志

賀元嘗於黃州訪東坡談論娓娓自云生於石晉仕爲水部員外郎計年近二百歲東坡寄元詩云舊傳老父語郎官已作飛騰變化看聞道東蒙有居處願供薪火看燒丹

中大夫安詠信可宣和初守齊安下車訪東坡雪堂遺址雖存堂宇已爲兵馬都監拆爲教場亭子信可命復新之信可善爲詩有云萬古戰場餘赤壁一時形

勝屬黃岡

穆侍御天顏性至孝少貧甚父客死於蜀兄弟自黃奔喪附客舟晝夜哭舟中一老賈感之助以貲糧抵夔老賈曰吾去此不遠約某日吾輩囊來待公過此也既而天顏扶柩走叢山中夜雨如注視電而行乞宿旅人不納至冶店老嫗憐而飯之明日抵夔老賈至果贈以多金且爲之祭而哭乃曰與尊府素無交但念年老無子若客死誰爲奔喪者及天顏貴入蜀訪之賈尚無恙且有子矣於是厚酬之亦贈冶店嫗以百金後天顏巡按四川賈已死其子年十六補弟子員

王思旻少爲吏多陰德有鄉民誣陷重辟思旻以百金救之事白未一見也後思旻官泰州歸卜地山中乞漿於村舍見其家祀以恩人牌位詰其故則向所平反者民因出子孫羅拜且曰山前後里許一皆我有若卜地請擇之果得地即今邑中所稱办牌龍是也

思旻事詳宦蹟志

王刑部同鼎有知人鑑一日見書生荷於道上異之曰

此人必爲御史問之則穆秀才天顏鄉人稱孝子者也遂成相識重以婚姻既而謂之曰他日過飲君家時穆未有屋乃就所居構屋二重時具酒肴雅集焉

康熙癸卯七月望日黃州城內外火延及江船獨善人數家如楊雲峰任季先等皆火逼險極竟無損時朱衣巷一茅舍賣豆腐家當火衝無恙有司問之家姓凌夫婦事老父倍極孝養惜逸其名黎現果隨錄

杜濟殁於江南家貧不能葬蘇州知府陳鵬年解組時知之爲典狐青裘得三十金付蘄州徐琮營地於余

路口以葬之。

何大中前志載其宿古廟夢判官以帽贈之後居官三十年不離判官

邑諸生周鵬萬好古敏學能辨古今器物偶於田舍間見一石語人曰此中有玉令二人肩歸攻之果得玉硯

于清端公官黃州發奸摘伏如神有大盜窟宅野廟中公敝衣願入爲伍變姓名曰楊二旬日內盡得其行刼狀密召捕役擒之盜進見乃大驚服罪

盜湯卷者陽爲捕役于清端公知其槖中有盜籍欲得之每進見賜以酒肉久之詢以大小盜數卷唯唯不盡言乃乘其醉微服從之得聞卷密與其徒語明日召之飲盡發其狀搜得槖中盜籍大小姓名乃誅卷遂按籍追緝無不悉得諸盜屏跡

高必達建昌人父盧明棄家學道住邑之全眞道院凡三十年匿姓名號盧名子必達乃往具言始末哀叩不已盧明猶瞑坐不顧且所之去其徒憐之謂盧明曰師有子如此忍弗歸乎盧明不得已乃還〔元史〕

易爲泰多行善事有某生携子以歲饑客于易疾篤曰公厚恩莫報有方竹以付公表念壬午赴省試夜寢有盜至舉刃斫之方竹當其上得不死後避亂樊口舟覆沉水若有掖之登岸者蓋積善之報也

邑人賀士熙病其妻熊侍事備至三載病劇熊私禱神願以身死遂乘夜赴水死明日家人見其身卓立水面衣帶不亂夫病果愈繼娶生子嗣續得不絕

汪文淵官金華時有吳生百朋幼聘勢宦女宦以其貧遂寒盟訟於公文淵令其女訊焉乃具袍帶綵輿送

女至吳成婚禮而還是歲百朋冠童子試補諸生舉於鄉明年登第後官至禮部侍郎浙人艷稱之

馬炳然正統間宰嘉魚有巨盜刼藏去而欽召報適至以盜不得凡行始盜入焉於暗處稽其數三十人有長而髯者魁也因密屬捕者懸賞期必得會陽邏鎮渡江人數及一髯人正如盜狀縛之虜訊皆誣服馬始就道後豫章獲盜稱贓出嘉魚移文楚臬守以是罷囚皆死獄中正德間馬建中丞節過楚入閩楚正戒嚴馬至陽邏與劇盜劉六劉七等遇襍其屍虜其女

家屬死者三十人人謂寃報時郡守余公貴橐千金
具牒屬青衿方勇等往贖其女追及於潯江還之余
具車馬以老嫗護女送還蜀郡
黄州村民閻邱十五富積米穀每幸凶年閉廩騰價細
民苦之旣老病不復能飲食獨嗜羊矢家人憐之模
置粉餌如羊矢狀使食之入手卽投地須眞矢乃啊
歷數月死
燕長公在黄州隣近四五郡皆送酒長公合置一器名
曰雪堂義罇後試墨三十六丸揄十餘品佳者擣合

一品亦名曰雪堂義墨
僧靜悟張家畈王氏子少孤與弟晤容皆爲僧晤容學
九龍先化去靜悟師雙臺得臨濟之旨面壁長嘯庵
二十年後游麻城之東山就虎洞而居土人恐謀逐
虎勸止之久亦不怪也旣而歸省父母緣鐫文於石
初不識文字至是能爲文復還洞齧松葉十餘年卒
相傳有肉身在焉
山西志載譚章齊安人洪武初靜樂縣丞建置縣署多
善政任滿還京民爲立碑按齊安古黄岡名疑卽邑

人
徐亦史授黄岡令蒞任次遭民間回祿火後躬往緝戶
點名及二千家遂罄家中所挈二千金散民搭蘆蓆
棚暫令棲止未久徵國課四千金入鞘在衙明晨卽
起解大盗知之夜統五六十人從城頭突入衙內斬
鎖箱篋蕩無所有以救應賊遁次日呼解夫進衙銀
乃在堂前露地以蘆蓆覆蓋盗不知也現果隨錄
續志載僧亂峰任五雲山言笑不苟精解禪理工詩有
老卒識之曰明末鴻臚寺堂上官也忘其姓名其徒

白性名明斯麻城人嚴守戒律參悟有得住白虎寺
磚而立應文載僧晦山名戒顯明末江南諸生爲僧
自江西雲居山來黄舟過西塞有大魚負之舟人皆
懼戒顯爲摩頂說戒而去住安國寺以詩文見稱其
登黄鶴樓詩云誰知刼火憑陵後猶得重登黄鶴樓
煙樹巴陵人事散長江依舊大荒流楚王宮殿銅駝
恨仙客乾坤鐵笛秋極目蒼茫悲慨遠一瓢歸挂亂
雲頭書法二王人爭寶之
嶠一奇任開封推官摘發如神有夜行經柳林見

者命刑[illegible][illegible]之一月[illegible]某日至訊
勘訊之脈弦又行部風旋輿盜之
髏青草出眶內因命捕殺人骨青果得之
法郡有宅扃鐍舊傳包孝肅宅上鐫爲人開
之日謂我耳啓視閴然惟一榻冷風肅肅而已
出數日而卒人謂孝肅後身云

黄岡縣志卷之二十終